全国高等教育自学考试指定教材

法 理 学

(2024年版)

(含:法理学自学考试大纲)

全国高等教育自学考试指导委员会 组编

主　编　周旺生

图书在版编目(CIP)数据

法理学:2024年版/周旺生主编. —北京:北京大学出版社,2024.4
全国高等教育自学考试指定教材
ISBN 978-7-301-35074-4

Ⅰ.①法… Ⅱ.①周… Ⅲ.①法理学—高等教育—自学考试—教材 Ⅳ.①D90

中国国家版本馆CIP数据核字(2024)第106578号

书　　　名	法理学(2024年版) FALIXUE(2024 NIAN BAN)
著作责任者	周旺生　主编
责 任 编 辑	吴佩桢　张　宁
标 准 书 号	ISBN 978-7-301-35074-4
出 版 发 行	北京大学出版社
地　　　址	北京市海淀区成府路205号　100871
网　　　址	http://www.pup.cn
新 浪 微 博	@北京大学出版社　@北大出版社法律图书
电 子 邮 箱	编辑部 law@pup.cn　总编室 zpup@pup.cn
电　　　话	邮购部 010-62752015　发行部 010-62750672　编辑部 010-62752027
印 刷 者	河北文福旺印刷有限公司
经 销 者	新华书店 787毫米×1092毫米　16开本　30印张　730千字 2024年4月第1版　2025年2月第2次印刷
定　　　价	89.00元

未经许可,不得以任何方式复制或抄袭本书之部分或全部内容。
版权所有,侵权必究
举报电话:010-62752024　电子邮箱:fd@pup.cn
图书如有印装质量问题,请与出版部联系,电话:010-62756370

组编前言

21世纪是一个变幻难测的世纪,是一个催人奋进的时代。科学技术飞速发展,知识更替日新月异。希望、困惑、机遇、挑战,随时随地都有可能出现在每一个社会成员的生活之中。抓住机遇,寻求发展,迎接挑战,适应变化的制胜法宝就是学习——依靠自己学习、终身学习。

作为我国高等教育组成部分的自学考试,其职责就是在高等教育这个水平上倡导自学、鼓励自学、帮助自学、推动自学,为每一个自学者铺就成才之路。组织编写供读者学习的教材就是履行这个职责的重要环节。毫无疑问,这种教材应当适合自学,应当有利于学习者掌握和了解新知识、新信息,有利于学习者增强创新意识,培养实践能力,形成自学能力,也有利于学习者学以致用,解决实际工作中所遇到的问题。具有如此特点的书,我们虽然沿用了"教材"这个概念,但它与那种仅供教师讲、学生听,教师不讲、学生不懂,以"教"为中心的教科书相比,已经在内容安排、编写体例、行文风格等方面都大不相同了。希望读者对此有所了解,以便从一开始就树立起依靠自己学习的坚定信念,不断探索适合自己的学习方法,充分利用自己已有的知识基础和实际工作经验,最大限度地发挥自己的潜能,达到学习的目标。

欢迎读者提出意见和建议。

祝每一位读者自学成功。

全国高等教育自学考试指导委员会

2022 年 12 月

目 录

组编前言

法理学自学考试大纲

大纲前言 ………………………………………………………………………………… 2
Ⅰ 课程性质与课程目标 ………………………………………………………………… 3
Ⅱ 考核目标 ……………………………………………………………………………… 4
Ⅲ 课程内容与考核要求 ………………………………………………………………… 5
Ⅳ 关于大纲的说明与考核实施要求 …………………………………………………… 51
附录 题型举例 ………………………………………………………………………… 53
大纲后记 ………………………………………………………………………………… 54

法 理 学

编者的话 ………………………………………………………………………………… 56

第一编 ………………………………………………………………………………… 57

第一章 法学绪论 …………………………………………………………………… 57
第一节 法学的性质和特征 ………………………………………………………… 57
第二节 法学的研究对象 …………………………………………………………… 62
第三节 法学体系和法学学科 ……………………………………………………… 66
第四节 法学的研究方法 …………………………………………………………… 71

第二章 法理学学科 ………………………………………………………………… 78
第一节 法理学释义 ………………………………………………………………… 78
第二节 作为独立学科的法理学 …………………………………………………… 83
第三节 法理学的构成要素及构成境况 …………………………………………… 88
第四节 法理学渊源中的资源性要素 ……………………………………………… 92

第二编 ………………………………………………………………………………… 100

第三章 法的概念 …………………………………………………………………… 100
第一节 视角和方法 ………………………………………………………………… 100
第二节 法的基本特征 ……………………………………………………………… 104
第三节 法的本质 …………………………………………………………………… 112

第四节　法的要素 …………………………………………………………… 117

第四章　法的价值 ……………………………………………………………… 125
　　　第一节　法的价值释义 ………………………………………………………… 125
　　　第二节　法律秩序 ……………………………………………………………… 129
　　　第三节　法律利益 ……………………………………………………………… 135
　　　第四节　法律正义 ……………………………………………………………… 139

第五章　法的功能和作用 ……………………………………………………… 148
　　　第一节　法的功能和作用释义 ………………………………………………… 148
　　　第二节　法的基本功能 ………………………………………………………… 155
　　　第三节　法的主要作用 ………………………………………………………… 160

第六章　法的起源和发展 ……………………………………………………… 172
　　　第一节　法的起源 ……………………………………………………………… 172
　　　第二节　法的历史发展 ………………………………………………………… 177
　　　第三节　民法法系和普通法法系 ……………………………………………… 186
　　　第四节　法的继承和法的移植 ………………………………………………… 191

第七章　法和社会 ……………………………………………………………… 195
　　　第一节　法和社会的一般理论 ………………………………………………… 195
　　　第二节　法和经济及科技 ……………………………………………………… 197
　　　第三节　法和政治及国家 ……………………………………………………… 200
　　　第四节　法和道德及宗教 ……………………………………………………… 204
　　　第五节　法和全球化 …………………………………………………………… 208

第三编 ……………………………………………………………………………… 213

第八章　立法 …………………………………………………………………… 213
　　　第一节　立法释义 ……………………………………………………………… 213
　　　第二节　立法体制 ……………………………………………………………… 218
　　　第三节　立法过程和立法程序 ………………………………………………… 223
　　　第四节　立法的基本原则 ……………………………………………………… 227

第九章　法的渊源 ……………………………………………………………… 234
　　　第一节　法的渊源释义 ………………………………………………………… 234
　　　第二节　法的渊源的价值实现 ………………………………………………… 237
　　　第三节　法的渊源意识 ………………………………………………………… 243
　　　第四节　当代中国主要法的渊源 ……………………………………………… 249

第十章　法的形式和分类 ……………………………………………………… 252
　　　第一节　法的形式释义 ………………………………………………………… 252
　　　第二节　当代中国主要法的形式 ……………………………………………… 255

第三节　法的形式的规范化和系统化 ································· 260
　　第四节　法的基本分类 ··· 262

第十一章　法的体系 266
　　第一节　法的体系释义 ··· 266
　　第二节　部门法的划分 ··· 269
　　第三节　当代中国法的体系 ·· 271

第四编 283

第十二章　法的实施 283
　　第一节　法的效力 ··· 283
　　第二节　法的适用 ··· 289
　　第三节　法的遵守 ··· 295
　　第四节　法的解释 ··· 298

第十三章　法律关系 305
　　第一节　法律关系释义 ··· 305
　　第二节　法律关系的种类 ·· 311
　　第三节　法律关系的主体 ·· 315
　　第四节　法律关系的客体 ·· 320
　　第五节　法律关系的演变 ·· 322

第十四章　法律权利和法律义务 325
　　第一节　法律权利和法律义务释义 ·· 325
　　第二节　法律权利和法律义务的分类 ···································· 332
　　第三节　法律权利和法律义务的关系 ···································· 336

第十五章　法和权力调控 339
　　第一节　作为支配性力量的权力资源 ···································· 339
　　第二节　权力资源的法律调控动因 ·· 342
　　第三节　权力资源的法律调控方式 ·· 349

第十六章　法律行为、责任和制裁 358
　　第一节　法律行为 ··· 358
　　第二节　法律责任 ··· 363
　　第三节　法律制裁 ··· 370

第十七章　法律程序 372
　　第一节　法律程序概述 ··· 372
　　第二节　法律程序的内在价值 ·· 374
　　第三节　正当法律程序及其功能 ·· 377

第十八章 法律推理和法律论证 ……………………………………… 381
第一节 法律推理释义 ………………………………………………… 381
第二节 形式推理及其司法应用 ……………………………………… 382
第三节 实质推理的司法应用 ………………………………………… 392
第四节 法律论证 ……………………………………………………… 394

第十九章 法律职业和法律思维 ……………………………………… 403
第一节 法律职业释义 ………………………………………………… 403
第二节 法律职业的形成 ……………………………………………… 405
第三节 法律职业主体和职业教育 …………………………………… 410
第四节 法律职业伦理 ………………………………………………… 415
第五节 法律思维 ……………………………………………………… 421

第二十章 法治和法制 ………………………………………………… 423
第一节 法治和法制释义 ……………………………………………… 423
第二节 法治的原则和条件 …………………………………………… 426
第三节 法制和民主 …………………………………………………… 429
第四节 建设法治中国 ………………………………………………… 433
第五节 习近平法治思想 ……………………………………………… 435

第二十一章 法律监督 ………………………………………………… 440
第一节 法律监督概述 ………………………………………………… 440
第二节 国家法律监督 ………………………………………………… 442
第三节 社会法律监督 ………………………………………………… 448

第二十二章 法律意识、文化和传统 ………………………………… 450
第一节 法律意识 ……………………………………………………… 450
第二节 法律文化 ……………………………………………………… 454
第三节 法律传统 ……………………………………………………… 457

第二十三章 法和生态文明 …………………………………………… 462
第一节 生态文明与生态法治 ………………………………………… 462
第二节 生态文明与我国法律体系 …………………………………… 465

后记 ………………………………………………………………………… 471

全国高等教育自学考试

法理学
自学考试大纲

全国高等教育自学考试指导委员会　制定

大 纲 前 言

　　为了适应社会主义现代化建设事业的需要,鼓励自学成才,我国在20世纪80年代初建立了高等教育自学考试制度。高等教育自学考试是个人自学,社会助学和国家考试相结合的一种高等教育形式。应考者通过规定的专业考试课程并经思想品德鉴定达到毕业要求的,可获得毕业证书;国家承认学历并按照规定享有与普通高等学校毕业生同等的有关待遇。经过40多年的发展,高等教育自学考试为国家培养造就了大批专门人才。

　　课程自学考试大纲是规范自学者学习范围、要求和考试标准的文件。它是按照专业考试计划的要求,具体指导个人自学、社会助学、国家考试及编写教材的依据。

　　随着经济社会的快速发展,新的法律法规不断出台,科技成果不断涌现,原大纲中有些内容过时、知识陈旧。为更新教育观念,深化教学内容方式、考试制度、质量评价制度改革,使自学考试更好地提高人才培养的质量,各专业委员会按照专业考试计划的要求,对原课程自学考试大纲组织了修订或重编。

　　修订后的大纲,在层次上,本科参照一般普通高校本科水平,专科参照一般普通高校专科或高职院校的水平;在内容上,及时反映学科的发展变化,增补了自然科学和社会科学近年来研究的成果,对明显陈旧的内容进行了删减,以更好地指导应考者学习使用。

全国高等教育自学考试指导委员会
2023年12月

Ⅰ 课程性质与课程目标

一、课程性质和特点

法理学是法学的主要理论学科,是法学教育的必修课程,是全国高等学校法学专业和法律专业的核心课程,也是全国高等教育自学考试法律事务(专科)、治安学(专升本)等专业的一门重要课程。

二、课程目标

设置本课程的目标是使考生能够:

(一)掌握法学的基本理论、基本概念、基本知识和基本方法,掌握法学体系的基本命题,为学好法学专业其他课程奠定扎实的理论基础。

(二)通过学习,提高法学理论水平,学会运用法学理论分析、解释和解决部门法学习过程中和法律实践中遇到的各种问题。

三、与相关课程的联系与区别

法理学具有很大的跨越性。在法学体系中,没有哪个学科能够像法理学这样,站在整个法学的制高点上,向其他所有学科辐射。法学体系中其他各门学科,没有不同法理学发生关联的,也没有不受法理学辐射的。法理学是所有这些学科或科目的专业理论基础,法理学所阐述的原理和原则、所阐释的方法和知识、所界说的概念和命题,对其他法学学科或科目有普遍指导意义。

四、课程的重点与难点

本课程的重点内容包括:第一章、第二章、第三章、第四章、第五章、第八章、第九章、第十章、第十二章、第十三章、第十四章、第十五章、第十八章、第十九章、第二十章。

本课程的难点内容包括:见各章所标识的内容。

Ⅱ 考核目标

本大纲在考核目标中,按照识记、领会和应用三个层次规定其应达到的能力层次要求。三个能力层次是递进关系,各能力层次的含义是:

识记(Ⅰ):要求考生能够识别和记忆相关名词、概念、知识的含义,并能正确认识和表述。这是初级层次的要求。

领会(Ⅱ):要求考生能够在识记的基础上,全面把握基本概念、基本原理、基本方法,掌握有关概念、原理、方法的区别和联系。这是基本要求。

应用(Ⅲ):要求考生能够在领会的基础上,运用基本概念、基本原理、基本方法去分析和解决有关的理论问题和实际问题。这是较高层次的要求。

Ⅲ 课程内容与考核要求

第 一 编

第一章 法学绪论

一、学习目的与要求

本章是纲领性的一章,主要阐述法学学科最基本的问题。学习本章,应注重理解法学的性质和特征,法学的研究对象、体系和学科划分,法学的专业研究方法和其他研究方法,概括而集中地了解法学是门什么样的学问。

二、课程内容

第一节 法学的性质和特征

一、法学释义
二、法学是历史的和国情的范畴
三、法学是经世致用的学问

第二节 法学的研究对象

一、法学研究对象的三个要素
二、西方学派对法学研究对象的不同理解
三、不同情境下法学研究对象的不同表现
四、消解法学研究对象问题上的认识迷点

第三节 法学体系和法学学科

一、法学体系释义

二、法学分支学科的划分标准
三、法学分支学科的具体划分

第四节 法学的研究方法

一、法学研究方法释义
二、法学的专业研究方法
三、法学所摄取的研究方法
四、法学的哲学指导方法
五、消弭法学研究方法方面的迷点

三、考核知识点与考核要求

（一）法学的性质和特征
1. 识记：(1) 法学的含义和特征；(2) 法学产生的条件；(3) 马克思主义法学不同于其他法学的基本特色。
2. 领会：(1) 法学是历史的和国情的范畴；(2) 法学是经世致用的学问。
（二）法学的研究对象
1. 识记：(1) 法学研究对象的三个要素；(2) 西方学派对法学研究对象的不同理解。
2. 领会：不同情境下法学研究对象的不同表现。
（三）法学体系和法学学科
1. 识记：(1) 法学体系的含义和中心问题；(2) 法学分支学科划分的标准。
2. 领会：(1) 近代法学体系为什么由法学分支学科所构成；(2) 法学分支学科的具体划分。
3. 应用：法学体系同法的体系、法学课程体系的关系。
（四）法学的研究方法
1. 识记：(1) 法学研究方法的三个层次；(2) 法学研究方法与法学方法论的比较；(3) 法学专业研究方法的含义；(4) 法学所摄取的研究方法。
2. 领会：(1) 规范分析方法；(2) 法学的其他专业方法；(3) 法学的哲学指导方法；(4) 法学专业方法的不可替代性。
3. 应用：法学研究方法三个层次的意义和作用。

四、本章重点与难点

本章重点：法学的含义和特征；马克思主义法学的特色；法学是历史的和国情的范畴；法

学是经世致用的学问;法学体系的含义和中心问题;法学分支学科的具体划分;法学研究方法的三个层次;法学研究方法的意义;法学的专业研究方法。

本章难点:法学研究对象的三个要素;近代法学体系为什么由法学分支学科所构成;法学体系同法的体系、法学课程体系的关系;法学研究方法与法学方法论的比较。

第二章 法理学学科

一、学习目的与要求

学习本章,应注重弄清现代法理学是门什么样的法学分支学科,明了法理学的含义、法理学和法哲学的纠葛、奥斯丁同作为独立学科的法理学之间的关系,尤其要弄懂法理学的研究对象和范围、法理学在法学体系中的位置、法理学的三大构成要素、法理学渊源中的资源性要素等问题,为学好其后各章奠定基础。

二、课程内容

第一节 法理学释义

一、法理学的含义
二、法理学的冠名
三、法理学和法哲学

第二节 作为独立学科的法理学

一、奥斯丁和作为独立学科的法理学
二、法理学的研究对象和范围
三、法理学在法学体系中的位置

第三节 法理学的构成要素及构成境况

一、法理学的三大构成要素
二、法理学构成的实际境况

第四节 法理学渊源中的资源性要素

一、法理学资源性要素的构成
二、法理学资源性要素:理论学说
三、法理学资源性要素:流派思潮
四、法理学资源性要素:人物作品

三、考核知识点与考核要求

(一)法理学释义
1. 识记:(1)法理学含义的多样化及其历史变迁;(2)法哲学的原初含义和其后的三种含义。
2. 领会:现代意义上的法理学。
(二)作为独立学科的法理学
1. 识记:(1)奥斯丁的两个突出贡献;(2)近代法理学诞生的四个标识。
2. 领会:(1)奥斯丁的主要观点、方法和影响;(2)实在法是法理学注重研究的对象;(3)法理学研究对象和范围的确定性和开放性;(4)法理学在法学体系中的位置。
3. 应用:法理学对法学其他分支学科的普遍指导意义。
(三)法理学的构成要素及构成境况
1. 识记:(1)法理学的内容性、方法性和渊源性三大要素;(2)法理学要素的两种基本表现形式。
2. 领会:法理学三大要素的分明界限和融合性、整体性。
(四)法理学渊源中的资源性要素
1. 识记:(1)法理学理论学说的三方面内容;(2)法理学流派思潮的含义;(3)法理学流派思潮构成的基本条件;(4)近代以来主要的法理学流派思潮。
2. 领会:(1)法理学资源性三要素及其关联;(2)不同时代和国情下法理学理论学说的差异;(3)法理学理论学说、流派思潮和人物作品的关联。

四、本章重点与难点

本章重点:法理学的含义;法理学和法哲学;作为学科的近代法理学诞生的四个标识;实在法是法理学注重研究的对象;法理学研究对象和范围的确定性和开放性;法理学对法学其他分支学科的普遍指导意义。

本章难点:奥斯丁的两个突出贡献;法理学的内容性、方法性和渊源性三大要素;法理学要素的两种基本表现形式;法理学资源性要素的构成;法理学资源性要素中的理论学说;法理学流派思潮构成的基本条件。

第 二 编

第三章 法 的 概 念

一、学习目的与要求

本章是第二编的总论性一章,所阐述的是法的最基本的问题,即如何从总体上认识法的问题。正确理解本章所阐发的原理、知识和概念,是掌握法理学中许多原理、知识和概念的重要条件。学习本章,应注重把握认知法的概念的几种主要视角和方法,牢牢掌握法的一系列基本特征,透彻地理解法的本质之所在。

二、课程内容

第一节 视角和方法

一、法的概念的定义
二、理解法的概念的视角和方法
三、真实的法与理想的法
四、具体的法与一般的法
五、完整的法与局部的法
六、本质的法与形式的法

第二节 法的基本特征

一、法是为主体提供行为标准的社会规范
二、法是以国家政权意志形式存在的社会规范
三、法是作为司法机关办案主要依据的社会规范
四、法是普遍的、明确的和肯定的社会规范
五、法是以权利和义务为主要内容的社会规范

第三节　法　的　本　质

一、法的现象和法的本质
二、关于法的本质的若干论说
三、法的本质之所在

第四节　法　的　要　素

一、法的要素释义
二、法律规则
三、法律原则
四、法律概念

三、考核知识点与考核要求

（一）视角和方法
1. 识记：(1) 法的概念的定义；(2) 理解法的概念的视角和方法。
2. 领会：(1) 真实的法与理想的法；(2) 具体的法与一般的法；(3) 完整的法与局部的法。

（二）法的基本特征
1. 识记：(1) 社会规范、自然法则、技术规范的含义；(2) 法是以国家政权意志形式存在的社会规范；(3) 法是普遍的、明确的和肯定的社会规范。
2. 领会：(1) 法是作为司法机关办案主要依据的社会规范；(2) 法是以权利和义务为主要内容的社会规范。
3. 应用：法与其他社会规范的区别。

（三）法的本质
1. 识记：(1) 法的现象和法的本质的含义；(2) 关于法的本质的若干论说。
2. 领会：(1) 法首先和主要体现执政阶级意志；(2) 法最终决定于社会物质生活条件。
3. 应用：法的阶级性和社会性的统一。

（四）法的要素
1. 识记：(1) 法的要素的含义；(2) 法的要素的四种模式；(3) 法律规则的含义；(4) 法律原则的含义；(5) 法律概念的含义。
2. 领会：(1) 法律规则的分类；(2) 法律原则的分类；(3) 法律概念的分类。
3. 应用：(1) 运用法律规则的逻辑结构原理和知识分析现行法律的有关规定；(2) 运用法律规则分类的原理和知识分析现行法律的有关规定。

四、本章重点与难点

本章重点:法的概念的定义;真实的法与理想的法;具体的法与一般的法;法是为主体提供行为标准的社会规范;法是以国家政权意志形式存在的社会规范;法是普遍的、明确的和肯定的社会规范;法是以权利和义务为主要内容的社会规范;法最终决定于社会物质生活条件;法的本质之所在;法律规则的逻辑结构;行为模式和后果模式;法律规则的分类。

本章难点:理解法的概念的视角和方法;完整的法与局部的法;本质的法与形式的法;法是作为司法机关办案主要依据的社会规范;法的现象和法的本质;法的阶级性和社会性的统一;法律规则和法律规范;法律原则和法律规则。

第四章 法的价值

一、学习目的与要求

本章集中阐发法的价值这一重大主题,其中包括法的价值论题的各个主要侧面。学习本章,既要着眼于理解法的价值释义部分所阐述的诸多法的价值基本理论、知识和概念,更要着重掌握法律秩序、法律利益和法律正义三大法的价值方面的一系列基本理论、知识和概念,如法律秩序的特征,法律秩序价值的地位、类别和实现,法律利益和法律权利,法律利益的成因和实现,作为高层次伦理规范的正义,法律正义和正义,法律正义和法,法律正义的成因等。

二、课程内容

第一节 法的价值释义

一、法的价值界说
二、法有哪些价值
三、法的价值的特性

第二节 法律秩序

一、法律秩序释义

二、法律秩序价值的地位
三、法律秩序价值的类别和体现
四、法律秩序价值的实现

第三节 法律利益

一、作为生活资源的利益
二、法律利益和法律权利
三、法律利益的成因和实现
四、法律利益调处的标准和原则

第四节 法律正义

一、作为高层次伦理规范的正义
二、正义的基本属性和本质
三、法、正义、法律正义辨误
四、法律正义和正义
五、法律正义和法
六、法律正义的成因

三、考核知识点与考核要求

（一）法的价值释义
1. 识记：(1) 法的价值的含义；(2) 法的价值的有用性；(3) 法的价值术语的三种用法。
2. 领会：(1) 法的基本价值；(2) 法的价值的客观性和主观性；(3) 法的价值的绝对性和相对性；(4) 法的价值同法的功能和法的作用的异同。

（二）法律秩序
1. 识记：(1) 法律秩序的含义和特征；(2) 法律秩序价值的类别。
2. 领会：(1) 法律秩序价值的地位；(2) 法律秩序价值的实现。
3. 应用：法律秩序价值的具体体现。

（三）法律利益
1. 识记：(1) 法律利益的含义和主要特征；(2) 可以或应当转化为法律利益的利益；(3) 法律利益的成因；(4) 法律利益实现的两种方式。
2. 领会：利益、法律利益、法律权利之间的密切关联。
3. 应用：法律利益的调处标准和原则。

（四）法律正义
1. 识记：(1) 作为高层次伦理规范的正义；(2) 正义的基本属性和本质；(3) 法、正义、法律正义的重合和差异;(4)正义转化为法律正义的取决因素;(5)法律正义是正义中的基本正义;(6)法律正义是理想和现实相结合的法律规范。

2. 领会:(1)法律正义是转化为法律规范的正义;(2)法律正义是兼有理性强制和国家强制双重强制属性的正义;(3)法律正义是渊源于高层次伦理规范的法律规范;(4)法律正义是以正义为内核的良规良法。

3. 应用:法律正义的成因。

四、本章重点与难点

本章重点:法的价值的含义和有用性;法的价值同法的功能和法的作用的异同;法的价值的客观性和主观性、绝对性和相对性;法律秩序的含义和特征;法律秩序价值的类别和体现;法律利益和法律权利;法律利益的成因和实现;作为高层次伦理规范的正义;法律正义和正义;法律正义和法;法律正义的成因。

本章难点:法的基本价值;法律秩序价值的地位;法律秩序价值的实现;作为生活资源的利益;法律利益调处的标准和原则;正义的基本属性和本质。

第五章 法的功能和作用

一、学习目的与要求

正确理解和有效实现法的功能和作用,对推进法学理论和推动中国当下法治建设,都有直接和重大的现实意义。学习本章,应理解何谓法的功能和法的作用,明了法的功能和作用的界限和关联,把握法的调整、指引、保障三大功能和法在国家生活、社会生活和公民生活中的重大作用。

二、课程内容

第一节 法的功能和作用释义

一、法的功能释义
二、法的作用释义
三、法的功能和作用的界限和关联

四、法理学应增进法的功能和作用问题研究

第二节　法的基本功能

一、辨别法的功能的标准和法的基本功能
二、法的调整功能
三、法的指引功能
四、法的保障功能

第三节　法的主要作用

一、正确认知法的重要作用
二、法的作用何在
三、法在国家生活中的作用
四、法在社会生活中的作用
五、法在公民生活中的作用

三、考核知识点与考核要求

（一）法的功能和作用释义
1. 识记：(1) 法的功能的含义和三种属性；(2) 法的作用的含义和三种属性。
2. 领会：法的功能和作用的界限和关联。
（二）法的基本功能
1. 识记：(1) 辨别法的功能的标准；(2) 法的基本功能；(3) 确定指引和不确定指引；(4) 一般指引和个别指引。
2. 领会：(1) 法的调整功能的含义、缘由、方式、范围和类型；(2) 法的指引功能的含义、缘由和内容；(3) 法的保障功能的含义、缘由和体现。
3. 应用：法的保障功能在不同社会主体上的差异性。
（三）法的主要作用
1. 识记：(1) 法的作用的含义和意义；(2) 法在现代国家的三大作用。
2. 领会：(1) 法的作用的限度；(2) 法的作用的影响因素；(3) 法在国家生活中的作用；(4) 法在社会生活中的主要作用；(5) 法在公民生活中的作用。
3. 应用：(1) 法的作用在现今国家生活中的突出体现；(2) 法在社会生活中的作用同法的本质和目的之间的隐蔽联系。

四、本章重点与难点

本章重点:法的功能的含义和三种属性;法的作用的含义和三种属性;法的功能和作用的界限和关联;辨别法的功能的标准和法的基本功能;法的调整功能;法的指引功能;法的保障功能;正确认知法的作用;法在国家生活中的作用;法在社会生活中的作用;法在近现代公民生活中的作用。

本章难点:法的保障功能在不同社会主体上的差异性;法的作用的影响因素;法在社会生活中的作用同法的本质和目的之间的隐蔽联系。

第六章 法的起源和发展

一、学习目的与要求

法的起源和发展问题是法理学的基本问题,理解和掌握这方面的基本理论和知识,是深入认知众多法的现象的必要一环。学习本章,应理解有关法的起源观、法的起源的原因和规律、法的历史类型及其历史发展方面的理论和知识,尤其是要掌握有关民法法系和普通法法系、法的继承和法的移植方面的基本理论、知识和概念,以服务中国新时代法治建设。

二、课程内容

第一节 法的起源

一、法的起源观
二、原始社会的社会组织和社会规范
三、法的起源的原因和规律
四、法与原始社会规范的异同

第二节 法的历史发展

一、法的历史类型

二、古代法：奴隶制法和封建制法
三、资本主义法

第三节 民法法系和普通法法系

一、法系的概念
二、民法法系
三、普通法法系
四、民法法系与普通法法系的比较
五、民法法系与普通法法系的融合

第四节 法的继承和法的移植

一、法的继承
二、法的移植

三、考核知识点与考核要求

（一）法的起源
1. 识记：(1)原始社会的社会规范；(2)法的起源的根本原因；(3)法的起源的一般规律。
2. 领会：(1)法的起源观；(2)法与原始社会规范的异同。

（二）法的历史发展
1. 识记：(1)法的历史类型的概念；(2)法的历史类型更替的规律；(3)奴隶制法和封建制法的特征。
2. 领会：(1)资本主义法的产生；(2)资本主义法的本质和特征。
3. 应用：资本主义法治。

（三）民法法系和普通法法系
1. 识记：(1)法系的概念；(2)民法法系的含义、范围和支柱；(3)普通法法系的含义、范围和支柱。
2. 领会：(1)民法法系与罗马法、《法国民法典》《德国民法典》的关系；(2)普通法法系与普通法、衡平法、制定法的关系；(3)民法法系与普通法法系的融合。
3. 应用：民法法系与普通法法系的比较。

（四）法的继承和法的移植
1. 识记：(1)法的继承的含义；(2)法的移植的含义；(3)法的继承的主要内容；(4)法的移植的类型。
2. 领会：(1)法的继承的理由；(2)法的移植的理由；(3)法的移植的效果。

四、本章重点与难点

本章重点:法的起源观;原始社会的社会组织和社会规范;法的起源的原因和规律;法与原始社会规范的异同;法的历史类型的概念和更替的规律;资本主义法的产生;资本主义法的本质和特征;法系的概念;民法法系;普通法法系;民法法系与普通法法系的比较;法的继承;法的移植。

本章难点:资本主义法治;民法法系与罗马法、《法国民法典》《德国民法典》的关系;普通法法系与普通法、衡平法、制定法的关系;民法法系与普通法法系的融合;法的继承和法的移植的理由;法的移植的效果。

第七章 法和社会

一、学习目的与要求

正确认知法和社会的关联,正确处理法和经济及科技、法和政治及国家、法和道德及宗教、法和全球化等方面的关系,是建设法治国家和推进法理学发展的重大主题。学习本章,要掌握法和社会的一般理论,正确认识和把握法和以上种种社会现象的关联,以服务物质文明建设、政治文明建设和其他各项事业。

二、课程内容

第一节 法和社会的一般理论

一、法和社会的一般关系
二、法对社会的调控

第二节 法和经济及科技

一、法和经济
二、法和科技

第三节　法和政治及国家

一、法和政治
二、法和国家
三、法和政策

第四节　法和道德及宗教

一、道德的含义
二、法和道德
三、法和宗教

第五节　法和全球化

一、全球化和法律全球化
二、法律全球化对法制发展的影响
三、积极应对法律全球化

三、考核知识点与考核要求

（一）法和社会的一般理论
1. 识记：法和社会的一般关系。
2. 领会：法对社会的调控。
（二）法和经济及科技
1. 识记：(1)商品交换的形成和法的产生；(2)商品经济的发展和法的发展；(3)法和科技的必然关联。
2. 领会：(1)法对经济的作用机制；(2)法和科技的相互关系。
（三）法和政治及国家
1. 识记：(1)法和政治的区别；(2)法和政策的区别。
2. 领会：(1)法和政治的相互作用；(2)法和国家的相互关系。
（四）法和道德及宗教
1. 识记：(1)法和道德的一致性和区别；(2)法和宗教的联系和区别。
2. 领会：(1)法和道德的相互作用；(2)法和宗教的相互影响。
（五）法和全球化
1. 识记：(1)法律全球化的内涵及表现；(2)法律全球化对法制发展的影响；(3)法律全

球化和国家主权。

  2. 领会:法律全球化和法律西方化的关系。
  3. 应用:法律全球化和本土化的关系。

四、本章重点与难点

  本章重点:法与国家的关系;法与政策的区别;法和科技的相互关系;法与道德的相互关系;法律全球化的内涵和表现。
  本章难点:法与社会的一般关系;法对社会的调控方式。

第 三 编

第八章 立 法

一、学习目的与要求

立法是整个法治建设的前提性和基础性环节,也是整个法治系统极为重要的组成部分。学习本章,应理解立法的实质、特征和外延,立法体制的含义和构成,立法原则的含义和功能等立法方面的基本理论、知识和概念,还应着重把握中国现行立法权限划分体制、立法过程和立法程序、立法基本原则等重大主题方面的理论和知识。

二、课程内容

第一节 立法释义

一、立法的实质和立法的定义
二、立法的特征
三、立法的外延
四、立法与法的创制和法的制定

第二节 立法体制

一、立法体制的含义、构成和核心
二、当今世界主要立法体制
三、中国现行立法体制

第三节 立法过程和立法程序

一、立法过程

二、立法程序

第四节　立法的基本原则

一、立法原则释义
二、中国立法的基本原则

三、考核知识点与考核要求

（一）立法释义
1. 识记：(1)立法的实质；(2)立法概念的定义；(3)立法的特征。
2. 领会：(1)立法的外延；(2)立法种类的多样化。
3. 应用：立法与法的创制和法的制定的联系和区别。

（二）立法体制
1. 识记：(1)立法体制的含义；(2)立法体制的构成要素；(3)立法体制的核心；(4)单一的、复合的和制衡的立法体制。
2. 领会：中国现行立法体制及其特色。
3. 应用：中国现行立法体制的国情根据。

（三）立法过程和立法程序
1. 识记：(1)立法准备阶段的含义、内容和地位；(2)由法案到法阶段的含义、内容和地位；(3)立法完善阶段的含义、内容和地位；(4)立法程序的含义。
2. 领会：(1)提出法案的含义、权力归属和运作程序；(2)审议法案的含义、权力归属和运作程序；(3)表决和通过法案的含义、权力归属和运作程序；(4)公布法的含义、权力归属和运作程序。

（四）立法的基本原则
1. 识记：(1)立法原则的含义和功能；(2)立法原则的发展和种类；(3)立法的法治原则；(4)立法的民主原则。
2. 领会：(1)立法原则的客观性；(2)立法的宪法原则；(3)立法的科学原则。
3. 应用：中国立法原则由观念化向法律化和制度化的转变。

四、本章重点与难点

本章重点：立法的实质和立法的定义；立法的特征；立法种类的多样化；立法体制的含义、构成和核心；当今世界主要立法体制；中国现行立法体制；立法过程的三个阶段；立法程序的四个步骤和方法；立法原则的含义和功能；中国立法的基本原则。

本章难点:立法与法的创制和法的制定;中国现行立法体制的国情根据;立法原则的客观性;中国立法原则由观念化向法律化和制度化的转变。

第九章 法 的 渊 源

一、学习目的与要求

法的渊源是法律实际生活的基础性现象,也是法学理论无可回避的重大论题。学习本章,应理解何谓法的渊源,认清法的渊源的资源性要素、进路性要素和动因性要素,认知法的渊源的价值何在,明了法的渊源与实际生活、与良法美制的关联,掌握法的渊源的选择和提炼方法,唤起法的渊源意识的觉醒,特别是了解和把握当代中国主要法的渊源,进而多角度和全方位地领悟法的渊源理论。

二、课程内容

第一节 法的渊源释义

一、法的渊源的含义
二、法的渊源的范围和种类:资源、进路和动因

第二节 法的渊源的价值实现

一、认知法的渊源价值
二、法的渊源价值与实际生活
三、法的渊源价值与良法美制
四、法的渊源的选择和提炼

第三节 法的渊源意识

一、法的渊源意识的基础和依托
二、法的渊源意识的实际情境
三、奥斯丁和其他学人的努力
四、法的渊源意识觉醒的方向和标识

第四节　当代中国主要法的渊源

一、立法

二、国家机关的决策和决定

三、司法经验、判例和法律解释

四、国家和有关社会组织的政策

五、国际法

六、习惯

七、道德规范和正义观念

八、社团规章和民间合约

九、外国法

十、理论学说特别是法律学说

三、考核知识点与考核要求

（一）法的渊源释义

1. 识记:(1)法的渊源的含义;(2)法的渊源的资源性要素;(3)法的渊源的进路性要素;(4)法的渊源的动因性要素。

2. 领会:法的渊源的三项基本要素。

3. 应用:我国法律文本中的资源性要素和动因性要素。

（二）法的渊源的价值实现

1. 识记:(1)法的渊源的主要价值;(2)法的渊源价值实现的两种模式;(3)传统法的渊源理论的两种偏向;(4)法的渊源的选择和提炼方式;(5)法的渊源价值的综合体现。

2. 领会:(1)法的渊源的价值实现同实际生活的关联;(2)法的渊源价值实现的保障;(3)法的渊源价值实现的限度;(4)法的渊源对法的形成的作用。

3. 应用:实现法的渊源价值同形成良法美制的关系。

（三）法的渊源意识

1. 识记:(1)法的渊源意识觉醒的含义;(2)法的渊源意识觉醒的条件;(3)法的渊源意识觉醒的标识。

2. 领会:(1)法的渊源意识的基础和依托;(2)奥斯丁在法的渊源理论方面的贡献和局限;(3)法的渊源和法的关系。

3. 应用:法的渊源意识的实际情境。

（四）当代中国主要法的渊源

1. 识记:(1)判例和法律解释;(2)政策、习惯、道德规范和正义观念;(3)关于当代中国法的渊源的理论学说。

2. 领会:(1)国家机关的决策和决定;(2)国际法和外国法。

3. 应用:我国民法典编纂需要选择和提炼的渊源。

四、本章重点与难点

本章重点:法的渊源的含义;法的渊源的主要价值;法的渊源价值实现的两种模式;法的渊源价值与良法美制;法的渊源意识觉醒的含义、条件和标识;法的渊源同法的关系;当代中国主要法的渊源。

本章难点:法的渊源的三项基本要素;法的渊源价值与实际生活;法的渊源的选择和提炼;法的渊源意识的基础和依托。

第十章 法的形式和分类

一、学习目的与要求

任何法都要以一定的形式表现出来,都要归属于一定类别的法的群体之中,只有深入理解法的形式和类别问题,才能真切地理解采取一定表现形式和归属于一定法律类别的形形色色的法。学习本章,应理解何谓法的形式,法的形式和法的渊源有何界分,如何使法的形式实现规范化和系统化,特别是要准确理解和全面把握当代中国主要法的形式,并对法的基本分类有一定了解。

二、课程内容

第一节 法的形式释义

一、法的形式的含义和意义
二、法的形式和法的渊源的界分

第二节 当代中国主要法的形式

一、宪法
二、法律
三、法规

四、规章
五、国际条约和惯例
六、其他法的形式

第三节　法的形式的规范化和系统化

一、法的形式的规范化
二、法的形式的系统化

第四节　法的基本分类

一、法的分类的含义
二、法的一般分类
三、法的特殊分类

三、考核知识点与考核要求

(一)法的形式释义
1. 识记:(1)法的形式的含义;(2)法的形式的分类;(3)法的形式的价值。
2. 领会:(1)法的形式和法的内容的关系;(2)法的形式的区分标准。
3. 应用:法的渊源和法的形式的界限。

(二)当代中国主要法的形式
1. 识记:(1)宪法的含义和特征;(2)宪法的效力位阶;(3)法律的含义和位阶;(4)基本法律和其他法律;(5)行政法规;(6)地方性法规;(7)自治法规;(8)国际条约和惯例;(9)其他法的形式。
2. 领会:(1)中国现行宪法的技术特色;(2)地方性法规和自治法规的比较。
3. 应用:法律的专有调整范围。

(三)法的形式的规范化和系统化
1. 识记:(1)法的形式规范化的含义和意义;(2)法的形式系统化的含义和意义。
2. 领会:(1)法的清理;(2)法的汇编;(3)法的编纂。
3. 应用:实现法的形式规范化的基本要求。

(四)法的基本分类
1. 识记:(1)法的分类的含义;(2)国内法和国际法;(3)根本法和普通法;(4)实体法和程序法;(5)普通法和衡平法。
2. 领会:(1)成文法和不成文法;(2)一般法和特别法;(3)公法和私法。

四、本章重点与难点

本章重点：法的形式的含义、区分标准和重要价值；法的形式和法的渊源的界分；当代中国主要法的形式；法律；法的形式规范化的含义、意义和方法；法的形式系统化的含义、意义和方法；法的一般分类。

本章难点：法的形式和法的内容的关系；行政法规、地方性法规、自治法规；公法和私法；普通法和衡平法。

第十一章 法的体系

一、学习目的与要求

建设现代法治国家需要有现代法的体系，所以法的体系是中国法学理论和法律实际生活的重要主题。学习本章，应当理解和掌握什么是法的体系，法的体系的客观性；理解和掌握作为法的体系组成部分的部门法的划分标准和划分原则；特别是要理解和掌握当代中国法的体系的整体框架和框架中的各部门法，各部门法的基本内容、特征和相关情况。

二、课程内容

第一节 法的体系释义

一、法的体系的含义
二、法的体系的客观性
三、法的体系与相近概念

第二节 部门法的划分

一、法的体系和法的部门
二、部门法的划分标准
三、部门法的特点

第三节 当代中国法的体系

一、宪法及其相关法
二、民商法
三、行政法
四、经济法
五、社会法
六、刑法
七、程序法

三、考核知识点与考核要求

（一）法的体系释义
1. 识记：法的体系的含义。
2. 领会：(1) 法的体系的历史性；(2) 法的体系的客观性。
3. 应用：(1) 法的体系和法学体系的区别和联系；(2) 法的体系和法系的区别。

（二）部门法的划分
1. 识记：部门法的含义。
2. 领会：(1) 法的体系和部门法的关系；(2) 部门法和规范性法律文件的联系和区别；(3) 部门法划分的必要性。
3. 应用：(1) 我国划分部门法的标准及其问题；(2) 部门法划分的原则。

（三）当代中国法的体系
1. 识记：当代中国法的体系的构成。
2. 领会：(1) 民法和刑法的不同价值和定位；(2) 行政法部门和行政法规的联系和区别；(3) 三大诉讼法的差异。
3. 应用：(1) 不同部门法的历史发展和特点；(2) 将规范性法律文件划归相应的部门法。

四、本章重点与难点

本章重点：法的体系的含义和特征；法的体系的客观性；法的体系和法学体系的区别和联系；部门法的含义；法的体系和部门法的关系；部门法和规范性法律文件的联系和区别；部门法划分的必要性；部门法划分标准和划分原则；当代中国法的体系的构成及其主要部门法。

本章难点：法的体系和法系的区别；行政法部门和行政法规的联系和区别；刑法和民法的不同价值和定位；三大诉讼法的差异。

第 四 编

第十二章 法 的 实 施

一、学习目的与要求

法的价值、功能和作用都需要通过法的实施来体现,因此法的实施是法理学上的重大主题。学习本章,应理解和掌握法的效力的有效性和约束力两个要素,法的效力范围,法的效力冲突和协调;理解和掌握法的适用的含义和特征,法的适用三大要求,特别是法的适用三大原则,以及法的适用四个阶段;理解和掌握法的遵守的含义和意义,法的遵守的主体、条件和途径;理解和掌握法的解释的含义、特征和意义,法的解释的种类和方法,特别是中国法的解释体制。

二、课程内容

第一节 法 的 效 力

一、法的效力释义
二、法的效力范围
三、法的效力冲突和协调

第二节 法 的 适 用

一、法的适用的含义和特征
二、法的适用的基本要求
三、法的适用的基本原则
四、法的适用的阶段

第三节 法 的 遵 守

一、法的遵守的含义和意义
二、法的遵守的主体
三、法的遵守的条件和途径

第四节 法 的 解 释

一、法的解释的含义、特征和意义
二、法的解释的种类
三、法的解释的方法
四、中国法的解释体制

三、考核知识点与考核要求

（一）法的效力
1. 识记：(1)法的效力的含义和形式；(2)法的效力与法的实效；(3)法的效力的来源和种类；(4)法的对象效力；(5)法的空间效力；(6)法的时间效力。
2. 领会：(1)法的溯及力；(2)此类法和彼类法的冲突和协调；(3)新法和旧法的冲突和协调。
3. 应用：上位法和下位法的冲突和协调。

（二）法的适用
1. 识记：(1)法的适用的含义和特征；(2)法的适用的基本要求；(3)法的适用的阶段。
2. 领会：(1)司法机关依法独立行使职权原则；(2)司法合法原则。
3. 应用：司法公正原则。

（三）法的遵守
1. 识记：(1)法的遵守的含义；(2)法的遵守的原因和意义。
2. 领会：(1)法的遵守的条件；(2)法的遵守的途径。
3. 应用：我国守法主体的普遍性。

（四）法的解释
1. 识记：(1)法的解释的含义和特征；(2)法的解释的意义；(3)语法解释和字面解释；(4)立法法之前中国法的解释体制。
2. 领会：(1)法定解释和非法定解释；(2)学理解释和任意解释；(3)限制解释和扩充解释。
3. 应用：立法法确立的中国现行法律解释体制。

四、本章重点与难点

本章重点：法的效力的形式、来源和种类；法的效力范围；法的适用的含义和特征；法的适用的基本要求；法的适用的原则；法的适用的阶段；法的遵守的含义、原因和意义；法的解释的含义、特征和意义；法定解释和非法定解释；学理解释和任意解释；限制解释和扩充解释。

本章难点：法的溯及力；法的效力冲突和协调；法的遵守的条件；立法法确立的中国现行法律解释体制。

第十三章 法律关系

一、学习目的与要求

法律关系是凝聚着国家意志的社会关系，是法的价值、功能和作用得以表现或实现的具体形式。学习本章，应理解和掌握法律关系是一种特殊的社会关系，法律关系有种类的区分，法律关系是由主体、内容和客体三大要素构成的整体，应理解法律关系主体和客体的基本问题，把握法律关系演变的条件和事实，以完整掌握法律关系的基本理论、知识和概念。

二、课程内容

第一节 法律关系释义

一、法律关系是特殊的社会关系
二、学界认知法律关系的历程

第二节 法律关系的种类

一、一般法律关系和具体法律关系
二、绝对法律关系和相对法律关系
三、调整性法律关系和保护性法律关系
四、平权型法律关系和隶属型法律关系

第三节 法律关系的主体

一、法律关系主体的概念
二、法律关系主体的种类和范围
三、法律关系主体的权利能力
四、法律关系主体的行为能力

第四节 法律关系的客体

一、法律关系客体的概念
二、法律关系客体的种类

第五节 法律关系的演变

一、法律关系发生、变更和消灭的条件
二、法律关系发生、变更和消灭的事实

三、考核知识点与考核要求

(一)法律关系释义
1. 识记:(1)法律关系的含义;(2)法律关系存在和运行的条件。
2. 领会:(1)法律关系由法所调整;(2)法律关系以法定权利和义务为内容。
3. 应用:法律关系意志性的体现。
(二)法律关系的种类
1. 识记:(1)一般法律关系和具体法律关系;(2)绝对法律关系和相对法律关系;(3)调整性法律关系和保护性法律关系;(4)平权型法律关系和隶属型法律关系。
2. 应用:法律关系种类的区分。
(三)法律关系的主体
1. 识记:(1)法律关系的三大要素;(2)法律关系主体的含义;(3)权利能力的含义;(4)权利能力的类别;(5)权利能力的起止时间;(6)行为能力的含义;(7)自然人行为能力的划分;(8)合法行为能力和对非法行为承担责任的能力。
2. 领会:(1)主体是否具有行为能力的判断标准;(2)行为能力与权利能力的关系。
3. 应用:(1)中国现时期法律关系主体的种类或范围;(2)法律关系中权利和义务的联系和相互转化。
(四)法律关系的客体
1. 识记:(1)法律关系客体的含义;(2)事物成为法律关系客体需要具备的条件。

2. 领会:法律关系客体的种类。
(五)法律关系的演变
1. 识记:(1)法律关系发生、变更和消灭的含义;(2)法律事实的分类;(3)行为的含义和特点;(4)事件的含义和特点。
2. 领会:(1)法律关系发生、变更和消灭的基本条件;(2)合法行为和不合法行为的区分。
3. 应用:绝对事件和相对事件的区分。

四、本章重点与难点

本章重点:法律关系是特殊的社会关系;一般法律关系和具体法律关系;绝对法律关系和相对法律关系;调整性法律关系和保护性法律关系;平权型法律关系和隶属型法律关系;法律关系主体的概念;法律关系主体的种类和范围;法律关系主体的权利能力;法律关系主体的行为能力;法律关系客体的概念和种类。

本章难点:法律关系意志性的体现;法律关系发生、变更和消灭的条件;法律关系发生、变更和消灭的事实。

第十四章 法律权利和法律义务

一、学习目的与要求

法律权利和法律义务是法学最基本的范畴,贯穿于所有的法律现象和法律运行过程之中。学习本章,应当理解和掌握法律权利的表现形式和实质,法律权利的含义和特征,法律义务的实质,法律义务的正当性,法律义务的含义和特征,法律权利和法律义务的不同分类,法律权利和法律义务的关联性、并存性、对等性、等量性,法律权利和法律义务的价值定位。

二、课程内容

第一节 法律权利和法律义务释义

一、法律权利的概念
二、法律义务的概念

第二节 法律权利和法律义务的分类

一、私权利和公权利,私义务和公义务
二、对物权和对人权,对世义务和对人义务
三、原权利和救济权利,第一位义务和第二位义务
四、消极权利和积极权利,消极义务和积极义务
五、主权利和从权利,主义务和从义务

第三节 法律权利和法律义务的关系

一、法律权利和法律义务的关联性、并存性、对等性、等量性
二、法律权利和法律义务的价值定位

三、考核知识点与考核要求

(一)法律权利和法律义务释义
1. 识记:(1)法律权利的含义和特征;(2)法律义务的含义和特征。
2. 领会:(1)法律权利的实质;(2)法律权利的四种表现形式;(3)法律义务的实质。
(二)法律权利和法律义务的分类
1. 识记:(1)私权利和公权利的含义;(2)对物权和对人权的含义;(3)原权利和救济权利的含义;(4)消极权利和积极权利的含义;(5)主权利和从权利的含义。
2. 领会:(1)私权利和公权利的划分;(2)对物权和对人权的划分;(3)原权利和救济权利的特征;(4)消极权利和积极权利的划分;(5)主权利和从权利的划分;(6)主权利和从权利与原权利和救济权利的区别。
3. 应用:从不同的角度将某一具体的法律权利或者法律义务划归不同种类。
(三)法律权利和法律义务的关系
1. 领会:(1)法律权利和法律义务的关联性;(2)法律权利和法律义务的并存性;(3)法律权利和法律义务的对等性;(4)法律权利和法律义务的等量性;(5)法律权利和法律义务的价值定位。
2. 应用:法律权利和法律义务的关系。

四、本章重点与难点

本章重点:法律权利的概念;法律义务的概念;私权利和公权利、私义务和公义务;对物

权和对人权、对世义务和对人义务;原权利和救济权利、第一位义务和第二位义务;消极权利和积极权利、消极义务和积极义务;主权利和从权利、主义务和从义务;法律权利和法律义务的价值定位。

本章难点:法律权利的表现形式和实质;法律义务的实质;法律义务的正当性;法律权利和法律义务的关联性、并存性、对等性、等量性。

第十五章 法和权力调控

一、学习目的与要求

权力和法律的关系,是法学非常重要的范畴,是中国法治建设过程中极具现实性的重大主题。学习本章,应理解和掌握权力是一种具有支配性力量的社会资源,权力资源对实际生活有极为重要的影响,理解和把握法治与权力资源的法律调控、权力资源的合法化与法律调控、法律调控与权力资源弊病的抑制等关系,还要注重掌握权力资源的法律调控方式等方面的理论和知识,以全面认知法和权力调控的关联。

二、课程内容

第一节 作为支配性力量的权力资源

一、权力研究的现状和学术基础
二、作为支配性力量的权力资源
三、权力资源的影响和价值

第二节 权力资源的法律调控动因

一、法治与权力资源的法律调控
二、权力资源的合法化与法律调控
三、法律调控与权力资源弊病的抑制
四、权力资源法律调控的可能性

第三节 权力资源的法律调控方式

一、权力资源调控与民主政治和宪法规制
二、权力资源调控与权力分工和制约平衡
三、权力资源调控重点和权利保障及责任追究问题
四、权力资源调控的传统形式和新形式

三、考核知识点与考核要求

（一）作为支配性力量的权力资源
1. 识记：(1) 权力资源；(2) 权力资源对国家生活的价值；(3) 权力资源对法的价值。
2. 领会：(1) 权力资源对生活的影响；(2) 权力资源在个人生活和社会历史发展中的作用。
3. 应用：权力是一柄锋利的双刃剑。

（二）权力资源的法律调控动因
1. 识记：(1) 权力资源的法律调控的含义；(2) 权力资源合法化的含义；(3) 实现权力资源合法化的意义；(4) 权力资源弊病的表现；(5) 通过法来抑制权力资源弊病的方式；(6) 权力资源法律调控的限度。
2. 领会：(1) 对权力资源实行法律调控是法治的要义之一；(2) 权力资源的形式合法化和实质合法化；(3) 权力资源易生弊病的原因。
3. 应用：法和权力资源的天然联系。

（三）权力资源的法律调控方式
1. 识记：(1) "所有权"和"管理权"的界限；(2) 权力的制约平衡的含义；(3) 权力分工与制约平衡的关系；(4) 权力资源调控和责任追究相统一；(5) 权力资源调控的传统形式；(6) 权力资源调控的新形式；(7) 权力资源调控的法定形式；(8) 权力资源调控的非法定形式。
2. 领会：(1) 权力资源的法律调控同民主政治的结合；(2) 权力资源的法律调控同宪法规制的结合；(3) 权力分工和制约平衡的原则；(4) 权力分工的必要性和方法。
3. 应用：(1) 相关权力资源的重点调控；(2) 权力资源调控和权利保障的结合。

四、本章重点与难点

本章重点：作为支配性力量的权力资源；权力资源对个人和社会历史的作用；权力资源对国家和法的价值；法治与权力资源的法律调控；权力资源的合法化与法律调控；权力资源法律调控的可能性；权力资源调控与民主政治；对相关权力资源的重点调控；权力资源调控

和权利保障的结合;权力资源调控的传统形式和新形式。

本章难点:法律调控与权力资源弊病的抑制;法和权力的天然联系;权力资源调控与宪法规制;"所有权"和"管理权"的界限;权力资源调控与权力分工和权力制约平衡;权力资源调控和责任追究。

第十六章　法律行为、责任和制裁

一、学习目的与要求

法律行为、法律责任和法律制裁属于法理学的基本范畴,正确理解和把握本章的基本内容,是法学知识体系建立的前提条件。学习本章,应理解和把握何谓法律行为、法律责任的产生原因、法律责任的归结、法律责任的承担和免除、法律制裁的种类等知识和理论,为法的实施和法律实际生活的开展铺垫条件。

二、课程内容

第一节　法律行为

一、法律行为释义
二、法律行为的基本分类
三、法律对行为的激励机制

第二节　法律责任

一、法律责任释义
二、法律责任的特征
三、法律责任的产生原因
四、法律责任的归结、承担和免除

第三节　法律制裁

一、法律制裁的概念

二、法律制裁的种类

三、考核知识点与考核要求

（一）法律行为
1. 识记：(1) 法律行为的含义、特征和结构；(2) 合法行为、违法行为和中性行为；(3) 积极法律行为和消极法律行为；(4) 抽象法律行为和具体法律行为；(5) 个体法律行为和群体法律行为。
2. 领会：法律对行为的激励机制。
3. 应用：法律对个体行为的激励方式。

（二）法律责任
1. 识记：(1) 法律责任的字义和含义；(2) 法律责任的种类；(3) 法律责任的特征。
2. 领会：(1) 法律责任的产生原因；(2) 法律责任的承担；(3) 法律责任的免除。
3. 应用：(1) 法律责任的归结原则；(2) 法律责任的竞合。

（三）法律制裁
1. 识记：(1) 法律制裁的概念；(2) 法律制裁的种类。
2. 领会：法律制裁与法律责任的关系。

四、本章重点与难点

本章重点：法律行为的含义、特征和结构；法律行为的基本分类；法律责任的字义、含义和种类；法律责任的特征；法律责任的归结原则；法律责任的免除理由；法律制裁的含义和功能；法律制裁和法律责任的关系；民事制裁、刑事制裁、行政制裁和违宪制裁。

本章难点：法律对行为的激励方式；法律责任的产生原因；法律责任的承担及竞合。

第十七章 法律程序

一、学习目的与要求

法律程序在国家法治建设中占有重要地位。近年来法律程序、程序正义、正当法律程序等概念愈益受到关注。学习本章，应理解法律程序的基本含义、构成要素，理解和掌握法律程序的内在价值、程序正义等概念，正确认知正当法律程序的功能；应学会运用法律程序、程序正义、正当法律程序的基本知识和原理,思考和分析相关法律实际问题。

二、课程内容

第一节 法律程序概述

一、法律程序释义
二、法律程序的构成要素

第二节 法律程序的内在价值

一、法律程序内在价值的含义
二、法律程序内在价值的主要内容
三、程序正义及其法治价值

第三节 正当法律程序及其功能

一、正当法律程序的含义和历史
二、正当法律程序的功能

三、考核知识点与考核要求

(一)法律程序概述
1. 识记:(1)法律程序的含义;(2)法律程序的类型;(3)法律程序的构成要素。
2. 领会:(1)法律程序与程序法的关系;(2)习近平总书记关于法律程序的论述。
(二)法律程序的内在价值
1. 识记:(1)法律程序的内在价值的含义;(2)法律程序内在价值的主要内容;(3)程序正义的含义。
2. 领会:(1)法律程序内在价值的研究;(2)程序正义和实体正义;(3)程序正义的内涵。
3. 应用:程序正义的法治价值。
(三)正当法律程序及其功能
1. 识记:(1)正当法律程序的含义;(2)正当法律程序的起源。
2. 领会:(1)程序性正当法律程序和实质性正当法律程序;(2)正当法律程序的功能。

四、本章重点与难点

本章重点：法律程序的含义；习近平总书记关于法律程序的论述；法律程序的类型；法律程序的构成要素；法律程序内在价值的含义和主要内容；程序正义的含义；程序正义和实体正义；正当法律程序的含义；正当法律程序的功能。

本章难点：程序正义的法治价值；程序性正当法律程序和实质性正当法律程序。

第十八章 法律推理和法律论证

一、学习目的与要求

法律推理和法律论证是法律工作者的基本职业技能，具有很强的实践性和专业理论深度。学习本章，应当理解推理的构成要素，法律推理的特征，演绎推理的公式和特点，演绎推理的司法应用，归纳推理的公式、种类和特点，归纳推理的司法应用，类比推理的公式和特点，类比推理的司法应用，实质推理的司法应用，法律论证的构成和种类，法律论证的规则，法律论证的前沿理论。

二、课程内容

第一节 法律推理释义

一、推理的含义和构成要素
二、法律推理的含义和特征
三、法律形式推理的种类

第二节 形式推理及其司法应用

一、演绎推理
二、归纳推理
三、类比推理

第三节　实质推理的司法应用

一、实质推理的含义
二、实质推理对形式推理的补充
三、实质推理的适用限制
四、实质推理的局限性

第四节　法 律 论 证

一、法律论证的构成和种类
二、法律论证的规则
三、法律论证的前沿理论

三、考核知识点与考核要求

（一）法律推理释义
1. 识记：(1) 推理的含义；(2) 推理的要素；(3) 形式推理的种类。
2. 领会：法律推理的特征。
（二）形式推理及其司法应用
1. 识记：(1) 演绎推理的含义；(2) 演绎推理的词项和公式；(3) 归纳推理的含义；(4) 归纳推理和科学归纳推理的公式；(5) 类比推理的含义；(6) 类比推理的公式。
2. 领会：(1) 演绎推理的特点；(2) 演绎推理和归纳推理的比较；(3) 归纳推理的特点；(4) 归纳推理和科学归纳推理的应用；(5) 类比推理的特点；(6) 类比推理的思维步骤。
3. 应用：(1) 演绎推理在司法应用中的有效性和局限性；(2) 归纳推理在英美法系的司法应用；(3) 大陆法系的类推适用；(4) 英美法系的"遵循先例"原则。
（三）实质推理的司法应用
1. 识记：(1) 实质推理的含义；(2) 实质推理的适用限制。
2. 领会：(1) 实质推理对形式推理的补充；(2) 实质推理的局限性。
（四）法律论证
1. 识记：(1) 论证的含义；(2) 论证的构成要素。
2. 领会：(1) 论证和推理的联系和区别；(2) 同一律；(3) 不矛盾律；(4) 排中律；(5) 充足理由律；(6) 法律论证规则；(7) 法律论证的前沿理论。
3. 应用：(1) 直接证明的方法；(2) 间接证明反证法和排除法；(3) 反驳的方法；(4) 法律论证中的论证思维规则。

四、本章重点与难点

本章重点:法律推理的含义和特征;法律形式推理的种类;演绎推理的公式和应用;演绎推理和归纳推理的比较;归纳推理的公式和应用;类比推理的公式和应用;实质推理的司法应用;法律论证的构成和种类;论证和推理的联系和区别;论证的思维规则。

本章难点:演绎推理的司法应用;归纳推理的司法应用;类比推理的司法应用;实质推理对形式推理的补充;实质推理的适用限制;法律论证的规则。

第十九章 法律职业和法律思维

一、学习目的与要求

法律职业和法律思维具有很强的实践性,近年来也逐渐成为法理学所关注的内容。学习本章,应理解法律职业的含义和范围,了解法律职业的形成和发展历史,关注中国法律职业的兴起和繁荣,知晓法律职业的各类主体和法律职业教育的相关情况,掌握法律职业的伦理规范,把握法律思维的特点。

二、课程内容

第一节 法律职业释义

一、法律职业的含义
二、法律职业的内部结构
三、法律职业的特征

第二节 法律职业的形成

一、古代
二、中世纪
三、近现代

第三节　法律职业主体和职业教育

一、法律职业主体
二、法律职业教育

第四节　法律职业伦理

一、法律职业伦理释义
二、法官职业伦理
三、检察官职业伦理
四、律师职业伦理

第五节　法　律　思　维

一、法律思维的含义
二、法律思维和大众思维的区别
三、法律思维的特点

三、考核知识点与考核要求

（一）法律职业释义
1. 识记：(1)法律职业的含义；(2)法律职业的内部结构。
2. 领会：法律职业的特征。
（二）法律职业的形成
1. 识记：法律职业的起源。
2. 领会：(1)中国古代法律职业概况；(2)古希腊和古罗马的法律职业概况；(3)英美法律职业概况；(4)中国法律职业的兴起和繁荣。
（三）法律职业主体和职业教育
1. 识记：(1)法官的含义和任职资格；(2)检察官的含义和任职资格；(3)律师的含义、执业内容和执业资格；(4)公证人的含义和任职资格；(5)法律教育模式。
2. 领会：(1)法官、检察官和律师的职业区别；(2)中国的法学教育。
（四）法律职业伦理
1. 识记：法律职业伦理的含义。
2. 领会：(1)法律职业伦理的必要性；(2)法官职业伦理的内容；(3)检察官职业伦理的内容；(4)律师职业伦理的意义；(5)律师职业伦理的内容。

(五)法律思维
1. 识记:法律思维的含义。
2. 领会:(1)法律思维和大众思维的区别;(2)法律思维的特点。

四、本章重点与难点

本章重点:法律职业的含义和特征;法律职业的形成;中国法律职业的兴起和繁荣;法律职业主体;法官、检察官和律师的职业区别;法律职业教育;法律职业伦理;法官、检察官和律师的职业伦理;法律思维的含义和特点。

本章难点:法律职业的兴起和发展;法律思维和大众思维的区别。

第二十章 法治和法制

一、学习目的与要求

法治和法制问题是法理学和法律实际生活的重大主题。学习本章,应理解和把握法治和法制的概念,法治和法制的区别和联系,法治的原则,当代中国法治的基本原则,法治的基本条件,新时代法治国家建设的基本条件,法制和民主的关系,建设社会主义法治国家的理念和路径,把握法治和法制的相关理论,特别是要理解和把握习近平法治思想的理论特色和核心要义。

二、课程内容

第一节 法治和法制释义

一、法治释义
二、法制的概念
三、法治和法制的区别和联系

第二节 法治的原则和条件

一、法治的基本原则

二、法治的基本条件

第三节　法制和民主

一、民主的概念
二、法制和民主的一般关系
三、法制的民主化和民主的法制化

第四节　建设法治中国

一、理念的重构：丢弃人治，走向法治
二、路径的选择：发展现代法治和法制

第五节　习近平法治思想

一、坚持党对全面依法治国的领导
二、坚持以人民为中心
三、坚持中国特色社会主义法治道路
四、坚持依宪治国、依宪执政
五、坚持在法治轨道上推进国家治理体系和治理能力现代化
六、坚持建设中国特色社会主义法治体系
七、坚持依法治国、依法执政、依法行政共同推进，法治国家、法治政府、法治社会一体建设
八、坚持全面推进科学立法、严格执法、公正司法、全民守法
九、坚持统筹推进国内法治和涉外法治
十、建设德才兼备的高素质法治工作队伍
十一、坚持抓住领导干部这个"关键少数"

三、考核知识点与考核要求

（一）法治和法制释义
1. 识记：(1) 中西法治概念的历史比较；(2) 法制的含义。
2. 领会：(1) 形式性的法治概念和实质性的法治概念；(2) 中国学者对法治概念的理解。
3. 应用：法治和法制的区别和联系。

（二）法治的原则和条件
1. 领会：(1) 中西学界对法治原则的不同理解；(2) 法治的基本条件。

2. 应用:中国法治的基本原则。
(三)法制和民主
1. 识记:(1)民主的含义;(2)法制的民主化;(3)民主的法制化。
2. 领会:法制与民主的一般关系。
(四)建设法治中国
1. 识记:现代法治的主要标志。
2. 应用:法治中国建设的理念和路径选择。
(五)习近平法治思想
1. 领会:(1)习近平法治思想的时代背景;(2)习近平法治思想的理论特色。
2. 应用:习近平法治思想的核心要义。

四、本章重点与难点

本章重点:法治和法制的概念;法治和法制的区别和联系;法治的原则;当代中国法治的基本原则;法治的基本条件;民主的含义;法制和民主的一般关系;现代法治的主要标志;习近平法治思想的理论特色和核心要义。

本章难点:现代法治的主要标志;法制的民主化和民主的法制化;法治中国建设的理念和路径选择。

第二十一章 法律监督

一、学习目的与要求

在现代社会,法律监督是整个法治系统中的一个重要组成部分。学习本章,应理解和把握法律监督的概念、构成、模式和依据,重点掌握国家法律监督的概念和我国国家法律监督体系的基本内容,对社会法律监督和我国社会法律监督体系有必要的了解。

二、课程内容

第一节 法律监督概述

一、法律监督释义

二、法律监督的构成
三、法律监督制度模式
四、法律监督的依据

第二节 国家法律监督

一、国家法律监督的概念
二、我国国家法律监督体系

第三节 社会法律监督

一、社会法律监督的概念
二、我国社会法律监督体系

三、考核知识点与考核要求

(一)法律监督概述
1. 识记:(1)广义法律监督与狭义法律监督;(2)法律监督的构成要素;(3)法律监督的依据。
2. 领会:中国共产党领导下的法律监督。
3. 应用:"严密的法治监督体系"是中国特色社会主义法治体系的重要组成部分。
(二)国家法律监督
1. 识记:(1)国家法律监督的概念;(2)国家权力机关的监督的概念;(3)立法监督的概念。
2. 领会:(1)法律的国家监督;(2)国家监察机关与国家检察机关的监督的区别;(3)我国国家审判机关的监督范围。
3. 应用:(1)《中华人民共和国各级人民代表大会常务委员会监督法》的主要内容;(2)国家监察机关的监督对于构筑"不敢腐、不能腐、不想腐"有效机制的意义。
(三)社会法律监督
1. 识记:(1)社会法律监督的概念;(2)我国社会法律监督体系。
2. 领会:社会法律监督的必要性。
3. 应用:(1)信息时代网络监督的特殊功能;(2)法律职业群体在法律监督中的特殊作用。

四、本章重点与难点

本章重点:法律监督的含义和构成要素;法律监督的模式;国家法律监督的概念;我国国家权力机关监督、监察机关监督、检察机关监督;社会法律监督的概念。

本章难点:法律监督的依据;我国公民监督、社会舆论监督、社会组织监督。

第二十二章 法律意识、文化和传统

一、学习目的与要求

法律意识、法律文化和法律传统是法律实际生活中处于社会深层的重要法律现象。学习本章,应理解何谓法律意识、法律文化和法律传统,掌握法律意识的结构和功能、法律文化的特性和种类以及中西法律传统的特征,以更深刻地了解中西法律文化的差异,为在法治轨道上全面建设社会主义现代化国家而努力。

二、课程内容

第一节 法律意识

一、法律意识释义
二、法律意识的结构
三、法律意识的功能

第二节 法律文化

一、法律文化释义
二、法律文化的特性
三、法律文化的种类

第三节 法律传统

一、法律传统概述

二、中国法律传统

三、考核知识点与考核要求

（一）法律意识
1. 识记：(1) 法律意识的含义；(2) 法律意识和法律知识、法律观念、法律意识形态的联系和区别；(3) 法律意识的分类。
2. 领会：(1) 法律意识的结构；(2) 法律观念的特征；(3) 法律意识的功能。
3. 应用：提高社会法律意识水平的举措。

（二）法律文化
1. 识记：(1) 文化的含义和特征；(2) 法律文化的含义及其强调方面；(3) 法律文化的特征。
2. 领会：(1) 法律文化的一般分类；(2) 不同国家法律文化差别的原因；(3) 成文法型、判例法型和混合法型法律文化的主要区别。
3. 应用：宗教主义型、伦理主义型和现实主义型法律文化特征在社会中的表现。

（三）法律传统
1. 识记：(1) 传统的含义；(2) 法律传统的含义和特征。
2. 领会：中国法律传统的特征。
3. 应用：中国法律传统的体现和影响。

四、本章重点与难点

本章重点：法律意识的含义和特点；法律意识的分类；法律意识的功能；法律文化的含义；法律文化的特性；法律文化的种类；法律传统的含义；法律传统的特性；中国法律传统。

本章难点：法律意识的结构；混合法型法律文化。

第二十三章 法和生态文明

一、学习目的与要求

生态文明与法的关系问题正在成为中国法理学关切的主题。学习本章，应准确理解生态文明的意涵,特别是习近平生态文明思想及生态法治理论;弄清生态文明与法治的相互关系;掌握中国宪法对生态文明所作的规定及民法、刑法、环境保护法等主要部门法关于生态文明的相关规定;掌握生态文明与主要部门法之间的辩证关系。

二、课程内容

第一节 生态文明与生态法治

一、生态文明释义
二、我国生态文明建设的理论
三、生态法治

第二节 生态文明与我国法律体系

一、生态文明与宪法
二、生态文明与民法
三、生态文明与刑法
四、生态文明与环境保护法
五、生态文明与诉讼法

三、考核知识点与考核要求

(一)生态文明与生态法治
1. 识记:(1)生态文明的定义;(2)生态文明的三个意涵;(3)生态法治的内容。
2. 领会:习近平生态文明思想及生态法治理论。
(二)生态文明与我国法律体系
1. 识记:(1)我国《宪法》对生态文明的规定;(2)我国《民法典》中"绿色原则"及各编的具体体现;(3)我国《刑法》关于生态文明的相关罪名;(4)我国《环境保护法》的立法思想;(5)生态环境损害赔偿诉讼制度及公益诉讼的主要内容。
2. 领会:(1)"生态文明"入宪的意义;(2)我国《民法典》"绿色原则"的意义;(3)我国建立"公益诉讼"制度与生态文明建设的关系。

四、本章重点与难点

本章重点：习近平生态文明思想；生态文明与法治的关系；法治在生态文明建设中的保障作用；我国宪法关于生态文明的相关表述及其意义；我国民法、刑法、环境保护法、诉讼法对生态环境的保护。

本章难点：生态文明的定义及意涵；人与自然生命共同体；生态文明的宪法地位。

Ⅳ 关于大纲的说明与考核实施要求

一、课程自学考试大纲的目的和作用

课程自学考试大纲是根据专业自学考试计划的要求,结合自学考试的特点而确定的。其目的是对个人自学、社会助学和课程考试命题进行指导和规定。

课程自学考试大纲明确了课程学习的内容和深广度,规定了课程自学考试的范围和标准。因此,它是编写本课程自学考试教材的依据,是社会助学组织进行自学辅导的依据,是自学者学习教材、掌握课程内容知识范围和程度的依据,也是进行自学考试命题的依据。

二、课程自学考试大纲和教材的关系

课程自学考试大纲是进行学习和考核的依据,教材是学习掌握课程知识的基本内容和范围,教材的内容是大纲所规定的课程知识和内容的扩展和发挥。大纲和教材所体现的课程内容基本一致,大纲中的课程内容和考核知识点,教材里一般也有。反过来,教材里有的内容,大纲中则不一定体现。

三、关于自学教材

《法理学》,全国高等教育自学考试指导委员会组编,周旺生主编,北京大学出版社,2024年版。

四、关于自学要求和自学方法的指导

本大纲的课程基本要求是依据专业基本规范和专业培养目标而确定的,课程基本要求明确了课程的基本内容以及对基本内容掌握的程度。基本要求中的知识点构成了课程内容的主体部分,因此,课程基本内容掌握程度、课程考核知识点是高等教育自学考试考核的主要内容。

为有效地指导个人自学和社会助学,本大纲已指明了课程的重点和难点,在章节中也指明了章节内容的重点和难点。

本课程共 7 学分。

学好本门课程,需要抓住三个基本点:

1. 注重基本方法。首先,要善于全面学习。法理学作为法学的基础学科,以系统研究和阐述法的基本原理、基本知识和基本概念为重要特征。其次,要善于抓住重点,尤其要抓住重点章节和问题,对不同层次的重点投入不同的注意力。最后,要善于科学复习。注重采取全面复习和重点复习相结合、总复习和阶段性复习相结合、接受知识和检查结果相结合、尊重规律和兼顾本人情况相结合等方法进行复习。

2. 掌握基本内容。要从掌握各章"三基和三点"入手。所谓"三基",是指基本理论、基本知识、基本概念;所谓"三点"是指重点、难点、疑点。在学习法理学课程时,应着重掌握基本理论、基本知识、基本概念;同时应着重把握其中的重点问题,并对难点和疑点投入一定的注意力。

3. 运用基本技术。要仔细研究考试大纲,以准确无误地把握考试的范围,有的放矢地学习和复习。

五、对考核内容的说明

1. 本课程要求考生学习和掌握的知识点内容都作为考核的内容。课程中各章的内容均由若干知识点组成,在自学考试中成为考核知识点。因此,课程自学考试大纲所规定的考试内容是以分解为考核知识点的方式给出的。由于各知识点在课程中的地位、作用以及知识点本身的特点不同,自学考试将对各知识点分别按三个认知层次确定其考核要求。

2. 在考试之日起 6 个月前,由全国人民代表大会及其常务委员会和国务院制定或修订的法律、法规都将列入本课程的考试范围。凡大纲、教材内容与现行法律法规不符的,应以现行法律法规为准。

六、关于考试方式和试卷结构的说明

1. 本课程的考试方式为闭卷,笔试,满分 100 分,60 分及格。考试时间为 150 分钟。

2. 本课程试卷中对不同能力层次要求的分数比例,一般为:识记占 40%,领会占 35%,应用占 25%。

3. 要合理安排试卷的难易结构,试题的难易度可分为易、较易、较难和难四个等级。必须注意试题的难易程度与能力层次有一定的联系,但二者不是等同的概念。在各个能力层次中对于不同的考生都存在着不同的难度。在大纲中要特别强调这个问题,应告诫考生切勿混淆。

4. 课程考试命题的主要题型一般有:单项选择题、多项选择题、名词解释题、简答题、论述题等。

附录 题型举例

一、单项选择题：在每小题列出的备选项中只有一项是最符合题目要求的,请将其选出。

1. 下列选项中,属于法学专业方法的是
   A. 经济分析的方法　　　　　　　　B. 哲学的方法
   C. 规范分析的方法　　　　　　　　D. 价值分析的方法

二、多项选择题：在每小题列出的备选项中至少有两项是符合题目要求的,请将其选出。错选、多选或少选均不得分。

2. 根据我国《立法法》的规定,下列事项中,只能由法律规定的有
   A. 犯罪和刑罚　　　　　　　　　　B. 对私有财产的征收
   C. 诉讼制度　　　　　　　　　　　D. 民族区域自治制度
   E. 仲裁制度

三、名词解释题

3. 权利能力

四、简答题

4. 简述法律规则的逻辑结构。

五、论述题

5. 试述中国现行法律解释制度。

大 纲 后 记

《法理学自学考试大纲》是根据《高等教育自学考试专业基本规范(2021年)》的要求,由全国高等教育自学考试指导委员会法学类专业委员会组织制定的。

全国考委法学类专业委员会对本大纲组织审稿,根据审稿会意见由编者做了修改,最后由法学类专业委员会定稿。

本大纲由北京大学周旺生教授主编。参加审稿并提出修改意见的有中国人民大学朱景文教授、中国政法大学舒国滢教授、清华大学高其才教授。

对参与本大纲编写和审稿的各位专家表示感谢。

全国高等教育自学考试指导委员会
法学类专业委员会
2023 年 12 月

全国高等教育自学考试指定教材

法 理 学

全国高等教育自学考试指导委员会　组编

编 者 的 话

本书为新编全国高等教育自学考试《法理学》教材。新编教材是为适应我国高等教育自学考试法律事务专业《法理学》课程的自学、教学、命题等方面的发展需要,以修订《法理学自学考试大纲》规定的学习和考试范围为根据编写的。新编教材同大纲一样,也是自学考生进行学习、社会助学者进行教学和辅导、命题者进行命题的根据和蓝本。

新编《法理学》自学考试教材以 2007 年版同名教材和考试大纲为基础,反映和吸纳自那时以来近二十年间我国法理学自学考试、法理学学科建设和国家法治建设等方面的新经验、新成就和新成果。新编《法理学》教材充分尊重自学考试的规律和特点,充分考虑参与自学考试的广大考生的实际情况,也充分体现法理学学科在法学体系中的重要地位和它作为理论学科的特点,在内容选择、阐述方式、理论和知识深度以及其他诸多方面,倾心追求恰当性、科学性、实用性、稳定性;并以体现法理学学科要求、方便法理学自学考生学习和掌握、便于法理学自学考试命题为要旨。同时,新编教材注重各章重点内容的阐述和分析,突出各章的地位和特点,精解各章的考试内容和要求;注重基本理论、基本知识、基本概念和主要问题的阐述、解析和提示。

新编《法理学》教材由全国高等教育自学考试指导委员会法学类专业委员会组织编写,北京大学周旺生教授担任主编,北京工商大学张羽君副教授担任副主编。北京大学、西南政法大学、北京外国语大学、北京工商大学、首都医科大学等学校的有关学者参加编写。各章撰稿人为:

周旺生教授——第一、二、三、四、五、六、八、九、十、十二、十三、十五章;

张博源教授——第七、二十章;

张羽君副教授——第十一、十四、十八、十九章;

赵树坤教授——第十六章;

郭　忠教授——第十七章;

付子堂教授——第二十一章;

孟庆涛教授——第二十二章;

米　良教授——第二十三章。

(参考后记)

全书由周旺生教授负责总体框架设计和修改定稿。

中国人民大学朱景文教授、中国政法大学舒国滢教授、清华大学高其才教授参加了本书审稿并提出宝贵的修改意见,谨此致谢。

编　者

2023 年 12 月

第 一 编

第一章 法学绪论

第一节 法学的性质和特征

一、法学释义

法学是研究法、法的现象以及与法相关的问题的专门学问,是关于法律问题的知识和理论体系,是社会科学的一门重要学科。

法学是以法为研究对象的专门学问。它首先研究法本身的问题,如研究宪法、法律、法规,以及各种部门法,如宪法、民法、刑法、行政法等问题。它也研究基于法而发生的各种法的现象,如研究立法、司法、执法、守法等法的现象。它还研究与法相关的问题,如研究法与经济、政治、文化的关系,研究法与法的现象的发展规律等。

法学是关于法律问题的知识和理论体系,而不是零碎的法律观念、认识和思想的简单相加。法学同人们的法律观念、认识和思想有密切联系,它是法和法的现象在人们观念上的反映,是人们思考和认识法律问题的结果。没有法律观念、认识和思想,不可能有法学。但并不是所有法律观念、认识和思想都是法学,而只有系统的、特定的法律观念、认识和思想,即关于法律问题的知识和理论体系,才能称为法学。自法产生以后,就有法律观念、认识和思想,因为法和法的现象必然会在人的头脑中反映出来。而法学却并非从一有法律观念、认识和思想起就存在了。法学是在人们的法律观念、认识和思想经过发展而达到系统化的程度后才出现的,是人们的法律观念、认识和思想的高级形态。

法学并非无源之水、无本之木。法学的根本来源是一定历史时空条件之下的国家生活、社会生活和公民生活,法学是这些实际生活的观念化反映。一方面,法学的直接来源是具体的法律实践和法治实践,是法律实践和法治实践经由人们的法律观念、认识和思想的转化而形成的,是这些实践的观念化体现。有什么样的法律实践和法治实践,就有什么样的法学。法律实践和法治实践的先进或落后程度,制约着法学的先进或落后程度。要增进和提升法学的先进性、现代性和科学性,就要改善和推进法律实践和法治实践,就要实现法律实践和法治实践的先进性、现代性和科学性。当然,在另一方面,法学又反作用于法律实践和法治实践,对法律实践和法治实践产生引领促进的积极效用或阻滞妨碍的消极作用。

法学是社会科学的重要组成部分,同其他学科有密切关联。科学有自然科学、人文科学和社会科学之分。社会科学不同于研究自然现象的自然科学和研究人类精神生活的人文科学,它是研究人类社会现象的学科体系。法学所研究的法、法的现象以及与法相关的问题,属于社会现象中的基本现象和基本问题,因而属于社会科学。社会科学包括诸如经济学、政治学、法学、社会学在内的一系列学科,它们既相互独立又密切关联。法学的研究对象不同于其他学科,这是法学能够成为社会科学之中的独立学科的主要原因。法学的研究对象同其他学科的研究对象又经常交织在一起,法的调整涉及社会生活的各个基本方面,大量法律问题并非单纯的法律问题,而是法和其他领域的交叉问题或双边抑或多边问题,社会生活其他领域的问题往往也可能甚至必然演化为法律问题,这些情形的存在,又使法学不能不同其他学科有着千丝万缕的联系。法学以自己的成果辅助和推动其他学科的发展,又借助其他学科的成果说明法与经济、政治、文化、社会的关系,揭示法的本质,并进而使自己的发展走向纵深。

作为社会科学的组成部分,法学具有科学性。这主要因为,法学可以反映人们期望在法和法的现象问题上达到真理性认识境界的科学追求,事实上人们在实现这一追求的过程中也的确能够取得大量的符合科学标准的结果。然而,法学具有科学性,不等于所有法学都是科学。法学是经由法学家的中介而以知识和理论体系的形式对法律实际生活所作的反映,受法学家的主观倾向、价值观念和其所处时空条件的影响,不少法学理论和学说经常背离科学的轨道。西方有学者认为,就法学的研究对象而言,它是对各种法和法的现象及其相互关系和分类等方面实践的认识;就法学的应用方法而言,它又是十分严谨的论述和仔细的分析,兼用演绎方法和归纳方法;就法学的实践或教育目的而言,它要起协调社会生活的作用,或教育公民懂得各种法。因此,法学确实是一门不折不扣的科学。① 这种观点既混同了科学性与科学两者的界限,也无视了法学的高度复杂性。事实上,在各种不同的具体法学中,有的法学具有较强的科学性,有的法学只有某些科学成分,有的法学则谈不上什么科学性问题。还有一些法学,例如那种把法说成是神的意志体现的法学,那种旨在为不合理的、落后的、反动的统治秩序辩护的法学,则非但不是科学,而且还违背科学。②

法学的产生以法的产生为前提,没有法就不可能有法学。但法学并非与法同步产生,并非一有法就有法学。法学是在法发展到一定阶段、人们对法的认识达到一定程度时,才产生的。具备这样的条件后,人们的法律观念、认识和思想才能上升为知识和理论体系。在促成法学产生的种种条件中,立法的广泛发展和专门研究者的出现,是尤为重要的两个条件。正如恩格斯所说:"随着立法发展为复杂和广泛的整体,出现了新的社会分工的必要性:一个职业法学者阶层形成起来了,同时也就产生了法学。"③

法学产生后就向前发展着。这种发展,从历史的角度看,造成了古代法学和近代以来法学的区分;从学术流派立场观察,造成了自然法学派、分析法学派、历史法学派、哲理法学派、社会法学派、规范法学派、经济分析法学派等等之别;而从世界观和方法论的结合上审视,则有马克思主义法学和非马克思主义法学的分野。古代法学和近代以来的法学,在科学性的

---

① 见〔法〕《拉鲁斯大百科全书》(第11卷),第6770页。转引自潘念之主编:《法学总论》,知识出版社1981年版,第42页。
② 不能排除落后的法学中也可能有某些科学的因素,但从根本上看,落后的法学在整体上不能算作科学,而只能算作一门学科或学问。
③ 〔德〕恩格斯著:《论住宅问题》,载《马克思恩格斯选集》(第2卷),人民出版社1972年版,第539页。

程度上、方法论的种类上、体系结构的特点上以及在其所生存的历史环境（特别是经济、政治、文化、法治的发达水平）方面，存在显著差别。各种法学流派在立场、方法、价值观念和基本观点上，也各有鲜明特点。

在各种法学中，马克思主义法学显示出不同于其他法学的基本特色：其一，马克思主义法学坚持唯物主义的观点，认为法所体现的意志不是凭空产生和存在的，而是归根结底由社会物质生活条件决定的，具有客观性。非马克思主义法学一般都在不同程度上否认或颠倒法与社会物质生活条件的关系，要么认为法与社会物质生活条件没有联系，要么认为法与社会物质生活条件虽有联系但却没有根本联系，要么认为法与社会物质生活条件的联系不在于社会物质生活条件决定法而在于法决定社会物质生活条件。其二，马克思主义法学坚持阶级分析的观点，认为法是由掌握国家政权的阶级制定或认可的，具有阶级性。在阶级对抗的社会，法体现统治阶级意志；在社会主义社会，法体现工人阶级和其他广大人民的意志。非马克思主义法学大都以不同形式否认法的阶级性，把法说成是超阶级的公共意志的体现。其三，马克思主义法学坚持辩证发展的观点，认为法是人类社会发展到一定历史阶段的产物，是历史的范畴，有其产生、发展和消亡的过程。非马克思主义法学多认为法是从来就有和永恒存在的，是超历史的。

二、法学是历史的和国情的范畴

法学有悠久的历史，它是在历史的发展过程中逐渐演化为专门的学问和学科的。作为一种专门的学问和学科，各个时代和国情下的法学自然有其共同性，但这些共同性并不能遮蔽不同时代和国情之下法学所具有的不同面貌或特色。法学经历了一个发展过程，是一个动态的概念。在法学历史发展过程的各个不同阶段上，它所表现出来的情形，人们对它的认识和赋予它的含义，同时空条件是相连的。不同时空条件下的法学，总是印有特定的痕迹，其内涵和外延、内容和体系是有差别的。因此，不能以某个具体阶段上的法学或某些国家的法学，作为所有法学的统一样式或标准，并以其衡量各个阶段上的法学和各个国家的法学。

法学一词，源自公元前3世纪末罗马共和时期的拉丁文 jurisprudentia，由 jus 和 providere 所合成，前者意指正义并可引申为法，后者意指先见并可引申为知识，两者合成时意指体现正义和先见的系统法律知识。以乌尔比安等人著作为蓝本，以罗马皇帝查士丁尼名义问世的《法学总论——法学阶梯》，对法学的界定是："法学是关于神和人的事物的知识；是关于正义和非正义的科学。"①当时对法学的理解，一方面同希腊以来所形成的崇尚自然和正义的传统在罗马结出果实直接相关，另一方面也同知识和理论经由希腊而发展到罗马已达到相当高度密切相连。到了近代，随着法律实际生活的发展，人们对法学的认识水平有了很大提升，与此同时，自然科学的迅速发展也启发人们把研究社会现象的学问当作科学看待，这样，法学在人们的观念中就逐渐成为一门社会科学。也因此，从19世纪起，法学一词在英语中就逐渐写作 science of law 或 legal science。

不过，在法学究竟是什么样的学问或学科的问题上，至今仍有种种歧见。这些歧见的存在总是同人们所处环境和所受传统的影响联系在一起。在民法法系，有学者认为，法学是关

---

① 〔古罗马〕查士丁尼著：《法学总论——法学阶梯》，张企泰译，商务印书馆1989年版，第5页。

于法的制定、实施、研究和教育等领域的各种科学性活动的总体。这种活动涉及个人、家庭、企业、国家等众多方面的复杂生活,并且日趋多样化和不断向前发展。① 有学者认为,法学这一名词所指的是,关于法院在作出判决时所采用的确定的常规准则。② 在普通法法系,则有另外的理解。例如,有学者认为:在美国,法学作为一门学术研究科目来说,可以指研究法的一门独立学科即分析法学;可以指对正义本质的研究即哲理法学;也可以指对法与社会的关系的研究即社会法学。③ 这些见解都有一个共同之处,即都把法学同研究法、法的现象以及与法相关的问题联系起来;而其差异,则主要是由两大法系的不同传统,对其法学学人产生的不同影响所造成的。

在中国古代,法学曾经是关于刑名法术的学问,故称"刑名法术之学"④或"刑名之学"⑤。"刑"为刑种,"名"为循名责实,而"法术"则指帝王的统治方法和策略。这同当时中国的商品经济极不发达,以帝王之治为显著特征的专制集权颇为兴盛,再加上法家不遗余力地鼓吹为帝王之治服务的所谓"法治",是分不开的。在这种历史条件下,民商、经济、社会、行政等方面的法律规范自然甚为匮乏,而刑事法律规范则自然相对发达,且刑事法律规范主要就是用来为帝王之治服务的器具,由于这些缘故,法学也就逻辑地成为所谓"刑名法术之学"。后来,中国古代法学在很长时期里主要采取了律学的表现形式,法学在很大程度上就是以官方注律为基本形式的律学。那时的法学所担负的任务主要是谋求法的统一适用,法学就是为注明以刑律为主要内容的法律,从而为集权专制提供有效服务的学问。

在当代中国,关于什么是法学的问题,近些年来倒并无论争。学界虽然在表述上不尽一致,但一般都认为:法学,又称法律学或法律科学,是研究法这一特定社会现象及其发展规律的学问,是社会科学的一个学科。⑥ 中国学界关于法学的共通性认识,既是学界研究法学所获取的成果,又是学界移植借鉴西方法学的结果,并且也不排除有一定的人云亦云成分。在中国法学总体上处于由比较后进向比较先进转变的历史性过渡时期,对法学的认识呈现这样的境况,是可以理解的。实际上,关于什么是法学的问题,中国学界还有难题需要解决。既有的关于什么是法学的界说,可以大体用来说明目前的中国法学,却不适合说明过去存在的法学。关于这一点,只要稍微回顾一下中国法学的历史就会明了,因为就在1980年以前,中国法学还是以国家和法两者作为研究对象,并且主要以国家作为研究对象,而不是专门以法作为研究对象。

以上情形已经证明:法学是历史的和国情的范畴。然而在这个问题上,并非所有人的识见都没有迷点。有一种观点认为,法学是在19世纪才产生的,此前只有法律观念和思想,不存在作为一门学问的法学。按照这种观点,法学就是今天人们所能看到的专门研究法、法的

---

① 见〔法〕《拉鲁斯大百科全书》(第11卷),第6770页。转引自潘念之主编:《法学总论》,知识出版社1981年版,第42页。
② 见〔美〕《国际社会科学百科全书》(第8卷),第332页。转引自徐步衡、余振龙主编:《法学流派与法学家》,知识出版社1981年版,第17页。
③ 同上。
④ 《史记·老子韩非列传》。
⑤ 《史记·商君列传》。
⑥ 这些年来,无论是权威辞书如《中国大百科全书·法学》,还是权威教科书如全国统编法理学教材或北京大学、中国人民大学以及其他高等学校的法理学教材,大体上都是这样阐述的。可详见此类著述。

现象以及与法相关的问题的、由众多分支学科构成的学问。这种观点不是把法学看成历史的范畴，而是用现代以来的法学作为模式，在19世纪之前寻找这种模式的影子，寻找不到，便断定19世纪之前没有法学存在。这是不科学的。不能用今人的眼光要求古人，误以为历史上没有今天这种法学就是没有法学；也不能用某一个国家的法学作为模式来衡量别国的法学，认为别国没有类似这个国家的法学就没有法学。还有一种观点认为，法学是随着法的出现而出现的，有了法就会有法律观念和思想，因而也就会有法学存在。按照这种观点，法学就是法律观念和思想，法学的产生同法的起源是一致的。这种观点也难以认同。有了法，的确就会产生法律观念和思想。但早先的法律观念和思想，主要是法学的资料性因素，同法学毕竟不是同一个概念，不能把它们混同。

三、法学是经世致用的学问

（一）经世致用是法学的特质所在

法学就其根本特质而言，属于经世致用的学问。

所有的人文社会科学都是社会生活的反映，都必然对社会生活发生影响。影响的方式可以粗略分为两类：一是直接影响社会生活，或是以直接影响为主，同时也兼有间接影响；二是间接影响社会生活，或是以间接影响为主，同时也兼有直接影响。法学、经济学、政治学之类属于前者；文学、哲学、史学之类属于后者。

直接影响和间接影响的主要分界在于：前者直接以社会生活为研究对象，直接设计或服务社会生活；后者通常并不直接研究或设计社会生活，而是通过影响社会主体来影响社会生活，例如通过影响人们的世界观、历史观、生活观来影响人们参与其中的社会生活。分界也表现为前者更注重解决制度性问题，后者更注重解决观念性问题。

法学就是注重以制度现象为研究对象而首先和主要对社会生活发生直接影响的学科。法学直接影响法治，直接影响立法、司法、守法、法律监督以及其他法律活动和法律制度，并进而影响整个社会生活。古代罗马法学家积极参与法律实践而对罗马人的法律实际生活和法律制度产生重大影响，今天的法律人运用所学法律知识和理论为人们的法律实际生活和国家的法制建设提供服务，就是明证。历史上和现实中也有许多法学家所阐明的法律学说，不曾对历史和现实的社会生活产生影响，这种情形通常要么是由这些学说不敷社会生活需要所造成的，要么是当时执政者拒绝或不谙以法学为社会生活服务所致，而不能说明法学本身不能直接影响实际生活。

法学同时也可以间接影响社会生活。说法学主要是对社会生活发生直接影响的学科，不等于说在法学领域不能开展抽象研究。像法哲学、法学学之类的法学分支学科就比较抽象，它们的存在价值主要是为整个法学特别是部门法学提供理论指导或综合服务，使法学的实在价值得以更好地发挥，从而间接地服务法律实际生活。

法学的类别归属，规定了法学所具有的特质就在于它是经世致用的学问。

（二）从法学的对象、分科和方法看其经世致用的特质

法学的经世致用的特质，在法学的研究对象、分科和方法的实在性上，清晰地显现出来。首先，无论人们对法学的研究对象有多少不同的解释，法学主要是研究法和法的现象，这一点无可置疑。而法和法的现象通常都是实在的。它们同美学所研究的美，同哲学所研究的

世界观和方法论,同史学所研究的过往的现象,都是不同的。其次,法学的分科设置大都也是实在的。在法学体系的各种分支学科中,属于直接应用型的占多数。最后,法学的研究方法虽然是多层次多类别的,但在这些多样化的研究方法中,具有实在性的方法或以实在性为特征的方法,是主流的或多数的研究方法。在多种多样的法学学派之中,实证法学、分析法学、历史法学、社会法学、经济分析法学等,其研究方法都直接显示出实在性特征。

(三) 从法学的产生和发展看其经世致用的特质

法学作为经世致用的学问,也可以从它的产生和发展得以了解。在西方,法学本指有系统的法律知识。而传播这种系统法律知识使其终成一门学问的,首先是执政官这样的务实的人物。史料记载,早在公元前3世纪至公元前2世纪之交,罗马的执政官阿埃利乌斯(Aelius),就在讲授法律、著书立说,从而在使法学成为一门富有实际价值的学问方面,作出富有成效的努力。中国法学始于先秦,初称"刑名法术之学"。这里的"刑名法术"都是统治者用以定分止争、经世治国的器具。汉代有了律学,其主要内容和研究方法,就是对现行律例予以注释。后来,无论中西,法学在其发展过程中,其主流现象,都表明它是经世致用的学问。

现今时代,尽管学术分支和学术功能的分化愈演愈细,法学作为经世致用的学问,也还是依然如故。不妨以博登海默的著作为例:博登海默是当代美国综合法学的代表人物,他的倾向大概不应有所偏颇,然而从他的著作中可以清楚地看到他也把法学视为经世致用的学问。他的《法理学:法律哲学与法律方法》,是阐释法律哲学与法律方法的法理学著作,这似乎可以决定他的这本著作以形而上为主要风格。然而他在这本著作的写作说明里却说,1940年这部著作初版时他就曾指出,他的目的是要"给那些对作为一种社会政策工具的法律的一般问题感兴趣的法律和政治学学生或研究者提供帮助"。1960年再版时,该书增加了一个部分,其标题为"法律的渊源和技术",其目的仍然主要是"为那些对法律的方法论和审判过程的特点感兴趣的学生和法律工作者"提供帮助。[①]换言之,博登海默这本阐述法律哲学与法律方法的法理学著作,原来也是旨在经世致用的书。

第二节　法学的研究对象

一、法学研究对象的三个要素

每一门学科之所以是一门学科,一个直接的标识就是它们都有自己的研究对象,都要专门研究某种或某些现象。比如说:伦理学的研究对象是道德规则及其同社会成员的关系,语言学的研究对象是语言的规律,审美学的研究对象是艺术和艺术在社会生活中的作用以及艺术的发展规律。法学作为一门学科,自然也有自己的研究对象。

法学的研究对象包括三个要素:法、法的现象以及与法相关的问题。

法学的研究对象首先是法,这是法学的题中应有之义。正如政治学、经济学、历史学首先要研究政治、经济、历史一样,法学也是首先要研究法的。这里的"法",不是单一的概念,而是非常复杂的事物,包括通常所说的各种意义上的法。从法的形式角度说,包括宪法、法

[①] 〔美〕博登海默著:《法理学:法律哲学与法律方法》,邓正来译,中国政法大学出版社1999年版,1962年版前言。

律、法规以及其他各种形式的成文法和不成文法;从法的体系角度说,包括宪法、行政法、民商法、经济法、社会法、刑法、程序法以及其他各种部门法;从时间角度说,包括古代法、近代法、现代法和当代法;从空间角度说,包括本国法和外国法、本地法和外地法;从历史类型角度说,包括奴隶制法、封建制法、资本主义法和社会主义法;从一般分类角度说,包括国内法和国际法、根本法和普通法、一般法和特别法、实体法和程序法;从表现形态角度说,包括动态法和静态法、具体法和抽象法、纸面上的法和生活中的法、理想法如自然法和现实法如实际生效的法,如此等等。法学只有将所有这些不同意义上的法,尽收眼底,加以研究,才算是名副其实的法学。

法学还要研究各种"法的现象"。所谓"法的现象",既不同于作为哲学范畴的"现象和本质"中的现象,也不同于相对政治现象、经济现象、历史现象而言的法的现象,而是指基于法所产生的各种现象。比如,宪法是法这个事物本身,违宪便是法的现象;民法、刑法、程序法是法本身,而制定它们的立法行为和适用它们的司法行为便是法的现象。法的现象同样是非常复杂的。例如,从法的价值角度看,包括法律秩序、法律利益、法律正义等;从法的演进角度看,包括法的起源、法的发展、法的移植、法的继承、法的现代化等;从法的运行角度看,包括立法、司法、守法、法律监督等;从法的实现角度看,包括法的效力、法律程序、法律职业、法律方法等;从法律关系角度看,包括法律关系主体、法律关系客体、法律关系内容(权利和义务)、法律关系变更等;从表现形态角度看,包括法律观念、法律意识、法律思想、法律制度、法律事实和法律规律等。

目前中国法学著述有不少仅仅将法学的研究对象表述为"法的现象"。这是不严谨的,"法的现象"不足以包含法学的全部研究对象,因为"法的现象"是基于法所产生的现象,它并不包括法本身,更不能包括法学研究无以回避的"与法相关的问题"。这样表述也是不适当的,法学研究应当有层次和纵深,法本身是第一层次的研究对象,基于法所产生的"法的现象"和"与法相关的问题",可以视为具有纵深意味的第二、第三层次的研究对象。如果把法学的研究对象一概表述为"法的现象",就无法体现这种层次和纵深。

法学研究对象的第三个要素,就是"与法相关的问题",包括在法律实际生活和法学研究中发生和存在的各种与法相关联的问题,特别是法与经济、政治、文化以及其他社会现象的关系问题。法和法的现象不是孤立地存在和发展的,而是在同其他许多事物发生关联的状态中存在和发展的。瞿同祖指出:法是社会的产物,是社会制度之一,它同风俗习惯有密切关系,它维护现存的制度和道德、伦理等价值观念,它反映某个时期和某个社会的社会结构。只有充分了解法所产生的社会背景,才能了解法的意义和作用。①正是在这个意义上,人们说法之理在法外。也因此,研究法和法的现象必然要涉及同这些事物的关系问题。当然,法学将这些问题作为研究对象,目的是要更好地研究法和法的现象,更好地服务以法的运行为中心内容的法律实际生活,而不是为了喧宾夺主,不是为了追求所谓"淡化学科界限",不是为了使法学最终成为边缘化的学科。这一点正像经济学、政治学、历史学、社会学一样,它们之所以也在一定程度上研究与法相关的问题,只是为了更好地研究各自学科的主要问题。

---

① 瞿同祖著:《瞿同祖法学论著集》,中国政法大学出版社1998年版,第4页。

二、西方学派对法学研究对象的不同理解

尽管法学的研究对象是法、法的现象以及与法相关的问题,但由于人们所处的历史条件和国情不同,也由于人们各自的其他局限性起着作用,历来人们对法学研究对象的理解,总是纷纭驳杂。以西方各主要学派的观点看,就有以下种种情形:

第一,有的认为法学的研究对象应包括先验的理想法、应然法、正义法、理性法、自然法,法学应当着重研究法与正义、理性、道德的关系,探究法的最高价值和最高目的,揭示良法的标准,寻求产生和实现良法的途径。就是说,法学要以"应然法"或"理想法"为研究对象。自然法学派和其他价值论法学,就是这样认为或在很大程度上是这样认为的。这种观点在西方一直有较大影响,古希腊以来,无数思想家和法学家持有这种观点。

第二,有的主张法学的研究对象应当是国家制定和认可的、在实际生活中真实存在的法,理由是不同的人会有不同的理想法或应然法的追求,这方面的标准无法确立。这种观点强调,法学应当研究实在法的法律规范和法的体系,研究它们的概念、内容和结构,它们与国家权力的关系。就是说,法学应当以"实然法"为研究对象。分析法学派、纯粹法学派和注释法学派等务实的学派,就是这样主张的。近代以来的西方学人,颇多持有这种观点。

第三,有的提出法学的研究对象应当是法与社会的关系,法学应着重关注法的社会功能和社会效果,不仅要研究纸面上的法,更要研究生活中的"活法"。社会法学派正是这样认为的。这种见解在现代以来的西方法学领域有广泛影响,近些年来中国部分学者也颇为认同这种观点。

第四,还有一些法学流派、法学家、思想家,或认为法学的研究对象应当是法的价值、形式和事实,或认为法学的主要任务是注释各种法律和法规,或认为法学应当把如何依法治国和寻求治国之道作为研究对象。

以上观点,是西方诸多学派、学人历来关于法学研究对象的主要观点。我们不必把主要的注意力放在判断它们谁是谁非的问题上。它们之间当然有是非问题,但这不是主要的。对法学来说,它们都是人类在认识法学研究对象问题上所产生的结果、所留下的学术资源。它们之间虽然存在不一致甚至严重分歧和对立,有的见解和观点违背科学和事实,甚至还为不合理的国家制度服务,但它们的确都从不同的角度和侧面反映和强调了法学的研究对象。它们的存在,是法学的田园里百花争妍、百草争春的一个重要原因。应当历史地、没有门户之见地对待它们,从它们当中尽可能地吸收有益的东西。如果仅仅认同其中某派观点,甚至以某派观点为圭臬,全盘否定其他学派的观点,就不免陷入严重的片面性,不可能完整地说明法学研究对象问题。遗憾的是,长期以来,这些学派总是相互攻讦和否定,置身于它们之外的人们往往也喜好在它们中挑选自己欣赏的学派来信奉。这是需要引以为戒的。

应当看到,这些学派所涉及的主题,差不多都是法学所需要研究的。法学既要研究理想法或应然法,更要研究实在法或实然法;既要研究纸面上的法,还要研究生活中的法。如果人们在形成自己关于法学研究对象的观点时,也注意把不同学派从各自的角度和立场出发、偏重地强调某个方面的观点整合起来,就会对法学研究对象得出完整的认识。法学作为以法、法的现象以及与法相关的问题为研究对象的知识和理论体系,它的研究范围非常广泛,法学应全方位地、分别轻重缓急地研究它的对象。

三、不同情境下法学研究对象的不同表现

法学的研究对象不仅因主体的认识不同而有以上众说纷纭的局面,而且在法学发展史上,由于不同时期科学发展水平和科学研究分工粗细不同,法学的研究对象在客观上也不可能完全相同。

历史上,法学就曾和政治学、哲学、神学等长期结合在一起。中国先秦典籍《尚书》《论语》《商君书》《韩非子》都是既论政又论法,论政和论法是合二为一的。世界上最早的政治学著作之一,亚里士多德的《政治学》,就是把政治学和法学放在一起研究的,它是西方政治学的开山之作,也是西方法学的奠基之作。在中世纪的欧洲,政治学和法学成为神学的分支。在中国封建社会,法律思想和政治思想曾经长期为儒家的经学所包含。17、18世纪资产阶级革命时期著名思想家的许多名著,例如霍布斯的《利维坦》、洛克的《政府论》、卢梭的《社会契约论》等,都既是政治学著作又是法学著作。在这种情况下,法学和政治学的研究对象是融为一体的,法学的研究对象既是法又是政治,政治学的研究对象既是政治又是法。也就是说,此间无所谓独立研究法、法的现象的法学。虽然从古希腊开始到资产阶级革命的发生,这期间也曾出现诸如柏拉图的《法律篇》、西塞罗的《法律篇》、盖尤斯的《法学阶梯》、普芬道夫的《法学要论》和《论自然法和万民法》、孟德斯鸠的《论法的精神》、布莱克斯通的《英国法释义》等,出现罗马职业法学家集团,出现法律学校,出现注释法学派、人文主义法学派、自然法学派,一直到出现一个新的世界观——资产阶级法学世界观,但这期间法学没有形成今天意义上的由许多分支学科组成的较固定的体系,人们并没有普遍认可法学是专门研究法、法的现象以及与法相关的问题的学问。

到了19世纪,随着资产阶级政权的建立和资产阶级法学世界观占据统治地位,立法在世界范围内获得全面发展,与此同时,人类的科学水平有很大提高,科学研究的分工得以深入。这些条件的产生终于促使法学完成了同其他学科分离的过程,而成为一门完全独立的、近代意义上的法学学科。作为一门独立的学科,越来越多的人逐渐认识到法学应当并可能以法、法的现象以及与法相关的问题作为研究对象。到了现代,随着科学研究分工的进一步发展,法学作为独立学科的地位更是日益得到加强,法学应以法、法的现象以及与法相关的问题为研究对象也成为比较普遍的观点和事实。

四、消解法学研究对象问题上的认识迷点

由于历史传统的影响,特别是政治学和法学融为一体的传统作祟,人们在认识法学研究对象的问题上仍然存有迷点。

在苏联,人们长期把国家和法放到一起研究。在中国,过去学者也长期照搬苏联模式,法学要么以国家为主要研究对象,要么对国家和法的研究不分主次、半斤八两,法理学被称为国家和法的理论。后来多数学者逐渐认识到法学应当专门研究法、法的现象以及与法相关的问题。但也有人认为,长期以来法学的研究对象既是法又是国家,法和国家不分,现在一下子改为专门研究法、法的现象以及与法相关的问题,这样改是否妥当,值得怀疑。这种怀疑之所以产生,原因之一就是以历史上的法学状况为标准,来衡量今天法学的研究对象。这同以今天的标准要求古人,实质是相同的。

历史上,法学和主要研究国家问题的政治学确实长期结合在一起,那时不可能把国家和法分开研究。在法学和政治学成为两个学科的今天,则完全可以把法和国家分开研究。苏联之所以长期把国家和法合在一起研究,是同苏联长期没有独立的政治学,只好把有关政治学的内容划到法学里面来有关的。中国过去也没有独立的政治学,当时照搬苏联模式,把国家和法放到一起研究,不难理解。现在政治学在中国已作为一门学科从法学中划分出去[①],在这种情况下,完全有可能确定法学的研究对象是法、法的现象以及与法相关的问题,而把国家让与政治学去研究。

从学科的分工和体系看,也可以把法、法的现象以及与法相关的问题作为法学的研究对象,而不把国家和法并列作为法学的研究对象。国家和法确有密切关系,没有国家,法就无以制定和实施,研究法不能不涉及国家。但涉及国家的目的应当是更好地和更深入地研究法,不是研究国家。国家和法毕竟是两种独立的社会现象,两者是各自具有特殊矛盾性和质的规定性的不同范畴。这就决定了两者可以分别由不同学科研究:国家可以是政治学研究的中心问题,法则可以是法学的专门研究对象。如果在确定法学的研究对象时,把国家和法都包括进来,平均用气力,那么所研究出来的学问,就不是近代意义上的法学,而是像历史上的那种既是法学又是政治学的学问。

最后,观察法学的历史发展,也可以看出法、法的现象以及与法相关的问题是能够作为专门研究对象的。国家和法的历史已很久远,但法学的历史没有那么久远。法学不是伴随国家和法同时出现的,而是后来产生的。在中国,从公元前21世纪夏禹开创家天下那时起,国家和法就产生了,夏商周岁经数千年,有"夏刑三千"[②]"五刑之属三千"[③],也有法律思想,但当时还谈不上有法学。中国法学是在春秋战国时期方始萌生的。[④] 西方的情形也如此。在欧洲大陆,国家和习惯法产生的历史也很久远,但最初并无法学。直到后来罗马《十二铜表法》颁布,有了成文法,职业法学家集团形成,法学派别和法学教育出现,才真正产生了法学。可见,法学并不是同国家和法同时产生的。法学的产生和发展是法和法的现象本身发展的结果。没有法本身由习惯法向成文法的演化,没有专门的法学研究人才的出现,就没有法学的产生和发展。这就表明,法学能以法、法的现象以及与法相关的问题作为研究对象,而不必把国家和法两个现象并列作为研究对象。

第三节 法学体系和法学学科

一、法学体系释义

(一)法学体系的含义和中心问题

法学体系问题就是法学的整体结构问题。法学是由各种具体的法学知识和理论合成

---

① 当然,政治学博士至今仍然称为法学博士的情形,还需要尽快改变。
② 《唐律疏议》引《尚书·大传》。
③ 《汉书·刑法志》。
④ 那时,中国历史上开始出现成文法,在郑国,子产铸《刑书》,邓析私造《竹刑》;在晋国,赵鞅、荀寅铸"刑鼎";尔后,魏国李悝集各诸侯国成文法之大成,编著《法经》六篇,在中国立法史上开创法典编纂先河。随着成文法的产生和发展,法的现象成为当时法家、儒家、墨家、道家等不同学派争论的主要问题之一。正是从那时开始,法学才在中国产生和发展起来。

的。这些具体的法学知识和理论,自近代起逐步发展为各种不同的法学分支学科,如法理学、宪法学、民法学、刑法学等。由这些不同的法学分支学科构成的有机联系的整体,就是近代意义上的法学体系。

有法学就有法学的整体结构问题,也因此就有法学体系。在古罗马,法学的整体结构中有公法学和私法学的划分,古罗马的法学体系主要就是由公法学和私法学所构成。到了近代,随着法律实际生活和法学研究的发展,由各有关法学分支学科所构成的法学体系产生。可见,法学体系的模式是开放的,而不是固定不变的。随着中国法学研究、法学教育和法律实际生活逐渐发展和进步,中国的法学体系也在进一步发生积极的变化。

法学体系是一国法学整体框架的折射,它的面貌就是一国法学的整体面貌,它先进与否直接关系到一国法学研究在整体上先进与否。同时,法学体系也是一国法律实际生活和法学教育的重要折射,建设科学的法学体系对一国法律实际生活和法学教育具有重要意义。由于这些原因,法学体系建设成为各国法学所应关注的重要问题。

建设法学体系,需要总结和研究本国的法学研究、法学教育和法律实际生活对法学体系的需求,总结和研究在这方面外国可资借鉴的经验。由于近代意义上的法学体系是由法学的分支学科构成的,因而其中心问题是法学分支学科的划分和设置问题。要使一国法学研究、法学教育和法律实际生活在整体上呈现先进的面貌,就需要关注该国法学体系的总体布局,研究该国法学体系应当包括或设置哪些具体的分支学科,研究这些分支学科各自的研究对象和范围应当是怎样的。

(二) 近代法学体系为什么由法学分支学科所构成?

这主要有两个原因:

第一,社会关系是纷繁复杂的,调整社会关系的法也不得不复杂化起来,形成许多不同的部门法。一般说,每一个重要的部门法都需要有一个法学分支学科来研究,这样,法学也必然逐渐复杂起来,形成众多的法学分支学科。伴随每个重要的新的部门法出现,一般也产生一个新的法学分支学科。例如,在各种各样的社会关系中,有关于国家政治、经济方面的基本的社会关系,就需要有调整这些社会关系的宪法部门和研究宪法问题的宪法学。由于社会关系的多样化,于是就有了多样化的部门法:有规定什么是犯罪以及对犯罪如何处罚的刑法,有规定国家、集体和个人之间以及公民相互之间财产关系、经济关系的民法、经济法,有规定和调整各种行政管理和管理行政事项的行政法,有规定对刑事案件、民事案件和行政案件如何进行审理的刑事诉讼法、民事诉讼法和行政诉讼法;相应地,也就有了刑法学、民法学、经济法学、行政法学、诉讼法学这些法学分支学科。随着社会法以及其他一些新的部门法的出现,也相应地产生社会法学以及其他新的法学分支学科。

第二,法学作为一门系统研究法律问题的学问,不仅需要分门别类地研究各个部门法,而且要从不同的角度,运用不同的方法,综合地研究各种法律问题。这些研究使学者对各种法的现象得出整体化和综合性的认识,并为各个部门法学的研究提供理论基础和其他条件。于是,就出现了诸如法理学、立法学、法社会学、比较法学、法律思想史学、法律制度史学等具有一般理论特质或具有综合性特质的法学分支学科。国外有学者就此指出:法律科学划分得越细,对其反面的需要,即对法律知识整体化的需要也越迫切。此外,社会实践的一般需要也要求直接研究法律现实的规律性。这样就产生了理论历史科学和综合性知识。① 这些法学分支学科同各个部门法学学科,构成了完整的法学体系,它们分工合作,共同担负着解决法学领域各种问题的研究任务。

(三) 法学体系同法的体系、法学课程体系的关系

法学体系是一国法律实际生活的学术性反映,而法律实际生活状况是同法的体系状况直接相连的,因此,法学体系同法的体系有密切关联。上文所述每个重要的部门法都需要有相应法学分支学科予以研究,伴随着每个重要部门法的出现一般也产生相应的法学分支学科,就说明了这一点。但法学体系和法的体系又是不能混同的。近代法的体系主要由部门法构成,而法学体系不仅包括同部门法相对应的分支学科,还包括诸如法理学、立法学、法社会学、比较法学等没有对应部门法的分支学科;近代以来的法的体系主要是由一国现行的各部门法所构成的,而法学体系中同部门法相对应的分支学科,既要研究本国现行部门法,也要研究历史上和外国的相应部门法。因此,法学体系涉及的范围远比法的体系广泛。

法学体系和法学课程体系也是既有联系又有区别。法学课程的设置,在较大程度上是以法学体系中的分支学科的划分为依据的,比如法理学、立法学、法社会学、比较法学、宪法学、民法学等,都既是法学体系中的分支学科,又是法学课程体系中的具体课程。但法学体系和法学课程体系并非同一回事,法学体系中每个分支学科,并不是每个法学院系都有必要或都有能力开设相应课程的,各法学院系的课程设置总是同该院系的培养对象、培养目标和师资能力相连的;同样地,法学课程体系中不少课程也并非能在法学体系中找到自己的对应位置,比如,法学导论、法律实务这样的课程就是兼跨多种法学分支学科的,而民法学学科则又可开设民法总论、合同法、物权法、继承法等多门课程来讲授。

二、法学分支学科的划分标准

法学体系应由哪些分支学科构成? 学界莫衷一是。这里很重要的一个原因是:迄今尚未形成较为科学的且能得到普遍认同的划分法学分支学科的标准。

1983 年国内学界在上海的一次法学理论研讨会上,曾讨论过如何构建中国法学体系的问题,有颇多收获,但并未解决法学分支学科划分标准问题。② 之后,国内有关著述引介国外关于法学分支学科划分的观点,诸如英国《牛津法律大辞典》将法学分为理论法学和应用法学两大部类的观点,日本《万有百科大辞典》将法学分为公法学、私法学、刑事法学和基础法学四大部类的观点,苏联学界将法学分为方法论和历史科学、部门法科学、外国法和国际法学、辅助性法学等四大部类的观点。引介时学者只注意外国学者将法学分支学科划分为哪些种类,没有涉及划分标准,因而只给人留下外国学者各显其能的印象,难以使中国学人从中获知其所以然从而予以借鉴。

与此同时,国内有关著述也阐述了自己的观点,但同样没有涉及划分标准问题,而是认为从不同角度可作不同的划分:第一,从法的类别角度划分,法学可分为国内法学、国际法学、法律史学、比较法学和外国法学四类。第二,从立法和法的实施角度划分,法学可分为立

---

① 〔苏〕C.C.阿列克谢耶夫著:《法的一般理论》(上册),黄良平、丁文琪译,法律出版社 1988 年版,第 5 页。
② 详情可见张友渔等著:《法学理论论文集》,群众出版社 1984 年版。

法学、法解释学、法社会学三类。第三,从认识论角度划分,法学可分为理论法学和应用法学两类。第四,从法学和其他学科关系的角度划分,法学又可分为法学本科和边缘学科两类。①

我们认为,划分法学体系的分支学科,应有较为科学的标准,否则,随意从什么角度都可以划分,那就会导致有多少人划分就有多少种法学体系。这种状况对法学体系的实际建设是很不利的。

应当确立什么样的标准呢？国内有学者认为：首先,要准确而客观地估量中国目前已形成的学科状况,并且科学地预测将会出现的新的学科;其次,要坚持以法学的研究对象为标准,也要考虑各学科的研究方法和特点,考虑学科结构的平衡;最后,法学体系的构成要素是有层级区分的,不能将位阶低的学科和位阶高的学科并列起来或混为一谈。②国外有学者认为：学术研究对象的特点、某个客观现实领域具有的各种运动形式,是区分各门学科的主要根据。在法学领域,这种客观根据一方面是法学的研究对象,另一方面是法学知识的内容。"法学的发展史表明,法律科学的构成是由实践的需要、法律问题研究的水平、应予解决的任务以及研究的性质确定的。因此,法律科学的形成和发展,与客观条件、社会生活的迫切需要,首先与司法实践的法学教育的需要,是紧密相关的。"③

总结国内外法学分支学科划分方面的经验和成果,我们认为,划分法学分支学科应当坚持三个结合：第一,对象和方法的结合。先要看学科的研究对象,如果是研究法学理论,那就是理论法学；研究部门法,那就是应用法学。同时,也要看其如何研究,如果是综合研究有关法律问题,那就是综合法学；分别研究有关法律问题,那就是具体法学。第二,类别和层级的结合。法学分支学科是有类别和层级区分的,划分法学分支学科,应当注意把不同类别或不同层级分支学科的划分结合起来,而不能把它们弄混淆。比如,不能把综合性的分支学科如比较法学划入理论法学,也不能把隶属民法学的合同法学同民法学视为同一层级的分支学科。第三,现实和理想的结合。要尊重目前法学体系的实际状况、实际水平、实际需要,在这一基础上考虑法学分支学科的划分,不要超越现实；也要注重在法学体系上有所追求、有所创新、有所扬弃,注重观察和学习别国的先进经验。这三个结合,就是我们所主张的划分法学分支学科的基本标准。实施这样的标准,将大有益于解决法学学科的划分问题。

三、法学分支学科的具体划分

按以上标准,可以认为,法学体系中分支学科应分为理论法学、应用法学、历史法学和综合法学四大类别,每一类别又包括若干下一层级的具体学科：

第一,理论法学。这是从总的方面探求法学研究对象的各种基本概念、基本原理、基本原则和基本规律的法学分支学科的总称。理论法学相对来说比较抽象,它是从法律实际生活和应用法学中概括出来的较为抽象的理论,同时又指导法律实际生活和应用法学的发展,

---

① 参见沈宗灵主编：《法理学》,北京大学出版社2000年版,第3—5页。其中"从法的类别的角度划分,法学可以分为国内法学、国际法学、法律史学、比较法学和外国法学四类"的说法,是令人费解的。国内法学和国际法学的划分可以说是"从法的类别的角度划分"的结果,而法律史学、比较法学和外国法学的划分,则并非"从法的类别的角度划分"的结果。法律史学、比较法学和外国法学都要研究各类法,而绝非仅仅研究某个类别的法。
② 刘金国、舒国滢主编：《法理学教科书》,中国政法大学出版社1999年版,第8页。
③ 〔苏〕C.C.阿列克谢耶夫著：《法的一般理论》(上册),黄良平、丁文琪译,法律出版社1988年版,第4页。

是后两者的理论基础。理论法学主要不是从认识论的角度划分出来的结果,而是依据法学的研究对象和研究方法划分出来的。在法学领域,研究对象比较抽象、研究方法偏重于理论分析的分支学科,一般都可列为理论法学。其主要代表是法理学、法哲学,以及以法的理论、法的一般理论之类命名的学科。在法学比较发达的情况下,法学学也是理论法学的重要代表。如果一国法学体系中不设综合法学这个大的部类,那么,像立法学、法社会学、法解释学、比较法学等,也可视为理论法学。法学边缘学科中侧重于理论研究的,同样可列为理论法学。

第二,应用法学。这是旨在直接服务法律实际生活、帮助解决法律实际问题的法学分支学科的总称。法学是经世致用的学问,而应用法学则偏重于直接服务。应用法学比之理论法学更具有实践性,它直接关注如何用法来解决实际问题,直接关注法的制定和实施。它所依凭所研究的,主要是法律实际生活中的经验材料。应用法学并非没有理论,事实上,每一种应用法学都有自己的理论体系,但应用法学所产生的理论,不是用来起跨越学科的普遍理论指导作用,而是为解决本应用学科的实际问题服务的。应用法学需要理论法学的指导,是理论法学的具体化,同时也是理论法学的资料渊源。应用法学的代表性学科是各种部门法学,如宪法学、民商法学、刑法学、行政法学、经济法学、社会法学、程序法学等。有关法律实务的分支学科,法学边缘学科中侧重于解决实践问题的分支学科,也可列入应用法学。

第三,历史法学。这是专门研究法、法的现象以及与法相关的问题中的历史问题的法学分支学科的总称,主要研究历史上不同国家、不同类型的法律制度和法律思想,研究这些法律制度和法律思想的实质、内容、形式、特点及其产生、发展和消亡的规律等。它主要包括中外法律制度史学、中外法律思想史学、法学史学。历史法学之所以应当作为法学体系中一个专门类别,主要因为它既包括理论内容,即论从史出;也包括应用内容,即古为今用、推陈出新。因而历史法学不是像有的著述所说的那样可划入理论法学。有的著述把历史法学说成是"从各种类别的法律这一角度出发"而划分出来的[①],就更属误解:历史法学并非仅仅研究某个特定类别的法律史,而是研究所有类别的法律史;历史法学也并非仅仅研究法律制度史,而是同时也研究法律思想史和法律学说史。

第四,综合法学。这是指具有相当大的跨越性的法学分支学科的总称。它有两个显著特征:其一,它的研究对象跨越多种甚至各种法学分支学科;其二,它不像理论法学、应用法学或历史法学那样分别偏重于理论、应用或历史,而是理论、应用和历史兼容并包。综合法学包括的范围较为广泛,法学总论或概论之类是典型的综合法学。立法学、法解释学、法社会学、比较法学这些法学分支学科,虽然一向多被有关著作认作理论法学,但它们事实上也都是综合法学,因为它们也都是理论、应用和历史兼容并包的学科;只有在一国法学体系中没有综合法学的情况下,它们才勉强可列为理论法学。另外,国际法学通常也可视为综合法学,因为它也是理论、应用和历史兼容并包的。有的著作把国际法学划入应用法学部类,显然是忽视了它的理论、应用和历史兼容并包的特质。

应当指出,理论法学、应用法学、历史法学虽然分别从不同的侧面研究法、法的现象以及与法相关的问题,但并不是说理论法学只是纯粹的抽象理论而不接触现实和历史,也不是说

[①] 参见沈宗灵主编:《法理学》,北京大学出版社2000年版,第3—5页。

应用法学只研究现行法而无所谓理论或不涉及历史,更不是说历史法学既不研究理论也不触及现实。事实上它们之间都存在不同程度的交叉和重合。同样地,综合法学虽然具有综合性,但也不是在理论、应用或历史方面完全不能有所侧重。还需要指出,理论法学、应用法学、历史法学和综合法学都不是法学体系中独立的具体的学科,而是作为大的类别的法学分支学科群体而存在的,在它们之下,都包括若干具体的法学分支学科。

第四节 法学的研究方法

一、法学研究方法释义

法学研究方法,是法学研究主体在研究法学的过程中,所采取的特定行动方式和思维方式,是获取一定研究成果所须通过的门径或所须运用的手段。

法学研究方法是个整体,通常包括三个层次。[①]第一层次是法学的专业方法,它是人们在法学研究中所采用的特定方法,而在其他研究领域则不为或很少为人们采用。第二层次是法学所摄取的方法,它是人们在法学研究中所采用的某些跨学科的方法或借用的其他学科的方法。这些方法通常并无明显的专业限制,而是诸多研究领域都可采用或借用的,如社会调查、历史考察、价值分析、比较分析等方法。第三层次是法学的指导方法,它通常以哲学的形式表现出来,对法学发挥导向作用,并充当整个法学研究方法体系的理论基础。如果人们将这三个层次的方法融会贯通,综合运用,则法学研究将会获得完整的方法体系,并进而获得健康的发展。

三个层次的方法在不同的法学领域所起的作用是不同的,但它们都是不可或缺的。研究者不善于运用第一层次的方法,就难以获取真正属于法学专业方面的深入的研究成果,即使终年研究不息,甚至研究得颇为"热闹",到头来还是不得法学的要领,还是同法学有一层隔膜,还是经常在法学的外围踟蹰,还是法学的边缘化人物。研究者不善于运用第二层次的方法,就既难有广阔的研究视野,又会浪费许多本来可资利用的方法资源,面对繁重和复杂的研究任务,就容易拘泥于法学专业之一隅,不谙对症下药运用众多方法以逐一应对,更难在选择方法方面从善如流,因而几乎不可能产生优秀的、具有现代风格和现代气派的法学成果。至于研究者不善于运用第三层次的方法,那就难有清晰而端正的研究方向,在浩如烟海的资料面前,很可能会茫然而手足无措。

法学研究方法同法学方法论是两个容易使人混淆的概念,它们的关系也是容易使人出错的问题。不少人经常把两者当作一回事,并且喜好把方法说成方法论。实际上,法学研究方法相对于法学方法论而言,是个实体性概念,它是实在的和有迹可辨的事物;而法学方法论,则主要指关于法学研究方法的理论学说,它采取观念形态的存在形式,是个综合性概念。人们应当根据法学研究方法和方法论的不同意旨,来分别使用这两个概念和叙述这两个事物,不要动辄就以法学方法论来指代法学研究方法。

---

① 也有学者认为法学研究方法包括更多层次。例如,苏联学者阿列克谢耶夫认为,法学研究方法包括四个层次:唯物辩证法的方法;一般的科学方法;专门的科学方法(如管理科学的方法、心理学的方法);法学的特殊方法。见〔苏〕C.C.阿列克谢耶夫著:《法的一般理论》(上册),黄良平、丁文琪译,法律出版社1988年版,第10—26页。

法学研究方法对法学研究的开展和获取成功,具有重大意义。有科学的方法,法学研究才有科学的门径、工具和手段,才会有科学的研究战略和战术安排。培根说过,瘸子如果带着灯笼沿着道路行走,也会比在没有道路的状况下奔跑的人走得快。他所说的灯笼和道路就是方法。爱因斯坦在回答青年人向他请教如何获取科学成功的奥秘问题时,写下了 $A=x+y+z$ 的公式,A 象征成功,x 意味着付出艰苦的努力,y 表示采取正确的方法,z 则代表少说空话多干实事。这个公式清楚地表明,爱因斯坦是把获取科学成功同采取正确的方法直接联系起来的。中国人所谓"工欲善其事,必先利其器"的说法,也同样适用于说明方法对法学研究的极端重要性。事实上,历来在法学研究方面获得重要成果的学者和学派,他们的成功之道,在很大程度上正在于他们发现或创造了新方法。近代以来,众多学者和学派之间的分野,首先不在于他们的观点不同,而在于他们的方法有别。一种新的理论学说和重要学术代表人物的出现,往往也意味着一种新方法的出现。正因为这样,有学者甚至表示:"一般来说,任何一门学科都是获取和解释事实的手段或方法。"①

二、法学的专业研究方法

法学的专业研究方法,也就是法学的特定研究方法、法学本身的研究方法。它解决法学研究的专业路向问题和各种具体的专业问题,因而也是法学方法体系中的关键方法。在中国法学研究领域,迄今为止,学者偏重于强调哲学方法,也十分注意摄取非法学专业方法,唯独对法学本身的研究方法研究甚少。这种状况需要转变。

判断一种学术现象是否已成为一门独立的学科,判断一门学科是否已达到成熟的程度,有一个很重要的标识,就是看其有无专业的或比较特定的研究方法,这种方法是否构成了一个适当的逻辑体系。任何一门学科之所以是一门学科而与其他学科不同,很大程度上就因为它们有自己的特定研究对象和方法。哲学、文学、历史学、经济学、政治学、社会学、伦理学以及其他专门学问,之所以都是独立的学科,很重要的一个原因,就在于它们都有自己的特定的研究对象和方法。法学作为一门独立的学科,无疑也有自己的特定研究对象和方法,这种方法即为法学本身的方法——法学的专业研究方法。

法学的专业研究方法,主要是规范分析方法。这一方法强调对法进行实证的规范分析。以这一方法作为自身的特定研究方法,就能使法学同哲学、政治学、经济学、社会学、伦理学、文学、历史学等学科清晰地区别开来。法学应当以法和法的现象作为研究的出发点和归宿,应当对法和法的现象进行系统的规范分析,要分析各种法和法的现象事实上是、应当是和为什么是何种情形,分析法在实际生活中事实上有和应当有什么样的价值,如何更好地兑现法的价值。离开了法和法的现象,或是超越法和法的现象自身,不以它们为研究的出发点和归宿,不对它们进行系统和深入的规范分析,而一味强调以社会的、历史的、经济的、伦理的或其他的方法研究它们,最终都难以抓住专业要领,都可能喧宾夺主,都不免失去法学的专业本色。

规范分析方法源自近代西方。从18世纪末到19世纪上半叶,西方法学发生了一个重大的进步性变化,就是它终于作为一门独立的学科而同其他学科划清了界限。这一历史性

---

① 〔俄〕B.B.拉扎列夫主编:《法与国家的一般理论》,王哲等译,法律出版社1999年版,第16页。

的变化得以出现,是同奥斯丁的名字紧密联系在一起的。奥斯丁摒弃先前的种种研究方法,而注重对法和法的现象作规范分析,以规范分析作为法学的主要的专业方法。正是通过奥斯丁的努力,法学才逐步确立了自己的专门研究对象和专业研究方法,从而最终成为完全独立意义上的专门学科。后来奥斯丁的规范分析方法又为其后学所逐渐完善,成为影响和适用范围非常广泛的法学专业方法。尽管奥斯丁的学说一直为有关学术流派所诟病,其本人的许多观点也未能在法学领域获取一统天下的地位,但这并不意味着规范分析方法在路向上存在偏差,也不意味着这种方法不适合作为法学的主要的专业方法。问题出在奥斯丁强调规范分析方法的同时,把这一方法简单化和绝对化,他仅仅强调规范分析方法,而未能给予其他方法以应有的或必要的地位,甚至完全排斥其他方法的作用,并且其所阐述的规范分析方法本身,也只是这一方法的初始形态,并不是这一方法的成熟和发达形态。这就使他的方法论显露出薄弱环节而为其论敌所攻讦。倘若奥斯丁在创造他的分析法学时,其研究和论证做得更周全和更严谨,恐怕其他学派就难以乘隙贬低乃至诋毁其学说了。所憾的是,历史是不讲倘若的。

　　除规范分析方法外,法学还有诸如法的注释、法的解释、法的推理等专业方法。这些方法也都是法学区别于其他学科的重要标识,它们是在法学同法律实际生活相伴而行的长期过程中,所逐渐积淀、形成和成熟起来的。法的注释旨在帮助人们更好地了解和理解法和法的现象,历史上的注释法学派和诸如布莱克斯通的《英国法释义》那样的注释法学著作,在帮助人们较为集中、系统、完整了解、理解法和法的现象方面,发挥了重要作用。法的解释的目的则更多地体现为帮助人们理解有关法律规定以更好地实行这些规定,这种方法在西方和中国都有比较长久的历史,也有很重要的作用,甚至可以说法学实际上主要就是解释法的学说,也因此对法加以解释的种种方法就成为法学研究的重要专业方法。至于法的推理,则主要用于帮助人们更好地适用法律、法规以办理案件方面,它是法律实际生活的常用工具。有些人动辄就轻佻、肤浅地否定和讥讽注释法学,也看轻法的解释,或是不重视法的推理,这表明他们对法学的专业方法以至法学的特质,还缺乏清晰的了解和深入的认知,他们实际上还站在法学和法之外,还是法学的门外汉。

　　当然,法学以规范分析方法以及法的注释、法的解释、法的推理诸方法作为自己的专业方法,不等于排斥其他方法进入法学领域。其他方法,诸如社会学方法、经济分析方法等,不仅可以而且有必要引入法学领域,以辅助法学研究的开展。对至今仍然不算发达的中国法学而言,这种引入还更具必要性和现实性。但引入其他学科的研究方法,终究只适合作为辅助和补充之用,而不能以其代替法学的专业方法。研究法和法的现象仅仅有专业方法是不够的,但没有专业方法则是断不可能和更不可取的。

三、法学所摄取的研究方法

　　科学发展到今天,在研究方法方面已积聚非常丰富的经验。人类迄今所创造的方法论体系中,既有哲学指导方法,又有各种专业方法,还有为数颇多的具有跨学科特性或可供众多学科共同采用的方法。有的学科的方法,如社会学、经济学等学科的不少专业方法,既可供本专业使用,也可供相关专业借用。同样地,包括法学在内的许多学科,不仅可以而且有必要采用某些跨学科的方法和借用某些其他学科的方法。这种可供法学采用的跨学科的方法和法学所借用的其他学科的方法,我们统称为法学所摄取的方法。就目前情形看,可供法学摄取的方法就有十数个,特别是社会调查、历史考察、比较分析、价值分析、经济分析诸方法,更是法学有必要采用或借用的方法。

（一）社会调查的方法

社会调查本是社会学的专业方法,但它已为众多学科所借用。这一方法同哲学方法论强调的诸如实事求是、从实际出发的原则是相通的。借用这样的方法,法学研究才能有效地联系实际、为实际生活服务,其研究结果才是可靠的。社会调查的范围和内容极为广泛,各项研究课题所需调查的范围和内容也各有特点,但所有的调查,都须着重弄清同研究课题相关的社会渊源、社会需求、社会效果、社会效益、社会反映等方面的情况。调查的形式也是多样的,如普遍调查、抽样调查、典型调查和个案调查,又如参与相关法律工作、参加相关会议、收集相关资料、采访相关人员等,具体采用何种形式,须视具体情况而定。

借用社会调查的方法需要注意:其一,不能把这种方法看成无所不能的方法。不是任何具体的法学研究都适合采用社会调查方法的,而主要是那些涉及法与社会的关系,法在社会生活中的作用,法律规定的社会根据和效果,违法的社会条件和原因,法律意识的状况和水平之类的问题,才更适合采用社会调查的方法。其二,采用这样的方法,不仅不能排斥法学专业方法,相反,还要求广泛和有效地运用法学专业方法。正如有学者所指出的,只有根据或至少关注法律规范分析的结果,才能使借用社会学方法所获取的资料融入法学之中。[①]

（二）历史考察的方法

这是一种可供很多学科采用的跨学科的方法。法不仅是一种社会现象,也是一种历史现象,有其产生和发展的历史根据和历史表现。法,实际上就是一定历史的制度性反映或固化。因此,研究法必须注重法与历史的关联,注重对法进行历史考察。法学史上,许多大家都强调历史考察的重要性,历史法学派更成为强调法的历史性的一个专门学派。马克思主义对历史考察的方法也非常重视,列宁就强调马克思主义的全部精神及体系要求对每一原理都要从历史方面、从与具体历史经验的联系方面加以考察。他还具体指出:为了解决社会科学问题,为了真正获得正确处理问题的本领而不被一大堆细节或各种争执意见所迷惑,为了用科学的眼光观察这个问题,最可靠、最必需、最重要的就是不要忘记基本的历史联系,考察每个问题都要看某种现象在历史上怎样产生,在发展过程中经过了哪些主要阶段,并根据它的这种发展去考察这一事物现在是怎样的。[②]

（三）比较分析的方法

这是一种广为使用的跨学科的方法。就法学而言,比较分析既是一种研究方法,也是一个分支学科。作为一种研究方法,比较分析的任务和目的,在于比较不同的法、法的现象、法的学说之间的异同,分析其原因和条件,揭示其特性和规律,以引为借鉴或移植。比较分析有纵向的历史比较分析和横向的空间比较分析之分。纵向的比较分析同历史考察颇相似,因而横向的比较分析成为更常用的方法。横向的比较分析既可以比较不同国家的法、法的现象、法的学说,也可以比较国内不同地区的法、法的现象、法的学说,例如就经济发达地区

---

① 可参见〔苏〕C.C.阿列克谢耶夫著:《法的一般理论》（上册）,黄良平、丁文琪译,法律出版社1988年版,第20—23页。

② 〔苏〕列宁著:《论国家》,载《列宁选集》（第4卷）,人民出版社1972年版,第43页。

与欠发达地区、城市与乡村、沿海与内地的法、法的现象、法的学说加以比较。比较分析也有宏观和微观之分,前者如比较分析不同历史类型、法系、国家、不同部门法的法律制度,后者如比较分析不同立法权限与程序、司法权限与程序、合同纠纷、死刑制度、具体法律条文。不仅实在的法律制度可作比较分析,而且法的价值、法学理论、学说、流派、人物、著作以及所有这些事物的社会历史背景等,也可作比较分析。可见比较分析的范围是非常广泛的。

以比较分析的方法研究法学,由来已久。亚里士多德就曾比较分析雅典151个城邦的宪制。孟德斯鸠更以东西方更大范围内的法律制度和法律文化作为比较分析的对象,写出了《论法的精神》这部不朽的比较分析的著作。从19世纪后期开始,比较分析成为法学领域一种普遍使用的方法,并形成专门的比较法学。此后,比较分析的方法在沟通、融合不同时空条件下的法律文化和法律制度方面,在帮助人们理解不同法律文化和法律制度的差异,并促使各国和地区相互间总结经验、取长补短、消弭敌意、合理竞争、共同发展方面,发挥日益显著的作用,其意义也随之彰显。

(四)经济分析的方法

有两种意义上的经济分析方法。一是马克思主义的经济分析方法。恩格斯指出,这种方法强调"从经济关系及其发展中来解释政治及其历史,而不是相反"[①],强调法归根结底是由社会物质生活条件决定的,一方面法作为上层建筑的组成部分是由经济基础决定的;另一方面法又有相对独立性,可以主动和积极地为经济基础服务。研究法就要研究法同社会物质生活条件的关系。二是以经济学的原则原理解说法律问题的方法。这种方法强调把法律实际生活同经济效益或财富最大化地联系起来,主张所有的法律活动和法律制度的存在都应当以最大限度地增加社会财富为目的。由于人们也将前一种意义上的经济分析方法包含在马克思主义的哲学方法论中,因而人们通常所讲的经济分析方法主要是后一种方法。

作为以经济学的原则原理解说法律问题的经济分析方法,发端于20世纪40年代美国芝加哥大学著名经济学家西蒙斯的学说,兴盛于20世纪60—70年代,后以波斯纳为其主要代表。在波斯纳看来,经济分析的方法在法学领域的适用范围非常之广,他用这一方法对宪法、行政法、财产法、合同法、侵权法、家庭法、反垄断法、知识产权法、产品责任法、劳资关系法、公司法、金融法、税法、环境保护法、国际贸易法、刑法、程序法等几乎所有部门法或法的集群,进行了效益分析。经济分析方法将经济学的原则原理运用于法学领域,丰富了法学的方法论体系,为法学注入了生机,也促进了法学为实际生活服务,因而应受重视。但也要注意,重视经济效益或财富最大化,并非意味着可以不顾社会效益。

(五)价值分析的方法

价值分析的方法,就是研究主体依据一定的价值观念对所研究的对象进行价值评估的方法。它同实证分析方法不同,后者关注对研究对象的实在分析,社会调查、历史考察、经济分析等方法,便属实证分析方法。价值分析包括价值认知和价值评价两个方面,前者的任务在于探明和陈述一定的法或法律制度所体现的是什么样的利益和意志,依据怎样的价值准则和价值位阶来调整社会关系和配置权利资源、权力资源。后者的任务在于以一定的价值准则为依据,对法或法律制度进行评估,并进而作出或取或舍、或坚持或改革的抉择。运用

---

① 《马克思恩格斯全集》(第21卷),人民出版社1965年版,第247页。

价值分析的方法,有助于揭示法的应然状态和实质所在,提供判断法之良善优劣的标准和尺度,为法律实际生活指明所欲追求的理想方向和加以改革完善的基本路向。因此,价值分析的方法有重要的意义。

运用价值分析的方法研究法律问题,这从古希腊就开始了,柏拉图和亚里士多德宣扬的法律正义观念,实际上就是价值论法律观念。后来古典自然法学派更将价值论法律观念推向极致,并使其成为推翻专制主义法律制度的号角。尽管19世纪以来价值论法律观念受到实证论法律观念的严重冲击,但看重价值观念和主张对法进行价值分析的法学大家仍然络绎不绝,不仅像德沃金那样的价值论法学的领军人物非常强调对法进行价值分析,而且像庞德这样的注重实证的法学大家也接纳价值分析的方法。在中国建设市场经济和推进法治现代化的过程中,价值分析的方法也应当为我们所看重。

四、法学的哲学指导方法

所有的人文社会科学,如法学、政治学、经济学、社会学、伦理学、文学、历史学以及其他学科,通常都以一定的哲学作为总的指导方法。一门学科选择什么样的哲学作为总的指导方法,取决于这门学科的特质、它所处的时空条件。在中国现时期,马克思主义哲学即辩证唯物主义和历史唯物主义,是法学和其他种种学科的哲学指导方法。

以辩证唯物主义作为法学的指导方法,就要在法学研究中坚持世界是物质的观点、意识具有能动性的观点、事物在对立统一的状态下向前发展的观点、实事求是的观点,以这些观点指导法学研究。首先,法学不是无源之水和无本之木,法学实质上是一定社会物质关系的观念化反映,法学应当探究它同物质关系发生关联的奥秘。其次,法学主要是产生于并服务于实践的,法学对实践又有能动的反作用,不能把法学看成可以离开实践而通过闭门造车的方式就能产出的事物,也不能把法学弄成一种对实践无所作用的纸上谈兵的东西。再次,法学总是在一定的矛盾运动的过程中获得发展的源泉和动力,它不是静止不变和拒绝发展的事物,法学的研究者须根据一定的时空条件促使法学与时俱进。最后,法学应当实事求是地反映法律实际生活,一方面是就是,不能以是为非,比如不能把私有制下的法律制度说得一无是处;另一方面非就非,不能文过饰非,比如不能把社会主义条件下的法律制度说成无须改革完善。

以历史唯物主义作为法学的指导方法,就要求人们在法学研究中坚持社会历史的发展有其固有规律的观点、社会存在决定社会意识的观点、社会基本矛盾推动社会发展的观点,以这些观点指导法学研究。首先,要探索由社会历史发展的固有规律所决定的法律实际生活的基本规律,遵循这种规律来研究法学,以这样的法学为法律实际生活服务。其次,要懂得法学不是人脑中自在自为之物,而是社会存在于人脑中的反映,并对社会存在起反作用,要深入理解和把握这种关系,促使法学对中国的社会存在发挥积极的作用。最后,要洞悉中国社会基本矛盾的状况,认清社会基本矛盾同法律实际生活与法学研究的关联,科学地把握法学研究的总体方向。

五、消弭法学研究方法方面的迷点

自20世纪80年代起,在法学研究方法方面,国内学界逐渐形成一种主流模式,即认为法学的总方法是马克思主义的辩证唯物主义和历史唯物主义,具体方法主要是社会调查、历史考察、分析和比较等。尽管90年代中期后,人们在法学研究中运用研究方法的实际情况已使这种局面发生一定变化,但就全局而言,这种模式在教科书中至今依然是主流模式。而这种模式是不敷需要的。

一方面需要认清,哲学方法对法学研究的确非常重要,但它只是一种指导方法,不能代替法学自身的专业研究方法。法学领域有大量问题,例如,怎样使法律和法规的语言文字表述趋于科学化以便准确理解,如何使法律文本中的行为模式和后果模式统一起来以便有效实施,这样的问题就难以通过运用哲学方法来解决。正因如此,教科书中哲学方法的地位居高不下的情形需要转变。

另一方面更要认清,像社会调查、历史考察、经济分析之类诸多领域都可采用的方法,固然对法学研究很重要,但如果一味强调用它们研究法学,不注意发展和运用法学的专业方法,这种倾向不足以解决法学这个专门学科中的许多问题。关于这一点人们至今仍然普遍无所认知。这些年来,在实际的法学研究领域,人们的兴趣所在,很大程度上表现为一味强调引介和运用社会学、经济学、伦理学和其他有关学科的方法,对这些方法寄予过高的希望,使这些方法在法学领域大行其道,甚至是纵横驰骋、横行无忌。这是一种耐人寻味的现象:为什么法学领域就像当年巴格达一样可以为外来军队随意出入?为什么法学自己的专业方法如此羸弱,几近完全被人忘却,甚至有人不承认法学有属于自己的比较特定的专业研究方法?还有,为什么这种现象在其他学科鲜有发现?严肃地、科学地回答和解决这些问题,是促使中国法学方法论体系走向科学的必要前提。

应当指出,这些年来,法学领域之所以出现其他学科的方法可以随意驰骋的局面,实同多年来中国法学只注重哲学方法而未能重视属于法学自己的专业方法直接相关。在一门成熟的学科里,在自身的专业方法受到高度重视的学科领域,其他方法可以起辅助或补充作用,却不可能喧宾夺主。

还应当指出,这些年来一些其他学科的研究方法进入中国法学领域,对于尚不成熟的中国法学无疑是个强势冲击。从正面看,这一冲击可能有益于鞭策法学研究者励精图治,尽快熟悉并着力运用法学的专业方法,以改变法学方法方面目前存在的喧宾夺主的情势。从负面看,这一冲击可能会使法学的专业方法在中国法学领域被湮没。我们的责任应当是促成这种正面效应充分实现其价值,而抵消这种负面效应带来的消极影响。

第二章 法理学学科

第一节 法理学释义

一、法理学的含义

"法理学"一词,被人们在多种含义上使用。

现代意义上的法理学,通常指研究法的基本问题、一般问题和共通性问题的专门学问,即作为法学体系中一门分支学科存在的专门学问。现今欧美和中国学界多是这样认为的。英国学者沃克的《牛津法律大辞典》虽然介绍了法理学的多种含义,但其侧重介绍的正是这种作为法学的一门分支学科的法理学,认为这种法理学所研究的是法的一般性问题,其着重考察的是法的最普遍、最抽象、最基本的理论和问题。[①] 美国学者波斯纳也认为:所谓法理学,是指关于法这种社会现象的最基本、最一般、最理论化的分析。法理学的许多问题是跨越原理、时间和民族的界限的。[②] 中国学界关于法理学的解说,尽管在具体表述方面一直有种种分别,但经过这些年的发展,现在也普遍意识到:法理学的主要含义就在于它是研究法的基本问题、一般问题和共通性问题的专门学问,法理学是法学体系中一门重要的分支学科。现代意义上的法理学,其含义在某种程度上和法学理论、法学原理之类相当。这是法理学一词在学理意义上、专门学科意义上被人们所理解和使用的含义。

然而,在现代法理学的含义形成之前,法理学则有其他种种含义。这些含义至今仍然存在并且为人们在不同程度上使用着。考察法理学含义的多样化及其历史变迁,对正确理解现代法理学是有益的。

法理学曾经被人们普遍用来指称所有的法律知识、理论和学说,其含义和法学、法律科学之类相当。这种意义上的法理学,来自拉丁文 jurisprudentia。这是法理学一词在最广泛的意义上被人们所理解和使用的含义,也是法理学原初的和词源学意义上的含义。现代法学大家中也有赞成这样理解法理学的,庞德就认为这样理解法理学是同法理学的最上乘用法相符合的,他明确宣称:"总之,我的观点是,法理学就是指法律科学。"[③]

当奥斯丁在英国创立分析法学之后,法理学在英国则被普遍理解为关于分析法律规则体系的专门学问。奥斯丁的分析法学认为,法律就是实在的法律规则的结合体,法理学就是以分析这些实在的法律规则结合体为己任的。这种意义上的法理学被称为分析法理学,其影响颇大,不少法理学大家认同这种观点。霍兰德关于法理学就是"实在法的形式科学"的界说,便反映出分析法理学的影响。近代以来的英国法理学,主要就是分析法理学。其他一些国家的法理学也在不同程度上受到分析法理学的影响,比如美国的《布莱克法律词典》就

[①] 〔英〕沃克著:《牛津法律大辞典》,北京社会与科技发展研究所组织翻译,光明日报出版社1988年版,第489页。
[②] 〔美〕波斯纳著:《法理学问题》,苏力译,中国政法大学出版社1994年版,序言第1页。
[③] 〔美〕庞德著:《法理学》(第1卷),余履雪译,法律出版社2007年版,第6页。

把法理学诠释为阐述实在法的原则和法律关系的法律科学。

在法国，法理学曾经在很大程度上被视为阐述权威性审判过程和依据，并注重预测审判结果的学说。这同罗马法传统的深远影响有直接关系，在这种传统下，立法具有充分的权威，理论学说不过是用来解说在司法过程中如何运用或遵行法律。这种含义上的法理学，在现今法国和民法法系其他一些国家，仍然颇有影响，并且在美国也有认同者。

此外，法理学在法国和英国，特别是在法国，有时还可以被用来指称判例。在美国，当人们以庄重的方式谈到法律时，或者说当某些场合使用法律一词似乎不妥当时，法理学还可以被用来作为法律的代名词。就学者而言，赋予法理学以自己愿意赋予的含义的情形，更是随处可见。例如，有人认为法理学是"装满各种各样有关法的思辨的大口袋"，英国学者哈里斯在他的《法哲学》一书中就是这样说的。① 还有人认为法理学是关于权利历史、权利制度的科学知识（普赫塔），法理学是关于国内法基本原则的科学（萨尔蒙德），法理学是关于法律规则、法律观念和法律方法的研究成果（斯通），如此等等。

法理学含义的多样化及其历史变迁，主要是由于不同时空条件下的法理学，其面貌本来就多姿多彩所造成的，实质上不过是这多姿多彩的客观情形的一种历史的镌刻。同时，不同学者和流派对法理学自然有不同解说，也是一个直接的原因。而法理学最终发展为现今人们通常所说的这种含义上的法理学，即旨在研究法的基本问题、一般问题和共通性问题的专门学问，则在很大程度上得益于科学分工的细化和深入发展。而所有这些，都从一个侧面进一步表明：法学是历史的国情的范畴，同时它又是发展的和开放的。

二、法理学的冠名

法理学这门学科，在现代西方一般被冠名为"法理学"，即作为法学一个分支学科的Jurisprudence。也有一些学者，喜好把自己关于这一学科的著作称为法哲学，即 Legal Philosophies 或 Philosophy of Law。喜好称为法哲学的这些学者，情况较为复杂：有的是确有影响或有代表性的法学家，他们习惯于把自己的法理学著作称为法哲学；有的是自视颇高，觉得自己的法理学不是一般的法理学，而是颇有些玄妙的法理学；有的则的确因为自己的法理学著作偏重于哲学分析或比一般法理学著作更富哲学意味。

另外，西方学者也有将法理学著作冠以"法的理论""法学理论""法学原理""法学概论""法的一般理论"抑或其他诸如此类名称的。冠名虽不同，各种名下的内容和体系也多有差别甚至重要差别，但有一点是相同的，即所有这些著述，主要都是阐释法的基本问题、一般问题和共通性问题的，特别是阐述法的概念、本质、功用和目的，法同正义、理性、平等、自由的关系，法同道德、社会和国家的关系，法律权利和义务，法的结构，法律规范或规则，法的渊源、分类、效力、解释、适用和遵守等方面的问题。正因为它们阐释的主要是这些法理学问题，所以都属于或都可以被视为法理学著作。

在中国，1949年之前，这门学科一般也被冠名为"法理学"，同时也有称其为"法学通论""法学绪论""法学要论"的。它们的内容和体系同国外法理学的内容和体系，有大体相似的，但更多的则是有明显的差异。这种情形表明，当时中国这门学科既有模仿国外同名学科的

---

① J. W. Harris, *Legal Philosophies*, London Butterworths, 1980, p. 1.

一面,又同国外法理学存在着明显的差距。

1949年以后的很长一段时间里,受苏联人影响,法理学这门学科在中国被称为"国家和法的理论"。20世纪80年代初,中国法学界再次讨论了法学研究的对象问题,在这一背景下,作为一项改革措施,把"国家和法的理论"改名为"法学基础理论"。这个改革是从1981年北京大学出版社出版的《法学基础理论》教材开始的。"法学基础理论"这个名称一经问世便通行起来,但这个名称还不确切。法学和法是两个具有不同含义的概念,法学属于学术或思想文化范畴;法属于制度范畴,把一门课程称为"法学基础理论",就意味这门课程是法学的基础理论课程,属于法学学的范畴,而并不意味这门课程是法的基础理论课程。但事实上那些称为《法学基础理论》的教材中,属于法学学的内容,占比很有限,一般都只在导论或绪论中阐述一些法学基础理论,而教材的主要的、绝大部分的内容是阐述法的基础理论。差不多十年后,"法学基础理论"的名称终于为"法理学"的名称所取代。这一改革,使这门学科在中国得以名副其实。

三、法理学和法哲学

在研究和界说法理学时,有一个词不能不引起人们的注意,这就是"法哲学"。由于法哲学一词经常出现在同法理学一词关联比较紧密的场合,以至于要界说法理学,就有必要也说到法哲学。

法哲学一词源自欧陆,本来主要指注重以哲学方法研究法律问题的学问,属于哲学的一个分支。欧陆自古希腊起,很长时间里,哲学是个包容自然和社会两大领域几乎全部知识和学问的概念。在这种情形下,以哲学的眼光观察实际生活所形成的种种学问,就成为法哲学、历史哲学、宗教哲学、道德哲学等。这时欧陆国家的法哲学,同原初意义上的,即含义宽泛、相当于整个法学的那种法理学,有颇为相近的含义。这种意义上的法哲学,实际上是早于奥斯丁所创建的近代法理学的,在奥斯丁的法理学专门著作问世之前,欧陆学界就有了这种含义上的法哲学著作。

后来,随着法律实际生活的发展,特别是随着哲学、自然科学、人文科学和社会科学研究方面的分工渐次深化,法哲学的含义也复杂化起来,成为一个被人们在多种含义上使用的概念。主要的含义有三种:

一种是用来指称那些注重以哲学方法研究法的基本问题、一般问题和共通性问题的专门学问,即和法理学并行的一种学问。这种含义上的法哲学主要是现代或晚近欧陆学者所说的法哲学。比如德国学者魏德士在其《法理学》一书中谈到法哲学和法理学的界限时,认为法理学的任务和目的在于认知和表述法本身及其实际运用的过程,它是注重描述的学问;而法哲学所强调的是对法和法的现象的理性的再思考,它涉及的是法应当如何。[①] 这种含义上的法哲学,多为受到传统法哲学较深影响的一些学者以及那些自诩为具有代表性的学者所使用。其他学者通常则不仅注重以哲学方法研究法的基本问题、一般问题和共通性问题,而且也注重甚至更注重以多种方法并用的方式研究这些问题,因而他们通常就用法理学的称谓来标明他们在这方面的著作。

---

① 〔德〕魏德士著:《法理学》,丁小春、吴越译,法律出版社2003年版,第8—9页。

另一种是被人们当作法理学的同义语来理解和使用的法哲学,其内涵和法理学大致相同,或者说是法理学的另一种说法。这种含义上的法哲学,多为英美学界所使用。沃克就明确指出:法哲学就是狭义上的法理学的同义词。① 他这里所谓狭义上的法理学就是通常所说的作为学科意义上的法理学。哈里斯在其《法哲学》一书的开篇就说,他的这本叫作《法哲学》的书,是为法哲学、法学理论或法理学的初学者而写的。② 这也就意味着他是把法哲学同法理学当作一回事的。波斯纳在其《法理学问题》一书中也说到:我们通常将对根本性问题的分析称为"哲学",因此,传统地将法理学定义为法哲学或哲学在法律中的运用,这显然是恰当的。③

法哲学的再一种含义,是被用来指称法理学中那些更注重理论抽象或更注重以哲学方法研究问题的法理学,它是法理学中较为纯粹的法理学或更高层次的法理学,也可以说是法理学中一个具体的分支,同立法学、法社会学、法解释学相对应。

无论是哪一种意义上的法哲学,其内容在古希腊、古罗马和古代中国,就已存在了,特别是在古希腊,法哲学还曾出现过颇为繁盛的局面。但法哲学这个概念广为出现,却是晚近的事情。18世纪末历史法学派的代表人物胡果,19世纪初哲理法学派的巨匠黑格尔,属于近代以来最初使用法哲学一词的重要人物。胡果于1798年出版了题为《作为实在法,特别是私法哲学的自然法教科书》的著作,1821年黑格尔则把自己的研究自然法和国家问题的著作命名为《法哲学原理》出版。尔后,法哲学这个名词在愈益广泛的范围得以使用,尤其是在黑格尔学派如拉松、柯勒等人的著作中传播开来。后来实证主义法学也使用法哲学这一术语,如奥地利法学家贝格博姆把他的论述法的一般问题的著作称为《法律学和法哲学》(1892),英国分析法学派的奠基人奥斯丁则把他的一本著作称为《法理学讲演集或实证法哲学》,后人也有简称其为《法理学讲演集》的。总的看来,迄今为止,法理学更多的是英美学界以及受英美学界影响较大的学者所使用的名称,法哲学则更多的是欧陆学界以及受其影响较大的学者所使用的名称。

从当代中国学界使用法哲学一词的情况看,对法哲学含义的理解,也颇为复杂。大体有三种情况。其一,多数学者主张或事实上把法哲学和法理学视为同一个概念,他们所说的法哲学就是法理学。其二,有的学者主张或事实上将法哲学和法理学作为两个并列的范畴看待,他们所说的法哲学,同法理学一样,都是法学领域中平行的两个分支学科。其三,我们认为应当把法哲学看作法理学中一个更注重以哲学方法研究问题或更注重理论抽象的一个具体分支,或视为现代法理学中的一个研究方向,这种含义上的法哲学则属于法理学的一个组成部分。

应当指出,在主张法哲学和法理学应否分合的问题上,中国学界是有若干误区或迷点需要予以澄清的。一种需要澄清的观点是:法理学是运用哲学方法研究法律基本问题的学术门类,因而实质上就是法哲学。④ 这种观点主张把法哲学和法理学视为同一回事,本来是无可无不可的,但其理由却难以成立。因为:一方面,因哲学方法并非为法理学所专有,许多学

---

① 〔英〕沃克著:《牛津法律大辞典》,北京社会与科技发展研究所组织翻译,光明日报出版社1988年版,第693页。
② J. W. Harris, *Legal Philosophies*, London Butterworths, 1980, Preface p. v.
③ 〔美〕波斯纳著:《法理学问题》,苏力译,中国政法大学出版社1994年版,序言第1页。
④ 葛洪义:《法理学的定义与意义》,载《法律科学》2001年第3期。

问都离不开哲学方法,但并非这些学问都是法理学;另一方面,法理学也并非仅用哲学方法而不用其他方法的,事实上,法理学的方法论体系中是既包括专业方法,又包括所摄取的方法,还包括哲学方法等多种类别的方法的。

另一种需要澄清的观点是:法理学是哲学方法在法律领域的运用,法理学就是法哲学。这个结论是由法理学所面临的问题的特殊性决定的,即法理学面对的是法的一般的普遍的问题,而一般的普遍的法律问题是不可能通过经验直接呈现在我们的感官中的,必须运用逻辑思维和理性推理的方式才能够予以把握。[①] 这里姑且不论"一般的普遍的法律问题不可能通过经验直接呈现在我们的感官中"的说法是比较武断的,而仅指出:这种说法是自相矛盾因而不能成立的。既然"法理学是哲学方法在法律领域的运用",又怎么"必须运用逻辑思维和理性推理的方式才能够予以把握"呢?哲学方法和逻辑思维、理性推理怎么可以完全相混淆呢?哪一门科学不需要运用逻辑思维和理性推理的方式来解决问题呢?

还有一种需要澄清的观点是:主张将法理学和法哲学区分开的学者中,有人说法理学同法哲学之所以是两回事,原因在于"法理学是研究实在法的,是以感官中可以经验的法律现象为对象的,而法哲学则是更深层次的"[②]。这种说法不能成立。其一,法理学并非就是"研究实在法的",并非就是"以感官中可以经验的法律现象为对象的",法理学作为研究法的基本问题、一般问题和共通性问题的专门学问,它所研究的对象远非所谓实在法或感官中可以经验的法的现象。其二,法理学和法哲学的区分不在于深浅的不同,法理学也可以非常深入,把法理学说成是"浅"的学问,显然是对法理学的严重的误解。

实际上,究竟应当如何理解和使用法哲学这个概念,不能依主观喜好来抉择,而应当根据客观因素的综合作用来决定。法理学和法哲学既有相同因而可以并列的一面,又有不同因而需要分别的一面,简单地把它们视为同一回事或一概把它们视为并列的两个事物,都不符合它们的本来情况,也于理论上难以成立。

应当看到,第一,法哲学的含义是开放的和发展的,不能以静止不变的眼光看待法哲学。在早先哲学作为包容自然和社会两大领域几乎全部知识和学问的概念的情形下,以哲学的眼光观察法律问题所形成的学问,就是当时的法哲学。后来,随着法律实际生活的发展和科学研究分工的细化,法哲学的含义就复杂化起来,成为被人们在多种含义上使用的概念。第二,法哲学究竟是作为一种同法理学并行的学问好,还是作为法理学的另一种说法好,抑或作为法理学中一个具体分支好,应当视具体情况而定。这里可以考虑欧陆学者和英美学者在传统上和习惯上的差别,不可强求划一。第三,就中国情况看,过去将法哲学和法理学视为同一个概念,是有历史原因的[③],也是由当时学科划分的实际情况和学术研究水平决定的,因而是可以理解的。现在学科划分更细致深入了,学术研究水平也比过去提升了,在这种情况下既有必要也有可能将法哲学同法理学逐步分开;在开始的一段时间里,不妨将法哲学作

[①] 葛洪义:《法理学的定义与意义》,载《法律科学》2001年第3期。
[②] 同上。
[③] 例如,有学者考查指出,汉语中法理学一词源于日语的同名词汇,而日语的法理学一词则源于德语的法哲学(Rechtsphilosophie)一词。近代日本人的学术受德国影响颇多,在穗积陈重首倡使用法理学一词之前,日本学界所使用的就是从德国移译的法哲学一词。明治十四年(1881),穗积陈重在东京帝国大学执教时,有感于当时日本普遍使用法哲学一词的形而上气味太浓,主张使用法理学这个名称代替法哲学,由此而产生法理学这一概念。

为法理学中更注重理论抽象或更注重以哲学方法研究问题的一个具体分支;待条件更成熟时,则可以考虑将法哲学作为和法理学平行的一个法学分支学科来看待和建设。

第二节 作为独立学科的法理学

一、奥斯丁和作为独立学科的法理学

法理学从很早的时候起,就以思想、观点的形式存在了,在古希腊思想家和中国先秦思想家的作品中,人们便可以读到这方面比较丰富的论说。然而,作为一个学科的法理学,它的出现,是在边沁特别是奥斯丁在法理学方面作出创造性贡献以后的事。而由法理学的思想、观点发展到法理学学科,则经历了大约 2000 年的时间。

奥斯丁在法学方面有两个突出的贡献,一是从他开始,法理学被作为法学的一个独立的分支学科看待,他的名字是同作为学科的法理学的创立相联系的。二是他开创了现代分析法学,他的名字也同现代分析法学联系在一起。并且这两个方面的关联是密切的,奥斯丁是把法理学按照分析法学的模式创立的。他所创立的法学,从学科的意义上说是法理学,从学派的意义上说便是分析法学。在这个意义上可以说,近代意义上的法理学,原初的面貌就是分析法学的面貌。正因为如此,英国的法学家甚至认为,分析法学就是法理学。

作为学科意义上的近代法理学的诞生,是以其所显示出来的这样几个现象为标识的:其一,它有了自己的研究对象和研究范围;其二,它有了自己的专门的学者和专门的著作;其三,它本身已形成了理论体系;其四,它既是法学整体中的一个组成部分,又同其他法学分支学科有明晰的界限。这几个方面的标识,由奥斯丁其人其著充分展示出来。1826 年奥斯丁担任英国伦敦大学法理学教授,1832 年他的名著《法理学范围的确定》(*The Province of Jurisprudence Determined*)问世。在这部作品中,奥斯丁确立了法理学的研究对象和研究范围,并形成了自己的法理学体系,分辨了法学同其他一些学说的界限。1861 年奥斯丁的遗孀重新出版了他的《法理学范围的确定》并首次出版了他的《法理学讲演集或实证法哲学》(*Lectures on Jurisprudence; or the Philosophy of Positive Law*)。奥斯丁的学说没有得到也不可能获得他身后所有法理学人的认同,但奥斯丁所创立的学说,他作为专门的法理学教授而讲授法理学,他的法理学著作的问世,所有这些,的确是直接宣示和标志了作为独立学科意义上的近代法理学的诞生。

奥斯丁的主要观点和研究方法在于,他强调法学的任务在于研究实际存在的法,而不在于研究应当存在的法,后者是伦理学的研究对象,正如法与道德应当有严格的界限一样,法学与伦理学也应当有严格的界限。法理学是法学的一个学科,它的主要任务就在于研究实在法的特质和厘清实在法的各种概念术语。一方面,法具有多重属性,对于制定者来说它是自己所发布的命令,对于遵守者来说是需要恪守的义务,而就法本身而言则是命令、义务和制裁的统一。法理学研究命令、义务和制裁这三者的统一,也就是研究实在法的特质。另一方面,法的特质是由一个又一个具体的概念术语所体现的,比如,权利、义务、责任、损害、刑罚、对物权、对人权,成文法和不成文法,民事侵权和刑事犯罪等,它们都有也应当有确定的含义,只有构成法的整体的这些概念术语的含义是确定的和清楚的,法的功能和价值才会成

功地兑现。法理学通过分析的方法,厘清了法的这些概念术语的含义和界限,使它们彼此之间形成逻辑关系,并把它们整合成一种有条理的体系或系统,法理学自身也就形成了一个独立的学科体系。而且,作为学科的法理学或一般法理学,还应当注重对一切成熟的法的体系或法律制度的特质、概念和原则的阐述。奥斯丁痛感几个世纪以来英国法的杂乱无章、杜撰虚玄、重叠牵制和日益繁复所带来的种种弊病,期望对这种混乱的状况加以改革。而他以分析的方法创建独立的法理学学科的一个实践目的,正在于希望借此为实现这一改革准备理论条件。

奥斯丁创立法理学后,英国的法理学结束了过去的混沌状况而进入一个新的自觉发展的时期。"从他那时至今,英格兰法理学应用的主要研究方法仍然是他对法律术语和概念的含义进行分析的方法,因此,他对法律思想有着长期的影响。"[①]奥斯丁在英国创建近代法理学,使英国法理学在欧洲呈现领先的优势,使英国近代法理学的产生比德国、法国早半个多世纪,尽管他在创建自己的法理学之前,曾在德国从事多年的研究工作,深受罗马法和大陆法系的影响。

在中国,作为学科的法理学,是随着西风东渐的潮流逐渐产生的,它的完全形成,比之奥斯丁在大学讲授法理学晚了近百年。正如有学者指出:在19世纪和20世纪之交,西方法理学著作和思潮相继涌入,在仿效西方办新学的过程中,一些学校开设法理学课程。如1902年设立的山西西学专斋将"法理"列为法律学专业课程,1906年成立的京师法政学堂在1910年编定的法律课程中设有法理学,辛亥革命后民国教育部发布的大学令和法政专门学校规程都将法理学列为法科大学生的必修课。[②] 与此同时,中国学者或介绍西方法理学,或撰述出版自己的法理学著作。严复将孟德斯鸠的《论法的精神》以《法意》之名移译到中国。1902年梁启超撰写了《法理学大家孟德斯鸠之学说》一文,推介孟德斯鸠的法理学;1904年他写成法理学专论《中国法理学发达史论》;此外他在介绍其他一些西方学者的学说和阐述其他一些论题时,也在一定程度上阐发了他的法理学说。此后,其他一些学者的法理学著作或译著渐次产生,如1925年产生了王振先的《中国古代法理学》,1926年出版了美国学者庞德的《社会法理学论略》,1928年又有李达翻译的日本学者穗积陈重的《法理学大纲》面世。至此,作为独立学科的法理学,便也在中国完成了它的形成过程。

二、法理学的研究对象和范围

经过奥斯丁的努力,法理学作为一门独立的法学分支学科终于诞生了。作为法学分支学科的法理学,它是整个法学体系的一个具有相对独立性的组成部分,因而它的研究对象和研究范围就同法学体系中其他法学分支学科区别开来。同时,作为法学分支学科的法理学,它自身也需要有能够同法学的其他组成部分划清界限的研究对象和研究范围。事实上,奥斯丁创建他的法理学,也正是从确定法理学的研究对象和范围着手的。

奥斯丁关于法理学研究对象和范围的总的观点,集中表现在他强调法理学应当以实在法为研究对象,以实在法所涉及的范围为研究范围,特别是以成熟的实在法法的体系中所蕴

[①] 〔英〕沃克著:《牛津法律大辞典》,北京社会与科技发展研究所组织翻译,光明日报出版社1988年版,第70页。
[②] 周永坤著:《法理学——全球视野》,法律出版社2000年版,第30页。

涵的共同原则、概念和特征等为研究对象和范围。在奥斯丁身后，无论人们对法理学研究范围的看法有怎样的分歧，有一点是共通的，就是人们都能认同实在法是法理学所需注重研究的对象。在法理学的研究对象和研究范围问题上，主要的分歧不在于法理学要不要研究实在法，而在于是否仅仅注重研究实在法，如果不仅仅在于研究实在法，那么还研究什么。

奥斯丁创建了近代法理学，系统地阐述了他所确定的法理学的研究对象和范围。然而，奥斯丁的观点并没有为所有法理学人所认同。在奥斯丁之后，各个法理学流派对法理学的研究对象和范围，都给出了自己的答案，迄今仍然各抒己见。这是为什么呢？其原因在于奥斯丁不可能创造出能使所有人折服、为所有人认同的法理学研究对象和范围的终极模式，不可能就法理学的研究对象和范围划定一个封闭的、永恒的框框，他只能为法理学研究对象和范围的确定提供一种奠基性的学说，只能为作为学科的法理学贡献一个初始化的架构。

法理学作为一门法学分支学科，的确有自己的研究对象和范围问题，但法理学的研究对象和范围既不可能是单一的，也不可能是静止的，而应当是开放的，应当是确定和开放两方面的统一。

法理学是法学的基础学科，它的研究对象和范围需要有相当程度的确定性和普遍性，它应当以一般的和抽象的法、法的现象以及与法相关的问题为研究对象，它的研究视野和研究触角不受具体的法、法的现象以及与法相关的问题的限制，古今中外凡是法、法的现象以及与法相关的问题，法理学都可以研究。正如奥斯丁所强调的，法理学应当注重以成熟的实在法法的体系所蕴含的共同原则、概念和特征等为研究对象和范围，注重研究法的根本问题，并且是用逻辑分析、理论阐述的或哲学思考的方式研究，而不宜用描述的方式研究。而其他的法学分支学科通常都以特定的或具体的法、法的现象以及与法相关的问题为研究对象，例如宪法学研究宪法及其相关问题，行政法学研究行政法及其相关问题，法史学研究法的历史及其相关问题。同时，就各种法理学的个性、特殊性或具体情况而言，其研究对象和范围则可以有差异或区别，即可以有不确定的一面。各种法理学的研究对象和范围通常总是容易同一定的时空条件或环境相联系，总是容易随一定的时空条件而变迁，也总是因不同的人物和流派而有差异。但无论就法理学的共性还是个性而言，都应当是确定和开放的统一，所研究的问题都应当既有确定性的一面，又具有开放性。事实上，不同的法理学、不同的法理学流派和人物，关于法理学的研究对象和范围的阐述，总是体现出这种两重性。

关于法理学的研究对象和范围的两重性，也总是可以从不同的角度或运用不同的方法来理解和阐述。

首先，可以从方法或流派的角度来研究和确定法理学的研究对象和范围。沃克在这方面有个较为集中的叙述，他以法理学对发达法律制度的研究为例，认为至少可以从五个方面来研究：其一，从哲学的角度研究法律制度和法律学说的哲学基础，认识其基本原则，从各种法的渊源中认识和组织这些制度的要素，并根据法的理论和法自身设定的目标评价这些制度；其二，从历史的角度，研究制度的起源和发展，研究其具体规定及其理论的演化和变革，把握其精神和基本原则，并以原则的历史发展为线索归纳整理各种资料；其三，从比较的角度，从演化、范围、应用和作用等方面考察不同法律制度的内容、结构、概念和规则；其四，从分析的角度，研究法的渊源、结构、论题、概念和规则，同时在此基础上为作出司法决定和行政决定整理出权威性资料；其五，从社会学或功能分析的角度，将法律制度作为一种对行为的社会控制制度,研究其功能,并研究为实现社会控制这一目标而确立的制度、学说和方法。在这里,沃克实际上是从几个不同法学流派的角度谈到了法理学的研究对象和范围。①

其次,可以从归纳或提出问题的角度来研究和确定法理学的研究对象和范围。这是一种比较普遍的做法。在采用这种做法阐述法理学的研究对象和范围方面,见解更多因而分歧也更多些。波斯纳是采用了这种做法的。他把法理学的研究对象和范围所涉及的问题分为整体性的和零碎性的两类。整体性的问题通常包括:法是否以及在什么意义上是客观的(确定的、非个人的)和自主的,而不是政治性的和个人的;法律正义的含义是什么;法官的恰当的和实际的角色是什么;司法裁量有什么作用;法的来源是什么;社会科学和道德哲学对法有什么作用;传统对法有什么作用;法能否成为一种科学;法是否会进步;以及法律文本解释上的麻烦问题。零碎性的问题就不胜枚举了,诸如禁止人工流产、废除死刑以及对陌生人见死不救是否侵权等问题。就整体性和零碎性问题相比较,法理学或法哲学对整体性问题的贡献要更多些。② 中国的法理学教科书一般都采取归纳的方法表述法理学的研究对象和方法。中国法理学者对法理学体系有着不同的理解和主张,也已形成若干不同的逻辑安排和建构,但在法理学的研究范围及基本概念、范畴、原理、原则、规律问题上,是大体一致的。法理学的研究范围包括四方面内容:一是法的一般原理,包括法的概念、本质、价值、功能、分类、发展等;二是法的基本范畴,包括法律关系、权利义务、职权职责,法的渊源、形式、体系、规范、效力、责任,法的意识,法治原理等;三是法与其他社会现象的联系,包括法与经济、政治、文化、宗教、道德、人权等的联系;四是法的制定和实施,包括法的制定、解释、执行、适用、遵守和法的实施保障等。③

最后,还可以根据不同时期不同情况选择相关重大主题来研究法理学,把这些重大主题系统化后,也可以确定法理学的研究对象和范围。这一点可以通过国际法哲学—社会哲学协会(IVR)的世界大会这类会议所讨论的主题,从一个重要侧面了解相应时期法理学研究所关注的主题有哪些。例如,自 1957 年以来,国际法哲学—社会哲学协会已召开过几十届正式的世界大会,其讨论的主题涉及广阔的范围,其中更值得关注的问题就有数十个,这些主题都属于法理学研究范围内的重要问题。

三、法理学在法学体系中的位置

法学是由若干分支学科所构成的有机联系的整体。在法学体系中,法理学是一门独立的分支学科,但不是一般的和普通的学科,而是具有特别重要的地位的分支学科。法理学作为从现实的和历史的各种法、法的现象中研究法的基本问题和一般规律的学科,它是法学的主要理论学科,是全部法学专业、法律专业和法学教育必修的专业基础课程。在法学体系中,没有哪个学科能像法理学这样具有很大的跨越性和辐射性,同法学的各门分支学科都有相当程度的关联,对法学的各门分支学科都有程度不同的影响。

首先,法理学的研究范围非常广阔,它涉及法学体系中其他各门分支学科。一方面,法理学研究法自身的各种问题。这里所说的法,包括各种形式、各种部门、各种类别、各个时代

---

① 〔英〕沃克著:《牛津法律大辞典》,北京社会与科技发展研究所组织翻译,光明日报出版社 1988 年版,第 489 页。
② 〔美〕波斯纳著:《法理学问题》,苏力译,中国政法大学出版社 1994 年版,序言第 1—2 页。
③ 参见本书的结构、内容和相关阐述;亦参见李步云主编:《法理学》,经济科学出版社 2000 年版,第 9—10 页。

意义上的法。另一方面,法理学研究各种法制和法治现象,主要包括立法现象、司法现象、守法现象、法律监督现象。这样广阔的研究范围,使法理学在法学体系中不能不凸显出它的重要地位。

其次,法理学所研究的是法学领域中重要的、基本的、根本的主题,它的成果对法学的其他分支学科有重要的理论基础作用。法理学研究法、法制和法治的本质、作用、内容、形式、规范、结构以及它们之间的联系,力求从这些基本方面说明和解释现行法和历史上存在的法。不仅如此,法理学作为一门法学学科,并不把自己的研究视野局限在这个范围之内。法理学的任务不仅在于诠释含义、抽象出法的本质和记录法的资料,还在于研究法的制定、法的实施、法的体系、法的意识、法律关系、法律责任,尤其注重研究应当制定和变动什么法、制定和变动多少法,如何使法的制定和变动适应调整社会关系的需要,如何使已制定出来的法取得实效,如何健全立法、司法、守法和法律监督制度,研究法在实际生活中不能得到有效实施的原因和改进的对策,如何使整个法制和法治能够适合社会发展的需要。法理学还研究法的发展规律,主要研究各种法的现象产生、发展过程中带有普遍性、客观性、不依人的意志为转移的那些规律,例如法产生和发展的规律,一种法的类型取代另一种法的类型的规律,一个部门法分化为几个部门法的规律,一种法的形式或制度变为另一种法的形式或制度的规律等。法理学在研究这些问题时所阐述的基本原理、基本知识、基本概念,关涉法的普遍的、共同性的问题,是其他各门法学学科都要涉及的问题。法理学关于这些问题的结论和原理,是其他各门法学学科的理论基础。

再次,法理学还研究法、法的现象同其他种种社会现象的关系。通过研究这些关系来更深刻地理解各种法、法的现象和法的发展规律的精神实质。在这方面,孟德斯鸠作出了重要的贡献。他的《论法的精神》是法学发展史上为数不多的专论法同其他社会现象关系的鸿篇巨制。这部长达 60 万字的著作,以法为中心,又遍涉经济、政治、宗教、历史、地理等领域,内容非常丰富。在这部著作中,孟德斯鸠从法同其他事物的普遍联系来探寻法的精神实质,认为法同国家政体、贸易、货币、人口、宗教、地理都有关系,法同法、同它们的渊源、同立法者的目的以及同各种事物的秩序也有关系。把这些关系综合起来就是法的精神。他得出这样的结论:"从最广泛的意义来说,法是由事物的性质产生出来的必然关系。在这个意义上,一切存在物都有它们的法。"[①]孟德斯鸠要求人们从法同其他事物的普遍联系中探寻法的精神,在法理学研究的方法论上朝唯物主义迈出了可喜的一步。

最后,法理学在同法学其他分支学科发生关系的过程中,对这些法学分支学科具有普遍指导意义。例如,就法理学同法律制度史的关系而言,法律制度史是研究法律制度在各个具体时代发展的特殊规律的,法理学则是研究法的发展的普遍规律。一方面,论从史出,研究法律制度史对于研究法理学有重要意义,只有把个别的、具体的法的特殊规律弄清楚,才能从中总结、发现法的普遍规律。另一方面,以论带史,没有法理学的指导,没有对于法的本质、法的形式和其他种种法的现象的深刻的法理学理解,没有对于法的一般知识的掌握,就难以对历史上复杂的、具体的法的现象作出科学的解释和正确的评价,在纷繁复杂、浩如烟海的历史资料面前,就会手足无措或走偏方向。至于各部门法学,例如宪法学、民商法学、刑

---

① 〔法〕孟德斯鸠著:《论法的精神》(上册),张雁深译,商务印书馆 1961 年版,第 1 页。

法学、诉讼法学等,是直接地、具体地研究法学领域各个专门问题的,它们同法理学的密切关系,更是显而易见。一方面,法理学要使用各部门法学提供的资料。例如,我们通过研究中国现时期宪法、行政法、民商法、经济法、社会法、刑法、程序法等部门法学,就会从丰富、具体的材料中感受到现时期中国法的性质究竟是怎样的,也会从这些丰富、具体的材料中了解到现时期中国法的任务和作用,从而加深对法理学的理解和研究。另一方面,法理学又指导各部门法学。例如,法理学根据对中国法律制度性质的分析,论证了中国应当实行法律面前一律平等的原则,人人都要守法,决不允许有凌驾于法之上的特权。通过这种论证所形成的理论,对于理解各部门法学就具有直接指导意义。掌握了这种理论,在研究和学习部门法学时,就可以比较容易地掌握行政法、民商法、经济法、社会法、刑法、程序法的具体的适用原则。

第三节 法理学的构成要素及构成境况

一、法理学的三大构成要素

迄今中国法理学的架构中,几乎仍然主要只有一个要素,就是中国学人所阐发的法理学理论学说,而没有专门且集中的有关法理学流派思潮和人物作品的论说。虽然也有些许的方法论阐述,因为所占比重甚微,对于改变法理学架构的单一性,也是杯水车薪。这种架构同20世纪50年代苏联教科书的架构相比,去除了国家论,就少有实质性进展。[①] 阅读西方法理学著述,可以看到它们提供的法理学架构,很少是以单一的理论学说要素构成的。以中国目前的法理学架构,显然无以同当代世界主流法理学体系对话。中国法理学在架构方面偏于一隅的境况需要变革。而变革这种单一性的法理学架构,便要研究法理学的构成及其资源性要素。

独立而完整的学科,通常是由若干要素所构成的整体。这些要素既独立存在,又相互关联,从而使一门学科能够作为规范的学术现象而体现其自在自为的价值。法理学作为一门独立的法学分支学科,也有构成要素问题。研究法理学的构成要素,才能高屋建瓴地审视和阐述法理学,才能使法理学以一种有机整体的状况展现出来,也才便于人们把法理学作为一个自觉的学术体系予以揣摩和把握。

那么,构成法理学这门学科的基本要素主要有哪些呢?

在我们看来,至少有三种法理学的构成问题。一是法理学的内容问题,即法理学研究什么或法理学的研究对象和范围问题。二是法理学的方法问题,即法理学以什么样的方法展开其研究的问题。三是法理学的渊源问题,即法理学取材于何处、从哪里产生、基于什么原因产生的问题。同这三种问题相对应,独立而完整的法理学学科,主要应当由内容性要素、

[①] 值得注意的是,苏联法学界在20世纪七八十年代已对五十年代法学理论学科的架构有所反思和改革,中国学界对这一改革的成果却无甚了解和反映。《法学译丛》(现更名《环球法律评论》)1981年第2期刊载的苏联学者切尔丹采夫教授1980年发表的《论国家和法理论的结构》一文,就说明了当时改革的有关情况。文章谈到:"提高(法学理论)这门学科范围的研究效率和质量,取决于研究方法的水平。在这方面,对这门学科的结构有一个更明确的概念,必然会起到一定的作用。因此,近年来苏联法学家越来越多地着手研究整个法学,其中包括国家和法的一般理论的方法学和结构问题,这不是偶然的。"

方法性要素和渊源性要素所构成。所谓内容性要素，主要是法理学所阐发的理论学说；所谓方法性要素主要是法理学所阐发和运用的方法论；所谓渊源性要素，主要是法理学赖以取材、孕育和形成的资源、进路和动因。

法理学由内容性、方法性和渊源性三大要素所构成，可以有多种表现形式。基本表现形式之一，是全面涵括的形式，即在同一著作中，较为完整地涵括法理学三大构成要素。这种著作通常是法理学教科书。一般说，一门学科的教科书，首先是相应学科的体系架构的缩影。以教科书的形式阐明法理学的著作，其任务更多是完整包含和阐述法理学三大要素，这是由教科书的特质所规定的。专著性的法理学教科书，以及具有教科书特质的法理学专著，也能在相当大的程度上表现法理学的体系架构。英国学者弗里曼的《劳埃德法理学导论》，是以教科书的形式表现法理学三大要素的一个范例[1]；美国学者博登海默的《法理学：法律哲学与法律方法》，是以专著性教科书形式表现法理学三大要素的一个例证[2]；而另一位美国学者、法理学大师庞德的五卷本《法理学》，以其宏阔的场景，为我们提供了一幅教科书性质的专著表现法理学三大要素的经典画卷[3]。这些著作，充分地展现了法理学的内容性、方法性和渊源性三大要素。

另一种表现形式，就是在各种单项的法理学专门著作中涵括法理学三大要素。单项的法理学专著，尽管是专题性地阐述法理学，也有法理学构成要素问题，也需要注意三大要素的结合。比如，专门阐述法理学理论学说的著作，不能忽视相关流派思潮和人物作品在这些理论学说方面的基本观点和方法，不能忽视它们同这些理论学说的关联；专门阐述法理学流派思潮或人物作品的著作，不能忽视它们所持的主要的理论学说。做到了这些，所阐述的法理学理论学说、流派思潮和人物作品，才能是活的、动态的、有生命的法理学，也才能称为有纵深、有层次、置各种法理学问题于相互关联的整体之中的法理学。

无论以两种形式中的哪种形式构建和阐述法理学，都需要著者熟谙法理学乃是由三大要素构成的学科。如果熟谙法理学的构成要素理论，即便撰述单项的法理学专著，也会自然地将三大要素融合于一体。虽然单项的法理学专著由于论述某个专题之故，而专题更多的时候总属于理论学说性的命题，因而需要更多地在阐述理论学说亦即内容性要素方面下工夫，但这些著作的作者如果深明法理学的构成同三大要素的关联性，就会在阐述理论学说这个内容性要素的同时，也自然地和自觉地运用和体现方法性要素和渊源性要素。假定他们中有人要写一本叫作《制度和习惯》的法理学专题性著作，他自然会阐发自己关于这个专题的观点体系——这属于理论学说即内容性要素；而在阐发的过程中，他也会相应地自觉运用和体现某些方法，运用和体现某些相关的理论学说、流派思潮和人物作品所包含的资源，这些方法、理论学说、流派思潮和人物作品便分别属于方法性要素和渊源性要素。所以专题的法理学著作同样可以具备要素完整的法理学体系架构。一部专题性法理学著作，一篇专题性法理学论文，如果通篇只有作者自己的观点、理论、学说之类的独白或"畅想"，没有方法性要素和渊源性要素糅合于其中，就既难有必要的学术含量，不合乎学术规范，难以形成学术

---

[1] 这里所说的《劳埃德法理学导论》，是指英国学者 M. D. A. Freeman 教授在劳埃德《法理学》一书的基础上所编著的 Lloyd's Introduction to Jurisprudence，由 Sweet and Maxwell Ltd 1994 年出版第六版。
[2] 这是中国法学学人和法科学生已经颇为熟识的一本著作。
[3] 这是美国哈佛大学法学院前院长庞德教授的著名法理学作品。

境界,亦难以征服专题性作品本应征服的学术关隘。

法理学应当由内容性、方法性和渊源性三大要素合璧而成,然而三要素之间并不都是,也不可能完全都是界限分明、壁垒清晰的。相反地,除却一些教科书外,在大多数法理学作品中,三大要素要么是若即若离地统一存在于某个或某些主题之下,要么便是水乳交融地统合于一体的。也就是说,专门阐述法理学理论学说的论著,一般离不开运用法理学方法论,离不开运用相关的法理学理论学说、流派思潮和人物作品的观点;专门阐述法理学方法论的论著和专门阐述法理学流派思潮或人物作品的论著,通常也都离不开运用其他相关的法理学要素。事实上,西方法理学论著,大都是以这样或那样合璧的方式体现法理学三大要素的。所以,注重三大要素的整体合璧,并不是要求法理学人在论著中去做这些要素的依次排列叙说的工作,而是要做科学的整合。

明了完整意义上的法理学,主要应当由内容性、方法性和渊源性要素构成,法理学人方能完整地研究、把握和阐明法理学。能够综合这些要素阐明法理学,所阐明的才能称得上作为学科的法理学,或作为科学体系的法理学。不能综合这些要素完整地阐明法理学,所阐明的通常只能是法理学的某个侧面,这些侧面是构成法理学整体的组成部分,但它们本身只是法理学这部机器的部件,只代表法理学的局部,不能同学科意义上的法理学相等同。只有把这些部件妥当地组装起来,完整意义上的法理学方能立于学术之林。

二、法理学构成的实际境况

从法理学内容性要素的角度研究法理学的构成,也就是探索通常所说的法理学的研究对象和范围,其任务是明辨法理学主要解决哪些问题,由阐述这些问题的理论学说构成法理学的整体。从法理学方法性要素的角度研究法理学的构成,则是研究通常所说的法理学方法论,探明法理学的研究进路,其任务是明辨法理学主要包括哪些基本方法和具体方法。注意从这两个角度研究和构成法理学,早已是学界的普遍做法。历来阐述法理学的著作,一般都会阐述这两个主题。翻阅国内外法理学教科书,很少可以看到不谈论法理学应当包括哪些理论学说和解决哪些问题的,也很少可以看到不谈论法理学方法论的。

然而,从法理学渊源性要素的角度,从法理学何以取材、从哪里产生、基于什么原因产生这些问题的角度,以及再进一步,从整合以上三大要素的完整和综合的角度构成法理学的整体,在这方面,人们迄今未能在国内法理学著述中读到专门的有分量的论作。而注重法理学渊源性要素,从完整和综合的角度关注法理学的构成,对法理学研究和法理学学科建设,却非常重要。研究法理学的构成,仅仅注重研究内容性要素和方法性要素是不够的,还应当充分注重研究渊源意义上的法理学构成要素。恰如任何法律制度的最终形成,都有其取材和提炼于何种资源、产生于何种进路、基于何种动因的问题一样[①],任何完整的学科也都有渊源于何种要素,从而得以最终形成的问题。如果法理学的研习者未能熟谙法理学是渊源于何物,他们对于法理学的研究和学习,充其量只能是舀到法理学之水,而未能尽溯法理学之源,因而只能是表层的、浮光掠影的。

---

① 参见周旺生:《重新研究法的渊源》,载《比较法研究》2005 年第 4 期;集于周旺生著:《法理探索》,人民出版社 2005 年版,第 226—249 页。

西方国家的法理学著述特别是法理学教科书,比之我们的同类著作,在注重从法理学三大构成要素的角度完整地阐述法理学方面,要远胜一筹。像英国学人弗里曼的《劳埃德法理学导论》、费里德曼的《法律理论》、莫里森的《法理学——从古希腊到后现代》,美国学人庞德的五卷本《法理学》、博登海默的《法理学:法律哲学与法律方法》、霍尔的《法理学基础》、拉斯韦尔的《自由社会之法学理论》,德国学人伯罗茨海默的《各国法律哲学》、考夫曼的《法律哲学》、科殷的《法哲学》,都是由内容性、方法性和渊源性三大要素所构成,只是三大要素在这些著作中各自所占的比重有所不同。

试以《劳埃德法理学导论》为例。此书英文第 6 版有 1377 页,共 15 章,依次阐述了 15 个主题:法理学的性质;法的概念;自然法;边沁、奥斯丁和古典法律实证主义;纯粹法律理论;分析规范法理学的现代倾向;社会法理学和法律社会学;美国的法律现实主义;斯堪的那维亚的法律现实主义学者;历史法理学和人类学法理学;马克思主义国家和法的理论;批判法律研究运动;男女平等主义法理学;后现代法理学;司法裁判理论。法律出版社 2007 年出版的该书第 7 版,增加了正义论和种族批判理论两章。这 17 个主题,可以使我们比较清晰地看出作者所阐述的法理学,正是由内容、方法和渊源三大要素所构成。再以科殷的《法哲学》为例,这是一本规模不大的著作,依次阐述了 6 个主题:法哲学的主要学说;法哲学基本观点的基础;作为文化现象的法;法的基础;实在法及其适用;法学思维。① 这也是一本以内容性、方法性和渊源性为三大要素来构成法哲学的著作。

苏联法学界这方面也有值得注意的地方。前文所引苏联学者切尔丹采夫教授 1980 年发表的"论国家和法理论的结构"一文,就介绍了当时苏联法学界在国家和法理论的结构问题上的几种观点。其中一种观点认为:"在国家和法的一般理论中可以划分出材料环节、理论环节和实践环节。"② 这里所谓材料环节,同我们所说的法理学渊源中的资源性要素,有某种相通之处;所谓理论环节,则同我们所说的理论学说有某种相通之处。

这些年来,中国法理学获得不小的进展,但仍有许多明显不足。突出的一个问题便在于未能充分重视从渊源性要素和综合的角度研究法理学的构成。一些法理学著述在构建法理学的体系时,或是表现出惰性,一味地沿袭过去的架构;或是表现出盲目性,随意按自己的认识取向确定法理学的架构,两者都不能按法理学本身的内在规定性,即法理学学科本来应有的架构,来研究和阐明法理学。这就容易偏离科学轨道。之所以存在这种情况,很重要的一个原因正在于不理解完整意义上的法理学应当由上述三大要素所构成。这些情况或问题的存在,可以触动法理学学者思索:法理学只是由若干种理论学说构成的平面型体系吗?法理学不应当是由多种要素构成完整的、多维的和富有生命力的学科体系吗?很显然,对前一问题应当给予否定的回答,对后一问题应当给予肯定的回答。要实现这两种境况的转换,就需要对法理学的现状实行变革,就需要做好法理学构成这样的大局性文章,除却需要继续深入探索法理学的内容要素和方法要素,还要研究和分析法理学的渊源要素,而不是仅仅着力于这个或那个具体观点的变化方面。实现这种变革,我们的法理学才可能改变迄今并无自己的流派思潮、少有显豁大家、少有经典作品的局面,我们的法理学才可能在层次、格局和品格

---

① 详见〔德〕科殷著:《法哲学》,林荣远译,华夏出版社 2002 年版。
② 〔苏〕切尔丹采夫:《论国家和法理论的结构》,止央摘译,载《法学译丛》1981 年第 2 期。

方面有进一步的提升。

第四节　法理学渊源中的资源性要素

一、法理学资源性要素的构成

渊源性要素是法理学三大要素中迄今为中国学人所疏于自觉探索的一大要素。这个大的要素主要包括资源性、进路性和动因性三个具体的要素。其中法理学的资源性要素主要包括法理学的理论学说、流派思潮和人物作品三种。法理学的进路性要素主要包括法理学研究和法理学教学。法理学的动因性要素，则主要是法律实际生活的需要，以及作为法律实际生活宏大背景的整个社会实际生活的需要。在法的渊源体系中，进路性要素（如立法、行政、司法）和动因性要素（如经济、政治、文化）对法和法律制度的最终形成所具有的价值，丝毫不逊于资源性要素（如习惯、政策、道德、判例）。然而在法理学的渊源体系中，资源性要素比之进路性要素和动因性要素却具有更突出的地位，它是法理学资源性、进路性和动因性三种要素中更基本和更主要的要素。

这里所谓理论学说，主要指迄今法理学领域所研究和阐述的、以系统化的理性认识或系统化的专门学问形式所表现的那些内容，如研究和阐述有关法的本质、法的价值、法的功能、法的作用、法的渊源、法的形式、法的要素、法的运作、法律关系、法律权利、法律责任等问题的理论学说。

这里所谓流派思潮，主要指迄今法理学领域所产生和存在的，有源流关系的，对法理学的发展或进退形成一定影响的学术派别和学术思想倾向，如自然法学派、历史法学派、分析法学派、社会法学派、经济分析法学派等。

这里所谓人物作品，则主要指历来对法理学的发展或进退产生过相当影响的学术人物和学术著述，以及少数虽然不属于学术人物或学术著述之列，但却对法理学有某种影响的重要人物和作品，如柏拉图和他的《理想国》、亚里士多德和他的《政治学》、洛克和他的《政府论》、孟德斯鸠和他的《论法的精神》、卢梭和他的《社会契约论》、奥斯丁和他的《法理学讲演集》、凯尔森和他的《法和国家的一般理论》、庞德和他的《法理学》、德沃金和他的《法律帝国》、哈特和他的《法律的概念》、波斯纳和他的《法律的经济分析》等。

法理学理论学说、流派思潮和人物作品这三种资源性要素之间，有着难以割断的密切关联。一方面，法理学理论学说是流派思潮和人物作品两者意思表达的结果，是它们的价值追求和精神寄托的主要体现。没有理论学说，流派思潮就无以集中、系统地展示其立场、观点和方法，人物作品在法理学研究方面就没有重心和立场。在三种资源性要素中，理论学说是更主要的要素，流派思潮和人物作品的主要学术价值，既需要通过理论学说得以体现，又需要以产生一定的理论学说以指导或影响法律实际生活为其直接目的。

另一方面，法理学流派思潮是理论学说和人物作品得以深入展开、传播和发生作用的有效渠道。理论学说的展开和传播，人物作品的发生作用和得以产生影响，单有法理学教科书的努力是不够的，而是在很大程度上需要凭借差不多每个历史时期都可能萌生和发展的法理学流派思潮的努力。这些流派思潮，总是竭尽全力地论证和推动它们所倡导、所认同、所辩解的那些理论学说和人物作品。当然它们同时也反对、抵消某些理论学说和人物作品,而被抵消、反对的理论学说和人物作品,往往又恰好由于这些反对、抵消而得以传扬。

再一方面,法理学人物作品是理论学说和流派思潮的创造者和载体,是后两者得以发生有效影响的第一等要紧的途径。没有法理学领域的杰出人物的有效努力,没有作为这种努力的主要成果表现出来的法理学作品,法理学理论学说便无以存在,流派思潮便无以形成和发展。当然,一定的法理学领域如果出现不理想的人物作品,并且这些人物还颇为努力,经常有作品产出,这些作品也有路子出版和展现于市,一定范围内的法理学理论学说和流派思潮便也不可避免地要受到负面影响。

无论从应当充分重视法理学资源性要素的角度看,还是从应当完整地研究法理学构成的角度看,都需要既注重研究法理学的理论学说,也注重研究这些理论学说的流变,注重研究这些理论学说的载体——阐明理论学说的人物和作品。国外法理学著述一般都注重取材于这三种资源性要素。比如英国学者拉兹的《法律体系的概念》一书,就是在很大程度上通过对奥斯丁、边沁、凯尔森等人的著作和学术观点这些法理学资源性要素的分析、研究、采掘和批判扬弃,来形成自己的法的体系概念的。[①] 但是,在这方面,中国现时期的法理学著述还有很大的发展空间,这些法理学著述中,能充分取材于各有关法理学理论学说、流派思潮和人物作品等资源性要素的,实为鲜见。许多著述所阐述的法理学因为未能充分利用资源性要素,实际上不能算作完整意义上的法理学,而主要是片段性的法理学。在既有的较为注意从法理学三种资源性要素取材的著述中,取材于成型且流行的理论学说的,远远超过取材于流派思潮和人物作品。此类情形须随中国法理学走向繁荣而逐步转变。

二、法理学资源性要素:理论学说

法理学理论学说在法理学整体架构中,具有双重身份:实体的内容性要素和渊源中的资源性要素。

作为法理学的实体性内容,法理学理论学说是同法理学整体架构中的方法性要素和渊源性要素并列存在的一个要素。法理学这门学科,从内容上说,主要是由一定的理论学说所构成的。法理学主要包括哪些内容,或主要阐明哪些理论学说,这是法理学学科建设所要回答的基本问题。这个问题同法理学是门什么样的学问直接相关。尽管这是有争议的问题,但有一点是肯定的:法理学主要研究法、法的现象的重要的、基本的、根本的问题以及同法相关的其他一些重要问题。与此相应,法理学的理论学说,主要就是在研究和阐述这些问题的过程中,所形成起来的系统化的理性认识。另一方面,法理学理论学说又是法理学渊源性要素中同流派思潮和人物作品并列的资源性要素。法理学理论学说是具体的。这些具体的理论学说,既是法理学整体中的实体性内容,也是法理学整体中其他理论学说尤其是后来的有关理论学说的资源性要素。

阅读西方学界任何一本视野较为开阔的法理学论著,人们都可以随处见到作为资源性要素的法理学理论学说。以英国学者斯坦和香德的《西方社会的法律价值》一书为例:该书通篇注重对既往的理论学说作充分的分析研究,在这样的基础上阐述作者自己的观点。书

---

① 详见〔英〕拉兹著:《法律体系的概念》,吴玉章译,中国法制出版社2003年版。

中阐述"法律价值和法律理论的关系"时,援引了边沁和奥斯丁的理论学说;阐述"公平和自然法"时,援引了阿奎那、格老秀斯和亚当·斯密的理论学说;阐述"守法的义务"时,援引了苏格拉底、柏拉图、亨利·索罗、德沃金、罗斯托和劳埃德的理论学说;阐述"法的形式"时,援引了富勒、孟德斯鸠和边沁的理论学说。① 如此等等,每阐述一个问题,都援引一定数量的理论学说。这些被援引的理论学说,就成为《西方社会的法律价值》所阐述的理论学说的资源性要素。

在法理学发展史上,属于法理学范围的理论学说,可谓汗牛充栋。尽管如此,如果择其大要予以研究,人们不难发现,法理学理论学说主要包括三方面内容:一是研究法的实然性问题的理论学说,诸如研究法的本质、法的渊源、法的形式、法的要素、法的制定、法的实施、法律关系、法律权利、法律义务、法律行为、法律责任、法制和法治、法同其他社会现象的关系等方面问题的理论学说;二是研究法的应然性问题的理论学说,诸如研究法的价值、法的作用、法与秩序、法与自由、法与正义、法与效率等方面问题的理论学说;三是研究法的必然性问题的理论学说,诸如研究法的产生、发展和消亡的一般规律、条件、过程和途径等方面问题的理论学说。②

这三方面的问题,就是法理学理论学说的实体性主题。其中,第一方面的理论学说,主要属于本体论性质的理论学说,第二和第三方面的理论学说,主要属于认识论性质的理论学说。法理学的理论学说,主要由这三方面的内容所构成,这是各时代和各国法理学的颇具共性的特征。

这三方面的理论学说,都是具体的。由于时空条件的制约以及同时空条件相连的科学研究状况和水平的制约,这三方面的理论学说,在不同时代和不同国情下,有许多差异。它们一般都在不同程度上带有时代的、国情的以及与时代和国情相联系的一定科学研究状况和水平的印痕。由于所处条件的差别,各时代和各国的法理学,在研究主题的侧重点、研究方式、具体观点的表述以及同其他学科的关系方面,往往是迥然不同的。例如,古希腊时代,法理学理论学说在内容上偏重于讨论法的价值、法和正义等法的应然性问题;古罗马时代,法理学理论学说在内容上偏重于讨论法的形式、法的构成、法的制定、法的实施、法律关系、法律权利、法律义务、法律行为、法律责任等法的实然性问题。又如,在重大社会变革或变故时期,法理学理论学说在内容上往往偏重于讨论法的应然性问题,资产阶级革命时代的法理学,第二次世界大战后的法理学,都是如此。每当社会处于平稳状态,法理学理论学说在内容上往往偏重于讨论法的实然性问题,19世纪后期以来各个平稳时期的情形就如此。法理学理论学说,除去在内容方面因时空和其他条件的不同,而成为具体的或历史的概念外,在方法上,也因这些条件的不同而使与这些条件相联系的法理学各自呈现出自己的特色。

法理学理论学说的表现形式,在现今条件下主要有三种:一是比较集中、系统地表现在法理学教科书中;二是比较深入地表现在专门阐述法理学有关问题的专著中;三是比较广泛地表现在其他法学著述甚至其他学科的著述中。前两种是主要的表现形式。

需要指出,近代之前的法理学不是作为独立学科的法理学,因而也不存在作为独立学科

---

① 详见〔英〕斯坦、香德著:《西方社会的法律价值》,王献平译,郑成思校,中国人民公安大学出版社1990年版,第9—11、11—14、60—66、70—73页。
② 参见张文显著:《法学基本范畴研究》,中国政法大学出版社1993年版,第248页。

的法理学组成部分的理论学说,无所谓体系完整的法理学理论学说。但法理学从很早的时候起就以思想、观点的形式存在,其中包含大量的法理学理论学说的因素。它们都是后来作为学科的法理学理论学说的渊源,是法理学渊源性要素中的资源性要素。研究和阐明作为学科的法理学理论学说,需要认真对待和审视这些资源性要素,注重从中提炼和汲取可以融入现时期法理学的成分。

三、法理学资源性要素:流派思潮

法理学流派思潮是法理学渊源中又一个资源性要素。

法理学流派思潮是法理学方面的学术派别和学术思想倾向的统称。法理学流派,是指在法理学的学术立场、观点、方法和源流关系上,具有共同特征的某些学者所形成的学术派别。法理学思潮则主要是一定时空条件下,法理学领域所产生、存在的学术思想倾向。法理学流派和法理学思潮都是一定社会的经济、政治、法制、文化等在法理学这种观念形态上的反映。但法理学流派比之法理学思潮,其学术特征更突出,其表现形式更具有纵深的意味,往往绵长久远,传承不息。而法理学思潮比之法理学流派,则与时代的关联似乎更紧密些,其精神影响,特别是对当时法律实际生活的影响,更直接甚至更大。

研究法理学需要研究法理学的流派思潮。这是因为,一方面,在迄今为止的法理学发展史上,形成和发展了诸多流派思潮,要观摩法理学的真实面貌,不能不了解这些流派思潮。另一方面,法理学流派思潮对法理学的发展或进退有重要影响,法理学的发展和成就,事实上在很大程度上就是这些不同流派思潮相互争辩和撞击的结果,就是它们争妍斗艳的果实。法理学的发展过程同样在很大程度上就是这些法理学流派思潮兴衰起伏的历程。不了解法理学的流派分野和法理学思潮的繁衍更迭,就不可能在把握法理学的活的脉搏的意义上,真切理解法理学和深入洞察法理学的精微奥秘。

法理学流派思潮之间,在整体上有较为清晰的界限,但具体到各个学派的具体代表人物和他们的具体观点,则难以也不必要一概在他们或它们之间断开清晰的界限。有些学者,特别是这些学者的某些观点,人们难以将其列入某个确定的流派。例如,边沁首先是一位注重对法作概念考察的典型的分析法学派人物,同时,他又是"一个对法应当追求的目的感兴趣的目的论者"[①]。不少法理学人物,都有类似的情况。特别是最近几十年,法理学流派相互融合的痕迹愈加明显,有些学者以某种学派或思潮为体,以别种学派或思潮为用;有些学者虽然自己特色甚浓,但他们也还是兼采诸家;甚至还有学者合诸家之长,形成所谓综合法理学或统一法理学。

法理学流派思潮,不像法理学理论学说那样,从很早的时候就发生和发展着。在法理学产生和发展的早先时代,虽然也可以说就有了法理学方面的流派和思潮,甚至人们也可以说古希腊时代就有了哲理法理学,也可以说古罗马时代就有了务实法理学,但那时的所谓法理学流派或思潮,主要还不是自觉地作为学术流派或思潮而存在和发展的。自觉地作为学术流派或思潮存在和发展,并且具有相当规模,对后来法理学的发展产生清晰甚至久远影响的法理学流派或思潮,是在历史、政治、法制、法治和科学研究的分工向近代转型的大时代来临

---

① 〔英〕沃克著:《牛津法律大辞典》,北京社会与科技发展研究所组织翻译,光明日报出版社1988年版,第800页。

之际,是在法学作为一门独立学科同政治学、哲学以及其他学科相分离之际,是在法理学也作为法学领域中一门专门学问而同其他法学分支学科相分离之际,才渐始出现的。换言之,较为成熟的法理学流派思潮,是伴随着近代文明出现的。

那么,一种学术派别和学术思想倾向,被称为法理学流派或思潮,特别是被视为较为成熟的流派或思潮,其条件是什么呢？基本的条件主要是：第一,有自成法理学理论学说体系并对法理学的发展或进退发生影响的代表人物；第二,这些代表人物有较为集中和系统表述其法理学理论学说的代表性著述；第三,这些人物和作品所阐述的法理学理论学说,在目的上有较为明确的追求或主旨,倡导或追随某种倾向,且自成风格,自成格局,同其他作为体系的法理学理论学说有较为清晰的界限。是否具备这些条件,是判断一种学术派别和学术思想倾向是否能够被称为法理学流派或思潮的标志。上文之所以说较为成熟的法理学流派思潮,是伴随近代文明出现的,其理由主要也在这里。

在人类对于法的现象的认识史上,迄今可以为我们称之为法理学流派和思潮的现象,大体有两大类别之分,一类为价值分析法学,一类为实证分析法学。两者所包括的流派和思潮已为数不少。除古代以外,近代以来公认的流派或思潮,主要有这样几种：

第一,以革命时代为大环境,以启蒙思潮为思想背景,以启蒙思想家为骨干,重在强调法的应然性价值,主张实行社会变革因而具有鲜明革命色彩的古典自然法学派。

第二,把眼睛转向实在法和现实的法的现象,以功利主义哲学为理论基础,以实证研究为基本方法,以边沁和奥斯丁为主要代表,主张以成文法这种实在的材料为根据,试图通过对实在法作种种分析特别是概念分析、语言分析而阐述和解决法律问题、法制和法治问题的分析法学派。

第三,以强调法是民族精神或历史传统的自然演化结果为基本方法,以保守为重要特征,对抗古典自然法学派和反对社会革新,"把法看成是从社会团体本能的权利意识中进化而来的事物,是通过特定的社会、经济和其他事物的理性发展起来的事物"[①]的历史法学派。萨维尼和梅因是其代表。

第四,以思辨哲学为理论基础和基本方法,以康德和黑格尔为典型代表,在晦涩难懂的词句掩饰下,曲折地但却深刻而固执地表达某种法的主张乃至社会主张的哲理法学派。

第五,把法看作一种社会现象,以社会学的观点和方法研究法,以法与社会之间的关系,特别是以社会中所存在的所谓活法为研究对象,反对19世纪盛行的以个人权利和自由作为法的本位的思潮,强调法在社会生活中的作用和效果以及各种社会因素对法的影响,强调法的社会利益和法的社会化的社会法学派。其主要代表为耶林、庞德、弗兰克和卢埃林等。

第六,在古典自然法学派衰落几近一个世纪后出现的,主张复兴自然法,但却不再强调以永恒的自然正义作为国家和社会的普遍法则,而是在新的历史条件之下,面对现实地强调个人权利和社会权利应当在理性和正义的制度下相互结合,着力探索可以适应现实环境的理想标准,并力图使其成为实在法的指导原则的新自然法学派。法国的夏蒙,德国的施塔姆勒和拉德布鲁赫,美国的富勒,是其代表。

第七,摒弃对法作价值分析的方法,使法与伦理、社会以及其他种种因素相脱离,认为法

[①] 〔英〕沃克著：《牛津法律大辞典》,北京社会与科技发展研究所组织翻译,光明日报出版社1988年版,第800页。

学研究的真正的也是唯一的对象便是实际存在的以规范体系表现出来的实在法的纯粹法学派或规范法学派。凯尔森是这一派的最著名的代表。

第八，由哈特所创立和代表的，以继承和发展奥斯丁的分析法学为特征的，和凯尔森的纯粹法学共同构成20世纪分析实证主义法学，从而使实证主义法学得以振兴的新分析法学派。

第九，以继承、改造和发展康德和黑格尔的哲学和法律思想为显著特征的新哲理法学派，或新康德主义法学派和新黑格尔主义法学派。

第十，以美国的新自由主义经济学或新制度经济学为理论基础的，把效益或财富极大化当作法的宗旨，由波斯纳作为主要代表人物的经济分析法学派。

此外，还有其他一系列法学流派或思潮，例如以一些年轻的西方马克思主义者的学说为代表的批判法学思潮，以博登海默等为代表的综合法理学派，等等。

就当代世界来说，更有影响的流派，目前主要还是注重规范分析的分析实证主义法学派、注重价值分析的新自然法学派和注重社会分析或社会事实描述的社会法学派，它们在西方法学领域呈三足鼎立之势，但彼此观点又日益靠拢，相互借鉴，取长补短；迄今为止，它们仍然是西方法学领域中最主要的流派思潮。这些法学流派思潮，主要是甚至完全是法理学流派思潮。在它们内部，情形颇为复杂，最主要的是：同一流派或思潮内部的那些主要人物和作品之间，虽然普遍存在直接的渊源流变关系，但同时又存在种种的差异。

在中国，我们的法理学家们迄今还没有来得及为人们创造出若干法理学流派，但最近二十年来，似乎有过或许可以称为思潮的法理学思想倾向。

四、法理学资源性要素：人物作品

法理学人物作品，如上所说，主要指历来对法理学的发展或进退产生相当影响的学术人物和学术著述，以及少数虽然不是学术人物或著述，但对法理学有某种影响的重要人物和作品。这也是法理学渊源性要素中一大资源性要素。

法理学理论学说和流派思潮的产生、发展和发挥作用，需要借助于法理学的历史性的人物作品出现以绽放出他们的光芒。一部法理学发展史，往往也正是法理学理论学说和流派思潮繁茂生长和兴衰更迭的历史。而这种景况，既是法理学人物作品风起云涌的自然结果，亦是法理学人物作品孕育生长或衰落于其间的环境和语境。所以，研究法理学，不能不认真研究法理学人物作品。

作为法理学要素中的资源性要素，法理学人物作品在法理学学人研究和阐述法理学方面所发挥的重大作用，恐怕是怎样估价也不算过高的。以英国学人斯坦和香德的《西方社会的法律价值》一书为例，这是一本被译为中文、其字数不足25万的规模不大的法理学著作，但它直接援引的人物和作品就分别超出200人和200本，其中至少有50多人可以算作法理学学人，有相当数量的人可以视为同法理学相关的人，有150多本著作可以称之为法理学著作。其中有不少是中国读者已经熟悉的人物作品，更有不少是鲜为中国读者所知的。一些不为中国读者所熟悉的著作，从其名称看，却是我们希望有机会阅读，并视其为法理学资源性要素的。

在至今所产生的同法理学相关的人物作品中，已有大量的人物和作品被公认为应当载入法理学乃至于整个法学的发展史册,他们和他们的著作,是法理学进一步发展可资看重的资源性要素。诸如:在古希腊、古罗马和中世纪欧洲,柏拉图和他的《理想国》《法律篇》,亚里士多德和他的《政治学》《尼各马可伦理学》,查士丁尼和他的《法学总论》,盖尤斯和他的《法学阶梯》,西塞罗和他的《论共和国》《论法律》《论义务》,阿奎那和他的《阿奎那政治著作选》,马基雅维里和他的《君主论》,康帕内拉和他的《太阳城》,阐述了丰富的法理学思想、理论和学说,特别是提出了大量的属于法理学范围的基本范畴和命题。

近代以来的英国学者,正像他们为其他许多学科作出重大贡献一样,在法学领域他们也建立了突出的业绩。霍布斯和他的《利维坦》,洛克和他的《政府论》,葛德文和他的《政治正义论》,边沁和他的《政府片论》《道德和立法原理导论》,奥斯丁和他的《法理学讲演集》,梅因和他的《古代法》,密尔和他的《论自由》,莫尔和他的《乌托邦》,哈林顿和他的《大洋国》,戴雪和他的《英宪精义》,鲍桑葵和他的《关于国家的哲学理论》,巴克和他的《英国政治思想:从赫伯特·斯宾塞到现代》,拉斯基和他的《国家的理论与实践》,哈耶克和他的《法律、立法与自由》,哈特和他的《法律的概念》,拉兹和他的《法律体系的概念》,以及鲍曼和他的《立法者与阐释者——论现代性、后现代性和知识分子》,麦考密克等人和他们的《制度法论》,斯坦、香德和他们的《西方社会的法律价值》,还有罗素和他的《西方哲学史》,汤因比和他的《历史研究》,伯特兰·罗素和他的《权力论:新社会分析》,都或是法理学领域的重要人物和著作,或是同法理学密切相关,因而法理学人不能不认真解读并视其为法理学资源性要素的人物和著作。

法国人对法理学所作的贡献同样给人留下深刻的印象。特别是启蒙和革命时代,产生了孟德斯鸠和他的《论法的精神》《罗马盛衰原因论》,卢梭和他的《社会契约论》《论人类不平等的起源和基础》,罗伯斯比尔和他的《革命法制和审判》,对当时和后世的法律和政治两方面的思想理论和实际生活,都发生了重大的影响。还有霍尔巴赫和他的《自然政治论》,勒鲁和他的《论平等》,马布利和他的《马布利选集》,摩来里和他的《自然法典》,德萨米和他的《公有法典》,圣西门和他的《圣西门选集》,托克维尔和他的《论美国的民主》,狄骥和他的《宪法论》,达维德和他的《当代主要法律体系》,也都是法理学学人和其他有关学科的学人需要解读的重要人物和著作。

德国人对近代以来的人类思想理论的影响,深刻而广远。不仅马克思和恩格斯的不朽著作,深深地影响着人类的思想理论进程,从而也深深地影响着法理学。而且,像康德和他的《法的形而上学原理》,费希特和他的《自然法权基础》,黑格尔和他的《法哲学原理》,萨维尼和他的《论立法与法学的当代使命》,尼采和他的《权力意志》,韦伯和他的《经济与社会》,也都对法理学以至整个法学发生着重大影响。还有洪堡和他的《论国家的作用》,拉德布鲁赫和他的《法哲学》《法学导论》,考夫曼和他的《法律哲学》《后现代法哲学》,哈贝马斯和他的《在事实和规范之间:关于法律和民主法治国的商谈理论》,拉伦茨和他的《法学方法论》,甚至像霍恩和他的《法律科学与法律哲学导论》,同样需要法理学人去认真对待。

美国的学术历史同它的经济和政治历史一样,只有二百来年,因而谈不上有长久历史意义上的深厚学术积淀。而这种积淀对学术的发展非常重要。不过,正像在别的许多领域获取了非常突出的成就那样,美国人在这二百多年中所产生的对法理学有重大影响的人物作品并不逊色于许多历史悠久的国家。汉密尔顿等人及其《联邦党人文集》,威尔逊和他的《国会政体》,比尔德和他的《美国政府与政治》《美国宪法的经济观》,凯尔森和他的《法与国家的一般理论》①,庞德和他的五卷本《法理学》,罗尔斯和他的《正义论》,德沃金和他的《法律帝国》《认真对待权利》,波斯纳和他的《法律的经济分析》《法理学问题》,伯尔曼和他的《法律与革命——西方法律传统的形成》,博登海默和他的《法理学:法律哲学与法律方法》,康芒斯和他的《资本主义的法律基础》《制度经济学》,萨拜因和他的《政治学说史》,梅里亚姆和他的《美国政治思想》,科恩和他的《论民主》,就是这些人物作品的代表者。此外,像贝勒斯的《法律的原则——一个规范的分析》,霍贝尔的《初民的法律——法的动态比较研究》,昂格尔的《现代社会中的法律》,诺内特等人的《转变中的法律与社会》,弗里德曼的《法律制度——从社会科学角度观察》,施瓦茨的《美国法律史》,亦都属于法理学学人需要阅读的著作。

  差不多各国都有这样的人物作品,只是古希腊和古罗马,近代以来的英国、法国、德国和美国,所产生的对法理学有重要影响的人物作品更多也更引人瞩目。这些人物作品中,有的是典型的法理学人物作品,有的是在一定程度上关乎法理学的人物作品。他们和他们的作品固然因为时空条件等的局限,不可能都是进步或科学的,其中一定存在不少有悖于科学甚至阻碍历史进步的负面因素。然而,这些人物作品所阐发的法理学理论学说,却是人类长久以来在认识法理学方面所达到的实际状况和实际水平的真实而有重要特色的反映,同时也是法理学继续发展的重要资源性要素。

---

① 奥地利人凯尔森后来入籍美国,故此处将他列为美国学者。

第 二 编

第三章 法 的 概 念

第一节 视角和方法

一、法的概念的定义

法是为社会主体提供行为标准的,以国家政权意志形式出现的,作为司法机关办案依据的,具有普遍性、明确性和肯定性的,以权利和义务为主要内容的,首先和主要体现执政者意志并最终决定于社会物质生活条件的各种社会规范的总称。

这一定义,是我们依据古今中外法的真实面貌,并考察百家之说,总结历史经验,汲取精华和合理性因素,剔除糟粕和落后性成分之后,所得出的。

法是一个关乎人类社会生活大局的极为重要的现象,也是一个调整范围非常广阔、涉及问题甚为复杂的事物。人类自进入文明时代以来,就同法结下不解之缘。在法治社会,人们从生到死,一般都是在法的保护同时也是在法的约束之下生活的;在人治社会,人们从生到死,一般都是在人和法的双重管辖之下生活的。对于法这样一个极为重要的现象和甚为复杂的事物,人们需要有正确的认知和较为清晰的理解。而学习法学和研究法的问题,担任与法终日相伴的法官、检察官和律师,或是从事其他专门的法律事务,更需要获得关于法的正确认知和清晰理解,首先就是要理解和把握法的概念的定义。从事法律事务、学习法学和研究法律问题,都难以回避也不能回避法的概念的定义问题,因为认清了这一问题,方能有明确且确定的观察、讨论和解决法律问题的范围或出发点。然而,国内法理学教科书往往在法的概念专章中并不给出法的概念的定义,使读者难得要领,读完法的概念专章仍有不知法究竟为何物的遗憾。

二、理解法的概念的视角和方法

在如何理解法的概念的问题上,古往今来真正是论断纷纭。所有称得上法学家的人对这个问题都怀有自己的看法,数不清的人曾就这个问题交出答卷,并由此产生了数十种有相当影响的思路和观点。[①]

---

① 详见周旺生著:《立法论》,北京大学出版社1994年版,第16—21页。

这些思路和观点,有的试图从法本身来说明法,认为法是特定的规则体系、主权者的命令或法官的倾向和判决;有的试图从法的外部来说明法,认为法是在社会生活中产生的,是在同其他社会现象交互作用的状态下存在的;有的则试图依据一定的价值观念来说明法,认为法来源于并体现神意、理性、正义之类。它们是人类迄今为止在解说法的概念的过程中,所留下的代表性成果,所体现的主要智识,也是人类在社会发展的不同阶段上对法的深切寄托之所在,其中包含许多合理因素和真知灼见。但所憾的是,迄今鲜有获得普遍认可的思路和观点,特别是几无一个观点可以跨越中西方的文化界限而获得普遍共识。

困难横亘于面前,不少人对研究和界说法的概念失去信心,或是认为不可能给法下科学的定义。美国现代法学家柯亨和弗兰克就是这样认为的。前者说给法下定义是徒劳无益、毫无必要的,后者说给法下一个令人满意的定义是不可能的。在他们看来,立法者、法官和法学家,不必去思考法是什么,法就是法,就把法当作一笔糊涂账好了。中国一些法学著述在"法的概念"的专章中,没有对法的概念给出定义,可能也因为这的确是一个令人头痛的难题。①

但放弃对法的概念给出定义,未免过于消极。人类既然能够创造法、发现法、发展法和运用法,人类当然也应当能够说明法,应当能够为法塑造面貌。法是在发展的,人们不可能得出一个永恒的法的定义,却完全可能就法的概念给出比前人科学的解答。

要对法的概念给出比前人科学的解答,就需要总结和借鉴前人的经验,以科学的视角和方法界说法的概念。历史上和现实中存在百家异说法的概念的状况,是有原因的。法作为关乎人类社会生活大局的极为重要且非常复杂的事物,不免引起无数人对它予以关切,对它议论纷纷,这就必然会引发歧义。在人类的主观方面,人的认识一般难免带有时空的局限性,不同时空条件下的人们,怀有不同观念的人们,在法的概念问题上出现种种分歧也是不难理解的。但是,阻碍人们对于法的概念达到真理性认识境界的一个特别重要的原因,也在于人们往往在方法上存在片面性。这种片面性突出地表现为:其一,未能有效廓清真实的法与理想的法之间的应有界限;其二,未能充分注意具体的法与一般的法的区分和统一;其三,未能全面把握法的内涵和法的外延即完整的法和局部的法的问题;其四,也未能全面把握法的本质和法的形式。今天我们要正确理解和界说法的概念,就要汲取以往的经验,从方法论的角度记取上列诸端。

三、真实的法与理想的法

法的概念问题,实际上包含两个方面:其一,法是什么?其二,什么是法?这两个方面的问题,就是真实的法与理想的法的问题,或实然的法与应然的法的问题。

法是什么的问题,就是认识和解说实际生活中真实的法究竟是什么模样的问题。这个问题虽然由于实际生活中的法非常复杂而较难回答,但总是应当给出明确、具体,甚至科学的答案。因为这种法是真实的,是可以看得见并同每个人的生活有直接关联的,无论法治国家还是人治国家,法都是存在并发挥作用的。正是通过法的作用,人们才得以遵循自己生活于其间的那个社会所选择的基本秩序。

---

① 详见周旺生著:《立法论》,北京大学出版社1994年版,第15页。

什么是法的问题,就是探索和描绘在人类社会生活中发生重要作用的法,应当是什么模样的问题。这种法虽然源于实际生活但却不同于实际生活或高于实际生活,甚至同实际生活所能接受的状况差之甚远,因而人们难以对这种法给出大家都能认同的定义。应然的法,在不同时空条件下,在具有不同价值观、对法寄予不同希望的人们那里,难有一个共通的定义。

鉴于以往的经验,我们要全面认知和把握法的概念,需要从观察实际生活中真实的法出发,结合对法的价值、法的理想的探索,完整地揭示法的概念。要在坚持真实与理想相统一而以真实为主导、应然与实然相统一而以实然为主导的原则基础上揭示法的概念。这两方面如果只注意其一,不注意其二,就不能对法的概念作出科学的概括。特别是不能只注意理想的、应然的法而不注意真实的、实然的法,不能以理想的、应然的法代替真实的、实然的法。许多关于法的概念的界说不能科学地揭示法的概念,问题便出在这里。从西塞罗的所谓"法是自然所固有的最高理性",凯尔苏斯的所谓"法是善和公正的艺术",自然法学派的所谓"法是社会契约的产物",西方许多思想家、法学家的所谓"法是理性的体现",到卢梭的所谓"法是公意的体现",康德、黑格尔的所谓"法是自由意志的体现",一直到中国许慎《说文解字》将法喻为公平、平等、正直、正义的体现,所有这些界说,主要都是理想主义的观点。它们要么只适合说明观点持有者所欲追求的法,要么只适合辩护观点持有者所要维护的法,而不适合说明实际生活中的真实的法。

例如,那种把法说成是正义的体现和公正的象征的观点,就是不符合实际生活中法的真实状况,因而并不能对法予以正确界说的。事实上,古往今来的法,无非是以法律制度的形式对实际生活所作的有选择的固化。实际生活是极为复杂的,有光明的一面,有黑暗的一面,还有其他很多方面。当法固化实际生活中光明的一面时,它体现正义和维护公正;当法固化实际生活中有阴影的一面时,它则泯灭正义和扼杀公正。就是说,有许多法确实是正义和公正的体现,也有许多法则非但不体现正义公正,相反,却是泯灭正义和扼杀公正的。中国古代法律制度中所存在的使男女极不平等的纳妾制度等,就是泯灭正义和扼杀公正的典型。

四、具体的法与一般的法

法首先是具体的。不同的人眼里有不同的法。从实际生活的角度来看,大体有三种人和法发生关联,每一种人都有他们印象中或观念上的具体的法。第一种是普通公民或老百姓,在他们眼里,法就是身着制服的户籍民警,交通警察,派出所所长,公安局和法院的大门,枪毙人的告示,拆迁房屋的通知,买卖房屋的证书,结婚证,护照和签证等。第二种是从事法律职业以外的各种职业的人员,在他们看来,法就是和自己职业相关的事物。比如,在企业有关职员的视野里,法就是合同,董事会章程,法人事务,工商税务人员的大盖帽等;在学校学生、工会会员、妇联成员和国家公务员那里,法是同毕业证书,学位证书,职工和妇女的社会保障,国家公务员的职权、职责和升迁奖惩制度联系在一起的。第三种是专门从事法律职业的人员,他们眼里的法是复杂的,但他们观念里的法首先则是和自己职业或专业相关的那些情形。比如,在从事法律职业的议员、法官、检察官、律师的潜意识中,法首先就是审议和通过法律、法规,审理案件和宣读判决书,侦查和提起公诉,在法庭指陈法律和事实以为当事人辩护等；而法学研究人员的潜意识中，法首先是或更多是法治和法学、宪法和宪法学、民法和民法学、刑法和刑法学这些具体的情形。所有这些情形，在一定程度上都体现着法，或都可以称法为具体的法。界说法的概念，需要深入研究这些具体的法，否则，便不可能对法怀有真切的感受，而只会对法有雾里看花的朦胧印象，因而不可能对法给出合乎实际的科学的界说。

但法不仅是具体的。作为这些具体的法的总和而存在的，还有个一般的法。理解法的概念，更需要研究这种一般的法，需要跳出具体的法的圈子而抓住它们所折射出来的带有普遍意义的东西，即一般的法据以构成的要素。不抓住具体的法，对法的理解很可能是虚玄而不切实际的；只拘泥于具体的法而忽略一般的法，则不可能完整而科学地说明法。法的概念应当是由具体的法出发而提炼升华的一般的法的概念。

从具体的法与一般的法相结合的意义上界说法的概念，对法学的各分支学科都有直接意义。你要研究和阐述宪法、民法、刑法、行政法、诉讼法等各种部门法学和立法学、法社会学等各种综合性学科，你就需要明确什么是宪法、民法、刑法这些具体的法，应当如何制定、运用这些法；你要明确这些具体的法到底是什么，要明确应当如何制定和运用它们，你就不能不理解、研究能把这些具体的法全部包容在内的被人们通常称为"法"的东西到底是什么。不理解一般的法的概念，就难以把握作为法的组成部分的各种具体的法如宪法、民法、刑法各自的特殊性是什么，就难以在有深度、有层次的意义上理解、把握这些具体的法的含义，就难以正确地制定和有效地运用它们。可以说，研究一般的法的概念，是包括法学各分支学科在内的整个法学的一项重大主题；而界说一般的法的概念，则首先是法理学的一个基本任务。

五、完整的法与局部的法

科学地认知和把握法的概念，也需要注意视角的完整性，即注意在全面把握法的外延和内涵的基础上界说法的概念。

法的外延是指适合于法这个概念的一切对象。研究者应当全面把握法的外延，在寻求适合说明各种法所具有的共同特征的基础上揭示法的概念。不能仅注意某种、某国、某时期法的特征而不注意各种、各国、各时期法的共同特征。许多关于法的概念的界说，之所以不能科学地说明问题，原因正在于不能全面地把握法的外延，只适合说明某种法、某国法和某时期法。它们在局部上是正确的，在全局上就是不妥善的。例如，"法者，君之命也"的说法，一般就只适合说明封建专制时代的法，不适合说明现代法。并且，即便是封建专制君主的命令，也未必都是法，在他们的命令中，有一些并没有包含任何新规则，而只是适用既有法的一种结果。又如，"法是国家最高权力机关按照统治阶级意志制定的规范性文件"的说法，就只适合说明阶级对立社会的法，难能说明不存在统治阶级和被统治阶级划分的社会主义国家的法，难能说明实行多级立法体制、地方政权机关也有立法权的国家的法，也难能说明国际法。

法的内涵是法的本质属性的总和。研究者应当全面把握法的内涵，在综合法的各种本质属性的基础上揭示法的概念。不能像盲人摸象那样，只注意法的某些属性而不注意法的全部主要属性。许多关于法的概念的界说，可以说明法的某个或某几个属性，但如将它们作为这个问题的完整的、科学的答案，则不能胜任。它们只是"包含合理因素"，而不是全面把握了法的内涵、在整体上合乎科学的界说。例如，"法是规范或规则""法是一种规范体系""法是一种实现社会控制的社会工程""法是利益冲突所产生的规则""法是一种强制程序""法是公开发布的规范"等，这些说法可以说都是正确的，但它们都只能从一个侧面或某种程度上说明法的概念，不能作为法的概念的完整定义。有不少法的概念界说虽然也不是单纯从一个方面界说法的概念，而是结合法的几个特征或属性来说明问题，但由于这些结合仍然不是完整的结合，因之仍然失之于片面。

六、本质的法与形式的法

为了达到对于法的概念的科学而完整的认识，我们还要全面把握法的本质和形式，在坚持法的本质和形式相结合的基础上揭示法的概念。不能只注意本质、以本质代替形式，或者相反。上文所述以应然法代替实然法的界说，往往也是以本质说代替形式说的观点。马克思主义经典作家关于法是统治阶级意志的体现、归根结底由统治阶级的物质生活条件所决定的观点，可以帮助人们在如何认识法的本质或根本属性问题上透过迷雾而达到真理性的境界。然而，认清法的本质或根本属性与圆满地解答法是什么和什么是法并不能画等号。认清法的本质或根本属性是正确解答这一问题的必要条件，但前者毕竟不能代替后者。只有把本质和形式结合起来才能对法的概念作出完整的界说。法的形式是丰富多彩的。全面把握法的本质和形式，实际上也是全面把握法的内涵和外延的必然要求和表现。

第二节 法的基本特征

一、法是为主体提供行为标准的社会规范

法首先是为主体即个人和组织提供行为标准的社会规范。这是法的首要的基础性的特征。由于具有这一特征，法才同上层建筑中的国家、军队和其他种种现象区别开来。

这里的主体，包括个人和组织两个方面，而不仅仅指人。有的书上仅仅说"法是调整人的行为的社会规范"，这种说法是不完整的。这里的规范，是指社会规范，而不是指所有的规范。社会规范是调整社会生活中主体之间相互关系的规范，它是不同的社会主体参与和处理社会关系的基本准则，它既有社会性，也有个性。社会规范的范围非常广泛，法、道德、习惯、社团章程、组织纪律、乡规民约、技术规范等，都属于社会规范的范畴。

作为社会规范，法不同于自然法则。自然法则是自然现象的运行规律，反映了自然现象之间的联系，它的存在和发挥作用，同主体的思维和行为无关，它不是社会现象，不具有社会制度和社会文化的内涵。而法是具有社会制度和社会文化内涵的社会现象。

在社会规范内部，法同其他社会规范既相关联亦有区分。比如，法和技术规范就是两种不同性质的社会规范。技术规范通常指称有关使用设备工序、执行工艺过程以及产品、劳动、服务质量要求等方面的准则或标准。它所调整的关系主要是社会主体同自然的关系，但它也是社会主体所须遵循的。按照技术规范的要求处理这种关系，就需要社会主体作出努力，因而技术规范在内含自然法则的同时，也内含社会制度和社会文化的意蕴，它像法一样，

也属于社会规范的范畴。而且,当技术规范中的某些规范被法定化以后,就上升为法律规范,成为法的组成部分,技术性法律规范乃至技术法律、法规,其前身通常正是技术规范。既属于社会规范的范畴,又可以上升为法,这是技术规范和法律规范具有密切关联的一面。但是,在技术规范没有上升为法律规范之前,它就不具有法的特殊强制力,很难以公共权力为其后盾,仅仅是有关人们如何使用生产工具以有效地实现自然力量的价值的行为准则。还有,违反了纯粹的法律规范,所受到的一般是较为纯粹的社会惩罚,而违反了法定化了的技术规范,所受到的通常就是社会和自然的双重惩罚。

法是为主体提供行为标准的社会规范,法的这一特征至少意味着三点:第一,法是一种规范,取制度形态,而不是一种观念,不取意识形态,尽管法不能不反映一定的观念和意识。第二,法是一种行为规范,它是为主体的行为提供标准和指明方向的,它只解决行为问题,即只衡量人们的行为是否合法或是否违法,不解决观念问题或道德问题,尽管法不可避免地会反映出一定的社会观念和社会道德要求。在众多的社会规范中,有的社会规范如道德,既调整人的外在行为,也调整甚至更调整人的思想或品德。而法是不同的,它只调整主体的行为,不调整主体的思想或品德。无论一个人的思想或品德多么糟糕,只要这种思想或品德没有付诸行为,法就同它无涉。不是法不管,而是没有付诸行为的恶劣的思想或品德不属于法的调整范围。第三,法是一种社会规范,它的规范功能只针对发生在一定社会关系中的行为,或只针对与社会有关的行为,而不干预与社会无涉的个人或组织的行为。例如,一个人把自己关在家中,闭门独自喝酒、摔瓶、胡闹,法并不干预;但同样的喝酒、摔瓶、胡闹行为如果发生在天安门广场,法就会干预。因为前者不妨碍社会,后者则可能会给社会秩序带来负面影响。

在我们面前,无论是国家生活、社会生活、公民生活,还是政治生活、经济生活、文化生活,或是日常工作和交往,都有许多规范需要遵循。这些规范都是为主体的行为提供标准和指明方向的,都在一定的范围内发生效力。每个正常的人都有许多规范需要遵守。作为社会成员,我们需要遵从社会公德;作为公民,我们需要遵守宪法、法律、法规;作为国家工作人员,我们除了需要遵从社会公德和遵守宪法、法律、法规,还需要遵守国家机关内部的种种制度;作为企事业单位的职工和负责人员,我们还需要遵守单位内部的规章制度,对企事业单位的负责人来说,还需要遵守诸如董事会章程这样的规范;作为其他社会组织的成员,也都有相应的社会组织的规章制度需要遵守。正由于这些规范的产生、存在和得以遵守,我们才能处于有秩序的状态之中。而法,正是这些社会规范的一种。

二、法是以国家政权意志形式存在的社会规范

法是以国家政权意志形式存在的社会规范,是法的又一个重要的特征。一方面,法是由国家政权产生和变动的;另一方面,法也是以国家政权的强制力为后盾来保证实施的。有的著述解说法的国家政权意志属性时,往往仅指出前一个方面而忽视后一个方面,把后一个方面放在国家政权意志属性之外来阐述,就损害了法的国家政权意志属性的完整性。

(一) 法是由国家政权产生和变动的社会规范

从社会规范产生和变动的方式看,有的是在长期的社会生活中逐渐地自发地形成和变化的,如习俗和道德等;有的则是基于人为的力量自觉形成和变动的,如法、政策、社会组织

的章程等。法以国家政权意志形式存在,首先就突出地表现在:它是由国家政权这种公共权力机构所产生和变动的具有特定形式的社会规范。

法由国家政权产生和变动,主要指法是由国家政权机关制定、认可、修改、补充和废止的。制定、认可、修改、补充和废止,是法的产生和变动的基本途径。制定,指国家和社会生活中本来没有这个法,现在由国家政权机关根据生活的需要将其创造出来。制定是现代法得以形成的主要途径,由这种方式产生的法,通常具有规范化的条文形式和文本形式。当代中国法,绝大多数是经由制定这一途径产生的。认可,意味着生活中本来已有某种规范,但不具有法的形式,没有法的效力,现在由国家政权机关根据生活的需要认可它们具有法的效力,使其成为法律规范或法的组成部分。认可不仅是古代法得以形成的主要途径之一,在现代国家,认可仍然是法的产生的途径之一。现代法极为繁杂,其中部分为国家所直接制定,这是主要的;部分由国家认可,这是辅助的。在现代国家,认可的具体方式有多种,一是由立法者将生活中已存在的某些零散的社会规范加以改造制作,使其条文化和系统化,整合为规范化的法律文本。二是由立法者在法律、法规中确认社会上的某些社会规范在一定条件下具有法的效力,如我国先前的《民法通则》明确规定:"法律没有规定的,应当遵守国家政策。"当然,这是基于当时民事法律制度不健全所作的规定,《民法典》编纂完成后,这一规定已不存在。三是有些国家的司法机关通过确认某些判例具有普遍有效性的方式,使被确认的判例成为判例法,这在普通法法系是法得以形成的一个重要途径。至于修改、补充和废止,则是对现行法予以变动的几种基本途径。

法由国家政权机关制定、认可、修改、补充和废止,这里的机关是指有立法权或立法性职权的机关。这里的政权可以是国家,也可以是一国范围内的各个政权(如果一国范围内事实上存在两个以上政权的话),还可以指西方学者笔下享有并行使主权的其他政治共同体。

法由专门的国家政权机关产生和变动,便使法在相当大的程度上具备了国家意志的属性。其他社会规范一般没有这个特征,它们主要是由各种社会组织、生产生活单位或宗教团体产生和变动的,不具有普遍的公共性特征。例如,政党的章程是由政党的领导机关制定和变动的,道德规范是在长期的社会生活中自然而然地形成的,它们都不是出自政权之手。有的社会规范如现时期中国县、乡级政府的规范性文件,虽然是国家政权机关制定的,但县、乡级政府并不是有立法权的国家政权机关,因而它们并不是法。

(二) 法是以国家政权的强制力为后盾保证实施的社会规范

法以国家政权的意志形式存在,也在于它是以国家政权的强制力为后盾来保证实施的社会规范,没有国家政权的强制力存在,法就难以发挥作用和实现价值。正如列宁所言:"如果没有政权,无论什么法律,无论什么选出的机关都等于零。"[1]

所有的规范都有强制力。自然规则的强制力是非常清晰易见的,你违反自然规则就必然会受到自然的报复。社会规范的强制力也是明显可见的:你违反道德规范,做了缺德的事情,人们就议论你、谴责你,有时甚至会弄得你灰头土脸,这就是道德规范的精神强制。你违反宗教戒律,就会受到它的惩罚,就可能被逐出教门甚至会丢掉性命。你违反政策、习惯、乡规民约以及其他各种社会规范,也都会遭遇各种相关力量的强制。甚至家规家法也有颇具

---

[1] 《列宁全集》(第11卷),人民出版社1959年版,第98页。

自己特色的强制力。所以,法同其他社会规范的区别不在于有没有强制力,而在于有什么样的强制力。有些人在这一点上往往缺乏清晰和准确的认识,以为只有法才有强制力,或是以为凡具有强制力的东西就是法,这是糊涂的。

法的强制力是以国家意志的形式存在的特殊强制力。其特征主要在于:

首先,法的强制力是以国家政权的名义表现出来的,是同法庭、监狱、警察以至军队的强制力相贯通的。违反了法,损害了法所确定的他人的、集体的、社会的和政权的利益,或是不履行自己的法定义务,就要受到国家政权的强制。例如,你侵犯了他人的合法利益,有关国家机关就会强制你归还他人财产、赔偿他人损失,或对你处以罚款,甚至判刑等。没有国家政权的强制力为后盾,任何形式的法,都不可能在它的效力范围内得到社会一体遵行。而其他社会规范的强制力一般都不是以法庭、监狱、警察以至军队的强制力为后盾。比如,在一般情况下违反党纪,在和平情况下违反军纪,并且没有违法的话,可能会受到开除党籍、军籍的处分,而不会被判刑。

其次,法的强制力的实现不以被强制者的意志为转移。其他社会规范的强制力能否实现,往往与被强制者的认同与否有关。例如,道德规范的强制力,主要就是对有道德、讲道德、守道德的人才是有效的。这样的人违反了道德,做了缺德的事,人们对他议论纷纷、指指点点,实行道德的精神强制,就会使他受到震动,感到内心痛苦,从而唤醒他的良知,并决心痛改前非。然而如果遇到不讲道德的人,尤其是遇到现在那些既不讲道德而且"意志品质"还很顽强的人,道德强制的力量就显得苍白无力,如果人们对他议论纷纷、指指点点,以社会舆论谴责他,他会无所谓,甚至还会飘过来一句名言:"让别人去说吧,走自己的路。"对这样的人,你也难以把他送进监狱。法的强制就不同了。你违反了法,轻的可能罚你款,重的可能判你刑,再严重的可能剥夺你的生命。实行这种强制,是不同你商量的,是不以你接受强制与否为转移的。

最后,法的强制力的实现,需要通过法定程序。其他社会规范的强制力的实现,未必需要经过某种程序。例如,你在大街上看到有人违反道德,欺负妇女或弱小,你感到愤慨因而决定对他实施道德谴责,以抑制他的行为,匡扶正义。这种道德谴责,在当时即可实施,你不需要说:你等着,我现在回家去穿黑色的制服,因为黑色体现正义,等我穿上了黑色制服,看我怎么谴责你,以实现对你的道德强制。你如果这样说,你就是荒唐的。因为实施道德强制不需要履行诸如穿上黑色制服之类的程序,你当时就可以谴责他。然而,法的强制力的实现则需要通过法定程序。比如,假设你在课堂上发现杀害四名同学的凶手马加爵,竟然就在后排某个位置上坐着,你不可以在裤兜里别着一把匕首,走到他的面前,说:"你是马加爵,你是杀害同学的杀人犯,请接受我的一捅吧!"说着就将匕首刺向马加爵。如果你这样做了,你就违反了法律程序。马加爵固然迟早要接受严厉的惩罚,但这种惩罚不能随便由什么人在随便什么场合随便加以实施,而必须依照法定程序来实施。

三、法是作为司法机关办案主要依据的社会规范

这也是法的一个重要特征。司法机关的职责是依法衡量已经发生的行为合法与否、违法与否、犯罪与否,依法办理案件。一种社会规范,不能作为司法机关的办案依据,不能在办案中加以适用,就不是法。

在现代国家,能够列入法的范畴的,首先是享有立法权的政权机关所制定的、可以作为办案主要依据的规范性法律文件。在不少国家,由于典型判例也可以作为主要的办案依据之一,从而也被作为一种正式的法。在中国现时期,可以作为司法机关办案主要依据的,首先是全国人大及其常委会制定的法律,其次是国务院制定的行政法规,再次是地方性法规、自治法规、根据授权产生的法规以及特别行政区的法律、法规。行政规章是办案的参照依据,因而它既不是完全意义上的法,也不是与法无关,而是一种准法。军事法规和规章可以作为军事司法机关办案的主要依据。

将能否作为司法机关办案的主要依据,作为衡量一种社会规范是否属于法的范畴的重要标准,这一点迄今仍然未能引起中国学界和实际部门的充分关注。实际上,这是一个尤需强调和重视的问题。这一方面是因为,能否作为司法机关办案依据,的确是衡量一种社会规范能否划入法的范畴的一个重要标准,而长期以来中国学界和实际部门却未曾注意这一点,倒是西方或外国学者对此多所注意。例如,霍姆斯、卢埃林、坎托罗维奇、波洛克、萨尔蒙德都曾有过这方面的论说。霍姆斯指出,法是对法庭实际上将要做什么的预测。卢埃林强调,法是法官处理争端的依据。坎托罗维奇认为,法是规定人的外部行为并由法院适用的社会规则的总称。波洛克直接指明,法是司法规则的总和。萨尔蒙德则进一步说,法是由法院确认并由法院执行的规则。①

另一方面也因为强调这个特征对中国法律理论和实践都有重要意义。就理论而言,如果人们认清了不能由司法机关作为办案依据的就不能算作法,那就不会在关于目前中国法的范围、立法范围问题上争论不休而无一致认识。就实践而言,如果人们认清了凡是法就应当能够作为司法机关的办案依据,那么如果司法机关还存在不以有些法作为办案依据的情况,就应当加强司法建设,改变这种情况。

当然,强调法是司法机关办案的主要依据,不等于说所有可以作为办案依据的东西都能列入法的范畴。司法机关的办案依据并非只有法,其他一些社会规范,如道德、政策等,有时也可以作为司法机关的办案依据。但这些社会规范作为司法机关的办案依据是有条件的,即在法不健全或不敷使用的情况下,作为法的补充,才可以作为办案依据,并且需要经过法的认可。《民法典》第10条关于"处理民事纠纷,应当依照法律;法律没有规定的,可以适用习惯,但是不得违背公序良俗"的规定,便是例证。只有那些不仅可以作为办案依据,而且还是作为主要的、基本的办案依据的社会规范,才可以列入法的范畴。

应当指出,法是作为司法机关办案的主要依据的社会规范,不等于说只有经由司法机关在办案中适用或援用的才是法,例如在行政执法和调解过程中,行政机关和其他相关主体适用或援用有关法律、法规、规章解决问题的情形已经较为普遍。但是,这种情形的存在并不能说明这些法不是司法机关办案的依据。当行政执法和调解等方式不能解决问题的时候,司法机关适用法来解决问题的方式就会浮出水面或就可以浮出水面。司法机关以外的其他主体运用法解决问题,是部分法得以实现的一种方式;这种方式不能解决问题时,就需要有法的实现的纵深方式来担当,而法的实现的纵深方式中的主角就是司法机关。

---

① 参见周旺生著:《立法论》,北京大学出版社1994年版,第18页。

四、法是普遍的、明确的和肯定的社会规范

法同所有其他社会规范一样,是为主体的行为提供标准的。但法所提供的不是普通的行为标准,而是具有普遍性、明确性和肯定性的行为标准。这是法区别于其他社会规范的又一个重要特征。

(一)法是具有普遍性的社会规范

法的普遍性有多重含义。它可以指法具有普遍有效性,即法的适用对象和适用范围具有普遍性;可以指法具有普遍平等性,即法被认为应当体现公平和正义,应当平等地对待相关主体和事项,所谓法律面前人人平等;也可以指法具有普遍一致性,即法应当同人类的普遍利益和要求相一致。其中法具有普遍有效性,是法理学上通常所说的法的普遍性。

法具有普遍有效性,这一点历来为学人多所强调。博登海默就注意到这一点,他说哲学家和法学家通常都强调法同普遍性之间的紧密联系。亚里士多德就指出,法始终是一种一般性的陈述。罗马法学家帕比尼安将法描绘为一种一般性的律令。乌尔比安则指出法不是为个人制定的,而是具有普遍的适用性。由于保罗认识到法律规则通常要适用于在数量上并不确定的种种情形,他指出立法者并不关注那些只会发生一两次的情形。卢梭则认为法的对象始终是普遍的。一些英美国家的论者也采取同样的立场。奥斯丁就说,只有那种对某类作为或不作为具有普遍约束力的命令才可以称为法。①

一方面,法的普遍有效性是指法的适用对象具有普遍性。法是有概括性的,通常是为一般的人、抽象的人而不是为具体的人、特定的人提供行为标准的,它的适用对象是普遍的。"人们一般认为,真正意义上的法律必须包含一种一般性的规则,而那些只处理个别和具体情势的措施不能被认为是法律或立法机关创制的法令。"②有的国家的判例也是一种法,是由法院对具体的人、具体的案件所作判决形成的,但它成为判例法后,就不只对个别人适用,而是具有普遍的适用性。其他社会规范大多是为具体的人、特定的人提供行为标准,不是为一般的人、抽象的人提供行为标准。例如党、团、工会、学术委员会的章程、纪律都是社会规范,它们就不是为一般的人、抽象的人,而是为具体的人、特定的人,即党员、团员、职工、学术委员提供行为标准。当然,法的适用对象具有普遍性,并非绝对排斥法对特定事项的处理,实际上总是有特定事项需要以法的形式解决问题,在这一点上,我们既要坚持法的适用对象具有普遍性的原则,又要善用法的形式调整真正需要以法的形式调整的特定事项。不过,在这样做的时候,需要划清法的一般性规定同个别命令或措施之间的界限。尽管"包含有规范性规则的一般性法律同处理一种特定而具体情形的特殊法令之间的界限并不总是能够精确而轻易划定的"③。

另一方面,法的普遍有效性也指法的适用在空间上和时间上具有普遍性。法在一定的国家政权管辖范围内具有约束力,令行禁止,具有统一性。同时,法只要尚未失效,就能反复适用,而不是只适用一次或若干次。

---

① 详见〔美〕博登海默著:《法理学:法律哲学与法律方法》,邓正来译,中国政法大学出版社1999年版,第234—236页。
② 同上书,第418页。
③ 同上书,第419页。

当然，法具有普遍有效性，不是说所有的法都可以在全国适用、都可以永远适用，而是说法在自己的效力范围内可以普遍适用，超出了自己的效力范围，就不能适用。这就是说，法的普遍有效性，依不同的法而有不同的情形。全国统一适用的法，在全国范围内有效；并非全国统一适用的法，则在局部范围有效。比如，《香港特别行政区基本法》和《澳门特别行政区基本法》，尽管是最高国家权力机关全国人大制定的，但它们也就在这两个特别行政区范围内适用。至于地方性法规，更是仅仅在一定的地方范围内有效。因此，不能把法的普遍性理解为法在国家权力所及的范围内都具有普遍约束力。

（二）法的形式和分类具有明确性、肯定性

法是国家政权意志的体现，是由特定的国家政权机关制定、认可并保证其普遍实施的，因而具有官方性或正式性。这就决定了它必然同明确性和肯定性相关联。

一方面，法的形式具有明确性和肯定性。特别是制定法，一般都以具体的形式，明确地、肯定地为主体的行为提供标准，而不是模糊的、伸缩性很大的社会规范。例如，法以具体的条文形式规定公民达到多大年龄就可以享有选举权、多大年龄才能结婚等。其他社会规范有许多则没有具体的表现形式因而不明确、不肯定。例如，尊老爱幼尽管是一条人人所熟知的道德规范，却没有人会知道这条规范究竟明确地、肯定地要求人们做些什么。对老人尊敬到什么程度才算尊老，对儿童爱护到什么地步才算爱幼，都由人们自己酌情掌握，并没有确定的界限。当然，我们强调法是以明确的、肯定的形式为主体提供行为标准，并不是说每个法律条文都以明确的、肯定的形式来规范主体的行为。有的条文是用来说明法的指导思想、基本原则或有关术语的，有的条文是用来说明法的生效日期的，如此等等。不过，这些条文的存在并不妨碍法作为明确的、肯定的社会规范而存在，之所以规定这些条文，也正是为了更明确、更肯定地表明法的性质、任务、效力和要求。

另一方面，法的分类也使法具有明确性和肯定性。作为法的结构中的基本要素之一的法律规则，是分为若干类别的。这些不同类别的规则，从不同角度使法具有明确性和肯定性。例如，授权性规则以明确的、肯定的形式告诉人们可以做什么或有权做什么。《宪法》中关于公民有言论、出版、集会、结社、游行、示威的自由之类的规定，就是授权性规则。命令性规则以明确的、肯定的形式告诉人们应当做什么。像《文物保护法》中关于一切机关、组织和个人都有保护文物的义务之类的规定，即为命令性规则。禁止性规则以明确的、肯定的形式告诉人们不得做什么。《宪法》有关公民在行使自由和权利时不得损害国家的、社会的、集体的利益和其他公民的合法的自由和权利之类的规定，就是禁止性规则。

五、法是以权利和义务为主要内容的社会规范

从法的内容构成的角度看，法主要由规范性内容和非规范性内容构成，其中规范性内容是主要的。规范性内容就是法所确定的为主体提供行为标准的那些规则。在这些规则中，权利和义务又是主要内容。所以，法是以权利和义务为主要内容的社会规范。这是法区别于其他社会规范的又一重要特征。

法以权利和义务为主要内容，这是由法的性质和功能决定的。法是用以调整一定社会关系的基本的制度形态。在法所调整的社会关系中，最基本的社会关系是以物质生活条件为基础的利益关系，这种利益关系实质上也就是权利和义务关系。法以法律制度的形式，确认和保护社会主体享有某些权利;为了保障这些权利不被随意侵犯,如果被侵犯也有制度作为根据使其得以恢复或补偿,并使侵犯者受到应有的追究,法又确定社会主体应当承担某些义务。这样,法的存在就意味着社会主体在不违法的前提下谋求自身利益的行为具有正当性,而不法侵犯他人利益的行为是非正当的。事实上,法正是通过设定以权利和义务为内容的行为模式,指引社会主体参与社会生活,规范社会主体的众多行为,将社会主体的行为纳入统一的法律秩序之中,从而达到调整社会关系的目的。固化和保障社会主体的权利,敦促社会主体履行必要的义务,这就是法律关系的内容。

法以权利和义务为主要内容,这一特征体现在多方面。

首先,规则中的几种行为模式的唯一内容,就是关于权利和义务的规定。规则由行为模式和后果模式构成。行为模式分为可以怎样行为、应当怎样行为和不能怎样行为三种,分别由授权性规则、命令性规则和禁止性规则来体现。一方面,授权性规则以规定主体的权利为内容。授权性规则之所以被称为授权性规则,原因正在于它是专门规定主体的法定权利的规则。根据这种规则,人们不仅具有自己可以怎样行为的权利,而且还有可以要求他人怎样行为或不怎样行为的权利。例如,继承法律制度规定公民有财产继承权。这一规定对符合条件的公民来说,既意味着他们有权继承财产,也意味着他们有权要求他人不妨碍他们继承财产,当有人妨碍时,他们有权要求有关机关保护他们的财产继承权。另一方面,命令性规则和禁止性规则以规定主体的义务为内容。也正因此,命令性规则和禁止性规则通常亦被合称为义务性规则。命令性规则要求人们应当怎样行为,它规定人们应当承担行为的义务。例如,法律中关于夫妻有互相扶养的义务、父母对子女有抚养教育的义务、子女对父母有赡养扶助的义务之类的规定,就设定了人们应当进行某种行为的义务。禁止性规则要求人们不怎样行为,它规定人们应当承担不怎样行为的义务。例如,法律关于继父母和继子女之间不得虐待或歧视的规定,就规定了人们不应当进行某种行为的义务。

其次,规则中的几种行为模式不仅直接地分别规定着权利和义务的内容,还间接地分别包含着权利和义务的内容。也就是说,不论是授权性规则还是命令性规则、禁止性规则,都包含着权利和义务两方面的内容,实际上都是权利规则和义务规则的统一体。例如,宪法关于公民有受教育的权利的规定,对公民来说,一方面直接规定了他们有权接受教育,另一方面则间接包含着他们有不得妨碍他人行使这一权利的义务。再如,宪法规定:公民的人身自由不受侵犯,公民的住宅不受侵犯。这样的规定对公民来说都意味着其享有人身自由不受侵犯的权利和住宅安全不受侵犯的权利,同时也意味着应当承担不侵犯他人的人身自由和住宅安全的义务。

最后,规则中的后果模式也以权利和义务为内容。后果模式分为肯定性的和否定性的两种。肯定性的后果模式意味着国家政权机关依法对主体行为的有效性加以肯定,否定性的后果模式意味着国家政权依法对主体行为的有效性加以否定。根据这两种后果模式,合法行为和法定权利受法的保障;违法行为和不履行法定义务受法的制裁或约束。肯定性的后果模式,对行为者的合法行为,直接包含着权利内容,对违法者的违法行为,间接包含着义务内容。否定性的后果模式,对行为者的合法行为间接包含着权利内容,对违法者的违法行为,直接包含着义务内容。而无论是肯定性的还是否定性的后果模式,对专门机关保障法定权利和制裁或约束违法行为,都既包含着权利—职权内容,又包含着义务—职责内容。

而其他社会规范,有的不是规定权利和义务两方面内容的,如宗教戒律,一般多为要求信仰者履行义务,很少包含权利内容;有的虽然也有权利和义务的内容,如党、团组织的章程,但这些内容并不是此类规范的主要内容。

理解法的这一特征,也需要注意:法以权利和义务为主要内容,不等于法的内容完全是权利和义务。除规定权利和义务外,法还有其他内容,例如还有关于名词术语的解释、基本原则的确立、序言的陈述等方面的内容。

第三节 法的本质

一、法的现象和法的本质

这里所说的法的现象,其含义不是指作为法学研究对象的各种法的现象,而是指同法的本质相对称的法的现象。

任何事物都有现象和本质两个侧面。法的现象是法这个事物的外部表现和外部联系,是可以直接感知或触摸的,可以凭经验和直观的方式认识的。比如,有人违法,侵犯他人权益,受到专门机关的追究,这种情况使人能直接感知法的国家强制力,这种强制力就是法的现象。法的现象极为丰富多彩,不同历史条件和国情之下,法的现象可谓异彩纷呈。

法的本质是法这个事物的内部联系或内在规定性,它决定法的根本指向,比较深刻和稳定,往往难以直接感知,而需要通过抽象思维才能认识和把握。比如,现代国家差不多都有集会游行示威法,有的国家的集会游行示威法可能是真的要保护公民的集会游行示威权利,有了这个法,人们可能会更好地行使集会游行示威的权利;但有的国家的集会游行示威法可能并不是真的要保护公民的集会游行示威的权利,有了这个法,人们恐怕就再也不便于集会游行示威了。看一个国家的集会游行示威法,需要追问这个法的宗旨是否真的在于使公民更好地更方便地行使集会游行示威的权利,这种追问所涉及的就是法的本质。人们通常所说的阶级对立社会的法是统治阶级意志的体现,或法是理性和正义的体现,诸如此类,也就是指法的本质。

同法的本质和法的现象的区分相对应,在法的属性中也有法的本质属性和非本质属性的区分。一般而言,直接体现法的本质的属性,如法的根本目的何在,法所体现的意志是什么人的意志,这样的问题就涉及法的本质属性;直接体现法的现象的属性,如法的规范性和国家强制性,就是法的非本质属性。

任何法都有本质和现象、本质属性和非本质属性这样的不同侧面,本质通过现象得以体现,本质属性通过非本质属性得以体现,而现象和非本质属性的后面通常总是隐藏着本质和本质属性。研究法这个事物,一般需要从现象和非本质属性入手,透过法的现象和非本质属性来认识法的本质和本质属性,从而在法这个事物上达到真理性认识。

二、关于法的本质的若干论说

古今中外的思想家和法学家在法的本质问题上论说过数不清的观点,这些论说为法学的发展,为人们认识法,提供了丰富的资料,其中有的观点也有合乎科学和符合法的本来面

貌的成分,有的甚至在历史上曾起过重要的作用。在这些观点中,有重要影响并且为学界所重视的至少有如下若干种:

1. 神意论。这是一种将法的本质同神的意志联结起来,把法说成是神的意志体现的观点。在古代和欧洲中世纪,神意论尤为流行。如古巴比伦的《汉谟拉比法典》直接宣示它代表了太阳神的意志。中世纪的阿奎那把一切法律问题都染上神学的色彩,并以他的神学法律观、神权政治论以及他的经院哲学,构成欧洲中世纪意识形态领域占统治地位的学说体系。中国夏商周的统治者把刑罚说成是天的意志,他们的任务是"代行天罚",其后的封建最高统治者亦都以天子自尊,他们所制定的法因而也被认为是代表了天意。

2. 正义论。将法的本质同正义联系起来,是古今人们认识法这个事物时所表现的一个突出特点,在这方面,从柏拉图到罗尔斯,西方学人叙说了无数的见解。对法抱有敬意的人说法是正义的体现,对法的价值寄予深切期望的人说法能体现和维护正义。比如,亚里士多德说:法律的实际意义应当是促成城邦人民都能进于正义和善德的制度。① 古罗马皇帝查士丁尼指出:"法学是关于神和人的事物的知识;是关于正义和非正义的科学。"② 西塞罗更直接地说:"如果他们接受了法的话,他们也就接受了正义。"③

3. 理性论。将法的本质归结为理性的体现,也是由来已久的一个基本观点。西塞罗在指出法同正义具有密切关联的同时,认为:"法就是最高的理性……当这种最高的理性,在人类的理智中稳固地确定和充分地发展了的时候,就是法。"④ 在中世纪的神学家看来,法代表上帝的理性或上帝赋予人类的理性。在其后的启蒙思想家的著作里,法的本质更被归结为人的理性。中国宋代哲学家朱熹认为,"理"乃万物之本,法乃理之派生物,并指出:"法者,天下之理。"不过他所说的理,主要指天理,因而不同于西方启蒙思想家所说的人的理性。严复也认为,"理"是法之本源,并阐述了"有理斯有法"⑤的观点。

4. 自然论。从古希腊思想家开始,西方学界就一直不乏将法的本质同自然和自然法则联系起来的论说,斯多葛学派和亚里士多德的政治法律观就都带有浓厚的自然主义气息。古典自然法学派更是以强调法同自然和自然法则的联系而形成一大学派,他们在传承古代的正义和理性之类的法律观的同时,偏重于强调法同自然理性的关联,强调人定法应当服从和体现自然法。孟德斯鸠就把法视为由各种事物的性质产生出来的必然关系。⑥ 中国先秦思想家也有自然论。老子就有"人法地,地法天,天法道,道法自然"⑦的著名观点。

5. 权力论。自古希腊以降,权力论题素来是政治学说和法律学说的重要研究主题,将法的本质同权力相联系,是诸多西方学人的习见。就近代而言,边沁、奥斯丁以及他们开创的分析法学派,是秉持此论的典型代表。边沁和奥斯丁都认为,法是主权握有者对其臣民的命令,这种命令以制裁的威胁作为后盾。中国先秦法家商鞅和韩非亦有指陈法和权力紧密

---

① 〔古希腊〕亚里士多德著:《政治学》,吴寿彭译,商务印书馆1965年版,第138页。
② 〔古罗马〕查士丁尼著:《法学总论——法学阶梯》,张企泰译,商务印书馆1989年版,第5页。
③ 〔古罗马〕西塞罗著:《法律篇》。转引自法学教材编辑部《西方法律思想史编写组》编:《西方法律思想史资料选编》,北京大学出版社1983年版,第83页。
④ 同上书,第64页。
⑤ 严复译:《孟德斯鸠法意》,卷一。
⑥ 〔法〕孟德斯鸠著:《论法的精神》(上),张雁深译,商务印书馆1961年版,第1页。
⑦ 《老子·道经》第25章。

关联的论说。商鞅指出:"国之所以治者三:一曰法;二曰信;三曰权。法者君臣之所共操也;信者君臣之所共立也,权者君之所独制也。"又说:"权制独断于君则威。"① 而韩非则指明:"法者,宪令著于官府,刑罚必于民心,赏存乎慎法,而罚加乎奸令者也。"②

6. 规范论。从规范的角度看待法的本质,把法看作一种规范体系,是各种本质论中往往更容易为人认同的观点。规范法学派的代表人物凯尔森,认为法是具有国家强制力的有等级的规范体系。新分析法学派的代表人物哈特,则说法是一种规则体系,其中包括设定义务的主要规则和设定权利的次要规则。中国先秦法家也有丰富的规范学说。墨家主张用法作为统一的标准,以达到"壹同天下之义"。③ 商鞅指出:"法者,国之权衡也。"④ 韩非认为:"法者,编著之图籍,设之于官府,而布之于百姓者也。"⑤ 特别是管仲,一再阐释了他的规范论。他说:"法者,天下之程式也,万事之仪表也。"⑥ 又说:"法律政令者,吏民规矩绳墨也。"⑦ 还说:"夫法者,所以兴功惧暴也。律者,所以定分止争也。令者,所以令人知事也。"⑧

7. 历史论。以历史的眼光观察和审视法,是西方学人认识法的一个重要方法。亚里士多德重视对法作追根溯源的研究,他在《政治学》中,就以历史的追溯方法来阐述他的人类本性说和由家庭到城邦的国家和法的起源说。不过以历史的方法阐释法的问题,更具影响力的是萨维尼和梅因等人为代表的历史法学派。这一学派在达尔文的进化论产生重大影响的自然科学背景下,阐释了法是一种历史进化现象的观点,认为自古以来,法就如同语言和风俗,是历史传统及其所孕育的民族精神的自然进化的结果。

8. 社会论。这是现代西方法学中社会法学派的基本观点。社会论强调法是一种社会现象,主张从法同社会相互关联的角度研究和阐释法,认为法的本质包藏在法同社会的关联中。社会论的哲学理论基础是法国人孔德的实证主义哲学。其创始人是埃利希,其集大成者是庞德。社会论有多种多样的具体论说:有埃利希的活法说,其认为除国家所制定的法以外,还有一种"活法",它是在实际社会生活中真正起作用的法;有狄骥的社会连带说,其认为除国家所制定的法以外,还有一种更高规格的"客观法",即社会连带关系,这种社会连带关系是一切社会规则的基础;有霍姆斯的经验说,其认为法的生命不在于逻辑而在于经验,法不过是对法院事实上将作什么的一种预测;还有庞德的社会控制说,其认为法的目的和任务在于实现社会控制,以最小的代价最大限度地满足和调节各种相互冲突的社会利益,以实现更有效的社会控制。

应当指出,法的本质问题是过去若干年中国法学所特别关注的一大主题。大量亟待论说的同实践有密切关联的问题,人们往往未能积极去研究,但法的本质这个深邃艰深的问题人们却从未放过。从 20 世纪 50 年代起,中国法学很长时期都千篇一律地认定法的本质是统治阶级意志的体现。这种认识的主要根据是马克思主义经典作家的几个论断和苏联的法

---

① 《商君书·修权第十四》。
② 《韩非子·定法》。
③ 《墨子·尚同上》。
④ 《商君书·修权第十四》。
⑤ 《韩非子·难三》。
⑥ 《管子·明法解》。
⑦ 《管子·七臣七主》。
⑧ 同上。

学理论模式。但这一理论无法解释对抗性的阶级斗争退居次要地位以后社会主义国家的法的本质,因而在改革开放以来的新时期,理所当然地遭到质疑、非难、否定以至丢弃。或许是传统本质理论影响过深,取代它需要较长的过程,而在这个过程中必然是众说纷纭,这些年来关于法的本质的讨论一直难以获取哪怕是大体上的共识。讨论的规模曾经是空前的,它在根本上暴露了传统本质理论的困境,同时也显露了新出现的本质理论的窘境。

那么,应当如何认识法的本质呢?

三、法的本质之所在

(一) 法首先和主要体现执政阶级意志

所有的社会规范都以调整一定范围内的社会关系为己任,而社会关系在阶级社会中则有阶级性。也因此,社会规范在阶级社会中便有阶级性,这是难以回避的。但其他社会规范在同一阶级社会中可以为各阶级所有,如道德、政策、政党或政治社会组织的章程,就是各阶级都可以拥有的,而法这种社会规范并非各阶级都可以拥有。法是执政阶级所掌握的国家政权机关制定、认可、变动并运用国家强制力保证实施的,它首先和主要体现执政阶级的意志。这是法的本质尤为突出的表现。

法是以国家政权意志形式存在的社会规范,从表面看,国家政权似乎具有中立性和公共性,因而法所体现的意志也具有中立性和公共性。但实际上国家政权是由执政阶级掌握的,因此法首先和主要体现的是执政阶级意志。在阶级对抗的社会,执政阶级是统治阶级,法所体现的意志首先和主要是统治阶级意志;在社会主义社会,执政阶级是工人阶级以及人民内部其他各阶级,法所体现的意志则表现为工人阶级和其他广大人民的意志。所有的执政阶级,都注意使本阶级的某些意志通过国家政权上升为法,用以建立、维护和发展有利于自己的社会关系和社会秩序,维护对自己有利的经济、政治和其他各项制度。在认知和表述法的本质问题上,由"统治阶级意志"发展为"执政阶级意志",这种变化反映了阶级、社会、时代的变化,摆脱了一成不变的旧有思维模式,是与时俱进的。从理论学说的科学性来说,"执政阶级意志"的表述比之"统治阶级意志"的表述,内涵和外延更契合历史的变化,既适合阐明阶级对抗社会法的本质,又适合阐明社会主义社会法的本质。马克思主义法理学应该与时俱进,而不能墨守成规、裹足不前、拒绝发展。

法体现执政阶级意志,是指也只能是指体现阶级对抗社会统治阶级整个阶级的共同意志或社会主义社会人民的共同意志,而不是统治阶级或人民中的个别人或个别集团的意志,更不是个别人的任性。如果法所体现的不是统治阶级或人民的共同意志,而只是某个人或某个集团的离开了阶级整体利益的意志,或只是离开了人民共同利益的意志,这样的法实际上就不是整个统治阶级的法,或不是人民的法,而是个别人的家规家法或少数人的帮规帮法。马克思说:"法律应该是社会共同的、由一定物质生产方式所产生的利益和需要的表现,而不是单个的个人恣意横行。"[①]这是完全正确的。

当然,法应当体现执政阶级的共同意志,不等于任何法在实际上都能体现执政阶级的共同意志。实际上,执政阶级中的个别人或个别集团任意地把他们同整个阶级的共同意志相

---

① 《马克思恩格斯全集》(第6卷),人民出版社1961年版,第292页。

抵触的东西变为法,强加给整个阶级的事情,是屡见不鲜的。特别是在封建君主专制和法西斯专政的条件下,这种情况更为明显。在这样的制度下,专制君主或法西斯独裁者一方面制定和执行反映整个阶级的共同愿望和要求的法,另一方面又经常根据自己的好恶、情趣,决定法的兴废,以至于常使他们的法朝三暮四,违反客观规律,违反本阶级共同意志和根本利益,其结果或是激化社会矛盾,或是在本阶级内部引起天怒人怨,致使自己的统治动摇,甚至倒台。历史经验表明:执政阶级一定要注意防止某些人、某个集团把自己的意志冒充为整个阶级的共同意志,披上法的外衣,把家规家法、帮规帮法变成阶级的法。同时,历史经验也说明:一个执政阶级的代表人物在立法时绝不能背离自己所代表的阶级的整体的、共同的意志而随心所欲、恣意行事,否则便难免众叛亲离、被本阶级内部的人所代替,或是使本阶级的统治陷入深刻的危机而导致自己的统治和阶级的统治一起倒台。在社会主义社会,也有必要防止把个别人、少数人的违背全体人民共同利益的意志变为法。

法体现统治阶级意志或体现人民的意志,这的确表现了法的本质。但也要看到,并不是所有法的阶级本质总是公开地表现出来的。由于法所调整的社会关系的复杂性,法的本质在不同的国家和不同的法中,有着不同的表现。

法体现执政阶级意志,具有阶级性,并非意味着法不具有社会性、完全不反映其他社会主体的利益和愿望。法也具有社会性,也反映其他社会主体的有关利益和愿望,是阶级性和社会性的统一。法的阶级性主要是指:其一,法的兴亡同阶级的存废相一致,它随着阶级的产生、发展和消亡而产生、发展和消亡。其二,法首先和主要是执政阶级意志的体现,阶级性是法的本质属性。法的社会性主要在于:其一,法是一种社会现象,不是超社会的、从来就有的和永恒不灭的自然现象。它是一定社会关系的反映,是适应着调整一定社会关系的需要而产生、发展和消亡的。其二,法是一种普遍性的社会规范,一般说,它约束全体社会成员的行为,同全社会所有成员都打交道。其三,法虽然是执政阶级意志的体现,但它具有广泛的社会价值和作用,既要服务于一定阶级的政治统治,执行政治职能;又要处理社会公共事务,执行社会职能,在执行社会职能时往往以反映全社会利益的面目出现。其中第三点,是法不仅具有阶级性,而且具有社会性的尤为重要的体现。

法之所以是阶级性和社会性的统一,原因主要在于:其一,法的产生和发展同阶级的产生和发展紧密相关。法是为调整有利于执政阶级的社会关系而产生和发展的,法的阶级性是通过法对社会关系的调整来实现的,因而法在具有阶级性的同时也具有社会性。其二,任何法都有政治职能和社会职能这两种职能。前者表现为充当调整各阶级关系的工具,后者表现为充当管理社会生产、管理社会公共事务和维护社会公共秩序的角色。

(二) 法最终决定于社会物质生活条件

法不仅具有阶级性和社会性,而且也具有客观性。法首先和主要体现执政阶级意志,但执政阶级意志并非凭空产生,而是由执政阶级生活在其中的社会物质生活条件所产生。意志作为一种有目的的意识,属于社会上层建筑的范畴,是物质关系的反映,而一定社会的物质关系则是由一定社会的物质生活条件构成的。因此,法就最终决定于社会物质生活条件。这种物质制约性,也可以说是法的本质的最终体现。

这就是说,立法者并不能随心所欲地立法,法应当是对现存社会关系——归根结底是对现存社会物质生活条件的记载、认可、登记、宣布。法当然也要对社会物质生活条件发生反作用,而不是消极地反映社会物质生活条件。但不论发生怎样的反作用,它终究是围绕着社会物质生活条件发生作用的,因而它归根结底决定于社会物质生活条件。

法决定于社会物质生活条件表现在两方面:一方面,社会物质生活条件的各个侧面如物质生产方式、地理环境、人口状况等,对法都具有作用,其中物质生产方式具有决定性作用,地理环境和人口状况等具有重要作用。另一方面,法的诸多侧面,如法的产生、特征、本质、作用、价值、发展等许多环节,都决定于社会物质生活条件。

法除却归根结底决定于社会物质生活条件外,还在相当大的程度上受制于其他一些因素,像历史传统、国家形式、道德、宗教、政治观念、风俗习惯以至国际环境等,都能对法发生重大影响。

第四节 法 的 要 素

一、法的要素释义

法是由若干部分构成的一个统一整体,这些构成法的整体的各个主要组成部分,称为法的要素。

法的要素是法的整体的不可或缺的组成部分。一方面它们在这个整体中以其自身的个别性、局部性显示其特质和价值。另一方面,一个法的要素的状况,也关涉其他法的要素的状况甚至前途。比如,法律规则要素如果不具体或相互冲突,那么法律原则要素所包含的那些美好的东西,或立法者想要借以达到的目的,诸如实现平等、正义、权利、自由等,便难以实现其价值。

法的要素主要有哪些,学界有种种说法。国内法理学著述所论及的主要有四种模式:

一是社会法学派庞德的律令、技术、理想三要素模式。按这种模式,法是依照一批在司法和行政过程中运用权威性资料来实施的高度专门化的社会控制制度。这种法是由律令、技术、理想三者构成的。其中的律令又包括规则、原则、概念和标准。技术是指解释和适用法律规则和概念的方法以及在权威性资料中寻找审理特殊案件的根据的方法。理想则指通过法的社会控制所形成的一定时空条件下的社会秩序的理想图画。

二是新分析法学派哈特的主要规则、次要规则二要素模式。这种模式是哈特对奥斯丁的命令说的批判的继承和发展。奥斯丁将法仅仅归结为主权者的命令是既不能完整地说明法的面貌,又不能折服人的。在哈特看来,法是由主要规则和次要规则两要素共同构成的。主要规则是设定义务的规则,次要规则是授予权利或权力的规则。

三是新自然法学派德沃金的规则、原则、政策三要素模式。德沃金认为哈特的观点不符合法的事实,法中还有规则以外的其他要素,处理案件的过程中经常要借助其他要素。这些其他要素主要就是原则和政策。原则是关涉主体权利的政治决定或道德要求,政策是关涉社会利益的政治决定。

四是规则、原则、概念三要素模式。这是中国法理学近些年来归纳法的要素通常采用的模式,也是本书采用的模式。

二、法律规则

(一) 法律规则界说

1. 法律规则的含义和地位

规则是秩序的物化形态。社会规则是社会主体的行为标准或准则,是由社会中一定的权威机构所颁行或由社会习俗所包含的。

法律规则是社会规则的一种,它是国家政权中的有权机关制定或认可的,具有一定的结构形式,规定社会主体的法定权利和义务以及相关法律后果,旨在建立和维护法律秩序的特定的行为准则。

社会规则是多种多样的,除法律规则外,还有道德规则、宗教规则、团体规则、行业规则以及其他旨在确定和维系一定社会秩序的行为准则。在这个规则体系中,法律规则是体现国家政权意志的,在规范国家生活、社会生活和公民生活的规范体系中具有最高地位和效力的一种社会规则。

2. 作为法的整体的规则和作为法的要素的规则

法律规则一词往往被人们在两种意义上使用。一种是作为法的整体的规则。这种意义上的法律规则,同法的含义或外延是相当的,也可以说是法的另一种说法。例如,当我们说法律规则同道德规则和宗教规则都是社会规则时,这里所说的法律规则就是指法,所说的道德规则和宗教规则分别是指道德和宗教。另一种是作为法的一种要素的规则,这种规则是相对于法的整体中其他要素如原则、概念而言的。法理学上阐述的主要是后一种意义上的法律规则。

3. 法律规则与法律规范

西方学界往往将法律规范与法律规则这两个概念加以区别。凯尔森提出最好不把法律规范与法律规则混淆起来。因为法的创制权威所制定的法律规范是规定性的;法学所陈述的法律规则却是叙述性的。[①] 沃克则认为,规则就是关于某些事项的法律规定的陈述,通常比学说或原则更详细和具体。规范则是团体成员所接受的行为规则或标准,它不及法律规则具体。不过沃克在同样的场合又说:凯尔森认为法律规范就是法律规则。[②] 就这两个概念的使用频率看,规则更高一些。

在中国目前的法学著述中,法律规范和法律规则不仅是相近或相似的,甚至是同义的、通用的。从使用频率看,过去绝大多数场合使用的是规范,新近则是规则的使用频率较高。考虑到法律规范在长时期里经常被当作同法的整体相同的概念使用,我们在本书中亦取目前多数人的做法,使用法律规则指称法的一个要素。但这样做并不排斥下文仍在一定范围内使用法律规范这个概念。

4. 法律规则与法律条文

成文法的一个显著的外部特征就在于,它的法律规则是需要以法律条文为载体的,没有法律条文也就没有成文法的法律规则。但是,法律规则不等于法律条文。法律条文多数是

[①] 见〔美〕凯尔森著:《法与国家的一般理论》,沈宗灵译,中国大百科全书出版社1996年版,第49页。
[②] 见〔英〕沃克著:《牛津法律大辞典》,北京社会与科技发展研究所组织翻译,光明日报出版社1988年版,第642、790页。

法律规则的载体,有的则不是法律规则的载体,例如有关原则和名词术语解释也是需要有条文为载体的,这样的条文就不是法律规则的体现。

法律规则和法律原则、法律概念是法律条文的内容,而法律条文则是它们的表现形式。法律条文在表现这些内容时,情形往往是复杂的。一个法律规则可以表现在一个法律条文中,也可以表现在不同的法律条文甚至不同的法中,例如宪法中有关法律规则的后果模式就规定在民法、刑法、行政法和其他有关法律中。但是,不能反过来说,一个法律条文也可以表现若干个法律规则,因为,对成文法而言,它的立法技术中有一个基本规则,这就是"一条一义"规则,即一个条文一般不能表述超过一个以上的意思。根据这个规则,一个条文只能规定一个法律规则而不能规定多个法律规则。但是,国内学界和立法界不大了解这个立法技术基本规则,因而往往以为一个条文也可以表述几个法律规则。这是一个普遍的失误。

(二) 法律规则的逻辑结构

法律规则是法的整体的一个要素,同时它自身也是一个整体,在其自身的整体中也有下一位阶的若干要素。

法律规则的逻辑结构,就是指从逻辑意义上说,由哪些要素构成了法律规则整体,以及构成法律规则整体的各要素之间的逻辑关系。

法律规则的逻辑结构主要包括哪些要素,学界尚无一致见解。先前主要是"三要素"说,认为法律规则包括假定、处理、制裁三要素。假定,指法律规则适用的条件和范围;处理,指法律规则要求的作为和不作为;制裁,指违反法律规则所须承担的法律责任。其后又有"两要素"说,认为法律规则由行为模式和后果模式两要素构成。近年又有新"三要素"说,认为法律规则由假定、处理、法律后果三要素构成,也有人认为法律规则由假定、行为模式、法律后果三要素构成。目前这几种见解并存。本书倾向于采用行为模式和后果模式两要素说。

行为模式是法律规则中为主体如何行为提供标准的范式。它是以法的眼光从主体的大量行为中总结、归纳、抽象、概括出来的。行为模式主要有三种:(1) 可以怎样行为的模式,即授权性法律规则;(2) 应当怎样行为的模式,即命令性法律规则;(3) 不得怎样行为的模式,即禁止性法律规则。

后果模式是法律规则中对主体的具有法律意义的行为应当获得何种后果的规定。后果模式大体分为两类:(1) 肯定性后果,即法承认这种行为合法和有效,并予以保护或奖励;(2) 否定性后果,即法不承认这种行为或禁止这种行为,并对这种行为予以撤销或制裁。

法律规则逻辑结构中的行为模式和后果模式,可以体现在同一个法律规则、同一个法律条文或同一个法中,也可以体现在不同的规则、不同的条文或不同的法中。

目前中国法律、法规、规章中有不少法律规则在逻辑结构上不完整,特别是不少法律规则只有行为模式,缺少相应的后果模式。这种不完整的法律规则在实践中通常无法适用和执行,无法兑现其价值和发挥其作用。不改变这种状况,中国法的结构便无以完善。

(三) 法律规则的分类

法律规则一般分为以下种类:

1. 权利规则、义务规则和权义复合规则

按照法律规则所设定的行为模式的不同,可以将法律规则分为这三类。这是最常见的分类。

权利规则又称授权性规则,是规定主体可为一定行为或可不为一定行为以及要求其他主体为一定行为或不为一定行为的规则。权利规则是主体的法定权利的资源或根据。某些权利规则,尤其是同个人权利相联系的权利规则,具有可选择性,主体可以根据一定的权利规则所赋予的权利来行为或不行为,也可以放弃权利规则中赋予自己的某种权利,即不去实现自己的某种权利资源的价值。例如,根据法律规定,公民符合法定条件便有权结婚,但有的公民如不结婚,放弃或不行使这一权利,是完全可以由自己抉择的。因此,这些权利规则是同自由相通的。在民商法、宪法这类法律、法规中,权利规则更多些。权利规则通常采用"可以""有权""有……自由"这类句式表述。

义务规则是明确规定主体应当为一定行为或不为一定行为的规则。义务规则是以法定义务形式为主体设定的社会责任。义务规则的主要特点在于具有强制性而不具有可选择性,主体对自己的法定义务只能履行而不能拒绝。义务规则可分两类:一是命令性规则,即规定主体应当作为的义务,亦称积极义务。如法律规定的要求结婚的男女双方必须亲自到婚姻登记机关登记,便是这种规则。二是禁止性规则,即规定主体不得作为的义务,亦称消极义务。宪法关于公民行使自己的权利时不得损害国家、集体和他人权益的规定,则属于这种规则。义务规则通常以"应当""不得""禁止"等句式表述。

权义复合规则是兼具权利和义务两重性的规则,它首先以其中一种规则出现而实际上也是另一种规则。在法律规则中,有的规则从形式上看是权利规则或义务规则,但实际行使这种权利也是一种不可转移、放弃或推脱的义务,实际履行这种义务也是一种特有的权利。例如,法律规定,某类国家机关有若干项职权。这种规定,对被授权的国家机关而言,首先是权利规则,但这种权利是不可转移、放弃或推脱的,而是应当行使的,因而行使这种权利实际上也是一种义务或职责。权义复合规则的主要特点在于:一方面主体按照规则可以作出或不作出一定行为,另一方面作出或不作出这种行为也是该主体无可转移或推脱的义务。

在法律规则中,也存在这种现象:所有权利规则和义务规则,对规则设定的权利主体或义务主体分别是权利规则和义务规则,然而对这些权利主体或义务主体之外的主体,则正好是相反的规则。例如,法律规定公民有宗教信仰自由,这是一项权利规则,每个公民都据此而获得宗教信仰自由的权利。但甲公民拥有这项权利,对乙公民和其他公民来说就意味着应当履行不得干预或破坏甲公民宗教信仰自由的义务。这种现象,不是权义复合的现象,而是权利和义务相统一的一种表现。

2. 强行性规则和任意性规则

按照法律规则的效力强弱或刚性程度的不同,可以将法律规则分为强行性规则和任意性规则两类。

强行性规则指不问主体的意愿如何而必须加以适用的规则。这种规则所设定的权利和义务具有完全肯定的形式,不允许任意变更。义务规则通常属于强行性规则。权利规则和复合规则中,主体不能任意变更的那些规则,也属于强行性规则。公法如刑法、行政法、诉讼法等,主要涉及社会公共利益,其中的强行性规则较多。

任意性规则指适用与否由主体自行选择的规则。这种规则所设定的权利和义务具有相对形式,允许主体在法定范围内予以变更。权利规则中有不少属于任意性规则。私法如民商法等,主要关涉私人利益,其任意性规则较之公法为多。公法中有的规则如刑法中告诉才处理的规定,属于任意性规则。

应当注意,强行性规则和任意性规则的区分,同权利规则和义务规则的区分,有相当的重合,但并不等同。义务规则不完全等于强行性规则,有的义务规则在一定条件下是可以变通而并非具有强行性的。权利规则也并非任意性规则的另一种说法,有些权利规则如授予国家机关职权的规则就不具有任意性。

3. 确定性规则、委托性规则和准用性规则

按照法律规则内容的确定性程度的不同,可以将法律规则分为确定性规则、委托性规则和准用性规则三类。

确定性规则是明确规定了行为规则的内容而不必再援用其他规则来确定本规则内容的规则。这是法律规则最常见的形式,大多数法律规则都属于确定性规则。

委托性规则是没有明确规定具体的规则内容如行为模式或后果模式,而委托或授权有关主体规定具体的规则内容的规则。法律、法规中关于具体实施细则由某机关制定的规定,即为这类规则。这是许多位阶较高的法律、法规中常见的一种法律规则。

准用性规则是本身没有明确规定具体的规则内容,但明确规定可以或应当依照、援用、参照其他规则来使本规则的内容得以明确的规则。这里有两种情形:一是所依照的其他规则是法律规则,这是主要的。例如,诉讼法中关于上诉程序有的可以参照一审程序的规定,即属此类规则。二是所依照、援用或参照的其他规则,并非法律规则,而是别的规则。这种情形不多,但也时有出现。例如,《刑法》规定:航空人员违反规章制度致使发生重大飞行事故的,铁路职工违反规章制度致使发生铁路运营安全事故的,工厂和矿山等单位的职工违反有关安全管理的规章制度或强令工人违章冒险作业因而发生重大伤亡事故的,处3年以下有期徒刑或拘役。这些规定中的"规章制度"就并非属于或并非完全属于法律规则的范围。

三、法律原则

(一) 法律原则界说

1. 法律原则的含义和价值

法律原则是指称法中所存在的,可以作为法律规则的基础或本源的那些综合性、指导性、稳定性的原理和价值准则。原则不预先设定具体的事实状态,也不直接包含具体的权利、义务和具体的行为模式、后果模式,但它指导和协调某个或某些领域的法律调整。

法律原则反映执政者或立法者以法的形式所确定的思想理论和基本立场,体现他们的某些重要意志,是法的主旨和精神品格的主要所在,是法定制度的基本性质、基本内容和基本价值取向的集中概括,是法律规则和法律概念的基础和出发点,也是协调、平衡和统一各相关法律规则和法律概念的关键或枢纽。因而它是立法者立法时务必充分注意的法的要素,也是用法者理解和运用法时务必认真把握的法的要素。

法律原则对法律解释和法律推理有直接意义,它是法律解释和法律推理据以进行的重要依据和指南。在需要有法律规则作为处理案件的依据,但却没有法律规则的情况下,法律原则可以起到弥补这一不足的作用。如英美法系中的正当程序原则便经常成为直接的审判依据。在已有法律规则作为依据,但按照规则办理便会导致不合理、不公正之类结果的情况下,法律原则又可以起到避免这种结果发生的作用。

2. 法律原则和法律规则

法律原则和法律规则都是法的要素,两者有密切关联和共通之处自不待言。在有的情况下,一个法的要素究竟是原则或规则,甚至难以辨明或不必分清。另一方面,法律原则和法律规则既然作为两个要素并存于法的结构中,自然也有它们的区别。主要的区别有:

(1) 调整的方式不同。法律原则一般不具体规定权利和义务、行为模式和后果模式,而是较为抽象、笼统,通常是设定基本精神或准则,指明一个方向。只有在少数情况下,法律原则是具体的,如确立任何人不能作为自己案件审判者的原则。也可以说法律原则主要解决共性问题,只是在一定程度上解决具体问题。法律规则通常是明确和具体的,它是解决具体问题的直接依据。法律规则的明确性和具体性,有助于防止法的适用上的随意性。在中国法律、法规中,有相当数量的规则其实并不具体,但这通常并非这些规则本来不应当具体,而是由于立法不良未能使这些规则具体化所致。

(2) 适用的范围不同。法律原则是从广泛的现实的社会生活中概括出来的行为标准,具有宏观指导作用,适用范围比规则广泛。它不仅可以针对某个或某类行为发生作用,更可以针对某些行为或事项发生作用,因而可以在相当大的范围内有效。法律规则具有具体调控的作用,只适用于某个或某类行为或事项,只在这种特定范围内有效。

(3) 发生效力的方式不同。法律原则发生效力时未必有具体的针对性,往往在相同场合涉及多种法律原则的效力,或是在多种场合涉及多种法律原则的效力交错。在这些场合,通常并不是简单地决定哪个法律原则有效、哪个法律原则无效,而是要根据具体情况,适用更适合的法律原则。适用了一个法律原则,并不意味着与之发生冲突的别的法律原则便是无效的。法律规则发生效力的情形则不同。当同一个案件涉及两个或两个以上法律规则并且它们之间存在冲突时,只能选择一个法律规则适用,被选择适用的法律规则是有效的,未被选择适用的是无效的。例如,两个法律规则都规定了提出行政复议的条件,但两者的规定不一致甚至相冲突,受理行政复议的主体决定是否受理某行政复议请求时,首先要做的事情,便是判断这两个法律规则哪个有效从而遵从它、哪个无效从而不遵从它,在这一基础上作出是否受理的决定。

(二) 法律原则的分类

法律原则主要有以下类别:

1. 政策性原则和公理性原则

就法律原则产生的基础不同,可以将其分为政策性原则和公理性原则两类。

政策性原则即国家政策在法律、法规中的原则性反映,是基于一定的政策考量而确立的原则。国家政策的内容是丰富的,反映到法中而作为法的一种原则的政策,通常都是经济、政治、文化以及其他领域中的重大政策或基本政策。政策性原则在宪法和宪法性法律中有更多的体现。一般说高位阶的法律、法规中的政策性原则比低位阶的法律、法规中的政策性原则为多。政策性原则比之公理性原则,其针对性、时间性较强而稳定性较弱。

公理性原则是基于法的原理和事理所确立的原则。它是在实际生活中产生的或是在法的事理推导中产生的、经由立法者选择和认可的公理,在法律、法规中的原则性反映。古往今来的公理多不胜数,反映到法中而作为法的一种原则的公理,通常应能同一定的实际生活需要相吻合。宪法规定的法律面前人人平等原则,刑法中的无罪推定原则、罪刑法定原则,都属于公理性原则。在私法中,公理性原则有更多的体现,民法中的平等自愿、等价有偿、诚实信用等原则,都属于公理性原则。公理性原则比之政策性原则,有更大的普适性和稳定性。

2. 基本原则和具体原则

按照法律原则的位阶、适用范围大小和具体程度不同,可以将法律原则分为基本原则和具体原则两类。

基本原则是法律原则体系中的上位阶原则,是体现法的基本精神和基本价值取向的原则,是整个法的体系或某个部门法都适用的原则。宪法中确立的原则一般都是基本原则,每个法也都有自身的基本原则。基本原则一般比具体原则更重要,调整范围更广,因而也更具指导性。

具体原则是以基本原则为基础,相对于基本原则而言适用范围更具体一些的法律原则。通常适用于某个部门法中的特定情形或某种特定法的现象,如英美法系中的要约原则和承诺原则即为具体原则。在法律原则体系中,具体原则是数量更多的原则。具体原则不得同基本原则相抵触。

基本原则和具体原则的划分具有明显的相对性。有些原则兼有基本原则和具体原则的两重性。例如,"保护妇女儿童"相对于"法律面前人人平等",是具体原则;相对于妇女权益保障法、未成年人保护法中有关保护妇女儿童的更具体的原则,它又是基本原则。

3. 实体性原则和程序性原则

依据法律原则的内容不同,可以将法律原则分为实体性原则和程序性原则两类。

实体性原则是关涉实体权利和义务或职权和职责的原则,如契约自由原则、罪刑法定原则。宪法、法律、法规中的多数原则属于实体性原则。

程序性原则是关涉实体权利和义务或职权和职责实现程序的原则,如司法独立原则、回避原则、诉讼中当事人地位平等原则、一事不再理原则、辩护原则、非法证据排除原则。程序性原则多存在于程序法中。

四、法律概念

(一)法律概念界说

作为法的要素之一的法律概念,是人们对法、法的现象进行分析、归纳、抽象而产生的范畴,是法律规则和法律原则的载体。

法的结构三要素中,法律规则是主体性要素,法律原则是品格性要素,而法律概念则是技术性要素,并依附于法律规则和法律原则。正确理解和把握法律概念,立法者才能有效地构建法的整体,用法者才能准确、无误、有效地适用法或遵守法。完善法的体系和法律制度,需要形成一整套科学的而又和谐的法律概念系统。

法律概念本身并不将一定的事实状态和法律后果联系起来,但它注重对各种法的现象作定性分析,从而为法律规则和法律原则的适用确定范围和提供前提。法律关系中的主体、客体、内容三要素同法律规则和法律原则的关联,法律关系中法律事实所包括的行为和事件两要素同法律规则和法律原则的关联,都离不开法律概念的逻辑媒介。

（二）法律概念的分类

区分法律概念的类别,是精确理解和把握法律概念要素所不可缺少的环节。通常可对法律概念作以下类别的区分:

1. 专业概念和日常概念

从法律概念的渊源看,有专业概念和日常概念的区分。

专业概念是在法的理念抽象和实际运作中逐渐产生的仅适用于说明、反映法律问题的专门概念。它们的专业性较强,一般只有法律上的意义,同日常生活少有关系。专业概念的含义较为精确、规范和统一。像法人、诉讼时效、留置权、诉讼参与人、犯罪中止这类概念,便属于专业概念。

日常概念是指将日常生活中的某些概念移用到法律领域以说明和反映法律问题的概念。像父母、子女、故意、过失、过错、公平、金融、证券这类概念,便属于日常概念。日常概念来源于日常生活,因而易为专业内外的人们所理解和把握。但这类概念由日常生活移用于法律领域,其含义往往便同它们在日常生活中本来的含义颇有区别。例如,"父母子女有相互继承遗产的权利"这一法律规定中的"父母""子女"的含义,就比日常生活中同样概念的含义,在范围上有所不同。立法和用法实践中遇到这种问题,应当注意区分这类概念的含义在法律、法规中同在日常生活中有何分别,以便准确理解和把握这类法律概念。

2. 主体概念、客体概念、内容概念、事实概念

从法律概念表现法律关系的情形看,可以有主体概念、客体概念、内容概念、事实概念的区分。

主体概念是表现法律关系主体的概念,如人、公民、法人、代理人、原告人、预备犯、诉讼第三人等。

客体概念是表现法律关系主体的权利、义务指向的对象的概念,如动产、标的、无体物、有体物、不动产、作品、发明、著作、支票等。

内容概念是表现法律关系主体的权利、义务关系的概念,如所有权、专利权、立法权、请求权、抵押权等,又如债、赔偿责任等。

事实概念是表现能够引起法律关系发生、变更和消灭的原因即法律事实的概念,如出生、死亡、犯罪、违约、侵权、不可抗力、正当防卫、紧急避险等。

第四章 法的价值

第一节 法的价值释义

一、法的价值界说

法的价值是价值的一种特定形式。价值主要指客体和主体的关系以及客体所具有的性能。这里的客体,指各种物质的、精神的、制度的事物;主体,指人和组织以及其他可以作为社会活动因素存在的事物;关系,指客体与主体之间的对应性的关联;性能,指客体可以满足主体需要的属性和潜能。诚如马克思所言,"'价值'这个普遍的概念是从人们对待满足他们需要的外界物的关系中产生的"[1],是"人们所利用的并表现了对人的需要的关系的物的属性"[2]。

法的价值就是法这种客体对于社会主体的关系和在这种关系中所具有的可以满足或影响社会主体需要的属性和潜能。一方面,法的价值不是自然地和自发地体现出来的,而是在同社会主体发生关系的过程中,或者说是在社会主体用法满足或影响一定社会需求的过程中,体现出来的。另一方面,法的价值作为可以满足或影响社会主体需要的属性和潜能,它对社会主体具有有用性,这种有用性可以是积极的、有益的,也可以是消极的、负面的。其中积极的、有益的成分是主要的。有些著述讲到法的价值,仅注意法的价值对满足社会主体的需要具有积极意义,是有片面性的。

这里涉及如何合理地理解法的价值的有用性问题。没有哪种社会规范能像法这样对经济的、政治的以及其他许多方面的社会关系进行有效的调整。由于法具有一系列不同于其他社会规范的属性,它能把一套普遍的、稳定的、由国家保证的、经常起作用的典型行为标准,纳入社会生活中。法的价值是工具性的,它能保障社会生活有组织、有原则、有规则地正常运行。但另一方面,有些法也具有不符合社会进步需要的内容,在私有制社会,专横和非法也可以通过法来实现,可以假装适应法和服从法。当然,在积极和消极、有益和有害两对范畴中,积极和有益的因素通常总是主要的。有些法即使有不符合社会进步需要的内容,也比法的对立物即单纯的偶然性和任意性,包括个人和集团的非法行为、独断专行、主观主义,更具有某种积极的社会意义。[3]

法的价值这一术语通常被人们在三种意义上使用:一是用来指称法自身有哪些价值。此类价值被有的学者称为法的形式价值。二是用来说明法在实现社会调整的过程中可以增进和维护哪些价值。这是所谓法的目的价值。三是用来作为评判标准,评价同法相关的行

---

[1] 《马克思恩格斯全集》(第19卷),人民出版社1963年版,第406页。
[2] 《马克思恩格斯全集》(第26卷)(第3册),人民出版社1974年版,第139页。
[3] 关于法的价值的两个侧面,可参阅〔苏〕C.C.阿列克谢耶夫著:《法的一般理论》(上册),黄良平、丁文琪译,法律出版社1988年版,第97—100页。

为和社会现象。这是把法视为一种价值准则。

法的价值是随着法的存在而存在的,法的存在是法的价值存在的前提。然而,法的存在并不必然地意味着法的价值的实现。法的存在,只是意味着具有实现法的价值的可能性,而法的价值的真正实现,则需要法的有效实施。因此,法的价值实际上是由潜在的价值和实现的价值所合成的价值体系,不能把法同法的价值视为一回事。在法的价值面前,我们的任务具有双重性:发现法的价值和实现法的价值。

法的价值作为可以满足或影响社会主体需要的属性和潜能,同法的功能和法的作用虽有相通之处,但却是不能等同的概念。相通之处主要在于:法的价值同法的功能和法的作用都体现法对社会主体和社会关系的影响,法的价值包含法的精神品格,可以对法、法制和法治发挥指导性影响;法的功能包含法的制度要素,可以对法、法制和法治发挥规范性影响;法的作用包含主体对法的现实追求,可以对法、法制和法治发挥直接影响。不同之处主要在于:其一,法的价值是个观念性范畴,是可能性和现实性相结合的概念;法的功能是个制度性范畴,是法所固有的、内在的、稳定的属性;法的作用是社会主体希望法对实际生活发生影响的力量,它是法的外在的、动态的属性。其二,法的价值可以存在于一定的法、法制和法治运作之前;法的功能与法、法制和法治的存在相伴而行;法的作用只有在法、法制和法治运作之后才能得见。

法的价值问题是法学研究的重大主题。完整意义上的法学研究,包括三个领域:对法的必然性的研究,对法的实然性的研究,对法的应然性的研究。其中对法的应然性的研究,主要就是研究法的价值,揭示法的价值取向、价值目标和评判法的价值标准,为改革和完善法律制度提供指导原则和理想模式。[①] 因此,关注和研究法的价值问题,是法学学人义不容辞的任务。事实上,诚如庞德所言:在法律史的各个经典时期,无论在古代和近代世界里,对价值准则的论证、批判或者合乎逻辑的适用,都曾是法学家的主要活动。[②]

二、法有哪些价值

由于人们对法的价值的认识难能一致,法的价值的内容又总因一定的时空条件而有分别,学界在法有哪些价值的问题上,至今论说芜杂。

认为法的基本价值在于体现和维护秩序、公平和自由,这是西方学者的代表性观点之一。斯坦和香德在他们专论西方社会法的价值的著作中,即持这一观点。这三种价值是一个整体。首先要通过法确立和维护一种社会秩序,因为任何社会都需要有相应的秩序。但仅有法律秩序是不够的,人们在希望法能保障社会秩序的同时,还希望法能促进公平和自由的实现。在许多情况下,人们往往把公平看作是法的同义语,认为立法是用来公平施政的,在很多国家法院被称为"公平之宫"。所谓通过法来实现自由,主要是通过法来规制政府和对政府百般依顺的立法机关。因为政府和立法机关往往在强调社会整体的同时,忽视甚至妨碍个人自由;在维持秩序和促进社会公平的过程中,有可能不恰当地运用权力,使人们感受到不适当的束缚和压力。为此就要用法把他们的活动限制在特定范围之内,使其逾越界

---

① 张文显著:《法哲学范畴研究》(修订版),中国政法大学出版社 2001 年版,第 187—188 页。
② 〔美〕庞德著:《通过法律的社会控制 法律的任务》,沈宗灵、董世忠译,商务印书馆 1984 年版,第 55 页。

线的行为都属于无效。斯坦和香德进而认为,衡量法律制度良莠的一个重要标准,就是看其是否注意体现和维护这三种基本价值。①

从法的本质和作用的角度阐明法的价值,认为法的价值同社会政治制度和政治设施的价值处于同一系列,是为一定的阶级利益服务的,同时也为一般社会关系提供调整器,这是苏联学者的代表性观点。阿列克谢耶夫认为:法是符合一定的阶级、社会、个人的利益和理想的财富;法最能把对人的行为的规范性中介和个别性中介结合起来,是非常有效而合理的社会调整器;法的价值首先是辅助性或工具性的,也就是用以保证其他社会制度和其他社会利益发挥职能的工具和手段;法能使不相容的东西相容,能以只有法才具有的巨大的社会效果把两个因素结合起来。在进步的社会条件下,法能按照严格和硬性规定的社会秩序,为社会关系参加者的积极性提供活动场所。即使在法具有不符合进步需要的内容时,法仍然有某种积极意义,因为从本性上说,法是与专横和非法相对立的。②

我们认为,讨论法有哪些价值的问题,首先需要注意法的价值的确是内含于整个法律实际生活中的。立法者制定或变动法,就是把自己的法的价值观念同社会需求相结合,以法所包含的价值来满足或影响一定的社会关系;司法者和法律监督者,在很大程度上就是以法的价值观念为指导,对事物作出判断、评价并进而加以处理。同时,更要看到,在法的诸多价值中,更基本和更重要的价值主要有三种:秩序价值、利益价值、正义价值。

法的秩序价值是法自身意义上的价值,这是法的社会价值和基本价值。法的利益价值是法在实现社会调整的过程中可以增进和维护的价值,这是法的实在价值和延伸价值。法的正义价值则是法的评判标准价值,这是法的伦理价值和精神价值。这三种价值往往是交叉或重合的:法自身具有的秩序价值得以实现的过程,自然会增进或维护法的利益价值;法在调整社会关系的过程中致力于增进和维护某些利益价值,自然需要法本身具有一定的价值;而这两方面价值的实现,又都在相当程度上需要法扮演价值准则的角色。

在这三种价值中,以秩序价值作为法的更基本和更重要的价值,这在国内外学界一般都无疑义,因为它不仅本身有突出的价值,而且它还是其他法的价值得以存在和实现的前提。以利益和正义作为法的更基本和更重要的价值,则是基于这些理由:其一,它们本身都是法的基本价值。其二,它们同法的秩序价值可以构成一个完整的价值体系。没有利益价值,秩序价值就没有实际意义;没有正义价值,秩序价值和利益价值就缺少理想的准则作为检验。其三,法的利益价值和正义价值具有比较大的包容性,人们阐述的其他许多法的价值,比如法的权利价值、民主价值、公平价值、自由价值等,都可以包容在法的利益价值或法的正义价值中。其四,强调法的利益价值有利于改造中国旧有的重义轻利传统,有利于私权和市场经济的发展,因而也有益于中国的法治国家建设;而强调法的正义价值,也恰好同中国的重义传统有天然的吻合,只要在这种吻合的过程中使所强调的正义注入现代内容,中国旧时代的重义传统的弊病便可以得到抑制,并发挥出新的功用。

---

① 〔英〕斯坦、香德著:《西方社会的法律价值》,王献平译,郑成思校,中国人民公安大学出版社1990年版,第一章至第三章。
② 〔苏〕C.C.阿列克谢耶夫著:《法的一般理论》(上册),黄良平、丁文琪译,法律出版社1988年版,第97—100页。

三、法的价值的特性

法的价值有多种特性,其中客观性和主观性、绝对性和相对性,是更基本的特性。

法的价值具有客观性,首先在于法可以满足或影响社会主体需求的属性和潜能是客观存在的,它不以主体是否认识或是否承认为转移。例如,法有确认和维护社会秩序的价值,对这种价值,你无论是否认同,都不能影响它的客观存在。此外,法的价值具有客观性,也在于法的价值状况是同主体的需求直接相关的,而主体的需求主要植根于主体生活在其中的客观环境特别是社会物质生活条件和社会制度之中。一定的法,它要确认和维护什么样的秩序、利益和正义,都有客观原因。正如斯坦和香德所说:在法被看成保障公平的工具的社会里,法最为繁荣。在这种社会里,每个人都具有他所认为受法保障的某些利益。然而在社会成员的社会利益、经济利益差别极大的社会里,处于两个极端地位的人们都会感到法同他们没有太大的关系。处于底层的贫困群众将法视为主要是和财产有关的事;对那些根本没有财产的人来说,法同自己没有任何利害关系。而那些处于社会顶层的人们,由于在同他人的关系中处于强有力的地位,他们往往可以将法对其行为规定的种种限制置之不理。①

法的价值也带有主观性。这一方面因为,法所体现的是以国家意志形式出现的一定社会主体的意志,这种意志虽然归根结底由物质生活条件所决定,但它属于意识范畴,具有主观性。社会主体通过法来表现自己意志的过程,也就是在法中注入自己的价值观念的过程。另一方面因为,对法的价值的认同、评价和选择,总需要通过主体的意识活动得以实现,总是反映出主体的价值观念。当人们说法是有价值的时候,不完全是指陈一种事实,而是包含对法的承认、重视乃至于珍视,这种承认、重视和珍视便是主观认识和主体情绪的表现。法的价值固然有客观性,但不同的主体对法的价值的认同和评价,往往有显著差异。当人们面对秩序、正义、利益、公平、自由这一系列法的价值时,首先或更多地强调谁、重视谁、选择谁,也总是反映出人们的主观倾向。法治主义者和人治主义者眼中的法的价值之所以差异悬殊,正是同他们对法的价值的需求、认识和态度等的差异直接相关联。不同学派对法的具体价值之所以莫衷一是,也总是同它们主观上对法的价值有不同的认识、态度和选择直接相关。再一方面,法的价值带有主观性,也特别表现在法的价值的设定和实现,需要通过主体的认识和借助于主体的主观努力。在法的价值的设定和实现过程中,主体的认识水平和主观努力程度,直接关系到法的价值以什么样的面貌表现出来、会在多大程度上得以实现。

同法的价值的客观性和主观性相关联的特性,是法的价值的绝对性和相对性。围绕法的价值是绝对的还是相对的,法学史上历来存在分歧,并形成实证法学派和自然法学派的分野。实证法学派持相对论,认为世上没有公认的法的价值,法的价值主张不过是情感的表露而已。不同的经济、政治、文化群体有不同的甚至根本不相容的价值观念和主张。对这些不同的观念和主张,根本没有办法验证。自然法学派持绝对论,断言永恒的和普遍有效的法的价值是存在的,是可以被发现和检验的。而且法的价值构成了评价古往今来一切法的合法

---

① 〔英〕斯坦、香德著:《西方社会的法律价值》,王献平译,郑成思校,中国人民公安大学出版社1990年版,第37页。

性的基础。同实证法学派和自然法学派形成鲜明对照,马克思主义法学认为,法的价值是相对和绝对的统一。相对,就是法的价值的条件性,表现为法的价值不是固定不变的,而是随不同时代、社会、阶级、群体呈现出差别性、多样性、多元性。绝对,就是法的价值的普遍性,尽管人们的法的价值观念和主张有鲜明的差异,但生活在同一时代和同一社会的人们之间,甚至生活在不同时代和不同社会的人们之间,也存在某些共同的价值标准。否则,就没有合作的基础。①

第二节 法律秩序

一、法律秩序释义

在人类面前有两种秩序:自然秩序和社会秩序。自然秩序以自然规律的调节实现其价值。社会秩序以社会发展规律的调节和人类的主观努力相结合的方式实现其价值。社会秩序是个广大的网络,其内容因不同的历史环境和国情因素而有差异,其中法、道德、习惯、宗教戒律、政策、团体规则和乡规民约等所形成的秩序,尤其是法律秩序,通常是社会生活所依循的基本秩序。

学界不乏关于法律秩序的诠释。"制度论"和"结果说"是西方学人对法律秩序的两种重要界说。"制度论"把法律秩序等同于法、法制或法的体系。"结果说"则视法律秩序为法作用于社会所形成的一种社会结果。前者以凯尔森为主要代表,后者的领衔人物则是埃利希、韦伯和庞德。② 然而实际上我们很难将法律秩序仅仅划归"制度"或"结果"的某一方面。我们认为,法律秩序既是一种制度形态,也是一种结果形态,是制度和结果的合一。从不同的角度或语境,可以分别侧重强调制度或结果的某个侧面,但完整地诠释法律秩序则应兼顾"制度"和"结果"两种现象。中国法理学著述对法律秩序的界说中,有一种界说偏重于把法律秩序看作能满足人的社会需求的积极因素。而事实上法律秩序是个中性现象,它对人类社会来说首先是积极因素,同时也在一定程度上有某些消极的或保守的影响,忽视这一点,便可能漠视对良法的重视和追求。在今日中国,注重有法可依和有法必依已是共识,所匮缺的正是良法理念和良法实践。

法律秩序是一种由实体性的制度和观念化的意志所合成的社会状态。实体性的制度是说法律秩序是以法的形式存在的社会规则,为实现这些规则还存在着一定的物质设施如法庭、监狱、警察等。观念化的意志是说法律秩序所体现和反映的,是一定社会主体的意愿或追求,法律秩序总是内含着由相应社会的物质生活条件和政治、文化、历史以及其他社会因素所制约的某种意志。不是自觉地反映一定社会主体的意愿或追求的秩序,是自然秩序而不是法律秩序。

法律秩序是由法所确立和维护的,以一定社会主体的权利和义务为基本内容的,表现出确定性、一致性、连续性的,具有特殊强制力的一种社会状态。在社会秩序这个网络中,法律秩序是一种基本秩序,与其他社会秩序相比,法律秩序具备一系列明显的特点和优点,是给

---

① 张文显著:《法哲学范畴研究》(修订版),中国政法大学出版社2001年版,第193—195页。
② 中文阅读文本可参阅吕世伦主编:《当代西方理论法学研究》,中国人民大学出版社1997年版,第353页。

予人类惠泽更多、对人类更重要的一种社会秩序。

以法律规则、法定制度为纽带而形成和运行,是法律秩序不同于其他社会秩序的一个显著特征。这一特征使法律秩序成为一种具有实在性的社会秩序,比习惯、道德之类所形成的社会秩序,更便于明确划定社会主体的利益关系,更便于社会主体据以维护和处理各种相关社会关系或利益问题。

以权利和义务为基本内容是法律秩序的又一个特征。这一特征使法律秩序具备了现实性。无论连接社会关系的纽带怎样不可胜数,也无论这些纽带中包含了多少诸如爱情、感情、友情、正义、公平、操守之类美好的成分,人类社会关系的最基本的因素,首先还是利益关系。而利益关系最典型的表现,便是权利和义务的配置。通常权利和义务被人们视为法律概念,其实毋宁说法的概念也就是权利和义务概念。法律秩序以一定社会主体的权利和义务为基本内容,就意味着它比那些无所谓权利和义务之分或在权利和义务两者中偏重于某一方面的社会秩序,更能广泛地反映现实社会生活的利益需求。

法律秩序也以其具有确定性、一致性、连续性、稳定性和普遍性的特征,能够成为先进而富有效率的社会秩序。秩序意指在自然进程和社会进程中所存在的某种程度的一致性、连续性和确定性。秩序是同无序相对的。无序的状况所表明的是断裂的、非连续性的和无规则的状况,其表现则是从一个事态到另一个事态的不可预测的突变情形。而有序的状况则是一种具有一致性、连续性和确定性的状况。① 法是以宪法、法律、法规等明确的和肯定的形式表现出来的,它所形成的秩序,比其他社会规范如道德、习惯、政策等所形成的秩序,更具确定性、一致性、连续性、稳定性和普遍性,因而在调整社会关系方面,总体上也要先进和有效得多。

另外,法律秩序还是以法庭、监狱、警察、军队这些特殊的国家强制力所保障实现的社会秩序,因而是强悍而有力的。违反了法,损害了法所确定的他人的、集体的、社会的和国家的利益,或是不履行自己的法定义务,就要受到国家强制力的制约。这也是道德秩序、习惯秩序、企业秩序、社团秩序和其他种种秩序,远远不及的。

二、法律秩序价值的地位

法的价值是个体系,其中秩序价值、利益价值、正义价值等,是基本的和主要的价值。特别是法律秩序价值比其他价值能给予社会生活以更直接、更广泛和更基本的影响,它在法的价值体系中的地位更显突出。许多先哲和先学径直将法和法律秩序视为同一事物。亚里士多德就说:"法律(和礼俗)就是某种秩序,普遍良好的秩序基于普遍遵守法律(和礼俗)的习惯。"②凯尔森的名著《法与国家的一般理论》开篇便明确地强调:"法是人的行为的一种秩序。"③

"与法律永相伴随的基本价值,便是社会秩序。"④法律秩序是最基本的社会秩序,是人类社会秩序体系的基础和核心。其一,法所调整的社会关系通常是基本的社会关系,诸如经济

---

① 〔美〕博登海默著:《法理学:法律哲学与法律方法》,邓正来译,中国政法大学出版社1999年版,第219—220页。
② 〔古希腊〕亚里士多德著:《政治学》,吴寿彭译,商务印书馆1965年版,第353—354页。
③ 〔美〕凯尔森著:《法与国家的一般理论》,沈宗灵译,中国大百科全书出版社1996年版,第3页。
④ 〔英〕斯坦、香德著:《西方社会的法律价值》,王献平译,郑成思校,中国人民公安大学出版社1990年版,第38页。

关系、政治关系、财产关系、婚姻家庭关系、刑事关系。因而法律秩序是人类社会所须遵循的基本秩序。其二,国家尤其是现代国家,管理和服务社会的主要方式之一是实行法的调整,实现法律秩序价值。国家管理和服务社会的其他方式也经常通过法的调整或通过兑现法律秩序价值来实现。其三,同社会主体在国家和社会生活中的地位和利益关联尤为紧密的民主、自由、人权以及诸如此类的其他许多权益,都需要法的确认和维护,需要通过法律秩序价值的实现得到保障。

法律秩序价值也是法的其他价值得以实现的前提和基础。任何法都会体现一定的秩序价值、利益价值和正义价值,但一定的利益和正义的实现,都离不开一定的社会秩序的确立。实现法律秩序价值是实现法的其他价值的先决条件。"如果某个公民不论在自己家中还是在家庭以外,都无法相信自己是安全的、可以不受他人的攻击和伤害,那么,对他奢谈什么公平、自由,都是毫无意义的。"①法律秩序价值是法的其他价值的基础或初级阶段,法的其他价值是法律秩序价值所要追求的目标或高级阶段。

法和秩序有天然的联系。法的产生正是由于原始社会末期的剧烈变动使原先的氏族规范不敷需要成为事实。法不同于道德、习惯之类的社会规范的一个显著标志,在于它的产生、制定和实施是个自觉的过程,不像道德、习惯之类是个自发的过程。在这个自觉的过程中,贯穿着社会的价值判断和选择。这种判断和选择使它所确立和维护的社会秩序,比先前的社会规范和仍然同它并存的那些规范所维系的社会秩序,对人类社会的发展演进,显示出难以比拟的优势。

三、法律秩序价值的类别和体现

法律秩序对社会生活的价值是有种类区分的。一方面,有基本价值和深层价值的区分。基本价值是它的制度价值,深层价值是它的精神价值。确认和维护某些社会关系,建立和维护使人们能够安居乐业的环境,提供解决冲突和争端的文明有效的途径,使国家机构能够精确而有效率地运转,使国家权力既能充分行使又能受到应有的制约等,是法律秩序的制度价值。历来法学家、思想家对法律秩序充满理想的论述,则包含对法律秩序价值的较高层次的探索。虽然不同的人们所阐发的法律秩序理念,不免印有特定时空环境的深深痕迹,然而正是这些探索所内含的对法律秩序价值的向上的憧憬和追求,开掘了和代表了各时代法律秩序价值的真正的主流,并且也成为其后时代在发挥法律秩序价值作用时,可参酌乃至实际运用的宝贵资源。

另一方面,法律秩序价值也有行为价值和关系价值的区分。这是根据法律秩序价值同它的作用对象的关系所作的分类。行为秩序价值是法律秩序对主体的行为的规范价值。通常所说的法可以对主体行为予以指引、评价、教育、预测和强制,就反映了法的行为秩序价值的基本内容。行为秩序价值,主要表现为可以使主体按法所设定的行为规范实施行为。行为秩序价值可以为主体所直接感知,是较为表层的法律秩序价值。关系秩序价值是法律秩序对社会关系的规范价值。通常所说的法的社会作用,属于法律秩序价值中的关系价值。关系秩序价值主要表现为法律秩序可以对国家和社会的基本关系作出规范,同行为秩序价

---

① 〔英〕斯坦、香德著:《西方社会的法律价值》,王献平译,郑成思校,中国人民公安大学出版社1990年版,第40页。

值相比,它是法律秩序价值中较深层面的价值。

法律秩序价值体现在实际生活的各个领域和环节。它首先体现为能给人类提供抑制社会冲突而使社会处于和平状态的有效手段。虽然没有冲突的社会是不可能存在的,但如果不对社会冲突予以适当调节,冲突将会以毁掉整个社会的暴力方式进行。要使社会处于有秩序的状态,避免莎士比亚的作品中所称的贪心不足的饿狼,也就是权力和欲望把整个世界吞吃下去,必须实行法律规制。①

法律秩序价值也体现在它能使日常的、大众的社会生活处于稳定的、安全的、安宁的状态。人身自由、人格尊严以及诸如此类的人类基本权利的确认和保障,产权的获得和维护,买卖和拥有、借贷和偿还、雇主和雇员、纳税人和国家、丈夫和妻子、父母和子女以及诸如此类的数不清的财产关系、劳动关系、婚姻家庭关系,都需要通过法来规制和维系,需要形成法律秩序。

法律秩序价值还体现在,它可以使作为整个社会生活根基的物质资料的生产活动,使产品的分配、商品的交换或流通,使今天这种愈益连成一气的市场经济的正常运行,使国家对社会经济活动的宏观调控,使各种经济主体之间的经济关系和各种经济现象之间的关系,获得确定而强有力的规制和保障,使所有危及正常经济生活的行为受到抑制和有效的制裁和打击。

处于更高层次的文化生活和政治生活,同样需要依傍法律秩序,特别是法在政治生活中的作用更是清晰地显示出它的秩序价值。像先前那样把法在政治生活中的价值,仅归结为它是调整统治关系的有效手段,在如今这个"后阶级斗争时代",显然太不入流了。不过社会差别,包括经济生活中的差别——物质生产资料的占有状况、产品分配状况以及其他一些被列宁等人当年作为划分阶级关系根据的不少现象,依然存在。在经过国家的慎重选择后,对这些关系予以确认和维护,使之处于有序状态,使各种社会群体、利益集团或阶层以至于阶级之间的关系,处于比较稳定的状态,使这种状态合法化和制度化,在这种状态受到损害或冲击时,可以通过法的实施来抑制、缓冲和补救,这都仍然是法律秩序的重要职责。至于如今人们所谈论的政治现象,诸如民主的法制化,国家权力的依法行使,国家政治管理的合法化等,更离不开法律秩序价值的实现。

法律秩序就是这样在实际生活的各个基本领域和基本环节中体现其价值。在社会秩序体系中,没有哪种秩序能像法律秩序这样,给人类社会带来如此广泛而重要的影响。

四、法律秩序价值的实现

(一)法律秩序价值的实现与无政府状态和专制状态

法律秩序并不是在任何条件下都能有好的价值。"社会模式中有两种类型被认为不具有可以创设与维护有序的和有规则的管理过程的制度性手段。这两种状态就是无政府状态和专制政体。""尽管法律的秩序要素对权力统治的专横形式起着阻碍的作用,然而其本身并

---

① 斯坦和香德在《西方社会的法律价值》一书第二章详细论述了法律对抑制社会冲突的价值。冲突社会里的情况就像莎士比亚在他的作品中所说的:"那时候,权力便是一切。/凭着权力,便可以实现自己的意志,放纵无厌的贪欲;/欲望这头贪心不足的饿狼,得到了意志和权力的双重辅佐,势必至于把全世界供它饕吻,然后把自己也吃下去。"

不足以保障社会秩序的正义。"①无政府状态本质上是主张社会主体享有不受限制的权利并排斥权力和命令的状态,它在排斥权力和命令的同时,也抵消了普遍的社会秩序。专制政体则是由专制的统治者凭借一己的意志和手中所握有的权力,对整个国家实施任意统治的政治制度,在专制政体下,这种统治一般不受法律制度的限制。因此,欲使法律秩序的价值得以更充分而有效地发挥,需要有不同于无政府状态和专制政体的法治状态,也需要有适宜的政体形式。

另一方面,法律秩序也是无政府状态和专制制度尤为强劲的敌手。博登海默认为:法律在本质上是对专断权力的一种限制,因此它同无政府状态和专制政治都是敌对的。为防止为数众多的意志相互抵触的无政府状态,法律限制了私人权利。为防止专断政府的暴政,法律控制了统治当局的权力。博登海默还指出:法律试图通过把秩序和规则性引入私人交往和政府机构运作之中的方式,而在无政府状态和专制状态这两种社会生活的极端形式之间,维持一种折中或平衡。一种完善且发达的法律制度,便处于这两者的居间位置。行之有效的私法制度可以界定出私人或私人群体的行动领域,以防止或反对相互侵犯的行为、避免或阻止严重妨碍他人自由或所有权的行为和社会冲突。行之有效的公法制度可以努力限定和约束政府官员的权力,以防止或救济这种权力对私人权益领域的不恰当侵损,以预防任意的暴政统治。②而这种完善和发达的法律秩序体系,只能存在于现代法治和现代政治文明的环境之中。

(二)实现什么样的法律秩序价值?

由于环境和价值观的不同,人们对此有不同的答案。柏拉图和亚里士多德把因才定分、各守其分、循分服职、各得其所、和谐一致作为秩序的标志。阿奎那把封建等级制看作不可侵犯的秩序,断言谁要破坏这种秩序,便是违背上帝的旨意。韩非宣称"臣事君、子事父、妻事夫,三者顺则天下治,三者逆则天下乱,此天下之常道也"。董仲舒把"君为臣纲、父为子纲、夫为妻纲"宣布为社会秩序的基本内容。罗伯斯比尔希望有一种秩序,在这种秩序下:一切卑鄙和残酷的私欲被抑制下去,一切良好和高尚的热情受到法的鼓励;功名心就是要获得荣誉和为祖国服务;差别只从平等本身产生;公民服从公职人员,公职人员服从人民,而人民服从正义;祖国保证每个人的幸福,而每个人自豪地为祖国的繁荣和光荣高兴;艺术是他们高尚的自由的装饰品,商业是社会财富的源泉,而不仅是几个家族的惊人富裕。马克思认为:秩序是物质和精神的生产方式和生活方式的社会固定形式,是它们相对摆脱了偶然性和任意性的形式;建立社会秩序的目的,归根到底是要创造安居乐业的条件。③尽管这些秩序观存在差别和对立,但有一点是会通的,即差不多都揭示了秩序总在一定程度上意味着社会关系的稳定和社会结构的一致,意味着行为的规则性、进程的连续性、事件的可预测性以及人身财产的安全性。

同实现什么样的法律秩序价值相关联的,是法律秩序的价值尺度问题。尽管法律秩序价值是客观存在的,然而法律秩序价值本身的尺度却主要是人类赋予的。自人类创造法以

---

① 〔美〕博登海默著:《法理学:法律哲学与法律方法》,邓正来译,中国政法大学出版社1999年版,第229页。
② 本段所引博登海默的言论,均见其所著:《法理学:法律哲学与法律方法》,邓正来译,中国政法大学出版社1999年版,第233页。
③ 参见张文显著:《法哲学范畴研究》,中国政法大学出版社2001年版,第195—196页。

来,在各个重大历史时期,各种个性显著的制度文化环境下,各位法学巨匠的论作中,法律秩序的价值尺度纷纭迥异。早先出现的是神意论、理性论和道德论价值尺度。那时治者给法律秩序蒙上神圣的光环,贤者则希望法律秩序体现理性。而同神意论和理性论差不多同时出现,为治者和贤者都强调的则是道德论法律秩序价值尺度。自罗马人开始,经验论价值尺度逐渐发展起来,后来经验论又同历史论相会合。在这种情形之下,"生活经验被设想为通过各种政治和法律制度在调整关系和安排行为时的经验所发展而来的,这种经验由立法者、法官和学者们制定为各种公式,并由法学家们加以批判和系统化。因而,他们曾经设想法律秩序乃是一种历史秩序"①。到了近代,几乎每一种法学流派和思潮,都必然包含或倡导某种法律秩序价值尺度,它们有的在先前的价值尺度的基础上作出新的发展,有的则为法律秩序价值尺度理论增添全新的论说。例如,主张法律秩序的价值尺度是系统的社会规范、明文的国家强力、自由意志的体现、阶级关系的制度表现之类的论说,便是新的学说。

面对这么多纷纭驳杂的法律秩序价值尺度学说,许多人感到头晕目眩,因而干脆认为不可能存在或建立任何一种具有普适性的法律秩序价值尺度,认为即使有这样的价值尺度,法官和官员们也不会遵从。这显然是消极的。我们生活在一个曲线的宇宙中,这里没有任何直线、平面、直角或垂直线,可是我们并不因为这一原因而放弃测量。爱因斯坦这一名言值得我们参考。正确的做法应当是:既不指望一劳永逸地挑选一个具有永久普适性的法律秩序价值尺度,因为这是徒劳的;也不让法律秩序价值尺度问题成为一笔糊涂账,因为这是消极的。我们的任务应当是根据经验、时空条件和人类的应然理性,设置合乎时代和国情要求的法律秩序价值尺度,用以引领当代中国的法治建设大业。

（三）实现法律秩序价值的方法

实现法律秩序价值,需要注意确认现存秩序和创设新秩序这两者的完好结合。确认现存秩序,主要是确认反映客观规律的社会关系和社会生活,确认有益于社会发展的习惯和其他社会规范。创设新秩序,主要是根据经济和社会发展的需要,建立和设置政治制度和法律制度,创设适合国情的政治体制和法律体制,在各种社会主体之间合理地分配权利和义务,建立和维护有利于社会进步的权力运行秩序和权利、义务运行秩序。确认秩序和创设秩序,都要求我们研究和认清确认和创设的范围、方法和可能性。确认应当确认的现存秩序,便能固化经验和提升生活品质;创设应当创设的新秩序,便能创造新生活和引领新生活。

为实现法律秩序价值,还需要采取一些具体的方法。庞德根据法律实际生活,总结出三种具体方法:其一,从经验中去寻找某种能在无损于整个利益方案的条件下,使各种冲突的和重叠的利益得到调整,并同时给予这种经验以合理发展的方法。其二,按一定的法律假说来进行评价,用这种假说作为尺度来划定利益关系的界限的方法。其三,以公认的、传统的权威性观念作为解决法律问题的依据的方法。② 第一种方法是自罗马法学家以来法官和法学家一向所用的方法。在近代法律的全部发展过程中,法院、立法者和法学家都在寻求一种方法对各种冲突和重叠的利益进行协调,包括进行妥协。第二种方法注重法律假设和法律推理的权威性。第三种方法则是以过去社会秩序的图画来解释目前的制度,这种图画已不

---

① 〔美〕庞德著:《通过法律的社会控制 法律的任务》,沈宗灵、董世忠译,商务印书馆1984年版,第56页。
② 同上书,第59—71页。

是过去的摄影,而是按目前社会秩序的细节对过去社会秩序的润色和理想化。庞德认为后两种方法虽曾为人们大力主张或依赖,但现已很少使用。法律实际运作和法律秩序不能停顿下来,去等待法律假设和权威性理想。因此庞德更注重选择第一种方法,更注重经验和理性的结合。

第三节 法律利益

一、作为生活资源的利益

马克思说:"人们奋斗所争取的一切,都同他们的利益有关。"[①]作为人们实现奋斗目标的制度保障,法和法律制度无疑也同人们的利益紧密关联。

利益是实在的,它同人们的生活真实而直接地融合在一起,是人们能直接感知的事物,因此利益的含义和真谛应当不难理解。然而事实上人们有关利益的界说,也还是众说纷纭。

一种观点把利益和好处视为同一事物。这固然通俗易懂,但未免简单化了。这是以比方的方式说明何谓利益,在学理和学术上失之于不规范和不严谨。

另一种观点把利益视为对某种需要或愿望的满足。这种观点也值得商榷。利益同人们的需要、愿望、要求的确有密切联系,但联系不等于就是。如果需要、愿望、要求本身就是利益,那么古往今来人们就不必为利益而奋斗了,只需要待在家里提出或表达自己的需要、愿望、要求,利益就来了,就实现了。满足人们的需要或愿望,也同利益直接相关,但它们也不是一回事。满足是一种结果和过程,人们的需要、愿望、要求获得满足,所能说明的主要是人们的需要、愿望、要求之类得以实现了,而并不能说明获得、实现了什么。

还有一种观点,是从自我与实现自我相联系的角度诠释利益,认为"利益其实就是我们每一个人认为对自己的幸福是必要的东西"[②]。与其相近的另一种说法是从主体和客体关系的角度为利益释义,认为利益反映了人与周围世界中对其发展有意义的事物之间的关系。这样的观点似乎比较深入,利益的确反映了主体和客体的关系,指出这种关系有益于从本质上认知利益;但问题在于,指出利益是一种关系,还是代替不了对利益本身的界说。

我们认为,所谓利益,就是能够使社会主体的需要获得某种满足的生活资源,而这种资源满足的程度是以客观规律、社会环境和社会制度所认可的范围为限度的。就是说,利益实际上就是一种资源,一种非常重要的生活资源。有了这种资源,人们就能获得好处,就能使自己的生活达致某种状况,就能获取一定的幸福。而这种资源并不是人们想有就有、想有多少就有多少的。人们可以拥有多少这样的资源,一是取决于人们想要拥有这种资源的愿望在多大程度上符合客观规律的许可程度。例如,在科学技术没有发达到足以使人们自由支配其他星球上的物质资源的程度时,想要获取这方面的利益,就违反规律,不可能遂愿。二是取决于人们的社会环境和社会制度。一个在社会生活中处于优越地位的人,同在社会生活中地位低下的人,所能拥有的资源绝非同一概念。

---

① 《马克思恩格斯全集》(第1卷),人民出版社1956年版,第82页。
② 〔法〕霍尔巴赫著:《自然的体系》,管士滨译,商务印书馆1964年版,第271页。

二、法律利益和法律权利

法律利益是利益的一种形式,是从利益体系中剥离出来的、以法定形式存在的利益,也即通常所说的合法利益或权益。法律利益的主要特征在于,它是经由国家特定机关选择和确认的,体现国家意志的,以法律权利为内容的,具有特殊强制力的一种利益。

法律利益同一般利益的一个显著分别,是它采取了法定形式,所包含的是法律权利的内容。西方学界关于法律权利的解释中,有一种"利益说",认为法律权利就是法所确认和保护的利益。这种解释诚然意在解说权利,却也说明了法律权利和法律利益关系的真谛。利益一旦被法定国家机关确认为法律利益,它就成为法律权利。谁拥有法律利益,就意味着谁享有与其相应的法律权利。谁享有法律权利,就意味着谁可以据此作出或不作出某种行为,也可以要求他人作出或不作出某种行为;还意味着谁的法律权利受到侵害时,可以要求国家机关予以保护,并追究侵害者。

同法律利益就是法律权利这一点相关联的是,法律利益通常也同法律义务难以分离。为保障法律利益得以实现,法律专门设定与其相对称的法律义务。法律义务实际上就是为他人的法律权利得以实现而存在的法律要求,说到底它是为满足主体经由国家机关选择和确认的法律利益而存在的。只有法律义务主体履行自己的义务,法律权利主体的权利或利益才能兑现。法中也有其他内容,但其他内容存在的目的,主要也是为了更好地体现和实现权利和义务,根本上是为了实现利益。

什么样的利益可以或应当转化为法律利益,采取法律权利的形式存在呢?一方面,这取决于利益本身是否有必要采取法定化的形式。法通常只选择和确认利益体系中基本的和重要的并且同社会生活具有关联性的利益作为法律利益。一般说,生命资源、财产资源、自由资源、安全资源、国家制度和社会制度资源,以及使这些资源的价值得以发挥的参与国家生活和社会生活的机会资源等,都有必要采取法律权利的形式,即有必要转化为法律利益。另有许多利益,则不需要或不可能转化为法律利益。比如,爱情关系中的利益是不需要转化为法律利益的,因为这种高规格的利益,需要由高妙的社会规范如道德或正义之类来规制,而法所调整的是基本的起码的社会关系。又如,通过不正当的渠道获取的利益,也是法所不认可的,非但不认可,还要追究当事人的法律责任,以便保障正当利益。另一方面,这也取决于一定的社会环境、社会制度和法律制度本身的文明程度、进步程度。

利益、法律利益、法律权利之间之所以有密切关联,一个深厚的根源在于法和利益之间有必然的联系。法的产生、内容、本质和发展,在很大程度上是基于对利益的配置和固化的结果。首先,法的产生是社会利益分化的自然衍生物。正是社会利益的发展打破了人类原始时代只有全社会共同利益的局面,出现了阶级利益分化,使原有的反映整个社会利益的原始规范已经不敷需要,这样便终于引致主要反映执政阶级意志和利益的新型规范即法的产生。其次,法的内容和本质,从根本上说是由利益决定的。利益是法的最重要的基础,法是利益的重要的制度形式。马克思和恩格斯在《德意志意识形态》中谈到国家和法同作为利益的物质形式即物质生活的关系时,深刻地阐明了这一点。"那些决不依个人'意志'为转移的个人的物质生活,即他们的相互制约的生产方式和交往形式,是国家的现实基础,而且在一切还必须有分工和私有制的阶段上,都是完全不依个人的意志为转移的。这些现实的关系决不是国家政权创造出来的,相反地,它们本身就是创造国家政权的力量。在这种关系中占统治地位的个人除了必须以国家的形式组织自己的力量外,他们还必须给予他们自己的由这些特定关系所决定的意志以国家意志即法律的一般表现形式。"①最后,法的发展也和利益的发展相关联。利益是不断发展变化的,作为利益的制度形式,法也随之发生量变或质变。

三、法律利益的成因和实现

利益从一般利益转化为法律利益,其主要和直接的原因,在于各种利益之间的冲突和矛盾需要法予以调节和处理。而法对利益的调处过程,也就是将利益转化为法律利益以保障其实现的过程。

利益是客观存在且非常多样化的。这些不同种类的利益一方面构成了一定的利益体系,另一方面它们相互之间又存在不可避免的冲突和矛盾。因为利益主体通常总是基于自己的利益追求而参与社会生活,他们所追求的利益,在没有制度规制的情况下,容易每每逾越界限而对其他主体的利益发生负面影响。这就需要有调节利益关系和处理利益冲突的制度手段。于是就产生了法律调处利益关系和利益冲突的必要性,就出现了将一般利益转化为法律利益的结果。②

那么,法应当怎样调节和处理各种利益之间的冲突呢?

一方面,需要以立法或法律制度建置的方式,确定需要或可以形成法律利益的范围。如前所说,一般而言,生命、财产、自由、安全、国家制度和社会制度方面的利益,以及参与国家生活和社会生活的机会利益等,需要形成法律利益。还有不少利益则是可以形成法律利益的。按博登海默和庞德的见解,需要或可以形成法律利益的利益,可以分为个人利益和社会利益两大类。个人利益主要是个人生命的利益、私有财产的利益、缔结合同自由和言论自由等。社会利益则主要是一般安全中的利益,其中包括防止国内外侵略的安全和公共卫生的安全;社会制度的安全,如政府、婚姻、家庭及宗教制度等;一般道德方面的社会利益;自然资源和人力资源的保护;一般进步的利益,特别是经济和文化进步方面的利益;个人生活中的社会利益,这种利益要求每个人都能按照其所在社会的标准过一种人的生活。③ 把这些需要和可以形成法律利益的利益法定化,使其能以法律权利的形式存在并实现其价值,这是以法的形式调处利益冲突或利益关系的前提和基础。

另一方面,也要采行有效且科学的方法和制度。其一,以法的形式划定和确认各种需要或可以法定化的利益之间的界限,对这些利益资源实行与一定国情相适宜的法律配置制度。比如,确认各有关种类的利益资源的法律地位和各自的范围,规定各有关主体的利益资源的

---

① 《马克思恩格斯全集》(第3卷),人民出版社1960年版,第377—378页。
② 关于这一点,可以借用博登海默所列举的实例:在相互矛盾的个人利益之间肯定会有冲突和碰撞。两个人可能会想占有同一件财产而且也都会采取措施去得到它,而这会使他们卷入纠纷之中。几个人可能会从事一项伙事业,然而他们在管理该企业或计算个人得失份额时却可能意见不一。一个人可能伤害另一个人并被要求对受害人进行损害赔偿,而他却可能会拒绝承担赔偿他人损失的义务或责任。同样,个人利益和有组织的社会群体利益之间的冲突也是不可避免的。政府或许希望也有可能为了国内安全或民族自卫而设定一些侵犯个人言行自由的约束和限制规定。在战争时期,有组织的社会甚至可能不得不要求个人为了整个集体的利益而牺牲他们的生命。法的主要功能之一就是调整及调和上述种种相互冲突的利益,无论是个人的利益还是社会的利益。见〔美〕博登海默著:《法理学:法律哲学与法律方法》,邓正来译,中国政法大学出版社1999年版,第398页。
③ 〔美〕博登海默著:《法理学:法律哲学与法律方法》,邓正来译,中国政法大学出版社1999年版,第399页。

范围或界限等。其二,以法的形式协调各有关利益之间的关系,调处各有关利益之间的冲突和矛盾。比如使各种利益主体的法律权利和义务得以明晰化,规定和实施调处利益冲突和矛盾的法律运作方式和运作程序。其三,以法的形式保障和促进有关利益的形成、发展并实现其价值,或阻止有碍社会进步的负面利益的发展。比如,以法的形式固化有助于社会经济、政治健康发展的规律和经验,制裁损害社会主体法律利益的行为。其四,以法的形式健全法律利益的调节机制。比如健全利益主体可以据以实行自我调节的私法利益调节机制,健全国家可以据以实行导引性调节、政策性平衡和强行性干预的公法利益调节机制等。

四、法律利益调处的标准和原则

法律利益形成和实现的过程,主要是国家对利益关系和利益冲突实行调节和处理的过程。调节和处理需要有科学的标准和原则。调节和处理的结果,在很大程度上取决于这种标准和原则的性质、状况和先进程度。

各种主要的法律学说,都在某种程度上从比较特定的角度提供了它们所主张的标准和原则。中国历史上,对利益的不同态度,是儒家和法家对法的不同态度的一个重要表现。儒家主张重义轻利,法家主张重利轻义。而利和法有直接关联,利不仅指利益,也指法律权利。所以,儒家主张"德主刑辅",而法家主张"不贵义而贵法"。西方历史上,各种法学流派为人们提供了更多的调处利益关系和利益冲突的标准和原则。自然法学派提供了所谓自然法则和人类理性的标准和原则,历史法学派提供了所谓历史法则和历史规定性的标准和原则,功利主义法学派提供了所谓最大多数人的最大幸福的标准和原则,社会法学派提供了所谓社会利益和社会效果的标准和原则,经济分析法学派所提供的则是利益最大化的标准和原则,如此等等。特别是以边沁为代表的功利主义法学派,明确强调以利益作为法的基本原则。边沁认为,人的天性、思想和行为的最根本的出发点以至归宿,在于谋取最大的利益。所以,避苦求乐,获取最大的功利,是个人和社会、立法和整个法制最重要的目标。德国人耶林沿袭和发展了边沁的学说,认为法的目的在于谋取利益,法律权利实际上就是以法的形式存在的利益。并且,他把边沁强调个人利益的学说,发展为不仅强调个人利益而且更强调社会利益的学说。所不同的是,中国思想家通常把利和义对立起来,由此也就把与利相通的法,同义对立起来。而西方思想家、法学家则主张利、义、法的统一。

事实上,调处利益关系和利益冲突的标准和原则,既有一般性又有相对性,机械地提倡或突出某一种标准和原则,都可能失之偏颇。并且,这些标准和原则的确立和实行,都需要同具体的时空条件或其他条件相结合,尤其需要确认同国情的特质相适宜的调处标准和原则。博登海默也提到这一点,他举例说:生命的利益是保护其他利益的正当前提条件,因此它就应当被宣称为高于财产方面的利益。健康方面的利益似乎在位序上要比享乐或娱乐的利益高。在合法的战争情形下,保护国家的利益要高于保护个人的生命和财产。当然,一个时代的某种特定的历史偶然性或社会偶然性,可能会确定或强行设定社会利益之间的特定的位序安排,即使这种确定并没有什么助益。①

在中国,确立和实行调处利益关系和利益冲突的标准和原则,须同中国国情相结合。一

---

① 〔美〕博登海默著:《法理学:法律哲学与法律方法》,邓正来译,中国政法大学出版社1999年版,第400页。

方面,中国是个大国,目前有14亿人口,不少地区的自然资源和生态环境并不优越,一些地区的生产力亦不发达,因而社会生活的压力较大;另一方面,多种经济形式并存,法治建设正在推进,民主政治还不够完善。所有这些,导致以法的形式调处各有关方面的利益关系和利益冲突,愈显困难和复杂。并且,中国的情况在国际上没有先例,外国鲜有可资中国借鉴的经验。

从国情看,现时期在调处利益关系和利益冲突方面,中国需要确立和实行什么样的法律标准和原则,学界主要有两种论说。一种论说主张:其一,兼顾国家、集体、个人三种利益。三种利益如发生矛盾,则要考虑个人和集体利益服从国家利益。其二,兼顾多数利益和少数利益、长远利益和眼前利益、整体利益和局部利益。发生矛盾时则须考虑使少数利益服从多数利益、眼前利益服从长远利益、局部利益服从整体利益。其三,效率优先,兼顾公平。其四,善于选择最佳方案。① 这一论说显然是以传统的尺度为基础的。它所强调的一系列的"服从",是中国的国家主义传统和大一统传统的表现;所强调的兼顾或调和,则是中国的传统综合文化、中庸文化的表现。这一论说的难题在于:根据上述一系列遇到矛盾就"服从"的原则,个人、少数、局部的利益和公平、最佳之类的期待,还有多大的现实性?谁来把握这种服从?服从的尺度是什么?这些难题是这一论说所难以回应的。

另一论说认为,就中国现时期情形而言,可以确立下列原则:其一,不损害社会利益原则。实现利益的最低法律要求应当是不损害社会利益。其二,利益兼顾原则。反映和保障最大多数人的利益,也应当兼顾社会、国家、集体和个人利益,兼顾眼前和长远、局部和整体利益,兼顾中央和地方、民族、部门利益。其三,缩小利益差异原则。在承认利益差异的同时,采取适当的调节措施以平衡利益,比如对某些利益主体实行倾斜或抑制政策。其四,少数利益受保护原则。其五,因公益需要可以对利益实行适当限制原则。其六,利益权衡原则。② 这一论说中有的原则具有新气息,它的难题比上一论说也要少些。

第四节 法 律 正 义

一、作为高层次伦理规范的正义

正义是古往今来人们所憧憬所讴歌的事物和景状,也是法律学说无可避开的论题。对法抱有敬意的人们,说法是正义的体现;对法的价值寄予深切期望的人们,说法的价值在于体现和维护正义。可以说,在何谓正义的问题上,西方学人叙说了数不清的见解。其中柏拉图的等级秩序正义观,亚里士多德的形式上讲平等而实质上讲特权的正义观,美国社会学家沃德的平均主义正义观,马克思和恩格斯主张实现社会资源和经济地位平等化的正义观,斯宾塞和康德的自由主义正义观,苏格兰哲学家索利的自由理想与建构性的平等形式相协调的正义观,罗尔斯的自由与平等相结合的正义观;还有霍布斯和边沁的强调安全问题的正义

---

① 见沈宗灵主编:《法理学》,北京大学出版社2000年版,第71—76页。
② 这一论说的代表性陈述,可见张文显主编:《法理学》,高等教育出版社、北京大学出版社1999年版,第222—223页;亦见〔美〕博登海默著:《法理学:法律哲学与法律方法》,邓正来译,中国政法大学出版社1999年版,第399页。

观①，从一定的侧面代表了人类思想史上关于正义的经典性论说。

在重义轻利的中国传统文化背景下，正义似乎应当是学界有精湛研究的主题。然而事实上中国学界过去鲜有真正系统深入地研究正义的作品。至今对正义的界说仍然驳杂纷纭。

我们对正义的理解为：

第一，正义是一种规范，一种对主体的精神和行为都予以调整的规范。人们谈论正义，通常把它视为自己认同或希望达到的理想状态，却未能注意正义不仅是一种状态，而且更主要的是一种规范，它也像法和道德那样为我们的社会生活提供标准和指明方向，是要求人们如何为人和如何做事的准则。不仅如此，正义还是一种对社会主体的行为和精神两方面都予以规制的规范。当人们说应当做一个正义的人时，所指的就是人在行为和精神两个方面都要符合正义的要求。在这一点上，正义同法不同，法只调整人的行为，而对人的精神则不予调整。当然，正义作为一种规范，它首先要求人们有正义感。生活中因为不具备条件而无法实施正义行为的人，只要他有正义感，也可以说他是一个正义的人。

第二，正义是一种伦理规范，一种以观念化的形态存在的体现应然性的理想化规范。在众多的社会规范中，有的规范属于制度性范畴，比如法律规范；有的规范属于非制度性范畴，比如伦理规范。正义则是伦理规范的一个组成部分。就内容而言，正义是体现理想状态的规范，它主要是要求人们做好人做好事，这是比较高的要求。而法律规范主要是要求人们不做坏人坏事，这是起码的要求。就形式而言，正义是以观念化的形态存在于人们的观念、头脑和心灵中，存在于社会舆论和历史的文化积淀中。正义不像法律规范那样具有明确的、肯定的表现形式，不像法那样是明文记载的制度。正义虽然像时间一样，时刻就在我们身边，然而它却是无形的。人们无法捧读正义，然而正义对于所有正义的人们，却是不难理解和可以清晰感知的。

第三，正义是一种高层次伦理规范，一种以诸多美德或善为主要内容的规格和境界最高的规范。各种类别的社会规范一般都有层次的区分。比如，法律规范总体而言是基本的社会要求，但其内部也有层次分别。大量法律规范反映的是基本要求，如不得偷盗、欠债要还；也有些法律规范反映的是相对较高的社会要求，如宪法中关于民主政治方面的要求。伦理规范总体而言是规格和境界最高的社会规范，但其内部也有层次区分。有的体现基本社会要求，如尊老爱幼、不说谎话。有的体现较高甚至很高的社会要求，如贫贱不能移、富贵不能淫、威武不能屈。正义在总体上属于规格和境界最高的伦理规范，像见义勇为、大义灭亲这种难能可贵的行为，就是正义规范所要求的结果。大德和大义往往是同一个概念。正义以一系列美德或善为基本内容。对个人来说，正义要求人们具备公平、公正、公道、正直、合理这一类美德；对现代国家和社会而言，正义则要求保障自由、平等、安全这一类的善。一般说，西方文明不仅关注个人正义，而且更关注国家和社会的正义。东方文明对个人的正义更注重一些。迄今中国学界关于正义的诠释，一般还疏于注意国家和社会应具备保障自由、平等、安全的正义德性。

综合以上，可以认为：所谓正义，就是对主体的精神和行为都予以调整的，以观念形态存

---

① 〔美〕博登海默著：《法理学：法律哲学与法律方法》，邓正来译，中国政法大学出版社1999年版，第253—258页。

在的,体现应然性的,以诸多美德或善为主要内容的,规格和境界最高的伦理规范。

二、正义的基本属性和本质

正义具有绝对和相对两重性,是绝对和相对的统合。一方面,正义在人类社会普遍存在,这是绝对的;正义的许多具体内容,比如无故杀人要偿命,反对虐待和遗弃,反对侵略战争,维护生态平衡,这些包含正义的规则或理念可以超越时空而存在,这也是绝对的。另一方面,正义也是相对的。不同的主体有不同的正义观,不同的阶层、人群、学派、人物,富人和穷人,宗教信徒和无神论者,自由主义者、国家主义者和社会主义者,对正义的理解往往有深刻的分歧;时空条件或环境的差异也使正义往往具有相对性。[①] 正义的绝对性和相对性不宜偏废,否则就会出现庞德所说的情形:"关于正义的各种绝对观念曾导致自由政府,而关于正义的各种怀疑论观念却和专制政治并行不悖。"[②]

正义具有主观和客观两重性,是主观和客观的统合。正义是一种美德,以观念形态存在,不同的主体对正义有不同的认知和态度,这是正义的主观性。正义更具有客观性,它同利益直接相联。查士丁尼皇帝钦定的《法学总论》第一卷开篇即谓:"正义是给予每个人他应得的部分的这种坚定而恒久的愿望。"[③]正义就是对等的回报。丹尼尔·韦伯斯特认为:"正义是人在世上的最高利益。"[④] 正义所体现的利益,归根结底由一定的社会物质生活条件所决定。马克思以生产当事人之间进行交易的正义性为例,揭示了正义的这种物质性:这种交易是从生产关系中作为自然结果产生出来的。交易的法律形式即契约,其内容只要与生产方式相适应,相一致,就是正义的;只要与生产方式相矛盾,就是非正义的。[⑤] 正义当然是美好的,但要获得这种美好的东西,先要解决物质生活条件问题。

正义是具体的和历史的,是以具体的形式历史性地表现出来的。"正义有着一张普洛透斯似的脸,变幻无常,随时可呈不同形状并具有极不相同的面貌"[⑥],每一时代有每一时代的主流正义观。"一般来说,农业社会崇尚按身份的正义观,中国古代三纲五常为核心的正义观是其代表。现代社会崇尚人人平等的正义观。"[⑦]恩格斯也证明:"希腊人和罗马人的公平观认为奴隶制度是公平的;1789年资产者阶级的公平观则要求废除被宣布为不公平的封建制度。"[⑧]他又说:"这样,平等的观念,无论以资产阶级的形式出现,还是以无产阶级的形式出现,本身都是一种历史的产物,这一观念的形成,需要一定的历史关系,而这种历史关系本身又以长期的已往的历史为前提。"[⑨]

---

① 柏拉图《理想国》所叙述的苏格拉底和克法洛斯的对话,可以说明这种相对性:朋友在头脑清楚时把武器交给你代管,你应该还给他,这是正义的;但后来这位朋友疯了,你就不适宜把武器还给他,如果还给他,就比较危险,就不算是正义了。所以,"欠债还债就是正义"这样的说法,其真理性只有相对的意义。见〔古希腊〕柏拉图著:《理想国》,郭斌和、张竹明译,商务印书馆1986年版,第6—7页。
② 〔美〕庞德著:《通过法律的社会控制 法律的任务》,沈宗灵、董世忠译,商务印书馆1984年版,第14页。
③ 〔古罗马〕查士丁尼著:《法学总论——法学阶梯》,张企泰译,商务印书馆1989年版,第5页。
④ 转引自〔美〕庞德著:《通过法律的社会控制 法律的任务》,沈宗灵、董世忠译,商务印书馆1984年版,第73页。
⑤ 《马克思恩格斯全集》(第25卷),人民出版社1974年版,第379页。
⑥ 〔美〕博登海默著:《法理学:法律哲学与法律方法》,邓正来译,中国政法大学出版社1999年版,第252页。
⑦ 周永坤著:《法理学》,法律出版社2000年版,第223页。
⑧ 《马克思恩格斯选集》(第2卷),人民出版社1972年版,第539页。
⑨ 《马克思恩格斯选集》(第3卷),人民出版社1972年版,第147页。

正义作为高层次伦理规范,作为人类历来所赞美所憧憬的事物,它究竟对谁有好处、首先对谁有好处呢?换言之,它的本质或根本价值何在呢?

自古以来,很多人以为正义对每个人都是平等的或一样眷顾的,很多人就是这样憧憬的。然而,正义的绝对和相对两重性,正义的主观和客观两重性,还有正义的具体性和历史性,都对人们的这种憧憬,给予了否定的回应。如果正义对每个人都是平等的或一样眷顾的,还何劳古今无数仁人志士为它的存在和实行而呼吁而奋斗?迄今的事实表明,正义并不是对每个人一样眷顾的。在财富不平等、社会其他资源配置不平等这些根本事实面前,正义不可能给每个人一样的好处和光明。在社会的一般人际交往的关系上,正义对很多人显示出平等性,正义总是要求大家都来做好人,不做坏人。但在社会的物质生活条件以及与其相伴随的制度结构方面,正义就无力把它的光明和温暖平等地送给每个社会成员。从亚里士多德到罗尔斯,他们之所以强调分配正义和矫正正义、实质正义和形式正义,其根本原因就在于:在很多方面、很多时候,是不存在对人人都平等的正义的。正义,尤其是作为整体意义上的正义,就其本质而言,也不过是一定物质生产方式所制约的社会关系以伦理规范的形式所作的表现。这一点在马克思主义的基本社会理论中,早就阐明了。

但人们大多都对正义充满了向往、赞美和爱的情绪。这种向往、赞美和爱的存在,恰好也表明,在历来的现实生活中,正义并非真实而平等地充满了每个人的生活空间。生活中,有很多人是在渴望和憧憬正义的境况中度过其一生时光的,有许多人在其一生的旅途中甚至没有受到过正义的眷顾。正义本来应当属于每个人,但自有文明史以来,正义事实上似乎主要是强者的利益。两千多年前,柏拉图就在《理想国》中通过色拉叙马霍斯之口揭示了这真实的一幕。①

色拉叙马霍斯的话无疑在相当程度上揭示了强者的正义本质。这些话对只知向往和赞美正义的人们而言,是迎头浇泼的一盆凉水,有益于他们对正义抱有清醒的认识。但他的话或许是偏激的。人类不完全是强者的世界,强者也并非都以压迫和掠夺他人为幸福。正义的确不是对每个人都平等或一样眷顾的,但正义的确为每个人平等地提供了一个追求美好景状的理由和价值判断的尺度。实现这种美好景状的前提,是解决经济、国家和社会的基本问题,是根治国家和社会的病症。

三、法、正义、法律正义辨误

人们往往把法、正义、法律正义视为同一事物或现象,以为法就是正义或法律正义,以为正义就是法或法律正义。然而这是误解。

误解的主要原因之一,在于人们往往只注意法、正义、法律正义三者的重合和会通,忽略了它们的个性和差异。法、正义、法律正义三者确有相当程度的重合和会通之处,它们都是一种规范,都为个人、组织、社会、国家提供行为标准和指明行为方向,都可以对一定的社会秩序、社会利益和社会关系发生影响。历史上和现实中,大量的法律规范的确体现着正义,使正义得以伸张。但法、正义、法律正义毕竟是三种不同的规范或事物。法,是一种常见的制度规范;正义,是一种高层次伦理规范;而法律正义,则融合了法和正义两种要素,是制度

---

① 〔古希腊〕柏拉图著:《理想国》,郭斌和、张竹明译,商务印书馆1986年版,第19、25—27页。

规范和高层次伦理规范的结合。法律正义既是法又是正义,是法定化的正义,是正义化的法。当我们说法律正义时,所指称的,是以法的形式存在的正义,是包含着正义的法。这种兼有法和正义两重属性、介于法和正义两者之间的法律正义,既同法和正义有很大程度的重合和会通性,也同法和正义保持一定的界限。为诠释和阐明这种同法和正义既融合会通又各守其界的法律正义,我们将其称之为法和正义之外的第三种规范。

误解的另一个原因,在于过于简单和善良地看待法。法不仅有体现正义和保障人类进步的一面,也有泯灭正义和阻碍文明进步的一面,不少法非但不体现正义,相反还以扼杀和泯灭正义为其目的。比如,中国封建时代的"具五刑""族刑连坐"之类的刑事处罚方法,就显然同正义相悖。仅仅把法、正义、法律正义视为同一事物,就会忽视良法和恶法、优法和劣法之分,就有碍于完整地认清法的本来面貌,漠视法在以往的历史上是怎样为治人者服务的事实,也有碍于现时期对良法的倾力制定。

误解的存在,也有学术上的智识需待提升的原因。法、正义、法律正义不是同一回事,本应属于常识。如果把正义和法当作同一事物,就忽视了正义这种高层次伦理规范同法这种基本社会规范的界限。法同正义诚然有千丝万缕的联系,然而法并不等于正义。比如荷马时代便有关于正义的传说,但人们迄今仍然无以说明荷马时代已有法的存在。事实上,只有部分正义,适合以法的形式体现出来。正义中的许多内容是难以转换为法律规范的。正义如欲实现法的转化,需经国家和社会的选择,选择的成果便是法律正义。

有人可能会以一些重要人物说过把法、正义、法律正义当作一回事的话语,佐证他们的误解。比如,西塞罗就说过:"如果他们接受了法的话,他们也就接受了正义。"[①]但应看到,这些人物说此类话语时,有一个前提:所说的法是良法。更何况他们还有大量的将法、正义、法律正义区分开来的论说。阿奎那就直接说过:"人们所制定的法律不是正义的便是非正义的。"[②]

四、法律正义和正义

我们将法律正义视为第三种规范,主要理由和依据之一,是法律正义同一般正义是有分别的。法律正义也是一种正义,但不是一般正义,而是基本正义,是以成形的制度形式表现出来的有形正义,是兼有理性强制和国家强制双重强制属性的正义。

第一,法律正义是主要解决国家生活和社会生活基本问题的正义,是世俗化的正义,是正义中的基本正义。一方面,法律正义同一般正义的调整范围不同,它已属法的范畴,只能调整国家生活和社会生活的基本关系和事项。并不是所有的正义都可以转化为法律正义,只有部分可以适用于国家生活和社会生活基本关系和事项的正义,才可以转化为法律正义。另一方面,正义总的来看是属于高层次伦理规范,但具体来看也有一些基本的世俗的社会要求,如公平、公正之类的要素,这些要素适合上升为法,转化为法律正义。正义中的较高的要求,如正直、知恩必报、乐善好施之类,人们则并非都能做到,因而不适合转化为法律正义。正如塞西尔所说:"从法律的观点来看,正义并不要求一个人有恩必报,或者应当乐善好施;

---

① 〔古罗马〕西塞罗著:《法律篇》。转引自法学教材编辑部《西方法律思想史编写组》编:《西方法律思想史资料选编》,北京大学出版社1983年版,第83页。
② 〔意〕阿奎那著:《阿奎那政治著作选》,马清槐译,商务印书馆1963年版,第120页。

它只要求一个人应当对别人遵守信义,违约是不公道的,加害于人是不公道的,但在未经约定的情况下没有感恩戴德,则不算不公道,因此法律并不纠正忘恩负义的行为。"①再一方面,适合上升为法、转化为法律正义的正义,也并不是在任何情形下都适合上升为法或转化为法律正义。比如,公正这种正义总的说是适合于转化为法律正义的,但它在有的情况下则不宜转化。举例说,在一个餐桌上就餐的人们,由于吃多吃少而发生了是否公正的问题,这样的公正,通常便是法所不予调整的。

第二,法律正义是以成形的制度形式表现出来的、转化为法律规范的正义,是更便于人们理解和更便于获取实效的正义,是正义中的有形正义。如前所述,一般正义不取文本形式,不是明文记载的制度,它像时间一样时刻就在我们身边,但却是无形的。而法律正义就不同了,由于它已同法融为一体,获得了明确的和肯定的表现形式,就变成可以捧读的正义文本,属于制度性规范的范畴,就比一般正义更便于人们表达意愿,人们对它的认知就获取了一个确定的依据,也更易于人们理解、掌握和遵循。法律正义同一般正义在形式上的区分,也就是法定化正义同纯粹正义的区分。纯粹正义是纯粹以正义规范的形式存在的。例如,在人际交往中,纯粹正义的一个要求是:除遭遇坏人、应付敌人之类的特别原因,通常不应说谎。法定化正义的数量相当之多。民法所确立的自愿、公平、等价有偿、诚实信用的原则,刑法所确立的罪刑法定原则、正当防卫制度、累犯制度,行政法所确立的控制滥用自由裁量权、平等对待相对人、不单方接触、行政裁决和行政复议行为公开的原则等,都是法定化正义。

第三,法律正义是体现国家意志的正义,是经由有权国家机关的选择和确认的正义,是以国家制定或认可的方式产生的兼有理性强制和国家强制双重强制属性的正义,是正义中的强者。一般正义通常是人类在长期社会生活中自然形成的,总是一定社会的经济、政治、文化和其他种种因素的综合合力的产物和表现,通常并不专门代表某个国家、群体、个人的意志。法律正义是国家意志的体现,是国家有关机关选择和确认的一部分正义,代表了国家的名义,因而不仅有一般正义的理性强制力,还有国家的特殊强制力。人们的正义观可以是相通的,也可以有差异,但无论有多大差异,持有不同正义观而又生活在同一法律制度下的人们,都得接受法律制度的规制。这种法律制度中,就包括了已上升为法律规范的法律正义。"在某些制度中,当对基本权利和义务的分配没有在个人之间作出任何任意的区分时,当规范使各种对社会生活利益的冲突要求之间有一恰当的平衡时,这些制度就是正义的。"②

正义在多大程度上同法发生关联,转化为法律正义,主要取决于两个因素。一是正义本身是否需要和是否适合转化为法律正义。许多正义规范需要且适合转化为法律正义,比如一定范围内的公平、公正规范即是,私法领域存在的大量法律正义便是基于需要将某些正义规范转化为法律正义而产生的。也有许多正义规范不适合转化为法律正义,比如朋友交往或恋爱关系中的正义等。一般说,不需要转化为法律正义的正义,自身也可以有效实现的正义,立法者可以不予转化为法律正义。二是正义存在和发挥价值的国情环境。一般说,民主国家、现代国家的法,也会是民主的法、现代的法,这样的法在吸纳正义和容纳正义的程度

---

① 〔英〕塞西尔著:《保守主义》,杜汝辑译,商务印书馆1986年版,第109页。
② 〔美〕罗尔斯著:《正义论》,何怀宏、何包钢、廖申白译,中国社会科学出版社1988年版,第3页。

上,远远先进于专制国家和专制法。

五、法律正义和法

将法律正义视为第三种规范,另一个主要理由和依据,是法律正义同一般法律规范是有区分的。法律正义也是一种法律规范,但不是一般的法律规范,而是高层次法律规范,是以正义为其内核的良规良法,是更具应然性和理想化的法律规范。

第一,法律正义是渊源于高层次伦理规范的法律规范,是高层次法律规范。法是由多种多样的质料或元素构成的,伦理道德、习惯、政策、先例、学说、乡规民约及其他社会规范,都是这样的质料或元素。正义是包含在伦理规范中的高层次规范,是构成法的各种渊源中规格最高的渊源。法律规范中有不少规范是渊源于正义从而成为法律正义的。私法规范中法律正义占有很大比重,现代公法规范中体现正义的规范也比过去多得多。当然,法的内容中也有不少内容和正义关联无多,像《建筑法》《水土保持法》《测绘法》《军事设施保护法》这些主要反映人同自然关系的法律,非正义化的内容就占有较大的比重;又如法的内容中有关效力等级、适用范围的规定和有关名词术语的解释,通常也不属于体现正义的内容。法律正义主要通过规范性内容体现出来,但并不是所有规范性内容都是法律正义,像《法官法》中关于法官的级别分为12级之类的规定,《教育法》中关于中等教育和高等教育分别由有关政府部门管理的规定,这些规范性内容就都不属于法律正义的范畴。

第二,法律正义是以正义为内核从而区别于恶法劣法的良规良法。良法往往同正义相通,不少法属于良法之列,它们通常是体现正义从而属于法律正义范畴的。而恶法劣法往往同正义相悖。在落后的社会制度环境下,法要维护统治者或某些群体的特殊利益和不合理的秩序,往往就背弃正义。封建制法中有关的酷刑制度、纳妾制度、妇女无举证权制度,就是同正义相悖的。在贫富悬殊的社会,法体现正义的情形,在很大程度上受贫富悬殊的社会制度和社会环境的负面影响:一方面,实质正义在法中存在严重的负面情形,法律制度中看不到公正分配的影子;另一方面,从形式正义的角度看,正如龙勃罗梭所言,法通常是更多地维护和偏袒富人的利益,对穷人定罪远比对富人定罪为多,因为富人犯罪,告发者极少,且告发以后,入狱亦多不易。富人交游广、智慧多、金钱势力大、为其辩护者众,要拘捕一个富人,颇为不易。而法庭中,无不欺凌穷人。穷之本身,已足以和犯罪等同。[①] 在这种贫富悬殊的社会,"地位的不平等不再允许我们享受公正不偏的法律"[②]。

另外,即便从较纯粹的程序意义看,法在不少情况下,也是非但不能体现正义,甚至是和正义相抵牾的。法是重程序讲证据的。一个人明明知道张三杀了李四,但拿不出证据,法就不能认同对张三的指控。法律正义是一种有限的正义,它并不能给予所有不义之举以惩罚;同时,它有时所处罚的又恰好是正义之举,例如对未经法定程序而大义灭亲的义举的处罚。法和正义并不总是一致的,即使是现代国家,在有的时候也存在用法律制度对正义说不的情形。尽管社会秩序中的任何不正义都会给社会带来损失或负面影响,但要完全避免这种损失或负面影响是不可能的。这里的关键是要通过计算,用法体现大正义而在必要时牺牲小

---

① 〔意〕朗伯罗梭(今多译为龙勃罗梭)著:《朗伯罗梭氏犯罪学》,刘麟生译,商务印书馆1928年版,第120页。
② 〔法〕马布利著:《马布利选集》,何清新译,商务印书馆1983年版,第27页。

正义。"在运用法律原则中,我们必须牢记那些确定自由并相应地调节其要求的权利和义务的整体。如果我们要减轻因不能根除的社会邪恶而导致的对自由的损害,并且把目标集中在环境允许的最少不正义上,那么我们有时不能不允许某些违反正义准则的情况存在。"[①]

第三,法律正义是由应然性和实然性两种成分所合成的,从而也是理想和现实相结合的法律规范。法有应然法和实然法、理想法和现实法的分别。应然法或理想法在一定程度上也可以说就是正义法,法律正义就是法中的应然性或理想性成分的主要体现。实然法或现实法则指生活中真实存在的法,它们有的是体现正义的,有的则和正义无涉,也有的和正义相悖。正义是在长久的社会生活中自然生长出来的,社会基础深厚扎实,如果说法是国家制定的规范,正义就是民间形成的法。正义转化为法、成为法律正义后,就使法的社会基础臻于牢固。法律规范的应然性或理想性成分中,占很大比重的是法律正义。宪法、法律中有关公民权利和义务的规定就较充分地体现着正义;有关国家体制、社会基本制度的规定中也有相当的正义成分。我们的责任,一是要尽力扩大应然法的范围,使越来越多的法成为体现正义的法;二是要使实然法尽可能多地体现或符合正义。当然,应然法并不都是正义法,它除了应体现正义外,还要反映规律,而规律并不等同于正义。实然法也不可能都成为符合正义的法。

六、法律正义的成因

为什么在法和正义之间会形成法律正义这种第三种规范?主要原因在于:法需要有正义的进入,需要由正义对法体现其价值。法律秩序的存在是非常重要的,但仅有法律秩序,并不能保证国家和社会生活能够公正和合理运行。要使法律秩序成为有益于国家和社会生活公正和合理运行的秩序,就需要在法中注入正义,或是使正义进入法。

首先,法需要以正义作为一种基本的价值目标,从而使法在其基本路向上达致比较理想的境况。正义是美好的。柏拉图《理想国》中的色拉叙马霍斯把正义说成是强者的利益,并不是要否定正义,而是说明强者要把正义变成自己的独占品。如果正义不是作为强者的独占品而存在,它便是人类各种社会规范中品格最高的规范。以正义作为法的一种基本价值目标,法和法所调整的社会关系就会因之获得光明的引导,社会主体亦会因之从法律秩序中获得正当以至高尚的利益。西方法律思想史上,自然法理论和理想法思想的一个重要特点,就是主张以正义作为法的指导或价值目标。而法一经以正义作为基本价值目标,其本身就在相当大的程度上转化为法律正义,法的精神品格便也因之而获得升华。当然,不是所有的法都能做到或都有必要以正义为基本价值目标,否则法、正义、法律正义就没有界限。

其次,正义可以作为评判法之良恶优劣的标准。不同时代、国家和社会主体,差不多都有自己的评判法之良恶优劣的标准。但无论如何,正义总是这些标准中无以阙失的标准。正义中包含大量的不可否定的具有普遍真理意义的规范,如判决案件应公正,没有违法犯罪不受法的追究,自己不能做自己的法官,人的生存权、自由权、平等权和人身安全应受保障,国家应为大多数人谋求福利等。以正义为标准,在法中引入正义,便能从内容上并进而从精神品格上保障法和法律制度成为良法美制;在法中摒弃或作践正义,便会使法沦为恶法或劣

[①] 〔美〕罗尔斯著:《正义论》,何怀宏、何包钢、廖申白译,中国社会科学出版社1988年版,第233页。

法。正义的威力是强大的,历史上和现实中,直接说自己的法是以泯灭正义为己任的愚蠢的统治者和法律人,是难以寻找的。专制时代和专制国家的统治者,一般也会说自己的法就是正义的化身,只不过他们赋予正义以自己确定的含义。恰如博登海默所言:"正是正义观念,把我们的注意力转到了作为规范大厦组成部分的规则、原则和标准的公正性与合理性之上。秩序,一如我们所见,所侧重的乃是社会制度和法律制度的形式结构,而正义所关注的却是法律规范和制度性安排的内容、它们对人类的影响以及它们在增进人类幸福与文明建设方面的价值。"[1]

再次,正义观念是促进法的进步性变革的经常性力量。新的先进的正义观念是经常出现的,为回应这种正义观念的要求,法需要作相应的完善。在这个过程中,正义本身也进入法,形成新的法律正义。一定时代具有潮流意味的正义观,可以驱动该时代法的总体精神和基本倾向朝先进方向转变。比如,在古罗马时代,"正义是给予每个人他应得的东西",这种观念,已不像古希腊时代那样主要是圣人贤哲所倡导的观念,而是君王、国家和社会生活所肯定的一种主流正义观念,因而被载入罗马法。私法不是在古希腊而是在古罗马获得那样大的发展,实同这一主流正义观念成为推动法的进步的重要力量息息相关。在17、18世纪,自由、平等、安全这些正义观念不仅躁动于启蒙思想家的大脑和论著中,同时也成为整个时代的精神,推动法律制度把确认和保障自由、平等、安全作为基本的价值取向,以其取代特权、专制和国家本位。具体的正义观念的兴起,也可以积少成多地促进法的进步。例如,法治发展过程中,对政府权力的监控或制约,对正当程序的日渐强化,对女权的认可和保护,对种族歧视的废除,这类现象的出现,也总是和一定正义观念的影响直接相关。

最后,正义是法之阙失的一个重要弥补者。在法不健全或无法可依的情况下,正义经常是法官据以办案的重要根据。即便是法律制度比较健全的环境,生活中也会每每发生需要法调整而法不能应对生活需求的情形,此时只能运用包括正义在内的有关社会规范解决问题。还有,过去制定或沿用下来的法,在新的情况下加以适用,往往需要法的解释,而法的解释的一个重要依据便是一定的正义规范。正义在弥补法之阙失的过程中,也融入了法本身,形成法律正义。

---

[1] 〔美〕博登海默著:《法理学:法律哲学与法律方法》,邓正来译,中国政法大学出版社1999年版,第252页。

第五章　法的功能和作用

第一节　法的功能和作用释义

一、法的功能释义

法的功能是法所固有的可以对社会生活发生影响的功用和性能，是法这个事物的内在的、稳定的和应然的能量和潜力。

法的功能的特质及其意义在于：

（一）法的功能是法所固有的内在属性

每一种事物都有自己的功能，不同的事物有不同的功能。比如，眼睛有视物的功能，耳朵有闻听的功能，体育有健身强体的功能，而社会规范则有对社会主体和社会关系发生影响的功能。这些功能都是相关事物所固有的内在的能量和潜力，是这些事物天然的和内在的属性，而不是被有关力量所赋予和所设定的外在因素。正由于这些体现着事物内在属性的不同功能的存在，事物与事物之间的区别才得以从一个重要方面显现出来。

法作为一种特定的社会规范，它也有自己的功能，这就是对社会主体和社会关系具有调整、指引和保障的功能：调整对一定主体有利的社会关系，以明确的方式指引一定主体的社会行为，以国家强制力保障一定主体的权益。法的这些功能是法这个事物自身所固有的内在属性，是法天然具备的，而不是人为造就和附加的，不是可以随便移易的，正如眼睛的视物功能、耳朵的闻听功能都是眼睛和耳朵天生具有而不是人为培育或造就的一样。有了这些功能，再加上具有其他一些固有的属性，法同其他事物的界限便明晰起来。

法的功能是法所固有的内在的能量和潜力，是法的天然的和内在的属性，这一特质对法律人至少有两方面的意味：一是应当充分尊重法的功能的本来面貌，而不能妄自增加、减少、改变甚至剥夺法的功能，作出愚昧甚至愚蠢的事情。二是应当善于发现、发掘和利用法的功能，设法使法所天然具有的这种资源能够得以充分和有效地实现，不至辜负了法的功能，使它的价值空自搁置或浪费。

（二）法的功能是法所固有的稳定属性

由于法的功能是法本身所固有的内在的属性，因而它是比较稳定的，只要有法存在，法所固有的调整、指引和保障功能也就会存在。尽管不同国家和不同历史条件下的法，有许多差别，这些差别对相应国家和历史时期的法的功能，多少也会有一定影响，但就总体而言，法的功能特别是它的基本功能并不因此而变动不居，法的功能通常只是因为客观情况的发展而需要有适度调整。比如，现代的法同秦始皇和朱元璋的法，在作用方面虽有根本不同，但它们各自所具有的调整社会关系、指引主体行为和保障主体权利的功能，却没有什么不同；所不同的只是各自调整的究竟是什么样的社会关系、指引的是什么样的行为、保障的是什么样的权利。这正如现代的人类同古代的人类虽有很大差别，但他们眼睛的视物功能，耳朵的闻听功能,却是一样的;所不同的是,现代人还可以借助于诸多辅助手段,使自己眼睛的视物功能和耳朵的闻听功能得以更好地发挥作用。

法的功能的稳定性告诉我们,法尽管需要随着历史和实际生活的发展而发生变化,很多法尽管带有浓郁的地方知识痕迹,但它们在功能方面所具有的稳定的共同性,为它们之间的一定程度的继承和移植提供了重要的依据或可能性。关于这一点,至今我们的法的继承和移植理论尚未引起注意。同时,法的功能的稳定性也要求法律人尊重法的功能,要求法律人避免轻易地甚至是随心所欲地增减或变动法的功能。还有,法的功能的稳定性也从一个重要侧面反映了法的普遍性,理解法的功能的稳定性,对于丰富我们的法的普遍性原理,亦有积极价值。

(三) 法的功能是法所固有的应然属性

法的功能也是具有应然属性的。首先,在法的属性中,法的功能是同道德和正义之类有更多联系的属性之一。道德和正义之类都属于伦理规范的范畴,自然不同于法这种规范。然而,在任何社会,法都不能全然不顾道德和正义的基本要求,相反地,总是在一定程度上寻求同道德和正义的和谐。正因为这样,才有所谓"法体现正义""法是最低限度的道德、道德是最高限度的法"之类的说法。此类说法虽有明显不足,但它们在表明法同道德和正义有某种关联方面,却无可厚非。在现代社会,法更需要与时代的基本精神相和谐,而道德和正义便是一定时代的基本精神的重要组成部分。

其次,在法的各种属性或成分中,法的功能同法的价值的关联较为紧密,实现法的调整、指引和保障等功能,总是同实现法律秩序、法律利益和法律正义诸价值有不可割裂的联系,总是在很大程度上是为实现这些法律价值存在的,而法的价值作为法所具有的可以满足或影响社会主体和社会生活需要的属性和潜能,有着浓厚的应然性气息。

最后,法的功能作为法这个事物所固有的、内在的和稳定的属性,它本身比之法的其他许多属性,也更显应然性的特征,因为事物所固有的、内在的和稳定的属性,通常比事物的其他属性,所带有的应然性成分要更多一些。

法的功能具有应然性,这就要求法律人深入研究和把握法的功能的应然性,认清法的功能应当是怎样的,实现这些具有应然性的法的功能需要哪些条件,如何通过法的作用等途径,最大程度地使法的功能的应然性在实际生活中转变为现实性,中国法的功能的应然性实现到什么程度,其中有哪些经验和教益需要汲取,等等。关于法的功能的应然性问题,我国学界不仅尚乏研究,而且还几乎是一个研究空白。学界既有的关于法同道德和正义的关系的研究,并未涉及法的功能的应然性问题。

二、法的作用释义

法的作用是法对社会主体和社会关系所发生的实际影响,它体现法同外部世界即国家生活、社会生活和公民生活所发生的关系。

法的作用的特质及其意义在于:

(一) 法的作用是被赋予和设定的法的外在属性

法的作用不是天然的,而是被赋予和设定的,是国家政权、法的创制者从一定的时空条件出发所创设的用来影响社会主体和社会关系的力量。法的作用体现了国家政权的意志和追求,表明了法的创制者对法的要求和预期,也反映了一定的时空条件希望和允许法对社会主体和社会关系发生什么样的影响。不同的国家政权和法的创制者,不同的国情和历史条件,会使法的作用出现不同的情况。专制的国家政权和法的创制者,会竭力使法发挥维护专制统治的作用,现代国家政权和法的创制者,则应当注重发挥法在保障社会主体权益和促进经济和社会发展方面的作用。比如秦始皇的法和朱元璋的法,同现代的法,所发挥的作用就根本不同。在现今时代,已经需要逐步重视发挥法在调节人与自然关系方面的作用,如制定太空法之类,而在古代,法则不可能也不需要发挥这方面的作用。

当然,法的作用虽然是被赋予和设定的,但它同法的功能和法的价值的关联却是不可忽视的。法的作用应当以法的功能和法的价值为基础。法的功能是法所天然具有的属性,法的价值是法所应然具有的属性,而法的作用则是法所实然具有的属性。一般情况下,法的作用应当是法的功能和法的价值的物化或实在的体现,不能要求法发挥超越其功能范围和价值范围的作用。法有调整社会关系、指引主体行为和保障主体权利的功能,法有确认和维护一定的秩序、利益和正义的价值,法的作用则应当以这些功能和价值为依凭,在这个范围内设定和发挥,超越了这样的范围,就违反了法律规律,作出了不可为之事。

法的作用是被赋予和设定的,法的作用又要以法的功能和法的价值为基础,从理论上明辨这一点,就要求法律人在法的作用问题上既要有主观能动性,又要尊重法律规律。就是说,应当深入研究和充分认识,在不同的时空条件下,在法的功能和法的价值范围内,如何赋予和设定法的作用,如何使法在国家生活、社会生活和公民生活中最大限度地发挥积极和有效的作用。这正如人人都有嗓子,而嗓子有说话和唱歌的功能,但普通人通常主要是用嗓子发挥说话的作用,其次才是用嗓子发挥歌唱的作用;而歌唱家就不同,一方面他们作为人,也如普通人一样需要用嗓子发挥说话的作用,另一方面他们作为歌唱家,则需要注重用嗓子发挥歌唱的作用。对于不属于法的功能和法的价值所及范围内的事项,便不能以法对它们发挥作用,正如嗓子天生不佳的人,不适宜硬是立志要做帕瓦罗蒂那样的歌唱家。法律人应当注意根据法的天然的功能来发挥法的作用,努力使这些天然的功能通过法的作用得以较好地实现。法的作用的发挥过程,应当是法的功能和法的价值转化为影响社会主体和社会关系的力量的过程。如果对法的功能和作用不加区分,法律人就不可能懂得如何使法的天然属性更好地变为现实属性,法的作用就难以达到理想的状态。

(二)法的作用是体现社会变化的法的动态属性

同法的功能具有稳定性因而通常取静态形式相比,法的作用直接反映法同社会主体和社会生活的关系,或者说实际上就是经由一定的国家政权,同社会主体和社会生活所发生的,以调整、指引、保障等功能和以秩序、利益、正义等价值为主要指向的特定的关系。社会主体和社会生活是动态的,它们处于变化的过程中,相应地,法的作用也是动态的。比如,今天的法虽然也同中国专制时代的法那样,有制裁的功能,但今天的法却不能发挥专制时代的法那种灭乡、诛族、凌迟之类的作用;反过来,中国专制时代的法虽然也为它们的经济统治生活服务,但却不可能具有今天的法所具有的为市场经济服务的作用。这正如古代人和现代人的腿和脚都可以走动,但古代人却没有像现代有的人那样使自己的腿和脚发挥跳芭蕾的作用。

法的作用是动态的,这种动态的状况具体会呈现何种情形,同法的体系和法律制度是否完善,同法本身的质量以及法的其他诸多情形,都是直接相关的;同时,法的作用状况也同社会主体对法的预期,法的作用对象要求和允许法发挥什么作用和怎样发挥作用,以及法发挥作用的各种相关环境,都有直接或间接的关系。几十年来国内法理学教科书关于中国法的作用的阐述,每隔一段时间就有一些明显的变化,一方面固然是作者的观点总是与时俱进的结果,另一方面也同法的作用本身是个动态事物有关。

法的作用的动态特征表明,执政者和法律人应当精心研究法在各种不同时空条件下可能和应有的作用,研究法的作用的变化趋向,根据不断发展变化的实际生活的需要,适时地将法的作用调整到适宜的状态,使法的功能和法的价值更好地转化为法的作用,从而更好地为社会生活服务。同时也应当充分注意,这里所说的法的作用呈现动态的状况,主要是相对于法的功能更具稳定性的静态状况而言的,并不是说法的作用可以由执政者和法律人不负责任地随意调整或变动,像我国有些法学教科书和其他著述那样,失去科学性,每出一版,就对法的作用有一个"新的"阐述,使法的作用成为政治形势的风雨标尺,因而也使法的作用的阐述乃至于整个教科书成为政治课本的情形,是需要转变的。

(三) 法的作用是同社会需求相连的法的实然属性

法的作用是现实的,它是法的一种实然属性。正如法的功能同道德和正义之类有颇为密切的联系一样,法的作用同国家职能、法的功能、社会主体和社会生活的需求,有密切且直接的联系。首先,法是由国家制定和认可的,是国家意志的体现。国家从表面上看似乎是超脱于社会各种力量和各种利益的中性共同体,而事实上它从来就是首先和主要体现在社会生活中占据主导或支配地位的社会主体的意志和利益,是他们的意志和利益的制度化表现,具有很强的实在性和现实性。法的作用在很大程度上须同国家职能相吻合,国家在一定时期的总政策、总任务和总的发展方向,素来是各国立法的基本导向。其次,法的作用更要担负实现法的功能的角色。"法的职能就是由法的本质和法在社会生活中的社会意义所决定的,对社会关系所施加的法的影响的主要导向。"[①] 这里所谓法的职能亦即法的功能。再次,法作为社会规范体系中对社会主体和社会生活意义尤其重大的一种社会规范,它需要以尽可能满足社会主体和社会生活的需求为重大使命,这也使它不能不讲究实在性和现实性。最后,由于法的作用是被赋予和设定的,是需要适时变动的,这也增强了它的实然性。

理解法的作用的实然性,才能进一步真切地理解以法为研究对象的法学不是经院哲学,而是经世致用的学问,也才能够实在地研究如何使法更有效地发挥其现实的作用。事实上,法的作用通过它的实在性和现实性表现出它的实然性,这一点早已为丰富的法律生活经验所验证。历来国家政权中,也有把法创制出来却不打算有效实行或不打算完全实行的,但这样的情形总是极少数。执政者和法律人创制法,通常是为着实现这些法以达到预定目的。换言之,一般而言,哪个国家政权都懂得需要用法发挥其现实的作用。这使法的实然性得以在实践中体现出来,有着相当可靠的保障。对现时中国法律人来说,在法的作用的现实性方面,主要的问题更在于:如何使法的作用更现实地发挥好,这里的现实性,既包括现实地满足实际生活对法的需要,使需要法发挥作用的实际生活都有较好的法在发挥作用,也包括法的作用的范围和限度不能超越实际生活的需要,使法在发挥作用的时候不至于违背客观规律,

---

① 〔俄〕B.B.拉扎列夫主编:《法与国家的一般理论》,王哲等译,法律出版社1999年版,第118页。

不至于在某些事项上做了不该发挥法的作用的事情。

三、法的功能和作用的界限和关联

法的功能和作用是形式上相似而实质上有区别的两个事物,它们之间有交融重合,同时更有界限,更需要界分。这种界限或界分就如上文所阐述的:法的功能是法所固有的内在属性,而法的作用是被赋予和设定的;法的功能是法所固有的稳定属性,而法的作用则需常有变动;法的功能是法所固有的应然属性,而法的作用则具有现实的指向。

法的功能和作用的界限启示我们:法的功能主要是描述性的,因而需要人们去发现,法律人需要把握法的功能的天然禀性,尊重法的规律来发现和表述法的功能。在法的功能问题上,人们所能做和所应做的,主要是使法的功能的潜质尽可能得以实现,而不是去做形式上所谓"充分发挥"而实质上则属于画蛇添足的徒劳的工作。法的作用主要是规定性的,因而需要人们去创设即赋予和设定,法律人应当在充分利用既有的各方面条件的基础上,更好地创设和发挥法的作用,使法的作用能够适合国家生活、社会生活和公民生活的实际需求。

法的功能和作用的界限也告诉我们:法的功能的特质表明它更多是同法的特征相联系的,是法的特征的特定反映和表现。法的功能不可能同法的本质没有联系,但这种联系比之同法的特征的联系,处于第二位。法的作用的特质表明它更多是同法的本质相联系的,是法的本质和目的的特定反映和表现。法的作用当然也同法的特征有割不断的联系,但这种联系比之同法的本质的联系,也处于其次的地位。法的功能也会发展,也有务实的问题,但这种发展是法这个事物在一定时空条件下自身的发展,不是人为的附加,这种务实是在法的功能天然的内在的属性允许内的务实。同样地,法的作用的创设不能没有社会实际生活为依凭,不能脱离法所置身于其中的社会环境,法律人不能朝三暮四、随心所欲地赋予和设定法的作用,不能以违背甚至随意扼杀理性的方式使法发挥不应由其发挥的作用,也不能使法无法发挥应由其发挥的各相关作用。

法的功能和作用的界限,是法学学人所须注重研究的。然而中国学界混淆法的功能和作用的情形至今仍然非常严重。而这种情形既是法的功能研究落伍和法的作用研究难以深入的重要表现,也是落伍和难以深入的重要原因。对中国学人而言,提升法学理论关于法的功能和作用的研究水准,重现法的功能和作用的本来面目,追求法学理论研究的精准品格,从而为法治建设提供科学的理论服务,需要正视法的功能和作用的界限,辨明它们各自的特质。

自然,在注意辨明法的功能和作用两者界限的同时,也不能忽视两者的关联。应当看到:其一,法的功能是一种可能性因素,它的实现离不开法的作用的发挥,需要转化为法的作用。法固然具有可以对社会主体和社会生活发生影响的天然的功用和性能,但这种功用和性能未必都能真实地发生效用。法的功能和法的价值一样,只有通过法的作用才能体现出来并予以实现,只有当法的功能在生活中具有现实性,其效果才能真实地显现。而真实地显现这种功能或可能性的现象,即为法的作用。其二,法的作用的发挥也离不开法的功能。法要有效地发挥作用,除需具备必要的政治、经济、文化、道德和其他方面的条件,也需要法本身有较为健全的功能。法的作用愈是同法的功能相和谐,其效果就愈好亦愈明显。如果法的作用能够同法的功能指向和法的价值指向实现完好的吻合,法的作用的实现就能达致理想的境况。相反地,如果法不具备某种功能,它就不可能在相应方面发挥作用,正如桌子不具备歌唱的功能,人们便不可能拍着桌子要求它发挥唱出美妙歌曲的作用一样。还有,在现代社会,如果法的体系残缺不全,法的质量低劣,法的精神品格紊乱或格调低下,法的功能本身存在明显问题,法的作用便必然难以有效发挥。可以说,法的功能是法的作用的前提和基础,法的作用则是法的功能的外化和表现。

四、法理学应增进法的功能和作用问题研究

法的功能和作用问题,是法学理论和法律实际生活中尤具实在价值的重大主题,需要学界作系统和深入的研究。但无论中国学界抑或人们已注意到的国外学界,关于这个主题的研究,同这个主题的重要地位都很不相宜。

中国自几十年前开始新的历史运行时起,法的功能和作用问题就开始同实际生活逐渐明显地联结起来。在总结历史经验教训而明确提出依法治国方略后,法的功能和作用在实际生活中的地位益发突出。法律实际生活的运行需要有清晰而科学的理论,来解说法的功能和作用问题,支撑和引导法的功能和作用同实际生活的妥善结合。然而在这方面,迄今中国学界尚未作出同实际生活需求相吻合的理论回应,有关法的功能和作用的研究是相当薄弱的。

20世纪80年代,中国的法理学教科书,普遍以整编和多章的篇幅阐述法的作用问题,形式上似乎特别重视法的作用这个主题。但当时所阐述的主要是法在经济体制改革、精神文明建设、民主政治建设和对外交往方面的作用,并且仅仅是指出了法应当在这些方面发挥作用,对法同这些方面的深层关联,对法的更大的作用空间,都未能触及,其政治色彩和历史痕迹偏于浓郁,其理论含量偏于稀薄。这样的研究风习及其产品,即当时有关法的作用的整编或多章阐述,不仅自身难葆活力,几年以后便只能随着政治和历史环境的变迁而云淡烟飞,更主要的是,它们难以称职地担当支撑和指导法同实际生活相联结的历史责任,使这方面的理论研究同实际生活相疏离的情形显露无遗。在90年代以来的法理学教科书里,法的作用的主题,地位一落千丈,通常只有一章或一节予以阐述,甚至还有略过不谈的情形。代之而起的是法的价值主题,一些教科书里出现法的价值的专论。然而法的价值同法的作用虽然关联紧密,却终非同一事物,不能彼此替代。至于法的功能问题,则从未进入国内主流法学理论研究视野,极少有人阐述法的功能问题。

中国学界所存在的情形,当然不是因为法的功能和作用这样的主题已有成熟和富足的研究成果因而用不着再好生研究。法学著述中既有的关于法的作用的阐述和偶尔对法的功能的涉及,诚然也包含某些真知和合乎生活事实的成分,但就整体而言,要么政治色彩和历史痕迹过甚,匮乏理论和科学意蕴;要么人云亦云,鲜有创建;要么混同法的作用和法的功能的界限,将它们视为同一概念,使形同而质别的事物混杂于一体;如此等等。这样的理论研究,当然不能担当引领和服务法治实际生活的重任,因而也当然需要改进和更新。

国外的情形怎样呢?就目前中国学人一般所能读到的国外法理学著作看,也不尽如人意。主要的情形在于:其一,不少较为系统的法理学著作,比如萨尔蒙德的《法理学》和庞德的五卷本《法理学》,没有专题论述法的功能和作用。其二,一些法理学著作将不属于法的功能和作用的内容,也列入此类主题的研究之中。如博登海默的《法理学:法律哲学与法律方法》一书,在"法律的性质和作用"的主题下,分别论述了"秩序的需求""正义的探索""作为秩序和正义的综合体的法律""作为同其他社会控制力量相区别的法律""法治的利弊"等五章,其内容主要是论述属于法的价值范畴的诸问题。又如德国学者霍恩的《法律科学和法哲学导论》,在"法的功能"的主题下,阐述了"和平秩序""自由秩序""社会保障""合作""一体化"等五个问题。这里的和平秩序和自由秩序问题,也主要属于法的价值范畴。其三,有的著作回避法的功能和作用的概念,而以其他概念代替。庞德的《通过法律的社会控制 法律的任务》一书,就在法的任务(task)的主题下阐述了法的功能和作用问题。苏联学者阿列克谢耶夫所著《法的一般理论》和俄国学者拉扎列夫主编的《法与国家的一般理论》等,则以"法的职能"代替法的功能或法的作用。① 其四,不少法学著述也像中国学者的著作一样,混淆法的功能和作用,或是对法的功能和作用不作区分。比如,在卡多佐的著作里,可以读到关于法的功能和目的的详细论说。② 但他所说的法的功能和目的,是同法的作用相混合的。在庞德的著作里,可以读到关于法的目的和任务的更为详细具体的阐释③,这种阐释被卡多佐誉为迄今以来有关法的目的的最成功的分析和总结④,所憾的是庞德同样未能分辨法的目的、任务同法的功能、作用的界限,在他的著作里,这些概念的差异差不多也是难以分辨的。德国学者考夫曼和哈斯默尔在他们的著作中介绍了雷宾德尔总结的法的五种功能的观点,而这五种功能同样是法的作用和功能的混合。⑤

中外学界关于法的功能和作用的研究状况,由上可见一斑。中国学界呈现这种状况,主要是由学术落后所致。国外学界呈现这种状况,原因可能是复杂的:其一,由于法的功能和作用问题是法理学中再基本不过的问题,许多国家的法理学研究已颇为深入,早就跨越了初级阶段而无须继续倾力关注此类问题,这可能是一个原因。其二,西方语言如英语中的"function"一词兼有功能和作用两种含义,何时作功能解,何时表作用意,这在西方人的意念中不算是难事,因而可以用这个词涵盖法的功能和作用两个因素,这可能也是一个原因。其三,当然,一部分西方学人在学术方面也不是什么牛人,他们事实上也有不小的"发展空间",所以经常分不清法的功能和作用的界限,这恐怕同样是一个原因。无论原因何在,法的功能和作用研究,比之学界对其他许多炙热论题的研究,是相当落伍的;至少在中国现今法理学研究领域,法的功能和作用论题,可谓弱势主题。很显然,在这个主题的研究方面,由弱势转为强势,是中国学人需要完成的任务。

---

① 应当指出:法的功能这一概念,是不能以"法的职能"之类的概念所取代的。"职能"通常是同一定的主体相连的,主要指基于主体的职权和职责所派生的可以对社会主体和社会生活发生影响的功用和性能。而功能则指事物本身内在的、稳定的和应然的能量和潜力。
② 详见〔美〕卡多佐著:《法律的成长 法律科学的悖论》,董炯、彭冰译,中国法制出版社2002年版,第46—79页。
③ 庞德在其五卷本《法理学》的第1卷中,以宏大的篇幅研究和叙说了法的目的,又在《通过法律的社会控制 法律的任务》中较为系统地论说了法的任务。可见这两本著作的中译本。
④ 〔美〕卡多佐著:《法律的成长 法律科学的悖论》,董炯、彭冰译,中国法制出版社2002年版,第47页。
⑤ 见〔德〕考夫曼、哈斯默尔主编:《当代法哲学和法律理论导论》,郑永流译,法律出版社2002年版,第467—468页。

第二节 法的基本功能

一、辨别法的功能的标准和法的基本功能

研究和探讨法的功能问题，目的首先应当是更好地实现法的功能。而要实现法的功能，就要搞清楚法的功能何在。因此，法有哪些功能的问题，成为法的功能问题中非常重要且深具实体性的问题。

对于这样一个重要的问题，学界似乎早就应有较好的认识。但事实不然，迄今有关这一问题的专门研究成果既少且不得要领。由于学界一般并不关注法的功能和作用的区分，学者们所说的法的作用通常也包括法的功能，如许多中国学者；所说的法的功能通常也包括法的作用，如许多外国学者。在这种情形之下，是难以判别他们究竟认为法有哪些功能的。

要弄清法有哪些基本功能，先要弄清辨别法的功能的标准。有了标准，才能有根有据地分辨哪些法的现象属于法的功能范畴，哪些法的现象不属于法的功能范畴。这个标准，我们认为主要就是同法的基本特征相关联的状况。法的功能既然是法所固有的、内在的、稳定的和应然的属性，它就必然同法的特征密切关联。因为法的特征是法所固有的最基本的属性，一切属于法所固有属性之列的现象，首先都是同法所固有的最基本的属性相连的，是直接从这些最基本的属性中派生的。一般地说，法的功能更多的是同法的基本特征相连的，而法的作用更多的是同法的本质相连的。这并不是说，凡是同法的特征相连的，就一定是法的功能；但可以说，只有同法的特征相连的，直接从法的特征派生出来的，才可以列为法的功能。

我们知道，法是为主体提供行为标准的，体现国家意志的，作为司法机关办案主要依据的，具有普遍性、明确性和肯定性的，以权利和义务为主要内容的社会规范。法所具有的这些基本特征，决定了法自然以调整、指引和保障为其三大基本功能。"为主体提供行为标准"，这一特征自然要派生"调整"和"指引"的功能；"体现国家意志""作为司法机关办案的主要依据""具有普遍性、明确性和肯定性"，这些特征自然会决定"调整"和"指引"是完全可能的；而"以权利和义务为主要内容""体现国家意志""作为司法机关办案的主要依据"，这些特征则决定了法的"保障"功能是必要的和可能的。

二、法的调整功能

法的调整功能，是法所具有的以法律制度形式来规范社会主体和社会关系的功用和性能，即用法律制度形式将一定社会主体的行为模式和一定社会关系的形态固化下来。法的调整功能是法的最基本的功能，法的其他功能一般都以调整功能为基础。

法具有调整功能，是由法作为一种社会规范的特质所规定的。国家制定和认可法，社会需要法，首先就是要以法这种社会规范来确定一定的秩序。比如，确定各种社会主体在国家生活、社会生活和公民生活中的权利和义务，确定社会主体之间的相互关系以及与其相连的各自所处的地位，通过这种确定，就形成了一种特定的社会关系。这里所谓确定，就是调整。实现了这种调整，就是实现了法的一种重要功能。

法的调整功能是通过法律制度的形式来表现的。法是一种以法律制度的形式存在和运

行的社会规范,它不取观念形态,而取制度形态。法的调整,就是以这种特定的制度形式同社会主体和社会生活发生关联,对其发生影响。而关联和影响的方式,首先就在于以这种特定的制度形式固化社会主体的行为模式和社会主体生活于其间的社会关系。

具体而言,在现代国家,法的调整功能主要是通过宪法、法律、法规以及其他规范性法律文件所形成的制度来表现。这些不同形式的法,共同担当着这样的任务:规定国家基本体制、社会基本制度和其他许多重要制度;规定社会主体的法定作为和不作为范围,即社会主体可以做什么、应当做什么和不能做什么的范围;规定什么是守法和违法,守法同什么样的肯定性后果相联系,违法同什么样的法律责任和法律制裁相联系;如此等等。在现代国家,立法在反映法的调整功能方面居于特别重要的地位。

法的调整功能所能达到的范围,既非常广阔,也有边际。所谓非常广阔,是说国家生活的绝大部分事项、社会生活的许多方面、公民生活的全部内容,都需要也都可以用法予以调整。所谓也有边际,是说并非全部国家生活、社会生活都能或都有必要用法予以调整。像国家生活中重要的机密事项如国防、战争方面的事项,社会生活中只能以道德、宗教规范予以调整的事项,就不能或无须用法予以调整。因此,准确地说,法的调整功能所能达到的范围,就是社会主体的一定的行为和一定的实际生活。所谓"一定",就是部分而不是全部,尽管这个"部分"是很大的部分。这就是说,法是有选择地调整社会主体的行为和社会关系的;法不可能也不应当调整所有社会主体的所有行为,不可能也不应当调整所有社会关系。能够被选择为法所调整的对象,或者说法能够调整的对象,通常是具有普遍意义的基本的社会行为和社会关系。法的调整重心,就是以法律制度的形式,将经过选择的社会主体的某些权利和义务,还有与其相联系的某些社会关系,予以固化。

同法的调整方式和调整范围相联系的是法的调整类型。类型是多样化的,根据法在设定行为模式方面的基本做法,可以说法的调整类型主要有三种:一是授权型调整,即以法律、法规所作的授权性规定为依据的调整。其特点在于从正面规定什么是社会主体可为的,在多大范围的社会关系内社会主体可以做什么。二是命令型调整,即以法律、法规所作的命令性规定为依据的调整。其特点是明确告知什么是社会主体应当做的,在多大范围的社会关系内社会主体应当做什么。三是禁止型调整,即以法律、法规所作的禁止性规定为依据的调整。其特点是使社会主体清楚地知道什么是自己所不能做的,在多大范围的社会关系内自己不能做什么。通过这三种调整,就可以从制度上使社会主体参与社会关系的行为以及社会关系本身,处于有序的状态。三种调整中,第一种调整是首要的,第二和第三种调整的存在,在很大程度上是为第一种调整服务的,这在以人为本的现代社会更是如此。

在法的调整类型问题上,国外有学者认为,根据授权和禁止的不同情形,可以将法的调整分为两种类型:其一,允许型调整,即以一般的允许为基础的调整,其原则是除什么以外都是允许的。就是说,在这个范围内,只要不触及法所明文禁止的事项,原则上人们有权实施任何行为。其二,禁止型调整,即以一般的禁止为基础的调整,其原则是除什么以外都是禁止的,就是说,只要不是所列除外事项,人们都不得行为。[①] 此类观点至少有两方面的弊病:一是忽略了国家和社会要求社会主体为一定行为的命令型调整模式;二是把禁止性调整说

[①] 〔苏〕C. C. 阿列克谢耶夫著:《法的一般理论》(上册),黄良平、丁文琪译,法律出版社 1988 年版,第 310 页。

成是除什么以外都是禁止的,显然夸大了禁止的范围。

法的功能是需要人们去发现的描述性事物,作为法的功能之一的法的调整,不应当是盲目的和随意的,而应当是理性的。国家政权和法律人应当根据法的功能的天然禀性和法的调整范围来进行法的调整,既不能把不属于法的调整范围的事项予以调整,也不能把应当由法调整的事项拒之于法的调整之外。法的调整并不改变调整对象,也不创造新的关系,改变调整对象和创造新的社会关系的任务,是法的作用所担当的,而不是法的调整功能所担当的。这当然不是说法的调整只能被动地去进行,相反地,要理性地表现法的调整功能,需要有自觉的努力。"法的调整是一种有目的、有组织、有保证、有结果的社会调整,它是社会关系的规范性、组织性的中介,是社会关系在国家权力、价值判断上的规范化。"①

三、法的指引功能

法的指引功能,是法所具有的可以为社会主体的行为和社会关系的发展提供法定标准和指明法定方向的功用和性能。这种指引可以使法所确定的社会秩序和法所固化的社会关系获得可靠的制度性保证,也可以使法所保障的各种权益的实现获得可靠的技术性遵循。因此,法的指引功能在法的功能体系中具有非常重要的地位。

法具有指引功能,同样是由法作为一种特定社会规范的特质所规定的。一方面,法之所以是一种社会规范,很大程度上就因为法具有指引功能。反过来,诚如拉兹所言,也正由于法的一个重要功能是指引主体的行为,所以法才是规范性的。② 另一方面,法作为为主体提供行为标准的社会规范,作为具有普遍性、明确性和肯定性的社会规范,尤其是作为体现国家意志的社会规范,它也完全有能力具有指引功能。

法的指引功能从内容上看主要体现在四个方面:其一,为社会主体提供三种行为模式,即提供可以怎样行为、应当怎样行为和不能怎样行为的模式。其二,为国家和社会回应社会主体的行为提供两种后果模式,即提供回应合法行为的肯定性后果模式和回应违法行为的否定性后果模式。凡是做了法所允许做和要求做的,就可以得到法的肯定;凡是做了法所禁止做的和没有做法所要求做的,就要受到法的否定,即被追究责任和给以相应制裁。其三,为固化一定的社会关系、国家制度和社会制度提供系统的法律制度,即以法的形式将社会主体之间的某些社会关系予以系统固化,将国家和社会的各种基本体制和许多其他制度予以系统固化,以形成普遍的社会秩序,为主体参与其中的国家生活、社会生活和公民生活的有序运行提供标准和指明方向。其四,为国家和社会的发展提供必要的制度性指引,即以法的形式规定国家和社会发展的基本方向,为国家和社会的可持续发展提供标准和指明方向。

法的指引有确定指引和不确定指引两种。确定指引是刚性指引,同这种指引相关的主体,无论个人还是组织,都应当遵照实行,没有讨价还价的余地。确定指引同法律规则中的义务规则、强行性规则和确定性规则相联系,包含三层意思:一是同义务规则相联系的指引,它意味着主体应当为一定行为或不为一定行为;二是同强行性规则相联系的指引,它意味着不问主体的意愿如何而应当予以遵循;三是同确定性规则相联系的指引,它意味着主体在根

---

① 〔苏〕C.C.阿列克谢耶夫著:《法的一般理论》(上册),黄良平、丁文琪译,法律出版社1988年版,第301页。
② 参见〔英〕拉兹著:《法律体系的概念》,吴玉章译,中国法制出版社2003年版,第169页。

据某法律规则为或不为一定行为时,该规则的内容是明确的,主体不必援引其他规则来确定本规则的内容。

不确定指引是柔性指引,指主体对法的指引有选择余地,或是有一定的自由度。不确定指引同法律规则中的权利规则、任意性规则、委托性规则和准用性规则相联系。同权利规则和任意性规则相联系的指引,是指主体对法的指引有选择余地,可以依照法定权利行为,也可以放弃法所授予的权利。所以,这样的指引也称为有选择的指引。比如,按照法定婚龄制度,公民到一定年龄就可以登记结婚,但某些公民为了国家和社会建设而选择推迟结婚,暂不行使结婚权,是完全允许的。不过,选择或放弃只限于公民的法定权利特别是公民的私权范围,不包括诸如公职人员所享有的职权范围,公职人员不能在从事公务活动时放弃行使自己的职权。同委托性规则和准用性规则相联系的指引,是指在规则没有明确规定具体内容而委托有关主体去规定具体内容或授权有关主体可以参照其他规则的情况下,相关主体可以有一定程度的自由度。

确定指引和不确定指引都是主体的行为准则,所不同的是,从法的目的角度看,确定指引偏重于要求主体为或不为一定行为,注重防范主体作出违反法的指引的事;不确定指引则既意味着给予主体一定的选择自由,也在一定程度上意味着鼓励主体从事法所指引的行为。比如,法律规定公民达到法定年龄就享有选举权和被选举权,这一规定既表明当公民不愿意参与选举或被选举时,他有不参与选举或被选举的自由;但同时也意味鼓励享有选举权和被选举权的公民,去行使自己的权利,当好国家和社会的主人。既然不确定指引有这两层意味,因此,有的著述认为不确定指引仅有鼓励人们从事法所容许的行为这一层意思,是失当的。

在实际生活中,社会规范为主体所提供的指引,通常有一般指引和个别指引之分。一般指引也称为规范性指引,它是针对较为普遍的对象而存在的指引,或者说是以一般的法律规则对同类主体、就同类行为或同类事项所作的复现的指引。而个别指引则是针对具体、特定的对象所存在的指引。两种指引都有其优势和局限性,因而各有自己的用处。一般指引涵盖面大,具有概括性、连续性和稳定性,也相对理性,可以有持续的影响力,只是有时候不大适合例外或特殊情况。个别指引较为具体,针对性强,能够解决特定时空条件下的特殊问题,但不具有普遍适用性,不能应对大面积的事项。法的指引正是一般指引,它比个别指引更适合建立和维护具有普遍意义的社会秩序。

有的著述认为法的指引所体现的,是对本人行为的指引。[①] 这种说法往往使人不易理解。法的确是要指引本人行为的,但法不仅仅指引本人行为,它也要指引他人的行为,还要指引组织的行为。

国外学者中,拉兹是对法的指引功能论说较多的人物。他认为指引有两种具体形式:通过规定避免如此行为的某种标准理由,影响人们某种行为过程的后果;通过规定追求某种行为或避免某种行为的理由,影响人们的某种行为过程的后果。这种观点,不同于边沁、奥斯丁和凯尔森的理论,他们都只考虑第一种指引形式;而同哈特的观点颇为相通,哈特认为法

[①] 见沈宗灵主编:《法理学》(第二版),北京大学出版社 2000 年版,第 74 页;《国家司法考试辅导用书》(2005 年修订版),法律出版社 2005 年版,第 5 页。

律有时也通过规定实现愿望的方式引导人们的行为。①

四、法的保障功能

法的保障功能,是法这个事物所具有的对一定社会主体的利益和一定社会关系予以保护和屏障的功用和性能。这种保障使一定社会主体的利益成为法律利益,使一定社会关系获得法定模式,从而为实现这种法律利益提供条件、为实践这种法定模式奠定基础。

这一功能按国外有关学者的观点,是指由社会使命所决定的法的影响方向,这一方向旨在保护具有普遍意义的重要经济、政治、民族和个人关系,使它们具有不可侵犯性,并以此来排除同现行体制不相容的关系。② 如果将这种观点里面再明确添加保护主体利益的内容,使法的保障功能成为包括保护主体利益和保护社会关系两个要素的概念,就同我们的观点相通了。

法之所以具有保障功能,首先也是同法这种社会规范的特质直接相关的。法是以权利和义务为主要内容的,是以国家的名义存在和以国家的强制力为后盾保证实行的,而且它是司法机关办案的主要依据,这些条件就自然决定了法是具有保障功能的,而且也完全能够具有保障功能。

不仅如此,法作为以法律制度的形式调整和指引一定社会主体行为和一定社会关系的社会规范,它要使所调整和指引的社会主体的行为不偏离轨道,要使所调整和指引的社会关系按照既定状态存在和运行,也不能不使自己具有保障功能。这就是说,法的保障功能在相当大的程度上是基于法的调整功能和指引功能而衍生出来的。法的调整功能和指引功能的存在,本身都不是目的,通过调整和指引获取什么或实现什么,才是目的。而保障一定社会主体的利益和一定社会关系,则正是获取什么或实现什么的实在性体现。并且,保障的目的也不是随便就可以兑现的,没有对一定社会主体行为和一定社会关系的有效的制度性调整和指引,保障就既无根据可言,也不可能施行。

因之,法的保障功能同调整功能和指引功能是密切相连的,法的调整功能和指引功能是保障功能的前提,同时也都离不开保障功能。调整功能的重心在于法制化,它旨在形成和固化一定的法制形态,使社会主体的行为和社会关系的发展获得可以遵循的制度环境。保障功能的重心在于法治化,它不仅旨在使一定社会主体的利益成为法律利益、使一定社会关系获得法定模式,而且冀望于实现这种法律利益和实践这种法定模式。至于指引功能的重心,则在于依循法制和法治,旨在联结静态的法制和动态的法治。三者的结合,就铸就了一个完整的法的功能体系。

法的保障功能体现在宏观和微观的诸多方面。其中着重体现在:第一,明确规定社会主体所享有的法定权利,即把社会主体的有关利益上升为法律利益,使社会主体获得权利或利益的制度保障感。第二,明确规定社会主体所承担的法定义务,规定社会主体生活于其中的各有关社会关系处于法定有序状态,使社会主体形成法定责任感和社会安全保障感。第三,明确规定社会主体的法律利益受到非法损害,如何获得补偿或其他救济的途径,使社会主体

---

① 〔英〕拉兹著:《法律体系的概念》,吴玉章译,中国法制出版社 2003 年版,第 169—170 页。
② 〔俄〕B.B.拉扎列夫主编:《法与国家的一般理论》,王哲等译,法律出版社 1999 年版,第 118 页。

据此对法律利益产生信任感和可靠感。第四,明确规定非法损害他人利益以及其他违法作为和不作为的行为,将受到怎样的追究和制裁,规定依法对社会作出贡献将受到怎样的奖励,使社会主体相信恶行必有恶报、善举必有回报,并由此萌生法律正义感和社会正义感。第五,明确规定国家行为和基本的社会行为应当依法运行,使国家制度和基本社会制度实现法定化,使社会主体对法治国家和法治社会获得真切的现实感。正是通过这些方面的较为系统的规定,特别是在这些法律规定的实现过程中,在这些法律规定和社会主体的多重感受的互动之下,法的保障功能得以系统且具体地展示出来。

这里需要指出,有人往往也把惩罚或制裁视为法的一种目的。而我们则认为惩罚或制裁不是法的目的所在,通过惩罚或制裁想要实现什么或想要解决什么问题,才是法的目的。这里所谓想要实现什么或解决什么问题,实际上主要就是想要保障以法定权利形式表现出来的利益,以及这些利益植根于其间的一定的社会关系。就是说,惩罚或制裁什么是为了保障什么服务的。基于这样的认识,我们把惩罚或制裁也纳入保障功能之中。

法具有保障功能,这是没有疑义的。但法的保障功能并非不分差等地、均衡地施与所有社会主体。法在执行阶级统治职能与执行社会公共职能方面的差别,或者说法在执行政治职能与社会职能方面的差别,就在一定程度上反映了这种情形。实际上,法的保障功能通常更多地施惠于在国家和社会中处于优越地位的人和组织,也更多地使社会生活中具有常规性或普遍性的人和组织得到好处。在法的保障对象方面,人们通常更加注意的或已经普遍注意到的是前者。近代以来所产生的诸如"法律面前人人平等"之类的原则,就有在这方面矫正偏向的意思;马克思主义揭示法是统治阶级的意志,也有针对这种偏向而发的意思。然而关于后者,即法的保障功能更多地使社会生活中具有常规性或普遍性的人和组织得到好处这一点,并没有受到人们的普遍关注,因而这一点也更需要研究者予以注目。

布莱克的《法律的运作行为》一书,从量的角度所谈的专门针对较少常规性事项的法律多于针对较多常规性事项的法律,已涉及我们这里所指出的这个意思。特别是他就印第安人和波西米亚人在法律方面的遭际所举的事实,可以作为一个很好的印证。布莱克说,在现代美国社会中,一个像波西米亚人那样生活的人在法律上更为软弱一些。例如,百货商店的顾客告发一个波西米亚式商店扒手的可能性要大于一个常规的商店扒手。司法过程中的每一个阶段都重复了这种现象,如果是波西米亚人,商店的老板更有可能报警,警察更有可能逮捕他,检察官更有可能起诉他,法官也更有可能认定他有罪并处以重罚。任何人,如果他的衣着、谈吐、行为方式、思想或其他方面不符合常规,那么他在任何一种法律上都会更为软弱。一般说来,一个人与他的邻居越相似,越融入群体之中,他也就越具有法律上的免疫力。[①]

第三节 法的主要作用

一、正确认知法的重要作用

法的作用与法的功能和法的价值不同,它不是人们对法的寄托,也不是法的潜能,而是

---

① 见〔美〕布莱克著:《法律的运作行为》,唐越、苏力译,中国政法大学出版社1994年版,第82—85页。

法对社会主体和社会关系所发生的实际影响,是法同外部世界所发生的真实的关系。因此,法的作用比法的价值和法的功能更具有现实性,对我们也更具有直接的重大意义。

首先,就实际生活的需求而言,国家生活、社会生活和公民生活都同法的作用有密切关联。诸如国家权力的分配、运行和控制,国家同社会和公民关系的处理,社会秩序的维护,社会经济、政治、文化和公共事务的发展,公民法定权利和义务的实现,都有赖于法的作用的有效发挥。法的作用的状况如何,在很大程度上标志着国家生活、社会生活和公民生活的法治状况如何,也标志着一定时空条件下的文明发达程度如何。

其次,就法自身而言,法的秩序价值、利益价值和正义价值要得以实现,法的调整功能、指引功能、保障功能要对生活发生真实的影响,都有赖于法的作用的发挥。法的本质、特征、发展、制定、实施以及法的其他各个侧面,都或是需要通过法的作用予以体现,或是为着实现法的作用而存在和运作。如果法在实际生活中不起作用,制定再多的法,其功能和价值也不能兑现。古往今来,人们制定法和实施法,除极少数情况外,都不是为了当摆设好看,而是为了使其发挥有效的作用。

最后,法学归根结底是要经世致用的,差不多所有形式和类别的法学研究和法学的其他学术活动,总是在一定程度上以认识、揭示和发挥法的作用为出发点和归宿的。法的作用问题,历来都是法学的重大研究主题。正如有学者所指出的,法的作用是法理学中最具实践意义的论题之一。法学关于法的本体、法的运行,法同利益、秩序、自由、效益、正义的关系,法同文化、科技、政治、经济、可持续发展等问题的研究,都是为了准确揭示并有效发挥法的作用。法学理论中的很多问题往往是由对法的作用的不同理解引起的,或是需要通过阐明法的作用而得到正确解决。① 可以说,衡量一种法学的价值和作用如何,主要尺度之一,便是看其对法的作用的发挥,能有怎样的影响。

当然,法的作用有重大意义,并非指法对实际生活的作用都是积极的。法的作用有积极和消极之分,前者是主要的,后者也实际存在着。通常情况下,良法的作用主要是积极的,恶法的作用主要是消极的。还有中国实际生活中存在的介于良法和恶法之间的"笨法"②,其作用就是积极和消极相混合的。对法的作用的积极和消极两重性问题,国内法理学著述有的已有明确认知,有的则并非知晓。后者认为法的作用对实际生活都是积极的:"法的作用,指法这种特殊社会规范在社会的政治、经济、文化、家庭、外交等各个领域中所产生的积极影响。"③这种把法的作用一概视为积极因素的观点,是不符合实际的。历史上有不少法就曾经是阻碍社会进步的不可小觑的力量。中国旧时代那种灭乡、灭族和凌迟处死之类的野蛮残酷的刑事法律制度,更谈不上有什么积极性。马克思主义经典作家所揭示的建立在落后经济基础之上的包括法律制度在内的上层建筑,是社会进步的消极因素的原理,同样可以说明法的作用具有积极和消极两重性。自然,从法的历史发展总趋向看,法的作用的主导面是积极的,这一点无可置疑。

法的作用有重大意义,也不是说法总是会让人们满意。霍恩在他的一本著作中开篇所谈的一番话,就说明了这一点。他说:法是人类共同生活的必然产物。人们对法抱有很高的

---

① 张文显主编:《法理学》(第二版),高等教育出版社2003年版,第347—348页。
② 见周旺生著:《法理探索》,人民出版社2005年版,第542—559页。
③ 胡秋江、李权主编:《法理学》,四川人民出版社1995年版,第52页。

期望,国家立法日益深入地介入各个生活领域。国家生活总是不断地要求制定新法或对现行法进行修改;同时人们又抱怨法律、法规烦琐、数量庞大且复杂无比。现代社会日益出现渴求法律规范的现象,显然法很好地满足了一定的需求和期望,并因此总是激起人们制定新法的愿望。然而,期望越高失望也越大,法治社会也不例外。在刑事法庭被判决有罪的人,如果他自认为无辜或受罚太重,便必然会失望甚至恼怒。在民事纠纷中,如果双方不能达成协议,那么总有一方落败,落败一方因此对法庭或整个法律制度失望的情形并不少见。[①]

还应当指出,法有重大作用,不是说法的作用是无边无际的。法的作用是有限度的。这是因为:其一,"徒法不足以自行"。法的作用要得以很好地发挥,需要具备多方面的条件,比如,需要有良好的政治体制和社会生活环境,需要有较为完善的法、法的体系和法的运作机制,需要有规模适当、素质较高的法律职业群体。如果一个国家的政治是昏暗的,经济和文化环境是很糟糕的,法本身质量很差,又没有称职的法律职业群体,这个国家的法,就不可能发挥很好的作用。其二,法仅仅是一种社会规范,一种基本的或起码的社会规范,它只能解决部分问题,只能解决属于它所能解决的基本问题,其他问题只能由别的社会规范如道德、习惯、政策之类去解决,法不能包办一切。其三,法是偏重于稳定性的社会规范,而生活是常青的,在不断发展变化的实际生活中,总会经常出现本来应由法解决而这样的法或法律规定还未来得及制定之类的问题,在这样的情况下,法的作用就不得不面临窘境。基于这些原因,可以说,所谓"法律万能论"和任何其他对法抱有迷信的意念都是不科学的。

不过,我们在指出法并非万能之物的同时,也须指出:任何事物的作用都是有限的,法的作用有自己的限度,这并非法的缺点,而是很正常的情形。法作为各种社会规范中的一种,它不仅无法解决所有问题,而且也不应当解决所有问题。我们在理论上应能清醒地看待法的作用,不必对法的作用求全责备;我们在建设法治国家的实践中,更不能寄希望于产生出作用无限的法律制度来。如果我们把法的作用的有限性,简单地看成法的缺陷,而不认为这是一种正常的情形,就背离了科学和规律。有的著作谈到法的作用的有限性时,说"法具有保守性、僵化性"等,就显然带有某种情绪,这种情绪反映了著作者潜意识中对法不是完美之物所表现的不满。此外,有的著作还以"法所要适用的事实无法确定"为由,指责法的作用的有限性,就更难成立了。法所要适用的事实无法确定的情形总是很少数,况且事实无法确定也不是法的过错,而主要是确定者的能力问题。

二、法的作用何在

法的作用既然有重大意义,那么法有哪些作用就是特别重要的问题了。在这个问题上历来有种种观点。自然法学派把法说成是理性、正义之类的体现,据此法的作用主要在于体现和维护理性、正义之类。分析法学派认为法是国家主权者所发布的以制裁、威胁为后盾的强制命令,因此法的作用主要就是实现主权者的命令。历史法学派宣扬法是世代相传的民族精神和民族传统的自然演化的结果,相应地,法的作用主要是体现和维护民族精神和民族传统。在社会法学派眼里,法是个人利益和社会利益相调和的产物,也因此,法的作用主要就是体现人和社会的关系、实现社会控制。此外,民主主义者认为,法的主要作用在于实现

---

① 〔德〕霍恩著:《法律科学与法哲学导论》,罗莉译,法律出版社2005年版,第3页。

和维护他们所要求的民主。专制主义者认为,法的作用主要在于为专制集权服务。旧式执政者认为,法的作用主要在于它是治国安邦的工具。如此等等。这些观点中,有的观点在一定程度上涉及某些法的作用问题,而总体上却明显地将法的作用同法的价值、法的功能混同起来,或是把法在国家生活、社会生活中的部分作用同法在全局上的作用混同起来,因而都不足为训。

由于国内学界对法的作用问题的研究偏于落后,关于法有哪些作用的问题不曾从基本理论上获得解决,多年来,学界差不多一直把法的作用视为当时形势的附属品,国家以什么样的事业和活动为工作中心,法就以什么样的工作中心为作用对象和范围。于是法在国家生活、社会生活和公民生活中的诸多作用,就剩下了国家主义特色甚浓和政治色彩单调的几个作用,诸如所谓促进和保障社会主义经济建设和经济体制改革,促进和保障社会主义精神文明建设,促进和保障社会主义民主建设和政治体制改革,促进和保障对外交往等。这样看待法的作用,就把法的作用的范围大大缩小了,不利于充分发挥法在众多领域的作用。

国内学界在认识法的作用方面的另一个突出落后的情形,则是长期以来将法的作用区分为规范作用和社会作用两大类别。规范作用是法对社会主体的行为发生的作用,社会作用是法对社会关系发生的作用。但问题在于:

其一,法作为一种社会规范,它的"规范"作用不仅针对主体的行为发生,也针对社会关系发生。同样地,法作为一种社会规范,它的"社会"作用不仅针对社会关系发生,也针对主体的行为发生。假如真有什么规范作用和社会作用之分,那么法对主体的行为和主体置身其中的社会关系,也都是既能发生规范作用,又能发生社会作用。

其二,法是一种社会规范,但"社会规范"四字并不能全然表明法的特质,因为除法以外,还有道德、习惯、政策以及其他许多社会规范存在。规范法学派在"规范"二字上做文章,社会法学派在"社会"二字上做文章,固然都有不小的成就,但都只能从不同侧面而不能全部说明法的问题,更不可能代替全部法律学说。同样,用"规范作用"和"社会作用"两个概念,也不能涵括所有法的作用。"规范作用"所能指称的只能是法的作用的方式,即以规范的方式发挥法的作用。将法的作用作规范作用和社会作用区分的教科书,通常将法的规范作用又分为指引作用、评价作用、预测作用、教育作用和强制作用五种,实际上就是表明法主要是以这五种方式在发挥作用。"社会作用"所能指称的本来主要是法的作用的范围,即法对社会可以发挥哪些作用。将法的作用作规范作用和社会作用区分的教科书,通常将法的社会作用又分为维护阶级统治和执行社会公共事务两种,实际上也表明法主要是在这两个方面发挥作用。一个是方式,一个是范围,两者指向不同,而不是可以并列和具有对称意味的范畴。

因此,将法的作用分为规范作用和社会作用两大类别,是不能成立的。这是形似而实非的观点。这种观点在理论上是没有意义的,在事实上也不能解决法的作用的范围和分类问题,即不能使人明了法究竟有哪些作用,而且容易麻痹人们关于法的作用的观念,以为有了规范作用和社会作用的区分,法的作用的诸多问题就得以解决。这是规范作用和社会作用区分论的一个直接的负面影响。

我们认为,解决法有哪些作用的问题,需要注意法的作用是受哪些因素影响或制约的。在这个问题上,法的作用不同于法的功能。法有哪些功能主要是由法的特质或特征规定的,这一点我们在上文已经阐明。而法的作用则受法本身和法之外两方面的因素所影响或制约。一方面受法的本质、法的功能、法的价值观念的影响或制约；另一方面受国家本质、政治体制、经济体制、特定的时空条件等因素的影响和制约。

法有什么样的功能，也就决定法为实现这些功能而需要在哪些方面发挥作用，这一点对于所有的法来说，是大体相通的；但是，在国家政权和法律制度的本质存在差别的情况下，在政治体制、经济体制存在明显差异的情况下，在主流法的价值观念存在重大区别的情况下，在法律文化传统差别很大的情况下，在文明发达程度迥异的情况下，在时空条件和其他有关国情因素大不相同的情况下，各国和地区的法的作用是大不一样的，至少也是有明显差异的。这就是古代法和现代法、发达国家的法和落后国家的法、中国法和外国法、中国今天的法和中国昨天的法，在作用方面大有区别的主要原因之所在；这也是我们在上文强调法的作用是被赋予和设定的、是体现社会动态状况的、是同社会需求直接相连的原因之所在。

正因如此，在认知法有哪些作用的问题上，我们需要明确两点：其一，要注意法的功能和法的价值需要和可能使法发挥怎样的作用。法有调整、指引和保障三大功能，有体现秩序、利益和正义三大价值，这三大功能和三大价值需要法在相应的六个方面发挥作用，并且也为法在这六个方面发挥作用提供了根据。这是比较清楚的。其二，要注意各种时空条件需要和可能使法发挥怎样的作用。这一点就非常复杂、难以一一陈述了。不过，有一点是肯定的，在现代国家，无论国家政权和法律制度的本质存在怎样的差别，无论政治体制和经济体制存在怎样的差别，无论法的价值观念、法律文化传统和文明发达程度存在怎样的差别，也无论其他国情因素存在怎样的差别，法的作用只能是主要体现在国家生活、社会生活和公民生活三大领域；所不同的是，法的三大功能和三大价值在和这些不同条件相结合的过程中，在国家生活、社会生活和公民生活三大领域中，扮演着差异颇为显著的种种角色。法在国家生活、社会生活和公民生活中的作用，就是法的功能和法的价值在同有关条件相结合的过程中，在国家生活、社会生活和公民生活中的实在的和具体的体现。而就这三大领域同法的作用的关系而言，国家生活主要由公法对其发挥作用，它所涉及的主要是公权问题；社会生活主要由社会法对其发挥作用，它所涉及的主要是社会权问题；公民生活有所不同，它既由公法和社会法对其发挥作用，更由私法对其发挥作用，它所涉及的则是公权、社会权和私权兼具而尤以私权为甚的问题。①

三、法在国家生活中的作用

国家生活就是以国家为主导、由国家唱主角的实际生活。国家生活主要由国家自身的运行活动和国家同有关方面发生关联的活动所构成。国家生活的内容非常丰富，范围非常广阔。法在国家生活这两大领域，在国家生活极为丰富的内容和非常广阔的范围方面，都扮演着重要角色。

---

① 应当指出，这里所谓国家生活、社会生活和公民生活的划分，意在区分三种生活的各自领域，而不是说三种生活是完全不同、可以截然分开的。实际上，国家生活、社会生活和公民生活之间，公权、社会权和私权之间，既有各自的领域，又有许多交织在一起的情形。比如，公民参加选举的活动，就既是国家生活，也是公民生活的一项内容，相应地，选举权就既是公权，也是在一定程度上所体现的社会权。

认知法在国家生活中的作用,须从认知国家着手。马克思主义国家学说和其他各家各派的国家学说对国家已有充分的研究和论说。我们把这些学说同自有国家以来的国家实际情况结合起来考察,注意到国家既是阶级的范畴,也是法的概念。在阶级对抗社会,国家首先是阶级的范畴;在非阶级对抗社会,国家作为法的概念的情形则更突出。同样,在古代,国家首先是阶级的范畴;在近代,国家作为法的概念的情形则益发突出。由浓厚的阶级对抗色彩,渐次向愈显浓厚的依法为治的氛围嬗进,这是国家文明和法律文明的发展轨迹,也是人类整个制度文明呈向上的趋势发展演变的进路。我们现今就处在国家作为法的概念的情形愈显突出,大多数国家依循依法为治的进路渐行渐近的年代,尽管这样的情形和进路在不同的国家仍有迥异的差别。

国家既是阶级的范畴又是法的概念,国家的发展显示出由浓厚的阶级对抗渐次向依法为治而嬗进的轨迹,这些情形表明,国家生活同法的作用是交织在一起的,并且法在国家生活中的作用是随着这种嬗进轨迹的延伸而发生变化的。这也就是说,如果法在早先的国家生活中就是重要的,那么法在现今国家生活中就是须臾不可缺少的;如果法在以往的人治或专制国家中也有重要作用,那么法在现今的法治国家就是擎天支柱。

法在现代国家生活中的作用,总的来说,集中地体现在国家实际上就是个法律实体,对内它实际上是法律秩序的人格化,对外则是由法支撑的主权权威的象征。国家的主要特征之一,在于它是有组织的政治上的社会共同体,这一点早已为诸多学派和理论学说所阐明。这个特征表明国家和法律秩序有着明显的同一性。在这里,"有组织"主要就是有秩序,"政治上的"主要是指强制性秩序。不是一般秩序,而是具有特殊强制性的法律秩序。在凯尔森看来,国家只是一个法的现象,一个不同于其他社团的法人社团。它不同于其他社团之处,就在于它是由国内法律秩序所构成的共同体。国家是构成这一共同体的国内法律秩序的人格化。[1] 国家之所以是一个有组织的政治上的社会共同体,就因为它垄断了以法律秩序为内容的强力秩序,或者说就因为"它是一个由强制性秩序构成的共同体,而这个强制性秩序便是法律"[2]。凯尔森的看法如果不把国家说成是"只是一个法的现象",而说成是一个重大法的现象,就难以被人挑剔和否定。此外,国家需要有权威和主权,这种权威和主权的确立和维系同样离不开法律秩序。凯尔森说:国家只有作为规范秩序,才能是一个可以使人负有义务的权威,尤其是如果这个权威被认为是主权的话。主权只有在由法所构成的规范秩序的领域内,才是可以设想的。[3] 要言之,没有法,国家作为政治上有组织的社会共同体的特质就无以存在,国家的权威和主权象征就无以存在。

法在现今国家生活中的作用,具体而言,首先突出地表现在:它是确认国家政权的合法地位,确立国家体制的基本模式,组织国家机构使其处于有序状态,所必需的。这是法对国家自身的作用。

"国家既是法的父母,又是法的子女"[4],这是美国学者马季佛当年形象地以血缘关系比喻国家和法的关系时所说的话。这种血缘关系,突出地表明了法对国家自身的作用。国家

---

[1] 〔美〕凯尔森著:《法与国家的一般理论》,沈宗灵译,中国大百科全书出版社1996年版,第203页。
[2] 同上书,第213页。
[3] 同上书,第212页。
[4] 〔美〕马季佛著:《现代的国家》,胡道维译,商务印书馆1937年版,第441—442页。

是产生法并在必要时以其强力保障法之实行的强力实体。国家又是有组织的权威,这种权威的主要体现就是法的确认、法的确立和法的组织。一方面,法为确认国家政权的合法地位所必需。国家政权获得者都需要以法的形式确认自己的政权是唯一合法的政权,表现国家的性质,规定各阶级、各阶层、各类别的组织和个人在国家中的地位。另一方面,法为确立国家体制的基本模式以及其他各项基本制度所必需。每个国家都有自己的政治体制、经济体制和其他基本制度,在现今时代,这些体制的基本模式和其他基本制度都需要法定化即由法予以确立,以体现它们的权威,保障它们的地位,并使它们得以有效地实行。再一方面,法为组织国家机构使其处于有序状态所必需。国家是由纷繁复杂的国家机构所合成的整体,这个整体需要由法作为强有力的纽带才能有效地合成。就是说,需要由法来规定国家机构的体系和组织形式,确定国家机构中各种机关的组织和活动原则、各机关的职权和职责、各机关的相互关系,使国家成为有系统、有组织的机器,从而使整个庞大而复杂的国家机器按照一定的轨道精确而有效地运转。法在国家自身生活中这三个方面的作用表明,法不仅主要和直接地产生于国家,同时它又回馈于国家,正是由于法同国家的联姻,使国家居于合法地位,国家才能理直气壮地存在和运行;也正是由于法使国家体制的基本模式以及其他基本制度得以确立,并使各种国家机构组织起来,国家才能作为有骨架和有血肉的整体存在和运行。

  法在现今国家生活中的具体而重要的作用,也突出地表现在:它是帮助实现国家职能的必要手段,是连接国家和社会的主要依据。这是法在国家同有关方面发生关联的活动中所发挥的作用。

  法在国家生活中的作用,同国家职能密不可分。国家政权掌握者需要运用法律手段,使国家活动符合自己意志并按照自己的意志实现国家职能。国家职能要通过国家任务和国家活动体现出来,在现代国家,国家任务和国家活动都需要依据法的规定来提出和进行,尤其是国家实现组织经济建设的职能更需要通过法来引导、规范、促进和保障。而法也的确可以用它的特殊强制性和普遍约束力帮助人们实现国家职能。法的明确性、肯定性和权威性,可以使国家职能的各项基本内容得以明确、肯定和具有权威性,从而得以有效实行。当然,国家实现自己的职能是需要运用各种必要手段而不仅仅是法律手段的。然而正如有学者指出的,这些手段实际上也就是两大类:法律手段和其他手段。法律手段主要包括立法手段、法的适用手段和法的保护手段。其他手段则包括经济、政治和意识形态等方面的手段。不仅法律手段直接为实现国家职能发挥作用,其他手段也要时常通过法的调节来实现。[①] 比如,通过法的调节来帮助实现国家在经济宏观调控方面的职能,通过法的调节来帮助实现国家在保障民主政治方面的职能等。

  国家职能主要是在国家同社会发生关系的过程中实现的。"国家职能是国家活动的主要方向,它们反映着国家在社会中的本质和任务。"[②]在现今时代,就国家和社会的关系而言,主流的理念和实践是所谓"大社会小政府"。这里所谓政府主要即指国家,政府同社会的关系主要是服务的关系,然后才是管理的关系,并且管理从根本上讲也是以服务为出发点和归

[①] 参见〔俄〕B.B.拉扎列夫主编:《法与国家的一般理论》,王哲等译,法律出版社1999年版,第265—266页。
[②] 同上书,第262页。

宿的。实现这种服务和管理，就是实现国家职能。实现这种服务和管理的过程，也就是实现国家职能的过程。而要实现这种服务和管理，是离不开法的作用的。因为国家无论是服务社会还是管理社会，都需要有法所确定的范围和法所提供的依据。

法在现今国家生活中的具体且极为重要的作用，还表现在它是对国家权力进行有效的、权威的制度性配置和制度性监控的尤为重要的手段。这半是法对国家自身的作用，半是法对国家与有关方面的关系所发生的作用。

国家和权力总是相联系的，正因此，才有所谓"国家权力""国家政权"之类的说法。而国家权力或国家政权的存在和运行，又总是同法的作用联系在一起的。早先欧洲社会学法学的重要人物奥地利的贡普洛维奇就认为，历史的主要动力是不同种族为了争夺权力和至上地位而进行的斗争。在这种斗争中，较强的种族征服了较弱的种族，并建立了巩固和维护其统治的组织即国家。法的目的是通过运用国家权力来确立和维护强者对弱者的统治。法是国家权力的真正反映，其唯一的目的就是通过较强群体对较弱群体的统治来调整不平等的种族和社会群体之间的和平共处问题。没有国家便没有法，因为法在本质上就是对国家权力的行使。在贡普洛维奇看来，"自然法"以及"不可剥夺的权利"等概念是纯粹想象出来的荒谬产物，就像"理性"或"自由意志"等概念一样毫无意义。[1]

我们则认为，法和国家权力之间的联系，是基于这两方面的原因存在的：一方面，国家权力的合法化，国家权力的配置，国家权力的张力和限度，国家权力之间的制约和平衡，国家权力的运行规则等，无不需要有法定化的制度作为根据。另一方面，对国家权力实行有效的调控，以实现现代法治的基本要义，以抑制国家权力自身可能滋生的弊病、防止权力的滥用、保障属于权力支配范围的社会主体获得安全环境，也需要法来发挥作用。

法和国家权力的联系，也是法和社会的特定联系。国家权力不是一般权力，而是人控制人的社会权力或政治权力。这种权力的存在和行使，仅凭一个人强于另一个人而迫使后者服从是不够的，还必须诉诸法律。在这一点上，凯尔森所说的话并非没有理由："社会意义上的权力只有在调整人的行为的规范性秩序的体制内才是可能的。"[2]社会权力和社会义务不可分离，而社会义务的兑现则需要有社会秩序。社会权力只有在社会组织内部才是可能的，"社会权力始终是一个以这样那样方式组织起来的权力。国家权力是由实在法组织起来的权力，是法律的权力；也就是实在法的实效"[3]。

四、法在社会生活中的作用

"社会"的含义非常复杂，"社会生活"的含义也因之扑朔迷离。我们这里所说的社会生活，主要指以社会为主导、由社会扮演主要角色的实际生活，是同国家生活相对称的一种实际生活。

社会生活的内容极为丰富、范围异常广阔，法在社会生活中所能发挥的作用，不可能也不应当涉及社会生活的所有事项，但却可以和应当涉及社会生活的各种基本事项和其他一

---

[1] 参见〔美〕博登海默著：《法理学：法律哲学与法律方法》，邓正来译，中国政法大学出版社1999年版，第140—141页。
[2] 〔美〕凯尔森著：《法与国家的一般理论》，沈宗灵译，中国大百科全书出版社1996年版，第213页。
[3] 同上书，第213—214页。

些虽非基本事项但却需要由法予以规制的事项。这同法在国家生活中的作用范围不一样,在国家生活中,法的作用范围非常之大,几乎所有的国家生活都需要也应当由法予以调整。

维护社会主体参与社会生活所需要的基本生活条件,是法在社会生活中的首要作用。无论个人还是组织,参与社会生活都需要有基本的社会生活条件,比如,需要有必要的社会秩序、生活环境,需要有解决日常生活中具有普遍意义的饮食男女、生老病死问题的准则。这就需要有诸如治安法、公共安全法、交通法、婚姻法、食品法、医疗卫生法、保险法之类的法律、法规,在现代社会,还需要有环境和自然资源保护法、生态平衡法等。

满足社会主体所参与的物质社会生活的必要需求,为社会主体的生产、分配、交换、消费之类的活动提供一般准则,是法在社会生活中的又一重要作用。物质社会生活是社会主体最主要、最经常的社会生活,是其他社会生活的基础,而生产、分配、交换、消费之类的活动,又是物质社会生活的基本内容。法在社会生活中发挥作用,特别重要的一个方面,就是在这些物质社会生活中发挥作用。就满足现代物质社会生活的需求而言,工业法、农业法、公司法、劳动法、合同法、产权法、保险法、能源法、反垄断法、信托法、证券法以及其他诸如此类的法律、法规,所起的作用尤为突出,正是这些法律、法规的制定和实施,为社会主体参与物质社会生活提供了基本准则。

为社会主体的精神社会生活提供法律帮助,以保障这种精神社会生活正常和有效地运行和发展,同样是法在社会生活中所发挥的重要作用。精神社会生活是社会主体所参与的主要社会生活之一,它同物质社会生活一样,也需要法对其发挥作用。这种作用一则表现在社会主体接受教育和参与科学、文化活动的权利需要用法来确认和保障,教育、科学和文化活动本身也需要用法来规范和指引;再则表现在社会的基本道德水准和道德风尚在一定程度上需要用法来维护①,社会的基本正义、基本利益和基本价值诸方面的观念需要用法来体现;此外还表现在占主导地位的意识形态,也必然在一定程度上被执政阶级用法律手段予以确认、推介和维护。在这些方面,各国都有自己的法律制度在发挥作用,有关教育、科技和文化方面的立法及其成果如义务教育法、科技进步法、广播电视法之类,有关体现和维护基本道德规范和基本正义、利益和价值观念的法律规则,还有旨在确认、推介和维护主流意识形态的法律规定,在现今各国,都广泛存在。

将社会生活中的某些技术规范法定化,使其成为法律规则,从而更好地为社会生活服务,也是法在社会生活中的一个重要作用。社会生活的运行,特别是物质社会生活中的生产、分配、交换、消费的运行,是需要有大量的和必要的技术规范的。将这些技术规范中某些更基本的规范转化为法律规则,对保障这些社会生活的健康和有效运行,是必要的和有意义的。为此,就需要制定和实施诸如使用设备工序、执行工艺技术规程等方面的法律、法规,也需要制定和实施诸如产品、劳务、服务等方面的法定质量标准。

---

① 法和道德是两种不同的社会规范,它们担负着不同的社会使命,不能混淆它们的界限,不能随便将道德规范引入法律规则之中,不能让法去做不属于法做的并且法也没有能力做好的事情。但是,法和道德之间也有密切关联,一定的法律制度总是不仅无以摆脱同一定的道德文化的基本联系,不能超越这种道德文化水准,而且还需要和应当反映一定的道德要求,以帮助社会维护最基本的社会道德状况。正是基于这样的原因,所谓"法是最低限度的道德要求"的说法,才是可以成立的。——本章作者注

社会生活的其他方面，也需要法为其服务。例如：不同社会主体的专门保护方面的事项，需要有老年人保护法、妇女权益保障法、未成年人保护法、残疾人保护法之类发挥作用；社区利益和社区活动方面的事务，需要有社区法之类发挥作用；社会可持续发展方面的事务，也需要有相应的法律、法规发挥作用。

社会生活和国家生活是经常地和大量地交织在一起的，比如，国家在组织或干预社会经济发展方面的活动，就既是国家生活的组成部分，也是社会生活的重要内容。这种交织在一起的社会生活，同样是法对其发挥作用的重要对象。这方面的作用，可以从法在国家生活中的作用得以了解。

法在社会生活中的作用同法的本质和目的之间的联系，不像法在国家生活中的作用同法的本质和目的之间的联系那样直接和鲜明，而是往往以比较隐蔽的方式表现出来，往往不容易看透。但这种联系却是不容忽视的。法在社会生活中的作用，是法对社会主体和他们置身于其中的社会关系所发生的影响。社会的统治者或主导者用来统治、控制、管理或服务社会生活的方式是多样化的，发挥法的作用则是其中特别重要的一种方式。通过法对社会主体和社会关系发生影响，比之通过其他许多方式对社会主体和社会关系发生影响，有明显的优越性。比如，借助发挥法的作用来控制或管理社会，既可以使这种控制或管理穿上诸如公正、平等、正义等服饰，又可以使社会主体了解控制和管理的范围、方式和进路，预测自己的行为后果，从而采取相关的行为。即使是专制统治者，也知道单有超越法的直接的暴力强制是不行的，还需要发挥法的作用。

五、法在公民生活中的作用

公民是一种同法发生关系的人。自有人类以来，出现了各种各样的人：从人类繁衍演进的历史行程看，有远古人、中古人、近代人和现代人；从种族、生理、年龄的差异看，有黄种人、白种人、黑种人，男人、女人，孩童、少年、青年、中年和老年人；从社会分工看，有工人、农民、知识分子、商人和军人，如此等等。但只有同法发生关系，其地位由法加以确定，享有一定的法律权利并承担一定的法律义务的人，才谓为公民。所以，公民是个法的概念。相应地，公民生活主要就是同法相关的人的生活。

作为一个法的概念，公民是在国家和法产生后出现的，有国家和法就有公民生活，就有法对公民生活的作用。但不同时空条件之下的公民生活的情形和法在公民生活中的作用，却有很大的分别。

早先，虽然各国都有享有法律权利并承担法律义务的人，即公民，却并不是所有国家都使用过"公民"这个概念。在古中国、古埃及和两河流域的各个古国的典籍中，都不曾发现有使用"公民"概念的记载。最初使用公民概念的国家当推古希腊城邦。在这个实行所谓"主权在民""直接民主"的城邦国家，公民就其社会地位说，它是国家的主人，有权参加城邦议事会或审判活动。正是在这个意义上，亚里士多德在其名著《政治学》中给公民下了一个定义："凡有权参加议事或审判职能的人，我们就可以说他是那一城邦的公民。"[①]除参政权外，希腊公民还享有其他有关权利。如雅典公民享有私有财产权，可以自由买卖土地、房屋、牲畜、奴

---

① 〔古希腊〕亚里士多德著：《政治学》，吴寿彭译，商务印书馆1965年版，第113页。

隶,当财产受到侵犯时有权提起诉讼。德拉古任执政官时,公民有权将欠债不还的债务人及其家属变为奴隶或卖到国外。梭伦立法时,由于战争造成男性公民锐减,给予男子重婚的权利。在享受法律权利的同时,希腊公民也承担一系列义务,如每个公民都有忠于国家、敬奉神祇的义务。法律甚至规定每个公民都必须学会一技之长,以强盛自己的城邦。但希腊公民的范围是狭小的,奴隶、外邦人和妇女被排除在公民之外,只有祖籍属于本城邦的成年男子才有资格成为公民、享有公民权,法在公民生活中的作用,主要就体现在他们与法相关的活动中。

到了封建时代,政治、经济和法律方面的权利主要为君主、贵族、地主所享有,专制统治与古希腊的"主权在民"格格不入,农民和其他劳动者少有政治、经济和法律权利,却承担极繁重的义务。古希腊时代的公民含义、公民观念和公民生活便不存在了。只是在西欧中世纪末期,在某些城市共和国,如意大利的威尼斯、热那亚、佛罗伦萨、米兰,以及德意志、英格兰、法兰西的一些城市,先前的公民观念和公民生活才有所复活。这些城市中,作为国家主人而掌握议会大权、享受公民待遇的,除了封建贵族,也有在金钱上占有优势的新兴富商。但前者仍然是大权的主要掌握者。所以,从整个封建社会看,具有公民资格、过着公民生活的是占人口很少数的封建统治者、贵族、地主以及和他们结成联姻的僧侣之辈。法在公民生活中发挥作用,主要是对他们与法相关的活动发挥作用。

到 17、18 世纪,资产阶级在反对封建专制和特权的斗争中,揭起了争取人权的旗帜,系统论证了他们的人权理论。而作为这个理论的基础的,则是风靡整个革命时代的理性主义、自然法、天赋人权、社会契约、主权在民的学说。按照这些学说,资产阶级笔下的公民,已不是一国的某些人,而是一国所有的人,所有具有一国国籍、享有法律权利和承担法律义务的人。在资产阶级革命中和革命后,制定了一系列以维护公民权为宗旨的宪法和宪法性法律。在英国,1628 年义律和皮姆领导议会以国民代表的名义,迫使查理一世接受了《权利请愿书》;1679 年辉格党借助人民群众的力量对斯图亚特王朝任意逮捕和无限期关押其党徒的专横暴虐进行了斗争,迫使查理二世签署了《人身保护法》;作为"光荣革命"的成果之一,1689 年颁布了《权利法案》。在美国,1776 年诞生了被马克思称为"第一个人权宣言"的《独立宣言》;1787 年制定了《美国联邦宪法》,接着 1789 年又通过了对宪法的 10 条修正案,修正案的中心内容是规定政府不得非法侵犯公民权利,肯定公民有言论、出版、集会、宗教信仰等自由权,有私有财产不受侵犯权,以及司法程序上的一些民主权利。在法国,1789 年诞生了著名的《人权宣言》,宣告在权利方面,人们生来是而且始终是平等的,任何政治结合的目的都在于保存人的自然的和不可动摇的权利,这些权利就是自由、财产、安全和反抗压迫的权利。这以后,随着资产阶级革命在世界范围内的全面胜利,上述宪法和宪法性法律确认的人权或公民权,也在世界范围内日益制度化、法律化。法在公民生活中的作用获得了新的历史性解释。

历史继续向前迈进。经过几个世纪的发展,现代公民权和公民生活比之以往任何时代的公民权和公民生活,都要丰富多彩,相应地,法在公民生活中的作用也广泛得多。首先,公民有一系列自由权,包括人身自由,居住和迁徙自由,宗教信仰自由,言论出版自由,集会、结社、游行、示威、罢工自由,还有财产自由。其次,公民有一系列平等权,包括立法上的平等权,即以法的形式平等地反映所有公民的利益;司法上的平等权,即对任何公民在适用法上一律平等；守法上的平等权，即任何公民都要毫不例外地守法。再次，公民有一系列参政权，包括选举权和被选举权，对不称职的民意代表或公务人员的罢免权，依法提出建议促使立法机关制定或修改法的权利，对宪法和法律草案的复决权，对不法的和暴虐的统治的抵抗权。最后，公民有一系列社会权，包括生存权，劳动权，受教育权，社会保险和社会救济权。在所有这些权利中，财产自由权通常是更基本的权利，其他各种权利，或是它的保障，或是它的延伸，或是它的表现形式，或是其实现程度决定于它的大小和实现程度。享有和行使这些权利并承担相应的义务，就是现代公民生活的基本内容。法在确认和保障这些权利和义务得以实现的过程中所起的作用，也就是法在现代公民生活中所发挥的主要作用。

第六章 法的起源和发展

第一节 法 的 起 源

一、法的起源观

(一) 法有没有起源问题

这是一个论说纷纭的问题。在大量论说中,有两类观点显示了基本的分野。一类观点认为法没有起源问题。理由是:有人类社会就有人类社会的规范,法就是这种社会规范,它和人类社会同在,是从来就有和永世不灭的,因而无所谓法的起源问题。另一类观点认为法有起源问题。理由在于:如同任何事物一样,法也有发生、发展、消亡问题。法不是从来就有的,也不会永恒存在下去。法是社会发展到一定历史阶段才产生的,又随着社会的发展而发展,当社会发展到法所赖以存在的条件不复存在的时代,法就会随之消亡而退出历史舞台。

前一种观点把法和社会规范完全等同起来,以为法就是社会规范,在方法和理论上混淆了法和社会规范的种属概念,在事实上有悖于法的起源和发展的实际情况。后一种观点在方法上、理论上和事实上则可以成立。法的确属于社会规范的范畴,但法只是社会规范的一种,而不是所有社会规范的总称。在社会规范这个整体中,除法以外,还有诸如习惯、道德、宗教戒律以及其他种种社会规范。并且,社会规范作为一个整体是同人类社会共始终的,只要有人类社会就必然会有社会规范,并且有的社会规范如习惯和道德,的确是任何社会都存在的;但社会规范同时也是一个历史的范畴,不同时代和国情下的社会规范,所包括的具体种类是有分别的,有的社会规范的存在和发展就是同一定历史阶段的社会条件直接相联系的,它们不是同人类社会共始终的。法就属于这种并非同人类社会共始终的一种社会规范。

(二) 法是如何起源的

在这个问题上,同样存在显著的分歧,并且不同的观点相当多。

有人认为法起源于神的意志。有人认为法是在自然状态下人们相互订立社会契约的产物,是人类意志、理性的产物,是正义、公平观念的产物。另一些人认为法是由民族精神特别是由习惯自然而然地发展起来的,是民族精神的体现。还有人认为,法是心理规律、心理因素作用的结果。

同上述法的起源说不同,马克思主义经典作家运用大量的历史事实和唯物辩证的方法考察法的现象,阐明了法不是从来就有的,而是人类社会的物质生活条件发展到一定历史阶段的产物。人类历史上曾经有过不知法和国家为何物的社会,这就是原始社会;只是随着生产力的发展、私有制的出现,在阶级和国家产生的同时,才产生了法。

二、原始社会的社会组织和社会规范

(一) 没有国家也没有法的原始社会

任何社会都需要一定的社会组织和社会规范,以保证人们能够有秩序地生活。这种社

会组织和社会规范并非一定要采取国家和法的形式。人类社会在产生国家和法之前,曾经有过漫长的没有国家也没有法的时代,这就是人类的原始时代。

在原始时代,生产工具十分简陋,劳动技能很低,因而生产力水平极其低下,只能实行生产资料的原始公有制,人们之间是平等互助合作的关系,且产品平均分配。当时没有私有制,没有富人和穷人、剥削者和被剥削者、压迫者和被压迫者的区别,没有阶级的划分和国家的存在,因而也就不可能存在以国家意志形式表现出来的法。

原始社会虽然没有国家没有法,但并非处于一片混乱之中。它也有自己的社会组织和社会规范,对当时的社会生活发挥作用。

(二)原始社会的社会组织

在原始社会,社会组织的发展经历了原始群和氏族两个阶段。最初的社会组织是原始群,后来的社会组织是氏族。氏族是原始社会转变为文明社会之前的典型的社会组织,是当时社会组织的基本单位。"氏族是以血缘为基础的人类社会的自然形成的原始形式。"[①]

氏族有以下特征:第一,从形成方式说,它是以血缘关系为纽带和基础所自然形成的联盟,而不是按地域划分的。氏族制度的前提,是一个氏族或部落的成员共同生活在纯粹由他们居住的同一地区中。第二,从性质说,它是氏族全体成员共同劳动、共同消费的生产组织和经济单位,是全体氏族成员共同进行管理的自治组织。氏族成员之间是平等互助的关系,没有剥削,没有阶级,没有系统地采用暴力和强迫人们服从的暴力机构。第三,从组织形式说,氏族的最高权力属于氏族成员大会,一切有关氏族重大利益的事务,都由氏族大会决定。氏族首领由大伙推选产生,不脱产,没有特权,同其他氏族成员一样平等地参加劳动和分配劳动产品,是社会的"公仆"而不是社会的"主人"。氏族首领如果不称职可以随时撤换。氏族首领有很高的威望,这种威望来自他们忠诚地为氏族办事,以及由此而产生的人们对他们的尊敬和爱戴。正如恩格斯所说:"文明国家的一个最微不足道的警察,都拥有比氏族社会的全部机构加在一起还要大的'权威';但是文明时代最有势力的王公和最伟大的国家要人或统帅,也可能要羡慕最平凡的氏族酋长所享有的,不是用强迫手段获得的,无可争辩的尊敬。"[②]

(三)原始社会的社会规范

原始社会的社会规范主要有三种:一是习惯。在原始社会,发生纠纷主要是按习惯来解决。习惯是多种多样的,例如,有不得在氏族内部通婚的习惯,有共同防御一切危险和侵袭的习惯,有本氏族成员受到外氏族欺凌和杀害时应当共同对外氏族进行报复即实施血族复仇的习惯等。二是宗教规范。由于当时人们征服自然的能力低下,对一些自然现象处于迷惘状况,从而产生了对自然现象的盲目崇拜,因而宗教就逐渐发展起来。在这一基础上也就形成了宗教规范。三是道德规范。原始社会也存在同原始公有制相适应的道德规范,如集体平均分配食物的规范,氏族成员之间应当相互帮助的规范等。

原始社会这三种社会规范体现全体氏族成员的共同意志和利益,而不是只体现部分成员的意志和利益。它们主要依靠氏族首领的威信、社会舆论和人们的自觉遵守来保证其实

---

① 《资本论》(第1卷),人民出版社1975年版,第390页,恩格斯加的注。
② 《马克思恩格斯选集》(第4卷),人民出版社1995年版,第172页。

施。三种规范既有独立的一面,又相互渗透和相互作用,且往往三位一体,既可以是习惯的要求,也可以是道德或宗教戒律的要求。三种规范中,习惯是更主要的社会规范。

原始社会的社会规范(原始社会规范)所具有的这些情形,是同当时的社会生产力状况以及与之相联的社会文化水平相适应的。原始社会规范的最大的特点是,不以特殊的强制机关来保证其实行,而主要依靠人们自觉遵守。这是由原始社会规范的性质和原始社会的性质决定的,原始社会规范反映全体氏族成员的意志和利益,人们没有必要违反它;原始社会没有私有制,没有个人利益与公共利益的尖锐矛盾,没有社会各集团之间的对立,人与人之间没有根本利益冲突,因而他们一般都能自觉遵守反映公共利益的当时的社会规范。当然,原始社会规范也有强制力,也有人会不自觉地违反它,违反了也会受到制裁。例如,如果有人违反氏族内部不得通婚的习惯,就可能被驱逐出境;违反了某些宗教规范就有可能被烧死。

对原始社会的这些情况,恩格斯在《家庭、私有制和国家的起源》中有热情洋溢的描述:"而这种十分单纯质朴的氏族制度是一种多么美妙的制度呵!没有大兵、宪兵和警察,没有贵族、国王、总督、地方官和法官,没有监狱,没有诉讼,而一切都是有条有理的。一切争端和纠纷,都由当事人的全体即氏族或部落来解决,或者由各个氏族相互解决;血族复仇仅仅当作一种极端的、很少应用的威胁手段……一切问题,都由当事人自己解决,在大多数情况下,历来的习俗就把一切调整好了。"①但是,被恩格斯用美丽词句赞美的氏族制度并不是理想化的社会。原始社会的那种公有制,那种社会组织和社会规范,仅仅是当时社会生产力水平非常低下、单个人力量太小的结果,而不是生产社会化、生产资料公有化的结果。当社会生产力向前迈进,摆脱了原始状态发展到新的阶段时,旧的氏族制度就崩溃了,新的社会制度就产生了,国家和法就出现了。

三、法的起源的原因和规律

(一)法的起源的根本原因

1. 法的起源的经济根源

法是社会经济发展到一定历史阶段的产物。私有制和商品经济的产生是法的起源的经济根源。原始社会末期,出现社会大分工和产品交换。开始的交换带有偶然性和任意性,没有一定的规则。随着生产的发展和剩余产品日渐增多,交换逐渐摆脱了偶然性和任意性,产生了一定的规则和秩序。这种规则和秩序起初表现为习惯。后来,随着生产力和交换的进一步发展,以及贸易的兴起、高利贷和典当抵押制的出现,人们的生产、分配、交换等经济活动不断发展变化。新的经济生活需要有新的行为规范来进一步规制日常生产、分配和交换活动,在社会经济生活中居于主导地位的人们为固定有利于自己的新的经济关系,也需要有新的行为规则。这样,原来的氏族规范就逐渐被新的规则所代替。这种不再是全体氏族成员意志体现而首先是一部分人的意志体现的规则,就是法。对于这种新情况,恩格斯在《论住宅问题》中写道:"在社会发展某个很早的阶段,产生了这样一种需要:把每天重复着的产品生产、分配和交换用一个共同规则约束起来,借以使个人服从生产和交换的共同条件。这

---

① 《马克思恩格斯选集》(第 4 卷),人民出版社 1995 年版,第 95 页。

个规则首先表现为习惯,不久便成了法律。"①

2. 法的起源的阶级根源

社会经济的发展引发了阶级的出现,也是法的起源的重大原因。法是在产生了私有制,出现了阶级,在阶级矛盾不可调和的基础上产生的。原始社会末期,青铜器的出现,特别是铁器的发明和使用,使生产工具大为改观,社会生产力水平大大提高,由此而产生了个体劳动,出现了剩余、私有制和剥削,并进而产生了阶级。社会上的人逐步分裂为穷人和富人、剥削者和被剥削者两大对立阶级。原始社会被阶级社会所取代。原始社会的各种社会关系由剥削与被剥削、压迫与被压迫、统治与被统治的新的社会关系所取代。原来体现全体氏族成员意志和利益的原始社会规范,已经不能调整阶级社会新的社会关系。在这种情况下,经济上占统治地位的阶级,为了维护其阶级利益和阶级统治,不仅需要建立国家政权,而且需要凭借国家政权认可或制定新的社会规范,规定人们应当做什么,不能做什么,可以做什么,并且用国家强制力保证其得以实行,使人们的行为符合有利于统治阶级的新秩序。这种新的社会规范就是法。

(二) 法的起源的一般规律

各国法的起源都有自己的特点,但也都遵循着一般的规律。

1. 法的起源经历了由习惯到习惯法再到成文法的发展过程

这是一个漫长而复杂的渐进过程。这个过程是同私有制、阶级和国家由萌芽到最终形成的过程相一致的。它们的起源都经历了同一个历史时期,是同步完成的。这一点可以从原始社会的重要习惯之一血族复仇的演变得以了解。在氏族社会初期,这种复仇是漫无限制的,往往引起氏族间的大混战。后来随着生产力的发展,劳动力的价值受到重视,血族复仇的习惯就逐渐被近亲复仇、同态复仇的习惯所代替。随着社会分工和交换的进一步发展,特别是货币出现后,这种复仇的习惯又逐渐为赎罪所代替。随着阶级的进一步形成,复仇以及赔偿的习惯虽然被保留下来,性质却发生了变化,赔偿数额的多少由受害者的社会地位来确定。国家产生后,这种习惯便成了习惯法。当国家制定的成文法出现后,这种习惯法又成为成文法。世界上最早产生的法几乎都是习惯法,后来才发展为成文法,而最初出现的成文法也大多是以往习惯法的记载。历史上较早出现的成文法典有:公元前24世纪西亚的《萨麦法典》,前22世纪西亚的《乌尔纳姆法典》,前20世纪西亚的《亚述法典》,前18世纪巴比伦的《汉谟拉比法典》。后来有了前7世纪雅典的《德拉古法典》,前6世纪雅典的《梭伦法典》,前5世纪罗马的《十二铜表法》,前2世纪印度的《摩奴法典》。中国是四大文明古国之一,法的起源也很早。据传,在尧、舜时代就有了"神明裁判",表明那时已有法和司法的萌芽。到了前21世纪夏王朝建立,就有了正式的法。前536年和前501年郑国先后公布子产的《刑书》和邓析的《竹刑》,前513年晋国赵鞅铸"刑鼎",前407年李悝编纂《法经》。

2. 法的起源经历了同道德和宗教由混合到分离的发展过程

法的起源的过程受到道德和宗教的极大影响。刚刚产生的法几乎总是带有浓厚的道德痕迹和宗教色彩。一方面,许多古代立法明显地表现出道德和宗教的极大影响。例如《汉谟拉比法典》《摩奴法典》和通行于伊斯兰国家的实际上等于法律的《古兰经》,都是将法律规

---

① 《马克思恩格斯选集》(第3卷),人民出版社1995年版,第211页。

范、道德规范、宗教戒律融于一体的典型。另一方面是在司法程序中明显地表现出来。例如,在司法程序上往往采用神明裁判的方式。不过,无论立法还是司法所反映的道德规范或宗教戒律,都已不同于原始社会的氏族道德和宗教,它们的性质有了很大的变化,不是体现全体氏族成员的意志和利益,而是体现奴隶主阶级的意志和利益。法的起源过程受到道德和宗教的极大影响,是有两个原因的:一是因为氏族习惯往往同时也是氏族的道德规范和宗教戒律,脱胎于氏族习惯的那些法不能不受道德和宗教的影响。二是因为最初出现的奴隶主有一部分是由原来掌握祭祀、裁决日常纠纷大权的氏族贵族转变而来的,他们完全蜕变为专事社会管理而与其他氏族成员相对立的特殊人物后,也会自然将那些有利于自己利益的道德规范和宗教戒律变为法律规范。后来,随着社会的发展进化,也由于法、道德、宗教戒律自身的发展演变,它们各自逐渐地相互分离,成为在调整对象和范围、调整方式和手段等方面各具特色的、界限较为清晰的三种不同的社会规范。

四、法与原始社会规范的异同

法是由原始社会规范演变而来的,两者有着历史的联系和共同的特点。然而法与原始社会规范又有重要区别,它们是两个不同的范畴和事物。

法与原始社会规范的共同点主要表现在:两者都属于上层建筑范畴,都由经济基础决定并为其服务;都是调整人们行为的准则和调整人们相互关系的社会规范,都具有普遍的约束力。

两者的主要区别在于:

第一,产生的途径不同。法是由国家制定或认可的,它的产生是个比较自觉的过程,除了习惯法或来源于习惯法的立法以外,国家制定、修改和废除法,都是执政者基于维护和发展一定的利益而有意识地进行的。原始社会规范不是由特殊的权力机关制定或认可的,而是由原始人在长期的共同劳动和共同生活的过程中自发形成、世代相传而来的,它的产生是个自发的过程。

第二,基础和本质不同。法是在阶级社会的经济基础之上产生和存在的上层建筑,首先和主要体现执政阶级的意志,维护和发展有利于执政阶级的社会关系和社会秩序。而原始社会规范是在原始公有制的经济基础之上产生和存在的上层建筑,体现全体氏族成员的意志,反映全体氏族成员的平等关系,维系氏族的血缘关系和氏族内部的社会秩序,不具有阶级属性。

第三,适用的范围不同。法的适用范围是以属地主义为基础的,它适用于一国或一定地区的所有居民,即适用于国家权力管辖范围内的所有居民。而原始社会规范的适用范围以属人主义为基础,它只适用于本氏族或本部落的成员,只适用于同一血缘的所有成员,一般不以地域为适用范围。

第四,实施的方式不同。法是由国家强制力为后盾保证实施的,具有特殊的强制力,离开了国家法就难起作用,特别是野蛮落后的法更是如此。而原始社会规范不是由特殊的强制机关保证实施的,它主要依靠社会成员自觉遵守,通过社会舆论、氏族首领的威信、传统的力量和人们内心信念的驱使等因素来保证实施。

第二节 法的历史发展

一、法的历史类型

(一) 法的历史类型的概念

法的历史类型,是指将人类历史上存在过的以及现实中依然存在着的法,按照其阶级本质和经济基础所作的基本分类。法的历史类型属于法的分类范畴,但不同于法系那样的以法律传统为标准的分类,也不是像法的体系之类的结构分类,而是注重法的本质的分类。法的历史类型的划分,所遵循的是马克思的社会形态划分理论。

划分法的历史类型的标准或依据,主要是看法建立在什么样的经济基础之上,反映什么样的阶级意志,并由什么性质的国家所制定。凡是建立在相同的经济基础之上,具有相同的本质并由同一性质的国家所制定的法,便属于同一历史类型的法。

按照马克思主义的基本观点,迄今为止人类社会出现了五种社会形态,即原始社会、奴隶社会、封建社会、资本主义社会和社会主义社会。除原始社会没有阶级和国家,因而也没有作为国家意志体现的法以外,同另四种社会经济形态和四种不同本质的国家相联系,依次出现了四种不同历史类型的法,即奴隶制法、封建制法、资本主义法和社会主义法。前三种历史类型的法统称为私有制社会的法。社会主义法则是新的最高历史类型的法。当然,人类历史上的法,按照这四种历史类型依次由低级向高级更替,是法的历史发展的一般规律,并不表明每个国家和民族的法,都一定要经历这四种历史类型的演变。

(二) 法的历史类型更替的规律

1. 更替的根本原因是社会基本矛盾的运动

生产关系和生产力之间、上层建筑和经济基础之间的矛盾,构成社会的基本矛盾。这个基本矛盾贯穿在整个人类社会中,决定着一种社会向另一种社会的转化。社会基本矛盾的运动推动着社会不断地向更高的层次发展,推动着新旧社会的更替,因而也决定着法的历史类型的更替。

生产关系的发展一定要适合生产力的性质。当生产力发展到一定程度的时候,便同生产关系发生冲突,必然引起生产关系的发展或更替。而生产关系的总和便是经济基础。生产关系的发展或更替,必然引起建立在经济基础之上的包括法律制度在内的社会上层建筑的发展或更替。生产关系发生量的变化,便会引起法律制度的局部变化;发生质的变化,便会导致法律制度的根本变化,即导致法的历史类型的更替。

这里需要注意,法的历史类型随着生产关系的更替而更替,有一般和特殊两种情形。就一般情形而言,法的历史类型的更替只能在生产关系变更以后才会发生。历史上,尽管奴隶制社会末期已孕育着封建制生产关系,但封建制法代替奴隶制法只能是在封建制生产关系代替奴隶制生产关系之后。同样,资本主义生产关系也在封建社会内部萌芽并有一定程度的发展,并且资本主义法在封建社会的中后期便已萌芽,但作为一种历史类型意义上的资本主义法,它取代封建制法,也只能是在资本主义生产关系代替封建制生产关系之后。

而社会主义类型的法代替旧的历史类型的法,在方式上则有其特殊性。社会主义生产关系不是在旧社会内部产生的,而是在利用自己的国家政权和法律制度消灭旧的生产关系后建立起来的。当然,这并没有脱离生产关系的变革引起法的历史类型更替的一般规律。社会主义类型的法代替旧的历史类型的法,根本原因还是由变革生产关系的客观需要决定的。社会主义国家和法建立后,必须立即改革旧的生产关系,建立社会主义生产关系,否则社会主义法就会因为自己没有基础而不可能存在下去。这也说明,生产关系的变革对社会主义类型的法代替旧的历史类型的法起着决定性作用。

2. 更替的基本途径是社会革命

社会基本矛盾的运动,推动着法的历史类型的更替。这种更替不是自发地实现的,而是要通过社会革命的途径才能实现的。这是因为,历史上所有统治阶级都不会自动地退出历史舞台,不会自动地放弃政权和改变所有制。从来腐朽没落的统治阶级,都必然要利用掌握在手中的国家机器和法律制度维护它的生产关系,阻碍新的生产关系的出现。而新兴的阶级要变更旧的生产关系,推动历史前进,就必须进行社会革命,夺取国家政权和创建自己的法制。

历史上一切法的历史类型的更替,都是通过社会革命来实现的。但封建制法代替奴隶制法、资本主义法代替封建制法,都只是用一种新的私有制类型的法代替另一种私有制类型的法。社会主义法代替旧的历史类型的法,是法的历史类型的根本变革,因而任务更艰巨。当然,社会革命不是可以随心所欲地发动的,不是任何时候都能发生的,而只有在具备了一定客观条件和主观条件时,才有可能发生并取得成功。

二、古代法:奴隶制法和封建制法

(一) 古代法:奴隶制法

奴隶制法是人类历史上最早出现的私有制类型的法。它是在原始社会解体、奴隶制生产方式形成的时候,伴随着奴隶制国家的出现而出现的。

奴隶制法首先是和主要是奴隶主阶级意志和利益的体现,是在经济上占统治地位的奴隶主阶级,通过国家制定或认可的,凭借国家强制力保证实行的行为规范的总和,是维护奴隶制经济基础、维护有利于奴隶主阶级的社会关系和社会秩序、实现奴隶主阶级统治的工具。这是奴隶制法的本质所在。

奴隶制法有五大特征:其一,严格维护奴隶主所有制。奴隶主所有制是奴隶主阶级赖以生存的基础,严格维护奴隶主所有制是奴隶制法的本质特征所在。奴隶制法尤其注重保护奴隶主的私有财产权、保护奴隶主对奴隶的私有权、保护奴隶主的土地所有权。其二,公开维护奴隶主阶级的政治统治。一方面,奴隶制法规定君主拥有不受任何法律监督的无限权力,君主的意志就是法,任何人都必须遵守。这是因为君主是奴隶主阶级在统治上的总代表,是政权的核心。另一方面,奴隶制法严厉惩罚所谓国事犯罪。其三,公开确认自由民在法律上的不平等。奴隶制生产关系是一种赤裸裸的剥削、掠夺、压榨关系,作为这种关系的法律反映,在奴隶制社会,不仅奴隶没有法定地位和权利,就是在自由民之间,法也公开规定了他们之间不平等的地位。其四,刑罚特别野蛮残酷。奴隶制是一种公开地、直接地掠夺奴隶的剥削制度,是把政治强制和经济剥削直接结合起来的制度。因此,奴隶制法必然带有刑罚特别野蛮残酷的特点,一则死刑范围非常广泛,再则制裁手段极为残忍。其五,保留原始社会规范的残余。奴隶制社会是直接从原始社会脱胎而来的,奴隶制法最初也由原始社会的某些社会规范演变而来,因此,奴隶制法不可避免地带有原始社会规范的残余。例如,奴隶制法还存在原始社会那种以牙还牙、以眼还眼的同态复仇习惯和损害赔偿制度。

东西方奴隶制法除了具有上述共同特征以外,也有各自的特色:

第一,东方奴隶制法建立在土地国有制的基础上,而古希腊、古罗马奴隶制法一般以私有制为基础。东方奴隶制国家形成时,生产力水平很低,经济基础主要表现为以君主为代表的奴隶主阶级对土地的国有制,基本上是自给自足的经济,商品经济不发达,因而体现私有制和商品生产关系的法不多。古希腊、古罗马曾达到土地私有制高度发展、商品生产较为发达的程度,其法制特别是罗马法,充分地反映了私有制和商品生产的发展。恩格斯把罗马法称为"纯粹私有制占统治的社会的生活条件和冲突的十分经典性的法律表现"[①]。又说:罗马法是"商品生产者社会的第一个世界性法律"[②]。

第二,东方奴隶制法维护奴隶制君主专制,古希腊、古罗马奴隶制法曾经维护奴隶制民主制。东方国家一般实行君主专制,君主拥有无限的权力,是最高的立法者和司法者。古希腊雅典城邦及其奴隶制民主制,是在氏族内平民和贵族进行斗争的条件下产生的;古罗马的奴隶制贵族共和国,则在氏族外平民和贵族进行斗争的条件下产生。

第三,在法的形式方面,东方奴隶制法长期以习惯法作为法的主要形式,成文法不发达,而且成文法大多也是习惯、判例的记载,如《汉谟拉比法典》实际上就是判例的编纂,国王和宰相的政令则是成文习惯法的补充。一般说,这些国家既无专司立法和司法的机关,也未形成职业法学家集团。而古希腊、古罗马的法的形式比较多样化,虽然早先也是习惯法,但由习惯法向成文法转变较快,成文法较为发达。到罗马帝国前期,已形成职业法学家集团,罗马帝国的一些皇帝领导了大规模的法典编纂工作。

第四,所有古代奴隶制法都具有神权色彩,但在东方奴隶制法中,这种色彩一般更为浓厚,强调法是神授的,以某种神的意志作为立法的依据,肯定"君权神授论"。

最早出现的奴隶制法是东方奴隶制法,距今大约 6000 年。历史最长的奴隶制度,延续了大约 3500—4000 年。早期的奴隶制法,具有典型意义的就是通常所说的"四大文明古国"的法,即古埃及、古巴比伦、古中国、古印度的法。埃及法大约产生于公元前 4000 年;巴比伦法大约产生于公元前 3000 年;中国法大约产生于公元前 2000 年;印度法大约产生于公元前 800 年。恩格斯曾经把这四个东方文明古国称为"早熟的文明小孩"。这几个文明古国及其法律制度,生长到公元前 500—前 300 年左右,被封建制国家和法所代替。在欧洲,奴隶制时代的产生要晚得多,古希腊雅典城邦产生于公元前 800 年,古罗马则产生于公元前 600 年。所以,在欧洲,奴隶制法的产生比东方要晚得多。

(二) 古代法:封建制法

世界上绝大多数国家都经历过封建制这一历史阶段。在欧洲,从公元 3 世纪至 5 世纪西罗马帝国的灭亡,到 17、18 世纪资产阶级革命的胜利,封建制法存在了一千四五百年。在中国,从春秋战国时期到辛亥革命推翻清王朝,封建制法更存在了两千多年。在这漫长的历

---

① 《马克思恩格斯全集》(第 21 卷),人民出版社 1965 年版,第 454 页。
② 《马克思恩格斯选集》(第 4 卷),人民出版社 1995 年版,第 252 页。

史时期中,封建制法对人类社会生活的各个方面,诸如对经济和政治,思想和文化,民族性格和民族精神,特别是对后世的法制和政制,发生着广泛而深远的影响。当代中国法制与封建制法之间,不曾有过作为独立历史类型的资本主义法的存在和发展,它是在半封建半殖民地法的历史渊源中产生的,在相当大的程度上受到封建制法的影响,因而认真地研究封建制法,是中国法学的重要任务之一。

封建制法是上升为国家意志的封建地主阶级意志的体现,是由封建制国家制定或认可、凭借国家强制力保证实行的社会规范的总和,其目的首先在于维护封建的社会关系和社会秩序。这就是封建制法的本质所在。这一本质是由封建社会的经济基础决定的。封建社会的生产主要是农业生产,也就是"你挑水来我浇园"的生产方式和"男耕女织"之类的自给自足的自然经济。生产资料主要是土地。农民只有在地主的土地上劳动才能生存,地主阶级可以凭借自己手中的土地所有权支配农民并进而成为整个社会的主人。这样,以土地为桥梁,就形成了农民对封建地主的依附关系。

封建制法尤为显著的一个特征,诚如马克思所言,在于它是"特权的法"。一方面,由于地主阶级占有绝大部分土地,从而在政治生活中也占据统治地位,所以从总的方面来说,整个地主阶级是封建社会中的特权阶级。另一方面,由于地主阶级对土地的占有程度不同以及政治地位不同,其内部形成了一个从皇帝到臣属再到一般地主的"金字塔"式的等级体系。封建制法作为封建社会的制度性反映,不能不是特权的法。这一特征表现在诸多方面:在经济上,封建制法保护按等级占田和豁免捐税的经济特权。在政治上,封建制法保护等级森严的特权等级地位。在司法上,封建制法为特权等级规定了逃避刑罚的办法。在婚姻家庭关系上,封建制法保护家长的特权,规定贵贱之间、良贱之间不准通婚,特别维护男女夫妻之间的尊卑关系,公开肯定一夫多妻是合法的、受保护的,娶妾是合法的、没有限制的。

封建制法的另一个突出的特征在于它是一种野蛮的、残忍的法律制度。亦如马克思所言,封建制法是"武力的法"。这是因为,封建制法主要是地主阶级意志的反映,而地主对农民的剥削比资本家对工人的剥削,残酷性更明显、更直接。另外,封建制国家主要是君主制国家,野蛮、残酷是封建制国家的重要特征。这一特征主要表现为:确认地主对劳动者的残酷剥削和武力专横是合法的;确认武力是解决纠纷的合法手段;刑罚种类繁多、手段残暴。

封建制法的形式比较复杂,以哪种法为主要的法的形式,在封建制发展的不同时期是不同的。欧洲封建制国家大体经历了封建割据、等级代表君主制和君主专制三个发展时期。与此相适应,封建制法的形式的发展也分为三阶段。发展过程总的来说表现出由极不统一到逐渐统一。在中国,封建制法的形式的发展则有自己的特点。早在奴隶制向封建制转变时期,即已产生成文法,春秋后期便陆续产生了郑国子产的《刑书》、邓析的《竹刑》、晋国赵鞅的"刑鼎",到诸侯割据称雄时期,陆续制定了楚国的《宪令》、赵国的《国律》、秦国的《秦律》、魏国的《法经》。秦始皇建立中央集权的君主专制后,制定了全国统一的法典,法的形式发生重大变化。此后两千年中,成文法典是中国封建制法的主要形式。与此同时,皇帝的诏书在封建制法的形式中占有特殊地位,当现行成文法同诏书发生矛盾时,一般以诏书为准。

三、资本主义法

资本主义法是人类历史上最后一个私有制类型的法,是社会主义法的近邻,也是当今世界主要的法的历史类型之一,因此是法理学研究的一个重点主题。

(一)资本主义法的产生

1. 资本主义法的萌芽

资本主义法的产生经历了由萌芽到正式形成的历史过程。封建社会的中后期,随着商品生产和商品交换的不断发展,自给自足的封建自然经济开始走向没落,资本主义生产关系得以生长。与此相适应,封建制法也发生变化:一方面,封建制法作为地主阶级意志的体现,必然要阻碍资本主义生产关系的生长;另一方面,资本主义生产关系必然要求在法律上得到反映,使封建制法中不能不产生带有资本主义因素的法的萌芽。这样,资本主义法实际上在封建社会的中后期就开始产生了。这种情况特别表现在三个方面:

一是封建社会的中后期出现了反映资本主义经济要求的海商法。没有新兴资本主义经济促进当时海外贸易的发展,是不可能产生海商法的。

二是封建社会的中后期出现了反映资本主义经济要求的罗马法复兴运动。在中世纪初期的西欧国家,法是极不统一的,罗马法几乎默默无闻,著名的《查士丁尼国法大全》被湮没达几个世纪。然而历史进入中世纪中期之后,大陆各国掀起了学习、宣传、研究罗马法的热潮,罗马法死而复生。世界上第一所大学,即11世纪意大利北部的博洛尼亚大学就是从研究《查士丁尼国法大全》开始它的大学教育的,当时,法学是它的唯一学科。继博洛尼亚大学之后创立的其他一些著名大学,如意大利的那不勒斯大学,德国的科隆大学,英国的牛津大学、剑桥大学等,也都是以研究罗马法为主要学科的。罗马法复兴的根本原因在于,中世纪的各种法中,仅罗马法的特点适应了资本主义发展的需要:奴隶制的罗马大帝国曾经是拥有世界霸权的强大国家,它制定的罗马法是统一的,能适应跨越国界进行资本主义贸易的需要;更为重要的是,罗马法是建立在私有制和简单商品生产关系极为发达的基础上的,它的许多原则特别是保护私有制、调整商品交换关系的立法原则,能适应当时各国资本主义商品经济发展的需要。

三是封建社会后期出现了反映资本原始积累的法。资本主义的发展最初经历了一个原始积累的过程。农民被剥夺了土地后,大批地转化为乞丐、盗贼、流浪者。为此,15世纪末和16世纪,西欧各国政府制定了大量诸如惩治流浪者的法律。这种法的出现,是封建社会后期资本主义法得以萌芽的又一体现。

2. 完全意义上的资本主义法的产生及其特点

资本主义法虽然在封建社会内部就已萌芽,但完全意义上的资本主义法只有在资产阶级建立起自己的国家政权后才能产生,而资产阶级国家政权的建立是需要通过资产阶级革命来实现的。因此,完全意义上的资本主义法,是资产阶级革命的产物,其特点是同资产阶级革命的特点密切相关的。在一系列的革命运动中,英法资产阶级革命是具有世界历史意义的最重要的革命,它们诚如马克思所说:"宣告了欧洲新社会的政治制度。"[①]同英法革命的特点相吻合,资本主义法的产生表现出两种不同的方式或风格:

第一种方式是仍然承认以往法的效力,但赋予它以新的内容,并不断加以修改和补充,使之适合新社会的发展需要。英国资本主义法的产生是采取这种方式的典型。革命胜利以

---

① 《马克思恩格斯选集》(第1卷),人民出版社1995年版,第318页。

后,保留了自 13 世纪以来的大部分法律、法令。为使这些法律、法令适合资本主义的发展要求,法官和法学家一方面以现代资产阶级的精神来解释过去那些封建制法的古老原则;另一方面,通过审判实践,把一些新的有利于资产阶级的法吸收到自己的法的体系中,例如把商法吸收到普通法中。可以说,英国资本主义法是利用和改造原有封建制法,使之适合资本主义发展需要的结果。

英国资本主义法的产生采取这种继承方式的根本原因在于英国资产阶级革命的不彻底性和妥协性。在这种革命的基础上所产生的国家政权,在政治制度上自然就保留着君主制,在法制上则大量采用封建旧法的形式并赋予其新的内容。恩格斯说:"在英国,革命以前的制度和革命以后的制度因袭相承,地主和资本家互相妥协,这表现在诉讼上仍然按前例行事,还虔诚地保留着一些封建的法律形式。"[①]

第二种方式是不承认以往社会的法的效力,而是在以往法的基础上重新制定自己的新法。法国资本主义法的产生是采取这种方式的典型。1789 年的《人权宣言》,宣布了资产阶级社会的一系列原则:财产神圣不可侵犯和不可剥夺;在权利方面,人们生来是而且始终是自由平等的;法是公共意志的表现,法律面前人人平等;公民有权亲自参加或推举代表参加法的制定;公民有言论、出版自由。所有这些也就意味着宣布封建制法从此没有效力。同时法国资产阶级又在以往社会的法的基础上制定自己的新法律。例如,在民法方面,以罗马法为基础,编纂了著名的《法国民法典》。

法国资本主义法的产生,采取这种方式的一个根本原因在于法国革命是以彻底的和完全的胜利而告终的,革命的特点决定了法国资本主义法以废除封建制法和创建自己的法这样一种方式产生。正如恩格斯所指出的:"在法国,革命同过去的传统完全决裂,扫清了封建制度的最后遗迹,并且在民法典中把古代罗马法……巧妙地运用于现代的资本主义条件;这种运用实在巧妙,甚至法国的这部革命的法典直到现在还是所有其他国家,包括英国在内,在改革财产法时所依据的范本。"[②]

(二)资本主义法的本质和特征

资本主义法是建立在资本主义经济基础之上的法律上层建筑,是资本主义社会的社会关系的反映。因而资本主义法首先和主要体现资本家阶级的意志,确认和维护有利于资本家阶级的社会关系和社会秩序。这就是资本主义法的本质。这一本质较为充分地体现在它的下列特征中。

1. 注重维护私有财产权

维护资本主义私有财产权,是资本主义法的根本任务和原则。因为私有财产是这个社会的物质生活条件,若不维护它,资本主义法本身就没有赖以生存的基础。无论是民法法系还是普通法法系,自由时期的法还是垄断时期的法,都以维护资本主义私有财产权作为根本任务和原则。就资本主义法的体系而言,宪法为保护私有财产权作出原则规定,刑法则规定对危害财产权的犯罪行为给予惩处,其他法特别是民商法则为维护财产权作出详尽的规定。

资本主义法维护私有财产权这一特征,在不同历史时期有不同的表现。在资产阶级革

---

① 《马克思恩格斯选集》(第 3 卷),人民出版社 1995 年版,第 710 页。
② 同上。

命时期和自由资本主义时期,这一特征主要表现为坚持私有财产神圣不可侵犯的原则。法国《人权宣言》规定:"财产是神圣不可侵犯的权利。"1791年美国宪法修正案第5条规定:"凡私有财产,非有相当赔偿,不得收为公用。"《法国民法典》更加具体地贯彻了私有财产神圣不可侵犯的原则。英国法特别强调土地所有人对其土地的所有权"上达天空,下迄地心"的原则。在审判实践中,甚至出现过许多诸如枪弹飞过、马蹄伸入等都构成不法侵犯土地所有权的判例。

进入垄断时期后,资本主义法维护私有财产权的特征发生某些变化:其一,法律一般不再公开标榜私有财产神圣不可侵犯的原则,而是标榜"所有权社会化"。其二,在一些国家,法律规定了某些财产国有化的内容,如规定交通、邮电、铁路、电力等企业收归国有,由国家直接经营。这种情况被称为"所有权国有化"。其三,在一些法律中将无限制的私有财产权作了某些限制。如1919年德国《魏玛宪法》规定:"所有权包含义务,所有权的行使应当符合公众福利。"当然,这些变化只是改变了法律保护资本主义私有制的某些方法,并不意味着发生实质上的变化;改变的目的是在新情况下更有效地保护垄断资产阶级的私有财产权,它并不能致使资本主义生产关系发生性质的转变。

2. 注重体现契约自由

确立契约自由原则是资本主义法区别于此前几种历史类型的法的一个显著特征。这一原则是资本主义雇佣劳动制度在法律上的表现,它最早是在资产阶级革命中提出来的。当时,为了打破行会对商品和劳动力自由转移的限制,反对封建制国家对工商业的干预,资产阶级提出契约自由的口号。资本主义经济是商品经济,商品经济的一个根本特征是要求商品能够自由流通和买卖,资本主义商品经济如欲自由发展,就需要契约自由。因此,夺取政权后,契约自由成为资本主义法的一项基本原则,法律规定订立契约是人的天赋权利,除身体或精神上有欠缺之外不得加以限制。《法国民法典》第1134条规定:任何人都可以自由订立契约,自由决定契约的内容、形式,自由选择缔约的对方。在这部影响世界的民法典中,一半以上的篇幅是关于契约的内容。

契约自由原则有着重要的历史进步作用,它对废除封建制国家对工商业的干涉和限制,取消封建行会制度和商业垄断制度,废除封建人身依附关系,保障资本主义工商业的自由发展,提高社会生产力水平和促进社会进步,起过重要的历史进步作用。但契约自由原则实质上主要是资本家雇佣劳动力的自由。在资本主义制度下,工人不得不出卖自己的劳动力,在他们和资本家之间实质上没有什么平等、自由可言。资本家凭借金钱的力量就能把自己的意志强加给工人,迫使工人接受资本家自己确定的劳动条件和工资待遇,去忍受资本家的剥削。工人同资本家订立契约时,所表达的自由意志,主要是形式上的,而不是真正的自由意志,这种自由意志不过表示了工人在签订契约的时候有选择受人宰割的自由,一旦签订契约、进入资本家的工厂干活后,这种形式上的自由也不存在了。因此,契约自由在很大程度上是以形式上的自由掩盖了社会现实中的真正的不自由。

3. 注重确认法律面前人人平等

这是资本主义法的又一个重要特征。法律面前人人平等包括三层意思:其一,立法上平等。所有公民都有平等表达意志、参与立法的权利,公民的法定权利是平等的。其二,司法上平等。国家在适用法时,平等地保护全体公民的法定权利,同罪同罚、罪刑相应。其三,参政上平等。所有公民都有平等地担任官职、管理公共事务、依法参政的权力,除了德行和才能的限制外,一律平等。

法律面前人人平等所包括的这三层含义,首先在美国《独立宣言》中得以体现,而1789年法国《人权宣言》则更为典型地反映了法律面前人人平等原则。两个《宣言》根据卢梭等人的观点宣布:一切人生来就是平等的,他们均享有生命、自由和追求幸福的不可侵犯的自然权利。为了保障这些权利,人们才建立了自己的政府,这个政府的正当权力是基于被统治者的同意的。如果某一政府离开了这一目的,那么人民就有权将其改变或废除,并根据这些原则建立新政府。

法律面前人人平等原则的提出和确立,有其深刻的思想、历史和经济根源。就思想根源说,这一原则的提出和确立,是绵延数百年的以人为核心的人文主义思潮深入人心的结果。早在文艺复兴时期,思想家就提出了"天赋人权""人人平等"的观点。到17、18世纪,启蒙思想家又系统阐发了这些理论学说。这些理论学说反映了广大人民反对专制暴政、反对封建特权、反对宗教蒙昧主义的强烈愿望和不满情绪,是人文主义思潮深入人心的逻辑结果。就历史根源说,人人平等原则的提出和确立,是资产阶级夺取政权和巩固政权的需要。资产阶级为实现夺取政权的目的,需要联合其他阶级共同反封建,于是便以全社会利益代表者的名义提出了带有普遍性印记的法律面前人人平等的口号。就经济根源说,人人平等原则归根到底是资本主义经济关系在法律上的反映和确认。资本主义经济是典型的商品经济,而商品经济中通行的原则是等价交换原则。这种经济原则反映到法律上来,必然要求实行人人平等的原则。

法律面前人人平等原则在历史上曾经起到动员和组织人民反对封建集权专制的积极作用,它有利于自由竞争,有利于更大地发挥个人潜能,比之封建制法所确认的等级特权原则无疑具有重大的历史进步作用。同时,应当看到这一原则对资产者来说是比较真实的,对普通劳动者来说,则往往难以真正实现。事实证明,在资本主义世界,立法、司法和行政,并没有真正做到也不可能真正做到人人平等。因为经济上的不平等决定了法律面前人人平等不可能贯彻到底。资本主义社会在很大程度上的确是个以金钱、资本为基础为转移的社会,谁的钱少或没有钱,谁就没有社会地位,就可怜巴巴,就受人支配。在这里,金钱和正义,金钱和真理,金钱和权势,金钱和平等,往往是成正比例发展的。在百万富翁、亿万富翁和穷光蛋之间,在拥有生产资料的资本家和受雇佣的工人之间,难有真正的平等。

(三) 资本主义法治

在资本主义国家,法治是被十分张扬的。关于法治的含义,学者有种种论述,而比较普遍的看法,是将法治视为依法治理国家的一种原则和方法,其内容主要包括:其一,国家机关、公职人员和公民的活动,都严格遵守国家法律制度,反对任何专横和特权;其二,国家机关应当依法行使职权、履行职责;其三,公民的权利和自由以法定制度予以保障,公民的义务也由法明文规定,国家机关没有法律根据不能限制公民的权利或向公民追加法外义务;其四,没有法律根据不能对公民进行逮捕、监禁、审问和处罚。

资本主义法治原则也是在资产阶级革命中提出并在夺取政权后用法的形式肯定下来的。革命时期产生的一系列著名的法律性文件,以及夺取政权后制定的一系列宪法和法律,如美国《独立宣言》、法国《人权宣言》、美国《宪法修正案》,都明确肯定了法治原则。《人权宣言》规定:对自由只能由法律加以限制,凡是未经法所禁止的行为,都是允许做的;凡是法没有规定要做的事,都不能强迫任何一个人去做;没有法律根据、不按照法定程序,不得控告、逮捕或拘留任何人,凡动议、发布、执行或命令他人执行专断命令者应当受到处罚;没有法律规定,不得处罚任何人,即实行所谓"法无明文规定不为罪"和"罪刑法定";任何人在其未经宣告为犯罪以前应当被推定为无罪,即实行"无罪推定"。

这种法治原则的提出和确立,是人类历史上的一个重大进步。按照法治原则,一切个人和组织,包括国王、国家机关、官吏以及公民都要严格守法,凡是与法相关的事项都要依法办理。这一原则同专制制度、等级制度、特权制度以及一切其他封建制度,形成了尖锐对立。

当然,这一原则如同资本主义其他一些法律原则一样,也难以真正贯彻到底。这是因为,资产阶级就其本性来说是资本的化身,资本家实际上就是人格化了的资本,其本性就是追求最大的利润。他们正如马克思所说,为了追求利润,往往不顾绞首的危险。在资本主义社会,"法的利益只有当它是利益的法时才能说话,一旦法的利益和这位神圣的高尚人物发生抵触,它就得闭上嘴巴"[①]。资本家的本性是同真正彻底的法治相分裂的。至于在官场中,由于资本的力量时时处处在发挥作用,官吏行贿受贿、贪赃枉法的行径比比皆是。可见,资本主义社会缺乏实现真正法治的经济基础。

资本主义法治的发展经历了自由和垄断两个时期。在自由资本主义时期,法治是受到重视的。这主要因为,在自由竞争的背景下,资本家虽然反对国家干预经济生活,以免国家妨碍自由竞争,但却迫切需要法来保障私有财产神圣不可侵犯的权利,需要法来规定自由竞争的原则和规则。这一时期重视法治,除了表现在将反封建的一些原则以法的形式肯定下来外,还特别表现在尤其重视立法。尤其是在19世纪,各国开展了广泛的立法活动。在法国,拿破仑主持制定了《民法典》《刑法典》《民事诉讼法典》《刑事诉讼法典》和《商法典》。在德国,1871年统一以后,也制定了许多法典,如《刑法典》《民事诉讼法典》《法院组织法》《民法典》。在普通法法系国家,议会的立法也获得广泛发展,并对传统的普通法和衡平法进行了许多重大改革。

进入垄断时期后,资本主义法治经常受到资本主义制度内在的那些抵消法治的因素的侵蚀。削弱议会立法权,广泛采用委任立法或授权立法,扩大政府首脑和行政机关的权力,不论是总统还是内阁都拥有立法权,并可以根据形势的需要随时制定应对政治、经济危机的法律、法规,这些情况普遍存在,使资本主义法治受到较大的负面影响。但资本主义法治也经常发展着,特别是第二次世界大战后,资本主义法治相对稳定并有了相当的进展:其一,民主法律制度有某些发展。不少国家制定了一系列扩大公民基本政治权利的法律,如结社法、选举法、职工参与决定法等。其二,社会福利法律制度有明显发展。社会福利法的范围不断扩大。其三,出现了不少新的部门法和新的法律集群,如环境保护法、城市建设法、消费者保护法、能源法、知识产权法。其四,有些国家对民事和刑事基本法典加以重新制定或修改,采用许多诸如注意对罪犯的改造、废除死刑、无期徒刑仅适用于极少数罪行之类的新原则。其五,改革司法组织,加强了对宪法实施和其他法的实施的监督,如设立宪法法院和议会巡视

---

① 《马克思恩格斯全集》(第1卷),人民出版社1956年版,第178页。

议员制度。其六,国际立法和跨国立法有显著发展,出现了诸如欧洲共同体法这样的现象,也出现了民法法系和普通法法系逐步兼容的情形。

第三节 民法法系和普通法法系

一、法系的概念

法系是西方学者根据各国法的特点、历史传统及其源流关系对法所作的分类。划分法系的根据主要是各国法的特点、历史传统和源流关系,凡是具有某些共同特点和历史传统的,有着同一源流关系的法,便属于同一法系。

法系,既不同于法的体系,也不同于法的历史类型。法系主要是根据法的历史传统和法的源流关系的差异,以及法的内容和形式上的某些特点,对各国和地区的法所作的分类。法系这一概念所注重的,是根据法的某些外部联系对法进行划分,这种划分并不揭示法的本质。

关于法系的划分,在西方学者的著作中历来众说纷纭。按照美国学者威格摩尔的观点,世界上先后产生过16个法系。按照法国学者达维德的观点,当代世界的法系可以分为四类:(1) 罗马日耳曼法系,即民法法系或大陆法系;(2) 普通法法系,即英国法系或英美法系;(3) 社会主义法系;(4) 其他法系,包括伊斯兰法、印度法、远东法(中国法和日本法)、马达加斯加和非洲各国法。其中民法法系、英美法系和社会主义法系是最主要的法系。按照另外许多学者的观点,整个世界的法系可以分为五个:(1) 中华法系;(2) 印度法系;(3) 伊斯兰法系;(4) 民法法系;(5) 普通法法系。其中中华法系、印度法系、伊斯兰法系基本上是法制史上的概念,例如中华法系主要是指中国封建制法。而民法法系和普通法法系则是当今世界上更具影响的两大法系。

二、民法法系

(一) 民法法系的含义、范围和支柱

民法法系是以古代罗马法,特别是以19世纪初《法国民法典》为传统而发展起来的世界各国和地区的法的总称。由于民法法系是继承罗马法而来的,所以又称罗马法系;由于民法法系首先和主要是指欧洲大陆国家的法,所以又称大陆法系;由于大陆各国主要是采取成文法典形式,所以又称成文法系或法典法系;由于民法法系也受到中世纪日耳曼法的影响,所以又称罗马—日耳曼法系,或罗马—德意志法系。

属于民法法系范围的法,主要有欧洲大陆各国的法,如法国、德国、奥地利、比利时、荷兰、瑞士、意大利、西班牙、葡萄牙等大陆国家(即日耳曼语系和拉丁语系国家)的法。此外还包括世界上其他许多国家和地区的法,其中主要是曾经作为法国、西班牙、荷兰、葡萄牙等国殖民地的那些国家和地区的法,也包括明治维新后的日本、泰国、土耳其、埃塞俄比亚等国的法。中华人民共和国建立以前的几十年的法,在很大程度上是参照日本、德国等国的法所制定的,因而也被认为属于民法法系。

民法法系有三大支柱:一是古罗马法。这是民法法系的历史渊源,民法法系主要发源于古罗马法,受古罗马法的影响;此外也受其他法的影响,因为中世纪罗马法本身也受当时日耳曼法、地方习惯法、教会法、商法等的影响。二是《法国民法典》。三是《德国民法典》。了解这三大支柱,对了解民法法系的形成、特点和其他有关情况是必要的。

(二) 罗马法与民法法系

罗马法之所以对民法法系有重要影响,成为它的主要支柱,是有三个原因的。一个原因正如恩格斯所说,罗马法是"以私有制为基础的法的最完备形式"[1]。古罗马是一个简单商品生产十分发达的社会,罗马法对这种商品生产的各种法律关系都作了极为详尽的规定,因而它成为古代法中反映商品生产和商品交换最完备、最典型的法,也因此它能为后来大陆各国所继承。另一个原因在于古罗马疆域非常辽阔,西欧、东欧和非洲的一些国家都在古罗马的版图之中,罗马法是拥有世界霸权的法,是"商品生产者社会的第一个世界性法律"[2]。因此罗马法必然能对欧洲大陆各国的法产生重要影响。第三个原因是罗马法复兴运动发端和发展于欧洲大陆国家。

(三) 《法国民法典》与民法法系

民法法系的第二个也是最重要的支柱,是《法国民法典》。从1803年3月15日到1804年3月30日,《法国民法典》陆续分编章以单行法的形式公布完毕,最后形成了一部完整的法典。法典共计2283条。拿破仑直接领导编纂工作,亲自主持了讨论法典草案的103次会议中的半数以上会议,直接影响和促成了很多条文的形成。为表彰拿破仑对《法国民法典》的贡献,法国政府于1807年和1852年两次将《法国民法典》命名为《拿破仑法典》。《法国民法典》之所以成为民法法系的重要渊源和支柱,主要原因在于:第一,它是"典型的资产阶级社会的法典"[3]。罗马法毕竟是古代的以简单商品生产为基础的法典,而《法国民法典》则全面体现了资本主义商品生产的一系列基本原则,如民事权利平等原则、私有财产所有权无限制原则、契约自由原则等。第二,法国革命对世界各国尤其是大陆各国产生了极为深刻的影响。作为革命成果的《法国民法典》也相应地成为最有影响、备受效法的法典。第三,同以往的法相比,《法国民法典》本身是一部立法技术高明的法典,它以简明的、严谨的法的语言对资本主义民事法律关系作出了全面规定,因而在长时期里最能反映资本主义社会的需要。

(四) 《德国民法典》与民法法系

民法法系的第三个支柱,是1896年制定、1900年生效的总共有2385条的《德国民法典》。《德国民法典》是《法国民法典》颁布后所出现的民法典中影响最大、最出名的法典。它虽然也是在《法国民法典》的强烈影响下制定的,但它同后者相隔差不多一个世纪,有许多新的特点和新的发展。它是在资本主义进入垄断阶段以后产生的,适应了资本主义的新的社会需求,弥补了《法国民法典》的某些不足。它在结构和风格上也同《法国民法典》显著不同。因之,有些西方学者提出:在民法法系内部可以再分两个支系:一个是以《法国民法典》为范本的法国法系,另一个是以《德国民法典》为范本的德国法系。可见《德国民法典》在大陆法系占据着重要地位。

---

[1] 《马克思恩格斯选集》(第3卷),人民出版社1995年版,第445页。
[2] 《马克思恩格斯选集》(第4卷),人民出版社1995年版,第252页。
[3] 同上书,第253页。

三、普通法法系

(一) 普通法法系的含义、范围和支柱

普通法法系是指以英国中世纪至资本主义时期的法,特别是以普通法为传统而产生和发展起来的各国和地区的法的统称。由于它主要是以英国中世纪开始出现的"普通法"(common law)为代表的,因而得名普通法法系。美国法是普通法法系的重要组成部分,所以又称英美法系。普通法法系不像民法法系那样固守罗马法传统,而是注重通过办案遵循先例的形式,广泛吸取日耳曼法和习惯法以及罗马法和教会法的原则和思想,逐步形成起来的。

属于普通法法系的法,除英国法和美国法以外,主要是曾经属于英国殖民地和附属国的许多国家和地区的法,如印度、巴基斯坦、缅甸、马来西亚、新加坡、澳大利亚、新西兰、加拿大和亚洲一些采用英语的国家和地区的法。

普通法法系的支柱有三个:普通法,衡平法,制定法。

(二) 普通法与普通法法系

普通法是普通法法系的一个主要支柱。这里的普通法,不是在法的分类中同根本法相对应的普通法,而是从11世纪诺曼底人入侵英国后所逐步形成的普通法,即判例法。判例法产生于法官的判决,是法官从判决中所揭示的原则,是法官创造的法。根据判例法,包含在某一判决书中的法律原则不仅适用于该案,而且往往作为一种先例,成为以后法院办理同类案件必须遵循的准则,即"遵循先例"的原则。按照这一原则,上级法院尤其是最高法院的判决对下级法院具有拘束力。判例法历史上最早是由威斯敏斯特法院的判决发展起来的。在11世纪以前,英国通行盎撒人的日耳曼习惯法,教会法和罗马法在当时也有一定影响。1066年诺曼底公爵入侵英国,王权得到加强。在王权加强的新情况下,英王派官员到各地巡回审理案件,并逐渐建立了一批王室法院(后称普通法法院)。这些官员和法院根据英王敕令和诺曼底人的习惯,并参照当地习惯进行判决。在此基础上逐步形成了一套适用于英格兰全境的判例法,统称为普通法。

(三) 衡平法与普通法法系

衡平法是普通法法系的又一个支柱。衡平法就是英国法律传统中与"普通法"相对称的一种法,意指公平的法。衡平法从15—16世纪开始出现并与普通法平行发展。当时由于资本主义经济的萌生和发展,出现许多前所未有的案件,原先的判例法即普通法以及普通法法院的程式,已不能处理这些案件。在这种情况下,根据英国封建法律传统,案件在没有先例可以遵循、得不到普通法法院公平处理时,最后可以向国王提出申诉,由王室顾问、大法官根据公平原则加以处理。这种由王室顾问、大法官根据公平原则判决的案件所形成的判例法,发展到15世纪前后,就逐渐形成了一种与普通法并行的衡平法,并产生了与普通法法院并行的衡平法院,亦称大法官法院。

(四) 制定法与普通法法系

制定法也是普通法法系的一个支柱。制定法在英国也有比较长久的历史,被人称为英国的查士丁尼的爱德华一世在位期间,就颁布了一定数量的制定法。英国人边沁所倡导的编纂成文法典的主张,成为后来欧洲成文法典编纂运动的重要的思想先导。但在19世纪以前,英国法主要是以英国的判例法即普通法和衡平法为代表的。自19世纪以来,在英国,制定法特别是国会立法大量增加,并且这种情况在整个普通法法系是一种普遍现象。在今天的美国,判例法和制定法发生冲突时,则根据制定法优先的原则处理,而这一点在整个普通法法系也已是普遍现象。所以不能笼统地认为普通法法系只有判例法而一概不重视制定法或认为不存在制定法。

四、民法法系与普通法法系的比较

民法法系和普通法法系所包括的国家,绝大多数属于资本主义国家或工业化国家,但也有经济上并非先进的国家,比如,属于民法法系的非洲国家埃塞俄比亚、津巴布韦,属于普通法法系的亚洲国家印度,都是发展中国家,或是需要进一步发展才能称为资本主义国家。因此,笼统地把民法法系和普通法法系称为"西方国家两大法系",把两大法系完全当成西方的概念,是不符合事实的。从理论上和逻辑上说,法系的划分标准既然主要是法的传统及其源流关系,传统和源流关系主要是文化的概念,而"西方国家"则主要是政治和经济的概念,因此,把两大法系完全说成是"西方国家"的,也显然不适宜。所以,国内不少法理学著作和教材,把两大法系统称为"西方国家的两大法系",在事实上和理论上均属于有悖常识的误解。

尽管如此,两大法系所包括的国家绝大多数属于资本主义国家,这一点仍然意味着两大法系的本质、经济基础和基本原则在主导面上是相通的,两大法系的成员,一般都实行法治。从这个意义上说,比较两大法系,主要是比较两大法系基于各自产生和发展的历史传统和源流关系方面的差异,所形成的一系列不同的特点:

(一)立法权的归属和法的形式的比较

在民法法系,立法权主要由立法机关行使,立法机关授权的行政机关也可以行使某些立法权。相应地,民法法系的法的形式主要是制定法。在民法法系,不承认法院有创制法的作用。判例一般不被认为是法的一种形式,下级法院不受上级法院判决的约束,法官只能司法、不能立法,不能充当立法者。在普通法法系,立法权实际上由立法机关、立法机关授权的行政机关以及法官所分掌。议会按照立法程序制定有关法律并授予行政机关有制定行政法规的权力,而法官也有权创制判例法。普通法法系的判例法和制定法都是法的形式,而判例法在很多情况下更是基础性的法的形式。

应当指出,同上述区别相联系,两大法系在法典编纂方面也存在明显差别。一般来说,民法法系注重法典编纂,在其各主要阶段上,都有颇具代表性的法典,特别是在19世纪,更有过规模宏大、影响广远的法典编纂运动。而普通法法系则较为复杂,就总的情况而言,普通法法系远不及民法法系那样重视法典编纂。而就具体情况而言,则又不能一概认为普通法法系不重视和不存在法典编纂。事实上,除英国这样的极个别国家外,普通法法系国家都有宪法典;一些国家如印度也有法典编纂,许多国家都有过较大规模的立法活动;即使是英国,自近代以来,立法活动也逐渐发展,甚至在都铎王朝时期就曾有过较大规模的立法活动。所以,把普通法法系一概视为无法典编纂问题的看法,是失之于简单化的。

(二)法的体系的比较

民法法系的法的体系一般由宪法、行政法、民法、商法、刑法、程序法等部门法构成,实体法和程序法界限清楚。而普通法法系中法的体系的构成则不同,尤为明显的是没有民法法系中的民法这一重要而独立的部门法。在普通法法系，有宪法、行政法、刑法、诉讼法，还有类似民法法系中的民法的侵权行为法、契约法、财产法、买卖法等。普通法法系的实体法和程序法往往结合在一起，实体法一开始就注意程序，连证据的提供方式也有严格的要求。

（三）法的分类的比较

在法的分类方面，民法法系承袭罗马法传统，把法分为公法和私法，而不是分为普通法和衡平法。后来民法法系的法的分类还发展为把法分为公法、私法和社会法三大部类。普通法法系对公法和私法的区分并不严格。在英国，王室法院受理的案件都被认为涉及英王的利益，适用的法都是公法。但也有学者把法分为公法和私法两大类，把宪法、行政法和刑法归于公法，而把侵权行为法、契约法、财产法、家庭法等归于私法。但普通法法系有普通法和衡平法的区分。学界有"罗马法为私法之模范，英国法为公法之典型"的说法。

（四）司法组织的比较

在司法组织上，民法法系的司法体系比较清楚，一般都有司法部、法院系统、检察院系统，它们各司其职、界限分明；普通法法系则不然，如英国不设司法部，美国虽设有司法部，但司法部长同时又兼任检察长。在民法法系中，法官和陪审员组成合议庭；在普通法法系中，陪审员不是合议庭的组成人员，陪审团只认定事实部分，法律问题由法官决定。在民法法系中，没有陪审团参加民事诉讼；在普通法法系中，民事诉讼有陪审团参加。

（五）诉讼活动的比较

1. 制度

民法法系同教会法颇有相近之处，在诉讼制度方面采用审问制或讯问制，即法官通过讯问当事人，根据所查明的事实作出判决。法官有责任也有权力了解他想知道的事实证据，法官依靠当事人查清事实，但不受当事人提供证据的限制。在开庭审理过程中，法官居于主要地位，诉讼双方不占主要地位，发言须经法官许可，有关证据在当事人不在场的情况下可以提出。普通法法系则采用辩论制或对质制，即在民事诉讼中由双方律师、在刑事诉讼中由公诉人和被告律师担当主要角色，法官不过是充当中立的裁定者。当事人负有举证责任。证据必须在当事人在场的情况下提出，否则无效，当事人可以同对方证人在法庭中对质。在一般情况下，法官不能干涉证据调查或扩大证据调查范围，他受当事人提供的证据的限制，法官的作用是权衡摆在眼前的案件的证据。

2. 方法

民法法系开庭审判以事先准备好的案卷材料为线索进行。而普通法法系开庭审判是以口头讯问为主。一个是按计划办事，一个是摸着石头过河走一步看一步。在适用法时，民法法系的法官首先考虑成文法典如何规定。而普通法法系的法官首先要研究以前类似案件的判决，从中抽出适用于眼前案件的一般原则，然后对本案作出判决。民法法系的法院判决书一般比较简明扼要，判决书的推理方式一般是大前提、小前提、结论，判决书最后署名是某某法院。而普通法法系的判决书一般都很长，多的可达几百页；判决书的推理方式是从以往案例和有关制定法中归纳出一般原则，然后得出适用于本案的结论；判决书最后不是由法院署名，而是由法官个人署名；几个法官共同审理一个案件发生意见分歧时，以多数人的意见作为判决的结果。

应当指出，有的著述在比较两大法系时还有诸如此类的说法："在法律思维方式方面，民法法系属于演绎型思维,而普通法法系属于归纳式思维,注重类别推理。"这种说法是似是而非的。事实上,演绎型思维和归纳式思维,对于两大法系都是必要的,两大法系国家的法律人,不可能一家只用演绎型思维,而另一家只用归纳式思维。准确的说法应当是:由于两大法系在历史传统和源流关系方面存在差异,它们在办理案件和解决法律纠纷问题时,思维方式也有差异,民法法系偏重于演绎型思维,而普通法法系侧重于归纳式思维。至于在其他方面,例如在做学问方面,两大法系法学家的思维方式,则更难说是固定的。

五、民法法系与普通法法系的融合

两大法系虽然各有许多不同特点,但融合也在发生。

在立法权的实际归属和法的形式方面,进入20世纪后,两大法系的差别在逐渐缩小。民法法系虽然在理论上不承认法院有立法权,但实践中法院在法的创制方面,亦即在解释立法、填补立法空白、使立法具体化的过程中,也日益发挥重要作用。虽然一般不承认判例是法的一种形式,但事实上由于存在上诉制度,下级法院进行判决时不能不考虑上级法院对类似案件的判决。近些年来有些民法法系国家的司法机关,如法国国家行政法院、德国联邦宪法法院、瑞士联邦法院、西班牙最高法院等,在某些方面也采用判例法或承认判例的拘束力。另一方面,普通法法系的国家进入20世纪以来,制定法大量增加,不少人更多地强调制定法优于判例法,认为判例法不能违背制定法,制定法可以修改、废止判例法。

第二次世界大战以后出现了像欧洲共同体法这种兼有国际法和国内法特点的跨国法,共同体法不仅适用于成员国,也适用于成员国公民。在共同体法和国内法发生冲突的情况下,共同体法优先于国内法。特别是在英国加入欧洲共同体之后,共同体法成为英国法的一部分,并享有优先权。这就标志着英国法开始在某些方面同大陆法汇合。英国脱欧后,这种汇合才出现减速。总的来说,随着社会经济、政治的发展,两大法系出现了互相接近的趋势。

当然,这些变化并不能说明两大法系已趋于统一或必然会统一,这些变化在相当长的历史时期内还不可能从根本上消弭两大法系的区别。由于历史传统和其他原因,两大法系的某些重要差别还将在长时期内保存着,不会很快灭失。

第四节 法的继承和法的移植

一、法的继承

(一)法的继承的含义和理由

法的继承,是指不同时间条件下,法律文化和法律制度的继受和延续。主要表现为新的历史条件下的法受旧的历史条件下的法的影响,并对后者予以继受和延续。

法的继承有其必然性和充分的根据。首先,法是上层建筑的组成部分,具有相对独立性。这种相对独立性既表现为法对经济基础具有反作用,法同政治、道德、宗教等其他上层建筑现象是相互作用的,也表现为在法的历史发展过程中不同类型的法之间存在历史的连续性。而这种连续性的存在,使得它们之间有可能发生后者对于前者的继承关系。其次,法是一种极为重要且非常普遍的社会现象,作为一种重要和普遍的社会现象,它的存在自然是一个发展的过程,在这个过程中它也自然会表现出历史的连续性。否定和扬弃原有的某些因素,继受和延续原有的某些因素,这是社会现象发展的普遍规律,也是法的发展的基本规律。最后,从历史的眼光来看,法是一种文化现象,是人类文明的一种表现形式,它的发展过程,在一定程度上也是一种文化积累的过程。而法律文化的积累,自然具有历史的连续性,自然在一定程度上表现为新的法律文化对原有的法律文化具有继受和延续的关系。基于这些原因,可以说,新的历史条件下的法在取代旧的历史条件下的法的同时,也可以批判继承它所包含的可以适合新的社会所需要的某些因素。

(二) 法的继承的主要内容

法的可继承性,或者说法的继承的主要内容,表现在多方面:

第一,执行社会公共职能的法律制度和法律规则是可以继承的。例如有关交通、卫生、人口、科学、教育、水利、资源、城市建设、环境保护方面的法律规定,以及其他有关生老病死、饮食男女方面的法律规定,是可以跨越时间的界限,为不同历史条件下的法有所选择地继承的。

第二,反映商品经济和民主政治一般规律和基本规则的法律制度和法律规则是可以继承的。例如,在所有实行商品经济和民主政治的国家,有关市场准入、市场主体、市场要素、市场行为、市场调控等方面的法律规定,有关代表选举、议事规则、立法程序之类的法律规定,都可以有选择地继承。

第三,凝聚法律实践的成功经验的法律制度和法律规则是可以继承的。人类在长期的法律实践中逐渐积累了大量的成功经验,这些经验固然带有各自的本土特色,但同时也有许多具有普遍意义的因素,因而可以有选择地继承。例如,民法法系的审问式审判制度,普通法法系的辩论式审判制度,中国、日本的调解制度,都有长久的历史。这些制度以及实行这些制度的过程中所积聚的具有普遍意义的成功经验,就可以有选择地继承。

第四,体现法的基本价值的法律制度和法律规则是可以继承的。例如法律面前人人平等原则、罪刑法定和无罪推定原则、公开审判原则、累犯加重制度、有法依法无法依政策、习惯的制度等,都是可以继承的。

第五,人类在法律发展进程中所取得的文化成果更是可以继承的。在几千年的法律发展史上,人类的聪明智慧结出了极为丰硕的成果,创造了大量的可以跨越时空的法律文化遗产,它们可以为后人有选择地继承。特别是有关法的概念、术语和技术,诸如法律权利、法律义务、法律行为、法律责任之类的概念和术语,又如立法技术、法律解释和法律推理的方法等,都可以有选择地直接继承。事实上,在这些方面,新法沿用旧法的情况历来比比皆是。

需要指出,法的继承性同法的阶级性不是完全对立的,实际上它们反映的是法的历史变革过程中两个不同的方面。法的阶级性主要是指不同历史类型的法之间在其阶级本质上的根本区别;而法的继承性主要是指不同历史类型的法之间在上述种种方面的历史联系。既不能因为存在法的阶级本质上的区别而否定法的继承性,也不能因为存在法的继承性否定法的阶级本质。

二、法的移植

法的移植,是指不同空间条件下,法律文化和法律制度的相互吸纳和融合。

法不仅是可以继承的,也是可以移植的。不同空间范围的国家或地区之间,法也具有可移植性。这种移植,也就是一个国家或地区的某些法律因素,是从别的国家或地区的法中输入的。输出国是这些法律因素的母国。民法法系的法国和德国,普通法法系的英国,古代中华法系的中国,社会主义法系的苏联等,对于相应国家的相应法律因素而言,都具有"母国"的地位。近代以来,绝大多数国家的法律制度都不是封闭的或完全自我独立发展的,都不是同其他国家的法律制度老死不相往来的。现代国家中,更没有一个国家的法律规则和概念、法律意识和实践,以及其他有关法律因素,完全是由自己独立创造,而不曾吸收和借鉴其他国家相应法律因素的。在当代世界,法的移植不仅发生在同一历史类型的法或同一法系的内部,而且在不同历史类型的法或法系之间,也广泛存在相互吸收和借鉴的现象。民法法系和普通法法系之间的趋同和融合,就是这一现象的体现。在资本主义法和社会主义法之间,相互借鉴和利用对方的某些制度、规则、经验的情形,也随处可见。

法的移植过程就是选择和摄取外域法的因素以改进和完善本国法的过程。有关法学著述指出:法的移植就是在鉴别、认同、调适、整合的基础上,引进、吸收、采纳、摄取、同化外国法,使之成为本国法的体系的有机组成部分,为本国所用。法的移植反映一个国家对同时代其他国家法律制度的吸收和借鉴。法的移植的范围除了外国法以外,还包括国际法和国际惯例。法的移植以供体(被移植的法)和受体(接受移植的法)之间存在着共同性,即受同一规律的支配,互不排斥,可互相吸纳为前提的。

注重法的移植,借鉴和吸收其他国家甚至不同社会性质国家的法律因素,是一国法律制度和法律文化得以较快发展的捷径。不同的国家,包括社会性质不同的国家,往往会遇到相同的问题。一国在运用法律手段处理此类问题时,可以借鉴和吸收其他国家的成功经验,而不必把自己封闭起来,不必一切都要自己从头做起,不必一味关起门来搞代价很高的自我法律实践。事实证明,经验爬行主义的态度对于一国法制建设来说是很不利的。例如,在当代不同社会性质的国家中,都会遇到如何保证贫穷的当事人得到公正审判问题,有些国家是通过"慈善模式",即律师义务为穷人提供福利性帮助来解决问题的;另一些国家是通过"司法模式",即依靠私人律师公会,由国家对免费为穷人提供法律帮助的私人律师支付补偿的方式来解决问题的;还有些国家则采取"工作人员律师模式",即设立负责给穷人提供帮助的公共基金和律师团体来解决问题。中国也存在如何帮助贫穷当事人的问题,近年来随着中国法律服务事业的发展,在建立救济穷人当事人的制度时,完全可以比较上述几种法律手段的利弊,进而加以借鉴。同样,在运用法律手段促进市场经济发展的过程中,发达国家已积累了许多经验,这方面的经验有许多也是可以为我们有选择地移植的。

对于法的移植的必然性、必要性以及法的移植的类型,不少法学著述都有阐述。例如,有关著述就此阐述了四个要点:第一,社会发展和法的发展的不平衡性决定了法的移植具有必然性。比较落后的国家为促进社会的发展,有必要移植先进国家的某些法。第二,市场经济的客观规律和根本特征决定了法的移植的必要性。市场经济要求冲破一切地域的限制,使国内市场变成国际市场的一部分,从而达到生产、贸易、物资、技术的国际化。一个国家能否成为国际同一市场中的一员,在很大程度上取决于该国的法律环境,因而就要求借鉴和引进别国的法,特别是世界各国通行的法律原则和规范。第三,法制现代化既是社会现代化的一个过程和途径,也是社会现代化的动力,而法的移植是法制现代化和社会现代化的必然需要。第四,法的移植是对外开放的应有内容。法的移植主要有三种类型:第一,经济、文化和政治处于相同或基本相同发展阶段和发展水平的国家相互吸收对方的法,以至融合和趋同。第二,落后国家或发展中国家直接采纳先进国家或发达国家的法。第三,区域性法律统一运动和世界性法律统一运动或法律全球化。

  法的移植有效果好坏之分。效果好的,所移植的法律因素便能同输入国原有法律制度和法律文化较好地融合,对输入国的经济和社会发展起到促进作用。效果不好的,所移植的法律因素同输入国国情格格不入,结果就会出现表面上从其他国家移植了不少法律因素,而实际上这些法律因素充其量只是扮演了"书本上的法"的角色,在这些输入国所实际通行的,仍然是自己的本土法。法的移植成功与否,在很大程度上取决于输入国的社会土壤是否适合移植进来的法律因素。如果是适合的,那么在原产地或输出国能够行之有效的法律因素,在新的环境里也可以达到预期效果。如果土壤有明显差异,且无有效的改良土壤的对策,那么在原产地或输出国再好的法律因素,在新的环境里也难以发挥应有的作用。因此,在法的移植问题上需要摒弃经验主义和教条主义,而采取科学的态度和方法,要注意选择先进的、适合本国需要且能为国情所容纳的法律因素予以移植,避免不加选择地盲目照搬。

第七章 法和社会

第一节 法和社会的一般理论

一、法和社会的一般关系

社会是以共同的物质生活为基础而相互联系的人类生活共同体。"社会"这个概念具有三层含义:第一,社会是由有意志的个体组成的,是人们共同生活的结合体。第二,社会是有意志的个体通过互动形成的体系,共同的兴趣和结合在一起带来的利益是人们结成社会的深层原因。第三,社会是由相关的社会关系积累、联结而成的。社会是由各种相互联系、相互作用的因素所构成的复合体。在这个复合体中,任何一个社会因素的变化,都可能会直接或间接地影响到社会整体的均衡和稳定。法作为社会中的一种制度形态,是同其他社会现象不可分割的。法和社会的不断协调是法的作用得以充分发挥的重要条件。

社会的性质决定法的性质,社会物质生活条件最终决定法的本质。不同的社会就有不同的法,即使是同一性质或历史形态的社会,在其不同的发展阶段上,法的内容、特点和表现形式也往往不尽相同。作为上层建筑的法,不仅反映社会,而且对社会起着强大的反作用。法并不是永恒不变的,而是随着社会的发展不断演进的。正如美国法学家弗里德曼所指出的:社会要求法发生变化,反过来又导致重大的社会变化。①

马克思说:"但社会不是以法律为基础的。那是法学家的幻想。相反地,法律应该以社会为基础。法律应该是社会共同的、由一定的物质生产方式所产生的利益需要的表现,而不是单个的个人恣意横行。"②如果相反,以法为社会的基础,实质上就可能强迫社会接受即将或已经无效的法。新法不可能产生于旧的社会基础之上,旧法也不可能长期在新的社会基础上产生和延续。旧法是从旧的社会关系中产生的,它不可避免地要随着社会条件的变化而变化,也必然同旧的社会关系一起消亡。因此,旧法不可能成为新社会发展的基础。如果保存那些属于前一个社会时代的,由已经消亡或正在消亡的社会利益的代表人物所创立的法,这种法肯定会同新的社会利益发生矛盾,进而发生滥用国家权力去强迫大多数人的利益服从少数人的利益。

法以社会为基础,不仅指法的性质和作用决定于社会,还指法的变迁和社会发展的进程基本一致。从动态意义上讲,社会变迁的规模、深度和速度都可以在法的领域得到反映。法应当及时反映社会变迁并满足新的需求,而加强自身的修改、补充和完善,已成为现代法制的一个基本特征。但法也像上层建筑的其他部分一样,并不仅仅被动地反映社会,而是对社

---

① 参见〔美〕劳伦斯·M.弗里德曼著:《法律制度——从社会科学角度观察》,李琼英、林欣译,中国政法大学出版社2004年版,第322页。

② 《马克思恩格斯全集》(第6卷),人民出版社1961年版,第291—292页。

会具有强大的反作用,它要么表现出对社会发展的促进作用,要么表现为对社会发展的阻碍作用。2012年以来,中国逐渐形成了经济建设、政治建设、文化建设、社会建设和生态文明建设"五位一体"的总体布局,以构建和谐社会为目标的社会建设,将努力使全体人民学有所教、劳有所得、病有所医、老有所养、人有所居。"民生法治"的思想理念为社会建设和社会治理法治体系建设提供重要的价值指引。

二、法对社会的调控

法是社会变迁的推动装置。法可以直接推动有目的、有计划的社会变革。法也可以为社会变迁创造条件。在社会变迁中直接运用法的情形包括:通过国家权力实行法,改变人们的行为方式;通过对职能的调整,重构原有制度框架;以及通过法院的裁判形成新的政策、创设新的规范。在社会变迁中间接运用法的情形包括:形成和改善有利于改革的条件;通过一般条款和程序为重新解释事物的含义提供"预留空间"。

法是调控社会的重要手段。广义上的社会控制是指使人们接受社会价值、原则或规范的全部过程,包括使人们社会化的所有措施。狭义上的社会控制总是与异常行为相联系,指人们如何确定异常行为并对异常行为作出反应。庞德认为,法不仅是"社会工程"的工具,而且是"自然秩序"的基础,是对社会实行有效控制的一种高度的专门形式。法对社会的调控主要表现在以下方面:

第一,通过调和社会各种利益冲突,确立和维护社会秩序。在历史发展过程中,对社会的调整手段主要有三种,即法、道德和宗教。自16世纪以来,法已成为对社会进行调整的首要工具,所有其他的社会调整手段必须从属于法的调整手段或者应当与其相配合,并在法定范围内实行。

第二,利用法治理经济、政治、文化、科技、道德、宗教等方面的社会问题,实现法的价值,发挥法的作用。当然,在某些领域,法不是唯一的控制手段,或不是最佳控制手段。其一,专断地通过法来调控社会关系会导致社会成本过大,甚至导致法的暴政。其二,法发挥作用有待于公众的认同,当一个社会的不同地区、不同阶层的人对法的认知程度和运用能力差别过大,必定会影响法的实施的整体效果。

此外,法的社会调控应当与其他社会生活调整方式相配合。法通过和政策、宗教、道德等社会规范的互动,对经济、科技、文化和政治等社会领域进行广泛调整,从而促进社会和谐发展。

需要注意的是,法对社会的反映并非单向性的,也不一定是线性的;社会对法的影响机制也是具体而复杂的。更确切地讲,法和社会之间存在着一种互动的关系。在法和社会的彼此互动中,法和社会相互进化,意即通过法和社会的互动形成创造性的发展机制,包括法和社会之间现有关系模式的扩大再生产、促进两者变迁的可能性等。在这个互动过程中,法试图影响社会变迁,而社会又要求对法进行重新评价和选择。因此,立足于从动态的视角把握和理解法和社会的关系具有相当重要的意义。

第二节　法和经济及科技[①]

一、法和经济

"经济"一词通常在以下几种意义上被使用：(1) 生产方式；(2) 生产力发展水平；(3) 生产关系的总和，即经济基础；(4) 社会经济制度，也就是社会经济基础或生产关系的总和；(5) 物质资料的生产、分配、交换和消费的活动等。依据通说，法和所有这些意义上的经济现象都有密切关系，因此，考察法和经济的关系也存在多种视角。既可以从社会整体结构的角度予以考察，还可以从行为层面考察具体的法律行为与经济行为的关系，这也是经济分析法学派最为关注的问题。此处的"一般关系"更为侧重法同经济基础和生产力的关系。

（一）法和经济基础

1. 经济基础决定法

主要表现在法的起源、性质、特点、发展变化等，由经济基础决定或在很大程度上由经济基础决定。具体来说，经济基础决定法的产生和性质，法的内容在很大程度上也是由经济基础所决定。规定国家基本制度、生产资料所有制形式、经济活动过程和其他社会关系的法律规范，必须与经济基础的性质和经济关系的要求相适应。商品交易实践产生了平等和所有权的观念、关系以及契约形式，并最终发展为法制。[②] 经济基础决定法，是在最终意义上说的。既不能否认经济基础之外的因素对法的重要影响，也不能简单地认为法可以自发地从经济基础中产生出来。一国的历史传统、国家形式、道德观念、风俗习惯等国情因素都对法有着重要影响。

法的发展变化及其特点也在很大程度上取决于经济基础。经济基础的质变会引起法的历史类型的更替，经济基础发生量变时能够引起法的立、改、废，即法的局部变更。11世纪末，西欧商品经济开始步入高级形态，随着海商法的出现和罗马法的复兴，市场经济法的体系初具规模。19世纪，近代市场经济开始出现，欧洲大陆各国开展了法典编纂运动，1804年以"典型的资产阶级社会的法典"[③] 诞生的《法国民法典》全面规定了近代市场经济的一系列基本原则，成为近代市场经济法律体系的核心和基础。第二次世界大战后，随着现代市场经济的发展，调整市场经济关系的法律规范和部门法进一步增多，法律体系日渐完善。社会主义市场经济的实质是法治经济，并且是与法和法制关联更密切的经济形态。

2. 法反作用于经济基础

法特殊的强制性，可以帮助执政阶级摧毁或改造旧的经济基础，阻止不利于自己的经济基础的产生。法特殊的权威性和稳定性，有助于确认、维护一定的经济基础，保障经济关系和经济秩序的稳定性、连续性。法的指引和预测作用，可以促进经济关系和经济活动向健全、完善的方向发展。但法对经济基础的反作用并不都是积极的。当法为落后的经济基础服务时，就成为阻碍经济发展和社会进步的反动力量。当代中国经济已由高速增长阶段转

[①] 本节参考了周旺生著：《法理学》，北京大学出版社2006年版，第136—139、161—164页。
[②] 《马克思恩格斯全集》（第19卷），人民出版社1963年版，第422—423页。
[③] 《马克思恩格斯选集》（第4卷），人民出版社1995年版，第253页。

向高质量发展阶段。党的十八大以来,以创新发展、协调发展、绿色发展、开放发展、共享发展为核心内容的"新发展理念",在我国新时代经济社会发展中占据重要地位,成为推动高质量发展的首要方针。基于这一理念的法治,将会在协调人与自然的关系、促进共同富裕等方面提供制度支撑。

(二)法和生产力

生产力是衡量社会进步和发展的基本标准。生产力与法的关系更根本、更深刻甚至更为直接。生产力发展水平、性质和整体功能状况,一方面通过经济基础的中介,在深层次或根本意义上,决定法的产生、性质和发展变化等;另一方面直接影响、制约法的形式、内容、体系、观念、调整范围和发展变化等。例如,人类历史上的法律体系由刑民不分、诸法合体,向刑民分立、诸多部门法各司其职并构成法的整体的转变,就是由于生产力的发展导致社会关系变化和法制、法学水平提高而发生根本作用的。法对生产力的作用主要在于:

第一,法对生产力的作用一般要通过经济基础的中介。当法服务的经济基础适应生产力发展要求时,法对生产力的发展便起促进作用;当法服务的经济基础已成为生产力发展的桎梏时,法就对生产力起阻碍作用。因此,法对经济基础有积极的服务作用,不等于法对生产力和社会发展的作用都是积极的。

第二,法对生产力也有直接的促进或阻碍作用。法的调整范围和调整方法的变化,也直接影响生产力的发展。另外,法律、法规和其他许多规范性法律文件中有许多关于保护劳动者、保护自然资源的规定,也直接起到保护生产力的作用。生产力的发展会在法的领域反映出来。生产力的发展开辟了许多新的法律领域,提出了许多新的法律问题,直接导致法的调整范围的扩大和调整方法的改变。

(三)法对经济的作用机制

1. 确立和维护基本经济制度、经济体制和经济模式

基本经济制度主要是在社会中占主导地位的生产关系的总和。法律对基本经济制度的确认主要是通过对产权的确认和保护加以实现的。基本财产制度是国家和社会发展必不可少的制度内容,它有助于保障私人经济活动的安全,提高私人行为的可预期性,并有效防止国家权力对私人经济活动的干涉和破坏。法还可以确认和维护一国的经济体制和经济模式。我国现行《宪法》规定"国家实行社会主义市场经济"。在市场经济体制下,法是合理配置资源的最重要方式。此外,经济交往的平等性、市场运行的稳定性、市场交易的规模效益等需求也需要通过法律制度予以实现。

当代中国经济已由高速增长阶段转向高质量发展阶段。我国市场体系尚不健全、市场发育还不充分,政府和市场的关系没有完全理顺,还存在市场激励不足、要素流动不畅、资源配置效率不高、微观经济活力不强等问题。法将在我国经济体制改革方面持续发挥重要作用,以保护产权、维护契约、统一市场、平等交换、公平竞争、有效监管为基本导向,不断完善社会主义市场经济法治体系。

2. 通过具体的制度安排,激励和规制经济活动,促进经济良性发展

在宏观调控方面,法的作用主要表现在:其一,法引导和促进市场主体经济活动,避免或抑制利益冲突、某些经济领域发展失控或呈现危机,使市场经济得以健康发展。民法、商法、经济法、行政法、劳动法等部门为调控市场提供更直接的依据。其二,法为生产、流通、分配

和消费等各个环节提供行为标准,建立、维护和保障法律秩序。与此同时,法还通过制约市场行为的盲目性和片面追求个体经济利益的行为,促进市场经济的健康运行。其三,完善和发展市场经济监督制度和监督机制。完善监察法实施制度体系,围绕权力运行各个环节,压减权力设租寻租空间,实现执规执纪执法贯通。其四,建立行政权力制约和监督机制。依法全面履行政府职能,推进机构、职能、权限、程序、责任法定化,实行政府权责清单制度。

在规范微观经济行为方面,法的作用主要表现在:其一,确认市场主体的法律地位。以法的形式确认和保障各种经济主体参与民事活动的权利能力和行为能力,建立和完善现代法人制度。其二,调整经济活动中的各种关系。以法来规范生产要素的自由流动,规范自由交换和正当竞争活动。通过完善物权、债权、股权等各类产权相关法律制度,从立法上赋予私有财产和公有财产平等地位并平等保护。其三,解决各种纠纷,维护正常的经济秩序。强化对市场主体之间产权纠纷的公平裁判,完善涉及查封、扣押、冻结和处置公民财产行为的法律制度。健全涉产权冤错案件有效防范和常态化纠正的机制。

二、法和科技

(一) 法和科技的必然关联

科学是人类认识自然和社会所形成的知识体系,包括自然科学和社会科学。技术一般指根据自然科学原理和实践经验而形成的劳动手段、工艺方法和操作技能。科学技术是人类改造世界的精神成果,是以知识形态为特征的"一般社会生产力"。[①] 科学是潜在的社会生产力,技术则是现实的生产力。科学技术作为一种知识体系,尤其是作为一种社会生产力,它的发展、变革会引发和推动整个社会的发展、变革,这一点又从根本上决定了它和作为特殊社会规范的法之间有着深刻的甚至直接的关联。事实上,随着近代实证科学及其相关技术的发展,科学技术已经极大地影响和改变了法律制度。

(二) 法和科技的相互关系

1. 科学技术对法的影响

(1) 科技发展影响法律制度的内容。由于现代科技的发展,科学技术对法的内容、调整范围以及与之相关的法的体系产生重要影响。第一,科技发展对一些传统法律领域提出了新问题,例如动植物品种克隆、基因工程、人工智能、大数据、区块链等新型技术问题的出现,使得民法、刑法、国际法等传统的部门法律规范更加丰富。第二,由于电子商务法、航空法、原子能法、环境保护法、医疗卫生法等一系列新法的出现,科技法逐渐成为一个独立的法律领域,科技法学也得到了促进和发展。

(2) 科技发展引发法律制度变迁。科技发展提高了人们认知事物因果关系的科学程度,进而引发和推动了法律发展和制度变迁。古代社会存在许多荒谬的法律责任分配制度,一个重要原因是当时人们无法科学地理解事物的因果关系。同时,引发法律制度变化的不仅仅是自然科学发现的因果关系,还包括社会科学发现的因果关系。美国经济学家科斯系统阐述了伤害相互性原则,使得当代法学家对侵权法制度,特别是环境保护法、知识产权保护法制度都有了更为系统的理解。他的理论深刻地影响了与此直接相关或间接相关的法律

---

① 《马克思恩格斯全集》(第 26 卷),人民出版社 1974 年版,第 422 页。

制度和制度运作。

(3) 科技发展影响立法制度和立法技术。现代科技进步能够有效提高立法规划、法案拟定、立法听证等的工作效率,提升立法表达机制的信息化程度,促进立法表决阶段电钮表决法案方式的出现,提升了立法的民主化程度。科技进展进程中出现的新生概念和术语,也逐渐进入立法语言符号体系。

(4) 科技发展影响法的适用。现代信息网络、大数据等技术的应用,为司法过程中的事实认定、法律适用和法律推理等提供了积极的辅助作用。例如,证据技术进展,使得刑事诉讼过程中的"零口供"定案成为现实,为有效遏制"刑讯逼供"现象提供了强大的技术支持。

(5) 科学技术影响法治建设中的信息机制,丰富和改善了法的运行机制和法学研究方法。尤其是数据库的出现,大数据以及人工智能技术的应用,极大降低了立法、执法、司法和法学研究的信息收集成本。

2. 法对科学技术的作用

(1) 法对科学技术的发展发挥引导、组织和管理的作用。以法律手段确认和保证科学技术发展在社会生活中的优先地位,确定科学技术发展的战略方向和任务,组织、协调和管理科学技术活动,对科学技术的组织机构、人员管理、奖励以及其他环节形成健全的制度,已成为各国的普遍现象。

(2) 法对科学技术发展发挥保障作用,对科学技术发展所带来的风险发挥预防和抑制作用。新一轮科技革命和产业变革正深刻改变世界发展的面貌和格局,科学新发现、技术新突破在造福人类的同时,伦理风险和挑战也相伴而生。法可以为科学技术发展提供必要的社会秩序保障。通过对妨碍科学技术发展的违法犯罪活动实行法律制裁,保障科学技术活动正常进行,有效防范科技发展可能带来的不确定风险,促进科技向善,防止科技成果误用、滥用,避免危及社会安全、公共安全、生物安全和生态安全,也需要运用法的手段。

(3) 法对科学技术创新发挥激励作用,对科学技术成果的合理使用和推广发挥保障和促进作用。科技创新是国家竞争力的核心,创新能否成为引领发展的第一动力,关键在科技创新。在新时期,我国国民经济和社会发展是通过完善促进创新的体制架构,塑造更多依靠创新驱动、更多发挥先发优势的引领型发展,应当注重发挥法对科技创新的激励和保障作用。

(4) 法对国际科技合作发挥推动和协调作用。在"新发展理念"下,必须统筹协调国内市场与国际市场,深化国际科技合作。故此,国际科技合作和科技贸易已成为当代国际公法、国际私法和国际经济法的重要内容。

第三节　法和政治及国家[①]

一、法和政治

(一) 政治的概念

"政治"一词是由古希腊文"城邦"或者"国家"的概念演化而来的,指称城邦中对公共事

---

① 本节内容参见周旺生著:《法理学》,北京大学出版社2006年版,第144—146、150—156页。

务的管理或统治。亚里士多德认为,政治是作为"政治动物"的人的最基本生存方式之一,是追求公共利益"至善"的活动。马克思主义认为,政治主要是指一定的社会主体,以国家政权问题为中心,所展开的处理阶级关系以及其他有关社会关系的活动。马克思在《德意志意识形态》中强调政治是一种作为协调和控制全局利益关系的动态发展过程。列宁主张,"政治是经济的最集中表现"[①]。西方学者布坎南也认为:"强调作为社会过程的经济和政治之间的关系,可以有另一种不同的分析方法……'经济'完全被包含在'政治'之内,经济是一个解决不同的个人利益之间的潜在冲突的特殊过程……在制定规则或立宪阶段,政治可以给市场分派任务,使市场组织避免广泛的公开冲突,并促进社会相互作用的顺利进行。"[②]因此,政治可以被界定为一种以公共权力为后盾,对利益、价值、权力等社会资源作出强制性、权威性分配的决策活动。通常,这些决策对集体行动具有约束力,并作为公共政策加以实施。国家行使社会管理职能,是现代政治的基本形态,阶级斗争并非唯一的政治行为方式。

(二) 政治和法的相互联系及区别

1. 政治对法的影响和制约作用

主要表现在:(1)政治关系的基本状况是法的状况的重要根据,规定国家基本制度的宪法和基本法律,往往是政治力量对比关系的表现。(2)政治可以为法的发展提供条件和环境。只有兼顾民主政治和法治建设,法治国家才能建成。(3)政治可以影响和制约法和法治的内容。国家、阶级、政党、民族的政治活动的内容及其影响,往往不可避免地影响和制约法和法治的有关内容。(4)政治的发展变化,往往直接导致法和法治的发展变化,导致法的制定、修改、废止,以及法的贯彻实施。政治对法的影响和制约作用是有限的,并非每一具体的法律都有相应的政治内容,都反映某种政治要求。同时,法在形式、程序和技术上具有相对独立性。

2. 法对政治的确认、调整和影响作用

法具有确认和调整政治关系并直接影响政治发展的作用。主要表现在:(1)法可以确认各阶级、阶层、集团在国家生活中的地位,调整统治阶级同被统治阶级的关系、统治阶级内部的关系以及统治阶级和同盟者的关系,从而实现确认和调整对掌握政权阶级有利的政治关系。(2)法可以反映和实现一定阶级、集团的政治目的和政治要求,并使其具体化为普遍的、明确的行为规范,以获得国家强制力来保障实现。(3)法还可以对危害掌握政权阶级的行为采取制裁措施,维护其政治统治。在当代中国,"必须坚持依法治国与制度治党、依规治党统筹推进、一体建设"[③]。

3. 法和政治的区别

法和政治的主要区别在于:第一,政治的内容更为丰富,法、法治、政策方针等方面都可能含有政治内容。第二,并非每一具体的法都有相应的政治内容或要求。法还有执行社会公共事务的职能,不能把法调整的一切社会关系都归结为政治关系。第三,法在反映政治内容时是一种政治措施,但它不是一般的政治措施,而是有特殊强制力的政治措施。如果混淆

---

① 《列宁选集》(第4卷),人民出版社1972年版,第416页。
② 〔美〕布坎南著:《自由、市场与国家 20世纪80年代的政治经济学》,平新乔等译,生活·读书·新知三联书店1989年版,第23页。
③ 习近平著:《论坚持全面依法治国》,中央文献出版社2020年版,第169页。

法、法治和政治的界限，有可能忽视法的强制作用及其实现政治要求的优势，因而不重视法制或法治建设；或是有可能把其他政治措施（如某些方针、政策）当成法，赋予其特殊强制性。第四，政治的调控功能是通过政治行为和过程实现的；法则是通过确认和保障主体的权利和义务，来实现对社会的控制和调整。

二、法和国家

（一）国家的概念

在不同的语境中，国家的概念有着不同含义。国内法意义上的"国家"是指在法律上代表公共利益的具有法人资格的特殊权利主体，国家享有独立的法律人格，享有权利并承担义务和责任。在讨论法和国家的关系问题时，"国家"是一个政治意义上的概念。同其他社会组织相比，国家的主要特征在于：其一，国家是政治实体，设有系统的国家机构体系。"国家一直是从社会中分化出来的一种机构，是由一批专门从事管理、几乎专门从事管理或主要从事管理的人组成的一种机构。"[①]其二，国家是一种特殊的公共权力。"构成这种权力的，不仅有武装的人，而且还有物质的附属物，如监狱和各种强制设施。"[②]国家权力具有主权性，能独立自主地处理对内对外事务。国家权力具有普遍约束力，能施及全体居民。其三，国家兼有政治职能和社会职能两种职能，这两种职能又通过行使对内、对外职能来实现。其四，国家是按地域范围组织起来的，有一定的领域范围，居民按地域来划分。

（二）法和国家的相互关系

国家是现代政治活动的主要领域，法和国家的联系是最直接的联系。一定的法和一定的国家，都建立在同一经济基础之上，产生于相同的社会物质生活条件，担负着共同的历史使命。两者相伴而行，相互依赖，相互作用，相辅相成。

1. 法对国家的依赖性

（1）法的制定、变动和实施，依赖于国家。法是国家政权意志的表现，要把一定的意志上升为法，也就是把这种意志上升为国家意志，因而必须掌握和通过国家政权。法的制定、认可、变动、实施需要以国家强制力作保障，更需要立法、执法、司法和法律监督机关的实际操作。

（2）法的性质、作用和特点，与国家直接关联。国家的性质和状况，直接决定着法的性质、作用和特点，哪个阶级掌握一国政权，社会各阶级在国家中居何种地位，决定着该国的法所反映的意志和利益的归属阶层，以及法的历史使命。

（3）法的形式和法律制度直接受国家形式的影响。其一，就国家管理形式而言，在君主专制国家，法的形式中除了有法典和经认可的习惯外，还有君主的命令等。在资本主义民主政体下，法的形式包括按特定程序产生的宪法、由立法机关制定的法律、由行政机关制定的行政法规，在有的国家还包括法院的典型判例等。就法律制度而言，以立法制度为例，在君主专制政体下，立法大权属于君主，往往既没有固定的立法机关，也没有严格的立法程序，而只在必要时由君主命令设立临时机关起草法律；在资本主义民主政体下，立法大权主要归议

[①]《列宁全集》（第37卷），人民出版社1986年版，第66页。
[②]《马克思恩格斯选集》（第4卷），人民出版社1995年版，第171页。

会,一般有固定的立法机关和严格的立法程序。其二,就国家结构形式而言,在法的形式方面,单一制国家一般不存在多种法律体系,因而法的形式一般不太复杂;联邦制国家有联邦法律体系和联邦各组成部分各自的法律体系,因而法的形式也相应复杂,不仅有联邦宪法、法律,联邦各组成部分也都有一套法的形式。

2. 法对国家的作用

(1) 确认国家政权的合法地位。通过法的形式确认政权的唯一合法性,明确国家的性质,规定各阶级在国家中的地位,使国家制度合法化。

(2) 组织国家机构、确立国家体制。通过法的形式确定国家机构的体系和组织形式,以及各种机关的组织和活动原则、职权和职责、各机关的相互关系;确立经济体制、政治体制和其他体制,使国家的各种体制趋于完备并有效运转。

(3) 实现国家职能。通过法的手段,贯彻其意志并实现国家职能,使国家职能的各项基本内容得以明确、肯定和具有权威性,从而得以有效实行。

(4) 制约国家政权活动。现代民主、法治国家的政权活动,既是依法运作的过程,也是受法的制约、在法制范围内活动的过程。缺乏法的制约,政权活动就有可能背离现代民主政治的要求。

(5) 巩固和完善国家制度。法的功能和作用有助于掌握政权阶级健全和完善自己的国家制度。当经济、政治的发展同现存国家制度缺乏协调时,可以通过制定和变动法来调整和完善国家制度。

各国的国家制度和法律制度都有其独特性质和发展道路。在当代中国,从国情条件出发加强国家制度和法律制度建设,最为重要的是要把握国家政治制度的性质和特点。坚持和完善党的领导制度体系,加强党对国家制度和法律制度建设的领导,这是中国特色社会主义法律体系的根本要求。中共十八届三中全会通过的《中共中央关于全面深化改革若干重大问题的决定》首次提出"推进国家治理体系和治理能力现代化"的重大命题,把"完善和发展中国特色社会主义制度、推进国家治理体系和治理能力现代化"确定为全面深化改革的总目标。十八届三中全会推出了336项重大改革举措,对国家制度和法律制度建设的重大任务和举措作了部署,着力把我国制度优势更好地转化为国家治理效能。

三、法和政策

(一) 政策的含义

政策是一定国家、政党、阶级以及其他社会主体,为达一定目的,依据自己的长远目标,结合当前情况或历史条件所制定的实际行动准则。在民主政治健康发展、政策主体日益多元化的时代条件下,政策更应当从公共管理的视角理解。公共政策是指由法律授权的机关在社会各利益团体充分表达自我意志的基础上所制定的,能在各利方之间取得平衡的具有约束力的行为准则。[①] 公共政策可以有多种不同类型。就主体而言,政策包括执政党政策、国家政策、其他社会组织政策等;就内容而言,包括经济政策、政治政策、文化政策、科技政策、教育政策等;就层次而言,有总政策、基本政策和具体政策的不同。执政党和国家的总

---

① 张杨:《公共政策内涵新探》,载《经济与社会发展》2005年第5期。

政策、基本政策在所有类型的政策中最为重要,其中,执政党的政策尤为重要。

(二) 法和政策的区别

法和政策在制定的组织和程序、实施的方式、表现的形式、调整的范围和社会功能、稳定性和灵活性的程度等方面存在差别:

1. 制定的组织和程序不同。法是由国家机关依据法定权限和程序制定的;政策一般是由执政党、政府或其他社会组织制定的,不具有国家意志属性,也不是经由法定权限和程序制定的。

2. 实施的方式不同。法在国家主权或自己的效力范围内具有一体遵行的普遍约束力。公共政策(如政府政策)的执行手段和程序一般比较灵活。

3. 表现的形式不同。(1) 法主要以宪法、法律等确定性和规范性的形式表现出来。而政策通常以纲领、决议、宣言、声明等非规范性文件形式表现出来。(2) 法中虽然也有说明指导思想和原则之类的条款,但绝大多数具有肯定、明确的规范形式和严格的逻辑结构。而政策规定比较原则,带有纲领性、号召性和指导性,少有具体、明确的权利和义务规定。(3) 法是公开地、一次性地公布于社会公众。而政策不是完全公开公布的。

4. 调整的范围和社会功能不同。(1) 法一般调整有重大影响的、能以法定权利和义务形式表现的社会关系和具有可诉性的社会行为。而政策调整的范围则更广泛、更全面,对政策所指向的组织和成员要求也更高。而执政党政策的实现是其对国家和社会的领导作用的主要方式,它可以渗透到国家和社会生活的各个领域、环节发挥作用。(2) 法的主要社会功能之一,是提供辨别人们行为是否危害社会、是否违法犯罪的标准。而政策的主要社会功能之一,是促进和保障整个社会某种公共利益的实现,实现社会福利最大化。

5. 稳定性和灵活性程度不同。社会历史情势不发生重大变化,法便不会轻易改变,并且法的变动要遵循严格的程序。而政策一般具有概括性,允许人们在实践中加以具体地、灵活地运用。此外,许多政策尤其是具体政策也往往"因时而变"。

第四节　法和道德及宗教[①]

一、道德的含义

道德是关于评定善和恶、是和非、正义和非正义、公正和偏私、诚实和虚伪、荣誉和耻辱、文明和野蛮等观念、原则和规范的总和。它是由人们的物质生活条件决定,并由社会舆论和人们的内心信念保证实现的。

马克思主义道德观认为:道德是具体的、历史的范畴,是一定社会关系的反映。道德作为一种社会意识形态和社会规范,其内容归根到底由一定的物质生活条件所决定,并随物质生活条件的变化而变化。一方面,道德具有时代性、多元性、社会性的特点,每一时代都有相应的道德,每一种道德都有时代的、社会的局限性。另一方面,道德具有继承性和社会性。不同时代、不同社会的道德也有某些共同之处,尊老爱幼、孝敬父母等是各个时代道德的应

---

① 本节关于法和道德的阐述参见周旺生著:《法理学》,北京大学出版社 2006 年版,第 156—161 页。

有内容,是人类共同的精神文明。评价道德的标准最主要的是看其是否有利于社会进步和发展。

二、法和道德

(一) 法和道德的一致性

道德和法的一致性表现在以下几个方面:第一,从起源上看,两者都由原始社会规范演化而成,且在发展中相互转化。第二,在形式属性上,两者都是社会规范,具有社会规范所具有的规范性、概括性、连续性、稳定性、效率性等属性。"法律是成文的道德,道德是内心的法律。"[1]第三,两者有共同的经济基础和思想基础,有共同的本质,都担负着确立和维护一定的社会关系和社会秩序的使命,在基本原则上也有诸多一致之处。第四,两者相互渗透。法既体现某些道德精神,又直接赋予某些道德以法律效力,使其既是道德规范又是法律规范。一般而言,凡是法所禁止的行为,也是道德所谴责的行为,违反了法往往也违反了道德;法所要求的行为,往往也是道德所鼓励的行为。第五,两者相辅相成。它们都有调整和规范人们行为的功能,是指引、评价人们行为的尺度。法侧重于对人们的外部行为进行调整,道德则在调整人们行为的同时,更注重调整人们内心的活动。它们各自从不同角度发挥调整一定社会关系的作用。

在法和道德的联系问题上,还需要注意两点:第一,关于法和道德在本质上的联系。这是一个关涉法在本质上是否包含道德内涵的问题。西方法学界有否定说和肯定说两种观点。自然法学派坚持"肯定说",认为法在本质上是含有一定道德因素的,只有具有道德上的善才能称得上是真正的法,而恶法是不能算作法的。分析实证法学派坚持"否定说",认为不存在永恒不变的道德准则,法和道德是两个不同的问题,法律规则不会因为违反道德而丧失法的性质和效力,因而"恶法亦法"。第二,关于法和道德在内容上的联系。一般而言,古代法学家大多倾向于使法尽可能多地体现道德内容。近现代法学家大多倾向于将法律标准和道德标准相分离,"法律是最低限度的道德"几成通说,然而在这个限度需要根据何种原则确定的问题上仍存在分歧。

(二) 法和道德的区别

法和在社会中占主导地位的道德主要区别如下:

1. 归属的范畴不同。法属于制度范畴,以制度形态规范人们的行为。道德属于意识形态范畴,从观念上规范人们的精神和行为。

2. 产生的条件不同。法的产生以国家政权的建立为条件,通过国家机关制定出来并加以修改、补充、废止。道德是人们在共同生活中逐步形成的。

3. 表现的形式不同。法以国家意志表现出来,是明确、肯定、普遍的行为规范,一般有宪法、法律、法规等具体表现形式。道德不以国家意志形式表现出来,一般较笼统、概括和抽象,没有确定的成文形式,大多存在于社会舆论和人们的信念之中。法在特定国家的法律体系中基本是一元的,具有统一性和普适性,而道德则是多元、多层次的。

4. 调整范围和内容不同。法是调整人们某些行为的规范,以规定权利和义务为主要内

---

[1] 习近平著:《论坚持全面依法治国》,中央文献出版社2020年版,第165页。

容。道德对人们的思想意识和行为都调整,所调整的范围比法广泛得多,且不受时间和年龄的限制,其内容主要是个人对社会、对他人应履行的义务。

5. 实施的方式不同。法主要以国家政权的强制力保证实施。道德则依靠人们内心信念的驱使、社会舆论的褒贬作用、教育的力量以及传统习俗的影响,以精神的强制来保证实施。

6. 发展的前途不同。阶级社会的法随着阶级的消灭而不复存在。道德在阶级消灭后仍将存在并会进一步发展。

(三) 法和道德的相互作用

历史上,法和在社会中占主导地位的道德,都是统治者用来调整社会关系和社会秩序的重要社会规范。统治者常常并用法和道德两种手段实现其统治目的。对此,孔子早有论述:"道之以政,齐之以刑,民免而无耻;道之以德,齐之以礼,有耻且格。"①荀子则认为:"治之经,礼与刑。"②意即治国平天下,精神统治和法律约束缺一不可。"法安天下,德润人心。"③当代的法和道德之间也是相互作用、相互补充的关系,但内容却有所不同,主要表现在以下几个方面:

1. 道德是法的重要精神力量

首先,就立法而言,国家立法活动渗透着道德的内容和精神,许多法律规范都是基于道德规范的相应要求产生的。立法应当与现有的社会道德水准相适应,既不能超越也不能滞后。其次,就法的实施而言,道德对人们内心觉悟的启发是国家强制力无法代替的。加强道德建设,提高道德水准有助于增强人们的守法观念和自觉性。谴责和抑制违法犯罪行为也有益于法的实施。此外,执法、司法人员的道德水准也直接关乎法的实施效果。最后,道德还可以弥补法的不足。在法制不断完善的过程中,在存在制度"空白"的情况下,道德往往要担负起调整法无明文规定的某些社会关系的任务,指导人们实施有益于社会的行为。

2. 法是传播、推行道德的有效途径

其一,通过立法把道德理念、原则等内容制度化,赋予其法律规范的强制力,从根本上保障这些道德规范的实现和传播。法律规范直接弘扬道德内容,有助于正面引导社会成员的社会行为。其二,法的实施进一步宣传和推行道德。法的实施有助于彰显、发展一定的道德理念和促进社会道德的更新和变革。通过对违法犯罪行为的处理,国家对符合道德标准的行为予以保护、救济,给予道义上的肯定性评价;对于不符合道德标准的行为予以禁止、取缔和惩罚,施以道义上的否定性评价,达到教育其他社会成员的目的。此外,对遵纪守法行为的表彰和奖励对形成社会的良好道德风尚也具有积极意义。

三、法和宗教

(一) 宗教的概念

"宗教"(religion)一词源于拉丁文 relegere(演习,痛苦地执行)或 religare(联系在一起),意为有限者(人)与无限者(神)的结合,具体是指人对祖先、神灵的崇拜和献祭中的态度

---

① 《论语·为政》。
② 《荀子·成相》。
③ 习近平著:《论坚持全面依法治国》,中央文献出版社 2020 年版,第 165 页。

和行为。唯物史观认为,宗教是人类历史发展到一定阶段普遍产生的一种社会现象,它泛指信奉超自然神灵的意识形态,是人们关于社会生活的终极意义和目的的直觉知识以及对此终极意义的个人信仰,是自然力量与社会力量在人们意识中的一种反映,其宗旨在于对超自然力的信仰,并由此获得一种精神上的慰藉。从一定意义上说,宗教的本质特征就在于对未知世界的系统神秘化,而且对之没有也不可能经过科学的证实。一般说来,宗教由宗教教义、宗教礼仪和宗教组织三部分组成。目前世界上比较盛行的三大宗教是基督教、佛教和伊斯兰教。

(二) 法和宗教的联系和区别

1. 法和宗教的联系

第一,法在起源阶段和宗教有密切联系。每一种法律体系确立之初,总是与宗教典礼和仪式密切相关。第二,在人类早期阶段,公共权力借助于神的力量的支撑,君主为了论证自己统治的合法性,往往将其统治的渊源归结于上帝或神。第三,宗教同法的价值有某些相同之处,两者的出发点和目的都包括"使人向善",使社会和谐有序,甚至使人们精神上有所依靠与寄托。第四,法和宗教都是实现社会控制的规范体系。

2. 法和宗教的区别

第一,产生的历史条件不同。宗教的产生远早于法;法的产生是社会发展到更高阶段的产物。第二,产生的方式不同。法的规范是由国家制定和认可的,是国家意志的表现;宗教规范则是由宗教团体制定的,被视为神意的表现。第三,调整范围和方式不同。宗教规范只对宗教团体的成员具有约束力,而法律规范对所有人,无论是教徒还是非教徒,无论是信教还是不信教,都具有约束力;法只调整那些对稳定社会秩序具有较高价值的社会关系,而宗教规范则覆盖了几乎全部的社会关系;法律规范一般只规范人的外部行为,而宗教规范不仅规范人的外部行为,而且更注重于规范人们的内心活动。第四,调整方式和实现的方式不同。法的规范最终是以国家强制力保证执行的;宗教规范则主要是通过控制人们的思想,依靠说教和人们的内心感悟来实现的。第五,表现的形式不同。法的规范主要以权利、义务为内容;而宗教规范主要是义务性规范,强调人对神的服从义务。

(三) 法和宗教的相互影响

1. 宗教对法的影响

宗教对法的影响包括精神层面和制度层面。但是宗教对法的影响,因历史时期、宗教在国家中所处地位的不同而有所区别。在古代社会,伊斯兰的《古兰经》、印度的《摩奴法典》等经典中的规范兼具法、道德和宗教三种性质。中世纪的欧洲,教会法与世俗法并存。在资产阶级取得政权后,一般实行"政教分离"政策,但宗教教义对有些法律关系仍具有很大影响。伊斯兰教法在一些伊斯兰教占主导地位的国家拥有更大的影响。具体而言,宗教在立法、司法、守法等环节上发挥着重要作用:

(1) 宗教影响和推动立法。许多宗教教义所表达的人类普遍的价值追求成为后世立法的基本精神。《圣经》《古兰经》《摩奴法典》等宗教经典,分别对西方两大法系、伊斯兰法、古印度法产生了根本性的影响。美国学者伯尔曼指出:"路德宗教革命不仅更新了信仰,而且重塑了世界：不但是精神的世界，而且是法律的世界。"①

（2）宗教影响司法程序。在西欧中世纪，教会法院的审判权实际上不受任何限制。在伊朗，法律规定凡是有关穆斯林之间的包括遗嘱、继承、教派争端等事宜均由宗教法庭根据宗教法进行裁决。从审判方式来看，公正、诚实的观念以及宗教仪式有助于简化审判程序，实现司法公正。

（3）宗教信仰有助于提高人们守法的自觉性。宗教提倡平等、博爱、与人为善、容忍精神等，这有利于引导公民弃恶从善，不做损害他人和社会的行为。宗教的神秘色彩也有助于增强法律的威慑力。当然，宗教对法律也有消极的影响。宗教狂热不仅可能损害正常的社会秩序，还可能妨害司法公正的实现。

2. 法对宗教的影响

（1）法对宗教的影响程度因国家类型不同而有所差异。在政教合一的国家里，法律对宗教的影响具有两面性。一方面，法可以作为国教的工具和卫护者；另一方面，法又可以作为异教的破坏力量。在宗教信仰自由不受法律保护的前提下，宗教的法律地位取决于统治阶级的态度，对其统治有利的宗教受法的保护，对其统治不利的宗教则以法规制。

（2）在近现代政教分离的国家里，法与宗教分离，法对各种宗教争端保持中立，法保障宗教信仰自由。法在观念、体系、概念等方面都对宗教有影响。权利观念被引进和运用，有助于宗教教规中的宗教权利和义务形成一个整体。法还在体系上促进宗教法典的系统化和规范化。

（3）现代法律对宗教的影响，主要表现为法对本国宗教政策的规定。宗教信仰自由已经成为当今世界各国宗教政策的主流，绝大多数国家把宗教信仰作为公民的一项基本人权来看待，并为其提供相应的制度保障。

第五节 法和全球化

一、全球化和法律全球化

（一）全球化的含义

全球化问题研究是当前国际社会科学研究领域中的重要课题之一。全球化（globalization）是一个众说纷纭的概念。全球化问题里斯本研究小组认为："全球化涉及的是组成今天世界体系的众多国家和社会之间各种联系的多样性。它描述的是这样一个过程，在这个世界部分地区所发生的事件，所作出的决策和行动，可以对遥远的世界部分地区的个人和团体产生巨大意义的后果。全球化包括两种不同的现象，即作用范围（或者扩大）和强烈程度（或者深化）。②"全球化"是一个具有多维语义指向，可以从多种角度加以探讨的概念。全球相互联系的广度、强度和速度以及影响的大幅度增加，使得各联结点（国家、地区或组织）对其他联结点的依赖程度加大，必然使得国际关系发生一种质的变化。全球化正是人类各种交往不断深入和扩大的动态发展过程。全球化并不一定会消除不同国家、民族之间的冲突，在

---

① 〔美〕伯尔曼著：《法律与宗教》，梁治平译，生活·读书·新知三联书店1991年版，第28页。
② 里斯本小组著：《竞争的极限——经济全球化与人类未来》，中央编译出版社2000年版，第39—40页。

某些情况下还有可能加剧不同国家、民族之间的政治冲突、法律冲突及文化冲突。实践地看,经济全球化、公共事务全球化、人权全球化、环境全球化、法律全球化等反映出当前人类社会的综合性发展趋势。全球化并不一定会消除不同国家、民族之间的冲突,在某些情况下还有可能加剧不同国家、民族之间的政治冲突、法律冲突及文化冲突。在经济全球化快速发展的时代,西方国家凭借政治、经济、金融霸权取得世界经济主导地位和大宗商品定价权,大量财富向发达国家转移,国际间贫富差距特别是南北差距持续扩大,广大发展中国家不能公平享受到世界经济发展的成果,甚至还有可能承担西方国家经济危机输出的恶果。

习近平总书记关于人类命运共同体的重要论述是对"世界怎么了、我们怎么办"的时代之问,为应对全球化的当代困境贡献了中国智慧和中国方案。党的十八大以来,中国积极践行共商共建共享的全球治理理念,在推进经济全球化、发展区域合作、应对气候变化、构建网络空间命运共同体、减少贫困、完善国际货币金融体系等方面提出了一系列全球治理体制改革方案,提供了大量公共产品,为人类社会应对21世纪的各种挑战作出了重要贡献,有力地促进了发展中国家的发展和世界各国的共同发展,推动经济全球化朝着普惠共赢的方向发展。所有这些,都是对与共商共建共享的全球治理新理念相适应的全球治理新模式的积极探索,体现了中国对国际合作以及全球治理模式创新的积极贡献,符合国际社会的根本利益。

(二)法律全球化的内涵和表现

法律全球化是指全球法律发展的趋同性特征和演变规律。① 一方面法超越国家的限制,形成全球的共同法;另一方面,各国国内法在原则、制度等方面趋同。法律全球化是全球化的重要组成部分,它不仅是经济、政治和文化全球化综合作用的产物,同时又是进一步推动全球化向纵深发展的重要因素之一。法律全球化是全球分散的法律体系向全球法律一体化的运动或将全球范围内的法律整合为一个法律体系的过程。国家、政府间国际组织、非政府间国际组织、超国家组织、跨国公司、个人等行为主体都对这个进程发挥着重要的推动作用。法律全球化使得各国法律向着全球性的方向发展,也使全球性法律逐渐向各国法律空间渗透,在运动形式上表现为以下两种形态:

1. 国际法的国内化

国际法的国内化即国际组织的条约、规章为内国所接受,转变为对内国具有法律约束力的规则,以及诸多国家加入某国际组织,从而使该组织的规则成为国际性的规则。目前,关于国际金融和国际贸易的国际法律规范以国际货币基金组织、世界银行、世界贸易组织等为主体;关于投资保护和争端解决的多边条约和双边条约以及区域性组织如欧洲联盟、北美自由贸易区、东南亚联盟等亦形成对国际投资有直接影响的国际规范;国际组织的条约、协议加之传统的国际习惯便构成规范国际社会经济全球化的法律规范,并对各国的法律制度产生直接影响。20世纪90年代中期,WTO通过的以保障市场准入为核心的《服务贸易总协定》(GATS)、《与贸易有关的知识产权协定》(TRIPS)和《与贸易有关的投资措施协议》(TRIMS)均是法律全球化的典型例证。在全球化进程中,为了实现与国际规则接轨,一些国家必须对自己原来的法律制度加以调整,以适应国际规章、条约的要求。

---

① 参见张文显主编:《法理学》(第五版),高等教育出版社2018年版,第214—215页。

2. 国内法的国际化

国内法的国际化即基于某种原因,某国或某地区通行的法律制度在全球范围内更广泛地流行。这往往与某一或者某些国家在世界经济或政治中的主导地位有关。而就接受国而言,或者出于依附地位,或者出于文化影响,接受这些制度和规则。这种形式的国际化曾经发生过两次:一次发生在私法领域,即19世纪中叶以来直到20世纪从欧洲开始扩展到世界的仿照《法国民法典》和《德国民法典》运动;另一次发生在公法领域,即第二次世界大战以来在欧美兴起扩展到亚、非、拉第三世界国家的,以建立宪法法院或宪法委员会和司法审查制度为标志的潮流。

国际法的国内化,是一种较强意义上的法律全球化,即有关法律具有统一的规则,而这类规则使国家主权在一定意义上弱化,主权国家的国内法必须根据它的标准加以调整;而国内法的国际化,则是一种较弱意义上的法律全球化,它并不一定具有统一的国际规则,而是表现为一种世界性的法律发展潮流,而这种潮流的源泉则是某一国家或地区的法律制度。然而,这两种意义上的法律全球化又是相互联系和相互转化的,国际组织的规则体现了某些国家在世界政治与经济中的主导地位,而这些规则的来源往往又是这些国家法律的有关规则。

还有学者把法律全球化界分为公法的全球化和私法的全球化。前者以人权保障法的全球化为突出标志,有关人权问题的国际公约(如《公民权利和政治权利国际公约》《经济、社会及文化权利国际公约》等)使得国家在人权方面承担起国际法上的义务,建立了人权保障的国际机制,从而扩大了国家接受国际法约束的领域。而私法的全球化趋势主要是由大量国际商事公约的创设所导致的,这些公约包括但不限于自1964年以来制定的《国际货物买卖统一法公约》《联合国国际货物销售合同公约》《联合国国际货物多式联运公约》等国际公约,此外,国际商会所编订的《国际贸易术语解释通则》《跟单信用证统一惯例》和《托收统一规则》也为私法全球化提供了制度媒介。①

二、法律全球化对法制发展的影响

法律全球化对法制发展的影响可以做多方面的考量,既可以从立法、司法、执法、守法等法的环节和过程上考察,也可以从法律全球化对公法、私法的作用机制上考察,还可以从国内法与国际法关系的流变过程上考察。我们认为法律全球化对一国法制的影响主要体现在以下方面:

(一) 理念层面

法律全球化将引发法律理念系统的重要变化,主要体现在:

1. 法律价值观的转换。即从国家视野的法律价值观向全球视野转变,法律所维护的秩序、自由已经不再限于国内社会秩序,还应包括范围更广的全球社会秩序和自由。许多建立在国家视野下的价值观的合理性受到质疑。例如,基于保护人的跨国迁徙自由、跨国贸易自由的理念,欧盟各成员国之间相互取消边境限制,促进人员、资本、货物的跨国自由流动。

2. 法律发展观的更新。尽管法律移植的成效取决于制度的本土化过程,但是由于具有

---

① 参见付子堂主编:《法理学进阶》,法律出版社2005年版,第331—332页。

制度成本方面的优势,它正在逐渐成为全球化时代最有效率的法律发展方式。

3. 法治理念的转变。全球化时代的法治将从国家治理的模式发展为全球治理的模式。法治不但成为全球社会存在的必然选择,而且也为世界经济一体化提供了制度基础,更为解决全球公共问题提供了有效机制。这种全球治理的法治是一种契约化的、多元分散型的法治。在全球化语境下,世界法律秩序将是一种由各种各样存在于不同领域或范围的相对独立的法律秩序联结而成的网络化秩序。

(二) 制度层面

1. 全球性立法主体的出现。随着全球化的推进,立法主体呈现多元化趋势,国家在法律上不再是世界法律的唯一表现形式,政府间组织、超国家组织和非政府间国际组织都在不同的层次上建构自己的规则。例如具有超越国家属性的欧盟(European Union, EU)的诞生,有力地推动了欧盟法律由区域化向全球化发展的趋势。该组织的基本文件与国际组织的文件不同,作为共同体的内部法,其法律地位接近内国法,对成员国有直接的法律效力。此外,近年来,世界贸易组织通过的以保障市场为核心的《服务贸易总协定》《与贸易有关的知识产权协定》《与贸易有关的投资措施协议》等,充分体现着国际组织的制度建构能力。

2. 各国法律制度的趋同性增强。法律全球化致使各国的法律逐步趋同,即达到各国法律之间的深度协调化或多元整合的状态。从世界范围来看,西方发达国家法律制度中的一些特征,也或多或少为发展中国家所共有。当代法律的发展出现了"法律技术化"的趋势,在商业、知识产权、所得税、交通控制、环境和自然资源保护等方面,大量的法律越来越被看作是一种技术而跨越了国界。法律的趋同化虽然主要表现为发展中国家主动、自觉并有选择地吸收、移植发达国家的法律制度,但在本质上它是一个双向、对流的过程,其中也不乏发达国家借鉴、吸收发展中国家的成功例证。从法律文化的发达程度来看,发展中国家移植西方发达国家的法律制度具有必然性和进步意义。但是,法律全球化是有限度的,它并不能够改变不同历史类型法律的性质,国情的差异是牵制法律全球化进程的最重要因素之一。

三、积极应对法律全球化

面对法律全球化,采取积极顺应的态度,深入挖掘本土法律资源,把握全球法律制度对话、合作的契机,推进建设法治国家的进程,不失为一种理智的选择。为了积极应对法律全球化,我们应当认真对待以下三种关系:

(一) 法律全球化和国家主权

法律全球化导致的不同法律制度之间的相互认同与合作,并不等同于世界法律大同主义,也并不意味着世界各国将生活在一个统一的、共同的世界法体系之下。实际上,法律全球化的发展与主权国家的推动是分不开的。协调和解决不同民族、不同国家、不同地区法律制度的冲突,正在成为许多国家的共同行动。迄今为止,国家仍然是国际关系产生、发展、变化的主要原因,相互尊重主权仍是国际关系的基本准则。当代国家职能的调整并非意味着主权的弱化,二者并不是此消彼长的对立范畴。法律发展的全球化趋势并不能削弱主权国家的自主独立性,法律全球化恰恰是主权国家行为的结果。即使在全球化时代,维护国家主权仍然是国际关系的基本原则,因此我们反对假借全球化甚至以一个国家的国内法为标准,干涉别国内政,侵犯别国主权的霸权主义。与此同时,全球化对国家经济主权、社会再分配职能的削弱也值得我们高度关注。

(二)法律全球化和法律西方化

法律的"西方化"是指非西方国家的法律被西方法律文化同化,乃至被纳入其法律体系的趋势或过程。19世纪后半叶以来,在西方法律文化的冲击和影响下,广大亚非拉国家出现了"泛西方化"浪潮。它是指西方列强凭借经济的、军事的优势向非西方的广大地区强行推广自己的法律文化、制度结构和价值体系,其结果是非西方国家被迫或逐渐自觉地按照西方法制模式,改造传统的法律制度,以西方化的形式实现自身的法律现代化,从而促进非西方国家和地区的法律制度更新。但是我们应当警惕和制止少数或个别国家借助法律全球化的名义而推行政治霸权主义和法律帝国主义。一方面,不能固守狭隘民族主义立场,拒绝吸收和借鉴国外先进的法律技术和法律文化,进而丧失法制建设的机遇。另一方面,必须明确法律全球化并不意味着发展中国家必须接受西方国家的法律模式和法律制度。

(三)法律全球化和本土化

全球化和本土化似乎是一对相互矛盾的概念,前者强调的是世界一体化的趋势,后者则强调本地特色,具有某种脱离一体化的趋势。然而,两者并非完全对立,甚至还具有相当的一致性。当前,世界经济全球化的浪潮,全球化经济的"无国界活动"和"地球村经济"的形成,对民族主权国家的主权及其法律体系提出了挑战,任何国家、民族都应该积极应对,以确保其不被排挤出局,并在尽量避免或减少损失的前提下,力求获得最大的国家利益或民族利益。因此,我们要正确处理法律全球化与本土化、法律国际性与民族性的关系。全球化的力量是强大的,而本土化的力量则更为厚重。全球化本身意味着越来越多的国际性标准,国际性规范为世界各国共同接纳和遵守,各国在接纳和遵守这些国际标准和国际规范时,又往往把它们与本国的文化传统结合起来使之本土化。法律本土化,在一定意义上讲就是使法律移植时"被植入"的法律制度合理化地进入本国法律制度框架有机体内的运作过程。本土化是决定法律移植成功与否的关键过程。实际上,法律"本土化"并不意味着抱残守缺,回归传统,而是主张面对社会转型中出现的国家与社会、理想与国情、变法与守成等一系列矛盾,不是一味地"以外化中",而是善待传统,并从传统出发,发现和培育那些合乎本国社会发展需要的法律制度。因此,从有利于中国法制建设发展的意义上说,全球化与本土化与其说是对立的,不如说是互补的。总之,法律全球化进程中的全球性与本土性是一个矛盾的统一体,是一个相反相成的过程。明智的选择应该是在全球性与本土性的对立统一过程中,寻找我国当代法制建设的制度资源和发展路径。

第 三 编

第八章 立 法

第一节 立法释义

一、立法的实质和立法的定义

立法是对国家生活和社会生活中的权力资源、权利资源实行法定制度性配置的专门活动。立法也是对个人和组织在国家生活和社会生活中的义务或责任的法定制度性确定。立法还是对所有社会主体的社会行为和社会自由的范围所作的法定制度性界定。立法的实质是将在国家生活和社会生活中占据主导地位的社会力量的意志,上升为国家意志。

立法一词早见于中外古代典籍。《商君书·修权》有"立法明分"的言论。《史记·律书》有"王者制事立法"的言说。《汉书·刑法志》有"立法设刑"的记录。在《商君书·更法》《汉书·艺文志》和荀悦的《汉纪》、刘勰的《新论》中,也可以读到诸如"各当时而立法""观象立法""立法施教""立法所以静乱"这样的文句。在古代西方,立法一词的使用远多于古代中国。古希腊和古罗马思想家大多都曾对立法问题发表过观点。但阅读中西方古代典籍,都难以读到关于立法概念的规范化定义和诠释。这种定义和诠释的出现,是立法学作为法学的一个分支学科得以萌生之后的事情。

当代西方学者关于立法概念的界说主要有两种:一是过程和结果两义说,认为立法既指制定或变动法的过程,又指在立法过程中产生的结果即所制定的法本身。二是活动性质和活动结果两义说,认为立法是制定和变动法因而有别于司法和行政的活动,同时又是这种活动的结果,这种结果和司法决定不同。

近些年来,中国对立法概念的解释渐多,较普遍的观点有:第一,立法是指从中央到地方一切国家机关制定和变动各种不同规范性文件的活动。这是所谓最广义的解释。第二,立法是指最高国家权力机关及其常设机关制定和变动法律这种特定规范性文件的活动。这是所谓最狭义的解释。第三,立法是指一切有权主体制定和变动规范性法律文件的活动。这是介乎广狭两义之间的解释。这些解释虽能抓住立法的某些特征,可以说明某些立法,却不能说明一般的立法,不适宜作为一般立法的定义。

我们认为,要把握一般立法概念,需要全面把握立法的内涵和外延,揭示出可以反映各种立法共同特征的、适合于说明各种立法而不只是某些立法的定义。基于这一方法,我们抓住各种立法的共同特征即各种立法的共同本质属性,避开不同历史阶段、不同国情之下和不同种类的立法各自具有的特殊性,对立法概念定义如下:

立法是由特定的主体,依据一定职权和程序,运用一定技术,制定、认可和变动法这种特定社会规范的活动。

当然,对立法作这样的界定,并不是要排斥、否定各个时代、各种国情之下的立法和各种类别的立法的特殊性。在理解一般的立法概念的同时,也要对这些各具特殊性的立法概念有正确的理解。

二、立法的特征

立法的特征,也就是立法的内涵,主要指立法这一事物的本质属性之所在,是立法所具有的并同其他事物区别开来的各种共同标识的总和。每一种立法都有自己的特征,因此立法的特征相当之多。作为一般的立法概念的内涵,则仅包括作为它的本质属性反映的各种具体立法所具有的共同特征,不包括各种具体立法所独具的特征。考察古今各种类别的立法,可以看到它们有以下共同特征:

(一)立法是由特定主体进行的活动

立法是以国家的名义进行的活动。国家机关是由许多不同职能、不同级别、不同层次的专门机关构成的一个体系,不是这个体系中的所有机关都有权立法,只有其中特定的机关才能立法。这些特定的机关统称为有权立法的主体。

一国哪个或哪些机关有权立法,在不同历史时期、不同国情之下是不同的。在现代各国,议会或代表机关都可以称为有权立法的主体;在君主独掌立法权的专制制度下,专制君主是有权立法的主体。一国究竟由哪个或哪些机关享有立法权,主要取决于国家的性质、组织形式、立法体制和其他国情因素。

立法之所以要由特定主体进行,根本原因在于立法是国家活动中最重要的活动之一。立法搞得好与不好,关系到能否产生出适合调整一定社会关系的规范性法律文件。立法的问题,是直接关系一国政治、经济、文化、军事、外交、法治、民生以及其他各项重大事项的大问题,只有交由特定主体处理,才能保证大权不致旁落,也才可能处理得好。

(二)立法是依据一定职权进行的活动

有权立法的主体不能随便立法,而要依据一定职权立法:第一,就自己享有的特定级别或层次的立法权立法。例如,只享有地方立法权的主体,便不能行使国家立法权。第二,就自己享有的特定种类的立法权立法。例如,只享有政府立法权的主体,便不能行使议会或代表机关的立法权。第三,就自己有权采取的特定法的形式立法。例如,只能制定行政法规的主体,便不能制定基本法律。第四,就自己所行使的立法权的完整性、独立性立法。例如,只能就制定某种法行使提案权的主体,便不能就制定该种法行使审议权、表决权和公布权;只能在特定主体授权下才能制定某种法,便不能未经授权就制定该种法。第五,就自己所能调整和应当调整的事项立法。例如,只能就一般事项立法的主体,便不能就重大事项立法;只能就某些事项立法的主体,便不能就其他事项立法;应当就一定事项立法的主体,便不能不就这些事项立法。

不同时代和国情下的立法主体,立法职权有大小之别,但它们的立法范围应当同它们的立法职权范围相一致,在这一点上却是相同的。立法主体之所以要依自己的立法职权立法,原因主要也在于立法是国家活动中最重要的活动之一。立法主体不依自己的立法职权立法,就可能超越或滥用职权,或不努力行使自己应当行使的职权,就会生出诸多弊端,立法就难有好的局面。

（三）立法是依据一定程序进行的活动

立法也要依据一定程序进行。立法程序的内容在不同时代和国情下往往有较大差别。现代立法一般经过立法准备、由法案到法和立法完善诸阶段。其中由法案到法的阶段,一般都经过法案提出、审议、表决和法的公布诸道程序。在特殊情况下可以有特殊程序。古代立法似乎是随便进行的,如君主专制时代的立法。但实际上古代立法也有自己的程序。在实行民主政体的古代国家,立法应当遵循一定的程序自不必说,即使在君主"言出法随"的专制国家,立法也并非没有程序。专制国家制定、编纂成文法典时,通常总是由君主发出制定和编纂法典的指令,再由君主指定若干人去具体地制定和编纂法典,最后由君主审定和公布。这个过程,也就是完成立法程序的过程。君主专制时代其他种类或形式的立法,一般也都有问题的提出、处理和法的形成过程,这个过程通常按常例进行,这种常例便是立法程序,只是这种程序未必法定化。立法程序本无固定模式,今天的立法程序同古代的立法程序存在的差别,只表明不同文化形态下立法文化的多样化和差异化,并不表明古代立法没有程序。

立法依据一定程序进行,才能保证立法具有严肃性、权威性和稳定性。

（四）立法是运用一定技术进行的活动

立法是一门科学。任何国家或立法主体要使所立之法能有效地发挥作用,不能不重视立法技术,以使立法臻于自己满意的程度。在现代立法实践中,明智的立法者一般都能比较自觉地重视立法技术。因为他们懂得：如不重视立法技术,自己的立法就缺乏科学性,就会有许多弊端,立法的目的就难以实现。随着法学的发展特别是立法科学的发展,立法技术将会成为立法者和法学家更为重视的问题,那种不讲立法技术,所立之法漏洞百出的情形,将会愈益少见。而其他社会规范,如道德、习惯、政策等,通常没有一定的技术形式或技术含量。有的社会规范,如党、团组织和企事业单位的章程,也有一定的技术形式,但它们的技术同立法技术相比,也是大不相同的。

立法技术在不同立法文化背景之下是有差别的,但就其基本含义来说,是指立法主体在立法过程中所采取的如何使所立之法臻于完善的技术性规则,或者说是制定和变动规范性法律文件活动中的操作技巧和方法。

（五）立法是制定、认可和变动法的活动

立法是直接产生和变动法的活动。其他国家活动尤其是现代国家活动,大多也是由特定主体依据一定职权和程序进行的,但除却立法之外,所有国家活动都不具有直接产生和变动法的特征。立法作为产生和变动法的活动,它是一项系统工程,包括制定法、认可法、修改法、补充法和废止法等一系列活动。所谓制定法,通常指有权的国家机关所进行的直接立法活动,如全国人大及其常委会制定法律,国务院制定行政法规,有关地方权力机关制定地方性法规。所谓认可法,指有权的国家机关所进行的旨在赋予某些习惯、判例、法理、国际条约或其他规范以法的效力的活动。所谓修改、补充和废止法,则指有权的国家机关变更现行的国内法和国际法、成文法和不成文法的活动。

以上五个方面的特征结合在一起，使立法同其他活动区别开来，而成为具有自身特色和属性的专门活动。

三、立法的外延

把握立法的概念，也需要把握立法的外延，即适合于立法概念的一切对象。应当避免把某个历史时期和某种国情之下的立法，以及某种形式的立法所独有的现象或特殊性，反映到立法的概念中去。

立法的外延表明：

（一）立法是历史的范畴

立法不是从来就有的，而是人类社会发展到一定历史阶段才产生和存在的。立法产生后，便向前发展，在发展过程中，它呈现出历史的阶段性，每一历史时期的立法都有自己的特点。因此，不应当把立法看成永恒的现象，也不能只根据一个或几个历史阶段的立法，而不注意各个历史阶段的立法，对立法作出片面的界说。

立法史表明，不同历史阶段的立法都有各自所独有的特点。以立法制度论，在古代，虽然有的国家如雅典城邦，有的时期如欧洲中世纪实行等级代表君主制时期，立法权不是由君主独掌或不完全由君主独掌。但绝大多数国家的大部分时期中，立法权是独掌于君主之手的。在君主之外无所谓立法机关，只是在君主认为必要时，才指定有关大臣组成临时的、对君主负责的起草法的机关，某项法起草完毕并由君主审议颁布后，该机关便不复存在。现代国家则大不相同：虽然有的国家还存在君主立宪制，君主也参与行使部分立法权，但君主独掌立法权的现象不存在了。现代国家中作为一种普遍现象存在的，是设置了专门立法机关或主要职能是立法的机关。现代国家和古代国家在立法制度上的不同特点表明：如果在一般的立法概念中标明立法是由君主所进行的或是由立法机关所进行的活动，都不能准确反映各种历史环境下的立法的实际情况。

至于立法的其他许多环节，古代立法和现代立法都存在很大差别。以法的体系和法的形式为例，许多古代国家是民刑不分，实体法和程序法不分，诸法合体，而现代国家很少有这种情况；在古代国家中，除了像希腊城邦有所谓的宪法外，绝大多数国家无所谓宪法，而现代国家法的形式中都有宪法。这些差别的存在，也是研究立法时应当注意的。

（二）立法是国情的产物

不仅每一历史阶段都有独具特色的立法，而且同一历史阶段的不同国家中，立法也因国情的不同而有种种差别。例如，都是奴隶制立法，由于国情不同，中国奴隶制立法权由君主行使，而希腊雅典城邦的立法权则主要由作为议事机关的公民大会行使。前者实行的是奴隶制的专制式的立法制度，后者实行的是奴隶制的民主式的立法制度。如果说，研究立法需要注意立法是历史的范畴是指要注意从历史的纵向角度研究立法，那么，研究立法需要注意立法是国情的产物，则指要注意切开历史的横断面来研究立法。注意立法是国情的产物，有助于避免只抓住一国或数国立法的特征，将只能适用于一国或数国立法的概念，作为一般立法的概念揭示，而能从各种不同国情之下的、各具特色的立法中，抽出它们的共同特征，超越它们各自的特殊性，揭示出一般的立法概念。

(三) 立法的种类具有多样化

立法种类是多样化的。从立法的主体看,有君主立法、代议机关立法、法定立法机关立法、非法定立法机关立法之分;从立法的效力等级和效力范围看,有国家立法、中央立法、地方立法之分;从立法的内容看,有实体立法、程序立法、刑事立法、民事立法、行政立法、经济立法以及其他以一定社会关系为调整对象的立法之分;从立法的方式看,有制定法、认可法、修改法、补充法和废止法之分。把握一般的立法概念,需要研究多样化的立法种类,切忌只注意某一种类或部分种类的立法,而不注意各种类别立法的特征,避免在立法概念中包括某一种类或某几种类的立法所独有的而其他立法所没有的特征。

四、立法与法的创制和法的制定

立法一词在中西方法学著述和语言中,有诸多不同的表现形式。在英语中,立法一词除以 legislation 表现外,还以其他多种形式来表现,如 enactment of law, law making 等。在现代汉语法学著述和法律文献中,立法除以"立法"一词表现外,也有诸如法的创制、法的制定之类的表现形式。但实际上这些词除了与立法同义或近义外,又与立法有颇多区别,它们都有自己的含义。这种既与立法同义或近义又与立法有区别的情况,往往引出诸多混乱和其他弊病,因而有必要注意正确理解和运用这些表现形式。

(一) 立法与法的创制

"法的创制"是近些年中国法学著述经常用来指代"立法"的一个名词。它源于苏联的法学著述。但苏联学者所说的"法的创制",与我们所说的"立法",既有一致之处又有重要区别。一致表现在:两者都指国家旨在创立和变更法的活动。区别在于:其一,法的创制的含义更广,不仅像立法一样包含创立和变更法的整个过程,也包含与这一过程相关联的各种事物或现象;其二,法的创制比立法更多地强调理论的、深层次的东西,例如强调进行法的调整的需要、强调旨在实现社会发展的目的等。

中国法学著述中法的创制一词,源于苏联学者的法的创制概念,但又与后者的含义和用法颇有出入。有的著述对法的创制的解说同苏联学者的观点是相同的。有的著述则将法的创制与立法、法的制定几乎当作同一个概念。有的著述则更进一步将法的创制与立法、法的制定完全等同起来。

鉴于这些情况,在法理学著述中如果使用法的创制一词,应当注意根据它的本来含义使用;如果要把它与立法完全等同起来,当作与立法同义的概念来使用,则不必使用这一概念,而应当径直使用立法概念。在使用立法一词不妥帖而使用创制一词能说明问题的特殊情况下,可以适当使用创制一词,例如可以说"有权创制判例法的法院""判例法的创制"等。这样便有助于避免随意性,避免使读者无所适从,也避免误解法的创制的本来含义,且能够消除这个问题上的混乱现象。

(二) 立法与法的制定

"法的制定"在中国法学著述和立法实践中的含义和用法主要有两种:

一是与立法的含义和用法相同,法的制定一词就是立法一词的另一种表现形式。如《宪法》关于国务院有权"制定行政法规"的规定,即指国务院有权进行制定、修改、补充和废止行政法规的整个立法活动,而不仅指有权制定新的行政法规。

二是指特定的主体制定新法的活动,与认可、修改、补充和废止相对应,是多种类别或形式的立法活动中的一种。在制定、认可、修改、补充和废止等各种立法活动中,制定是更主要的一种。同法的认可相比,它是直接产生新法的活动;同法的修改、补充和废止相比,它是一种更基本的、更带全局性和更经常的立法活动。宪法和其他有关法律中,同样有许多将法的制定作为属于立法的一种类别或形式而与法的认可、修改、补充和废止相对应的概念加以使用的情形。《宪法》中关于全国人大有权"制定和修改刑事、民事、国家机构的和其他的基本法律"的规定,关于全国人大常委会有权在全国人大闭会期间对全国人大制定的法律进行部分补充和修改的规定,即属此类情形。

为避免混乱,有必要明确"法的制定"与"立法"的主要区别,正确使用它们。通常情况下,"法的制定"比"立法"表示的意思更具体些,也更富有动感和实体感些;"立法"比"法的制定"表示的意思更抽象些、笼统些、整体化些,也更富有内涵。所以,凡涉及抽象、笼统、整体化之类的问题或事项时,宜使用"立法";涉及较具体、局部和富有实体感的问题或事项时,"立法"和"法的制定"则都可以使用,后者还可以较前者多用;至于涉及与法的认可、修改、补充和废止等相对应的问题或事项亦即产生新法的问题或事项时,仍宜用"法的制定"。

第二节 立 法 体 制

一、立法体制的含义、构成和核心

立法体制是一国立法制度最重要的组成部分。立法体制是关于立法权限、立法权运行和立法权载体诸方面的体系和制度所构成的有机整体。其核心是有关立法权限的体系和制度。

立法体制由三个要素构成:一是立法权限的体系和制度。包括立法权的归属、性质、种类、构成、范围、限制以及各种立法权之间的关系,立法权在国家权力体系中的地位和作用,立法权和其他国家权力的关系等方面的体系和制度。二是立法权的运行体系和制度。包括立法权的运行原则、运行过程、运行方式等方面的体系和制度。其内容除包括通常所说的立法程序的内容外,还包括行使立法权的国家机关在提案前和公布后的所有立法活动中应当遵循的法定步骤,以及立法主体或参与立法的其他主体在立法活动中应当遵循的步骤。三是立法权的载体体系和制度。主要包括行使立法权的立法主体或机构的建置、组织原则、活动形式等方面的体系和制度,还包括上述国家机关中受命完成立法任务的工作机构和其他不行使立法权但参与立法活动的工作机构的体系和制度。

在立法体制中,立法权问题是核心问题。立法权是由特定国家机关行使的,在国家权力体系中占据特别重要地位的,用来制定、认可和变动宪法、法律、法规和其他规范性法律文件的综合性权力体系。作为综合性权力体系,立法权是由多种级别、多种类别、多种内容、多种形式、多种结构的具体的立法权所构成的,而不是单一的权力结构。立法体制的状况由基本国情因素所决定,其性质同国家的性质直接相关,其形式同国家结构形式和管理形式直接相关。

一般而言,立法权有国家立法权、地方立法权、政府立法权、授权立法权等的区分。国家立法权是由最高国家立法机关,以整个国家的名义所行使的,用来调整最基本的、全局性的社会关系,在立法权体系中居于最高地位的一种立法权。地方立法权的地位低于国家立法权,所立之法的形式和立法范围有别于国家立法权,其本身往往具有多层次、多类别的一种立法权。政府立法权是指有关行政机关依法行使的,用以调整行政关系的一种立法权。授权立法权,通常指由于立法机关的授权或委托使有关国家机关获得的一定的立法权。

洛克曾说:"立法权是指享有权利来指导如何运用国家的力量以保障这个社会及其成员的权力。"[1]黑格尔也曾以法哲学方法作出解释:立法权所涉及的是法律本身,以及那些按其内容来说完全具有普遍性的国内事务。[2] 在这里,洛克把立法权与国家力量联系起来,把立法权同保障社会及其成员联系起来,黑格尔则揭示了立法权是提供具有普遍性的规范的权力,把立法权的含义同立法的含义联系起来。这都在相当程度上说明了立法权的重要特征。

二、当今世界主要立法体制

立法体制是多样化的。一国采用何种立法体制,主要取决于国情因素。当今世界,主要有单一的、复合的、制衡的立法体制。

单一立法体制是指立法权由一个政权机关行使的立法体制,包括单一的一级立法体制和单一的两级立法体制。单一的一级立法体制,指立法权仅由中央一级的一个政权机关行使。实行这种体制的国家较多。其中有国家由一个专门的立法议会行使;有的国家由一个以立法为主同时兼有其他职能的机关行使;有的国家由一个兼有立法和行政两方面职能甚至握有一切大权的机关行使;有的国家由一个由君主或总统、总督、议员联合组成的议会行使;有的国家由国家元首单独行使。单一的两级立法体制,主要指中央和地方两级立法权各由一个而不是由两个或几个机关行使。实行这种体制的国家也有不同特点。从中央一级立法权看,有的由最高国家权力机关行使;有的由作为立法机关的议会行使;有的由议会行使,而议会也包括总统在内。

立法权由两个或两个以上的政权机关共同行使的立法体制称为复合立法体制。由于这些国家的立法权由两个以上的中央政权机关行使,它们的立法体制实际上是复合的一级立法体制。实行这种体制的国家较少,一般存在于单一制国家。在这些国家,根据立法权归属的具体机关的不同,又有两种区分:有的国家的立法权由议会和总统(不是议会成员)共同行使,如冰岛、芬兰;有的国家的立法权由君主和议会共同行使,如比利时、丹麦。这些国家的君主同英国、牙买加的君主不同,不是以议会成员身份行使立法权,而是作为政权机构中与议会并列的一个方面在行使立法权。

制衡立法体制是建立在立法、行政、司法三权既相互独立又相互制约的原则基础上的立法体制。实行这种体制的国家,立法职能原则上属于议会,但行政机关首脑如作为元首的总统,有权对议会的立法活动施以重大影响,甚至直接参与行使立法权。如总统有权批准或颁布法律,有权要求将法律草案提交公民投票,有权要求议会对某项法律重新审议,甚至有权否决议会立法或解散议会。制衡立法体制中的总统对立法的作用,远远大于其他立法体制

---

[1] 〔英〕洛克著:《政府论》(下篇),瞿菊农、叶启芳译,商务印书馆1964年版,第89页。
[2] 〔德〕黑格尔著:《法哲学原理》,范扬、张企泰译,商务印书馆1979年版,第315页。

中总统对立法的作用。在许多实行制衡立法体制的国家,司法机关也对立法起制衡作用,这些国家的宪法法院或高级法院有权通过审判,宣布议会立法因违宪而无效。单一制国家如法国等,联邦制国家如美国等,都实行制衡立法体制。

三、中国现行立法体制

中国现行立法体制不同于当今世界普遍存在的几种立法体制:其一,中国的立法权不是由一个机关行使,因而不是单一立法体制。其二,中国的立法权由两个以上的机关行使,是指中国存在多种立法权,如国家立法权、行政法规立法权、地方性法规立法权等,它们分别由不同机关行使,而不是同一个立法权由几个机关行使,因而不是复合立法体制。其三,中国立法体制不是建立在分权制衡的基础上,因而也不是制衡立法体制。

在中国,根据《宪法》和《立法法》的规定,现行立法体制由下列要素构成:

第一,国家立法。全国人大及其常委会根据宪法规定行使国家立法权,制定法律。全国人大制定和修改刑事、民事、国家机构的和其他的基本法律。全国人大常委会制定和修改除应当由全国人大制定的法律以外的其他法律;在全国人大闭会期间,对全国人大制定的法律进行部分补充和修改,但是不得同该法律的基本原则相抵触。全国人大可以授权全国人大常委会制定相关法律。

第二,授权立法。属于只能制定法律的事项,尚未制定法律的,全国人大及其常委会有权作出决定,授权国务院可以根据实际需要,对其中的部分事项先制定行政法规,但是有关犯罪和刑罚、对公民政治权利的剥夺和限制人身自由的强制措施和处罚、司法制度等事项除外。授权立法事项,经过实践检验,制定法律的条件成熟时,由全国人大及其常委会及时制定法律。法律制定后,相应立法事项的授权终止。被授权机关应当严格按照授权决定行使被授予的权力。被授权机关不得将被授予的权力转授给其他机关。全国人大及其常委会可以根据改革发展的需要,决定就特定事项授权在规定期限和范围内暂时调整或者暂时停止适用法律的部分规定。经济特区所在地的省、市的人大及其常委会根据全国人大的授权决定,制定法规,在经济特区范围内实施。上海市人大及其常委会根据全国人大常委会的授权决定,制定浦东新区法规,在浦东新区实施。海南省人大及其常委会根据法律规定,制定海南自由贸易港法规,在海南自由贸易港范围内实施。

第三,国务院行政法规的制定。国务院根据宪法和法律制定行政法规。应当由全国人大及其常委会制定法律的事项,国务院根据全国人大及其常委会的授权决定先制定的行政法规,经过实践检验,制定法律的条件成熟时,国务院应当及时提请全国人大及其常委会制定法律。国务院有关部门认为需要制定行政法规的,应当向国务院报请立项。国务院可以根据改革发展的需要,决定就行政管理等领域的特定事项,在规定期限和范围内暂时调整或者暂时停止适用行政法规的部分规定。

第四,地方性法规的制定。省、自治区、直辖市的人大及其常委根据本行政区域的具体情况和实际需要,在不同宪法、法律、行政法规相抵触的前提下,可以制定地方性法规。设区的市的人大及其常委会根据本市的具体情况和实际需要,在不同宪法、法律、行政法规和本省、自治区的地方性法规相抵触的前提下，可以制定地方性法规，法律对设区的市制定地方性法规的事项另有规定的，从其规定。设区的市的地方性法规须报省、自治区的人大常委会批准后施行。省、自治区的人大常委会对报请批准的地方性法规，应当对其合法性进行审查，认为同宪法、法律、行政法规和本省、自治区的地方性法规不抵触的，应当在4个月内予以批准。省、自治区的人大常委会在对报请批准的设区的市的地方性法规进行审查时，发现其同本省、自治区的人民政府的规章相抵触的，应当作出处理决定。自治州的人大及其常委会可以依照立法法规定行使设区的市制定地方性法规的职权。省、自治区、直辖市和设区的市、自治州的人大及其常委会根据区域协调发展的需要，可以协同制定地方性法规，在本行政区域或者有关区域内实施。规定本行政区域特别重大事项的地方性法规，应当由人民代表大会通过。

第五，自治条例和单行条例的制定。民族自治地方的人大有权依照当地民族的政治、经济和文化的特点，制定自治条例和单行条例。自治区的自治条例和单行条例，报全国人大常委会批准后生效。自治州、自治县的自治条例和单行条例，报省、自治区、直辖市的人大常委会批准后生效，并报全国人大常委会和国务院备案。自治条例和单行条例可以依照当地民族的特点，对法律和行政法规的规定作出变通规定，但不得违背法律或者行政法规的基本原则，不得对宪法和民族区域自治法的规定以及其他有关法律、行政法规专门就民族自治地方所作的规定作出变通规定。

第六，国务院部门规章的制定。国务院各部、委员会、中国人民银行、审计署和具有行政管理职能的直属机构以及法律规定的机构，可以根据法律和国务院的行政法规、决定、命令，在本部门的权限范围内，制定规章。部门规章规定的事项应当属于执行法律或者国务院的行政法规、决定、命令的事项。没有法律或者国务院的行政法规、决定、命令的依据，部门规章不得设定减损公民、法人和其他组织权利或者增加其义务的规范，不得增加本部门的权力或者减少本部门的法定职责。涉及两个以上国务院部门职权范围的事项，应当提请国务院制定行政法规或者由国务院有关部门联合制定规章。

第七，地方政府规章的制定。省、自治区、直辖市和设区的市、自治州的人民政府，可以根据法律、行政法规和本省、自治区、直辖市的地方性法规，制定规章。应当制定地方性法规但条件尚不成熟的，因行政管理迫切需要，可以先制定地方政府规章。规章实施满两年需要继续实施规章所规定的行政措施的，应当提请本级人大或者其常委会制定地方性法规。没有法律、行政法规、地方性法规的依据，地方政府规章不得设定减损公民、法人和其他组织权利或者增加其义务的规范。

第八，军事法规和军事规章的制定。中央军事委员会根据宪法和法律，制定军事法规。中国人民解放军各战区、军兵种和中国人民武装警察部队，可以根据法律和中央军事委员会的军事法规、决定、命令，在其权限范围内，制定军事规章。军事法规、军事规章在武装力量内部实施。

第九，监察法规的制定。国家监察委员会根据宪法和法律、全国人大常委会的有关决定，制定监察法规，报全国人大常委会备案。

第十，特别行政区立法。根据宪法和特别行政区基本法的规定，香港和澳门两个特别行政区享有制定法律的权力。

中国现行立法体制是特色甚浓的立法体制。从立法权限划分的角度看，它是党中央集中统一领导和一定程度分权的，多级并存、多类结合的立法权限划分体制。最高国家权力机关及其常设机关统一领导，国务院行使较大的权力，地方行使一定权力，是其突出的特征。

实行党中央集中统一领导和一定程度分权，一指最重要的国家立法权即立宪权和立法权属于中央，并在整个立法体制中处于领导地位。国家立法权只能由全国人大及其常委会行使，地方和其他任何方面都没有这个权。行政法规、地方性法规不得同宪法、法律相抵触。虽然自治法规可以有同宪法、法律不完全一致的例外规定，但制定自治法规作为一种自治权必须依照宪法、民族区域自治法和立法法所规定的权限行使，并须经批准或备案。这就确保了国家立法权对自治法规制定权的领导地位。二指国家的整个立法权，由中央和地方多方面的主体行使。这是中国现行立法体制最深刻的进步或变化。这种一定程度上的分权，通过多级并存和多类结合的特征进一步表现出来。

多级（多层次）并存，指全国人大及其常委会制定国家法律，国务院及其所属部门分别制定行政法规和部门规章，一般地方制定地方性法规和地方政府规章。全国人大及其常委会、国务院及其所属部门、一般地方的有关国家权力机关和政府，在立法上以及在它们所立规范性法律文件的效力上有级别之差，这些不同级别的立法和规范性法律文件并存于中国现行立法体制中。

多类结合，指上述立法及其所产生的规范性法律文件，同民族自治地方的立法及其所制定的自治法规，以及经济特区和特别行政区的立法及其所制定的规范性法律文件，在类别上有差别。之所以要在多级的提法之外，又使用"多类"的提法，主要因为自治法规（自治条例、单行条例）和特别行政区的法律既是地方规范性法律文件，又在立法依据、权限范围和表现形式等方面不同于地方性法规和地方政府规章，在立法上把它们划入同等级别未必妥善。

中国现行立法体制，有深刻的国情根据。首先，中国的国家性质要求由体现人民最高意志的全国人大及其常委会行使国家立法权，统一领导全国立法。其次，中国幅员广阔，人口众多，各地区、各民族的经济、文化发展很不平衡，这种国情决定了不可能单靠国家立法解决各地复杂的问题，还要有立法上的一定程度的分权，让有关方面分别制定行政法规、地方性法规、自治法规和特别行政区规范性法律文件等。再次，现阶段中国，经济上实行多种经济形式并存发展的市场经济结构，政治上实行民主集中制。这些特点也要求国家在立法体制上一方面坚持党中央集中统一领导，另一方面使多方面参与立法，特别是要正确处理中央和地方的关系。最后，也是特别重要的是，消除中国国情中负面的历史沉淀物也要求实行现行立法体制。中国是世界上中央集权的专制主义统治最长久、传统最深厚、影响最深广的国家，是世界上重农抑商的历史最悠久、商品观念相对薄弱因而权利和义务观念也相对薄弱的国家，是经受长期战争通过党政军民一元化高度集中领导才建立起人民共和国的国家，是参照苏联的集权型模式建立起政治体制基本框架的国家，也是实行"一国两制"的国家。这些国情因素的综合作用，从根本上决定着中国应当实行党中央集中统一领导和一定程度分权的立法体制。

第三节 立法过程和立法程序

一、立法过程

立法是动态的和有序的事物,是具有阶段性、关联性和完整性的活动过程。这一过程可分为三个阶段:一是立法准备阶段;二是由法案到法的阶段;三是立法完善阶段。理解立法是个活动过程,要重视立法活动的阶段性,针对各阶段的立法任务、特点和客观要求,做好立法工作;要重视各阶段立法活动的关联性和完整性,从事某一阶段的立法活动,要为其他阶段的立法活动做准备,或积极利用先前阶段的成果和经验。

(一)立法准备

立法准备,一般指在提出法案前所进行的有关立法活动,是为正式立法提供条件或奠定基础的活动。

立法准备活动的主体,多为立法权享有者,也可以是立法权享有者委托的机构、组织和人员,还可以是没有立法权也没有被委托但自己希望进行某些立法活动的主体。

立法准备活动的主要内容,宏观上有:进行立法预测,编制立法规划,形成立法创议,作出立法决策。法的清理、法的汇编和立法信息反馈工作中包含的旨在为法的制定和变动服务的工作,也是立法准备活动的内容。中观上通常包括:确定立法目标、目的和指导思想,调查研究,收集和研究各种相关材料,落实法案起草机关和组织起草班子,协调关系,为立法的正式进行做好物质准备。微观上通常包括:明确立法意图,拟出法案提纲,起草法案草稿,征求有关方面意见,协调论证,反复修改、审查法案草稿并形成正式稿即草案。不一定每项立法都必须做上述各方面的准备,有的立法所须进行的准备也可能超出这一范围。一项立法的准备活动应当包括哪些内容,主要视该项立法的规模、效力等级、调整范围、调整事项的重要程度而定。

立法准备阶段在立法活动过程中有重要地位。这不仅在于立法准备是否充分、科学,直接关系所立之法能否行之有效,而且更在于立法准备就其主要倾向看,具有决策性,许多国家的众多立法的命运,实质上是在立法准备阶段就决定了。在有的国家,法案提交立法主体审议、表决,主要是履行法定程序,不能真正决定该法案能否正式成为法,因为能否正式成为法,在立法准备阶段就已有定夺。

立法准备阶段在法治发达国家的地位,比之由法案到法的阶段的地位,往往难分伯仲,有时立法准备阶段特别重要,但更多的还是由法案到法的阶段重要些。在法治落后的国家,情况正相反,立法机关的实际地位通常不及它的法定地位重要,立法的命运,通常在立法机关之外决定。但正是这些国家,在不太重视立法机关、不太看重由法案到法的阶段的作用的同时,对立法准备阶段的研究也不重视,很少有较为健全的关于立法准备的制度。

(二)由法案到法

在现代立法活动过程中,由法案到法的阶段,是指由法案提出直到法的公布这一系列正式的立法活动所构成的立法阶段。

参与这一阶段立法活动的主体,一般须是能够行使立法权的主体。由法案到法的活动,主要是立法权行使者的专有活动,是纯粹的立法活动。

同立法准备阶段和立法完善阶段相比,由法案到法的阶段的内容具有确定性、不可缺少性。虽然各国这一阶段的具体内容多有自己的特色,但主要内容通常总是包括四个方面:一是提出法案;二是审议法案;三是表决法案;四是公布法。

由法案到法的阶段,是立法主体通过正式程序产生法的阶段。立法准备阶段固然往往能决定法案的命运,但如若不经历由法案到法的阶段,这一命运便不能最终实现。由法案到法的阶段具有法定性,现代立法的这一阶段的各个主要环节,一般都由法所确定从而形成法定制度。

由法案到法的阶段,在法治发达国家,理论、制度和事实上一般都能受到重视;在法治不发达国家,一般在理论和法定制度上比准备阶段受重视,或比立法准备阶段正规,而在事实上一般不及准备阶段重要。在中国现时期,由法案到法的阶段,在立法理论上已有一定研究,在制度上也有一定规定,但还有不少环节或步骤需要进一步完善。

(三) 立法完善

立法完善阶段,一般指法案变为法之后,为使该法进一步臻于科学化,更宜于体现立法目的和适合不断变化的新情况,所进行的立法活动和立法辅助工作构成的立法阶段。

立法完善阶段的主体同立法准备阶段一样,不具有确定性。其主要内容通常包括:立法解释,法的修改、补充和废止,法的清理、汇编和编纂。

立法完善阶段在立法活动过程中的价值和地位,兼具立法准备和由法案到法两个阶段的一些特征。从立法价值角度看,立法完善作为目的在于使法进一步臻于科学化的活动,同旨在为正式立法奠定基础的立法准备,是殊途同归的。并且,立法完善阶段的主要内容,绝大多数同由法案到法的阶段的内容一样,属于立法性质的活动。

但事实上,立法完善阶段的价值和地位在各国得以实现的程度,差别颇大。一般来说,一国立法完善阶段的价值和地位得以实现的程度,主要同该国实现法治化的程度成正比。在中国,真正把立法完善提上重要日程并取得好的成效,尚需努力。当然,立法的完善是相对的。法的"完整性只是永久不断地对完整性的接近而已"[①]。

二、立法程序

立法程序是有权的国家机关,在制定、认可、修改、补充和废止法的活动中,所应当遵循的法定步骤和方法。立法主体行使立法职权以外的其他职权时,其活动步骤和方法不是立法程序。立法活动中非法定的或可有可无的步骤和方法,也不是立法程序。

立法程序在中国法学著述和立法实践中,是个常用的概念。人们讲到立法程序,通常将提出法律草案认作立法程序之始,将公布法律认作立法程序的完结,也即仅仅将立法程序视为由法案到法这一阶段所存在的事物。这是对立法程序的误解。事实上,在立法活动过程的各个阶段上,都有应当遵循的法定步骤和方法,它们都是立法程序。立法过程这一概念,强调立法的阶段性、关联性和完整性;立法程序这一概念,强调立法运作的规则性和严肃性,强调立法是一个遵守制度和受节制的过程。但在整个立法活动过程中,由法案到法的阶段

---

① 〔德〕黑格尔著:《法哲学原理》,范扬、张企泰译,商务印书馆1979年版,第225页。

的立法程序,是立法程序体系的重点所在。这一阶段的立法程序通常包括提案、审议、表决和公布。

(一) 提出法案

法案是议案的一种,指有提案权的主体,就有关事项,以一定的形式,依一定的程序,提交有关主体审议的关于制定、认可、变动规范性法律文件的提议和议事原型。法案通常由主案和附案两部分构成。主案是提交审议的立法提(动)议,内容较为概括;附案是提交审议的规范性法律文件的原型,即通常所说的法律草案、法规草案,内容较为具体。提出法案,就是有立法提案权的主体,依法向有权立法的机关提出关于制定、认可、变动规范性法律文件的提议和议事原型的专门活动。

提出法案不同于提出立法建议,提出立法建议没有主体资格的限制,任何个人和组织都可以提出立法建议;而提出法案则须具备主体资格,即享有法定提案权。所以,那种把议案、立法议案、法案、法律议案当作立法建议的说法,是一种误解。

现今各国国家立法的提案权,通常由下列机关、组织和人员所行使:议会和议员,国家元首,政府和政府首脑,成员国或下一级政权,司法机关,政党和有关社会团体,一定数量的选民,其他法定机关。其中行使提案权最多的,所提法案在议会获得讨论的机会更多和更容易通过的,是政府和政府首脑,以及兼国家元首和政府首脑于一身的总统。在中国现时期,全国人大主席团、全国人大常委会、国务院、中央军事委员会、国家监察委员会、最高人民法院、最高人民检察院、各专门委员会、全国人大的1个代表团或30名以上的代表联名,可以向全国人大提出属于全国人大职权范围内的法案;全国人大常委会委员长会议、常委会组成人员10人以上联名、国务院、中央军事委员会、国家监察委员会、最高人民法院、最高人民检察院、全国人大各专门委员会,可以向全国人大常委会提出属于全国人大常委会职权范围内的法案。

提案应当依据法定程序。有关立法问题的论著、讲话、建议、设想,在立法时可以作参考,有些还应当受到重视,但都不是提出法案。提案应当遵循的法定程序主要是:第一,应当就本身职权或业务范围内的事项提案,应当提出属于接受法案的主体的职权范围内的法案。第二,应当向自己能够提案的机关提案。第三,应当符合法定人数才能提案。第四,应当采取一定形式如书面形式,通过一定方式如通过一定机关,在规定时间内提案。

(二) 审议法案

审议法案,就是在由法案到法的阶段,由有权主体对法案运用审议权,决定其是否应当列入议事日程、是否需要修改以及对其加以修改的专门活动。

法案提出后,有的可以直接列入议事日程,有的则需要经有权机关决定是否列入议事日程。这是由于一次会议审议的法案有限,有些法案所提事项虽然重要,但对这些事项进行立法的条件还未成熟,有必要先决定是否列入议程。所以,那种以为法案一经提出,立法机关就要将其列入议事日程,进行正式审议和讨论的说法,是不符合实际情况的。决定法案是否列入议程的工作一般由有关委员会或领导机构进行。法案列入议程,有的经委员会审议和提出报告,便进入大会审议程序。参加大会审议的机关和人员通常有立法机关的领导机构、专门委员会、议员和代表团,法案的提案者和议会党团往往也参加大会。与会者在大会上就法案作辩论发言,是大会审议法案的一个主要形式和主要环节。

一般来说,各国立法机关的全体会议、领导机构和专门委员会,都可以通过分工合作参与行使法案审议权。但这几方面的主体所掌握的审议权有大小之分。审议权归属上的差别,带来多种类别的法案审议程序。一是由议会大会直接审议法案的程序,议会不必将法案交付委员会审议;二是由议会大会到专门委员会再到议会大会的审议程序;三是由专门委员会再到议会大会的审议程序;四是不同法案采用不同的审议程序。在中国,全国人大及其常委会审议法案的程序,通常履行由它们的领导机构到有关会议或有关委员会再到大会审议的程序。列入全国人大常委会会议议程的法案,一般应当经三次常委会会议审议后再交付表决。

(三)表决和通过法案

表决法案,是有权的机关和人员对法案表示最终的、具有决定意义的态度。表决的结果直接关系到法案究竟能否成为法。通过法案,指法案经表决获得法定多数的赞成或同意所形成的一种立法结果。表决法案和通过法案两者之间关系非常密切,但并非同一个概念。表决法案是通过法案的必经阶段,是法案获得通过的前提;通过法案则是表决法案的一个主要结果和主要目的。每个列入审议议程的法案都要经过表决这一程序,但并不都能获得通过。

法案的表决权通常属于有权立法的机关和人员,在有些国家、有些情况下,也属于全体公民或部分公民。大会表决法案的基本方式,通常有公开表决和秘密表决两种。目前,各国表决法案时普遍采用公开表决的方式。在中国,全国人大表决法案,采用无记名投票方式、举手方式或其他方式,实际采用哪种方式由全国人大主席团决定。

通过法案的基本原则一般是少数服从多数,法案只有获得法定多数表决者的赞同,才能通过而成为法。普通法案通常由法定会议人数中的普通多数通过。特殊法案如宪法案,由特殊多数通过。在许多国家,法案经大会审议、表决并获得通过后即成为法。在另一些国家,法案经大会审议通过后,还要经过诸如另一院复议、公民公决、国家元首批准、合宪性审查等程序并获得通过后才能成为法。在中国,全国人大审议的普通法案由全体代表的过半数通过;宪法的修改由全体代表的三分之二以上多数通过;全国人大常委会审议的法案,由常委会全体组成人员的过半数通过。

(四)公布法

公布法,是指由有权机关或人员,在特定时间内,采用特定方式,将法公之于众,亦称法的颁布。这是法得以正式生效所必须经过的程序。

公布法的权力在多数国家由国家元首行使,在有些国家由立法机关的领导机构行使。国家元首或立法机关的领导机构在批准或签署法之后,即按法定程序将法公之于众。在许多由国家元首行使公布权的国家,公布权是行政对立法实行制约的一个手段。在另一些由国家元首行使公布权的国家,公布权在实际上并不能使立法和行政两方面得以相互牵制和平衡,这些国家的元首必须公布法,或事实上从来也不拒绝公布法,他们行使公布权纯粹是一道程序。在中国,国家主席行使公布法的权力,这种权力不是西方那种对议会实行牵制和平衡的权力,实践中从未发生国家主席拒绝公布法的情况。

法案经表决通过或经复议、批准后,应当在一定时间内公布。各国公布法的方式大体一致,即在立法主体的刊物上或在指定的其他刊物上公布法。在中国,宪法和法律没有规定公布法的时间和方法。实际做法是:多数法于通过当日公布,少数法于通过后间隔几天公布;少数法于公布之日起施行,多数法是公布后间隔一定时间方才施行。根据《立法法》的规定,法律签署公布后,及时在全国人大常委会公报和中国人大网以及在全国范围内发行的报纸上刊登。在全国人大常委会公报上刊登的法律文本为标准文本。

第四节 立法的基本原则

一、立法原则释义

(一)立法原则的含义和功能

立法原则是指立法主体据以进行立法活动的重要准绳,是立法指导思想在立法实践中的重要体现。它反映立法主体在把立法指导思想同立法实践相结合的过程中特别注重的方面,是执政者立法意识和国家立法制度的重要反映。

理解立法原则的含义,需要明了立法原则同立法指导思想的关联和区别。立法指导思想是观念化和抽象化的立法原则,立法原则是规范化和具体化的主要的立法指导思想。立法指导思想要通过立法原则等来体现和具体化,立法原则应当根据立法指导思想等来确定,两者紧密关联。但两者又有清晰的界限:其一,立法指导思想是为立法活动指明方向的理性认识和重要理论根据;立法原则是立法活动据以进行的基本准绳。其二,立法指导思想主要作用于立法者的思想,通过立法者的思想来影响立法活动;立法原则主要作用于立法者的立法行为,通常直接对立法活动发挥作用。其三,立法指导思想和立法原则也有抽象和具体的区别。不能把两者完全等同起来,不能以立法指导思想代替立法原则或是相反。

立法原则和立法指导思想构成一定立法的内在精神品格。它们的本质同立法的本质是一致的。只有在一定社会意识形态中占据主导地位、适合执政者需要、为执政者所信奉或推崇的思想,才能被奉为立法指导思想,并在实践中体现为立法原则。立法原则所体现的意志或立法意识,归根到底由作为立法主体的执政者所在国家的国情决定的,尤其是由国情因素中的物质生活条件所决定。

立法坚持一定的原则,有利于立法主体站在一定的高度来认识和把握立法,使立法能在经过选择的思想理论指导下,沿着有利于执政者和立法主体的方向发展;有利于从大局上把握立法,将整个立法作为一盘棋来运作,集中地、突出地体现执政者的某些重要意志;有利于协调立法活动自身的种种关系,统一立法的主旨和精神,使各种立法活动有一以贯之的精神品格在发挥作用;也有利于实现立法的科学化,使立法活动按规律进行。在现代社会,立法指导思想和基本原则一般都包含科学立法、规律立法的内容。

(二)立法原则的发展和种类

立法总是时代的反映,作为立法的内在精神品格的立法原则,总要随时代的嬗进而嬗进。每一历史时代,甚至每一历史阶段的不同历史时期,都会有相应的立法原则。如西欧中世纪产生了神学世界观作为立法指导思想,以及由这个思想的一些原理和观点构成的立法基本原则。中世纪结束后,西方立法则以新的世界观即法学世界观作为立法指导思想,这个世界观的一些原理和观点也相应地成为立法基本原则。

整个立法和各种类别的立法都有自己的原则。中国立法总的基本原则,可以从性质和内容的结合上区分为多种。其中,法治原则、民主原则、科学原则尤为重要。

在坚持中国立法总的基本原则的前提下,中国各方面立法应当注意坚持各自的具体原则。就国家或中央立法而论,应当注意坚持:其一,最高立法原则。立法者须明了国家立法在整个立法中居于最高地位,抓住同这一特点相适宜的重大事项立法,并使国家立法成为其他立法的根据。其二,统揽大局原则。全国人大及其常委会应当站在中国整个立法的大局上规划和从事立法。其三,模范立法原则。国家立法无论在哪方面,都应当为其他立法确立榜样。

就地方立法而言,应当注意坚持:其一,需要实行地方立法和可能实行地方立法相结合原则;其二,地方立法特色和国家立法大局相结合原则;其三,自主立法和执行立法、补充立法和先行立法相结合原则。

此外,不同主体的立法,应当注意坚持同各自的性质、地位和职权范围相适应的立法原则。不同法的形式和不同部门法的立法,应当注意坚持同自身特点相适应的立法原则。

认知立法原则是发展变化的,是有多种层次和类别的,要求立法者不能用静止的眼光,从单一的层面或角度来谈论和坚持立法原则,而应当适时地,从整个立法和个别立法相结合的角度坚持立法基本原则。

(三) 立法原则的客观性

立法原则是一种客观存在。立法一般都自觉或不自觉地在一定原则的作用下运作。这既是立法自身的规律使然,也因为立法目的通常在相当程度上需要借助一定的立法原则表现出来。中国汉代以后的封建社会,立法依据封建正统儒家思想原则进行,儒学的"精华"几乎全部在封建立法中得到体现。作为中国封建立法缩影的《唐律疏议》便"一准乎礼"。在西方,希腊人的哲学,罗马人的务实精神,中世纪的神权观念,资产阶级革命时期的启蒙思潮,以至当代西方种种有影响的学说,都化为立法原则,指导或深刻影响着当时的立法。特别是风靡一时的启蒙主义思潮,对资产阶级如火如荼的革命运动和革命后建立的西方政治法律制度,担当了思想指南角色。像美国《独立宣言》、法国《人权宣言》以及后来的《法国民法典》,都是沐浴着启蒙思想的基本原则产生的,其中许多条文直接来自启蒙思想家的经典观点。正如马克思在讲到《法国民法典》时所指出的,该"法典并不起源于旧约全书,而是起源于伏尔泰、卢梭、孔多塞、米拉波、孟德斯鸠的思想,起源于法国革命"①。

当代中国的情形何尝不是这样。从 1957—1976 年,作为中国的国家立法机关,全国人大除通过 1975 年《宪法》外,几乎没有立法活动。这种情形同当时"以阶级斗争为纲"成为整个国家生活从而也成为整个立法的指导原则直接相关。贯穿 1975 年《宪法》的重要指导思想,是"继续革命理论"和当时那个以阶级斗争为纲的"党的基本路线"。在这种指导思想下产生的宪法,人们难以发现建设现代民主和法制的影子,也难以发现以经济建设为中心、使国家富强和人民幸福的影子。1978 年《宪法》在许多方面进步显著,但由于那个以阶级斗争为纲的"党的基本路线"和"继续革命理论",依然作为重要的立法原则体现在它的序言和条

---

① 《马克思恩格斯全集》(第 1 卷),人民出版社 1956 年版,第 129 页。

文的字里行间,作为当时曾鼓舞人心的建设现代化强国这一目标的根据而存在,所以这部宪法不能不成为迅速变化时期的一部过渡性的和昙花一现的宪法。1982年《宪法》,1988年、1993年、1999年、2004年和2018年的宪法修正案,是客观情况变化的结果,也是在立法原则上要求作为根本大法的宪法适应改革开放需要的产物。宪法如此,经济法、民法、行政法、刑法、诉讼法以及其他各种法,也莫不如此。

古今立法的实践表明:不了解儒家的思想原则,就难以理解中国封建立法;不了解启蒙思想家的理性主义思潮,也很难理解一系列资产阶级法典;不了解毛泽东思想,就很难理解根据地立法和中国立法的种种特色;不了解现时期主流理论,就很难真正理解现时期中国立法的种种变迁。

二、中国立法的基本原则

（一）由观念化向法律化和制度化的转变

当代中国立法制度的一个特色,是以《立法法》这种专门规制立法活动的宪法性法律,集中系统地确立了立法应当遵循的若干基本原则,使这些原则不仅以观念形态,而且也以法律制度形式存在着,在一定程度上实现了立法基本原则的法律化和制度化。

中国立法基本原则以往是以观念形态存在于书本和立法实践中的。从表层看,这同世界上大多数国家的情形有某些相似之处。不过大多数国家已是法治国家,扎根于社会生活中的法治观念,已包含立法基本原则的内容,并能对立法实践发生有效的作用。而且这些国家的宪法和有关法律,一般也在不同程度上涉及立法基本原则。在中国的传统中,法治因素极为贫乏,自古又特别重视制定法形式,作为观念形态的立法基本原则难以对立法发生有效的影响。以观念形态存在的立法基本原则,之所以对中国以往的立法实践也有作用,主要由于这些观念同历来帝王或执政者的主流思想理论是一致的,是它们在立法上的折射。在走向法治的当今时代,在仍然匮乏法治观念的情形下,以观念形态存在的立法基本原则,远不敷立法实践的需要。这就需要在立法基本原则方面实现由观念化向法律化和制度化的转变。

《立法法》实现了这种转变。它规定了中国立法的一系列原则:立法应当坚持党的领导,坚持马克思列宁主义、毛泽东思想,坚持新时期以来形成的各种主导性思想,坚持以习近平新时代中国特色社会主义思想为指导,推进中国特色社会主义法治体系建设,保障在法治轨道上全面建设社会主义现代化国家。立法应当坚持以经济建设为中心,坚持改革开放,贯彻新发展理念,保障以中国式现代化全面推进中华民族伟大复兴。立法应当符合宪法的规定、原则和精神,依照法定的权限和程序,从国家整体利益出发,维护社会主义法制的统一、尊严、权威。立法应当坚持和发展全过程人民民主,尊重和保障人权,保障和促进社会公平正义。立法应当体现人民意志,发扬社会主义民主,坚持立法公开,保障人民通过多种途径参与立法活动。立法应当从实际出发,适应经济社会发展和全面深化改革的要求,科学合理地规定公民、法人和其他组织的权利与义务、国家机关的权力与责任。法律规范应当明确、具体,具有针对性和可执行性。立法应当倡导和弘扬社会主义核心价值观,坚持依法治国和以德治国相结合,铸牢中华民族共同体意识,推动社会主义精神文明建设。立法应当适应改革需要,坚持在法治下推进改革和在改革中完善法治相统一,引导、推动、规范、保障相关改革,发挥法治在国家治理体系和治理能力现代化中的重要作用。这些原则中,对立法而言,更基本的原则是:宪法原则、法治原则、民主原则、科学原则。

当代中国立法经过长期发展之后,终于显示出一个明晰的新的特点,即它的基本原则不仅以观念形态存在着,也不仅在宪法和有关宪法性法律中从一定侧面体现出来,而且还特别在《立法法》这样的专门建置立法制度的法律中,集中系统地确立起来,使立法基本原则在中国进入了正式的立法制度领域,成为人们在立法实践中所须遵循的准则。至此,中国立法的基本原则就有了观念化的形式和法律制度形式这样的双重存在形式。

(二) 立法的宪法原则

宪法是万法之法,也是其他所有法律和法规直接或间接的立法基础。背离宪法原则,立法必然紊乱。因此,各国立法非常强调正确处理立法同宪法的关系,强调立法应当以宪法为根据或不得同宪法相抵触。中国立法也如此。

立法的宪法原则本来也可以被视为立法的法治原则的一个方面。立法遵循宪法原则,就是从一个重要侧面遵循法治原则。立法遵循法治原则,首先就是遵循宪法原则。《立法法(修正草案)》本来也是将立法的宪法原则作为法治原则的组成部分规定的:立法应当根据宪法,依照法定的权限和程序,维护社会主义法制的统一、尊严、权威。但正式通过的文本,将立法的法治原则分解开,首先确立了作为法治原则组成部分的宪法原则。

立法应当遵循宪法原则,是当今各国立法最基本的准则。宪法主要是近代以来所发展起来的一种法律,而近代以来各国国家制度和社会制度尽管存在差异,却都是当时主流文明的制度表现,因而它们有文明的相通性。这种文明的相通性体现到宪法中,就使各国宪法尽管呈现种种特色,但同时也具有共通的语言,一般都坚持这样几项共通性原则:人民主权原则、权力制约原则、基本人权原则、法治原则。[①] 立法应当遵循宪法基本原则,就是要以这些共通性原则为指导,体现这些原则。中国立法无疑也要遵循这些原则。

(三) 立法的法治原则

经济上实行市场化,政治上实行民主化,是现代社会不同于以往社会的显著标志。而这"两化"都需要有法治来推动、来保障。因而现代社会更为显著的标志,就在于要求建设法治国家,实现国家生活的法治化和法治生活的现代化。像中国这种有长久人治传统的国家,要实现现代化,更需要丢弃人治而实行法治。立法作为建设法治国家的前提和基础,也因此首先需要实行法治化。

立法的法治原则,主要包含三方面的内容和要求:第一,一切立法权的存在和行使都应当有法的根据。立法活动的绝大多数环节都依法运行,立法主体进行活动,其行为应当以法为规范,行使法定职权,履行法定职责。第二,规范立法制度和立法活动的法,应当充分反映人民的意愿,有利于立法发展,有利于社会进步,有利于保障人类的各种基本权利。第三,关于立法方面的法,在立法活动中具有最高地位和权威,获得普遍服从,任何立法主体违反了

[①] 这里需要说明:宪法原则和法治原则往往具有交叉意味或具有重合性。一般来说,一方面,现代国家的法治原则,是包含也应当包含宪法原则在内的,只有遵循宪法原则,使作为根本大法的宪法得以有效实施,才谈得上实行法治。但另一方面,就宪法原则而言,也可包含法治原则。这两种法治原则,前者的范围更大,后者则是经由宪法环节的法治原则。

它都要受到应有的追究。

坚持立法的法治原则，要有一套较为完善的立法制度，为立法权的存在和行使，为立法活动的运行，提供法的根据。特别要有关于立法权限划分，立法主体设置，立法运作程序，立法与政党、政府、司法的关系以及中央立法与地方立法的关系等方面的健全而具体的法律制度。这方面的制度一般在宪法和宪法性法律中加以规定。此外，还要有关于立法技术方面的基本制度。

中国《立法法》确立的法治原则，反映了现今各国立法的法治原则的共性，也突出地反映了中国的国情特色。"立法应当依照法定权限和程序"，是共性的体现；"从国家整体利益出发，维护社会主义法制的统一、尊严、权威"，是国情特色的体现。

在中国，坚持立法的法治原则，特别需要坚持法制的统一。立法应当坚持法制的统一，是单一制国家区别于联邦制国家的一个重要特征。中国是统一的单一制大国，立法应当坚持法制的统一。从传统的角度看，中国数千年的历史上，除间或存在过少数分裂割据的时期外，包括立法在内的整个法制是统一的，这在世界上是极其少见的。所以现今中国立法应当坚持法制的统一，是有厚重的历史渊源的。就政治体制而言，执政党的统一领导，也需要立法坚持法制的统一。在经济方面，由计划经济向市场经济的转换，建立统一的市场经济体制，形成全国统一的、开放的、有序的市场环境，也要求立法坚持法制的统一。

在中国，立法坚持法制的统一，就要从国家的整体利益出发，充分考虑和维护人民的根本利益和长远利益，拒绝只强调本部门和本地方利益的狭隘的部门保护主义和地方保护主义。此外，立法坚持法制的统一，就要保持法律体系内部的和谐一致，各种部门法应当尽可能相互配合和补充。

（四）立法的民主原则

现代立法应当坚持民主原则，早已是人们的共识。然而各国立法遵循民主原则的含义、内容、理由和方式，也同国情相联系。从现代民主原则的普遍性和本国民主原则的特色相结合的角度看，中国立法应当遵循的民主原则，其含义和内容包括三个要素：第一，立法主体具有广泛性。人民是立法的主人，立法权在根本上属于人民，由人民行使。立法主体呈多元化，建立中央和地方、权力机关和政府机关合理的立法权限划分体制和监督体制。第二，立法内容具有人民性，以维护人民的利益为宗旨，注意确认和保障人民的权利，体现广大人民的意志和要求，而不是以少数人的意志为依归。第三，立法活动过程和立法程序具有民主性和开放性，在立法过程中贯彻群众路线，使人民能够通过多种途径有效地参与立法，有效地表达自己的意愿。

在中国，坚持立法的民主原则，首先是实现人民主权所必需。中国是实行人民主权的国家，人民是国家的主人和民主的主体，国家活动的根本任务之一就是确认和保障人民的民主权利特别是当家作主管理国家的权利。其次，这也是反映人民意志和客观规律所必需。人民成为立法的主人，最有实践经验的人民群众参与立法，便能有效地反映人民的呼声和遵循客观规律的要求。只由少数人"闭门造法"，这种法即使再"完备"，也难以体现人民意志和客观规律。最后，坚持立法的民主原则，也是对立法实行有效的监督和制约、防止滥用立法职权和个人独断或不尽立法职守所必需。

坚持立法的民主原则,首先需要从国情出发,建立较为完备的民主立法制度。在立法权限划分和立法权行使方面,既要注意保障全部立法权归于人民,又要注意在初级阶段由于人民的政治觉悟、文化水平、管理国家的能力和国家的经济实力、交通条件等多方面的原因,尚不能由人民直接行使立法权,只能将立法权委托给人大代表或有关主体代为行使。在立法过程和立法程序方面,要使立法面向社会公众,使公众能有效参与和监督立法。其次,要根据国情,在观念和制度的结合上坚持立法的民主原则。针对封建专制遗毒极深、没有民主传统、缺乏公民权利意识等情况,注意以立法的形式反对封建特权和专制,不允许任何个人、组织和国家机关侵犯人民的合法权益。最后,要注意民主和集中相结合。所立的法要反映经过集中的人民共同意志;要由全国人大及其常委会行使国家立法权,其他法不得同宪法和法律相抵触;充分发挥专门机关、专家和其他有关人员在立法中的作用。

(五)立法的科学原则

立法的科学原则问题,也就是立法的科学化和现代化问题。

现代立法应当是科学活动。坚持立法的科学原则,有助于产生建设现代法治国家所需要的高质量的良法,有益于尊重立法规律、克服立法中的主观随意性和盲目性,也有利于避免或减少错误和失误,降低成本,提高立法效益。所以现代国家一般都重视遵循立法的科学原则。中国有悠久的成文法传统,积累了丰富的立法经验。但这种经验的主要成分,是统治者运用立法的方式治国安邦、维护家天下的经验,其中堪称科学立法的因素并不算突出。近些年来情况有明显变化,但提升立法质量、生产良法、减少笨法,仍然须待重视。

坚持立法的科学原则,需要实现立法观念的科学化和现代化。要把立法当科学看待。要积极生产足够数量的具体的科学的立法观念和理论,从正面影响立法,消除似是而非、贻误立法的过时观念和新潮观念。构造立法蓝图,作出立法决策,采取立法措施,应当自觉运用科学理论来指导。对立法实践中出现的问题和经验教训,应当给予科学解答和理论总结。立法实践主要是摸索的实践和试验的实践而不是自觉的实践,立法经常付出沉重代价和高额学费,这种状况需要转变。

坚持立法的科学原则,需要从制度上解决问题,要建立科学的立法权限划分体制、立法主体设置体制、立法运行体制。科学的立法体制乃至整个立法制度,应当合乎社会发展规律和立法发展规律,应当合乎国情和民情,应当合理、适当和完善。在这种体制中,立法主体应当由高素质的立法者和立法工作人员组成。

坚持立法的科学原则,更具直接意义的是要解决方法、策略和其他技术的问题。从方法上来看,在立法中要坚持从实际出发和注重理论指导相结合,客观条件和主观条件相结合,原则性和灵活性相结合,稳定性、连续性和适时变动性相结合,总结借鉴和科学预见相结合,中国特色和国际趋势相结合。立法应当尊重社会的客观实际状况,从实际出发,反映客观需要。从策略上来看,要正确处理立法的超前、滞后和同步的关系;要按照客观规律的要求确定立法指标;要尽可能选择最佳立法形式、内容和最佳法案起草者;要顾及全局并做到全面、系统,在此同时还要分清轻重缓急,合理安排各个项目的先后顺序,要注重提高立法效率。从其他技术上来看,要重视立法技术,提升立法质量;要善于平衡各方面的利益关系,注意各种法之间的纵向和横向关系的协调一致,法的内部结构的协调一致;要注意立法的可行性,所立的法要能为人接受,宽严适度易于为人遵守;还要特别注意避免和消除混乱的弊病。

《立法法》确立了立法的科学原则,使这一原则可以凭借法的力量在立法实践中予以推行。目前,《立法法》主要是确立了立法应当从实际出发和立法应当科学合理地配置权利和权力资源,规定了法律规范应当明确、具体,具有针对性和可执行性。随着中国法治和立法的进一步发展,还应当对立法的科学原则作出比较完整的规定,使这一原则的法定制度得以进一步完善。

第九章 法的渊源

第一节 法的渊源释义

一、法的渊源的含义

法的形成的过程,是基于某种动因和进路,选择和提炼一定的资源,以实现权力和权利的制度性配置的过程。这种使法得以形成的资源、进路和动因,就是法的渊源。它是法律实际生活的基础性现象,是各法学理论流派都无可回避的论题。

法的渊源这一术语,源自欧陆,后衍及英美。起初在罗马法里称为 Fontes iuris,后在德文里称为 Rechtsquellen,在法文里写作 Sources du droit,在意大利文里便是 Fonti del diritto,在英文中则以 sources of law 表述。其基本含义主要是指法的来源或法的栖身之所,也有著述称法的渊源主要指法之产生的原因或途径,故法的渊源亦可简称法源。

虽然法的渊源一词源自欧陆,但首先普遍使用法的渊源一词的却主要是普通法法系的学者。这或许是由于法的渊源在普通法法系比之欧陆法系更为驳杂,以致那里的学者不能不更多予以关切之故。在法的渊源研究方面作出贡献的诸多人物中,普通法法系的奥斯丁、霍兰德、格雷、克拉克、萨尔蒙德、庞德更值得我们关注。是他们的研究使法的渊源成为法学,首先是法理学,所不再能够舍弃不顾的重要范畴。

既有的法的渊源理论有不少似乎说清了法的渊源问题,而实际上却混淆了法的渊源和法的形式的界限。所谓广义渊源和狭义渊源、直接渊源和间接渊源、正式渊源和非正式渊源、真正渊源和非真正渊源之类的说法,便是这种混淆的突出的迷点。事实上,广义和狭义法的渊源理论所说的狭义渊源(如法律和法规文本),直接和间接法的渊源理论所说的直接渊源(如法律、法令、条例、条约),正式和非正式法的渊源理论所说的正式渊源(如权威性法律文件的明确文本形式),真正和非真正法的渊源理论所说的真正法的渊源(如具有法的效力的法律规范的各种载体),通常都是指法的形式。这些理论所说的广义渊源、间接渊源、非真正渊源、非正式渊源,才属于法的渊源范畴。[①]

要而言之,既有的法的渊源理论所说的法的渊源,有的指法的形式,有的指法的来源。为避免混淆,本章所阐述的法的渊源指法的来源,而法的形式则在下一章专门阐述。

二、法的渊源的范围和种类:资源、进路和动因

(一)法的渊源的三项基本要素

传统法的渊源理论认为:法的渊源可以指法的实质渊源,即法是根源于国家权力还是自然理性、神的意志、君主意志、人民意志,抑或社会物质生活条件;可以指法的效力渊源,即法

---

① 既有的法的渊源理论及持论的典型情形,可详见周旺生著:《法理探索》,人民出版社2005年版,第311—315页。

产生于立法机关还是其他主体,产生于什么样的立法机关或其他主体;可以指法的材料渊源,即构成法的内容的材料是来源于先前法、外国法,或是来源于政策、习惯、宗教、礼仪、道德、典章、理论、学说;可以指法的形式渊源,即法是来源于制定法、判例法、习惯法或其他法;还可以指法的历史渊源,即能够引起法或法律原则、法律规则产生或改变的历史现象或事件。这些理论把制定法、判例法、习惯法这些法的形式也列入法的渊源之内,既混淆了法的渊源和法的形式,也不适当地扩大了法的渊源的范围;把历史现象或事件同立法之类并列为两种不同的法的渊源,既混淆了法的渊源的种类关系,也扰乱了法的渊源体系的结构合理性。这些传统理论需要改善,未来法的渊源理论也需要重新构建。

我们认为,法的渊源是由资源、进路和动因三项基本要素所构成的综合事物。所谓资源,指法是基于什么样的原料形成的,是基于习惯、判例、先前法、外来法,还是基于道德、宗教戒律、乡规民约、政策、决策、学说之类形成的。所谓进路,指法是基于什么样的途径形成的,是基于立法、行政、司法,还是基于国际交往之类形成的。所谓动因,指法是基于什么样的动力和原因形成的,是基于日常社会生活、社会发展的需要,还是基于经济、政治、文化、历史之类的作用形成的。

一般来说,每一个法都是这三要素的综合合力的产物,削减三要素中的某要素,或是在这三要素的结构中随意增加什么要素,都不符合法的渊源结构或种类的基本事实。在法律人认知和解读法的渊源的历史过程中,很多人往往只注意三要素中一项或两项要素,忽略或淡化其他要素,因而不可能完整地认知和解读法的渊源;更有人超出三要素的范围,例如像传统理论那样列举五项要素,这同样难以达到对法的渊源的真理性认识。

(二)法的渊源的资源性要素

在法的渊源三要素中,资源性要素是更基础的要素,通常所说的法的渊源,主要也指这一要素。法的渊源中的资源性要素是法据以形成的原料性或质料性要素,它对法的形成的价值,等于布匹对衣服、大米对米饭的价值。法的形成,无论是制定还是认可,一般都需要有原料存在,正是通过对这些原料的选择、提炼和加工,法才得以产生。

资源性渊源的范围是广泛的。有学者认为包括惯例、宗教信仰、道德观念、哲学观念、司法判决、科学探讨。[①] 有学者认为包括条约和其他经双方同意的协议、先例、正义的标准、理性和事物的性质、个别衡平、公共政策、道德信念和社会倾向。[②] 有学者认为这一范围涵盖法律文本、判例、学说、注释性著作、教科书、政府的命令或惯例、公证人的实务、团体协议、交易惯例、法律惯例、普通契约条款、仲裁裁定。[③] 还有学者基于中国封建时代的情形,认为这一范围包括习惯、君主的诏敕、先例、学说和外国法。[④] 学者们所列举的,当然没有穷尽所有资源性渊源,事实上,资源性渊源的范围比这里列举的范围大得多。

观察迄今为止的资源性渊源,可以认为,其范围至少包括:习惯、判例、道德规范、正义观念、宗教规则、礼仪、乡规民约、社团规章、契约;先前法、外地法、外国法、国际法、法的解释;

---

① Roscoe Pound, *Jurisprudence*, Volume Ⅲ, West Publishing Co., 1959, pp.383-415.
② 参见〔美〕博登海默著:《法理学:法律哲学与法律方法》,邓正来译,中国政法大学出版社1999年版,第413—483页。
③ 参见〔日〕大木雅夫著:《比较法》,范愉译,法律出版社1999年版,第92页。
④ 参见梁启超著:《饮冰室文集》(第2卷),中华书局1989年版,第45—48页。

国家和有关社会组织的政策、决策、决定、行政命令；司法判决或报告书；法理、法学家著作、理性和事物的性质、哲学观念、科学探讨。在众多的资源中，以物质的即可以触及的真实形态表现出来的资源，是法所据以形成的更主要的原料。

（三）法的渊源的进路性要素

法的渊源三要素中的进路性要素，是法得以形成的途径性要素。资源性要素和动因性要素不可能自动地成为法，要使它们成为法，需要借助某些途径，主要是立法、司法、行政和国际交往诸途径。通过这些途径，有关主体在动因性渊源的促进下，对资源性渊源加以选择、提炼和加工，形成正式的法。所以，途径性要素是资源性要素和动因性要素同法之间的桥梁。在西方学者的著作中，进路性渊源往往被称为权威渊源。"'法的渊源'一词是指一定的法的体系中有权宣布一个规则成为法律的那个渊源。这些渊源是规则获得约束力和效力的来源。这些渊源被称为权威渊源（authoritative sources），以区别于材料渊源。"①

在进路性要素中，立法是法得以形成的尤其重要的途径，宪法、法典和重要法律通常由它产生。这一点在欧陆和中国是毋庸置疑的。在普通法法系，立法也早已是法的形成的最主要途径之一。因而人们对立法这一法的渊源，应予更多的关注。司法作为法的形成的重要途径，在普通法法系是人们普遍知晓的事实。在其他环境下，司法也是法的形成的一个途径。今天世界上许多国家的典型判例、法律解释等，就是法的组成部分。国际交往是法的形成的一个重要途径也不难理解，不仅国际法是国际交往途径所产生的直接结果，许多国际交往，诸如加入欧洲共同体和加入世界贸易组织，同样是许多国家的国内法得以形成的途径。不过，行政作为法的进路性渊源，对有些人可能颇费思量。人们容易囿于立法、司法、行政三权分立的老式学说，把行政仅仅视为同立法和司法鼎足而立的一个方面。殊不知实际上三者交叉重合的现象在所有国家，包括那些典型的分权制衡国家，都是客观存在和不可避免的。在现代社会，行政首先需要依法运作，行政同时也创制法，它是行政法规和行政规章得以产生的唯一途径。行政也为立法机关所立法律提供重要渊源，比如，行政活动中所产生的行政命令、行政措施、行政文告等，也包含着可以为立法机关加以选择和提炼以形成法和法律制度的资源。

（四）法的渊源的动因性要素

法的渊源三要素中的动因性要素，是根本的要素。法不是生活中固有的，也不是无缘无故出现的，而是基于一定的动力和原因形成的。这些动因性要素究竟有哪些，人们说法不一。诸如国家权力、社会力量、宗教力量、道德力量、自然力量，又如人民意志、君主意志、神的意志、阶级意志等，都曾被说成是法得以形成的根本动因。从马克思主义观点和社会发展事实来看，法的最主要动因是人们的实际社会生活的需要。这种需要通常在社会的经济、政治、文化和历史现象中，通过多种多样的形式表现出来。它们在法的形成过程中发挥作用的情形是复杂的：有独立地作为法的渊源而起作用的时候，但更多的时候是几个动因性要素结合起来共同发挥作用；有长期地作为某种稳定的法的渊源而起作用的时候，但更多的时候是随着历史的变迁发挥着法的渊源的作用。动因性要素同时也是制约资源性要素和进路性要素的根本性要素，它决定不同资源性要素和进路性要素在法的形成过程中居于何种地位和

---

① David Derham, Frank Maher, *An Introduction to Law*, Fifth Edition, The Law Book Co., 1986, p.26.

发挥怎样的作用,并制约法的渊源的选择和提炼方式或机制。

在各种动因性要素中,社会物质生活条件和占统治地位的生产关系类型,尤具根本性。法不应当是人们随心所欲的结果,而应当是从社会生活条件特别是物质生活条件的规定性中被发现和表现出来的,社会物质生活条件从根本上决定着作为社会关系的制度性描述的法律制度。对此马克思早有诸多名句。① 以往苏联学者对社会物质生活条件作为法的渊源中的根本性要素这一点,强调尤多,但他们也夸大了社会物质生活条件的作用,几乎把社会物质生活条件当成了法的渊源的一切。② 实际上,社会物质生活条件不能代替其他法的渊源。社会的政治状况,诸如政治制度或体制、政治结构、国家权力运行等,也十分重要。比如,在现代社会,法的形成几乎完全需要通过国家机关行使权力的活动来实现。社会文化和历史现象等,也不时扮演重要的法的动因性渊源的角色。

第二节 法的渊源的价值实现

法的渊源的价值实现,应适合社会生活的需要。社会生活有民间自治型和国家管理型之分,但其关联是无以割裂的,传统法的渊源理论或偏重于前者,如科克、布莱克斯通和卡特的理论,或偏重于后者,如霍布斯、边沁和奥斯丁的理论,因而都不足为训。不是所有法的渊源都适合转化为法,法律人应善于选择那些健康、向上且同法的特质相吻合的法的渊源,予以提炼、整合和改造制作,以形成良法美制。

一、认知法的渊源价值

法的渊源作为法的资源、进路和动因,其主要价值在于法的形成方面。实现法的渊源的价值,主要是实现由法的渊源向法的转变。第一,法的渊源是某些法的直接来源。比如:习惯是习惯法的来源,判例是判例法的来源,立法是制定法的来源,行政是行政法规和行政规章的来源。第二,法的渊源是某些法律规则、法律原则和法律制度的来源。比如:正义是法律面前人人平等原则、司法公正原则、无故杀人要偿命制度的来源,道德是民事信用原则、欠债要还规则、不当得利制度的来源。第三,法的渊源是某些法的精神品格、文化特色、社会特色、先进经验的来源。比如:道德和正义观念、法理和法学家著作,往往是法的精神品格的重要来源;宗教规则、礼仪、乡规民约、社团规章、契约往往是法的文化特色和社会特色的重要来源;先前法、外地法、外国法往往是法所体现的先进经验的重要来源。第四,法的渊源中的立法、行政、司法等进路性渊源,是法和法律制度得以形成的基本途径。第五,法的渊源也包含着使法得以形成、存在和发挥作用的根本动因,正是法的渊源中经济的、政治的、文化的、历史的现象和社会的需求,特别是物质生活条件和国家权力因素,往往从根本动因上决定法何以形成、存在和发挥作用,以什么样的特色形成、存在和发挥作用。

---

① 《马克思恩格斯选集》(第2卷),人民出版社1972年版,第101页;《马克思恩格斯全集》(第4卷),人民出版社1958年版,第121—122页。
② 参见〔苏〕杰尼索夫著:《国家与法律的理论》(下册),方德厚译,中华书局1951年版,第415页;苏联科学院法学研究所科学研究员集体编著:《马克思列宁主义关于国家与法权理论教程》,中国人民大学马克思列宁主义关于国家与法权理论教研室译,中国人民大学出版社1955年版,第438页。

法的渊源的价值是客观存在的,但它们不能自动实现。各国和各时代都有大量法的渊源,而事实上它们并非都能很好地实现自身的价值,许多时候很多法的渊源也只是空留在法和法律制度之外。这正像大地下面有许多矿藏,但在被人们开掘利用之前,并不能实现自己的价值一样。法的渊源的价值能否实现,能实现到什么程度,除受社会制度和时空条件制约外,很大程度上取决于人们是否理解和认知它,而要理解和认知,便要研究它。既有的法学著述鲜有集中讨论法的渊源价值的,有关法的渊源价值及其实现的主题,至今并未进入学界的主要研究视域。法学作品涉及法的渊源的,多为描述或论说法的渊源有哪些,而未能充分思考应当从法的渊源中选取什么素材和如何选取这些素材以形成法。这样的情形需要转变。

　　认知法的渊源的价值,一方面,可以为实现法的渊源价值指明清晰的方向和范围。另一方面,有助于人们解读一国的法和法律制度同别国的法和法律制度存在差异的原因。一国的法和法律制度的状况,总是同其形成的渊源状况相关联的。如欲深入地解读一国的法和法律制度,需要解读它们据以形成的渊源状况,理解这些渊源所体现的特定法律文化和历史文化的状况。此外,对法治处于发展中的国家,例如中国,研究有关国家的法的渊源及其价值实现,还能从一个重要侧面有效地借鉴经验和汲取教益。

　　在法的渊源转变为法的过程中,其价值实现有两种基本情形:自觉型和自发型。前者是在理解和认知法的渊源价值及其实现的基本理念、知识和方式的前提下,自觉地发现、整合和实现法的渊源价值,从而形成预期的法或法律制度;后者则是盲目地、被动地在某种动因的促动下,消极地实现某些法的渊源价值,形成了某种法或法律制度。在法的发展史上,早先的时候,自发型的情形较多;在现今时代,自觉型的情形则在增多。倘若法的渊源研究趋于发达,更多的人懂得了法的渊源价值实现的理念和方法,善于从法的渊源中选取和提炼素材,以形成现代化的法,则法的渊源价值实现便会呈现以自觉型为主的情形。这是人们需要为之努力的目标。

　　在法的渊源价值实现模式方面,提倡和推行自觉型模式,减少自发型模式,有诸多问题需要解决。就立法主体而言,需要研究和凭借科学的法的渊源理念和知识,正确认知法的来源,学会从法的渊源中取材,使立法具有针对性,避免大海捞针,以收提高立法效率、降低立法成本之效;使所立之法成为适合实际生活需要、具有先进精神品格的良法美制。就用法主体而言,需要把握和借助科学的法的渊源理念和知识,正确认清法的渊源作为法的辅助性手段的范围和条件,在既有的法不敷需要之时,从法的渊源中提取有关规则,运用于所面对的案件或有关法律事务,以弥补现行法之不足。

二、法的渊源价值与实际生活

　　认知法的渊源价值并力求较好地予以实现,需要关注法的渊源同实际生活的联系,立足于反映和服务实际生活,明辨现时期实际生活中哪些因素可以被视为法的渊源,哪些法的渊源尤其适合从中选材并进而提炼和上升为法,选材和提炼到什么程度,等等。

　　法的渊源,例如习惯、判例、道德、宗教戒律、乡规民约、政策、决策、学说、立法、行政、司法、经济、政治、文化等,它们的存在和运行,本身就是实际生活的组成部分。它们不像以宪法、法律、法规、判例法、习惯法等为代表的法的形式那样,虽然也同实际生活紧密相连,但它们是经由权威主体通过有关途径在反映实际生活需要又对其加以改造制作的过程中形成的,是对生活的特定的或有选择的制度性表述、引导和保障,因而它们是来源于实际生活又高于实际生活的一种制度形式。

法的渊源是一定的实际社会生活的文明结晶。达维德曾指出,罗马日耳曼法系、社会主义法系和普通法法系,"都是同欧洲文明的发展密切联系的,它们反映在欧洲的历史与文化环境中形成的思想方式与生活方式,表达在这个环境中形成的思想观点,认可在这个环境中形成的制度"①。这里所谓欧洲文明,所谓欧洲的历史和文化环境,都是同欧洲实际社会生活相通的概念和现象。

法的渊源的价值及其实现之所以同实际社会生活密切相关,也因为法这个命题来源于现实的社会关系。有的学派,如自然法学派,将法的渊源同人类理性等同起来;有的学者,如黑格尔,将法的渊源同某种绝对精神等同起来。按照此类认识,法和法律秩序都不过是人脑或意识的产物。但更多的学者和学派则把法看作社会现象的组成部分,认为其是现实存在着的,是深受社会现实生活的影响的,是源于现实中的社会关系的。德国有学者认为:"如果要评价法的渊源和从法源产生的法的社会性质,我们就必须考虑法的渊源的社会基础,这就意味着要考虑非法律的但却能产生法律的社会关系和条件。"②日本有学者进一步指出:法这个命题的最终渊源或根据,不仅存在于现实的社会生活之中,而且还被现实的社会生活所决定。这一则因为创造法的命题的人是在现实的社会中生活的,他不可能脱离所处的现实社会而独立存在,再则因为法的命题的内容必须在社会生活的现实中实现,否则就失去了存在的意义。③ 这些道理,同样可用来说明法的渊源的价值及其实现同实际社会生活的关联。法的渊源的价值实现,主要就是从法的渊源中产生出良好的法和法律制度,而法和法律制度的产生应为实际社会生活需要的结果,从法的渊源中采集原料以构造法和法律制度的人,本身是生活在实际社会生活之中的,不可能不受其影响。

坚持法的渊源的价值实现同实际生活的需要相统一,需要注意理论同实际生活相吻合。"由于理论家们所使用的有关法源或法律解释的提法并不总是正确地反映现实,因此,事情就变复杂了。例如在法国,古典理论就宣称判例不是法源;但在某些情况下,最高法院或行政法院的判决事实上经常具有不低于法律效力的约束力。"④此类情形告诉我们,当人们的理论或观念同实际生活中具有稳定性的要素相抵牾时,应更多地服从和尊重生活的选择。注重同实际生活的吻合,法的渊源的价值研究及其实现便具有实在性和现实性,便可避免出现学界经常存在的脱离生活因而于生活无补的研究状况。

将法的渊源的价值实现同实际生活统一起来,从法的渊源中取材并提炼为法,需要有比较开阔和完整的视野,特别是要完整地注意社会和国家两个方面。这里所讲的实际生活包括两个部分:一为民间自治的社会生活,二为国家管理和服务的社会生活。一方面,法的渊源的价值实现,要同这两种社会生活相结合,不能只注意其中某一种生活。另一方面,存在

---

① 〔法〕勒内·达维德著:《当代主要法律体系》,漆竹生译,上海译文出版社1984年版,第421页。
② Chantal Kourilsky, Attila Rácz and Heinz Schäffer, *The Sources of Law—a Comparative Empirical Study*, Akadémiai Kiadó, 1982, p.152.
③ 详见〔日〕川岛武宜著:《现代化与法》,申政武等译,中国政法大学出版社1994年版,第220—223页。
④ 〔法〕勒内·达维德著:《当代主要法律体系》,漆竹生译,上海译文出版社1984年版,第18页。

于民间社会生活中的法的渊源价值的实现,和存在于国家社会生活中的法的渊源价值的实现,都应成为我们关注的重要方面。

传统法的渊源理论中存在两种偏向:一种偏向可以从霍布斯和边沁追溯到奥斯丁,另一种偏向可以从科克和布莱克斯通追溯到美国的卡特。前者认为是上级对下级的命令构成了法,后者认为法存在于民众的惯例中。正如有学者所指出的:在落实霍布斯、边沁和奥斯丁的理论时,制定法律的人,通过对人们性情的适当研究,也许可以根据他自己的公正和幸福标准将社会加以改造。在落实科克、布莱克斯通和卡特的理论时,制定法律者只不过是人民原有惯例的调查者和整理者。他没有制定法律,他只发现了法律,并把它记录下来。这两方面都没有把他们的理论提升到合乎逻辑的高度,他们要么只注意君王的特权,从而导致强调君王或立法机关制定的成文法;要么只注意习惯法,从而导致强调法院零星形成的不成文法,以致这两种本来不应分割的法律被分割了。① 一言以蔽之,这两种偏向割裂了民间社会生活和国家社会生活的联系,都是不足为训的。在法的渊源的价值实现方面,我们的任务应当是统合民间社会生活和国家社会生活,达成这两种社会生活的科学结合。

三、法的渊源价值与良法美制

法的渊源的范围是广袤的,不是所有法的渊源都能转化为法,也不必将所有法的渊源都实行这样的转化。这就存在选择问题。选择什么?最基本的选择就是:把法的渊源向法的转化同形成良法美制结合起来,从法的渊源中选择那些善良、向上、健康且适合转化为法的要素,予以提炼、整合和改造制作,使其融于法之中,实现其在形成良法美制方面的价值。

从事这样的选择和提炼,不仅要对将被选择和提炼的法的渊源本身有恰当的认知,而且需要解决规格定位问题,也就是用所选择和提炼的法的渊源要素形成天界的规范、俗世的规范还是介于两者之间的规范问题。拉德布鲁赫主张将法定位为天界和俗世之间的中间王国的规范:我们在我们的意愿、知识和情感方面凭着理想中所接受的习惯、法律和道德以及科学、艺术和宗教,构成了我们的文化。这是俗世与天界的中间王国,即人类在存在的自然王国和渴望的理想王国间追求和造就的中间王国。因而,我们便将法律认作一种文化现象,作为人类的杰作,它既带有俗世的重负,也具有天界的引力。② 拉德布鲁赫实际上是想在理想王国和现实世界寻求折中主义的出路。应当看到,人类存在于其间的客观世界永远是现实的,是同各种历史条件和时空条件相关联的现实的世界。从法的渊源中选择和提炼有关要素以形成法,不能脱离现实的世界,去做徒劳的事情。并且,法在体现现实的同时也应有一定的追求,而不应是对现实的刻板摹写。

法的渊源的价值实现,其效果如何,同法所规定的制度是否属于应当由法调整的事项、是否适合人的行为密不可分。法是众多社会规范中的一种,它的任务是调整基本社会关系和解决基本社会问题,它不可能调整所有社会关系和解决所有社会问题;法又是注重调整人的外在行为的社会规范,法对人的意向也不是全然不顾,然而这种关注也是基于人的意向可能导致某种行为。从法的渊源中选择和提炼有关原料以形成法,需要注意这两个方面,否则

---

① 〔美〕约翰·R.康芒斯著:《资本主义的法律基础》,寿勉成译,方廷钰校,商务印书馆2003年版,第379页。
② 〔德〕拉德布鲁赫著:《法学导论》,米健译,中国大百科全书出版社1997年版,第3页。

便难以实行。从道德、正义、宗教戒律和习惯之类的法的渊源中选择和提炼原料以形成法，特别需要注意这两点。如：托尔斯泰出于他的基督教信仰曾诅咒法只注重行为不注重人的灵魂。其心情可以理解，但他的诅咒不能成为人们就此消弭基督教信仰和法之间的界限的根据。

善于把握不同法的渊源的特质，把这种特质同法的特质加以融合，也是法的渊源价值得以有效实现的一个保障。以习惯、道德和法三者而论：习惯所体现的是集体的意志，遵循习惯，就是依据大家长期以来在生活中所共同形成的规则行事；道德所体现的是以自我意志形式出现的一定社会生活环境中的共同意志，一个人有道德或讲道德，就能依据在这一社会生活环境中长期形成的具有较高品格的共同意志行事；而法所体现的是一定行政区域内的统一意志，守法就是遵循在这一行政区域内具有统一效力的并与国家这种共同体的强制力相关联的制度行事。显然，这三者的特质是既有分别亦有融通之处的。法律人的任务，就在于从一定的历史条件和时空条件出发，把习惯和道德之类的法的渊源中同法有区别的要素加以剔除，把可以同法融合的要素加以选择和提炼并形成法律制度。

法的渊源几乎都有可能被选择和提炼为相关主体所需要的要素，以形成法和法律制度，从而实现其价值。然而不同的法的渊源能在多大程度上适合选择和提炼，则往往同历史、时空、社会制度、各有关学派的倡言以及其他因素的作用有关。比如，自然法学派要求人们从自然理性中发现法，历史法学派则要求人们从社会历史中发现法；又如，在专制条件下君主的意志，在经济发达条件下经济生活的要求，在民主制条件下人民的意愿等，都是一定的法得以形成的渊源。善于把握这些不同的条件，根据它们的内在规定性，选择和提炼法的渊源以形成良法美制，才能更好地实现法的渊源的价值。

从各种法的渊源中采集和提炼有关要素以形成法，还需适度。当我们说某一事物是法的渊源时，意味着它同法之间有某种联系。当我们说从某种渊源中采集和提炼有关要素以形成法时，也意味着它同法的联系是有限度的。这个限度就是某个事物可以在多大程度上作为法的渊源的界限。把握这个限度，须注意两点：一是作为法的渊源的该事物与法这个事物的各自的质的规定性，不能混同这种质的规定性；二是作为法的渊源的该事物与法这个事物各自所存在的时空条件，尤其是所存在的国情环境。我们的任务应当是把握两者需要和可能融合相洽的空间，使其融合相洽，而不是人为地强硬地去做法的渊源与法的捏合工作。

四、法的渊源的选择和提炼

将法的渊源加以选择和提炼，使其转化为法的方式是多样化的。

一种方式是将有的法的渊源直接选择和提炼为法。如某些典型判例可以直接选择和提升为判例法，某些典型习惯可以直接选择和提升为习惯法。这种方式在早先的时候，应用得更多。

另一种方式是将有的法的渊源选择和提炼为法律原则和法律规则而使其融入法的整体中。如我国《民法典》规定：民事主体在民事活动中的法律地位一律平等。又规定：民事活动应当遵循自愿、公平、等价有偿、诚实信用的原则。这些规定体现了公平、平等、正义之类的法的渊源。实践中广泛存在将道德规范、正义观念、政策、决策、学说、先前法、外来法等，加以选择和提炼，形成法律规则的情形。这是将法的渊源转化为法的主要的和常见的方式。

还有一种方式是明文确定有的法的渊源在必要时或一定条件下可以具有法的效力,直接起法的作用。如我国《民法典》第10条规定:"处理民事纠纷,应当依照法律;法律没有规定的,可以适用习惯,但是不得违背公序良俗。"在这条规定里,一方面以法定方式确定了必要时习惯这种法的渊源可以具有法的效力,另一方面也以法定方式规定了公序良俗在一定条件下也具有法的效力。

在法的渊源转化为法的过程中,何种法的渊源适合于何种方式,需要法律人根据具体情形决定。要想作好这种决定,需要有法的渊源意识,需要有选择和提炼法的渊源的技能。

将法的渊源加以选择和提炼,使其转化为法,实现其价值,是一件复杂的事情。要想办好这件事情,很重要的一点,是要注意综合体现多种法的渊源的价值。在这个综合的过程中,各种法的渊源各自处于什么位置,取决于具体的国情和具体的案件环境、问题环境。总结和参酌国内外的既往经验,可以看出,法的渊源价值的综合体现,主要有下列几种情形:

其一,有的体现为一部法典、法律、法规来自多种渊源。《法国民法典》是这方面的典型,它除了来源于罗马法,还来源于其他多种渊源。正如达维德所说:"法国民法典有些制度的规定采自教会法(婚姻,亲属),另一些来自习惯法(夫妻财产制)。另一方面,它接受法国大革命的思想,深刻地更新了某些问题的规定(所有权,继承)。"①

其二,有的体现为一个判例法来自多种渊源。马伯里诉麦迪逊案的判例,可以说明这一点。这个判例表明,根据1789年《司法法》的规定,美国最高法院既可以审查州法律是否合乎宪法,也可以评定和审查联邦立法。这一判决并非以宪法的任何明示规定为依据,而是来自基本的哲学价值、宪法传统和权力分立原则。这一判决也许是通过司法诉讼发展法律的最显著和重要的例证。② 即马伯里诉麦迪逊案的判例法,是由判例、一定的哲学价值、宪法传统和分权原则综合而成的。

其三,有的体现为一种法的渊源在其他法的渊源的配合下实现其价值。习惯的、道德的和政策的,规范的和理论学说的,经济的、政治的和文化的,现实的和历史的,立法的、司法的和行政的,国内的和国际的,各种法的渊源要素,通常都不是孤立地担当法的渊源的角色,而总是在交叉、重合、互动、渗透、博弈的状态下实现它们作为法的渊源的价值。达维德在谈到情理作为法的渊源实现其价值的问题时,就说明了这一点。达维德说,英国人是信奉科克这一观点的:"情理是法的生命,普通法不是别的而就是情理。"但这个情理不是公民所具有的对公道的泛泛意识,而是法官所理解的同结构严密的法的体系相联系的情理。当有关问题不存在任何强制性的先例或法律规范或习惯时,就有必要寻求争端所容许的合理解决办法。寻求合理解决办法,意味着寻求从现行规范总结出来的一般原则。为此人们要注意有关学说和著作,在英国也要注意法官的附带意见以及没有严格的强制性先例性质的法院判决。③

其四,有的还体现为通过法的渊源之间的交互渊源关系而实现其价值。以法与法之间的交互渊源关系为证:法本身也是一种重要的法的渊源,作为法的渊源的法,从时间上看,包括先前的法和现行的法;从空间上看,包括本国与本地的法和外国与外地的法。这些法都可以作为一定国家或地区的法的渊源。如今,以法作为法的渊源的现象已极为普遍,不仅后进

---

① 〔法〕勒内·达维德著:《当代主要法律体系》,漆竹生译,上海译文出版社1984年版,第78页。
② 〔美〕彼得·哈伊著:《美国法律概论》,沈宗灵译,北京大学出版社1983年版,第28页。
③ 〔法〕勒内·达维德著:《当代主要法律体系》,漆竹生译,上海译文出版社1984年版,第365页。

国家以发达国家的法作为自己的法的渊源,经常予以吸纳继受,而且发达水平相当的国家之间也同样存在这种情况。德国学者布劳洛克提供的一个实例,正好说明了这一点:大量的欧盟消费者保护指令推进了它的成员国的消费者保护法,同时欧盟也敞开大门接受来自各成员国消费者保护法的影响。欧盟在消费者信贷指令的产生过程中,对各成员国既有法律规定所进行的分析,就起了不容忽视的作用。[1]

在法的渊源转化为法以实现其价值的过程中,法的渊源的选择和提炼,法的渊源自身的价值综合,都是重要的。但不能因此认为,法的渊源就是法得以形成的全部要素。在法的形成过程中,除法的渊源要素外,立法者的努力和创造,其他有关因素的作用,也是非常重要的。法的渊源不是构成法和法律制度的全部要素。所以,不能指望有了法的渊源,有了对法的渊源的选择和提炼,法的形成就可以不费力气,就可以不做其他努力。

第三节　法的渊源意识

一、法的渊源意识的基础和依托

一国法的渊源如能在该国法的形成过程中充分实现其价值,需要该国法律人有自觉和科学的法的渊源意识。而自觉和科学的法的渊源意识的形成,需要有可靠的基础和依托,这种基础和依托就是法的渊源同法律理论学说和法律生活之间的密切关联。

每一种重要的法律理论学说,几乎都同法的渊源相关。苏格拉底、柏拉图和亚里士多德这些希腊哲人谈论法律问题,总是把正义、伦理、善德之类的东西,视为法应当反映和吸纳的要素,总是把一定的政治体制视为法律制度产生的途径。这种要素和途径正是法的资源性渊源和进路性渊源。罗马人比希腊人务实得多,他们对包括法的渊源在内的众多法律问题有更多和更实在的贡献。西塞罗的《论法律》是从追寻法、法律和法律原则的根源开始的。[2] 罗马五大法学家的观点、理论和著作,更被直接吸纳到法和法律制度中来。罗马皇帝查士丁尼在罗马法的发展过程中所起的重要作用,以及他对著名法学家及其著作得以实现其价值所起的作用,不仅作为帝王的成绩被载入法律史册,也充分显示了法的渊源中的动因性渊源和资源性渊源对法的形成具有何等重要的意义。

在欧洲中世纪,神权法律观及其实践在相当长的时间里占据特别重要的地位。随后,宗教改革、文艺复兴和罗马法复兴作为三大历史杠杆又逐次登场。这些都是当时发生的重大事件,并对同一时期的法产生巨大影响,成为当时极为重要的法的渊源。它们要么作为资源性要素被吸纳到法和法律制度中,要么作为文化的和历史的动因促进着一定的法和法律制度发生变化。

17、18世纪作为革命的精神先导并伴随革命走完自己历史行程的自然法学说,在充当新生的法和法律制度的资源性渊源和动因性渊源方面,其价值极为广泛和重大。在革命中产生并作为革命胜利成果的近代宪法制度,是以自然法学说作为奠基性理论基础的。在其

---

[1] 见〔德〕乌韦·布劳洛克:《欧洲联盟消费者保护法》,载范健等主编:《中德法律继受与法典编纂》,法律出版社2000年版,第178页。

[2] 见〔古罗马〕西塞罗著:《论共和国 论法律》,王焕生译,中国政法大学出版社1997年版,第171页。

后所形成的一系列私法和公法制度中,自然法学说始终都是不能或缺的资源性渊源。19世纪所产生的分析法学和历史法学,20世纪所产生的社会法学、经济分析法学和其他种种法律学说,也都无一不是担当了一定的法、法律原则、法律规则乃至法律制度的某种渊源的角色。分析法学不仅自身成为以实在法或制定法为表现形式的法律制度的资源性渊源,而且对明辨整个法的渊源的范围,明确法的渊源和法的形式的界限,提供了新的理论指导。历史法学、社会法学和经济分析法学等,都从自己的视角分别启示人们:从深厚的历史渊源、广泛的社会渊源和实在的经济渊源中,发现法、选择法和提炼法,尽管这些学说的创造者和信奉者自己未必自觉地意识到这一点。

在历史和现实的法律生活中,许多法的现象的存在和发生,需要从它们同法的渊源的关联的角度去理解。古代法和现代法的许多重要差异,实际上就是法的渊源差异的特定表现。比如,古代法中有不少颇富神权色彩的规则和制度,就是源于神权观念和神权政治。又如,习惯法在现代法的体系中的地位,在大多数国家中已逐渐衰落,特别是在经济法和科技法领域,以及在公法的许多领域,已较少存在习惯法,这是因为习惯在现代法的渊源中的地位已大大降低。

法的运行和法治实践,同法的渊源的关联同样是密切的。立法者制定法律和法规需要考虑这些规则和制度可以和应当从哪些资源中选择和提炼。如果考虑得较为成熟并解决得较好,所立之法便可能成为良法美制,以这种良法美制为基础,法治才可望成为良法之治。另一方面,用法者运用法律和法规,需要理解它们主要由哪些资源和为什么由其所形成,这样才能对法律和法规有自觉且深入的认知,才能妥帖周详地应用它们办理案件和办理其他相关事项。

法的渊源同法律学说和法律生活就是这样融合的,法律人就是在同法的渊源交往过程中展开法的思考、参与和回应法律生活的。正因此,我们说法的渊源是法律学说和法律生活无以离开的基础和依托。在这个基础和依托面前,法律人对它的觉悟程度,对它的研究和认知达到何种水准,换言之,法律人的法的渊源意识状况如何,直接关系到法律人能否在法律学说和法律生活两个方面,自觉且有效地实现法的渊源的价值。

二、法的渊源意识的实际情境

法的渊源同法律学说和法律生活的密切关联,表明认知法的渊源、形成自觉的和高水准的法的渊源意识,是十分重要的。然而,至今法律人中仍然还有不少人对法的渊源的感觉是迟钝的,其法的渊源意识薄弱,总是热衷于形成各自的学派并由此而推崇各自所看重的法的渊源,不善于在法律生活中自觉且最大限度地实现法的渊源价值。

良好的法的渊源意识同良好的法的渊源研究难以分离。法的渊源的重要价值要求人们对法的渊源有较好的研究和认知,然而事实上人们在法的渊源问题上未能较好地完成这一任务。法的渊源就像时间一样,每天伴随法律人的法律学说和法律生活存在着,而法律人中却很少有人系统和深入地探究它;法律学说和法律生活虽然不可避免地存在大量法的渊源问题,但法律人却并非在自觉的法的渊源意识的作用下应对这些问题,而是被动地、不期而遇地,或是为解决别的问题而顺带地应对这些问题。

学界对法的渊源的研究和认知,迄今仍然是紊乱的。以法的渊源含义而论,学界的界说非常混乱。庞德指出,人们对法的渊源这个术语的使用长期处于混乱的局面。人们在多种意义上使用这个术语,或是以这个术语表达多种不同的意思。[①] 凯尔森则直言法的渊源是个被学界搞得"极端模糊不明"且赋予其种种含义的概念。[②] 博登海默也说法的渊源这个术语迄今尚未在英美法理学中获得一致的含义,其用法非常驳杂。[③] 达维德则因为法的渊源含义混乱以及实际生活中法的渊源非常复杂,而把对有关法系法的渊源的探讨称为一个难题。[④] 一些先前的中国学者在这种纷乱的情形面前,甚至有不负责任的看法,有人就说:"所谓'法源'者,原系法学上之一种纯属人为的术语,故其含义如何,可由吾人自定,而无必强以从同之必要。"[⑤]

混淆法的渊源与法的界限,将法的渊源与法的形式等同起来,是人们在法的渊源研究和认知方面又一突出的薄弱环节。不少学者以法的渊源概念直接指代法的形式概念,认为法的渊源也可称为法的形式,是指由不同国家机关制定或认可因而具有不同法的效力的各种规范性法律文件的总称。有的学者干脆直接说法的渊源表明法的属性,是法的具体表现形式。

将法的渊源作过宽或过窄的解释,也是法的渊源研究和认知方面一个明显的弊病。有的学者几乎将一切与法有关的事物都视为法的渊源。孟德斯鸠认为,法同所有事物都有关联,有人以此比附法的渊源的范围,几乎把各种事物和现象都列为法的渊源。这就使法的渊源成为失去特定的质的规定性的事物。另外,有学者将法的渊源视为法律规范得以形成的材料,而没有把法的渊源视为使法得以形成的资源、进路和动因,没有把通常所说的立法、行政、社会生活特别是经济生活、历史传统等都视为法的渊源。"材料"仅仅是法的渊源的一个方面,除"材料"外,使法得以形成的进路和动因,也是重要的法的渊源。

链条的强度是由其薄弱环节决定的,即便将来法的渊源研究和认知达到较高水准,如果在法的渊源的含义界说、法的渊源和法的形式的界限辨析、法的渊源的范围和种类这些问题上,还没有消除这些弊病,人们对法的渊源的研究和认知就仍然是脆弱的。

从法律实际生活这个侧面看,情况要好一些。自古及今的立法者、用法者和其他从事实务的法律人,在实现法的渊源价值方面,成绩比学界要显著得多。但问题在于,人们在法律生活中对法的渊源的尊重和肯定,更多的是法律实际生活对法的渊源的一种本能的尊重和肯定。人们在事实上看重某种东西,未必就能在理性层面上较为深入地理解它;人们只有在理性层面上深入理解了某种东西,才能在事实上更自觉和更有效地实现其价值。在法律生活中,我们今天在如何对待法的渊源方面的任务,就是要实现由本能地尊重和肯定,向自觉地和更有效地兑现其价值转变。

三、奥斯丁和其他学人的努力

总体上看,迄今人们对法的渊源的研究和认知,还是落伍的。但这并不意味在研究和认知法的渊源方面,从来没有人作出努力和贡献。作出努力和贡献的人物是有的,奥斯丁就是

---

① Roscoe Pound, *Jurisprudence*, Volume Ⅲ, West Publishing Co., 1959, pp. 379-380.
② 〔奥〕凯尔森著:《法与国家的一般理论》,沈宗灵译,中国大百科全书出版社1996年版,第149页。
③ 〔美〕博登海默著:《法理学:法律哲学与法律方法》,邓正来译,中国政法大学出版社1999年版,第413—414页。
④ 〔法〕勒内·达维德著:《当代主要法律体系》,漆竹生译,上海译文出版社1984年版,第95页。
⑤ 王勇飞编:《法学基础理论参考资料》(第三册),北京大学出版社1981年版,第429页。

其中突出的一位。这些学人在法的渊源研究和认知方面所积聚的经验和教训,是我们研究和认知法的渊源所须关注和汲取的。

奥斯丁既是现代法理学的创始人,也是要求人们明辨法的渊源的确切含义和范围,并努力使其明晰化的第一位人物。他看到了法的渊源这一术语的含义和范围混乱不明的糟糕情形,希望通过自己的研究和解释改变这种局面。从某种意义上甚至可以说,他的分析法学实际上在很大程度上就是奠基在辨析和厘清法和法的渊源这类基本范畴的基础之上的。现在人们在国内已能读到他的《法理学讲演集》,这部巨著由四个部分组成,其中第三部分就是以法的渊源为专题展开探讨的,其他几个部分亦不时涉及法的渊源问题。①

奥斯丁在法的渊源问题上的主要贡献,不仅在于具体叙说了许多闪光的思想理论,而且更在于他提出了一系列新的问题,并就解决这些问题运用了不同于自然法学等理论学说的新方法,即分析实证的方法。奥斯丁同边沁一样,对英国法几个世纪以来所形成的混乱不堪的局面深为不满,企望改变其旧有的面目。他认为关键在于使人们明辨什么是法、法的范围有多大、法来源于哪里、法究竟为什么而存在这样一类基本问题。他一生的学术活动实际上就是以解决这些问题为最集中的主题。

奥斯丁认为,自然法学把法说成是自然理性之类的体现,是迂腐和不现实的。法就是由掌握国家主权的主体所产生的实实在在的规则体系,离开了这个范围,就离开了法的范围。换言之,奥斯丁把主权者的立法看作法的最主要的渊源,主权者所立之法是法的最主要的范围。他和边沁一样,否定法与道德之类的必然联系。在他看来,人们面前的法无论是所谓良法还是恶法,都是真实存在的,恶法既然已被称为法,再来讨论它算不算法,就是不符合逻辑的,也是无聊和笨拙的。这些法不会因为你是否喜欢而决定自己是否对你有效。他主张法学家和法律人的首要任务是先扫自己门前雪,先做好自己分内的事,把真实的亦即他所称为实在法的法律问题搞清楚,而不要自己分内事还未做好,就操心属于别的学科所解决的问题。

不过,奥斯丁过于看重甚至仅仅强调法同主权者的联系,疏于法对权利的保障和对权力的制约,从而容易使法变成单纯的主权者的命令。他对法的渊源的理解和界说,也是围绕和服务这个中心点的。如此,就使法的渊源同他所说的法一样,变成狭隘的概念和事物。他固然把法和法的渊源从一个散漫、驳杂和喧闹不已的"超市"中引领出来,却又将其禁锢于一个狭小的天地。同时,奥斯丁虽然奋力呼吁人们注意革除法和法的渊源方面的弊病,他自己更身体力行地致力于廓清法和法的渊源的含义和范围,但他毕竟是开拓者,而开拓者的学说通常难以成熟。这就不可避免地出现了庞德所说的情形:"奥斯丁第一个呼吁人们对'法的渊源'这个术语的模糊含义引起注意并且坚持将其明晰化。但他的论证不是十分令人满意。"②所以,奥斯丁之后,研究和界说法的渊源,尚须学界继续努力。

在奥斯丁之后,有不少学者就法的渊源研究继续作出努力。其中克拉克、萨尔蒙德、庞德等人的学说,更值得人们注意。

---

① 详见 China Social Sciences Publishing House 影印出版的奥斯丁两卷本 *Lectures on Jurisprudence*。这部著作的第一卷论述人们比较熟悉的法理学范围(法的范围)的确定和基本概念分析两个主题,第二卷论述法的渊源和法的目的两个主题。

② Roscoe Pound, *Jurisprudence*, Volume Ⅲ, West Publishing Co., 1959, p.380.

克拉克在区分法的渊源和法的形式方面所作的努力较为突出。克拉克也像奥斯丁那样反对将法和法的渊源混同起来,他明确提出法的渊源和法的形式是两个不同的概念。在他看来:关于法律规则的内容源于哪里,法律规则是由什么决定的,这些问题属于法的渊源的范畴;关于法以什么形式表现出来,人们从哪里可以找到法,这些问题属于法的形式的范畴。

萨尔蒙德在阐述法的渊源的范围和分类方面多有建树。萨尔蒙德对法的渊源作了"实质渊源"和"形式渊源"的区分。实质渊源指决定法律规则内容的渊源,形式渊源指赋予法律规则以国家权威的渊源。这两种渊源的区分有积极意义,它使法的渊源的结构问题得以凸显。并且这一区分也使奥斯丁的不足显现出来:奥斯丁注意了法的渊源同非法的渊源的界限,而对法的渊源的结构或法的渊源由哪些要素构成等问题,则注意无多,特别是对法律规则的内容渊源注意更少。不仅如此,在形式渊源方面,萨尔蒙德同奥斯丁也不同,或者说在这方面萨尔蒙德也超越了奥斯丁:他不像奥斯丁那样仅仅将法的渊源同国家权力或主权者联系起来,而将法的渊源同有组织的政治社会机构联系起来,认为一个国家的司法机构也是赋予法律权威的机构。这就不仅拓宽了法的渊源范围,也更合乎法的渊源的实际情况。

这里特别需要提到庞德。他对法的渊源的含义界说、法的渊源和法的形式的界分、法的渊源的范围和种类,以及其他一些法的渊源问题,都有阐述。他认为回答法律规则是怎样形成的以及通过谁形成的,从哪里获得它们的内容并且同它们的效力及权威区分开来,这方面的问题属于法的渊源问题;而法的形式则主要指法的文本形式,通过这种形式,法律规则和原则得以获得权威性表述,这种权威性表述是法庭在解决争议时的依据,也是律师在提供预测性建议时必须依赖的基础。他还认为,法的渊源作为形成法律规则内容的因素,亦即发展和制定那些规则的力量,作为背后由立法和执法机构赋予国家权力的某种东西,包括惯例、宗教、道德和哲学的观念、判决、科学探讨和立法等六个方面。①

四、法的渊源意识觉醒的方向和标识

法的渊源意识的觉醒,主要是法律人的法的渊源意识的觉醒,这同法律意识的觉醒在主体上有明显差别。法律意识是作为社会主体的个人和组织都具有的意识,而法的渊源意识则通常是法律人所应具有的。

法的渊源意识作为法律人所应具有的意识,它属于一种有较高规格且具专业性的意识。具备这种意识,就意味着明了法的渊源究竟是什么,它有什么样的价值,如何实现其价值,法律人在研究和认知法的渊源并进而实现其价值方面的主要责任是什么。围绕这类问题形成较为系统的知识理论体系,并用以导引和服务法学研究和法律生活,做到了这些,就算是有了自觉的法的渊源意识,也就是实现了法的渊源意识的觉醒。

法的渊源意识的觉醒,基础性的条件是要明了何谓法的渊源。法、法律规则、法律原则乃至于法律制度,是由什么样的原料制作而形成的,是由什么样的主体或出自何种途径而形成的,是基于什么样的动力和原因而形成的,回答这三方面的问题便是回答何谓法的渊源的问题,明了这三方面的问题便是明了何谓法的渊源。要而言之,法的渊源也就是法、法律规则、法律原则乃至于法律制度得以形成的资源、进路和动因。认清法的渊源是由这三大要素

---

① Roscoe Pound, *Jurisprudence*, Volume Ⅲ, West Publishing Co., 1959, pp. 383-415.

构成的,方能完整地把握法的渊源的内涵和外延;懂得法的渊源是由这三大要素构成的整体,方能避免只看重一个或两个要素而忽略其他要素。以往的种种学派或是强调法是理性、意志之类的体现,或是强调法是物质生活条件的反映,或是强调法是历史发展的自然结果,都只注意某种或某方面的要素而忽略了其他要素。

当然,法的渊源三大要素中,资源性渊源更为直观,相对容易认知。比如,某些习惯、政策和道德规范被纳入法和法律制度中,就成为这些法和法律制度的资源性渊源,这是比较容易理解的。进路性渊源则不太容易为人所认知,学者中只有一部分人能认识到它们是法的渊源,比如奥斯丁、克拉克、庞德和博登海默,在其著作中,把主权者、国家权威、立法等视为法的渊源,表明他们对法的渊源中的进路性渊源已有认识。至于动因性渊源,很多人都予以论说,比如论证法是基于物质生活条件而产生,或是基于历史传统或历史事变而产生,但论说的目的和原因往往颇为复杂,其中很少有人意识到自己所强调的是法的渊源中的动因性要素,而主要是从其他角度论说的,因此这种论说也谈不上是对法的渊源的自觉的认识。不仅像马克思这样的在大学期间学习过法学专业的学人是这样,甚至像萨维尼、哈耶克这些法律专业的经典学人亦如是。

法的渊源同法有密切关联,但却不是法。法的渊源是法得以形成的重要条件,而法则是已然的制度。法的渊源未必同国家意志有关,如习惯、宗教戒律、伦理道德这些法的渊源就可以同国家意志无关,而法则是国家意志的体现。"被社会当作法的东西必须是经过国家意志,并且必须是通过国家的决定而被制定为或者被认可为法。"[1]法的渊源是法得以形成的重要条件,但通常并无法的效力,而法则是具有法的效力的制度。形成自觉的法的渊源意识,要理解和处理法的渊源同法的关系,学会从法的渊源中选择和提炼有关要素以形成法。

法的渊源有其自身的质的规定性,这种质的规定性内在地决定了法的渊源是有其自身范围的,这个范围既不是狭小的,也不是没有边际的。将法的渊源作过宽或过窄的解释,都是不适当的。并且,法的渊源的范围是个时空的概念,形成自觉的法的渊源意识,便要明辨不同时空条件下法的渊源的范围是有区别的。

法的渊源意识的觉醒,更具实在性的标识,是法律人能用自觉的法的渊源意识导引法律学说研究和服务法律实际生活。法的渊源的价值,主要在于它可以为法的形成提供资源、进路和动因。离开了法的渊源价值的实现,法的渊源意识的觉醒就没有实际意义。法的渊源的价值是实在的和客观的,但这种价值难以自动实现。法的渊源的价值得以实现的程度,从根本上说取决于一定的社会历史条件、文化传统、国家制度和社会生活方式的发达程度。而就直接的角度看,法的渊源的价值实现程度,同法律人的法的渊源意识状况关联甚为紧密。

在法学研究和法律实际生活中,尤其是法的形成过程中,如果多数法律人所念兹在兹的一个意念,就是实现法的渊源价值的最大化,并且谙于运用科学的法的渊源理论和知识推动这种最大化,在这种情境之下,法的渊源意识的普遍觉醒,就会成为事实。

---

[1] Chantal Kourilsky, Attila Rácz and Heinz Schäffer, *The Sources of Law—a Comparative Empirical Study*, Akadémiai Kiadó, 1982, p. 151.

第四节 当代中国主要法的渊源

就当代中国法的渊源中的资源、进路和动因诸要素而言,动因要素对法的形成和法治国家建设有直接价值,比较容易为人们所重视。资源和进路要素,则不太容易为人们所看重。所以,研究当代中国法的渊源,现时期更需要注意资源性和进路性两种渊源,尤其是资源性渊源。在当代中国,资源性和进路性渊源中更具普遍性的渊源主要有:

一、立法

立法是各国最直接的法的渊源。无论古今,无论欧陆英美,都如此。这里所谓立法,包括各种立法。议会立法,政府接受委托的立法或自主立法,中央立法,地方立法以及立法机关有关所立之法的解释,均在其内。

在当代中国,根据《宪法》和《立法法》的规定,全国人大及其常委会有权制定法律;国务院有权制定行政法规;省、自治区、直辖市和设区的市、自治州的人大及其常委会有权制定地方性法规;国务院所属部委和有关地方政府有权制定规章;民族自治地方的自治机关有权制定自治条例和单行条例;国务院和经济特区有权根据全国人大的授权进行立法;上海市人大及其常委会根据全国人大常委会授权决定制定浦东新区法规;海南省人大及其常委会根据法律规定制定海南自由贸易港法规;中央军事委员会根据宪法和法律制定军事法规,解放军各战区、军兵种和武警部队可以依法制定军事规章;国家监察委员会根据宪法和法律,全国人大常委会的决定,制定监察法规。特别行政区有权根据宪法和特别行政区基本法制定法律。所有这些立法,都是当代中国法的直接渊源,所有法律、法规、规章都分别由这些渊源产生。

二、国家机关的决策和决定

这种法的渊源主要有行政机关的行政命令、行政措施、重要文告等。行政机关在依法行政的过程中,需要通过发布行政命令、采取行政措施、颁布行政文告的方式行使职权和履行职责。实施这些行政行为所积累的经验和形成的规则,可以或应当提升为法律规范。在中国法律、法规、规章中,有大量的规则就是由这些决策和决定提炼而成或提升起来的。

三、司法经验、判例和法律解释

这类法的渊源在法的渊源体系中的地位,在不同国情之下,往往有较大差别。在当代中国,司法活动中所积累的经验,司法机关所作的判决,最高司法机关所作的法律解释,都属于法的渊源的范围,应当是无可置疑的。但由于长期以来,中国学人误把判例和判例法视为同一事物,又误把判例法这种法的形式等同于法的渊源,因而对司法判例是否属于法的渊源,有些人是有诸多疑虑的。实际上,中国固然不属于普通法法系,固然不存在判例法这种法的形式,但中国最高司法机关确认和公布的典型判例,同司法活动中所积累的经验、最高司法机关所作的法律解释一样,经常被选择和提炼,融入法和法律制度之中,从而在法律实际生活中起到了法的渊源的作用。

四、国家和有关社会组织的政策

这在当今时代也是具有普适性的法的渊源。由于中国的国家性质和执政党对国家的领导地位,中国的执政党政策,特别是转化为国家政策的执政党政策,是许多法律、法规、规章的重要渊源,这些法律、法规、规章在相当大的程度上是党和国家的政策的提升或法定化。

五、国际法

国际法作为一国的法的渊源,既包括该国加入的国际条约和其他国际规范性法律文件,也包括该国未加入的国际条约和其他国际规范性法律文件。国际法在当代同样是一种显示出重要价值的法的渊源。欧洲共同体的规范性法律文件,世界贸易组织的规范性法律文件,就是方今之时非常重要的法的渊源。在改革开放的年代,在中国加入世界贸易组织的背景下,在经济和文化一体化的趋向益见明显的情形之下,国际法自然成为中国一种重要的法的渊源。

六、习惯

习惯在无论何种法律文化背景下都属于一种法的渊源。法律规则中有不少规则来自习惯。立法机关可以根据某些习惯形成制定法规则。司法机关往往从某些习惯中抽取某些规则,据以处理某些案件。这些都是没有疑义的。但习惯在各国法的渊源体系中的地位如何,却是个见仁见智的议题。一般说,习惯在过往的历史上比之现今时代,在法的渊源体系中的地位更重要。"在现代国家,随着经济和科学技术的进步,全球一体化的要素愈加增多,习惯作为法的渊源的组成部分,在许多国家所占的比重愈加紧缩。"[①]在中国法的渊源中,习惯有重要的地位,但如何更好地在法治建设中实现习惯作为法的渊源的价值,仍然有诸多问题需要研究和解决。

七、道德规范和正义观念

这也是具有普遍性的法的渊源。古今自然法学派就特别重视这种法的渊源,他们中的许多人不仅把道德规范和正义观念视为最主要的法的渊源,甚至要把这些因素直接视为法的形式。尽管中国自古所讲的德,主要是要求个人成为一个有德的好人,极少要求国家成为有德的好国家,但中国文化传统素以隆德为其重要特色。在这种传统下,道德规范以及与其相关的正义观念,成为中国自古以来的一种法的渊源。在法治和德治并举的现时期,道德规范和正义观念,更是资源性渊源的重要组成部分,中国《民法典》中的若干规定就来自这种法的渊源。

八、社团规章和民间合约

这些由民间社会形成的规则一经融入法律规则之中,便使法律、法规获得深厚的社会基

[①] 周旺生:《中国历代成文法述论》,载《立法研究》(第 3 卷),法律出版社 2002 年版,第 98 页。

础和生活根基。它们是以商品经济和市民社会为基础的,是西方国家许多法律规则尤其是私法规则的直接的资源性渊源。在中国市场经济、民主政治和法治国家的建设过程中,以及在建成之后,社团规章和民间合约也都应当成为资源性渊源的一种要素。

九、外国法

如同国际法在当代中国日益成为重要的法的渊源一样,外国法在现今中国,也应当成为一种法的渊源。事实上,作为力求尽快发展的国家,在经济和文化一体化的情形下,法的移植的必要性和可能性也愈发突出。中国需要借鉴参酌外国法特别是经济文化发达国家的法律制度,并以其中可以为我国所用的因素作为一种资源性渊源。

十、理论学说特别是法律学说

学说也是古今资源性渊源之一。历史上和现实中,有关学说甚至担当着法制和法治指导思想的角色。中国封建时代的儒家学说是法的渊源。近几十年,主流意识形态是法的渊源乃至于法的指导思想,但法律学说很少成为法的渊源。恰如梁启超所言:"采学说以为法律,实助长法律之进步最有力者也。罗马法所以能为法界宗主者,其所采学说多,而所含学理富也。"[①]中国法欲臻于现代化之境域,不能不重视法律学说特别是科学而权威的法律学说,并以之作为自身的重要的资源性渊源。

---

① 梁启超著:《饮冰室文集》(第2卷),中华书局1989年版,第47页。

第十章　法的形式和分类

第一节　法的形式释义

一、法的形式的含义和意义

法的形式,指法的具体的外部表现形态。它所指称的,主要是法由何种国家机关制定或认可,具有何种表现形式或效力等级。法的形式表明法所存在的方式和法所具有的效力等级,是一国的法和法律规范的既成产品,是以一定形式存在的已然的法。

任何法都有一定的表现形式,例如以成文法形式或以判例法形式表现,以宪法形式或以法律形式、行政法规形式表现。一国的所有不同法的形式,构成该国法的形式体系。这一体系中不同法的形式之间的关系,凝结着一国现实的政治体制尤其是法律体制的状况,是一个现实的制度现象。立法者或执政者的重要职责之一,便在于使所制定或认可的法,获得适当和科学的形式。法的应用者则应当明了不同法的形式同自己所经办事项的关联。

法同其他事物一样,也有内容和形式两方面。法的内容,一指法的阶级本质,二指法所调整的社会关系,即法规定了什么内容。法的形式则指法的内容的组织形式。法的形式和法的内容在一般情况下是统一的,内容决定形式,如封建制法的本质决定封建制法中存在皇帝的敕令、诏书这类形式;又如,现今时代无论何种国家都存在需要宪法、法律、法规予以调整的社会关系,因而都有相应的法的形式。另一方面,在有的情况下法的内容和形式的关系又是复杂的,具有相同本质和内容的法往往有不同的表现形式,如美国采用成文宪法形式,英国采用不成文宪法形式。同一种法的形式往往也可以为不同本质的法所采用,如宪法、法律、行政法规这些法的形式既为资本主义法所采用,也为社会主义法采用。

法的形式随时代和国情的演化而发展,不同国家和不同历史时期有不同的法的形式,因此法的形式究竟有多少种,是难以确定的。尽管如此,我们还是可以从大的方面,将法的形式分为成文法和不成文法两类,它们各自又包括若干具体的形式,其中成文法是主要的。就具体情形而言,西方学界关于法的形式的种类有种种论说。克拉克和庞德认为,法的形式有三种:其一,制定法。这是立法机关所立之法。其二,判例法。这是对过去的争端以司法裁决的形式表达出来的法。其三,教科书法。即在权威性的法学著作中表达出来,可以作为法律规则来用,事实上亦被赋予法的效力的著作法。[①] 戴维·M.沃克认为法的形式有五种:其一,习惯法。这是被赋予法的效力或经由有关方面认同的习惯。最初的法的形式主要是习惯法。其二,司法判决。这种司法判决被赋予一种普遍性的效力,可以根据它解决同类争端问题。其三,制定法。它是立法者、君主或公民大会有意识制定的。其四,协议法。它是约束当事各方的具体的法律规则。其五,教科书法。它是法学家基于历史的比较研究即分析

---

① Roscoe Pound, *Jurisprudence*, Volume Ⅲ, West Publishing Co., 1959, pp. 415-436.

已被接受的规则,从中归纳出一般规则,并基于理论学说如自然法学说创制的。[①] 这些说法,显然有混同法的形式和法的渊源的弊病,比如它们所说的协议法和教科书法,就是法的资源性渊源。

认知法有哪些形式,需要有区分法的形式的标准。法的形式虽然是个有关国情的、时空的概念,但这并不意味着没有区分法的形式的大致统一的标准存在,也不意味着没有确定一国在一定历史时期究竟有多少种法的形式的标准存在。标准是存在的。就成文法法的形式而言,基本的区分标准就是立法形式。成文法是各种立法的直接结果,每一种法的形式实际上就是一种立法形式的成果的表现形态。换言之,每一种立法形式都相应地产生一种法的形式。从立法主体看,有代议机关立法和君主立法之分,相应地,有代议机关的法和君主的敕令、诏书之别;有国家立法和政权立法之分,相应地,有国家的法和政权的法之别。所有国家的法都是政权的法,但并非所有政权的法都是国家的法。从立法的效力等级和效力范围看,有中央立法和地方立法、国内立法和国际立法之分,相应地,有中央的法和地方的法、国内法和国际法之别。从立法方式和立法技术特征看,有制定新法和补充或废止旧法之分,相应地,有新立的法和变动过的法之别;有直接立法和经有关机关批准立法之分,相应地,有直接产生的法和经批准产生的法之别。如此等等,不一而足。

法的形式有重要价值。首先,法的形式是区分法和其他社会规范的一个重要标志。不是所有社会规范都是法,只有具备法的形式的社会规范才是法。要把某种意志上升为法,应当使这种意志采取法的形式。其次,不同法的形式由不同国家机关或主体产生,立法主体应当就自己所能产生的法的形式立法,不能产生不属于自己权限范围的法的形式。研究法的形式有助于解决什么样的国家机关有权产生什么形式的法的问题。再次,不同法的形式可以表现不同法的效力等级,研究法的形式有助于明确哪些法的效力等级高一些,什么样的法具有最高效力等级,以采取适当法的形式表现不同法的效力等级。最后,不同法的形式适合调整不同社会关系,亦有不同技术特点,研究法的形式有助于采取适当法的形式调整一定社会关系,运用特定立法技术制定或认可特定形式的法,也有助于适用、实现和遵守相应的法的形式。

二、法的形式和法的渊源的界分

奥斯丁以来的法律学人,试图在法的渊源和法的形式之间踩出清晰的路径。奥斯丁是近现代法理学的奠基人,也是要求人们明辨法和法的渊源的确切范围,并使其明晰化的第一人。[②] 他看到了法和法的渊源这类术语的含义和范围混乱不明的糟糕情形,希望通过自己的研究和解释改变这种局面。他的分析法学,实际上在很大程度上正是奠基于辨析法和法的渊源这类基本范畴之上。[③] 在奥斯丁身后,许多学者继续努力,将法的形式同法的渊源逐步分离。1883年出版的克拉克的《实用法理学》,提出了法的渊源和法的形式的界分,认为既有的法的渊源术语所包含的内容,有的属于法的渊源(sources of law)概念应有的内容,有的

[①] 见〔英〕沃克著:《牛津法律大辞典》,北京社会与科技发展研究所组织翻译,光明日报出版社1988年版,第346页。
[②] Austin, *Jurisprudence*, 5th edition, 1885, p.509.
[③] 详见 China Social Sciences Publishing House 影印出版的奥斯丁所著的两卷本 *Lectures on Jurisprudence*。

则可用法的形式(forms of law)概括。1909年,格雷的讲演集《法的本质和渊源》较为严格地区分了法和法的渊源的界限。庞德也有题为《法的渊源和法的形式》的专文。在中国学界,梁启超的著作中已凸显出法的渊源和法的形式相区分的端倪。

然而迄今为止,无论英美欧陆抑或中国学界,仍然普遍存在混淆两者界限的情形,许多人所说的法的渊源就是法的形式,所说的法的形式就是法的渊源,究竟是使用法的形式还是法的渊源,几乎完全由人们依据自己的习惯和喜好而自便。这等于把法的渊源和法的形式视为同一事物,把不是法的东西视为法,把未然的法和已然的法、可能的法和正式的法混为一谈,在法律生活中就经常淡化法和非法的界限并由此脱离法治原则。历来法学流派的分野,在很大程度上正表现在对法的渊源和法的形式取不同态度方面,分析法学所讲的法实际就是具有法的形式的法,而自然法学、历史法学、社会法学所讲的法则更多是或往往是尚未形成法的法的渊源。很显然,学界对法的渊源和法的形式的认知和界分,仍然有待觉悟。

法的渊源和法的形式的界限不容混淆,它们本来是两种性质不同的事物,分别代表法的形成过程中两个性质不同的阶段,有各自的价值。

第一,未然和已然、可能和现实的分别,是法的渊源和法的形式的一个界分。法的渊源主要指法的来源,它表明法由哪些原料构成,出自何种途径,基于何种动因形成,是法的半成品和预备库,是未然的法和可能的法。法的渊源有一定的必然性意味,但更主要的是个未然的和可能的概念。法的形式所表明的则是已然的和现实的概念。它是提取和升华法的渊源所产生的实际成果,是经由法的渊源这种未然的和可能的阶段,而成为已然的和现实的法,是法的既成产品,具有鲜明的实在性。庞德谈到立法这种法的渊源时说,在西方学界,"有人坚持认为,作为过程的立法是一种法的来源;作为结果的立法是一种法的形式"[①]。这个说法,在一定程度上也可用以说明法的渊源和法的形式的区分。

第二,多元和统一的区分,是法的渊源和法的形式的又一界分。法的渊源是多样化的,有来自不同资源、不同进路和不同动因的法的渊源,它们之间有复杂的关联,也都各具独立性,是多元化地存在于一国法的渊源体系之中的。法的渊源的多元化,要求法律人经常检视自己是否具有较为宽广的视域,能否驾驭法的渊源体系的全局,能否在实际运作和理论研究中全面发掘各种法的渊源的功用。法的形式也是多样化的,但却不是多元化的。一国法的形式通常总有法律、法规和其他规范性法律文件的区分,它们的种类在各国也不尽相同。但多样化的法的形式,特别是在公法如宪法制度所涉及的法的形式方面,在绝大多数国家,却被一条统一的主线贯穿在一起,这条主线就是统一的国家权力体系。

第三,更浓的文化形态和更多的制度形态之别,也是法的渊源和法的形式的界分。法的渊源是纵深的法,是法的形式背后的法,更主要的是历史文化积淀的产物,更多取文化形态,表明一国法律文化乃至整个社会历史文化,在文明程度上处于何种状态和具有何种特色。像习惯、道德、判例、宗教戒律、理论学说这些资源性渊源,立法、司法和行政这些进路性渊源,在法的渊源体系中具有何种地位和功用,是同它们所在国家的法律文化和社会历史文化相关的。孟德斯鸠《论法的精神》阐述的原则和原理以及历史法学派的观点,在一定程度上就是强调法的渊源同社会历史文化的关联性。而法的形式的制度形态更突出,它所指称的

[①] Roscoe Pound, *Jurisprudence*, Volume III, West Publishing Co., 1959, p.389.

主要是出自不同国家机关的法具有不同效力等级，因而同国家权力体系发生更多的关联。法的形式之间的关系以及与其相关的不同效力等级，也必然体现出不同国家权力之间的关联。这些关联都是现实的制度现象，是一国基本体制在法的形式上的表现，直接凝结了一国现实的政治体制尤其是法律体制的特质。①

第二节　当代中国主要法的形式

中国法的形式的一个显著特征在于，自古以来形成了以成文法为主的法的形式的传统。现时期中国成文法形式主要包括宪法、法律、法规、规章、国际条约和惯例，此外还包括军事法规和规章、授权法和特别行政区法。在这些法的形式中，宪法、法律和法规中的行政法规，分别居于核心地位和尤为重要的地位。

一、宪法

宪法既是法的形式概念，也是法的体系概念。作为法的形式，宪法是国家最高权力机关经由特殊程序制定和修改的，综合性地规定国家、社会和公民生活的根本事项的，具有最高法的效力等级的一种法。

宪法在法的形式体系中居于最高的、核心的地位，是一级大法或根本大法。只有最高国家权力机关全国人大才能行使制定和修改宪法的权力。宪法应当由全国人大以全体代表的三分之二以上多数通过，宪法的修改应当由全国人大常委会或五分之一以上的全国人大代表提议。宪法规定和调整的内容比其他法更重要、更系统，它综合性地规定和调整诸如国家性质、社会经济和政治制度、国家政权的总任务、公民基本权利和义务、国家机构这些具有根本性、全局性的关系或事项。

宪法是其他法的立法依据或基础，其他法的内容或精神应当符合或不得违背宪法的规定或精神，否则无效。根据《立法法》的规定：一切法律、行政法规、地方性法规、自治条例和单行条例、规章都不得同宪法相抵触。根据《宪法》的规定：全国人大行使修改宪法和监督宪法实施的职权，全国人大常委会行使解释宪法和监督宪法实施的职权，并有权撤销同宪法相抵触的行政法规、地方性法规以及其他有关法律文件。

西方学者从技术特征的角度对宪法这种法的形式作了多种分类。借鉴这些学说，可以认为：其一，中国现行宪法是成文宪法、有标题宪法、单一文件宪法和篇幅介于长短之间的宪法。这些技术特征有利于中国宪法被人们了解、掌握和贯彻实行，反映了中华法系立法遗产中应当肯定的法律文化传统，也同许多国家的宪法的技术特征相似，因而同现代立法文化的主流比较合拍。其二，中国现行宪法是折中了所谓规范封闭、具体的宪法和规范开放、含糊的宪法这两种特征的宪法。它的部分内容对所规定的事项作了彻底、明确和具体的规定，部分内容则作了概括和抽象的规定。这也可以说是个优点，因为如果只对事项作概括和抽象的规定，就不具备法所必备的明确性和肯定性，而成为宣言和文告之类；另一方面，宪法不是

---

① 本节关于法的渊源和法的形式界分的有关内容，可详见周旺生下列诸文：《论重新研究法的渊源》《论法的渊源意识的觉醒》《论法的渊源的价值实现》《论法的渊源与法的形式界分》，载周旺生著：《法理探索》，人民出版社2005年版，第226—315页。

普通的法律,不宜对所有事项作彻底、明确和具体的规定。不过此处也存在诸多问题有待研究:哪些事项应当作彻底、明确和具体的规定,哪些应当作概括和抽象的规定;应当作而事实上未作彻底、明确和具体规定的,是因为条件不成熟还是立法者或决策者未重视。以公民基本权利和义务而论,应当研究现行宪法的概括和抽象的规定是否都是必要的,如果不是,那么除必要之外的那部分内容是属于客观条件不成熟,还是属于主观上不受重视所致。其三,中国现行宪法还是折中了所谓严密宪法和纲领性宪法、起指导作用宪法和不起指导作用宪法、制度性宪法和职能性宪法、有条件宪法和无条件宪法等特征的宪法。① 这些方面也存在某些问题有待研究,比如,需要研究现行宪法是否有必要增添具备什么条件方能修改宪法的规定。

二、法律

这里所谓法律是指作为当代中国法的形式中的一种的法律,而不是指各种法的总称。法律是由全国人大及其常委会依据法定职权和程序制定和变动的,规定和调整国家、社会和公民生活中某一方面带根本性的社会关系或基本问题的一种法,是中国法的形式体系的主导。在中国,法律之上没有立法纲要这种法的形式存在,因此法律的地位和效力仅次于宪法而高于其他法,是法的形式体系中的二级大法。法律是行政法规和地方性法规的立法依据或基础,后两者不得违反它,否则无效。

法律的立法权过去专属于全国人大,称为国家立法权。为适应客观需要,现行《宪法》确定全国人大及其常委会均享有国家立法权,并将法律分为基本法律和基本法律以外的其他法律两种。基本法律由全国人大制定和修改,在全国人大闭会期间,全国人大常委会也有权对其进行部分补充和修改,但不得同其基本原则相抵触。基本法律规定国家、社会和公民生活中具有重大意义的基本事项,如《民法典》《刑法》等。基本法律以外的其他法律由全国人大常委会制定和修改,规定由基本法律调整以外的国家、社会和公民生活中某一方面的事项,内容较具体,如《商标法》《文物保护法》等。基本法律和基本法律以外的其他法律具有同等效力。全国人大及其常委会还有权就有关问题作出规范性决议或决定,它们和法律具有同等地位和效力。

根据《立法法》的规定,下列事项除法律另有规定外,只能制定法律,由法律调整:(1)国家主权的事项;(2)各级人民代表大会、人民政府、监察委员会、人民法院、人民检察院的产生、组织和职权;(3)民族区域自治制度、特别行政区制度、基层群众自治制度;(4)犯罪和刑罚;(5)对公民政治权利的剥夺、限制人身自由的强制措施和处罚;(6)税种的设立、税率的确定和税收征收管理等税收基本制度;(7)对非国有财产的征收、征用;(8)民事基本制度;(9)基本经济制度以及财政、海关、金融和外贸的基本制度;(10)诉讼制度和仲裁基本制度;(11)必须由全国人大及其常委会制定法律的其他事项。这 11 个方面的事项如果尚未制定法律,全国人大及其常委会有权作出决定,授权国务院可以根据实际需要,对其中的部分事项先制定行政法规,但有关犯罪和刑罚、对公民政治权利的剥夺和限制人身自由的强制措施和处罚、司法制度等事项除外。

---

① 参见周旺生著:《规范性文件起草》,中国民主法制出版社 1998 年版,第 38—43 页。

从法律的名称看,现行《宪法》之前,全国人大所制定的法律,主要有法和决议两种名称。现行《宪法》公布后,享有基本法律制定权的全国人大,所制定的法律主要称为法,也有一些称为决议,个别的称为决定;享有基本法律以外其他法律立法权的全国人大常委会,所制定的法律主要称为法,也有一些称为决定,个别的称为条例和规定。

三、法规

在中国法的形式体系中,法规这种法的形式主要包括行政法规、地方性法规、自治法规,其中行政法规地位更为重要。

(一)行政法规

行政法规是由最高国家行政机关国务院依法制定和变动的,有关行政管理和管理行政两方面事项的规范性法律文件的总称。

行政法规的基本特征在于:第一,它在法的形式体系中处于低于宪法、法律而高于地方性法规的地位。行政法规应当根据宪法、法律制定,不得同宪法、法律相抵触;地方性法规则不得与行政法规相抵触,否则无效。第二,它在法的形式体系中具有纽带作用,其目的是保证宪法和法律实施,有了行政法规,宪法和法律的原则和精神便能具体化,便能更有效地实现。地方性法规的制定不得与行政法规相抵触,就进一步保证了宪法、法律的实施。第三,它调整的社会关系和规定的事项,远比法律调整的社会关系和规定的事项广泛、具体。经济、政治、教育、科学、文化、体育以及其他方面的社会关系和事项,只要不具有根本性或一定要由宪法、法律调整,行政法规都可以调整。

国务院享有法定的行政法规制定权,始于1982年《宪法》的规定。在此之前,国务院虽然在实际上存在制定行政法规的权力,它所制定的规范性法律文件被收辑于官方出版的《中华人民共和国法规汇编》中,但国务院当时是没有法定的即正式的制定行政法规的权力的。

现行《宪法》规定:国务院根据宪法和法律,规定行政措施,制定行政法规,发布决定和命令。这一规定表明:其一,自此国务院享有法定的制定行政法规的权力,而且也只有国务院有行政法规的制定权。那种事实上有权制定而形式上没有这一权力的名实不副的状况因此不复存在。其二,行政法规应当根据宪法和法律行使,而不能由国务院随意行使。这样一个泱泱大国的政府,如果不是根据宪法和法律制定行政法规,而是可以按照一己的意愿制定行政法规,那是非常不妥的。其三,行政法规同行政措施、决定和命令是不同的概念。在以往的实践中,行政法规同行政措施、决定和命令难以区分。一般来说,国务院发布的为贯彻实施法律所制定的实施细则属于行政法规是不成问题的,但国务院发布的规定、办法、决定、通知、命令、指示等究竟属于行政法规还是行政措施、行政命令、行政决定,则难以分辨。现行《宪法》的规定,为区分行政法规同行政措施、命令和决定提供了根据,也提出了要求。目前,国务院所制定的规范性法律文件,凡称为"条例""规定""办法"的,可以视其为行政法规;称为"决定""通知""命令""指示"及其他名称的,情况则比较复杂,它们中的大多数属于行政措施、命令和决定,但也有少数似乎可以被视为行政法规。在这方面还需要进一步完善现行有关制度。

根据《立法法》的规定,行政法规可以就下列事项作出规定:(1)为执行法律的规定需要制定行政法规的事项;(2)《宪法》第89条规定的国务院行政管理职权的事项。应当由全国人大及其常委会制定法律的事项,国务院根据全国人大及其常委会的授权决定先制定的行政法规,经过实践检验,制定法律的条件成熟时,国务院应当及时提请全国人大及其常委会制定法律。

实践中,有时还存在由中共中央和国务院联合发布有关指示和通知的情形。这类指示和通知既是中共中央文件,也是国务院行政措施的具体表现。它们不宜被划入行政法规的范围。

(二) 地方性法规

地方性法规是由特定地方国家机关依法制定和变动,效力不超出本行政区域范围,作为地方司法依据之一,在法的形式体系中具有基础作用的规范性法律文件的总称。地方性法规是低于宪法、法律、行政法规但又具有不可或缺作用的基础性法的形式。

地方性法规的基本特征在于:立法主体只能是地方国家机关,任务是解决地方问题;有更多的关系需要处理,比中央立法更复杂、具体;具有从属和自主两重性;城市地方性法规在整个地方性法规中逐渐占据重要位置。地方性法规的作用主要有:使宪法、法律、行政法规和国家大政方针得以有效实施;解决法律、行政法规不能独立解决或暂时不宜由其解决的问题;自主地解决应当由地方性法规解决的各种问题。

现阶段,省、自治区、直辖市、设区的市、自治州的人大及其常委会,根据本地的具体情况和实际需要,在不同宪法、法律、行政法规相抵触的前提下,可以制定地方性法规。全国人大常委会有权撤销同宪法、法律、行政法规相抵触的地方性法规。

根据《立法法》的规定,地方性法规可以就下列事项作出规定:(1)为执行法律、行政法规的规定,需要根据本行政区域的实际情况作具体规定的事项;属于地方性事务需要制定地方性法规的事项。(2)设区的市、自治州的人大及其常委会可以对城乡建设和管理、生态文明建设、历史文化保护、基层治理等方面的事项制定地方性法规,法律对设区的市制定地方性法规的事项另有规定的,从其规定。(3)除《立法法》规定的只能由法律规定的事项外,其他事项国家尚未制定法律或者行政法规的,省、自治区、直辖市和设区的市根据本地方具体情况和实际需要,可以先制定地方性法规。在国家制定的法律或者行政法规生效后,地方性法规同法律或者行政法规相抵触的规定无效,制定机关应当及时予以修改或者废止。制定地方性法规,对上位法已经明确规定的内容,一般不作重复性规定。

(三) 自治法规

自治法规是民族自治地方的权力机关所制定的特殊地方规范性法律文件,即自治条例和单行条例的总称。自治条例是民族自治地方根据自治权制定的综合的规范性法律文件;单行条例则是根据自治权制定的调整某一方面事项的规范性法律文件。

各级民族自治地方的人大都有权依照当地民族的政治、经济和文化特点,制定自治条例和单行条例。自治区的自治条例和单行条例报全国人大常委会批准后生效。自治州、自治县的自治条例和单行条例,报省、自治区、直辖市的人大常委会批准后生效,并报全国人大常委会和国务院备案。自治条例和单行条例同地方性法规在立法依据、程序、层次、构成方面,同宪法和其他规范性法律文件以及同全国人大及其常委会和国务院关系方面,均有区别。自治条例和单行条例可以作为民族自治地方的司法依据,在本自治区域内有效。

四、规章

这里所谓规章,指有关行政机关依法制定的有关行政管理和管理行政的规范性法律文件的总称,也称为行政规章。分为部门规章和政府规章两种。

(一) 部门规章

国务院各部、委员会、中国人民银行、审计署和具有行政管理职能的直属机构以及法律规定的机构,可以根据法律和国务院的行政法规、决定、命令,在本部门的权限内,制定规定,这种规章亦称部门规章。部门规章的地位低于宪法、法律、行政法规,不得同它们相抵触。根据《立法法》的规定,部门规章规定的事项应当属于执行法律或者国务院的行政法规、决定、命令的事项。没有法律或者国务院的行政法规、决定、命令的依据,部门规章不得设定减损公民、法人和其他组织权利或者增加其义务的规范,不得增加本部门的权力或者减少本部门的法定职责。涉及两个以上国务院部门职权范围的事项,应当提请国务院制定行政法规或者由国务院有关部门联合制定规章。部门规章应当经部务会议或者委员会会议决定,由部门首长签署命令予以公布。

(二) 政府规章

政府规章是省、自治区、直辖市和设区的市、自治州的人民政府,根据法律、行政法规和本省、自治区、直辖市的地方性法规,制定的规范性法律文件,亦称地方政府规章。政府规章除不得同宪法、法律、行政法规相抵触外,还不得同上级和同级地方性法规相抵触。根据《立法法》的规定,地方政府规章可以就下列事项作出规定:(1) 为执行法律、行政法规、地方性法规的规定需要制定规章的事项;(2) 属于本行政区域的具体行政管理事项。设区的市、自治州的人民政府制定地方政府规章,限于城乡建设与管理、生态文明建设、历史文化保护、基层治理等方面的事项。地方政府规章应当经政府常务会议或者全体会议决定,由省长、自治区主席、市长或者自治州州长签署命令予以公布。

五、国际条约和惯例

国际条约指两个或者两个以上国家或者国际组织之间缔结的,确定其相互关系中权利和义务的各种协议。不仅包括以条约为名称的协议,也包括国际法主体间形成的宪章、公约、盟约、规约、专约、协定、议定书、换文、公报、联合宣言、最后决议书。

国际条约本属国际法范畴,但对缔结或者加入条约的国家的国家机关、公职人员、社会组织和公民也有法的约束力;在这个意义上,国际条约也是该国的一种法的形式,同国内法具有同等约束力。随着中国对外开放的发展,同别国交往日益频繁,特别是随着中国加入世界贸易组织,同别国缔结的条约和加入的条约日渐增多。这些条约也是中国的一种法的形式和重要的司法依据。

根据中国《缔结条约程序法》的规定,在中国,国务院同外国缔结条约和协定;全国人大常委会决定同外国缔结的条约和重要协定的批准和废除;国家主席根据全国人大常委会决定,批准和废除同外国缔结的条约和重要协定;加入多边条约和协定,分别由全国人大常委会或者国务院决定;接受多边条约和协定由国务院决定。

国际惯例是国际关系中不成文的规则和原则,如无害通过、战俘不得杀害和虐待、外交代表人身权利不受侵犯、外交特权和豁免、领事特权和豁免等规则或者原则。国际惯例主要是在国际交往的过程中逐渐形成的习惯性规则和原则，有的也是在国际法院等国际裁决机构的判例中逐渐体现出来的规则和原则。国际惯例最初为某些国家所反复采用，以后又为许多国家甚至为各国所接受和沿用，并逐渐被公认为具有普遍的法的效力。国际惯例中有不少规则和原则，逐渐为国际条约所确认，因而成为国际条约的重要的渊源和补充。对于认同国际惯例的国家而言，国际惯例也是该国法的形式的组成部分。

在中国，有关法律确认了国际条约和国际惯例的法的效力，例如规定中国缔结或者参加的国际条约同中国的民事法律有不同规定的，适用国际条约的规定，但中国声明保留的条款除外。中国法律和中国缔结或者参加的国际条约没有规定的，可以适用国际惯例。

六、其他法的形式

除上述法的形式外，在中国还有这样几种成文的法的形式：一是中央军事委员会制定的军事法规、军内有关方面和人民武装警察部队制定的军事规章。二是国家监察委制定的监察法规。三是全国人大及其常委会授权别的机关所制定的规范性法律文件。经济特区的规范性法律文件，如果是根据宪法、立法法和地方组织法规定的权限制定的，属于地方性法规；如果是根据立法机关授权制定的，则属于根据授权制定的规范性法律文件即授权法的范畴。四是特别行政区所制定的法律和其他规范性法律文件。

其他法的形式中也在一定程度上包含不成文法的形式。例如，一定条件下，习惯、公序良俗等也是中国法的形式的一种，虽然它们是不成文的。这表明在中国现时期，习惯、公序良俗等不仅是法的渊源的组成部分，而且也是法的形式的成员，正因此《民法典》第 10 条专门规定："处理民事纠纷，应当依照法律；法律没有规定的，可以适用习惯，但是不得违背公序良俗。"

第三节　法的形式的规范化和系统化

一、法的形式的规范化

中国是成文法国家，在中国，法的形式的规范化指以成文法形式表现出来的各种规范性法律文件的规范化。具体而言，规范性法律文件的规范化，是指立法主体应当以统一的规格和标准，制定和修改各种形式规范性法律文件，使一国属于法的形式范围的各种规范性法律文件成为效力等级分明、结构严谨、协调统一的整体。

法律、法规、规章产生于不同主体、不同方面，如果没有统一的规格和标准，就会滋生混乱、矛盾、相互脱节和其他弊病，并由此影响法的体系的和谐一致和整个法制的统一和尊严，使人无所适从，给法的实行造成困难。实现规范性法律文件的规范化，有助于消除或防止这些弊病，有利于整个法的形式和法的体系的和谐统一，对立法的科学化和良法的产生，对整个法制的协调发展和法的实行，有重要意义。

为实现法的形式的规范化，应当坚持：第一，不同种类和层级的规范性法律文件，只能由不同的或相应的国家机关依照法定权限和程序予以制定；第二，不同种类和层级的规范性法律文件的法律地位、效力等级和相互关系应当有明确规定；第三，不同种类和层级的规范性法律文件应当有各自的专有名称;第四,规范性法律文件应当有统一的表达方式,文字应当简练明确,法律术语应当严谨、统一。为有效实现这些要求,应当以法律、法规的形式,将这些要求法定化。

二、法的形式的系统化

法的形式的系统化,是指对已制定的有关规范性法律文件加以系统整理和归纳加工,使其完善化、科学化的活动。

规范性法律文件是由不同立法主体在不同时期制定的。制定这些规范性法律文件时,立法主体未必都能顾及它们同其他规范性法律文件之间的联系。在经过一定时间甚至是长时间以后,积累了相当数量的法律、法规和规章,其中有些针对同一主题的法之间,就会发生相互抵触和不一致的问题,或是出现有些法已经过时或部分不合时宜的问题。在这样的情形之下,实现规范性法律文件的系统化,就十分必要了。实现规范性法律文件的系统化至少有三方面的意义:其一,有助于查阅有关同一事项的所有不同时期的规范性法律文件,迅速了解同类的或整个的规范性法律文件体系的全貌,确定有关规范性法律文件的范围;其二,有助于明确哪些规范性法律文件已经失效,哪些继续有效,从而有助于法的适用和遵守;其三,有助于发现既有的规范性法律文件中哪些应当加以废止、修改或补充,有助于发现立法上存在的缺陷和空白,以利于立法的进一步发展。

法的形式或规范性法律文件系统化的方法主要有三种:

(一) 法的清理

法的清理是指有权的国家机关,在其职权范围内,以一定方式,对一定范围的规范性法律文件进行审查,确定它们或存或废或改动的专门活动。法的清理的目的,是把现存有关的法加以系统研究、分析、分类和处理。

法的清理的基本任务有两个,并由此形成两个阶段。一是厘清现存各种法的基本情况,确定哪些可以继续适用,哪些需要修改、补充或废止。这是梳理法的阶段。这一阶段不改变原有法的面貌,不是直接的立法活动。二是对可以继续适用的,列为现行法;对需要修改或补充的,提上修改或补充的日程,有些可以及时修改或补充的,加以修改或补充再列为现行法;对需要废止的,加以废止。这是处理法的阶段,是直接的正式的立法活动。

法的清理有助于促进法同社会需求之间的和谐;有助于总结立法经验教训,以利于立法的进一步开展;有助于实现法的系统化、科学化。

法的清理作为决定法是否继续适用或是否需要变动的专门活动,只能由享有立法职权的国家机关或其授权的机关按规定的程序进行。

法的清理方法,通常分为集中清理、定期清理和专项清理三种。清理的结果,可以是立法主体作出的关于法的清理的决定和作为决定附件的清理报告,亦可以是立法主体自行作出的清理公告,后者更好些。

(二) 法的汇编

法的汇编是在法的清理的基础上,按一定顺序将各种法或有关法集中起来,加以系统编排,汇编成册。其特点是:一般不改变法的文字和内容,而是对现行法进行汇集和技术处理或外部加工,是立法的辅助性工作,不产生新法,不是正式的立法活动。

法的汇编是法的清理的一种逻辑结果,法的清理是科学的法的汇编的必要准备。法的汇编的主要任务,是将法集中化、系统化。

法的汇编的价值在于:它使法得以集中化、系统化,从而便于集中、系统地反映法制的面貌,便于人们全面、完整地了解相关法的规定;使法的清理的成果得到反映,便于人们发现现行法的优点和缺点,了解立改废的任务何在;还可以为法的编纂打下基础、准备必要的条件。

立法主体和其他机关、组织或个人都可以进行法的汇编。但立法主体的法的汇编更有权威性,可以作为司法、守法和其他法的实行的根据。

法的汇编的过程一般分为编辑和出版发行两个阶段。汇编的种类和形式是多种多样的,有的是单项汇编,有的是综合性汇编,有的是按年代汇编,有的是按内容汇编,有的是按制定主体汇编,此外还有官方汇编和非官方汇编之分。

(三) 法的编纂

法的编纂,又称法律编纂、法典编纂,指立法主体在法的清理和汇编的基础上,将现存同类法或同一部门法加以研究审查,从统一的原则出发,决定它们的存废,对它们加以修改、补充,最终形成集中、统一和系统的法。

法的编纂的特点在于:它是一项重要的立法活动,应当由有权立法的机关依法定程序进行;其结果是产生新法或法典。所产生的法典,"无论在实质上还是在形式上都是新的立法文件,它代替以前有效的关于调整同一类问题的全部法律规范"[①]。

法的编纂的主要任务,是统一同类有关规范性法律文件,形成系统的整体,删除原有法中已过时的或其他不合适的部分,消除法和立法中的矛盾、混乱和模糊之处,制定新的法律规范来填补空白或适应新的要求。法的编纂不仅适用于形成统一的法典或法律,也可适用于行政法规、地方性法规甚至其他规范性法律文件。

法的编纂有助于实现法的科学化、系统化,帮助人们发现现行法的弊病,从而去改善它、消除它;有助于促进法的体系的完善,就同一部门法实行增删整合,简化规范性法律文件,产生出规模较大的作为部门法基础和中心的法;有助于各种法、法律规范之间的协调一致、相互配合;还有助于法的贯彻实行。

法的编纂需要在一定数量的同类法的基础上进行。法的编纂可以经常开展,但不可以随意进行,否则同制定新法便无区别。大规模的法的编纂通常发生在一国处于盛世之际,亦发生在立法有相当发展以致出现规范性法律文件颇为芜杂、不开展法的编纂便无从改变这种局面的情形之下。

第四节 法的基本分类

一、法的分类的含义

法的分类,就是以一定的标准,将法和法之间的界限廓清。

如果说法的要素问题所针对的是法的内部结构或逻辑关系问题,那么法的分类问题所

[①] 〔苏〕罗马什金等主编:《国家和法的理论》,中国科学院法学研究所译,法律出版社1963年版,第433页。

指的则是法和法之间的一种界限或逻辑结构问题。

法的分类的范围虽是相当广泛的,但不是漫无边际的。其一,法的分类远不止目前一些法学作品所说的对法律规则(规范)的分类。对法律规则、法的渊源、法的形式的分类,对法的体系中的部门法的分类,对法的历史类型的分类,以及其他一些分类,都属于法的分类范畴。中国法理学著述所说的法的分类虽然没有这样广泛的范围,但显然也不是仅仅对法律规则或法律规范所作的分类。其二,法理学上的法的分类也不是对各种类别的法所作的穷尽一切的分类。目前中国法理学上的法的分类范围,大体上是从形式的或技术的角度涉及两方面问题:一是法的一般分类,二是法的特殊分类。

法的分类的目的在于将各有关类别的法相互之间的界限廓清。法的种类是相当之多的,了解这些不同种类的法各自有怎样的个性,不仅有助于从不同侧面了解法的有关方面,而且对于从整体上和大局上把握一般的法的概念有积极意义。

二、法的一般分类

法的一般分类,指的是适合于世界上绝大多数国家和地区的法的分类,或者说是对绝大多数国家和地区具有普适性的法的分类。通常可从以下五个角度划分。

(一) 国内法和国际法

这主要是以法的创制和适用范围为标准对法所作的分类。

国内法是指由国内有立法权的主体制定的、其效力范围一般不超出本国主权范围的法律、法规和其他规范性法律文件。国内法法律关系主体主要是个人和组织,国家则主要是在诸如国有财产所有权这样的民事法律关系中成为主体。

国际法是由参与国际关系的两个或两个以上国家或国际组织间制定、认可或缔结的确定其相互关系中权利和义务的,并适用于它们之间的法。其主要表现形式是国际条约。国际法律关系的主体主要是国家。

(二) 成文法和不成文法

这主要是以法的创制方式和表现形式为标准对法所作的分类。

成文法又称制定法,是指有立法权或立法性职权的国家机关制定或认可的以规范化的成文形式出现的规范性法律文件。

不成文法是指由国家有权机关认可的、不具有文字形式或虽有文字形式但却不具有规范化成文形式的法。理解不成文法的表现形式应注意:这里所谓不成文法只具有相对意义,即相对于规范化成文形式而言,而不是指完全没有文字形式。不成文法主要包括习惯法,同时也包括判例法、不成文宪法等。判例法属于不成文法的范畴,但判例法是有文字表现形式的,它是法院通过判决所创制的法;英国宪法也被称为不成文宪法,但英国宪法也有文字表现形式,如自由大宪章、人身保护法等。法学上的成文法和不成文法的区分,不完全看法是否有文字表现形式,而要看是否有规范化的成文形式。判例法有文字形式(判决)却被列为不成文法范畴,原因正在于它没有一般制定法的规范化成文形式;英国宪法被列为不成文宪法,原因也在于它不是以规范化的即集中的成文宪法典的形式表现出来。

(三) 根本法和普通法

这是以法的地位、效力、内容和制定程序为标准对法所作的分类。

根本法指的是在整个法的形式体系中居于最高地位的一种规范性法律文件。在中国这样的单一制国家，根本法就是宪法的别称。在中央和地方都有立宪权的联邦制国家，根本法是宪法的一种，即联邦宪法。对无论何种体制的国家而言，作为宪法典的宪法，都是国家的总章程，是国家最高立法机关经由特殊严格程序制定和修改的，综合地规定国家、社会和公民生活根本问题的，具有最高法的效力的一种法的形式。

普通法是宪法以外的所有法的统称。普通法所包括的法，种类繁多，它们各自的地位、效力、内容和程序亦有差别。但无论何种普通法，一般来说，其地位和效力都低于宪法，其内容是反映某类社会关系而不是多种社会关系，其程序也不及根本法那样严格和复杂。作为同根本法相对称的普通法，有别于普通法法系同衡平法相对称的普通法。

（四）一般法和特别法

这是以法的适用范围为标准对法所作的分类。

一般法是指对一般主体、一般事项、一般时间、一般空间范围有效的法，如刑法、民法、婚姻法。

特别法是指对特定主体、特定事项有效，或在特定区域、特定时间有效的法，如战争时期的法。

一般法和特别法的分类，其相对性比之其他法的分类更为明显。有些法，无论从主体、事项、时间、空间哪个角度看，都属于一般法，如刑法、民法、刑事诉讼法、民事诉讼法；或是都属于特别法，如戒严法。更多的法则兼有一般法和特别法两重性，在这种意义上属于一般法，在别种意义上又属于特别法。例如，高等教育法对教育法而言是特别法，对具体规定高等教育领域有关方面或有关具体问题的法律、法规、规章而言，又是一般法；特别行政区基本法对宪法是特别法，对特别行政区其他法律、法规又是一般法。

（五）实体法和程序法

这是以法所规定的内容为标准对法所作的分类。

实体法一般指以规定主体的权利和义务关系或职权和职责关系为主要内容的法，如民法、刑法、行政法等。

程序法通常指以保证主体的权利和义务得以实现或保证主体的职权和职责得以履行所需程序或手续为主要内容的法，如民事诉讼法、刑事诉讼法、行政诉讼法等。

实体法和程序法这种分类是基于它们的主要内容而成立的。这种分类并不意味着两者互不涉及对方的内容。事实上，实体法中也有某些程序方面的内容，程序法方面更有权利和义务或职权和职责的内容。如果简单地认为实体法是规定权利和义务的法，程序法是规定实现权利和义务程序的法，就误解了实体法和程序法这种分类。

三、法的特殊分类

法的特殊分类是相对于法的一般分类而言的，它的适用范围比一般分类要小得多。国内学界目前所说的法的特殊分类主要指以下两种分类：

（一）公法和私法

公法和私法的划分主要存在于民法法系，是民法法系划分部门法的基础。普通法法系国家过去没有划分公法和私法的传统，但后来这些国家的法学著述认同公法和私法划分的日渐增多。

公法和私法的划分源自古罗马。划分的标准按率先提出公法和私法划分学说的古罗马法学家乌尔比安的观点，即法所保护的利益是国家公益还是私人利益。凡保护国家公益的法为公法，保护私人利益的法为私法。乌尔比安的这一划分标准在民法法系被作为传统继承下来。当然也有人不同意这种划分标准而主张以别的标准来划分公法和私法。有人认为应以法律关系的主体为标准来划分，凡规定国家之间、国家机关之间或国家机关和私人之间关系的法为公法；规定私人之间关系的法为私法。还有人认为应以法所调整的社会关系为标准来划分，凡规定国家和个体之间权力和服从关系的法为公法，规定个体相互之间权利和义务关系的法为私法。

公法一般包括宪法、行政法、刑法和程序法。私法在民法法系国家一般被划分为民法和商法两大部门。在民法法系，婚姻家庭方面的法也属于民法。这种划分，在西方法学中称为"民商分立"。后来又出现"民商合一"的趋向。在普通法法系国家，由于私法是在普通法的基础上发展起来的，而这种普通法又和法院诉讼的分类相关，因而它们的私法中没有被称为民法的一个独立的部门法，调整私人财产关系的有其他一些名称的部门法，如财产法、契约法、侵权行为法、继承法、家庭法、婚姻法。

公法和私法的划分有着悠久的历史传统，迄今采行这种划分法的国家和地区的范围，或受这种划分法影响的国家和地区的范围，仍非常广泛。当然，这种划分法无论过去还是现在也都有明显的局限性，或至少需要以其他划分法作为补充。目前中国学界主张公法和私法的划分者比过去为多，这一方面是因为中国和民法法系的传统颇有相通之处，另一方面也是近年来经济发展以及与之相伴随的整个社会发展的需求所致。

(二) 普通法和衡平法

普通法和衡平法的划分存在于普通法法系。

这里所说的普通法不是法的一般分类中同根本法相对应的普通法，而是指11世纪诺曼底人入侵英国后所逐步形成的普遍适用于英格兰的一种判例法。这是产生于司法判决、由法官所创造的法。在11世纪前，英国通行盎撒人的日耳曼习惯法，教会法和罗马法在当时也有一定影响。1066年诺曼底人侵入英国，建立了中央政权。在王权得到加强的情况下，英王派员到全国各地巡回审理案件，并逐渐建立了一批王室法院（后来通称普通法法院）。这些官员和法院根据英王敕令、诺曼底人习惯，并参照当地习惯判决。在此基础上逐步形成了一套全国适用的判例法。由于它是全国普遍适用的，故称普通法。

衡平法是英国法传统中同普通法相对称的一种法。它是14世纪后在英国产生和发展起来的，作为对普通法的修正和补充形式而存在并同普通法平行发展的一种判例法。14世纪后，由于资本主义经济的萌生和发展，出现了许多前所未有的案件。这样，原来那些判例法即普通法以及普通法法院的程式，已不能处理这些新案件。在这种情况下，根据英国的封建传统，案件在没有先例遵循、得不到普通法法院的公平处理时，可以向国王提出申诉，由王室顾问和大法官根据公平原则加以处理。这种根据公平原则判决的案件所形成的判例法，逐渐发展为一种和普通法并行的衡平法。在衡平法发展起来的同时，也逐渐建立了和普通法法院并行的衡平法院——大法官法院。

第十一章 法的体系

第一节 法的体系释义

一、法的体系的含义[①]

法的体系是一国在一定发展阶段上,以所有现行法为基础所形成的,作为一个有机统一体存在的法的整体。这是适用于各种社会和各个时代的一般的法的体系界说。现代法的体系,也称部门法体系,通常指一国所有现行法按照一定标准组合为若干部门法所构成的一个有机联系的整体。理解法的体系应当注意以下几点:

第一,法的体系是个历史的范畴,不是一成不变的。当法伴随国家的产生而产生后,就逐渐形成了自己的体系。随着历史的发展,法的体系也不断发展,在古代、近代和现代社会,都有与其相对应的法的体系。因此,法的体系是具体的而不是抽象的,法的体系的规模是变化的而不是静止的,法的体系的完善程度是相对的而不是绝对的,不能把某一社会或某一历史条件下的法的体系的特点当作一般的法的体系的特点,否则就有片面性。例如,不能说法的体系是以宪法为统帅所组成的法的整体,否则就必然得出不符合事实的结论:在少有所谓宪法存在的古代社会,一般不存在法的体系,也不能把法的体系说成是一国各法律部门组成的整体,否则就必然得出荒唐的结论:在诸法合体和民刑不分的古代中国,无所谓法的体系可言。

第二,法的体系是以一国国内现行法为基础的。法的体系不包括国际法,因为国际法不是一国独有的而是适用于国际之间的法;也不包括已失效的国内法,因为它们失效之后便不是现行法而是文化意义上的法。但一国法的体系也不是仅仅包括现行法,而是以现行法为基础,同时也包括将要制定的法,甚至包括需要制定的法。例如,20世纪80年代初,国内学界研讨中国法的体系时,中国还没有民法典,也极少有其他民事法律或民法典和其他民事法律正在制定或处于准备制定的过程中,但当时学界无一例外地都认为中国法的体系中有个民法部门。

第三,法的体系是个有机的整体,不是依人们的主观随意性拼凑而成的没有内在联系的法的杂烩。一国的法律制度,是由一个又一个具体的法以及它们所包含的法律规则、法律原则所合成的。这些法不应当是纷然杂陈的,而应当是有内在联系的、完整的一个体系。这个体系是构成一国法律制度的直接的实在的基础,它的状况直接关系一国法律制度和法治的状况。

[①] 本节一、二两部分参见周旺生著:《法理学》,北京大学出版社2006年版,第199—201页。

二、法的体系的客观性

法的体系的状况，不是人们的主观爱好的结果，因而具有客观必然性。法是一定的社会主体意志和利益的体现，而这种意志和利益归根结底是由一定的社会物质生活条件决定的。这种物质生活条件主要就是物质生产方式。物质生产方式一方面是按其自身规律发展的，另一方面，它又是在同一定社会主体置身于其中的社会关系，并同一定的历史文化传统、人文地理环境、民族关系乃至人口状况发生关系中发展的。法要体现一定社会主体的意志和利益，就应当反映生产方式发展规律的要求，反映生产方式发展过程中同其他事物所发生的关系。而法要能正确反映这些要求和关系，就不能胡乱地由人们加以制定，而应当根据这些要求和关系来制定。这样制定出来的法，必然不会是一堆法的杂烩，而是有体系的。这是法的体系具有客观性的根本缘由。

法的体系具有客观性，也表现在不同社会和国家的法的体系。同一国家同一社会制度的不同历史时期的法的体系，之所以有种种差异，很重要的一个原因在于国情的差异及其发展。法律生活实践反复表明，法的体系的特点都是同一定的国情紧密相关的。古代的社会生产方式落后，科学文化不发达，除少数情况外，法的体系不可能像后来那样门类繁多。

中华法系的法的体系的特点同中国国情的关系颇能说明这个问题。一般认为，中华法系的法的体系的显著特点，在于重刑轻民、诸法合体。颁行的法典，基本上是刑法典，民事法律规范不仅数量很少，而且条文简单。作为中国封建法典楷模的《唐律疏议》，其十二篇中属于民事法律规范的仅户婚杂律中的一部分。历代统治者虽都重视编纂成文法典，但从未正式颁布过一部独立的民法典。重刑轻民、诸法合体，同中华法系长期相伴而行。而形成这种特点的基本原因正在于中国古代的国情：第一，这是由中国古代经济关系特点所决定的。正如马克思在《哲学的贫困》中所说，"民法不过是所有制发展的一定阶段，即生产发展的一定阶段的表现"[①]。在整个中国封建社会，小农业和家庭手工业相结合的封建自然经济一直占统治地位，商品经济不发达。与此相适应，所有权关系及其在法律上的表现形式必然很落后。第二，这同中国古代统治阶级长期的专制统治及其推行的"重农抑商"政策相关。第三，礼法结合，以礼代替民事法律规范也是一个原因。第四，地大物博，不需要发展商业亦足以自给的商业地理环境，以及汉族和少数民族的不平等对各民族商品交换的限制，也是重要的原因。同时，中华法系的法的体系还有"以敕代律"因而难以协调发展的特点。这也是由国情所决定的，没有长期的君主专制统治，就不会有这一特点。

在近代以来的社会，物质生产方式，科学文化，各种基本的社会关系，政治制度，公民的基本权利和义务，都有很大发展。这种发展又在一定程度上改进了人同自然地理环境的关系。与此相适应，近代以来的法的体系同古代的法的体系相比，也有很大发展。最主要的是法的体系的规模扩大了，门类比以前增多了，无论是以制定法为主要特征的民法法系国家，还是以判例法和制定法并重为主要特征的普通法法系国家，都建立了以宪法为中心的新的法的体系。在法的体系的严密和完备程度方面，也有明显的改进。

当然，法的体系具有客观性，其特点同国情密切相关，决不意味着人们在国情面前对法

[①] 《马克思恩格斯全集》（第4卷），人民出版社1958年版，第87页。

的体系的建设和发展无能为力。相反,人们对法的体系的建设和发展是可以而且应当大有作为的。一国国情要求有与之相适应的法的体系,并为建设这种法的体系提供了可能实现的客观基础,但要把这种要求和可能变为现实,需要人们的努力。人们对法的体系产生和发展的客观基础即国情的认识水平和适应水平是否达到一定程度,是一国法的体系能否适合国情要求的极重要的条件。若不承认这一点,就无法说明立法史上有些国家的国情大体相同但法的体系却大不相同的现象。我们今天要建设和完善符合中国国情的法的体系,也需要充分发挥法律人的主观能动性,认清中国国情,从国情出发,积极从事建设和完善法的体系。

三、法的体系与相近概念

法的体系和法学体系、法系是具有不同含义的概念,应当对它们加以区分。

法的体系和法学体系是两个完全不同但存在密切联系的概念。它们的区别是:首先,它们属于不同范畴的概念,法的体系属于制度范畴,是以有形的、客观的形式表现出来的,是由国家现行有效的法律规范为主而形成的有机整体;而法学体系属于意识形态和思想文化范畴,由各种具体的法学知识和理论发展为不同的法学学科而形成的有机的学科体系,是法学研究者智力成果的体系化呈现。其次,它们的结构不同,内容也不具有完全对应性。法的体系的核心问题是如何划分部门法;而法学体系的核心问题是如何划分和设置法学分支学科。法律部门中的诸如宪法及其相关法、民法、刑法、经济法等,对应着法学学科体系中的宪法学、民法学、刑法学、经济法学等,但是法学学科体系中的理论法学、历史法学却不存在法的体系中的对应内容,因为它们是理论性的,或是对过去法律制度的研究。最后,它们发生作用的方式不同,法的体系是由法律规范以法的效力的方式规范社会主体的行为,违反法律规范就要承担相应的法律责任;而法学体系中的各个法学学科虽然具有科学性,能够通过法学理论指导法律实践,但是它们并不具有法的效力,因此不具有强制性。

当然,两者也具有密切联系。法的体系在两者的相互关系中居于主导作用。一方面,法的体系是法学体系赖以产生和发展的前提和基础,没有法律体系,也就难以产生法学体系。法的体系的结构很大程度上影响着法学体系的构成,我国应用法学下的各种部门法学就是建立在各个部门法基础之上的。同时法的体系的发达程度也制约或推动着法学体系的发展水平,比如我国古代法律体系重刑轻民的特点导致我国古代民法学始终没有突破萌芽状态,而罗马私法的发达决定了其民法学具有恒远的历史地位。另一方面,法学体系在一定程度上推动法律体系产生变化。比如对部门法划分标准的研究成果可以引导法律体系结构的变化,产生新的部门法,或合并现有的部门法;法学研究成果也可以促成新法的诞生,从而丰富特定部门法的数量规模或框架结构。

法的体系和法系是非常容易混淆的两个概念,但是在中国法学理论中它们却具有截然不同的含义,因此不能认为法系是法的体系的简称。它们的区别主要在于两点:其一,法的体系是一国法律制度的体系化的呈现方式,是制度性的概念,指称的是现实中的法,其所指是明确且确定的;而法系是指根据不同国家或地区的法律的特点、传统和源流关系而作的法的类型划分,是一个有关法律文化和法律传统的概念,法系的意涵是极为丰富和饱满的,不仅包含了法律制度本身,也包含着法律形式的特色、法律运作的方式、法律学说的传统等,反映了各个国家或地区间法的家族相似性。其二,法的体系是指一个国家内部的现行有效的法律,既不包括国际法,更不包括外国法;而法系是具有相似传统的不同国家或地区的法的集群,一般情况下不指某一个国家的法,除非该国具有独立的法律传统而不与任何国家相似。

第二节 部门法的划分

一、法的体系和法的部门[①]

既然现代法的体系是由若干部门法所构成的一个有机联系的整体,中国法的体系应当是按照一定标准分门别类组合而成的完整的法的系统,那么,研究法的体系就必须研究部门法问题。

部门法,也称法的部门或法律部门,是根据一定标准对一国各种法所作的类别划分。法的体系的构成是以具体的法律、法规以及其他规范性法律文件的存在为先决条件的。但直接构成现代法的体系的却不是这些具体的法,而是由它们形成的一个一个的法的集群,即部门法。一般来说,一个部门法通常是调整同一类社会关系的法律规范的总称,但不能反过来说凡调整同一类社会关系的法律规范就属于同一个部门法。因为社会关系的情况非常复杂,许多社会关系不仅非常重要,而且涉及范围极为广泛,不可能单由某一个部门法调整,例如,经济关系就需要由经济法、民法、行政法等部门法调整,政治关系除主要需要由宪法部门调整外,还需要由行政法和其他有关部门法予以调整。

在理解部门法的概念时,要注意区分法律部门和组成该部门的规范性法律文件,两者有时是同名的,但所指不同。同法的体系一样,部门法的构成也是离不开规范性法律文件的,因为构成部门法的各种类别的法律规范,总是要以规范性法律文件为其载体的。但部门法的构成离不开规范性法律文件是一回事,部门法同规范性法律文件是两个不同的概念因而不能等同则是另一回事。部门法同规范性法律文件既有联系又有区别:有的部门法的名称是用该部门法的基本的规范性法律文件的名称来表述的,如刑法就既是一部法典,又是一个部门法;但是,单一的规范性法律文件不能包括一个完整的部门法。例如,作为一个部门法的刑法并不仅仅包括一部刑法典,而是所有实体刑事法律规范的总和。所以,部门法包括与其同名的规范性法律文件,和其他与其不同名的规范性法律文件。也存在另一种情形,一个部门法中,不存在与其同名的规范性法律文件,而全部由单行法组成,比如经济法部门,就不存在经济法典,而是由反垄断法、税法等众多名称不一的单行法构成,行政法也不存在行政法典,而是由行政处罚法、行政许可法、行政强制法等单行法构成。

二、部门法的划分标准

划分部门法不是所有时代所有国家的法的体系建设的必备条件,但却是现代国家法的体系建设的基本要求。各部门法的设置是否完备,门类是否齐全,是法的体系完善与否的重

---

① 本节一、二两部分参见周旺生著:《法理学》,北京大学出版社2006年版,第201—202页。

要标志。是否完备和齐全,不在于部门法和法的数量的多少,而在于是否符合国情的客观规定性。人们说古代西方法的体系比中国完善,因为前者有独立的民法部门,而后者是诸法合体、民刑不分,没有西方那样独立的民法部门。这种说法不尽妥当。历史事实是,古代中国诸法合体、民刑不分的法的体系,倒是比之西方的民刑分立、部门法相对多一些的法的体系更有利于维护中国封建统治者的利益,更符合统治者生活在其中的国情的需要,如上文所论,它是中国古代国情因素在法的体系上的反映。不能用西方的标准来衡量东方古国的法的体系,更不能用今天的标准来要求古人。因此,今天要建立门类齐全的完备的部门法,也就是要建立同中国国情的客观规定性相符合的各部门法,而不仅仅是在法的数量和部门法的数量上做文章。

关于部门法的划分标准,国内外学界历来观点不一。实际上,这个问题的解决是同国情相联系的。目前中国是把法律调整对象和调整方法两项标准结合起来确定法律部门的。

划分部门法的首要标准是法所调整的社会关系。法律是调整社会主体之间通过行为而结成的社会关系的行为准则。在人们共同的日益扩展的社会实践活动过程中,自然而然地形成了多种多样的复杂的社会关系,按照其所涉及的领域,可以分为政治关系、经济关系、文化关系、宗教关系等;按照其所涉及的内容,可以分为财产关系、人身关系等;按照主体在社会关系中的不同地位,可以分为横向关系和纵向关系。当这些纷繁复杂的社会关系为法律所调整,成为依法存在和运行的社会关系之后,它们也就成为构建法律部门的基础。调整同一类社会关系的规范性法律文件具有相同的性质和特点,将它们集合为同一个法律部门。比如将调整平等主体间财产关系和人身关系的法律划分为民法,将调整纵向主体之间财产关系的法律划分为经济法,将调整行政关系的法律划分为行政法。

划分部门法的第二标准是法律规范的调整方法,即法律规范作用于社会关系并对社会关系施于影响的手段和方式。虽然法律规范所调整的社会关系可以用来划分出不同的法律部门,但是这个单一标准尚不足以将所有的规范性法律文件划分为清晰的部门法。比如刑法显然具有不同于其他法律规范的特点,但是刑法调整的社会关系非常广泛,涉及政治、经济、行政等各种社会关系,如果用法律所调整的社会关系这个标准来界定刑法的部门法归属就捉襟见肘了,无法将其归属于哪个特定的门类。由此,法律规范的调整方法这一标准被引入进来,作为一种辅助的划分依据。比如,将所有以刑罚制裁的方式为特征的法律规范划分为刑法部门,将所有以调整程序的方式为特征的法律规范归入程序法。

然而使用这样的划分标准是有问题的:部门法的划分应当使用统一的标准并且应当是一次性划分,才是科学的和确定的;既用调整对象作标准,又用调整方法作标准,在逻辑上便发生问题,在实践上就会划分出许多部门法。如果以调整对象为标准,就不宜再以调整方法或其他内容为标准。按照这一观点,以调整对象为标准,只能划分出行政法、民商法等,而不能划分出刑法、程序法等。换言之,这一观点对刑法作为一个部门法,甚至对宪法作为一个部门法,提出了挑战;进一步说,也对迄今的中国法的体系理论特别是它的部门法划分的必要性理论提出了严肃的挑战。这将是中国法理学和立法学或迟或早必然要研究的问题。①

---

① 本节一、二的部分内容见周旺生著:《法理学》,北京大学出版社2006年版,第201—202页。

三、部门法的特点

我国现时期法的体系是由若干部门法构成的有机整体,法律部门是组成法的体系的基本单位,其具有如下特点:

首先是相对独立性。法律部门是根据一定标准,对国家所有规范性法律文件进行分门别类地划归而形成的法的集群,因此具有相同性质的法律规范同属于一个法律部门,具有不同性质的法律规范被划归为不同的法律部门,这样每个法律部门都具有不同于其他法律部门的独特性,有些法律部门还适用共同的法律原则,比如民法部门、刑法部门、行政法部门等。这些共同的特点和原则促成了此部门法区别于彼部门法的独特性。当然,部门法之间的界限是相对的,不是孤立而没有关联的。比如经济法就曾经融合在民商法和行政法之中,因为它们具有一些共同之处,随着市场经济的发展,经济法具有了更完整的结构、更大的规模和更为成熟的理论,可以独立形成一个法律部门,但它同其他部门的联系依然存在。

其次是协调均衡性。法的体系是从系统化视角观察法律存在的整体性,主要研究其内部结构和构成要素,强调内在的和谐与平衡。因此,部门法的划分除了要求其具有相对独立性之外,也要求各法律部门之间在规模上保持大致均衡,呈现最低限度的协调性。不宜出现有的法律部门的结构特别宏大,法律数量特别众多,而有的法律部门内部结构单一,数量又极为单薄。此时应当依据一定的学理和实践经验进行拆分或合并,从而使部门法之间具有一定的匀称性,法的体系本身的结构也更为协调。当然,此处的均衡具有相对意义,是在首先遵循划分标准的前提下,再根据实际情况进行幅度调整。

再次是相对稳定性。尽管法律部门的划分不是一劳永逸和一成不变的,但是也应当具备前瞻性,以使法律部门的结构和内容在一定时期内是稳定且可以预期的。这就要求我们在立法实践中,洞察法律的发展,做好立法预测和立法规划工作,通盘考虑将要制定的法和需要制定的法;在法学理论中,研究和完善部门法划分的标准和原则,阐释和论证特定部门法独立存在的理由和意义,从而就部门法的形成和确立得到实务和理论界的普遍认可。只有将法的体系结构划分得科学、合理和恰当,才能在法律发展的动态过程中保持法的体系的相对稳定。

最后是相对开放性。如同法律具有稳定性和变动性一样,部门法也应当在具有稳定性的同时,具有开放性。社会发展和社会关系的变化不断地提出新的制度需求,法律规范和规范性法律文件也在不断生成和变更中。既然法的体系是一个历史的变化范畴,那么部门法也不是固定不变的封闭状态,否则就无法回应社会的发展和进步。我国目前七大部门法的形成就是经历了很长一段时间的探索,直至2011年才稳定下来的。随着国家和社会的进一步发展,部门法的划分可以根据实际需要予以调整,比如拆分出新的部门法,或将现有的部门法予以合并。

第三节 当代中国法的体系

一国法制和法治是否完善,很大程度上取决于是否有完善的法的体系。现时期中国法的体系较之以往有了很大变化,特别是近半个世纪以来取得了长足的发展。2011年3月,第十一届全国人大第四次会议宣布,一个立足中国国情和实际、适应改革开放和社会主义现代化建设需要的中国特色社会主义法律体系已经初步形成,国家经济建设、政治建设、文化建设、社会建设以及生态文明建设的各个方面实现了有法可依。就我国法的体系的宏观框架来看,它沿袭了成文法国家法律体系的一贯传统,首先是以公法、私法和公私混合法即社会法三大部分构成的整体。进而,经过几十年立法的蓬勃发展和法学理论界多年的探讨,目前已经形成了较为合理和稳定的部门法框架,即结合法律规范的调整对象和调整方法这两个标准,将我国法的体系分为宪法及其相关法、民商法、行政法、经济法、社会法、刑法和程序法这七大部门法。

一、宪法及其相关法

宪法及其相关法是以宪法为核心,包含所有宪法性法律的部门法,它在法的体系中居于主导地位,是整个法的体系的基础。宪法及其相关法部门的核心是宪法。围绕宪法,这一部门法中包括一系列规定国家基本制度、原则、方针、政策、公民基本权利和义务的规范性法律文件,还包括一系列规定国家机构的组织、地位、职权和职责的其他规范性法律文件,这些规范性法律文件即宪法性法律。

宪法是国家的根本法,规定了国家的根本制度和根本任务,具有最高的法律效力。我国的宪法是由宪法典及其修正案组成的,即1982年通过的《宪法》和其后在1988年、1993年、1999年、2004年、2018年对宪法所作的五次重要修改。我国现行《宪法》共143条,分为五个部分,分别是序言,第一章总纲,第二章公民的基本权利和义务,第三章国家机构,第四章国旗、国歌、国徽、首都。宪法与普通法律相比,有三个突出特征:其一,宪法内容规定的是国家最根本、最重要的问题;其二,宪法的效力高于普通法律,是一切国家机关、社会团体和公民的最高行为准则;其三,宪法的制定和修改程序比普通法律更为严格、复杂。

宪法相关法是与宪法相配套、直接保障宪法实施的,主要规定公民基本权利和国家政权运行的宪法性法律规范。它们在维护国家主权,保证国家政权运行,保障人民当家作主的权利,促进民主政治和法治建设方面,发挥着重要作用。宪法相关法主要包括四个方面的法:

一是有关选举、立法和国家机构的产生、组织、职权和基本工作制度方面的法律。我国制定了《全国人民代表大会和地方各级人民代表大会选举法》《全国人民代表大会议事规则》等法律,建立了人民代表大会代表和国家机构领导人员选举制度,为保证人民当家作主提供了制度保障,为国家机构的产生提供了合法基础;制定了《立法法》,规范立法权限、立法程序、法律解释等立法活动,健全国家立法制度,提高立法质量,全面推进依法治国;制定了《全国人民代表大会组织法》《地方各级人民代表大会和地方各级人民政府组织法》《国务院组织法》《人民法院组织法》《人民检察院组织法》等法律,构建了各国家机构的组织、职权和人员配置等方面的制度。

二是有关保障公民基本权利方面的法律。我国尊重和保障人权,制定了一系列保障人权的法律法规,如《集会游行示威法》《国家赔偿法》等法律以及民族、宗教、信访、出版、社团登记方面的行政法规,保障了公民的基本政治权利,建立起较为完备的人权保障法律制度体系,依法保障公民的生存权和发展权,公民的人身权、财产权,公民的宗教信仰自由、言论出版自由、集会结社自由、游行示威自由,公民的社会保障权、受教育权等各项经济、政治、社会、文化方面的基本权利。

三是有关民族区域自治制度、特别行政区制度、基层群众自治制度方面的法律。《民族区域自治法》是实施宪法规定的民族区域自治制度的基本法,规定了民族自治地方拥有广泛的自治权,包括自主管理本民族、本地区的内部事务;依照当地民族的政治、经济和文化的特点,制定自治条例和单行条例;使用和发展本民族语言文字等,依法保障各少数民族的合法权益。为落实"一国两制"方针,实现国家统一,我国通过《香港特别行政区基本法》和《澳门特别行政区基本法》建立了特别行政区制度,保持了香港、澳门的长期繁荣和稳定。我国还制定了《城市居民委员会组织法》和《村民委员会组织法》,建立了城乡基层群众自治制度,对基层组织的公共事务和公益事业实行民主自治,这成为中国最直接、最广泛的民主实践。

四是有关维护国家主权、领土完整、国家安全、国家标志象征方面的法律。如我国制定了《国防法》《缔结条约程序法》《领海及毗连区法》《专属经济区和大陆架法》《国家安全法》《反分裂国家法》和《国旗法》《国徽法》《国歌法》等法律,维护了国家主权和领土完整,捍卫了国家的根本利益。

经过几十年立法的快速发展,我国的宪法及其相关法已经成为一个结构比较完整、骨干法律相当充实的宪法部门。截至2023年5月,我国已有1部宪法典及其修正案,49件宪法性法律及更多的宪法性法规和规章。[①]就数量和框架而论,我国的宪法部门同当今许多国家的宪法部门相比,已不算逊色。

二、民商法

民商法是由调整平等主体之间的财产关系、人身关系和商事关系的法律、法规和规章集合而成的部门法。其调整特点主要在于坚持自愿、平等、合意、等价、有偿原则。民商法是由民法和商法这两个集群合成的一个部门法,两者都调整财产关系,但民法调整的是动态的和静态的财产关系,而商法调整的只是动态的财产关系。这个部门法在中国最先被称为民法,后来商法与之合流,它又更多地被并称为民商法。民商法的发展经历了由缓慢甚至受阻,到今天逐渐成为法的体系中极为重要的成员的过程。截至2023年3月,我国目前共有包括《民法典》在内的共24件民法和商法法律。

我国民法的发展经历了一个从单行法到法典化的过程。自1949年以来,我国共经历了五次民法典起草。20世纪50年代初和60年代初,两次起草民法典,却因故中断。80年代初喜迎改革开放,也开启了立法事业的新篇章,全国人大常委会再次启动民法典起草,先后完成四稿草案,但终因法典涉及范围过于广泛、关系十分复杂,加之经济体制改革初启,新情况和新问题层出不穷,民法能够发挥作用的范围无法确定,且民事立法尚缺乏经验,第三次起草工作又告失败,转而代之以草案相应编章为基础,适当修改损益后,出台一系列民事单行法,其中尤以1986年颁布的民商事基本制度《民法通则》最为引人注目。此后近四十余年间,我国逐步构建形成了以《物权法》等为核心的物权制度,《合同法》等为核心的债权制度,

---

① 数据截至2023年5月26日,参见《现行有效法律目录(295件)》。引自全国人大网,http://www.npc.gov.cn/npc/c30834/202304/d1a1f85950964b41b74a2696abf192f7.shtml,下文中的法律件数来源同此注释。

《侵权责任法》等为核心的侵权责任制度,《商标法》《专利法》《著作权法》等为核心的知识产权制度,《婚姻法》《继承法》《收养法》等为核心的亲属法,《涉外民事关系法律适用法》为核心的涉外民事关系法律适用制度,至此民法部门已具有相当规模,框架结构基本完整。在完善民事领域基本法律制度的过程中,在我国成功加入世界贸易组织的背景下,世纪之交见证了第四次民法典编纂。令人遗憾的是,草案虽进入审议程序,但终因分歧过大而未能获得进一步推进。长久以来,编纂一部符合我国国情的民法典,是几代中国人的孜孜夙愿!此时,逐步完善的各民事单行法律已经为法典编纂工作奠定了坚实基础,重启民法典的编纂呼之欲出。2014年《中共中央关于全面推进依法治国若干重大问题的决定》明确提出了"加强市场法律制度建设,编纂民法典"的目标,标志第五次民法典起草开始启动。2017年,作为中国民法典开篇之作的《民法总则》终于获得表决通过,民法典编纂迈出了关键的"第一步"。2020年5月完整的《民法典》终获通过,并于2021年1月1日起正式施行,相应的单行法同时废止。新《民法典》共分7编,1260条,各编依次为总则、物权、合同、人格权、婚姻家庭、继承、侵权责任以及附则。

民法典被誉为"社会生活的百科全书",与每个人的生活息息相关。与严苛冷峻的刑法截然不同,温情脉脉的民法为人们提供了"从摇篮到坟墓"的权利保障,正如孟德斯鸠在《论法的精神》中所说,"在民法慈母般的眼睛里,每一个人就是整个国家"。[①]现代民法的作用主要是两个方面:一是保护私权利,尊重个人自由意志,激发个人从事民事活动、创造社会财富的潜能;二是限定公权力的范围,抵御公权力不正当地干扰私权利的正常行使的情形发生。当然,这两者本身是一个问题的两个面向。

我国民法确立了六项基本原则。一是平等原则,即民事主体的法律地位平等,法律对民事主体实行平等保护。二是意思自治原则,也称自愿原则,即民事主体可以自由地基于其意志设立、变更、终止民事法律关系,他人不得非法干预。这一原则可以具体展开为合同自由、所有权自由、婚姻自由、收养自由、遗嘱自由等。三是公平原则,即民事主体在民事活动中应当合理确定各方权利和义务。在法的适用过程中,若缺少明确的民法规范时,公平原则可以用来裁判当事人的权利义务。四是诚实信用原则,它有时被认为是民法的"帝王条款",指从事民事活动的民事主体应当秉持诚实,恪守承诺,在不损害他人利益和社会公益的前提下行使权利。当法无明文规定时,此原则亦可作为法官自由裁量之依据。五是公序良俗原则,遵循公共秩序和善良风俗是现代民法的一项重要原则,有维护国家利益、社会公共利益和一般道德伦理的功能,亦具有修正和限制私法自治原则的功能。六是绿色原则,即民事主体从事民事活动,应当有利于节约资源、保护生态环境。它是我国《民法典》新确立的一项基本原则,符合当下环境保护和可持续发展的时代要求,成为民法典侵权责任编规定和追究环境侵权行为民事责任的法理基础和立法根据。

商法是调整商事主体之间通过市场经营活动而形成的商事关系的法律规范的总称。商事关系主要包括商事组织关系和商事交易关系,对应商事组织法和商事行为法。商法与民法之间是特殊法与一般法的关系,商法遵循民法的基本原则,同时还秉承保障商事交易自由、等价有偿、便捷高效、交易安全等商法基本原则。我国制定了《公司法》《合伙企业法》《个

---

① 〔法〕孟德斯鸠著:《论法的精神》(下册),张雁深译,商务印书馆1961年版,第212页。

人独资企业法》《商业银行法》《证券投资基金法》《农民专业合作社法》等法律，建立健全了商事主体制度；制定了《证券法》《海商法》《票据法》《保险法》等法律，建立健全了商事行为制度。

三、行政法

行政法是有关行政管理和管理行政的法集合而成的部门法。与行政法相似的一个概念是行政法规，作为部门法的行政法，同作为法的形式的行政法规既相联系又相区别，但它们的所指完全不同。行政法部门的内容由法律、各类法规和规章构成，而不仅仅包括行政法规。特别需要注意的是，行政法部门的主干性规范是法律，比如《行政处罚法》《行政复议法》等，行政法规是作为这些主干性法律的配套规范存在的。行政法规是一种法的形式，指国务院制定的规范性法律文件，可以规定法律专属事项以外的其他广泛事项，它涉及了除刑法部门、程序法部门外的各个部门法。

行政法主要调整行政主体与行政相对人之间因行政活动而产生的权利义务关系，主要体现为纵向法律关系，其不同于一般法律关系的特殊性表现为：其一，主体具有恒定性和不可转化性，关系双方必有一方是行政主体，另一方是行政相对人，双方不能互换位置；其二，内容具有不对等性，双方的权利义务性质不同，一方所具有的权利义务是另一方所不具有的，除行政合同和行政协商外，行政主体可以单方面建立行政法律关系，并且可以对行政相对人行使强制权。因此，合理处理二者关系，恰当行使行政权力，保护行政相对人的合法权益，就应当重视行政法的制定，使行政活动始终保持在法律轨道上。在中国走向现代法治的过程中，行政法是一个十分重要的部门法。

行政法的基本原则是行政法的灵魂。行政法调整的范围非常广阔，不同形式、不同效力位阶的行政法规范数量庞大，加之行政具有某种程度的变动性和灵活性，因此难以制定一部统一的行政法典。但是，行政法规范不是零散而缺乏共同价值准则的，而是在行政法基本原则的统领下形成一个具有特定目标、任务和内在联系的有机整体。行政法基本原则指导和规范行政法规范的制定、执行和适用，贯穿于各行政法的具体规范之中。

行政法基本原则有哪些，学界对此尚存争议，有两原则说、四原则说、六原则说等，但各学说之间的差异更多是形式上和表述上的，内涵上则更具有共通性。归纳而言，行政法基本原则主要有四项：其一，依法行政原则，这是最重要的一项原则，也是各国行政法共同遵循的理念。该原则重点规范了法与行政的关系，体现为法律优先和法律保留两个方面。前者指法律优先于行政，一切行政活动不得与法律相抵触。后者指行政主体的行政行为必须有明确的法律授权。其二，行政合理原则，其最重要的内容是比例原则，即行政主体实施行政行为应当兼顾实现行政目标和保护相对人权益，采取对相对人侵害最小的方式进行。这也是各国行政法中的一条重要原则，主要适用于行政自由裁量行为，包括适当性、必要性和衡量性这三个子原则。其三，正当程序原则，包括行政公开、程序公正和公众参与三个方面。其四，信赖保护原则，指当行政相对人对行政行为或程序的稳定性形成合理信赖及基于此的信赖利益，且该信赖及信赖利益值得保护时，行政主体不得随意变更这些行政行为或行政程序，若变更则应合理补偿相对人的信赖损失。信赖保护原则的基础是诚实守信的价值理念，其核心是维护法律秩序的安定性和保护社会成员的正当权益。

中国现时期行政法部门的主要进步,一则在于改变了过去并无法律而只有法令或其他规范性法律文件的状态,有了为数不少的法律,成为各个部门法中法律数量最多的部门法。截至2023年5月,行政法法律已达96件。二则行政法部门的结构渐趋完整,国家行政活动的各主要环节和行政活动的各主要领域,都在不同程度上有了法律的调整。在规范和监督行政机关行使权力方面,我国制定了《行政处罚法》《行政复议法》《行政许可法》《行政强制法》等。在生态环境保护方面制定了大量法律,包括综合性的《环境保护法》《环境影响评价法》,针对特定环境保护对象的《水污染防治法》《海洋环境保护法》《大气污染防治法》《土壤污染防治法》《环境噪声污染防治法》《固体废物污染环境防治法》《放射性污染防治法》等法律。在国民教育方面也有许多法律,如《教育法》《义务教育法》《高等教育法》《职业教育法》《国防教育法》《民办教育促进法》等法律。在医药卫生方面,制定了《药品管理法》《中医药法》《母婴保健法》《献血法》《传染病防治法》《体育法》《国境卫生检疫法》《食品安全法》等法律。在保障公共安全方面,制定了《居民身份证法》《出境入境管理法》《枪支管理法》《消防法》《禁毒法》《治安管理处罚法》《突发事件应对法》等法律。在国家公务员制度方面,制定了《公务员法》《人民警察法》《人民武装警察法》《驻外外交人员法》等法律。在国防和军队建设方面,制定了《国防动员法》《军事设施保护法》《人民防空法》《兵役法》等法律;在科技文化方面,制定了《科学技术进步法》《科学技术普及法》《文物保护法》《非物质文化遗产法》《公共文化服务保障法》等法律。当然,行政法部门的立法任务在相当长的时间里还会比较繁重。建设行政法部门,不仅要制定相当数量的法律,还要制定更多的在法律位阶之下的其他规范性法律文件,更要特别注意提高行政法部门各种法律和其他规范性法律文件的质量。

四、经济法

经济法是指调整国家从社会整体利益出发,对经济活动实行干预、管理或调控所产生的社会经济关系的法律规范的总称,其范围包括:其一,国家在国民经济管理中的纵向经济关系;其二,各种社会组织在经济活动中的横向经济关系;其三,各种经济组织内部活动中的经济关系。经济法为国家对市场经济进行适度干预和宏观调控提供法律手段和制度框架,消除市场经济的自发性和盲目性所导致的弊端。

"经济"一词源自古希腊语,本义是指治理家庭财务的方法,至近代其范围扩展至国家。经济法的产生,从国外情况看,是在20世纪之交随着国家管理经济的职能得以加强而逐渐兴起的。经济法的核心是预防和制止垄断,保护市场公平竞争,因此反垄断法被称为"经济宪法"。1890年,美国的《谢尔曼法》作为世界上第一部反垄断法,其目的是为市场失灵提供法律救济。19世纪后期,美国南北战争结束,政府长期奉行经济自由政策,不干预企业发展,统一而富裕的国内市场逐渐形成起来。然而,为了获取超额利润,自由竞争很快导致兼并,一些企业联合起来,操纵价格,限制竞争,形成垄断,各行各业都出现了巨头。比如标准石油公司第一个使用了托拉斯形式,还有棉油托拉斯、亚麻籽托拉斯、食糖托拉斯等,它们凭借自身雄厚的实力,运用诸如搭售、价格协定、联合抵制等方式实施市场控制,限制公平自由竞争,致使中小企业濒临绝境,也引起了公众对于垄断的极大恐慌。传统民法对此捉襟见肘,力不从心,国家亟待创设另一种法律来填补规则调整的不足并有效维持市场秩序,《谢尔曼法》就是在这样的背景下应运而生的。

我国的经济法是伴随着市场经济的产生而发展起来的,并可以大致分为两个阶段。第一阶段是1979年到1992年经济法的萌芽时期。中国开启计划经济改革,实行计划经济和市场经济并行体制,由于市场经济本质上是一种法治经济,我们开始重视用法律手段调控经济生活。此时的经济法与民商法、行政法难以被区分开来,反垄断法和反不正当竞争法这两个最重要的经济法尚付阙如。第二阶段从1992年至今,是经济法快速发展的时期。1992年中国确立了建立社会主义市场经济体制的改革目标,肯定了市场经济中价格机制和竞争机制对资源配置的基础作用。以1993年《反不正当竞争法》的出台为起点,先后出台了税收、财政、金融等宏观调控的法律和市场规制相关法律,经济法体系迅速形成。此后,经济法应否成为法的体系中的一个独立部门,经过一番大争论,如今人们已给予肯定的回答。不仅如此,经济法还是这一阶段法的体系中发展最快的部门法之一。截至2023年5月,中国已有经济法方面的法律83件,还有更大量的行政法规、地方性法规和政府规章。可以说,举凡经济法的各个主要方面,都有数量不等的法律。

同行政法一样,经济法调整对象的广泛性、复杂性,使这个部门法难以用一两个法典性的法律统领整个部门法。目前中国经济法部门是由大量的单行经济法律和更多的经济法规、规章所构成,可以分为几大部分:保障市场公平和有序竞争制度,包括《反垄断法》《反不正当竞争法》等;宏观调控和管理制度,包括《预算法》《价格法》《中国人民银行法》等;税收制度,包括《企业所得税法》《个人所得税法》《车船税法》《印花税法》《契税法》《税收征收管理法》等系列税法;金融安全运行制度,包括《银行业监督管理法》《反洗钱法》等;农业安全与发展制度,包括《农业法》《种子法》《农产品质量安全法》《农业技术推广法》《动物防疫法》等;重要自然资源合理开发和利用制度,包括《土地管理法》《森林法》《草原法》《水法》《矿产资源法》《湿地保护法》《黑土地保护法》《黄河保护法》等;能源有效利用和开发制度,包括《节约能源法》《可再生能源法》《循环经济促进法》《清洁生产促进法》等;重要行业监督管理和产业促进制度,包括《铁路法》《公路法》《民用航空法》《电力法》等;对外贸易制度,包括《对外贸易法》《外商投资法》《进出口商品检验法》等。这些法律同大量的经济行政法规、行政规章、地方性法规相结合,形成了一个规模可观的经济法集群,在中国法治建设方面,在经济和社会发展方面,发挥着日益重要的作用。

五、社会法

人们通常从两个视角来指称社会法这个概念,一个是从法律分类的角度,即公法、私法和社会法的分类;另一个是从法的体系的角度,指社会法部门法。这两个概念所指向的法律内容几乎是相同的。作为部门法的社会法,又称劳动与社会保障法,是调整劳动关系、社会保障、社会福利、特殊群体权益保障和社会组织等方面社会关系的法律规范的总和。社会法探索和回答如何让人类作为一个整体生活得更好,探索和回答什么是社会正义,如何用法律来固化和促成这种正义。社会法遵循"倾斜立法"和"保护弱者"的国家适度干预原则,通过国家和社会积极履行责任,对劳动者、失业者、失能者、其他需扶助者的权益提供必要保障,为社会公益和慈善事业提供制度支持,促进社会的整体公平。

社会法的发展历史较短,它是工业革命和自由放任主义经济的产物,同资本主义国家雇佣劳动和工人阶级的诞生和发展有关,与特定时期的"社会问题"相关。同时,社会法的理念也得益于文艺复兴的到来,文艺复兴催生了一种新的法律观念,倡导社会中人与人之间的平等关系和个人的价值与尊严。社会应当努力去实现人人都享有同样的健康、教育、工作、保护个人和家庭、由公共服务给付的社会保障的权利。相比于传统的法律部门,社会法依然处于活动的动态发展中。

在法学理论上,社会法概念发端于19世纪末的欧洲大陆,指介于私法和公法之间的第三类法。社会法先驱德国法哲学家基尔克阐释了社会法的历史和理论,该学说经由英国法学家梅特兰传入英国法理学界。法国法学家狄骥在其著作中进一步发展了社会法的概念。创刊于1938年的法国《社会法》是第一本关于劳动和社会保障立法的学术期刊,它至今仍然是这一领域的权威杂志之一。欧陆学者的社会法思想均源于对社会正义的信念,质疑将法律僵化地分为公法和私法两类,认为体现自由放任观念的民法,只能看到社会中平等和自由的个人,而与此相对的社会法理念,使得人们的关系有可能依赖和属于某种团体,通过公法和私法的融合,产生一个全新的第三类法域即社会法。在西方国家福利化的进程中,社会法越来越发挥着公法、私法不具有的作用,因此人们开始强调其第三类法域的独立性。

在立法实践上,社会法作为独立法律部门的历史不过百来年。社会法的雏形最早可以追溯到英国都铎王朝末期。重商主义推动了圈地运动的进程,大量失地农民、失业流浪汉涌向城市。伊丽莎白一世政府于1597—1598年间编纂了《济贫法》(Poor Law),为老、病、幼、穷群体提供救济,为济贫院中的健全人提供工作。这一法律奠定了英国社会救助的立法基础,该法经过不断补充、变化和更新,一直沿用至1945年二战结束才被废除,代之以全面的公共福利服务体系。现代意义上的社会法兴起于19世纪,资本主义高速发展既创造了巨大物质财富,也加剧了贫富分化,劳资冲突空前激烈,市场化和工业化带来的大量社会问题引发了社会动荡和危机。为调和各种利益冲突,政府将公法干预手段运用于劳动和社会保障等领域,以图妥善解决劳工问题,由此开启了社会法立法。英、德、法三国是受到工人运动冲击最大的国家,也是社会法发展较为领先的国家。英国于1833年颁布了《工厂法》,限制童工最低年龄和工时,此后陆续制定了《劳工伤害赔偿法》《老年年金赔偿法》《失业保险与健康保险法》《寡妇孤儿和老年年金法》等法律,如今英国社会福利立法已经较为完善,为转向福利国家奠定了法律基础。德国是世界上最早进行社会保险立法的国家,俾斯麦政府于1883年、1884年、1889年先后颁布了《疾病保险法》《工伤事故保险法》《伤残和老年保险法》三项保险制度,1911年政府又将之前的各类保险立法合并编纂为《社会保险法典》。承袭一贯的法典化传统,德国于1975年编纂了规模宏大的《社会法典》,解决社会救助和教育援助问题,通过社会预防、补偿与促进等社会给付实现社会公平和社会保障。德国还设立了社会法院,作为特别行政法院解决社会法相关案件。法国在第三共和国时期制定了大量劳动和社会保险方面的法律,但未制定社会法典,而是分别制定了《劳动法典》和《社会保障法典》。二战以来,西方国家制定数量众多的社会法,促进经济和社会的稳定持续发展,起到了"经济稳定器"和"社会安全网"的作用。

中国的社会法部门是改革开放以后开始发展形成的,最初归在经济法部门中,之后逐渐独立出来。1951年中央政务院颁布了《劳动保险条例》,是我国最早的一部社会法性质的法规。改革开放之后,与经济和社会快速发展相适应,社会法立法也进入快车道,现在已经形成了具有一定规模和结构的独立部门法,其主要由三个方面构成:一是有关劳动关系、劳动保障和社会保障、安全生产方面的法律,如《劳动法》《劳动合同法》《就业促进法》《社会保险法》《安全生产法》等。二是有关特殊社会群体权益保障方面的法律,如《残疾人保障法》《妇女权益保障法》《老年人权益保障法》《未成年人保护法》《母婴保健法》等。三是有关社会组织和相关活动方面的法律,如《工会法》《红十字会法》《境外非政府组织境内活动管理法》《慈善法》《公益事业捐赠法》《法律援助法》等。

在我国,社会法应当并且能够作为一个独立的部门法。一则因为社会法调整的社会关系本身非常广泛,而且具有相对独立性。作为社会主义国家,我们尤为注重民生福祉,大量诸如劳动保障、社会福利、特殊社会成员保护等社会关系,随着经济和社会发展而愈发显现出对于立法调整的迫切需求,将它们独立为一个部门法,有利于明确其不同于传统公法和私法的独特的立法追求和利益保护。二则因为经过改革开放四十余年的发展,我们已经拥有了相当数量的结构化的社会法规范体系,足以支撑一个独立的部门法。三则因为社会法作为一个独立的部门法在许多国家已是普遍现象,我们认可它为独立的法律部门,也符合法律体系发展的国际趋势。截至2023年5月,中国已有社会法方面的法律27件。当然作为一个新兴的法律部门,进一步制定有关社会法的法律、法规和规章,依然是立法的一项重要任务。

六、刑法

刑法一词,通常一指具体的刑法典,一指作为部门法的刑法。作为部门法的刑法,是指关于犯罪和刑罚的法和法的规则的总称。刑法部门区别于其他部门法的一个重要之处在于,犯罪与刑罚是绝对的法律专属立法事项,只能由法律来规定,因此理论上其他诸如行政法规、地方性法规或政府规章都不得规定实体性的犯罪与刑罚的相关规则;同时刑法部门的法律数量极少,在现行有效的法律中,截至2023年12月,我国仅有1部刑法典及其12个修正案,新近通过的《反有组织犯罪法》(2021)和《反电信网络诈骗法》(2022),新近修订的《反间谍法》(2023)这4件法律。可见,尽管刑法典不等于整个刑法部门,但它是刑法部门的绝对核心和主导。

刑法和民法是维系一个国家安定与发展的两大支柱性法律部门,但是两者具有截然不同的价值定位和意义。刑法通过惩罚严重违背国家利益的犯罪行为来维护国家的公共安全,保障社会主体的人身、财产和其他权利。民法则是通过确认和保护权利,来为私主体的交往和发展提供可能,并通过创设制度性条件来实现这种可能。刑法体现了法律严苛性和压制性的一面,民法则体现了法律的温情和保护性的一面。所谓"刑法是必不可少的弊,民法是不可或缺的利。"也因此,刑法是维护法律秩序的底线和最后手段,一个文明的国家不能滥用刑罚方式处理违法行为,而应讲求刑法的"谦抑性",体现刑法的第二性规范的特征。民法则鼓励人们追求美好的生活,实现自己的潜能,民法越精进越发达,说明人们的权利越受保护,人格越有尊严,经济生活越有活力,社会越具有成长性。英国法学家梅因曾判断说,"一个国家文明程度的高低,看它的民法和刑法的比例就能知道。大凡半开化的国家,民法少而刑法多;进化的国家,民法多而刑法少。"[1]虽然这句话并不完全正确,但在很大程度上反

---

① 〔英〕亨利·梅因著:《古代法》,沈景一译,商务印书馆1959年版,第207页。

映了这两个部门法在法治和社会发育程度中的关系和能发挥的作用。

刑法作为一个独立的部门法,具有四个特征。一是典型的公法性特征。公法和私法是相对应的概念。私法调整私主体之间的横向法律关系,涉及的是私人利益,因而民法是典型的私法。公法是调整国家与一般大众之间的纵向法律关系,涉及的是公共利益,特别是国家利益。刑法是典型的公法,具有鲜明的公法特征,其涉及国家权力的运用,以权力与服从为标志,个人处于受国家权力支配的法律地位,只要主体的行为触犯刑律并构成犯罪,便应当受到司法机关的刑事追究。二是核心刑事法的特征。刑事法是与民事法,行政法相对应的概念,指以犯罪为规制对象,围绕犯罪的侦查、认定与刑罚的裁量、执行及其程序的法律规范的总和。凡与犯罪有关的一切法律,均可称之为刑事法。这个意义上的刑事法,包括刑法、刑事诉讼法、监狱法等,被称为全体刑法。刑事法的特点是与犯罪相关,在这个意义上,刑事法可以说是犯罪规制法,从而区别于民事法和行政法。在刑事法中,刑法居于核心地位,是实体法,与犯罪和刑罚具有密切联系,可以说是刑事基本法。三是极高的强制性规范。强制性法律规范是与任意性法律规范相对应的概念。前者指必须按照法律适用,而不能以个人意志予以变更或排除适用的规范;后者指在法定范围内,法律关系主体可自行确定权利义务关系的规范。刑法主要是强行法,只有告诉才处理的情况下才具有任意法的性质;而民法则正相反,主要是任意性规范,只有少数是强行性法律规范。[①] 所有的法律都有强行性,但刑法的强行性更为严苛。四是调整的社会关系最为广泛。刑法调整和保护的社会关系的范围最为广泛,所有受到犯罪侵害的社会关系都受到刑法规制。

刑法具有最悠久的历史,见证了人类从野蛮走向文明的历程。这一进步的历程集中体现于现代刑法的基本原则中。刑法基本原则对整个刑事规范的制定和实施具有举足轻重的意义,是理解现代刑法精神的要津。我国刑法包含三项基本原则:

第一项是罪刑法定原则,即拉丁法谚"法无明文规定不为罪"(nulla poena sine lege)或"法无明文规定不处罚"(nulla poena sine lege),两者可以同义互换,意为一个人不应当面临刑事处罚,除非在其为特定行为之前,该行为已被规定为犯罪。该原则已被广泛接受为现代法治的基本要求和价值判断。在欧陆法系中,该原则中的"明文规定"含义丰富,至少包含四层要义[②]:无既定法律不处罚,禁止刑法溯及既往;无成文法律不处罚,排除了习惯法作为刑事处罚的依据;无明确法律不处罚,强调刑法规定的确定性,应罚行为及其相应处罚应当足够明确,使主体可预见自己行为的当罚性;无确定法律不处罚,禁止刑法的类推适用。

第二项是平等适用刑法原则,即对任何人犯罪,在适用法律上一律平等。不允许任何人有超越法律的特权。这一原则是法律面前人人平等在刑法中的具体体现。

第三项是罪刑均衡原则,也称罪刑等价原则。所谓刑自罪生,罪重刑重,罪轻刑轻,罪刑均衡,违法者所接受的违法惩罚与该违法行为相称。该原则包含了罪与罚这两个有形要素和成比例这一抽象关系。之所以应当构成比例,是因为追求对等性是人类对于公正的本能认识,而这种相称关系在刑法中的伦理基础是报应正义观(retributive justice),其原始表现

---

① 参见陈兴良著:《本体刑法学》,商务印书馆 2001 年版,第 13—15 页。
② M. Boot, *Genocide, Crimes Against Humanity, War Crimes: Nullum Crimen Sine Lege and the Subject Matter Jurisdiction of the International Criminal Court*, Intersentia Publishers, 2002, p. 94.

即"以牙还牙,以眼还眼"的镜像惩罚。它包含了三层意义[①]:其一,犯罪人在道义上应当承受相应惩罚;其二,合法惩罚者给予犯罪行为人应得的惩罚在本质上是道德之善,这种善不依赖于任何其他善;其三,故意惩罚无辜者或对犯罪人施加不成比例的重罚在道德上不被允许。当18世纪末19世纪初出现了功利主义正义观时,刑罚的目的不在于报应,而在于防止犯罪,以实现未来的社会效益,惩罚开始更具前瞻性而非矫正已造成的损失,因此罪刑相适应的合理性源于减少犯罪的功利主义。无论是报应主义正义观还是功利主义正义观,罪刑均衡原则都暗含了对惩罚的合理限制和约束。如何构成合理比例,是促进刑法科学化的动因之一,我国《刑法》从总则到分则的规定,都鲜明地表达了这种追求。

当今世界,大多数国家都有刑法典。在中国国情之下,刑法地位之高、作用之大,几无叙述的必要。刑法学也相应地成为法学体系中的一门"显学"。作为一个部门法,刑法在中国法的体系中当然也是历史最悠久、最重要,也尤为人们所注重所熟悉的一个部门法。历代大的封建王朝所创制所沿袭的法律,首先和主要的也正是刑法或刑事法律规范。中华人民共和国诞生后,虽然未能迅速制定一部刑法典,但同其他方面的立法相比,已经在抓紧刑法典的起草和制定工作,党的决策工作机构中共中央书记处当时讨论研究最多的立法问题主要也正是刑法的起草制定问题。只是由于历史的误会,刑法典在新政权主持之下起草33稿仍被付之阙如。虽然未能及时制定刑法典,但刑事单行法还是明显多于其他方面的法律、法规的。当时未能制定刑法典,与其说是漠视法治和不重视立法,毋宁说是对刑法相当重视以至起草33稿都未敢轻易定稿通过。当时对法治和立法的认识水准和重视程度,较之一个需要迈向现代法治的国家所应有的水准和重视程度,自然是差之甚远,但当时对刑法比之对其他法律,的确要重视得多。这种看重刑法却未能制定刑法典的状况,在新时期来临之后终于得到根本转变。新时期一开始,1979年第五届全国人大第二次会议通过了《刑法》,至此,过去30年屡次反复而未果的刑法典,终于在1979年诞生。《刑法》的通过实施,结束了长时期以刑事单行法和刑事政策作为解决刑事问题的根据的落后局面。之后,由于客观形势的迅速发展和人们的刑法意识、法治意识的进一步完善,又产生了为数颇多的单行刑事法或规范性法律文件,作为对刑法典的补充和完善。到了1997年,根据新情况和新经验,结合这些新增加的刑事单行法和规范性法律文件,对1979年《刑法》作出了大的修改和补充,编纂产生了新的刑法典——1997年《刑法》。这是中国当时规模最大的法典,也是20年间中国立法的主要成就之一。[②]

现行的1997年《刑法》分为总则编和分则编。总则编中第一章为"刑法的任务、基本原则和适用范围";第二章为"犯罪",规定了犯罪的预备、未遂和中止,共同犯罪,单位犯罪;第三章为"刑罚",规定了5种主刑,即管制、拘役、有期徒刑、无期徒刑、死刑,3种附加刑,即罚金、剥夺政治权利、没收财产;第四章为"刑罚的具体运用",包括量刑、累犯、自首和立功、数罪并罚、缓刑、减刑、假释、时效;第五章为"其他规定"。分则编规定了危害国家安全罪,危害公共安全罪,破坏社会主义市场经济秩序罪,侵犯公民人身权利、民主权利罪,侵犯财产罪,

---

① "Retributive Justice," Stanford Encyclopedia of Philosophy Archive, first published on Jun 18, 2014, https://plato.stanford.edu/archives/sum2015/entries/justice-retributive/.

② 参见周旺生著:《法理学》,北京大学出版社2006年版,第207页。

妨害社会管理秩序罪,危害国防利益罪,贪污贿赂罪,渎职罪,军人违反职责罪等十类犯罪行为及其刑事责任。

七、程序法

程序法是为实现实体权利义务而规范纠纷解决过程的法律规范的总和,分为诉讼程序法和非诉讼程序法两大类。诉讼程序法是规范国家司法活动,解决社会纠纷的法律规范;非诉讼程序法是规范仲裁机构或人民调解组织以解决社会纠纷的法律规范。我国在程序法方面的发展是比较突出的。1979年同《刑法》配套出台了《刑事诉讼法》,接着1982年通过了试行的《民事诉讼法》,1989年通过了《行政诉讼法》,1991年又通过了正式的《民事诉讼法》。刑事、民事、行政三大诉讼法的出台,使中国的诉讼法律制度朝着完备化的方向迈出了三大步。此后,1999年还通过了《海事诉讼特别程序法》。非诉讼程序法方面,1994年率先通过了《仲裁法》,其后又陆续通过了《引渡法》(2000)、《劳动争议调解仲裁法》(2007)、《农村土地承包经营纠纷调解仲裁法》(2009)、《人民调解法》(2010),国际程序法方面有1个国际刑事管辖权的决定和《国际刑事司法协助法》(2018)。截至2023年5月,诉讼与非诉讼程序法共计11件。

虽然诉讼程序法和非诉讼程序法都归属于程序法这个部门,但是不同于其他部门法,程序法部门并不具有共同的特点和基本原则,除了都是规定程序性权利义务外,其差异性是主要方面。以诉讼法为例,三大诉讼法的显著差异表现为:

性质不同:刑事诉讼法是规范查明犯罪和追究犯罪的活动的法律规范,公诉案件中法庭一方为公诉人即人民检察院,另一方为被告人即犯罪嫌疑人。民事诉讼法是规范平等主体间发生的民事争议的审理和裁判活动的法律规范,法庭双方当事人一方为原告,另一方为被告。行政诉讼法是规范因行政行为侵犯行政相对人合法权益而产生的行政争议的审理和裁判的法律规范,法庭当事人具有恒定性,原告只能是行政管理中的相对方,被告只能是行政管理中的管理方,也即"民告官"。

举证责任不同:刑事诉讼中,公诉案件由人民检察院就被告人有罪承担举证责任,自诉案件由自诉人就被告人有罪承担举证责任。民事诉讼一般遵循"谁主张、谁举证",只有在特殊侵权中实行举证责任倒置。行政诉讼则正相反,实行举证责任倒置,被告对作出的具体行政承担举证责任。

证明标准不同:证明标准也称证明要求,是承担证明责任的人提供证据用以证明事实所要达到的程度。刑事诉讼采用排除合理怀疑规则,即对于事实的认定,应当已经不存在符合常理的、有根据的怀疑,在实际上达到确信的程度。民事诉讼采用优势证据规则,也就是高度盖然性占优势的证明规则,即当证明某一事实存在或不存在的证据比相反的证据更具有说服力或可靠性时,具有优势的证据被采信。行政诉讼没有统一的证明标准,需要具体案件具体分析,取决于行政行为的内容和对当事人权益的影响程度。对于一般行政行为的诉讼案件,倾向于民事诉讼的优势证明标准;对于严重危害当事人人身自由或涉及财产重大权益的行政处罚,则会倾向于更高标准的刑事案件的证明要求。

第 四 编

第十二章 法的实施

第一节 法的效力

一、法的效力释义

法的效力指法的有效性和法的约束力的统称。凡具有法的有效性和法的约束力的事物即具有法的效力。所谓法的有效性,指法所调整的社会关系和法所指引的主体行为,能够受到国家的正式认可。所谓法的约束力,指违法实施或违法不实施的损害法定社会关系的行为,会受到国家的强制性追究。法的效力是法的调整、指引和保护功能的体现,具有认可和追究的双重意味。国内法理学著述一般仅注意法的效力的约束力要素,忽略了法的效力的有效性要素,将法的效力仅视为法的约束力,或仅视为人们必须服从法定要求的法的强制力,而疏于注意法的效力也具有国家认可和保护的力量,这种观点,是有偏颇的。

同法的效力包含有效性和约束力两个要素相对应,法的效力也以两种形式存在着。其一,社会主体接受法的调整和指引,依法作为或不作为,就可以得到法的认可和保护。比如,公民和企事业单位做法所允许做和要求做的事,不做法所禁止做的事,就可以得到法的认可和保护。这种法的效力不是在法被作为处罚根据的情形下存在的,是一种无形和无声的法的效力。其二,社会主体否定法的调整和指引,违法作为或不作为,就要受到法定形式的追究。比如,侵犯公民的法定权利,就要受到相关国家机关的处罚。这种法的效力是在法被用来作为处罚根据的情形下存在的,是一种有形的法的效力。前一种形式表现的是法的有效性,它是在主体的涉法行为发生之前和整个过程中存在的;后一种形式表现的是法的约束力,它是在主体的涉法行为发生之后存在的。

法的效力具有两种形式,这表明不能简单地认为法的效力仅体现在法的适用方面。对现行法而言,发生了相关法律事务,依法予以处理可以表明法的效力;没有发生相关法律事务,没有运用现行法处理具体事务,在这种情形下法的效力同样是存在的。例如,刑法在没有被作为根据来处罚某种犯罪的情形下,民法在没有被作为根据来保护某种民事权利的情形下,行政法在没有被作为根据来处理诸如违反交通规则之类行为的情形下,也是有法的效力的。理解这一点,人们才能在没有发生法律事务的情况下也能自觉守法,也才能理解所谓"法就是法官的判断"之类的话语是何等的片面。

法的效力不同于法的实效。法的效力是法所具有的力量,这种力量的存在不以涉法行为是否发生为转移。而法的实效则指法的功能和作用实现的程度和状态,它主要是一个强调实际结果的范畴,所展示的是一种事实。一般说,法只要是现行的,它就是有效的。但这些现行有效的法,并不一定都能得到很好的遵守,在很多情况下,许多法是未能充分实现其效力的,许多违法犯罪行为往往逃脱了法的追究。换言之,没有得到有效遵守的法,只是表明它没有获得好的实效,而并不表明它没有效力。法的效力并不只是在对违法行为实施处罚时才存在或浮出水面。当然两者的关联也是不可忽视的,法的效力是法取得实效的前提,法的实效是法的效力实现的结果。从一定意义上也可以说,法的效力是静态的法的实效,法的实效是动态的法的效力。理解法的效力和法的实效的区别和联系,有助于法律人在变法的效力为法的实效方面多做努力。

法的效力来源于哪里,或者说影响和制约法的效力的因素主要有哪些,是个论说纷纭的问题。总的来说,价值论法学认为法的效力主要来源于正义和理性之类,诸如来源于自然理性、社会正义、社会道德;实证论法学认为法的效力主要来源于实际生活,诸如来源于国家权力、社会历史、社会利益、宗教戒律;阶级论法学认为法的效力来源于诸如阶级关系、统治阶级意志、社会物质生活条件。以马克思主义观点为基点,兼取其他学说之长,并注意法的效力同法的创制主体、法的创制时间和法的种类的直接联系,注意法的效力同法所赖以存在的法治环境以至整个社会环境的深层关联,是我们今天形成正确和科学的法的效力观所须采取的态度和方法。

法的效力的种类是多样化的。从法的效力渊源说,有规范性法律文件的法的效力和非规范性法律文件的法的效力之分。前者具有普遍约束力,如宪法、法律、行政法规;后者不具有普遍约束力,如结婚证、逮捕证。从法的效力等级说,有的法的效力等级高,如宪法、法律;有的法的效力等级较低,如地方性法规、行政规章。从法的效力范围说,又可以将法的效力作一般法的效力和具体法的效力的区分。一般法的效力,指法的整体效力,即法对什么样的主体和事项,在什么样的时间和空间有效;具体法的效力,指每个法或法律文件所规定的具体事项所具有的效力,如刑法上的犯罪事实具有产生刑事处罚的效力,逮捕证具有合法地限制被逮捕者人身自由的效力。法理学所称法的效力,通常指规范性法律文件的一般法的效力。

二、法的效力范围

法的效力范围,通常指法对什么对象、在什么时间和空间有效。明确法的效力范围,是法的遵守和适用的一个前提。社会主体只有理解一定的法所具有的效力范围,才能明了自己的行为和利益同该法的关联。司法人员和其他用法人员只有理解法的效力范围,才能明了准备适用或正在运用的法,同一定的对象、空间、时间是否有合法的、必然的联系,才能准确实现法的效力,而不至于将只适用于中国主体的法适用于外国主体,或把只适用于此地此时的法适用于彼地彼时。

(一)法的对象效力

法的对象效力,是指法的适用对象有哪些,对什么样的人和组织有效。法学上也将法的对象效力称为对人的效力,这里的人包括自然人和法所拟制的人——法人和其他组织。

各国法的对象效力颇有差异,所实行的原则大体有四种:其一,属人原则。以人的国籍和组织的国别为标准,本国的人和组织无论在国内还是在国外,都受本国法的保护和约束,一国的法不适用在该国领域的外国人和组织。其二,属地原则。以地域为标准,一国的法对它管辖地区内的一切人和组织,不论是本国的还是外国的,都有同样法的效力。本国人和组织如不在本国,则不受本国法的保护和约束。其三,保护原则。以保护本国利益为标准,主张不论国籍或地域如何,侵害了哪国利益,就适用哪国法、受哪国法的追究。其四,综合或折中原则。即以上三种原则的结合而以属地原则为基础的综合性原则。根据这一原则,首先,一国领域内的人和组织,无论是本国的还是外国的,一般适用该国的法;其次,外国人和组织以适用居住国的法为原则,但有关公民义务、婚姻、家庭、继承、特殊犯罪等,仍适用其本国的法;最后,依据国际条约和惯例,享有外交特权的人,则适用其本国的法。当今世界绝大多数国家采用这种原则。

中国也实行综合原则。这一原则在对中国公民、组织和对外国人、组织以及无国籍人的适用上,各有确定的内容:

第一,中国公民、法人和其他组织在中国领域内一律适用中国法;在国外仍受中国法的保护并履行中国法定义务,同时也遵守所在国的法。当两国法对同一事项规定不一致时,既要维护中国主权,又要尊重他国主权,按国际条约或惯例处理。中国刑法、民法和其他有关规范性法律文件,对中国公民、法人在国外的法的适用问题,有若干规定。

第二,中国法对外国人和无国籍人的适用,包括两种情况:一是在中国领域内的外国人,如果是享有外交特权和豁免权或法有另外规定的,一般不适用中国法。这些人主要包括驻中国的外国使节、来访的国家元首和国家政要,以及这些人的配偶、未成年的儿子和未结婚的女儿。其他外国人除法律另有规定外,一般适用中国法。也就是说,中国法既保护他们符合中国法的权利和利益,也追究他们违反中国法的行为的责任。二是在中国领域外的外国人和无国籍人对中国或中国公民、法人以及其他组织犯罪的,按中国《刑法》规定的最低刑为3年以上有期徒刑的,可以适用中国《刑法》规定,但按犯罪地的法不受处罚的除外。在民事和商事方面,中国法在中国领域外的适用问题,按中国法或国际私法有关冲突规范来办理。

(二) 法的空间效力

法在什么样的空间范围或地域范围有效,即为法的空间效力。

法的空间效力范围主要由国情、法的效力等级、法的调整对象或调整内容等因素决定。通常有四种空间效力范围:

第一,有的法在全国范围内有效,即在一国主权所及全部领域有效,包括属于主权范围的全部领陆、领空、领水及其底土,根据有关国际条约也包括该国驻外使馆和在境外飞行的飞行器或停泊在境外的船舶。这种法一般是一国最高立法机关制定的宪法和许多重要的法律,最高国家行政机关制定的行政法规一般也在全国范围有效。中国宪法和全国人大及其常委会制定的法律,国务院制定的行政法规,除有特别规定外,都在全国范围内有效。

第二,有的法在一定区域内有效。一般有三种情况:一是地方性法律、法规仅在一定行政区域内有效,如中国的地方性法规、自治法规。二是有的法律、法规虽然是由最高国家立法机关或最高国家行政机关制定的,但它们本身规定只在某一地区生效,因而也只在该地区发生法的效力。如全国人大所制定的香港、澳门特别行政区基本法就只适用于该特别行政区,全国人大常委会关于经济特区的立法就只适用于一定的经济特区。三是有的法律、法规虽然是全国性的法律、法规,但由于该国有的地域具有特殊情况,这些法律、法规在这些特殊地域则不予适用。如中国的法律和行政法规,除极少数外,都不在香港和澳门特别行政区适用。

第三,有的法具有域外效力。如根据中国《刑法》第7条规定,中国公民在中国领域外犯本法规定之罪的,其最高刑为3年以上有期徒刑的适用本法;中国国家工作人员和军人在中国领域外犯本法规定之罪的,适用本法。中国其他有关法律如涉及民事、贸易和婚姻家庭方面的法律,有的也明文规定了域外效力。

第四,国际法一般适用于缔约国和参加国,但缔约国和参加国声明持有保留态度的除外。国际法在有的情况下也可以适用于没有参与缔约或没有正式缔约的国家,但前提是这些国家愿意接受这些国际法。

(三)法的时间效力

法的时间效力,指法从何时开始生效、到何时终止生效,以及法对其生效前的行为和事件有无溯及力。

1. 法从何时开始生效

法通过以后,先要加以公布,公布是法开始生效的前提。但并不是所有的法一经公布就开始生效。法从何时开始生效,视法律规定、实际需要、惯例以及其他有关具体情况而定,通常有三种情形:

第一,自公布之日起开始生效。有的法规定自公布之日起生效。有的法虽然没有规定自公布之日起开始生效,但不具体规定生效日期,就意味着该法自公布之日起生效,如中国《宪法》。

第二,公布后经过一段时间或具备一定条件生效。不少法的开始生效时间属于这种情形。这样做是为了使公民、法人、有关社会组织、司法机关和其他国家机关,有必要的时间了解法的内容,做好法的实施的准备,或具备必要的条件后再实施该法。其中主要又分为两种情况:有的由法本身规定该法从何时或具备何种条件即开始生效,如中国《立法法》和《刑法》等;有的是通过专门决定,规定某法从何时或具备何种条件即开始生效,如《香港特别行政区基本法》的生效时间,是由《全国人民代表大会关于〈中华人民共和国香港特别行政区基本法〉的决定》规定的,《澳门特别行政区基本法》的生效时间,是由《全国人民代表大会关于〈中华人民共和国澳门特别行政区基本法〉的决定》规定的。

第三,以到达期限为生效时间。采取这种形式主要是考虑各地区距离立法主体所在地的远近不同,交通、通讯条件有别,法不能同时送达各地。法的这种生效形式,通常存在于交通、通讯和信息不发达的情况下。中国现时期没有采用这种法的生效形式。

2. 法到何时终止生效

法到何时终止生效,又称法的废止,指法到何时便失去效力或不再有效。

法的终止生效的时间,依法的规定、立法发展、客观情况变化以及其他有关因素而定。通常有明示终止(废止)和默示终止(废止)两种形式,前者指在新法或其他法中以明文规定终止旧法的效力,亦即明文规定对旧法加以废止;后者指不以明文规定终止旧法的效力,而是在实践中当新法同旧法相冲突时适用新法而使旧法事实上被废止。就明示和默示两种终止生效的情形而言,明示废止更明确和肯定,有更多的优越性,也更能体现立法者的本意和法治精神。

中国法的终止生效有五种情形:第一,以新法取代旧法,使旧法终止生效。这是法的终止的主要形式。其中有多种情形:(1)有的是新法公布时,新法中明文宣布同名旧法作废。(2)有的是新法公布时,新法中没有宣布同名旧法作废,但随着新法的公布,与新法名称、内容相同的旧法自然失效。(3)有的是新法公布时,同名旧法虽然在整体上失效,但它的有关规定的效力还要延续一段时间,待这段时间过后再失效。第二,有的法在完成了历史任务后自然失效。如土地改革法在土地改革完成后便自然失效。第三,由有关机关发布专门文件如特别决议、命令宣布废止某项法,从而使该法失效。第四,法本身规定了终止生效的时间,如期限届满又无延期规定,便自行终止生效。第五,同一机关制定的法,即使名称不同,但新法同旧法不一致时,以新法为准。在这种情况下,意味着旧法或旧法中的有关规定被废止。

3. 法的溯及力

法的溯及力,指新法对它生效前所发生的行为和事件可以加以适用的效力。

法是规范现时社会关系和指引主体现时行为的准则,在法未公布前,人们不可能明了将来的法规范哪些社会关系,允许或禁止哪些行为,也谈不上按尚未制定的法去办事。因此,一般而言,法只适用于生效后发生的行为和事件,不适用于生效前发生的行为和事件,不应当有溯及既往的效力,特别是有关侵权、违约的法和刑事法,更不适宜有溯及既往的效力。这就是法不溯及既往的原则。这一原则始于罗马法,确立于美、法、德等国的宪法、民法和其他法律,并逐渐为许多国家采纳。

但这一原则并不是绝对的。立法者鉴于维护某种利益的目的,往往也针对具体情况在法中作出有溯及力或有一定溯及力的规定。各国规定大体有这样几种情况:一是从旧原则,即新法没有溯及力。二是从新原则,即新法有溯及力。三是从轻原则,即比较新法和旧法,哪个处理轻些就按哪个法处理。四是从新兼从轻原则,即新法原则上溯及既往,但旧法对行为人的处罚较轻时,则从旧法。五是从旧兼从轻原则,即新法原则上不溯及既往,但新法对行为人的处罚较轻时,则从新法。目前世界上多数国家采取从旧原则,法没有溯及力。在法律规定有溯及力的国家,通常采用从旧兼从轻原则。

中国现时期主要也采取从旧兼从轻原则。现行《刑法》规定:中华人民共和国成立以后本法施行以前的行为,如果当时的法律不认为是犯罪的,适用当时的法律,如果当时的法律认为是犯罪的,依照刑法规定应当追诉的,按照当时的法律追究刑事责任,但如果刑法不认为是犯罪或处罚较轻的,适用刑法;刑法施行以前,依照当时的法律已经作出的生效判决,继续有效。《刑法》的这一规定表明,中国刑法在其溯及力问题上,是采取从旧兼从轻原则的。但同时,中国在特殊情况下也采用溯及既往的原则,如《全国人民代表大会常务委员会关于严惩严重危害社会治安的犯罪分子的决定》关于"本决定公布后审判上述犯罪案件,适用本决定"的规定,便是有溯及力的规定。现行《立法法》第104条就中国法的溯及力问题作了较为完整的规定:"法律、行政法规、地方性法规、自治条例和单行条例、规章不溯及既往,但为了更好地保护公民、法人和其他组织的权利和利益而作的特别规定除外。"《立法法》的这一规定,确定了中国法的溯及力的现行制度。

三、法的效力冲突和协调

由于法的数量非常之多,它们由多方面的立法主体制定或认可,或由多方面的司法机关所创制,且产生的时间和侧重点不同。因此当它们之间产生冲突时,协调这些冲突,选取更合适的法予以适用或运用,是法律人和所有涉法的社会主体需要明辨的。

(一)上位法和下位法的冲突和协调

现代国家的立法主体和立法种类都是多样化的,因而法的形式和种类也相应复杂,法和法之间存在着层级的差别。这些不同层级的法之间经常发生矛盾和抵触,即通常所说的上位法和下位法的冲突。当代中国立法体制和法的形式的复杂性,也使得法的效力层级问题颇为突出。根据《宪法》和《立法法》的规定,在现时期,全国人大有权修改宪法和制定法律,全国人大常委会有权制定法律,国务院和其所属有关部门分别有权制定行政法规和规章,省、自治区、直辖市和设区的市、自治州有权制定地方性法规和地方政府规章,民族自治地方有权制定自治条例和单行条例,国务院和经济特区所在地的市根据全国人大及其常委会的授权可以制定授权法规,特别行政区有权制定法律,军队有关机构还有权制定军事法规和规章。这些不同的法之间,以及由这些不同的法所派生的有关法律文件之间,经常不可避免地发生层级冲突。

处理不同层级的法之间所发生的冲突,应当遵循上位法优先于下位法的规则。在中国,这方面现行法定制度是:其一,宪法具有最高的法的效力,一切法律、行政法规、地方性法规、自治条例和单行条例、规章都不得同宪法相抵触,否则无效。其二,法律的效力高于行政法规、地方性法规和规章。行政法规的效力高于地方性法规和规章。地方性法规的效力高于本级和下级地方政府的规章。省、自治区人民政府制定的规章,效力高于本行政区域内地级市的人民政府制定的规章。其三,法律、行政法规、地方性法规、自治条例和单行条例、规章超越权限,作为下位法违反上位法规定的,由有关机关依照《立法法》所确定的权限予以改变或撤销。

(二)此类法和彼类法的冲突和协调

法和法之间关系的复杂性以及由此而发生的法的效力冲突,也表现在不同种类的法之间。常见的不同种类的法之间的冲突,就是特别法和一般法的冲突。处理特别法和一般法的冲突,一般可以遵循有条件的"特别法优先于一般法"的规则。所谓优先,通常指:在适用对象方面,对特定主体和特定事项有效的法优先于对一般主体和一般事项有效的法;在适用时间和空间方面,对特定时间和特定区域有效的法优先于对平时和普通区域有效的法。所谓有条件,是指应当在同一主体制定的法之间适用这一规则。不少法学著作以"特别法优先于一般法"作为处理两者冲突的普遍规则,是不妥的。不同种类的法之间的冲突,情形颇为复杂。比如,不同省市的地方性法规之间出现特别法和一般法相冲突的问题时,就不能简单、轻率地按"特别法优先于一般法"的规则处理。"特别法优先于一般法"的规则,不具有普遍性,而只能在同一机关制定的法中适用。所以《立法法》专门规定:同一机关制定的法律、行政法规、地方性法规、自治条例和单行条例、规章,特别规定与一般规定不一致的,适用特别规定。

不同种类的法之间的冲突,也表现在其他诸多方面。在当代中国,自治条例和单行条例同法律、行政法规、地方性法规之间，经济特区法规同法律、行政法规、地方性法规之间，都存在类别上的区分，对它们之间的冲突，须依法从国情出发，慎重处理，而不宜简单地以某些不理解生活的复杂性的书本所轻率地提出的某种规则来处理。《立法法》对处理此类冲突已有明确规定：其一，自治条例和单行条例依法对法律、行政法规、地方性法规作变通规定的，在本自治地方适用自治条例和单行条例的规定；经济特区法规根据授权对法律、行政法规、地方性法规作变通规定的，在本经济特区适用经济特区法规的规定。其二，地方性法规和部门规章之间对同一事项的规定不一致，不能确定如何适用时，由国务院提出意见，国务院认为应当适用地方性法规的，应当决定在该地方适用地方性法规的规定；认为应当适用部门规章的，应当提请全国人大常委会裁决。其三，部门规章之间、部门规章和地方政府规章之间具有同等效力，在各自的权限范围内施行。它们对同一事项的规定不一致时，由国务院裁决；经裁决应当改变或撤销的，由有关机关依照《立法法》规定的权限予以改变或撤销。其四，根据授权制定的法规同法律规定不一致，不能确定如何适用时，由全国人大常委会裁决。

（三）新法和旧法的冲突和协调

法是在不同时间产生的，它们对同一对象发生效力时，往往存在新法和旧法的冲突。处理这种冲突应当遵循有条件的"新法优先于旧法"的规则，亦即以同一位阶特别是同一主体制定或认可为前提，来适用这一原则。不同位阶的法，不适用"新法优先于旧法"的规则；在许多情况下，属于同一位阶但却不属于同一立法主体所制定的法，也不适用"新法优先于旧法"的规则，比如此地的新地方性法规同彼地的旧地方性法规发生冲突，便不适用这一规则。

在中国，根据《立法法》的规定，处理新法和旧法相冲突的基本制度是：其一，同一机关制定的法律、行政法规、地方性法规、自治条例和单行条例、规章，新的规定同旧的规定不一致的，适用新的规定。其二，法律之间、行政法规之间、地方性法规之间，对同一事项的新的一般规定同旧的特别规定不一致，不能确定如何适用时，分别由全国人大常委会、国务院、制定地方性法规的机关裁决。其三，同一机关制定的新的一般规定同旧的特别规定不一致时，由制定机关裁决。

第二节 法 的 适 用

一、法的适用的含义和特征

法的适用这一概念为人们在两种意义上使用。一种意义上的法的适用，是指司法机关和司法人员依照法定权限和程序，应用法处理刑事、民事、行政、经济和其他各类案件的专门活动。这种意义上的法的适用，是人们通常所说的法的适用，也即人们通常所说的司法。另一种意义上的法的适用，除了指司法机关和司法人员处理案件的活动外，还指法所授权的行政机关依照法定权限执行法的活动，如市场管理机关适用市场法规管理市场的活动，民政机关依照《民法典》和《婚姻登记管理条例》对申请结婚的男女进行审查登记的活动，税务机关向纳税人征收税金和对偷税漏税以及其他违反税法的人进行处罚的活动，等等。本章所说的法的适用，是第一种意义上的法的适用，亦即司法。

法的适用或司法，具有这样几个特征：

第一,法的适用是由特定的主体即国家司法机关和司法人员,以国家的名义,所从事的专门活动,具有国家权威性。在中国,法院和检察院是专门从事法的适用或司法活动的机关,前者行使审判权,后者行使检察权。其他国家机关、社会组织和个人都不是专门从事司法活动的主体。

第二,法的适用是以国家强制力为后盾的活动,具有国家强制性。法的适用的过程,在很大程度上是同国家强制干预相伴随的过程。没有国家强制力的支持,法律争端的解决,违法行为的制裁,都难以实现。

第三,法的适用是依照法定权限和程序进行的专门活动,是国家专门机关和专门人员运用法的手段实现法的调整的活动,而不是国家机关及其公职人员的一切活动,它既不包括国家机关及其公职人员非法的、越权的活动,也不包括国家机关及其公职人员在一般情况下依法办事的活动。

第四,法的适用往往通过有权适用某种法的国家机关颁布某种法律文书的形式加以实现。国家机关用这种法律文书确认或禁止某种行为,从而把法所设定的权利和义务关系,变成现实中的权利和义务关系。例如司法机关制作判决书、裁定书、调解书的活动,都是法的适用活动。法律文书既是解决原有法律问题的结果,也可以作为一种法律事实引起新的法律关系的产生或引起既有法律关系的变更或消灭。法律文书具有法的效力,如果当事人对法律文书的内容不服,可以依法上诉或申诉,但不得拒绝执行。

作为法的适用的司法活动,同执法是不同的。其一,两者的主体不同。法的适用或司法是由司法机关和司法人员适用法的专门活动,其他机关和人员无权司法。而执法则是由国家行政机关及其公职人员所从事的执行法的活动。其二,两者的内容不同。法的适用或司法所针对的对象是具体的案件,所处理的问题是法律纠纷和争议。而执法则是以国家的名义由行政机关及其公职人员依法对社会实行相关管理,其内容和范围比司法广泛得多。其三,两者的程序严格和细密程度不同。法的适用或司法有法定的、严格且细密的程序。而执法活动固然也有程序要求,但同时也注重效能和效率,在程序方面远没有司法那样严格和细密。其四,两者的主动性也明显不同。法的适用或司法是基于案件的发生所引发的专门活动,具有被动性。而执法则是国家行政机关及其公职人员依据法定职权和职责,主动对社会实施法律管理的专门活动,尽管执法者也应当依法衔接相对人的意愿开展执法活动。

二、法的适用的基本要求

法的适用的基本要求通常有三个:

一是合法。司法机关在处理案件的整个过程中都要严格依法办事,不仅最后的判决、裁定要严格依法进行,而且在办案的每个环节上都要依照法定的权限和程序办事,不允许另搞一套。如果司法机关本身在适用法时不按法律规定办事,当事人的人身、财产和其他合法权益就没有保障,法的价值就无以实现。

二是确当。所谓确当,是指在搞清楚事实的基础上,准确和适当地适用法。一方面,要准确和适当地对案件进行定性。例如,在审理刑事案件时,要准确和适当地认定行为人是否犯罪,犯了什么罪,罪轻还是罪重等基本问题。另一方面,要准确和适当地加以处理。例如,要准确、适当地量刑,既不能重罪轻罚,也不能轻罪重罚,而要罪罚相应。

三是及时。要在合法、确当的同时,使全部办案活动和办案的每个环节都讲究效率,做到在法律规定的时限范围内及时审理、及时结案。办案及时包含三层意思:其一,司法机关要有高度责任感,做到及时处理案件。其二,按照法定时限的要求及时办案。例如法院审理公诉案件,除法律另有规定外,应当在受理后一个月内宣判,至迟不得超过一个半月;第二审法院受理上诉、抗诉案件后,除法律另有规定外,应当在一个月内审结,至迟不得超过一个半月。其三,在特定条件下,及时还有从快的要求,如对某些严重危害社会治安的案件的处理就要从快。当然,从快决不是不受法的限制,也决不是草率了事,而是在法定时限内尽快审结案件。

合法、确当、及时这三个方面是相互联系、缺一不可的整体,片面地强调一个方面而忽视别的方面,是有害的。

三、法的适用的基本原则

法的适用的原则,亦即司法原则,是司法活动中具有普遍性的基本原则。各国都有自己的法的适用原则或司法原则。中国现时期的司法原则主要是司法机关依法独立行使职权原则、司法公正原则和司法合法原则。这些原则是适用于民事、刑事、行政等各方面司法活动的基本原则,也是贯穿于整个司法活动的各个主要环节的基本原则。

(一)司法机关依法独立行使职权原则

司法机关依法独立行使职权原则,是当代中国颇具特色的一项重要的法的适用的基本原则。这项原则同西方国家的司法独立原则是不同的。

在西方国家,司法独立是资产阶级在革命中为反对封建专制、实现普遍的民主和人权而提出的原则。这一原则渊源于启蒙思想家的分权制衡学说。其内容、含义为:(1)司法权由司法机关独立行使,不受立法机关、行政机关的干涉;(2)法官独立审判案件,只服从法律;(3)一个法院的审判活动不受另一个法院的干涉,上级法院只能在下级法院作出判决后才能依上诉程序依法变更其判决;(4)实行法官保障制度,法律对法官的地位予以特殊保护;(5)司法机关有独立的组织系统,同其他组织系统相分离。资产阶级革命胜利后,这一原则由宪法和其他法律确定下来,成为普遍实行的一项司法原则。

西方国家之所以坚持司法独立原则,从根本上说,是由其司法和司法权的性质决定的。其一,在西方国家职能和国家权力体系中,立法和立法权是决策和决策权;行政和行政权是执行和执行权;而司法和司法权则是裁决和裁决权。有人也称这种裁决和裁决权为判断和判断权。司法和司法权的这种性质,内在地规定了司法活动和司法权的行使应当力求保持自己的独立性,以排除各种干扰和影响,从而实现他们所谓的司法公正、司法正义等。其二,在西方国家,司法独立也是分权制衡学说和体制的基本要求和基本内容。其三,在西方国家,实行司法独立,也是正确适用法的必要条件。法的适用是专业性很突出的国家活动,只能由受过专业训练、具有专业知识和技能的法律职业人员来从事。

中国司法经过长期发展,也逐渐形成自己的司法原则。其首要的一项原则就是司法机关依法独立行使职权原则。根据中国宪法、司法机关的组织法以及各种诉讼法的规定,司法机关依法独立行使职权原则的基本内涵是:第一,司法权属于国家专门机关即司法机关。人民法院依照法律规定独立行使审判权,人民检察院依照法律规定独立行使检察权。只有国家司法机关才有权统一行使司法权,其他机关、组织和个人都无权行使司法权。第二,司法权具有独立性,人民法院和人民检察院依法独立行使职权,行政机关、社会团体和个人都不能对审判工作和检察工作进行干涉和施加影响。第三,司法权的行使,应当具有合法性,司法机关应当依法司法,正确适用法,不得枉法裁判。实行和坚持司法机关依法独立行使职权这一原则,才能避免任何机关、团体和个人都可以逮捕人、监禁人和审讯人的情形的发生,才能避免任何机关和人员都可以指挥司法人员、干预案件的情形的发生,才能有效地保障公民和其他主体的合法权益,才能有效地实现国家司法权的统一和法制的统一,才能合法、确当、及时地适用法。当然,中国司法机关依法独立行使职权,并不意味着中国司法制度建立在三权分立的基础上,并不意味着司法机关可以不受国家权力机关和上级司法机关的监督,并不意味着法官和检察官的个人独立,并不意味着司法机关内部不讲组织领导,并不意味着司法机关办案可以不听取群众的批评和建议,尤其并不意味着可以摆脱党的领导。

在中国的国情下,实行司法机关依法独立行使职权原则,需要正确处理实行这一原则同坚持执政党对司法机关领导的关系。在中国,实行这一原则同坚持执政党的领导是统一的和一致的。中国的国家机关的一切活动都要接受党的领导,是由宪法所确定的国家的性质和执政党的地位决定的。司法机关如果摆脱党的领导就违背了宪法。但党对司法机关的领导主要是思想政治和方针政策的领导,不是由党组织去取代司法机关,更不是以党内个别人的意志支配司法工作。党对司法机关的领导也要在宪法和法律范围内进行。坚持党对司法机关的领导很重要的一条是保证司法机关独立负责地开展好各项工作。坚持党对司法机关的领导,并不是说司法机关不能抵制党内某些个人任意干涉司法工作的违法行为,司法机关接受党的领导应当是接受党组织的领导。

在中国的国情下,实行司法机关依法独立行使职权原则,也需要正确处理实行这一原则同坚持人民代表大会制度的关系。中国的根本政治制度是人民代表大会制度,这是宪法所确定的。实行人民代表大会制度,就意味着司法机关产生于人民代表大会及其常委会,并对人民代表大会及其常委会负责,向人民代表大会及其常委会报告工作。在人民代表大会制度下,司法机关依法独立行使职权,并不意味着纯粹的司法独立,而是意味着有限的司法独立,根据这一制度,司法机关应当接受人民代表大会及其常委会的监督。

司法机关依法独立行使职权原则的进一步实施和完善,同司法改革和政治体制改革是密切相关的,也只有随着司法改革和政治体制改革的深入展开,这一原则方能进一步有效实施和予以完善。

(二) 司法公正原则

司法公正是指司法机关和司法人员在司法活动中,不偏向任何一方,不曲意逢迎任何意志,不徇私情,公平正直地办案。

司法应当实行公正原则。这是因为:第一,法的基本特性之一,正如中国先秦法家所认为的那样,是公正的衡准,是向公而背私的。先秦法家把法比作尺寸、绳墨、规矩、衡石、斗斛、角量[①],又说法是天下之程式和万事之仪表[②],还认为法的本性在于大公无私,所谓"法制

[①] 《管子·七法》。
[②] 《管子·明法解》。

礼籍，所以立公义也；凡立公，所以弃私也"①。法的这一特性，决定了司法应当实行和坚持公正原则。第二，如果说司法和司法权的性质体现为代表国家的裁决和裁决权，那么司法和司法权的目的和价值取向则体现为代表国家来实现公正。司法的目的和价值取向在很大程度上就是要追求公正，实现正义。因此，实行司法公正，也是由司法和司法权的目的和价值取向所内在地规定的。

司法公正是社会正义的一个重要组成部分，它既包括实质公正，也包括形式公正，而形式公正尤以程序公正为重点。司法公正的重要意义在于：首先，公正司法是法的精神的内在要求。其次，公正司法也是司法活动的性质决定的。人们之所以委托司法机关裁决纠纷并信任其决断，就是因为司法机关应当是公正的。最后，司法机关公正司法，是其自身存在的合法性基础。司法机关如果不能保持其公正性，那么就失去了自身存在的社会基础。

司法公正的一个主要体现，是任何个人和组织在法律面前一律平等，首先是公民在法律面前一律平等。资产阶级在革命中提出并在革命后确立了法律面前人人平等原则。这一原则的基本含义之一就是在适用法律上平等，亦即国家司法机关在适用法律时，平等地保护全体公民的法定权利，对同样的违法犯罪给予同样的处罚。在中国现时期，司法公正原则的主要内容之一，是实行公民在适用法律上一律平等。

中国司法所实行的公民在适用法律上一律平等原则包括四层含义：(1) 法律对全体公民都统一适用，不因民族、种族、性别、职业、社会地位、宗教信仰、财产状况、政治态度等的不同而有区别。(2) 全体公民都依法平等地享有权利，所享有的合法权利都平等地受法律保护，即使是被依法剥夺政治权利的公民，他们的其他合法权利，也仍然应当受到法律保护。(3) 全体公民都应当依法平等地承担责任和履行义务，任何公民的违法犯罪行为都应当受到应有的追究和制裁，无论他们有什么样的社会地位、家庭出身、政治面貌或是才能贡献，都不能有例外，不允许有不受法律约束和凌驾于法律之上的特殊公民或特权存在。(4) 在各种诉讼活动中，所有当事人的诉讼地位都应当是平等的，司法机关对所有当事人一视同仁，要保障所有诉讼当事人和诉讼参与人依法享有诉讼权利。这一原则的中心点是坚持平等适用法律，反对一切法外特权和凌驾于法律之上的特权。

在中国，实行公民在适用法律上一律平等原则，是由国家、法律和司法的性质所决定的。社会主义制度消灭了一切封建特权和资本特权存在的经济基础，不允许有特权存在。实行这一原则，是推进民主政治、发展市场经济、实行依法治国、确保国家法制统一所必需的。这一原则早在1954年《宪法》中就已确定了。后来这一原则被当作资产阶级的司法原则遭到批判。1979年制定的《刑事诉讼法》和修改、通过的《人民法院组织法》《人民检察院组织法》重申了这一原则。1982年《宪法》则恢复了1954年《宪法》中确定的这一原则。现行宪法、司法机关的组织法和各种诉讼法，都确立了这一原则。不仅如此，宪法还将公民在法律面前一律平等作为公民的一项基本权利加以规定。

在中国的国情之下，实行和坚持公民在适用法律上一律平等原则，需要作出多方面的努力。第一，要反对封建等级特权思想和行为。司法人员应当不畏权势、执法如山。任何人，不论其职位多高、资格多老、功劳多大，只要违法犯罪，都要无一例外地依法追究其责任。第

---

① 《慎子·威德》。

二,要反对滥用职权和以权谋私。有关领导人员不应当以个人意志干扰司法,司法人员应当不徇私情、一断于法,不以私人感情影响法的适用。第三,在各种诉讼活动中,不看人办案、不因人办案,无论当事人是普通公民和法人,还是公职人员和国家机关,都应当平等对待,真正做到当事人诉讼地位一律平等。第四,实行和坚持公民在适用法律上一律平等原则,还要分清"公民"和"人民"的界限,抛弃以"人民"取代"公民"的偏见。公民既包括人民,又包括敌人,公民在适用法律上一律平等,是指对全国所有公民在适用法律上一律平等。在处理案件时,既不能对某些违法犯罪分子以敌对分子为理由处罚过重,也不能对某些违法犯罪分子以出身好、根子正为理由而不予处罚或处罚过轻。

当然,司法公正原则的内涵和外延,均超出公民在适用法律上一律平等的范围。在司法改革和建设法治国家的过程中,应当注重研究如何使司法公正原则成为完整的原则,并在实践中真正予以贯彻。

(三) 司法合法原则

司法合法原则主要是指司法机关和司法人员在司法过程中,只服从法,严格按照法的规定来适用法,既按照实体法也按照程序法办案,而不受其他因素的干扰或影响。司法合法原则在中国,主要体现为人们所概括的"以事实为根据,以法律为准绳"原则。民事、刑事和行政三部诉讼法都确立了这一原则。

司法机关应当以案件事实为根据,以有关法律规范为标准,正确处理案件。坚持这一原则,是辩证唯物主义思想路线和法治原则对司法活动的基本要求。坚持这一原则,才能在办案中做到事实清楚,证据确实,定性准确,用法适当。

任何案件都是由法律事实所引发的,都是基于法律事实而存在的,办理案件就要在查清这些事实上下功夫。要坚持以事实为根据,以客观事实作为处理案件的根据,不以主观想象、推测为根据,把案件处理建立在客观事实的基础上。这里的事实必须是经过查证、确凿无疑、真实的事实,也必须是同法有关的或有法的意义的事实,是同案件相关的事实。

任何案件的处理,只能以法为准绳。实体法是关于案件办理中所涉及的法律权利和法律义务分配的实际准则,程序法则是实现同案件相关的法律权利和法律义务分配的步骤准则。司法中坚持以法为准绳,就要求司法机关和司法人员严格遵循实体法和诉讼程序法,以法律、法规作为衡量是非曲直、确定违法与否、犯罪与否以及如何处理的尺度。

坚持以事实为根据、以法律为准绳的原则,也包括要求司法机关和司法人员在办案中不受行政机关、团体、企事业单位和个人的干涉和干扰,并勇于纠正所办的冤错案件。

以事实为根据,以法律为准绳,同重调查、重证据、重法治是相通的,而同主观臆断、偏听偏信、轻信口供和"罪行不在大小,关键在于态度"是相悖的。坚持这一原则并不是说办案时根本无须考虑形势的因素;但可以考虑形势的因素,也决不意味着可以不顾事实和法律规定办案。以事实为根据,以法律为准绳,两者缺一不可,前者是正确适用法律、法规的前提,后者是正确处理案件的保证。

四、法的适用的阶段

法的适用是一个渐进有序的过程,从逻辑上可以分为若干阶段。

(一) 调查、分析和确认事实

法的适用的基础和前提是调查、分析和确认事实真相。事实不清是不能适用法的。一旦全面深入查明事实以后,就需要对事实进行分析,从弄清被适用法的人开始,确认哪些事实具有法律意义,哪些事实不具有法律意义。这时要注意两点:一是要确认本机关是否有权立案受理,不能把法的调整同道德调整或社团章程调整之类的问题相混淆。二是随着立法的发展和法律制度的完善,法的调整范围也会变化。这就要求司法机关和司法人员注意这些变化,以正确确认事实在发生变化的情况下是否具有法律意义。

(二) 选择适当的法律规范

在确定事实的基础上,找出处理案件的法的根据。首先,要在确认事实性质的基础上选择适用何种法律规范最为适宜,找出应当适用哪个部门法、哪个规范性法律文件,乃至哪些条款等。其次,要审查适用的法的正确性和有效性。正确性是指所选择适用的法律规范同案件事实在性质和程度上最吻合、最相宜。有效性是指所拟适用的规范性法律文件是现行有效的。最后,要弄清所选择的法律规范的效力范围同本案是否吻合,效力范围包括时间效力、空间效力、对象效力和有无溯及力诸方面。在选择适当法律规范阶段,还应当对法律规范的内容和含义作出确切的解释,以便法律规范同法律事实达到最佳的融合。

(三) 作出决定

作出案件的判断、评价和决定。这是法的适用的决定性阶段,是把法适用于具体案件,即具体主体、具体事实的有目的的思维活动。决定一旦作出,就意味着国家对案件作出了正式的评价和给出了正式的意见,由此将导致正式的法律后果。法的适用的决定应当采取书面的正式的法律文书形式,作为告知当事人、存档备查和予以执行的文字根据。决定的具体表现形式是多样化的,如判决书、裁决书、起诉书、不起诉决定书等。

(四) 执行决定

执行决定阶段,对于审理某一具体案件而言,是法的适用的最后阶段,也是法律规范具体发生作用的阶段。决定作出以后,司法机关应当及时将决定通知有关当事人,然后由专门机关负责执行决定。所执行的决定,应当是已经具有法的效力的决定,即已过法定期限没有上诉、抗诉,是终审的判决和裁定等。此外,还应当依法对执行决定的结果和过程进行监督。

第三节 法 的 遵 守

一、法的遵守的含义和意义

(一) 法的遵守的含义

法的遵守也称为守法,是指个人和组织依法行使法定权利和履行法定义务,做法所要求做和允许做的事,不做法所禁止做的事。

理解法的遵守或守法的含义需要注意两点:

第一,社会生活和社会关系的内容非常广泛,法不可能对社会主体的每一项活动都加以调整,而只能对那些有必要的部分以法的形式加以调整。或者说个人和组织的行为只有一部分是同法有关系的,这一部分行为需要以法为准则;还有相当一部分行为同法没有必然的或直接的关系,因而不存在以法为准则的问题。因此,法的遵守或守法不是指也不能是指社会主体的活动或行为都必须符合法的要求。不少教科书都说法的遵守或守法是指"人们的活动都必须符合法的要求",或者说"守法是指公民、社会组织和国家机关以法律为自己的行为准则",这都是不确切的,是对法的遵守或守法的误解。

第二,法的遵守既包括遵守规范性法律文件,如宪法、法律、行政法规、地方性法规等;也包括遵守非规范性法律文件,如判决书、裁定书、结婚证、逮捕证等,这些非规范性法律文件是实施规范性法律文件的结果,也有法的效力,必须遵守。但这一点往往被人们所忽视,他们往往以为守法就是遵守宪法、法律、行政法规、地方性法规等,而对法院的判决和裁定,对公安、税务、市场监管、环保以及其他有关机关的非规范性法律文件不重视,甚至拒绝服从,这是需要解决的问题。当然,就这两者而言,首先是遵守规范性法律文件,在现代国家,尤其要注重遵守国家宪法、法律。

(二)法的遵守的原因和意义

法的遵守或守法是法的实施的重要形式之一,是一切法制得以获得实效的基本形式和途径之一,也是一切法治的基本要求和内容。

任何一种法和法制只有得到遵守才能发挥作用。但对于不同时代、国家和社会的不同守法主体来说,守法有不同的意义、目的或理由。

一方面,对于执政者来说,法是维护对自己有利的或自己追求的社会关系和社会秩序的工具,为了维护这种社会关系和社会秩序,执政者不能不遵守自己所制定和认可的法。对于现时期的我国来说,守法是建设法治国家所必需的一项内容。

另一方面,对于社会组织和个人来说,守法主要是出于以下原因:第一,出于功利的原因。对有的社会组织和个人来说,守法可以获得好处。在我国,法体现人民的意志,守法是实现人民利益的保障。第二,出于惧怕的原因。对有的社会组织和个人来说,守法是为了避免受到法的追究亦即避免法律制裁。第三,出于习惯的原因。对有的社会组织和个人来说,从其一成立或一出生起,就被要求服从法或被教导服从父母、权威和法,因此逐渐形成守法的心理和习惯。第四,出于法律意识的原因。有的社会组织和个人有同现行法相协调的法律意识,他们受此意识的影响自觉地守法,使自己的同法有关系的活动或行为具有合法性。第五,出于道德的、正义的、契约的、舆论压力的原因。对有的社会组织和个人来说,他们把是否守法看成是否合乎道德、正义和是否合乎社会契约、是否合乎社会舆论的事情。

二、法的遵守的主体

法的遵守或守法虽然是一切法制和法治的基本要求和内容,但并非一切国家都存在普遍的守法。在不同类型的国家,守法的主体是有区别的。在专制制度下,例如在中国封建社会,统治者奉行的信条是:"夫生法者,君也;守法者,臣也;法于法者,民也。"[①]就是说,君主立法,官吏执法,百姓守法。在这样的社会,守法的主体主要是百姓。而在资本主义社会,情况有很大改变,讲究在法律面前人人平等,包括国家机关在内的一切社会组织和个人都是守法的主体。只是由于这是一个资本万能的社会,经济上的不平等决定了事实上很难真正做到

---

① 《管子·任法》。

守法的平等,难以实现真正普遍的守法。

在今日中国,守法的主体应当是一切组织和个人。这里讲的组织,包括一切国家机关、武装力量,也包括一切政党和社会团体、企业事业组织。这里讲的个人,包括一切人,从普通公民到党和国家的最高领导人。中国《宪法》第 5 条规定:"一切国家机关和武装力量、各政党和各社会团体、各企业事业组织都必须遵守宪法和法律。一切违反宪法和法律的行为,必须予以追究。"第 33 条规定:"任何公民享有宪法和法律规定的权利,同时必须履行宪法和法律规定的义务。"

法的遵守的主体在我们国家之所以应当具有这样的普遍性,首先,因为我们的法应当是社会上占绝大多数人口的人民群众意志的体现,守法就是实现最广大人民的共同意志和利益,一般而言它也能得到大多数人的自觉遵守。从这个意义上,我们可以说,具有真正普遍守法的可能性,是我们的法制和法治优越于其他法制和法治的一个重要标志。其次,在我国,法律权利和义务一般应当是统一的,公民的权利和义务应当是一致的,社会组织的职权和职责实际上是合二为一的。权利和义务的这种统一性,要求一切组织和个人在依法行使权利或职权的同时,也要依法履行义务或承担职责。最后,历史的经验教训也表明,只有实现普遍守法,法制和法治的存在和发展才是可能的、顺利的。如果有的人被要求守法,而有的人可以不守法;有的组织被要求守法,而有的组织可以高居于法之上,超越于法之外,就不可能有事实上的现代法制和法治的存在,就难以避免像苏联解体那样的历史悲剧。

三、法的遵守的条件和途径

法要获得有效的遵守,其条件和途径至少包括以下四个方面:

(一) 法本身应当便于遵守

法要获得普遍而有效的遵守,其本身应当是便于遵守的。首先,法应当具有可行性,行不通的法不可能获得普遍的遵守。其次,立法应当是为了获得实效,而不仅仅是为了好看。如果立法是因为人家有这个法,我们也要有这个法,以此表示我们也有一套像样的法律制度,而没有在立法建制时就打算去很好地实施这些法,这样的法就不可能获得普遍的遵守。再次,法本身应当科学,协调统一,明白易懂,能够为法官、律师、其他法律工作者和广大公民所理解和掌握。如果法和法之间,法律规定之间,相互矛盾或不易被理解,它们就必然不可能得到普遍遵守。最后,法应当公布,不溯及既往。不加公布的秘密的法不可能获得普遍遵守,昨天的人们无法用今天的法衡量昨天的行为,今天的人们无法用明天的法衡量今天的行为。

(二) 国家机关应当严格守法

法要获得普遍而有效的遵守,在很大程度上取决于国家机关的严格执法和公正司法。行政机关、司法机关以及它们的工作人员,应当有较强的现代法律意识和较高的法律职业伦理,有强烈的正义感,愿意为法的遵守积极作出自己的努力;应当有必要的法律理论和法律知识素养以及必要的应用法的能力,能正确理解法的内容、含义和精神,能正确实施法,能准确及时地运用法处理问题和案件。为使法得到普遍而有效的遵守,行政机关、司法机关及其工作人员,应当依据法定权限和程序执法和司法,应当恪尽职守地为实现法的价值、保障个人和组织的合法权益而努力。

(三) 公民应当自觉守法

法的实现,需要尽可能地依靠公民自觉遵守,需要公民把守法变为自觉的行为,从而使法的遵守获得可靠的群众基础和社会基础。为保证公民自觉守法,应当注意解决这样几个问题:首先,要在理论上使公民确实能理解,在实践上使公民确实能感觉到,守法就是实现自己的利益或有利于维护自己的利益。其次,要使公民确实能理解和感觉到守法的确同实现自己的民主、自由和其他各方面的权益是统一的。最后,要使公民确实能理解和感觉到守法是自己当家作主的具体体现。想要做到这些,就要增强公民的法律意识,就要在全社会培养和形成遵纪守法的社会风尚。

(四) 干部应当带头守法

这是由我国的性质和干部在国家中的地位所决定的。我国是人民的国家,一切干部都应当是为人民服务的公职人员,而不应当是人民的主人,更不应当是"骑在人民头上作威作福"的老爷。同时,干部手中通常是掌握一定的公共权力的,如果党政干部不是为人民服务的公职人员而是老爷,国家就不是真正的社会主义国家。干部的职责,主要是依法办事,模范地遵守宪法、法律和法规,并且带动广大群众守法。干部在广大群众眼里具有示范或榜样的作用,他们只有带头守法,才有资格要求和带领群众守法。如果干部知法犯法,不把法放在眼里,任意违法而又无人制止,可以逍遥法外、鱼肉人民,就会造成混乱、腐败、黑暗的局面,我们的制度就会垮下去,所谓法的普遍遵守,就只能是漂亮的空话。

在我国,多数干部是能奉公守法的,但也有一些干部法治观念十分淡薄,甚至自命特殊,认为法是管老百姓的,自己可以超越于法之外,甚至凌驾于法之上。他们当中,有的利用职权营私舞弊,贪污腐败,侵吞国家和人民的财产;有的假公济私,违反法定制度,为自己的子女和亲友非法地提供各种方便;有的把自己所在单位当作独立王国,实行家长制,不把法治放在眼里,作威作福,称霸一方;有的执法犯法,刑讯逼供,任意侵犯公民的人身权利;有的采取卑鄙手段,敲诈勒索,收受甚至索要贿赂。干部这些破坏法治的行为,严重挫伤了公民守法的积极性,严重损害了党和政府的威信,败坏了社会风气。我国要真正走上现代法治之途,法要真正得到普遍而有效的遵守,必须改变这种状况,不仅要清除某些干部头脑里的封建特权思想,而且对干部的违法行为都必须依法予以处理,使干部成为群众守法的榜样。

第四节 法 的 解 释

一、法的解释的含义、特征和意义

(一) 法的解释的含义和特征

法的解释,就是有关主体根据立法原意、法律意识和有关需要对法律和其他规范性法律文件的内容、含义和有关术语所作的说明、解答或阐述。

法的解释的基本特征包括:第一,法的解释的主体不是确定的。有解释权的主体可以解释法,没有解释权的主体也可以解释法,前者有法的效力,后者无法的效力。第二,法的解释的范围或对象主要是法律和其他规范性法律文件,可以是完整的规范性法律文件,也可以是它们中的有关规定或有关条文。同规范性法律文件相附随的情况,如一定的经济、政治、文化和其他方面的背景性情况,又如规范性法律文件的附件或其他附属资讯,也可以是解释的对象。第三,法的解释可以是同具体案件密切相关的,如针对具体案件的法的适用方面的解释;也可以是同具体案件没有密切或直接关系的,如全国人大常委会就法律所作的解释,往往就同具体案件没有密切或直接关系。有的著述认为法的解释的一个特点是同具体案件密切相关,这是忽略了立法机关如全国人大常委会也可以解释法。第四,法的解释总是在解释者的法律意识的支配或影响下进行的,因而通常都具有一定的价值取向。

(二) 法的解释的意义

首先,要把一般的法律规定适用到具体案件或事项中,往往需要对法进行解释。法律规定无论如何详尽,通常都只能对一般的典型的社会生活加以规制,而难以概括和反映实际生活中的许多具体情况。要把一般的具有典型意义的法律规定适用到纷繁复杂的具体案件或事项中,使法律规定既不失本意,又能同具体的实际情况相结合,有时就需要对某些法或法律规定进行解释。

其次,要把过去制定的法适用到现在的实际生活中去,使法能适应形势发展需要并保持自身的稳定性,往往需要法的解释。社会关系和社会生活是经常变化的,过去制定的法,如何适用于现在的情况,是经常发生的问题。例如有的法是数十年前制定的,甚至像《美国宪法》那样是几百年前制定的,要把这些法适用于现实生活,经常需要进行解释。而且,法的制定往往是同一定的历史环境和历史任务相关的,要正确理解某一法律规定,就要明确它产生的原因和目的,以及它在调整社会关系中的作用。这也需要对法进行必要的解释。

再次,要使法中的某些专门的名词、术语为人所理解,或者要使法中的某些普通名词、术语在含义上同通常的用法有所区别,往往需要法的解释。法律条文的文字虽然简洁,但含义深刻,其中有许多专门的名词、术语。如《刑法》中的故意犯罪和过失犯罪,犯罪的未遂和中止;《民法典》中的标的和给付定金;《刑事诉讼法》中的公诉、自诉、抗诉和取保候审等。各有关人员要正确适用法,需要准确地理解这些言简意赅的法律条文和专门术语。这就往往需要进行法的解释。又如法中一些普通名词、术语,比如父母、子女这些概念的含义的范围,往往比日常生活中同类概念的含义的范围或大或小,要在司法实践中准确理解它们的含义的范围,从而正确适用它们,就需要对它们加以解释。

最后,法的解释对于协调统一法的体系内部的关系和消除有关弊病,对于开展法制宣传教育,有时也是必需的。

总之,法的解释很有意义。一个国家,只要有法,就必然有法的解释。但不同的国情之下,法的解释有不同的情形。比如,在封建制度下,君主可以任意地解释法,只对君主负责的法官也往往是随心所欲地对法进行解释。资产阶级革命时,启蒙思想家对此曾经予以坚决抨击。在人治条件之下,法的解释的随意性,也是随时可见。今天我们正在走向法治,对法的解释应当既积极又慎重。

二、法的解释的种类

法的解释可以分为两大类别:法定解释和非法定解释。这种分类的标准主要看法的解释主体是谁,解释是否具有普遍的法的效力。

法定解释是指有权的国家机关和人员根据宪法和法律所赋予的职权,对有关法或法的规定所作的具有法的效力的说明、解答或阐述。法定解释具有三个基本特征：第一，解释主体是法定有权解释的主体；第二，解释是依法进行的，解释文本具有法的效力；第三，这种法的效力具有一定的普遍性。由于法定解释是有权的国家机关和人员依法进行的，所以又称为有权解释。由于法定解释同被解释的法具有同等效力，所以又称为有效解释和正式解释。这种解释是最重要的法的解释。

应当指出，法定解释虽然是有权的国家机关和人员所进行的解释，但这并不是说，有权的国家机关和人员所有对法所作的解释都是法定解释，例如，全国人大常委会组成人员、最高人民法院法官，在日常工作中对法有各自的理解和解释，但这种解释不是依法进行的，不具有法的效力或普遍有效性，因而不属于法定解释。他们所作的解释只有具有法定解释的三个基本特征，才算是法定解释。

非法定解释是指不享有法定解释权，所作的解释不具有法的效力的解释。非法定解释的主体，可以是国家机关，例如，司法部或某个省政府的宣传部门为了宣传某个法，而对该法所作的解释；可以是社会组织，例如，团中央为了宣传《未成年人保护法》，全国妇联为了宣传《婚姻法》，分别对这两个法作了许多阐述性的工作；也可以是个人，如法学教授著书立说，对法所作的种种解说。非法定解释和法定解释的主要区别是：其一，解释的依据不同，后者是依法定职权，而前者不是；其二，解释的效力不同，后者有法的效力，而前者没有法的效力。由于非法定解释是不具有法的效力的解释，它又被称为非正式解释。

这里应当注意两点：第一，不少著述将非法定解释也称为学理解释，这是不妥的。非法定解释这个概念的核心是强调解释没有法的效力，强调解释是非正式的；而学理解释这个概念的核心是强调解释是依学理进行的，是强调解释的方法。第二，非法定解释或非正式解释尽管不具有法的效力，但对人们理解法是可以有很多帮助的，对司法机关办案是可以提供参酌意见的。不能因为这种解释不是法定的，就低估甚至忽视其价值和作用。

三、法的解释的方法

观察法的解释的实践，可以看到，法的解释有学理解释和任意解释，语法解释和字面解释，限制解释和扩充解释，历史解释、逻辑解释和目的解释等的区分。

（一）学理解释和任意解释

学理解释，就是有关主体或人员，从法学理论的角度对法或法律规定所作的解释。一般法学著述几乎都将学理解释看作是同法定解释相对应的解释。这是明显不当的。按照这样的分类，所有的法定解释就都成了没有学理的解释，就都是不讲理的解释。实际上，法定解释所强调的是特定的主体对特定的法作出具有法的效力的解释。而学理解释则具有以下特点：其一，学理解释的主体是非确定的，它并不是一般法学著述所说的仅仅由社会组织、学者、学术团体和报刊之类所作的解释。其实，除了这些主体之外，国家立法机关、司法机关、行政机关也可以根据学理对法进行解释。而社会组织和报刊之类所作的解释也并不一定都是根据学理所进行的解释。其二，学理解释的对象可以是广泛的，学理解释并非对特定的法所作的解释，而是可以对各种法进行解释。学理解释不像法定解释那样，只限于对某种或某些法进行解释。其三，学理解释这一概念强调的是法的解释的方法，而不像法定解释那样强调的是法的效力或法的约束力。

从这三点来看,法定解释同学理解释根本不是相对应的范畴。事实上,法定解释和学理解释经常是两位一体的或通常总是相关联的,法定解释的主体所作的法定解释往往就是根据一定的学理进行的,我国立法机关和司法机关对法所作的法定解释,在很大程度上是根据学理所进行的。那种把学理解释的主体局限于宣传、教育、研究者的范围的观点,是需要修正的。

任意解释,是指有关主体按照自己的理解,对法的内容、含义和有关术语所作的解释。这种解释没有主体资格和解释对象范围的限制,一般公民、社会团体或诉讼当事人、辩护人以及其他有关人员,都可以按照自己的理解或看法,对他们想要解释的法或所面对的法作出解释。任意解释对正确适用法律规定和处理案件具有参考价值,司法机关和其他国家机关应当重视这种解释。但这种解释本身没有法的效力,对司法机关和其他国家机关没有法的约束力。

(二)语法解释和字面解释

语法解释又叫文理解释、文义解释,就是根据语法规则分析法律条文的句子结构、文字排列和标点符号等,对法的内容、含义和有关术语所进行的解释。法律条文通常是以概括的语言文字构成的,要了解法律条文的确切内容、含义或是有关术语的含义,首先需要弄清法律条文的句子结构、文字排列和标点符号等究竟意味着什么,从语法上来解释法所规定的内容、含义和有关术语。因此语法解释在法的解释中占有重要的位置,是法的解释的一种重要方法。当然,进行语法解释,应当注意把握法的精神实质,连贯全文进行推敲,而不能断章取义,曲解法的精神。

字面解释是指根据法律条文的字面含义所作的解释。这种解释是法的解释中最一般的方法,其特点是完全依据或墨守文字的本义,既不扩大作出广于其文字含义的解释,也不缩小作出窄于其文字含义的解释,而完全按照法的文字所表现的内容去解释。字面解释同语法解释不同,字面解释强调的是法律条文事实上是什么意思,是只就表述法律规范的文字进行解释;语法解释强调的则是法律条文应当是什么意思,是用句子结构、文字排列、标点符号等来说明法律规范的含义。

(三)限制解释和扩充解释

限制解释,是指对法律规定所作的小于其字面本来含义的解释。这种解释之所以必要,是因为有的法律条文的用词,其含义比立法者所要表达的含义范围要广泛,如果不作限制解释,对这一法律条文的理解就不符合立法的原意。例如《民法典》第1068条规定:"父母有教育、保护未成年子女的权利和义务。"这里的"父母"仅指具有教育、保护能力的父母,而这里的"子女"仅指没有独立生活能力、需要教育、保护的子女。对这条规定只有作限制解释,才符合立法的本意。

扩充解释,是指对法律规定所作的广于其字面本来含义的解释。这种解释之所以必要,是因为立法者所要表达的含义范围广于该法律条文的文字表现的内容和含义,为了正确表达立法的原意,就要采取扩充解释。也以《民法典》为例,其1070条规定:"父母和子女有相互继承遗产的权利。"在这里,"父母"和"子女"均需作扩充解释,他们不仅包括亲生的父母和子女,而且包括养父母和养子女、继父母和受其抚养教育的继子女等。

限制解释和扩充解释虽然是两种可以使用的法的解释方法,但如果使用不当,则容易造成法的规避和破坏法制的结果。因此,使用限制解释和扩充解释的方法,需要慎之又慎,应当严格根据法的内容,在不违背立法原意的条件下使用。

(四)历史解释、逻辑解释和目的解释

历史解释,是指对法的产生、修改或废止的经济、政治、社会等方面的历史条件、历史背景和其他历史资讯加以研究,将新制定的法同历史上相关的法作比较研究,来说明该法的内容和含义。这种解释有助于人们理解一定的法律制度、法律条文和法律规定是基于何种历史原因或历史条件而形成的,有助于人们历史地、唯物地、合理地理解法的精神实质。

逻辑解释,也称为体系解释、系统解释,就是运用形式逻辑的方法对法的结构、内容、概念之间的联系进行分析,从而说明法律规定的内容、目的或要求。逻辑解释注重法律规范之间的联系,以及解释对象在整个法律体系和所属部门法中的地位和作用,通过分析这些方面的情况,来说明法的内容、含义和其他有关方面。这种解释之所以必要,是因为每一个法或法律规定,总有它的逻辑形式,通常也总是在同其他法或法律规定发生关联的情况下发挥作用,要正确理解和适用法,就需要注意这些逻辑联系,避免孤立地、机械地、片面地理解法和错误地适用法。

目的解释,是指按照或追寻法的目的,对法和法律规定所作的解释。法的目的,可以是指被解释的法当初的立法目的,也可以是指被解释的法在当前所应有的目的。后一种情况是说当初的目的已不符合当前的需要因而通过法的解释使其符合。这两种情况中,前一种情况是更为主要的。采用目的解释的方法形成后一种情况的,需要慎之又慎。目的解释中的目的,可以是整个法的目的,也可以是某个法律规定或某个法律条文的目的。法的目的总是同法的指导思想和法的本质相关的,注重目的解释,有助于人们从法的根本点上理解法,或是有助于人们深入地理解法。

四、中国法的解释体制

法的解释体制所涉及的问题,主要是法定解释权限划分或权力归属问题。当代中国法的解释体制,也就是当代中国法定解释体制。几十年来,这个体制经历了发展变化的过程,这个过程的阶段划分,可以用《立法法》的公布实施为界标。

(一)《立法法》之前中国法的解释体制

从世界各国的情况来看,许多国家的立法机关是没有或很少行使法的解释权的,这些国家的法的解释权大都掌握在司法机关手中。比如在美国,国会极少对自己的法律进行解释,即使是宪法解释权也不属于国会。自美国最高法院通过著名的"马伯里诉麦迪逊案"谋取宪法解释权后,法的解释权就一直为联邦最高法院所拥有。在类似美国这样的国家,较少使用立法解释这样的概念,谈到法的解释,实际上就是指最高法院或宪法法院对法的解释,即对立法的司法解释。

在中国,随着法定解释权限的划分得以明确化,法的解释体制逐渐发展。1949年《中央人民政府组织法》规定,中央人民政府委员会有权"制定并解释国家的法律,颁布法令,并监督其执行"。1954年《宪法》规定全国人大制定法律,全国人大常委会解释法律。1955年全国人大常委会通过的《关于解释法律问题的决议》规定:凡关于法律、法令条文本身需要进一步明确界限或作补充规定的,由全国人大常委会分别进行解释或用法令加以规定。凡关于审判过程中如何具体应用法律、法令的问题,由最高人民法院审判委员会进行解释。

1981年,全国人大常委会通过《关于加强法律解释工作的决议》,进一步规定了法的解释权限划分体制:(1)凡关于法律、法令本身需要进一步明确界限或作补充规定的,由全国人大常委会进行解释或用法令加以规定。(2)凡属于法院审判工作或检察院检察工作中具体应用法律、法令的问题,分别由最高人民法院或最高人民检察院进行解释。如果两院解释有原则性分歧,报请全国人大常委会解释或决定。(3)不属于审判和检察工作中的其他法律、法令如何具体应用的问题,由国务院及其主管部门进行解释。(4)凡属地方性法规条文本身需要进一步明确界限或作补充规定的,由制定法规的省、自治区、直辖市人大常委会进行解释或作出规定。凡属地方性法规如何具体应用的问题,由省、自治区、直辖市人民政府主管部门进行解释。1982年《宪法》规定,全国人大常委会有权解释宪法。

据此,人们一般认为,中国已基本形成完整的法的解释体制,这一体制的基本特征是以全国人大常委会为主导,各有关国家机关分工配合。全国人大常委会负责解释宪法和法律,凡属"进一步明确界限"范围的,由全国人大常委会负责解释。全国人大常委会还有权对其他国家机关的解释实施监督。例如,最高人民法院和最高人民检察院的解释如有原则性分歧,由全国人大常委会解释或决定。这表明了全国人大常委会在法的解释体制中的主导地位。法的解释体制的分工配合的特征表现为,中央国家机关和地方国家机关之间在法的解释体制上的关系,是"进一步明确界限"和"具体应用"之间的分工配合关系。

根据1981年全国人大常委会《关于加强法律解释工作的决议》和1982年《宪法》的规定,全国人大常委会和省级人大常委会的法的解释权限是明确的。全国人大常委会有权解释宪法和法律,省级人大常委会有权解释自己制定的地方性法规。根据对立法和立法解释的理解和认识,国务院应当有权解释行政法规,省、自治区、直辖市和经济特区所在地的市的人大常委会应当有权对自己制定的地方性法规进行解释,国务院主管部门、省级人民政府和省、自治区、直辖市和经济特区所在地的市的人民政府应当有权解释自己制定的部门规章或地方政府规章,民族自治地方立法主体应当有权解释自己制定的自治条例和单行条例。根据法的解释的原理,上述法的解释主体亦可以授权其他国家机关对自己所立的法进行解释。

(二)《立法法》确立的中国现行法律解释体制

《立法法》的公布和实施,带来了中国法的解释体制的新格局。特别是《立法法》确立了中国现行法律解释体制,这一法律解释体制是整个中国法的解释体制的核心。根据《立法法》(2023年修正)的规定:

第一,法律解释权属于全国人大常委会。法律有以下情况之一的,由全国人大常委会解释:(1)法律的规定需要进一步明确具体含义的;(2)法律制定后出现新的情况,需要明确适用法律依据的。

第二,国务院、中央军事委员会、国家监察委员会、最高人民法院、最高人民检察院和全国人大各专门委员会可以向全国人大常委会提出法律解释要求或者提出相关法律案。省、自治区、直辖市的人大常委会可以向全国人大常委会提出法律解释要求。

第三,全国人大常委会工作机构研究拟订法律解释草案,由委员长会议决定列入常委会会议议程。法律解释草案经全国人大常委会会议审议,由宪法和法律委员会根据常委会组成人员的审议意见进行审议、修改,提出法律解释草案表决稿。法律解释草案表决稿由常委会全体组成人员的过半数通过,由常委会发布公告予以公布。

第四,全国人大常委会的法律解释同法律具有同等的效力。

第五,全国人大常委会通过解释法律增强立法的系统性、整体性、协同性、时效性。

第六,最高人民法院、最高人民检察院作出的属于审判、检察工作中具体应用法律的解释,应当主要针对具体的法律条文,并符合立法的目的、原则和原意。遇有《立法法》第48条第2款所规定的情况,即法律制定后出现新的情况需要明确适用法律依据的,应当向全国人大常委会提出法律解释的要求或者提出制定、修改有关法律的议案。最高人民法院、最高人民检察院作出的属于审判、检察工作中具体应用法律的解释,应当自公布之日起30日内报全国人大常委会备案。最高人民法院、最高人民检察院以外的审判机关和检察机关,不得作出具体应用法律的解释。

《立法法》没有规定行政法规、地方性法规、自治条例和单行条例、规章的解释制度,在这些方面的制度正式确立之前,对行政法规、地方性法规、自治条例和单行条例、规章的解释,可以比照法律解释制度理解和实行。

第十三章 法律关系

第一节 法律关系释义

一、法律关系是特殊的社会关系

法律关系是由法所调整的一定主体之间的权利和义务关系。它是一种社会关系而不是自然关系，是社会主体在社会生活中依法所形成和实现的一种特殊的社会关系。这种特殊性构成了法律关系所具有的特质：

（一）法律关系是由法所调整的社会关系

法律关系是由法所调整的社会关系，是依法存在和运行的社会关系。这是法律关系的首要特征，也是法律关系同其他社会关系的首要区别。法律关系的其他特征或由这一特征派生，或在同这一特征紧密相关的情形下存在。

只有法所调整的社会关系才属于法律关系，法的存在是法律关系得以存在和运行的前提。我们将一定主体之间的某些关系称为法律关系，首先因为它们是依法存在和运行的。某种社会关系成为法律关系，必须有调整这种关系的法存在着。比如，我们说甲男乙女的夫妻关系是法律关系，说张三李四的买卖关系是法律关系，就因为这些关系都是法所调整的关系，前者属于《民法典》中的婚姻法所调整的法律关系，后者属于《民法典》中的合同法所调整的法律关系。

不是所有的社会关系都可以为法所调整从而成为法律关系，只有一部分需要和可能由法所调整的基本的和重大的社会关系，如财产关系、借贷关系、买卖关系、婚姻关系、民主关系、国家权力关系、公民基本权利和义务关系等，才能成为法律关系。那些层次较高的社会关系，如爱情关系、朋友关系、友谊关系，那些并非特别重大的社会关系，如同学关系、同乡关系、同事关系，就不适合或不必要由法加以调整，因而也就不能成为法律关系。不过，需要和可能由法所调整的社会关系，并不等于它们自然就是法律关系，它们只有经过法的调整，才会成为法律关系。

在我们的生活中，社会关系是极为复杂和多样化的，调整社会关系的社会规范也是复杂多样的，不是所有社会规范所调整的社会关系都是法律关系，只有法这种特定的社会规范所调整的社会关系才是法律关系。当然，法律关系同其他许多社会关系往往是交叉甚至融合的，调整社会关系的种种社会规范也同样往往是交替为用的。例如，不忠于爱情和友谊，不属于法所处理的问题，不是法律关系赖以存在的直接根据，但不忠于爱情和友谊却完全可能作为重要的甚至是主要的原因，导致一定法律关系如婚姻法律关系、合同法律关系之类的瓦解。对国家政权活动的调整是法律调整的重大任务，但政治生活准则同样是国家政权的掌握者在规制国家政权活动时所不得不特别重视的。

法律关系是法这种社会规范实现其价值和发挥其作用的必经之途和基本形式。法制定出来以后，如果要实现其价值和发挥其作用，就需要以它为纽带，将一定的社会主体连接起来，使这些社会主体之间存在着法定的权利和义务关系，人们根据这些法定的权利和义务来作为和不作为，以使法和法律规范的价值在实际生活中得以兑现，而人们之间这种法定的权利和义务关系，就是法律关系。正因如此，人们可以说法律关系就是法和法律规范得以实现其价值和发挥其作用的必经之途和基本形式。

法律关系既然是依法存在的社会关系，法的状况，特别是立法、司法状况，对法律关系的状况就有直接的意义。在法制较为健全、法的体系和司法制度较为完善的情况下，法律关系发生的领域和范围，法律关系的完善程度，法律关系获得实现的程度，也就相应地好于法制较为落后的情况。法制较为健全，应当由法来调整的社会关系通常会相应地得到适时的调整，法律关系的领域和范围也会比较适当；反之，法制较为落后，应当有的法没有或迟迟不能出台，已有的法又不能很好地得到实施，在这样的情况下，有的法律关系就难以产生，或是难以有效实现和发挥对社会生活的应有作用。因此，完善法制与完善法律关系是紧密相关的两个问题。

法有种种形式之分，以法作为依据的法律关系，其法的依据也因此而有分别，有的是依据此种法的形式存在的，有的则是依据彼种法的形式存在的。中国法律关系以制定法这种法的形式为其存在的主要依据；而在普通法法系，判例法、习惯法和制定法都是法律关系得以存在的主要依据。在现代，一国的法制和法的体系如果较为健全，其法律关系一般以正式法的形式为依据，较少以非正式法的形式为依据。法制和法的体系不甚健全或较为落后，法律关系的依据则往往是或经常是非正式法的形式。非正式法的形式在有的国家如中国、欧洲大陆国家，主要表现为某些政策、理论、习惯、判例、国家决定或决策；在有的国家如普通法法系国家，则不包括判例，因为在这些国家判例也是正式法的形式。以非正式法的形式作为法律关系的依据，除了法制和法的体系方面的原因外，主要是由于历史传统的作用，或由于社会关系发生较大的变动，既有的立法已经不合时宜，新的立法又未及时产生。

法律关系是法所调整的社会关系，具有天然的国家强制性，是由国家强制力保证实现的社会关系。从表层看，法律关系所体现的是一定主体之间的联系。然而揭开这一表层便可发现，法律关系所体现的，在很大程度上也是各种具体的主体与国家政权的某种联系。法律关系主体的权利和义务关系是以国家强制力作为后盾来保证实现的，如果法律关系的参加者违背和破坏他所存在于其中的依法形成的法律关系，妨碍对方行使权利或不履行自己的义务，就会受到国家强制力的约束或制裁。法律关系主体兑现自己的权利或义务，实际上也是国家法制得以实现的体现。执政者也正是利用国家强制力来保证有利于自己的法律关系得以实现。

（二）法律关系是以法定权利和义务为内容的社会关系

这是法律关系区别于其他社会关系的又一个重要特征。正如法是以规定主体的权利和义务为主要内容的社会规范，法律关系也是以体现主体的权利和义务为主要内容的。某种社会关系之所以成为法律关系，就在于它具有法所规定的当事人之间的权利和义务关系。法作为规范人们行为的准则，为人们规定了种种权利和义务，人们的关系只有形成了法所规定的权利和义务关系，才是法律关系。以男女关系来说，一般的男女关系如男女之间的同事关系，并不是法律关系，只有当男女之间的关系是依法形成的婚姻关系或其他法定权利和义务关系时，才是法律关系。再以男女两性关系来说，有的两性关系属于法律关系的范畴，如夫妻之间的关系，以及依法要受追究的两性关系如重婚关系，都是法律关系；而有的两性关系则不是法律关系，因为法并没有规定发生这种关系的双方各有什么样的权利和义务。

法律关系虽然同法一样是以主体的权利和义务为主要内容的，但权利和义务在法和法律关系中的表现形式却是不同的。法所设定的权利和义务，只是指明了权利主体能够做什么和义务主体应当做什么的方向，表明了主体行为的可能性或必要性，还不是或至少不完全是权利和义务获得实现的现实。而在法律关系中，主体的权利和义务已经具有明确的现实性，是实实在在存在着的权利和义务关系。此外，法所规定的权利和义务通常是抽象的，是针对一般的主体或某种类别的主体而不是针对具体的主体设定的，而法律关系中的权利和义务则是法所设定的权利和义务在具体主体之间的体现，是具体的法定权利和义务。

需要明确的是，法律关系是以主体的权利和义务关系为其内容的，但并不是所有的权利和义务关系都是法律关系。权利和义务是相当广泛的概念，有多种多样的权利和义务，如政党、社会团体的章程为其成员规定的权利和义务，道德规范中体现的权利和义务，法所规定的权利和义务等。在所有这些不同种类的权利和义务中，只有由法定权利和义务所形成的关系，才是法律关系，而其他权利和义务关系则不是法律关系。

（三）法律关系是体现意志性的思想社会关系

人们之间的社会关系是繁多复杂的，有经济关系、政治关系，有国家关系、家庭关系，有道德关系、宗教关系，有爱情关系、友谊关系，有合作关系、雇佣关系等。但就社会关系的基本分类而言，按照列宁的观点，大体可以分为两种：一是物质关系，一是思想关系。[①] 物质关系主要即生产关系，它是社会的经济基础，它的形成是不依人的意志为转移的。思想关系主要即法律关系、政治关系、道德关系等，它们属于上层建筑范畴，是物质关系的反映，归根结底决定于社会物质生活条件。

为什么说法律关系是一种思想社会关系呢？

第一，法律关系是依法存在的社会关系，离开了法便无所谓法律关系，而法是国家意志的体现，所以法律关系也就体现了国家意志。把人们之间的一定关系确认为法所调整的社会关系，这一过程就体现着国家意志的要求，是一定的国家意志活动的结果。而各种法律关系的具体实现，实际上也就是法所体现的国家意志的实现。国家意志正是在很大程度上有赖于法律关系才得以在社会生活中变为现实的。这就是说，法律关系不过是一定的国家政权借以实现自己意志的一种具体形式。

第二，法律关系的形成和实现，特别是它的实现通常要通过它的参加者的意思表示，通常都表现了该法律关系主体的某种意志。不过，这里的情形相当复杂：在有的法律关系中，这种意思表示是双方或所有参加人的意思表示；在有的法律关系中，这种意思表示首先是单方面的，是单方面的意思表示促成了法律关系，然后在该法律关系实现的过程中，又体现了

[①] 《列宁全集》（第1卷），人民出版社1955年版，第131页。

双方甚至所有参加人的意思表示；在有的法律关系中，法律关系的形成也并非基于当事人的意思表示，只是在实现的过程中，离不开有关当事人的意思表示。具体而言，至少有这样一些情形需要我们注意：

其一，法律关系的产生和实现，大多是基于参加者的意思表示，如买卖关系、租赁关系、合同关系、婚姻关系等，通常都是通过当事人的意思表示形成和实现的。这是法律关系具有意志性思想社会关系特质的主要情形，也是比较好理解和把握的一种情形。

其二，有的法律关系，比如继承法律关系，在形成时未必一定要基于双方或各方当事人的意思表示，而可以基于一方当事人的意思表示。行政法律关系往往也可以基于一方主体的意思表示而形成，如上级行政机关依法发布命令、指示，可以不管下级行政机关是否同意即可形成某种法律关系。这也就是说，体现单方面的意思表示或体现部分参加者的意思表示，也是法律关系作为意志性思想社会关系的一种表征。换言之，即使并非全面体现各方面参加者的意思表示，也不影响法律关系作为意志性思想社会关系的特质。不过，当这些法律关系具体实现时，通常却体现了双方或各方当事人的意思表示。遗嘱继承关系就是一种典型的例证。遗嘱是遗嘱人根据自己的意志形成的，遗嘱人在不违法的前提下，有权根据自己的意志订立遗嘱，把自己的财产遗留给自己喜欢的或愿意给的人。这表明此类法律关系的形成的确可以基于一方当事人的意思表示，然而要实现遗嘱继承关系，光有遗嘱人的意思表示是不够的，还需要有继承人的意思表示才能实现，如果继承人自己不愿意继承遗嘱人遗留的财产，遗嘱人的意志或这种继承关系就不可能实现。所以说，这种看起来由当事人一方意思表示形成的法律关系，事实上通常也需要通过双方或各方的意思表示才能实现。

其三，还有一种法律关系，它的形成事实上并没有经过具体参加者的意志活动。比如，一个人由于过失造成了另一个人的经济损失，根据法律规定，他应当赔偿损失，这样就形成了损害赔偿法律关系。这种法律关系在其形成时也是不依赖当事人双方意思表示的，在这种法律关系中，接受赔偿的一方事先并不知道谁将要损害自己的财产，而赔偿损失的一方也并没有意识到自己将要赔偿某人的财产。尽管如此，这种法律关系的实现，也需要通过双方达成如何具体赔偿的意思表示，才能做到。由于自然灾害、出生、死亡等不以人的意志为转移而发生的自然事件所形成的法律关系，也属于此类法律关系。可见，总体来看，法律关系通常都是同参加者的意志活动相联系的，无论法律关系的产生是否通过参加者的意思表示，但其实现通常需要通过参加者的意思表示。没有参加者的意志活动便没有完整的法律关系。

应当指出：我们说法律关系是一种体现意志性的社会关系，并不意味着法律关系的产生和实现具有主观随意性。如果我们只注意法律关系是一种意志关系，而不注意这种意志关系背后的——有时是在背后深藏着的——客观性，那么我们对法律关系的认识就是马克思所评判的那种幻想。马克思说："法学家们的这种错觉说明：在法学家们以及任何法典看来，各个人相互之间的关系，例如缔结契约这类事情，一般都是偶然的；他们认为这些关系可以随意建立或不建立，它们的内容完全依据缔约双方的个人意愿。"[1]法律关系既是一种思想社会关系，又具有客观性，是物质关系的反映，归根到底是由物质生活条件决定和客观规律支

---

[1] 《马克思恩格斯选集》（第1卷），人民出版社1995年版，第134页。

配的。性质不同的生产关系,必然形成不同的法律关系。人们的经济状况也决定着人们只能形成与其相适应的法律关系。例如,一对夫妇离婚后,其子女由母亲抚养,男方则负有给予子女生活抚养费的义务,子女则有要求其父给予抚养费的权利,由此而形成了一种抚养关系。但在这一抚养关系中,抚养费的确定,归根到底是取决于父亲的物质生活条件的,如果其父收入高,但他给孩子的抚养费不能维持生活,法是绝不允许的;但如果其父是个身无分文、无职业的流浪汉,法院也就无法要求他必须每月给予其子女较高的生活抚养费了。

此外,法律关系要受法律规范的制约。法律关系的参加者所表示的意志不能违背法律规定即国家意志。如果法律关系参加者违背法所体现的国家意志,那么,轻者,这种法律关系不具有法的效力。例如,在中国,一个男人临死前立下遗嘱把自己的全部遗产留给一个情妇而不给自己未成年的子女,这样的遗嘱就是有悖于中国的法律精神的,因而不具有法的效力。重者,则要受到法的追究。例如,在中国,如果两个经济组织订立合同,故意生产和销售以次充好、危害公众身体健康的产品,则要受到法的追究。可见在法律关系产生和实现的过程中,国家意志对参加者的意志具有主导性。当然,体现在法中的国家意志,通常也只有通过法律关系参加者的意志才能实现。

法律关系还要受到上层建筑其他因素的影响。例如社会上占主导地位的思想和观念,占统治地位的道德观念和历史的传统等,也都会对法律关系的产生和实现发生影响。在中国,法虽然没有明文禁止婚姻外的两性关系,但这种关系却是与中国的社会精神文明不吻合的,如果有人订立契约使他们之间的在婚姻之外的两性关系固定化、制度化,即使法不予以追究,也要受到道德和社会舆论的谴责。《民主与法制》和《法学》两家杂志都报道过这类消息:一男一女在经过各自的妻子或丈夫同意或经过其他人允许的情况下,订立了所谓的"育子契约",想使他们之间的关系合法化、固定化、制度化。这种所谓的契约关系即使法不追究,舆论和社会精神文明也不可能容许它存在下去。

二、学界认知法律关系的历程

法律关系问题在中国法理学著述中,这些年来一直颇受重视,法理学教科书几无例外地都有关于法律关系的专章设置。这种情形同法律关系问题在法学理论和实践两方面都具有重要价值是直接相关的。正如有学者所说,法律关系是凝聚着国家意志的法律规范作用于社会生活的过程和结果,是法从静态到动态的转化,是法律秩序的具体的存在形态,也是法的价值得以表现和实现的具体形式。[①] 因此,法律关系理论自当成为法学理论体系的重要组成部分。

法律关系问题的确是重要的。法律关系就是依法存在的,反映一定主体之间权利和义务的,体现一定意志的特殊社会关系。法律关系的存在和运行,需要具备这样几个条件:一是要有法存在,这是法律关系得以存在的前提,没有法便没有法律关系;二是要有主体存在,没有主体的参与或不涉及一定的主体,法律关系就无从形成和实现;三是要有权利和义务存在,否则,法律关系就没有存在的意义;四是要有客体存在,否则,法律关系便无法得以实现并获得价值。

---

① 参见张文显著:《法学基本范畴研究》(修订版),中国政法大学出版社2001年版,第94页。

在这里,不难发现法律关系是法学理论体系中的基本概念,因为不能设想法学理论体系中的许多概念、观念或要素,如立法、司法、守法、法律行为、法律责任、法律制裁、法制和法治等,可以脱离法、权利、义务和有关主体、客体而存在。同时,也不难发现法律关系是各种法的现象中的基本现象,因为不能设想法的现象中的许多现象,如国家机关或公司的设立、婚姻或契约的缔结、判决或裁定的作出、债务或职责的履行等,可以同法、权利、义务和有关主体、客体无涉。因此,像法律关系这样一种重要的法的范畴和法的现象,自然成为法理学研究历来所关注的对象。

法律关系在古罗马时代就是法理学的一个概念。查士丁尼皇帝的《法学总论》对债有这样的释义:"债是法律关系,基于这种关系,我们受到约束而必须依照我们国家的法律履行给付某物的义务。"①这一释义可以使我们明了罗马人关于债的含义的权威理解,也可以使我们明了古罗马权威著作中关于法律关系概念的解释。从这种解释中,可以获知,罗马人的法律关系概念,一是强调法律关系与法的联系,这意味着他们已经把法律关系与国家意志或国家强制力联系起来;二是强调法律关系与权利义务的联系,这意味着他们已经把法律关系的内容定位在权利义务方面;三是强调法律关系与债的联系,这意味着他们所说的法律关系就是民事法律关系。

今人尚未发现古罗马人有关于法律关系的系统深入的理论,或许当时古罗马人事实上就没有这种贡献。但他们对法律关系的理解,实际上已经奠定了西方人关于法律关系问题的理论基础。19 世纪以来,西方人逐渐对法律关系概念作出正面研究和界说,其中较早的有德国历史法学派的胡果、萨维尼以及其他学者,如温德沙伊德、彭夏尔特,英国分析法学家奥斯丁,新西兰分析法学家萨尔蒙德,美国法学家霍菲尔德,他们都在相当程度上研究了法律关系。胡果、萨维尼对法律关系有明确界定,而霍菲尔德则对复杂的法律关系现象进行了条分缕析。他们关于法律关系的解说,尽管反映了法学和法制已经发展的历史事实,但他们对法律关系概念的理解,仍然未能超出古罗马人的理解范围,还是从法律关系与法律规范相关联、与权利义务相关联的角度谈论法律关系,并且仍然局限于民事领域。

当然,19 世纪以来西方人对法律关系的界说,使法律关系概念由罗马法学中一个由债或民事问题生出来的概念,变为法学尤其是法理学中的一个一般概念。而且,他们注重从与权利和义务相关联的角度谈论法律关系,不似苏联学者和效法苏联模式的中国学界那样,曾经总是在说明法律关系的时候阐述权利和义务。或许是由于这一原因,西方人对法律关系的研究往往容易使人产生错觉,觉得西方有些国家的法理学对法律关系研究给予相当重视——他们在法律关系的框架中从正面研究包括权利和义务等问题在内的法律关系问题;有的国家的法理学则似乎并不怎么亲近法律关系论题——他们实际上是在权利和义务的基点上研究法律关系,很少可以见到他们的法理学著述有关于法律关系的专章专节。一般地说,欧陆国家属于前者,而英美国家往往属于后者。这种区别的存在,原因自然不在于法律关系问题是否值得法理学的关注,而在于各国法理学关于法律关系的研究有着不同的表现形态。

在法律关系研究方面作出新的努力的是苏联人。虽然他们在理解和论述法律关系时,

---

① 〔古罗马〕查士丁尼著:《法学总论——法学阶梯》,张企泰译,商务印书馆 1997 年版,第 158 页。

伴有激烈的政治冲突倾向和强烈的批判色彩,但他们比西方人更重视对法律关系问题的研究,提出了关于法律关系的种种定义和系统的理论。诸如有人将法律关系定义为法在调整人们行为的过程中所形成的特殊社会关系,有人将法律关系定义为是根据法律产生的、具有主体法律权利和义务的、由国家强制力所支持(保证)的人与人之间个体化的社会联系。[①] 在论及法律关系的作用或价值时,"居压倒多数的苏联法学理论家都一致认为,法律规范在生活中起作用的基本形式是法律关系"[②]。他们关于法律关系的理论,强调法律关系的意志性,认为法律关系是根源于物质生活条件,以法的形式表现出来的特殊思想关系或意识形态关系,"法律关系永远是特殊的观念形态的社会关系"[③];强调法律关系的国家强制性,认为法律关系的实质始终在于它是国家根据法律规范而加以保护的社会关系[④]。他们同西方学者把法律关系作为权利和义务的下位概念的做法相反,"把法律关系作为权利和义务的上位概念,而把权利和义务作为法律关系的下位概念,即作为法律关系的要素"[⑤]。苏联解体后,法律关系问题在俄罗斯学者的著述中,地位仍然居高不下,俄罗斯法律高等院校专用教材《法与国家的一般理论》第三章专论"法与法律现象的基本概念",在总共专门论述的17个概念中,有4个直接属于法律关系范畴的概念,并且仍以专门一章阐述法律关系问题,强调"法律关系是一个中心的法律范畴,它的许多问题至今还在法学中争论"[⑥]。

中国的情形同苏联颇为相似,而同西方却有明显的差异。中国学界受苏联的影响,一向是从正面研究法律关系的,并且对法律关系问题一直予以重视。不过,起先是完全在法律关系的框架中解说权利和义务,而从20世纪90年代起情况发生变化:有的法理学著述在专门阐述法律关系之外,也以专章专节论说权利和义务;有的法理学著述则在关于权利和义务的专门论述中解说法律关系问题,亦即将法律关系论题直接置于权利和义务论题之下。

第二节 法律关系的种类

法律关系的种类是多样化的。从法的体系角度看,有多少种部门法就有多少种法律关系。有宪法存在就有宪制法律关系,有行政法存在就有行政法律关系,有民法、刑法、经济法、诉讼法存在,就有民事法律关系、刑事法律关系、经济法律关系、诉讼法律关系。例如,公民之间、公民与集体或国家之间,由于财产关系而发生的法律关系,是民事法律关系;罪犯因侵犯他人生命财产安全而与被害人或国家发生的法律关系,是刑事法律关系;司法机关在办案过程中同诉讼当事人发生的法律关系,是诉讼法律关系。这些法律关系,依据一定的标准,可以有多种分类。

---

① 〔苏〕C.C.阿列克谢耶夫著:《法的一般理论》(下册),黄良平、丁文琪译,法律出版社1991年版,第449页。
② 转引自王勇飞编:《法学基础理论参考资料》(下)(第二版),北京大学出版社1985年版,第1185页,所辑苏联学者斯·高隆斯基的论文。
③ 同上书,第1168页。
④ 转引自王勇飞编:《法学基础理论参考资料》(下)(第二版),北京大学出版社1985年版,第1171页,所辑苏联学者尼·塔·亚历山大洛夫的论著。
⑤ 张文显著:《法学基本范畴研究》(修订版),中国政法大学出版社2001年版,第95页。
⑥ 〔俄〕B.B.拉扎列夫主编:《法与国家的一般理论》,王哲等译,法律出版社1999年版,第167页。

一、一般法律关系和具体法律关系

从法律关系主体的具体化程度来看,法律关系有一般法律关系和具体法律关系的区分。前者往往是后者的基础或初始阶段,后者则通常是前者的具体化或延伸。

(一)一般法律关系

一般法律关系是各种主体之间基于一般法律规定和某种自然事实或原因而普遍存在的具有稳定性的法的联系。一般法律关系多是根据宪法所形成的国家、公民、社会组织以及其他社会主体之间普遍存在的法的联系。

一般法律关系的特征在于:第一,它的主体不是特指的具体的主体,而是一国或一定时空条件下的所有组织和个人。根据"禁止偷盗""法律面前人人平等"之类的规定存在的法律关系,就属于一般法律关系。在这类法律关系中,主体不是特指的组织和个人,而是泛指的组织和个人。第二,它通常不是基于主体的某一具体行为或基于某一具体的事件存在的,而是基于某种自然事实得以存在的。例如根据《宪法》关于公民基本权利和义务的规定所存在的法律关系,就不是由于主体的某种作为、不作为或由于某种客观事件,这类法律事实才得以存在的,而是基于主体是一国公民这一具有法的意义的自然事实而存在的。根据《国籍法》关于国籍的规定所存在的法律关系,也可以说明这一点。第三,它不像由于所有权转移、借贷、买卖食品之类的行为所导致的具体的法律关系那样,有的是长期存在的,更多的则是容易变动的法律关系,而是具有普遍性和稳定性的法律关系。以上列举的几种法律关系,都显示了这一特征。

(二)具体法律关系

同一般法律关系相比,具体法律关系是数量更多的法律关系。它每日每时地存在和变动于社会生活的种种领域。就一般和具体两种法律关系而言,具体法律关系是通常所说的主要的法律关系。

具体法律关系的特征在于:第一,它的主体是具体的。例如买卖、借贷合同关系中的主体都是具体的。有的具体法律关系中的双方当事人未必都是具体的,但所有具体法律关系中至少有一方当事人是具体的。第二,它的存在以具体的法律事实的存在为条件。没有具体的属于法律事实范畴的作为、不作为或法律事件的发生,便没有相应的具体的法律关系。第三,它可以是稳定的,也可以是经常变动的。如所有权关系、储蓄关系、雇佣关系,既可以长期地、稳定地存在,也可以短期地、经常变动地存在。

二、绝对法律关系和相对法律关系

在各种各样的法律关系中,有的法律关系的权利主体是确定的,但义务主体是不确定的;有的法律关系的权利主体和义务主体都是确定的。按照法律关系的权利主体和义务主体的确定性程度,可以将法律关系作绝对法律关系和相对法律关系的区分。

(一)绝对法律关系

绝对法律关系是存在着确定的权利主体而没有确定的义务主体的法律关系。绝对法律关系的特点在于:它的权利主体是具体的、特定的个人或组织;它的义务主体则是除了权利主体之外的所有个人或组织,不是具体的、特定的个人或组织。

绝对法律关系以一个确定的主体对其他所有主体的形式表现出来。它所反映的是确定的主体与其他任何主体之间的法律关系。所有权关系、人身权关系、知识产权关系等,是尤为典型的绝对法律关系。例如,某房屋是某公民所有的,某资产是某公司所有的。在这里,某公民和某公司分别对该房屋和该资产拥有的所有权是确定的,他们是确定的权利主体;而其他任何个人和组织都承担着不得违法侵占或损害该公民和公司的房屋和资产的义务,他们都是不确定的义务主体。

（二）相对法律关系

相对法律关系是权利主体和义务主体都是确定的法律关系。

相对法律关系的特点是参加法律关系的双方主体或各方主体——无论是权利主体还是义务主体,都是具体的、特定的个人或组织。相对法律关系是以某个或某几个主体对某个或某几个主体的形式表现出来的,是存在于特定的权利主体和特定的义务主体之间的法律关系。例如,在甲乙双方所形成的合同法律关系中,权利主体和义务主体都是确定的、具体的。在这种合同法律关系中,作为一方当事人的权利主体,只能要求作为另一方当事人的义务主体履行义务,而不能超出这一范围要求其他不确定的个人或组织履行合同中所规定的义务。在劳动法律关系、行政法律关系中,有不少法律关系也属于相对法律关系。

相对法律关系的另一个特点则是,这种法律关系中的权利主体和义务主体之间的联系,比之绝对法律关系中的权利主体和义务主体之间的联系,要直接得多、密切得多。例如,买卖合同法律关系中,买方有权利要求卖方交付符合合同规定的货物,卖方则有权利要求买方支付符合合同规定的货款,双方是直接地、密切地发生着关系,其中任何一方不履行合同规定的属于己方的义务,对方的权利就无以兑现。

三、调整性法律关系和保护性法律关系

按照法律关系形成的依据、体现的职能和实现的内容不同,可以将法律关系分为调整性法律关系和保护性法律关系两种。

（一）调整性法律关系

调整性法律关系是基于人们的合法行为而形成的、体现法的调整职能的法律关系。这种法律关系不需要依赖法律制裁,而只要一定的法律规范,即可形成一定主体之间的权利和义务关系。公民、法人、非法人组织之间依法建立的许多法律关系,尤其是合同关系、继承关系、婚姻关系等民事法律关系,属于这种调整性法律关系。

调整性法律关系的显著特点有三个:一是调整性法律关系是基于法律关系主体的合法行为而产生和存在的,不是由于侵权等违法行为而产生存在的。二是调整性法律关系所体现的职能是法对社会关系的调整职能,它主要是以法的形式确定或固化某种社会关系。三是调整性法律关系实现的内容是法律规则中的行为模式,是按照行为模式的要求所运行的法律关系。在这种法律关系中,权利主体和义务主体是按照授权性的、命令性的和禁止性的三类规则行为的。

如果调整性法律关系中的一方当事人,不履行自己应当履行的义务而使对方当事人蒙受损失,双方原来的法律关系就会发生变化,就不再是调整性法律关系,或部分地不再是调整性法律关系,而转变为或部分地转变为需要通过法律制裁的方式来实现的法律关系,即保

护性法律关系。

(二) 保护性法律关系

保护性法律关系是基于违法行为而形成的,需要通过法律制裁的方式才能使主体的权利和义务得以实现的法律关系。刑事法律关系就是一种典型的保护性法律关系。

保护性法律关系的特点与调整性法律关系的特点形成了鲜明的对照。首先,保护性法律关系是在主体的违法行为的基础上形成和存在的,不是在主体的合法行为的基础上形成和存在的。其次,保护性法律关系所体现的职能是法对社会关系的保护,它的主要目的和任务在于恢复被破坏了的调整性法律关系,即恢复被破坏了的法律秩序或既有的权利和义务关系。最后,保护性法律关系实现的内容是法律规则中的后果模式,是通过实现后果模式使法律规则得以完整地实现。在这种法律关系中,通常的情形是一方主体即国家依法适用法律制裁,另一方主体即违法者接受制裁。

保护性法律关系的一方主体是特定的,这就是国家。在保护性法律关系中,国家充当着法律制裁主体,国家通过制裁有关主体的违法或违约行为,来实现对别的有关主体的合法权益的保护,并通过这种保护来维护一定的社会关系和社会秩序。另一方主体则是违法或违约者,它应当承担与其实施违法行为相适应的法律责任,处于被制裁的地位。法律关系主体所具有的特定性,以及通过制裁方能实现有关权利和义务并由此实现对一定社会关系和社会秩序的保护等情形表明,法律关系不仅仅是一般主体之间的社会关系,同时也体现了国家同一定主体之间的关系。这就是说,保护性法律关系是直接以国家强制力为背景的法律关系。

四、平权型法律关系和隶属型法律关系

按照法律关系主体在法律关系中的地位不同,法律关系可以作平权型法律关系和隶属型法律关系的区分。

(一) 平权型法律关系

在同一法律关系中,法律关系主体处于平等的法律地位,这种法律关系被称为平权型法律关系,也可称其为横向法律关系、平向法律关系。

平权型法律关系的特点在于:其一,法律关系主体之间不存在隶属关系,一方主体不需要服从另一方主体。其二,法律关系主体之间不存在职务上的上下级关系,一方主体不可以依据职权而支配另一方主体。其三,主体之间的权利和义务亦即法律关系的内容,可以由同一法律关系中的双方或多方协商确定,在一定程度上具有任意性。平权型法律关系存在于民事领域和其他有关领域,其中民事法律关系是最典型的平权型法律关系。

(二) 隶属型法律关系

在同一法律关系中,法律关系主体处于管理与被管理、命令与服从等不平等的法律地位之中,这种法律关系被称为隶属型法律关系,也可称其为纵向法律关系、特别权力关系。

隶属型法律关系的特点表现为:其一,法律关系主体处于不平等地位,相互之间存在隶属关系,一方主体需要服从另一方主体。如亲权关系中的家长和子女关系。其二,法律关系主体之间存在职务上或职权上的上下级关系,上级一方主体可以依据职权支配另一方主体,可以直接要求另一方主体为或不为一定行为。如行政管理关系中的上级和下级关系。其

三,主体之间的权利和义务亦即法律关系的内容,不能随意转让或放弃,具有明显的强制性。隶属型法律关系也存在于民事、行政等多种领域,其中行政法律关系是最典型的隶属型法律关系。

第三节 法律关系的主体

一、法律关系主体的概念

法律关系由三大要素构成:一是法律关系主体,二是法律关系主体的权利和义务,三是法律关系的客体。这三者结成一体,构成完整的法律关系。在这三大要素中,法律关系主体是前提性要素,没有这一要素,便不可能有法律关系。

什么叫法律关系主体呢?法律关系主体即法律关系的参与者,是法律关系中依法享有权利和承担义务的人和组织。法律关系主体也称权义主体,其中权利享有者为权利主体,义务承担者为义务主体。通常包括一国的公民、企事业单位、国家机关、社会组织和作为整体的国家,也包括居住在所在国的外国人和无国籍的人。每一个法律关系的参与者即法律关系主体,是可以有多少之别的,但至少应当有两个。

在法律关系中,主体的地位可以不尽相同,但法律关系所体现的权利和义务在总体上都是统一的。尽管不同历史时代、不同社会制度之下法律关系中的权利和义务的统一程度有分别,但统一总是相通的。这种统一,一方面表现在主体的权利和义务相对存在于同一法律关系之中,一方的权利或义务是以某种方式同另一方的义务或权利联系在一起的。比如国家对罪犯的处罚权是同罪犯必须接受处罚的义务相关的。一方享有权利,另一方承担义务;一方所享有的权利,要通过另一方履行义务来实现。失去其中对应的一方或数方,则这种法律关系便不复存在。另一方面,这种统一也表现在法律关系主体往往在不同程度上兼有权利主体和义务主体两重性,或者说这些主体所享有的权利和承担的义务,包含在一个密切相关的整体之中。

在许多法律关系中,谁是权利主体、谁是义务主体似乎很分明。在这些法律关系中,主体分为两个方面:一定权利的享有者和一定义务的承担者。例如在纳税人和税务机关之间的财政法律关系、损害赔偿和债权债务之类的法律关系中,一望便知权利和义务分属于哪个主体。在另一些法律关系中,例如婚姻法律关系中,谁是权利主体、谁是义务主体,则并非一望便知。然而无论法律关系中的权利和义务归属是否分明,都有大量的主体在事实上既是权利主体,又是义务主体,二者兼而有之,也就是在享受一定权利的同时,又承担一定的义务。比如,在买卖法律关系中,卖方有取得货款的权利,同时也有交付商品的义务;买方有取得商品的权利,同时也有支付价款的义务。即使在权利主体和义务主体颇为分明的法律关系中,各个法律关系主体的权利和义务也是统一的。例如,在纳税人和税务机关之间的财政法律关系中,纳税人当然要承担向税务机关缴纳税金的义务,但在这里,纳税人也有按照法定税额并在法定限期内缴纳的权利,有控告税务工作人员违法收税的权利;而税务机关虽然有权向纳税人收取税款,但它也有依法收取税款的义务。所以说,在法律关系中,权利和义务是紧密相关的,法律关系的参与者就是在法律关系中享有权利并承担义务的主体。

有的法律关系,权利和义务是相互转化的。以法院的审判活动为例,对于审判具体案件来说,这是法院的权利;而对于国家宪法和有关法律对它的要求来说,这又是它的义务。还有这样一种法律关系,即实现一个主体的权利,要求不固定的主体通过履行义务来保障。比如,法律关系主体的人身自由和生命安全受到保障的权利,要通过不固定的主体履行不危害他的人身自由和生命安全来实现。

二、法律关系主体的种类和范围

一国法律关系主体的种类和范围,是同国情分不开的。生产关系和国家政权的性质,是制约法律关系主体的种类和范围的重要因素。在奴隶制社会,法律关系的主体是奴隶主和其他自由民,奴隶不仅被剥夺一切权利,而且不被认为是人,他们不是法律关系主体而仅仅是法律关系客体。在封建制社会,农民处于对封建主的人身依附关系中,他们仍然不能成为完全的法律关系主体,其权利仍然受到种种限制。在资本主义社会,法奉行所谓"天赋人权""人人平等"的原则,劳动者同资本家一样都是法律关系的主体。但由于资本家占有生产资料,剥削雇佣劳动者,劳动者在事实上也就不可能同资本家一起平等地成为各种法律关系主体。在社会主义社会,由于实行社会主义公有制,国家政权应当掌握在广大人民手中,法律关系的主体资格就必然更加具有广泛性,这种主体资格不仅属于全体人民以及人民的国家机关,也属于所有的个人和组织。

根据现行宪法和法律的规定,中国现时期法律关系主体的种类和范围如下:

第一,自然人。包括公民和其他自然人。凡具有中华人民共和国国籍的人都是中国公民。在中国,公民是大量法律关系的主体,公民之间可以发生财产、继承、婚姻等各种民事法律关系;公民同企业之间可以发生劳动法律关系;公民同国家机关之间可以发生行政法律关系、诉讼法律关系;公民可能因为犯罪而同其他公民或有关国家机关产生刑事法律关系,等等。

居住在中国的外国人和无国籍人,也可以是中国某些法律关系的参加者,至于他们能够在多大范围内参加中国的法律关系,是由中国同有关国家签订的国际条约和中国的立法所规定的。

第二,组织。包括:国家机关,如立法机关、行政机关和司法机关等;企事业单位,如公司、学校、合资企业、合作企业和外资企业等;社会团体,如政党、工会、妇联;其他社会组织。它们在依法进行活动时,同有关公民之间或在它们彼此之间,形成一定的法律关系,它们作为该法律关系的参与者享有一定的权利和承担一定的义务。例如,法院和检察院是在审判活动过程中所形成的诉讼法律关系的主体,税务机关是在行使其职权活动中形成的财政法律关系的主体。它们当中的企事业单位和其他社会组织,更可以作为民事法律关系的参与者,成为民事法律关系主体,享有民事权利和承担民事义务。

在法学上和法律上,通常把参加民事法律关系的公民称为自然人,而把参加民事法律关系的国家机关、企事业单位和社会团体等称为法人。法人也就是这些国家机关、企事业单位、社会团体在法律上的人格化。当然,并不是任何一个机关、组织、团体都可以成为法人。所谓法人,是指有一定的组织机构和独立的财产,能够以自己的名义行使民事权利和承担民事义务,能在法院起诉和应诉,并且依照法定程序核准成立的国家机关、企事业单位和社会团体。不具备这些条件,就不能取得法人的资格。并且,经法定程序成立,由国家专门机关依法核准,是一切机关、企事业单位和其他社会组织取得法人资格的前提;有独立财产和一定的组织机构,是它们成为法人的物质保证和组织保证;能够以自己的名义参加民事活动和诉讼活动是它们成为法人的权能保证。根据我国法律、法规的规定,法人主要有:实行独立核算的国家机关和事业单位;实行独立核算的国有企业;享有财产所有权和实行独立核算的集体所有制组织;有独立经费的社会团体;依法成立的私营企业;符合法人条件的其他组织。

第三,国家。在有的情况下,国家作为一个整体也是一种法律关系的主体,是一种特殊的法律关系主体。在我国,国家的活动一般是通过具体的国家机关来体现的,在大多数情况下由具体的国家机关或国家授权的组织作为国家的代表参加有关法律关系。但是作为一个整体,国家也是许多民事法律关系的主体,例如,在国家发行国库券所形成的国家同国库券持有人之间的民事法律关系中,国家即以法律关系主体出现。再如,在我国,国家是土地、森林、矿藏、水流、草原等国有财产的所有权的唯一享有者。在国际交往中,国家是国际法律关系的主体。例如,国家作为主权者,是国际公法关系的主体;国家作为一个整体,可以成为外贸关系中的债权人或债务人;国家还是同外国签订的国际条约所规定的权利和义务的担当者。

三、法律关系主体的权利能力

在社会生活中,个人和组织如要成为法律关系主体,需要具备两方面的条件。一方面,他们应当是属于该国法律关系主体范围内的个人或组织,这一点已如前述。另一方面,属于法律关系主体范围内的个人或组织,如要成为真实的法律关系主体,还应当同时具有享有权利和承担义务的能力。这种能力,法理学上称为权利能力和行为能力。

权利能力,又称权义能力,是能够参与一定的法律关系,依法享有法律权利和承担法律义务的能力或资格。具备权利能力,是充当法律关系主体、享有法律权利和承担法律义务的前提性条件。

权利能力有多种类别:

从权利能力的主体类别看,有个人权利能力和组织权利能力之分。个人权利能力,是指法所规定或认可的自然人享有法律权利和承担法律义务的能力。这里所说的自然人,主要指公民,也包括一定范围的外国人和无国籍人。组织权利能力,是指法所规定或认可的诸如企事业单位、国家机关、社会团体之类的组织享有法律权利和承担相应法律义务的能力。在多种多样的组织中,法人组织是参加法律关系的一种主要的组织。

从权利能力的主体资格看,有一般权利能力和特殊权利能力之分。一般权利能力指的是所有个人和组织,或众多的、一般的个人和组织,都可以享有的权利能力。如人身自由和生命安全的权利能力,继承遗产的权利能力等,对公民来说是不分老幼都能享有的一般权利能力。所有权、债权之类的民事权利,对所有公民和法人来说,也是一般权利能力。特殊权利能力则指对权利主体有种种条件限制的权利能力,或者说是同一些特定条件相联系的享有某种或某些特定权利的能力。在很多情况下,只有具备诸如一定的身份、年龄、职务、政治条件等才能享有某些权利能力,这样的权利能力即为特殊权利能力。例如,公民达到法定结婚年龄、法定选举和被选举年龄,才享有结婚、选举和被选举的权利能力。组织具备法定资金、场所和其他条件，才享有注册成为法人的权利能力。国家机关工作人员依法行使一定职权如审判职权的能力，也属于特殊权利能力。

从权利能力的内容差异看，有诸如民事权利能力、政治权利能力、行政权利能力、劳动权利能力、诉讼权利能力和其他权利能力的区分。

这些不同类别的权利能力，总是结合或交织在一起实现它们的价值，或者说权利能力一般来说是具体的、相互关联的，孤立的或纯粹的某一种类别的权利能力通常是不存在的。

法律关系主体的权利能力从何时发生到何时终止呢？一般来说，作为个人的法律关系主体，其权利能力大多起始于出生终止于死亡。在有的法律关系如继承、赠予之类的法律关系中，权利能力也可以发生在受孕之后、出生之前；在另一些法律关系如著作权和其他有关知识产权之类的法律关系中，权利能力也可以存在至死亡之后。作为组织的法律关系主体，其权利能力起始于组织的依法成立，终止于组织的撤销或解散。这里所谓组织是依法成立的组织如国家机关、企事业单位，那些虽然也是组织但却是与法律规范或法的调整没有关系的组织，例如在旅游过程中有关游客自动组织起来的相互帮助的小组，在党团组织内部形成的派别组织，不存在法律关系主体的权利能力问题。

四、法律关系主体的行为能力

行为能力，是指法所认可的能够通过自己的行为参与法律关系、实际取得权利和履行义务的能力。行为能力包括两个要素：一是行使权利或享受权利的能力，如购买货物、投票选举的能力，法学上称为积极行为能力；二是履行义务或承担责任的能力，如赔偿损失、接受处罚的能力，法学上称为消极行为能力。

行为能力意味着行为主体对自己的行为及其后果，具有认识、判断能力和承担后果能力。判断一个主体是否具有行为能力，有三个标准：一是看其能否明确认识自己行为的性质和意义，是否能认识和预见自己行为的后果；二是看其能否控制自己的行为，能否理智地作出或不作出一定的行为；三是看其能否对自己行为的后果承担相应责任或义务。

当然，这里所谓的行为能力，是法所拟制的行为能力，限于法所确定或认可的条件范围内。对自然人而言，这种法定行为能力固然需要以自然存在的行为能力为基础，但又不同于自然行为能力。例如，许多人在达到法定结婚年龄之前，就有结婚的自然行为能力，然而根据法定条件，他们这时还不具有结婚的法定行为能力。

行为能力以权利能力为前提，如要具有行为能力，先要具有权利能力。但行为能力同权利能力又有区别，具有权利能力的主体不一定也具有行为能力；不具有行为能力的主体，其权利能力的实现，需要借助其他主体的帮助。这就是说，在法律关系主体资格的构成中，行为能力和权利能力，可以是统一的，也可以是分离的。

作为组织的法律关系主体，其权利能力和行为能力是一体化的，是相伴随的，它们在获得权利能力的同时也具备了行为能力。就是说，看一个主体是否具有行为能力，这样的问题对于作为组织的行为主体而言通常是不存在的，因为依法设立的法人组织和非法人组织都是有行为能力的，其他组织一般也都应当具有行为能力。例如法人的行为能力同它的权利能力就始终是相伴随的，都是始于法人的成立，终于法人的撤销或解散，并且法人的行为能力和权利能力在范围上也是一致的。法人的行为能力由其负责人代表法人实现，也可以根据情况委托其他公民或法人代理进行活动。

然而作为自然人的法律关系主体,其权利能力和行为能力却是经常分离的,而并不总是同时存在的。自然人具有权利能力却未必具有行为能力,自然人丧失行为能力却未必丧失权利能力。判断自然人是否具有行为能力即是否合乎以上三个标准,判断自然人的权利能力和行为能力是否统一,通常要看自然人是否达到一定年龄,是否神智正常。如婴幼儿和精神病患者,就被视为不符合以上三个标准,因而不具有行为能力,其权利能力和行为能力不统一。以公民为例:公民从出生起到死亡止,都享有民事权利能力,但在此期间,并不是所有公民都具有同他们的民事权利能力相对应的行为能力。公民的行为能力不能随公民自然出生而自然产生。公民需要达到一定年龄,能够通过自己的意志或意识辨识和控制自己的行为,才具有行为能力。一般来说,成年的和正常的自然人都具有行为能力。未达一定年龄或有某些精神疾病限制的自然人,不能或不能完全意识和控制自己的行为及其后果,便不具有或不完全具有行为能力。已满16周岁不满18周岁的少年是否具有行为能力,则视具体情况而定,在有些情况下,法律、法规规定他们有行为能力,在另一些情况下则规定他们无行为能力。

各国依自然人能否参加法律关系,对他们是否具有行为能力和在多大程度上具有行为能力,规定了具体条件、具体制度。通常分为三种:

一是完全行为能力人。他们达到法定年龄,能对自己的行为及其后果具有认识和判断能力,能通过自己的行为来独立行使权利、履行义务、参加法律关系,能就自己的行为承担法律责任。根据我国《民法典》规定,18周岁以上的自然人是成年人,具有完全民事行为能力,可以独立进行民事活动,是完全民事行为能力人;16周岁以上不满18周岁的公民,以自己的劳动收入为主要生活来源的,对他们则从保护其合法权益出发,将其视为完全民事行为能力人。

二是限制行为能力人。他们未达到法定年龄,或是患有某种精神疾病不能完全辨认自己的行为,只能独立处分同其能力相适应的权利和义务,或只能参与同他们的年龄和智力相适应的部分法律关系,如可以独立购买一块橡皮、一本练习簿,不能独立买卖股票、房产。根据《民法典》规定,8周岁以上的未成年人,除却前述16周岁以上不满18周岁的以自己的劳动收入为主要生活来源被视为完全民事行为能力人的自然人之外,是限制民事行为能力人,他们可以独立实施纯获利益的民事法律行为或者与其年龄、智力相适应的民事活动;不能完全辨认自己行为的精神病人,也是限制行为能力人,可以进行与其精神健康状况相适应的民事活动。这两类限制民事行为能力人的其他民事活动,由其法定代理人代理,或应当征得法定代理人的同意。

三是无行为能力人。他们未达到法定年龄或完全不具有辨认自己行为的能力,不能参与任何法律关系,完全不能以自己的行为行使权利和履行义务,如果他们自行处分自己的权利和义务,其行为不具有法的效力。根据我国《民法典》规定,不满8周岁的未成年人是无民事行为能力人,不能辨认自己行为的精神病人也是无民事行为能力人,他们的民事活动均须由其法定代理人代理。

行为能力又可以分为合法行为能力和对违法行为承担责任的能力。合法行为能力,指根据法律规定,在什么条件下具有行为能力。对违法行为承担责任的能力,指根据法律规定,在什么条件下对自己的违法行为所带来的后果承担责任的能力。在民事法律关系中,公民对自己的过错致他人损害而承担赔偿责任的能力,即属民事责任能力。在刑事法律关系中,凡是已达到刑事责任年龄、精神和智力正常的人,都具有刑事责任能力。法人对它的负责人和工作人员在职权范围内的活动承担法律责任。法人的相关人员超越职权范围的违法犯罪活动,由相关行为人承担法律责任,法人不承担法律责任。

第四节 法律关系的客体

一、法律关系客体的概念

法律关系客体,是指法律关系主体的权利和义务所指向的对象,亦称权义客体。法律关系的形成和实现,一般都以确认、获取、保护或分配、转移一定的利益为目的,而这种利益的载体就是通常所说的法律关系客体。换言之,法律关系客体就是一定利益的法律形式。

法律关系的客体,是法律关系三大要素中的又一个要素。"法律关系客体是法律关系主体之间发生权利和义务联系的中介或纽结。任何法律上的权利和义务,都是基于对社会生活主体的利益的确认和界分而形成。……法律上的权利和义务的形成过程,或者说法律关系形成的过程,实际上就是对不同主体在同一事物上的不同利益从法律上予以确认和界分的过程。在各种法律关系中,主体之间的权利和义务之所以在对应的意义上存在,其现实根据就在于它们是指向共同的对象或标的。"[①]因此,否认法律关系客体是法律关系构成要素的观点,是难以被认同的。

事物成为法律关系客体,需要具备这样几个条件:首先,它是能够为法所确认和保护的对象,与法无关的事物不是或不能成为法律关系的客体。其次,它具有客观性,独立于人的意识之外并能为人所感知和支配,不仅包括电脑、机器、厂房、土地、森林、水源、矿藏等物质现象,也包括音乐、歌曲、舞蹈、社会制度、国家制度、所有制等精神现象或社会现象。再次,它能够为主体带来利益或是能够满足主体需要。最后,它能够为人所控制或支配。这几个条件应当同时具备。只具备其中部分条件,通常仍然不能作为法律关系客体。例如,只能满足主体需要,但这种满足需要不能为法所确认和保护,便不能成为法律关系客体。卖淫嫖娼虽然能满足嫖客的需要,但嫖娼不能成为主体权利所指向的客体,而是法所取缔的对象,就是一个典型的说明。

一国法律关系客体的范围,是同该国国情特别是国情中的生产力发展水平和社会历史条件相关联的。在文明比较进步的今天,虽然还存在事实上的买卖人口的现象,然而这在一般国家都是为法所禁止的;但在旧时代,人往往可以成为法律关系的客体,人口的买卖是屡见不鲜的现象。在科学比较发达的今天,能够成为法律关系客体的事物层出不穷,甚至像试管婴儿、人体上的器官等也成为财富的组成部分而作为法律关系的客体存在;但在科学不发达的旧时代,则不存在这种情况。在有的社会,几乎一切事物都披上商品的外衣,可以成为法律关系的客体;但在我国,则不是这种情况。所以,法律关系客体的范围,

---

① 李步云主编:《法理学》,经济科学出版社2000年版,第199页。

实际上是检验一个国家、一个社会的文明发达程度、科学发展状况和政治进步情形的直接的标志。

二、法律关系客体的种类

法律关系的种类是多样化的，相应地，法律关系客体的种类也是多种多样的。在这些法律关系客体中，国内法理学著述通常注意更多的是以下三类法律关系客体：

第一，物。作为法律关系客体的物，是指为法所确认和保护的独立于主体意志之外的客观实体。其范围非常广泛，包括自然物、人造物、有形物、无形物、静态物、动态物等各种形态的物。但并不是所有的物都可以作为法律关系的客体，而只有那些为法所认可的、能够为人类所认识和支配的、能够为主体带来利益或是能够满足主体需要的并且具有独立性的各种物体，才能作为法律关系的客体。换言之，物如果要成为法律关系客体，需要具备四方面条件：一是为法所认可。在我国，有许多物是不能为法所认可而进入商品流通领域作为法律关系客体的，如山川、海洋、河流、文物，军事设施、武器弹药，毒品、假药、淫秽物品以及其他危害人类的物品。二是能够为人类所认识和控制。不可认识和支配之物，如太空物体，不能作为法律关系客体。三是能够为主体带来利益或是能够满足主体需要。换言之，要具有经济价值。四是具有独立性。不可分离之物，如道路上的沥青，桥梁上的构造物，房屋里的某些装潢，由于不能或难以脱离主物，也不能充当法律关系客体。

作为法律关系客体的物，不同于或不完全是哲学意义上的物，哲学意义上的物或自然物，是指独立于主体意志之外而存在的客观实体。在这些自然物中，有一些是不能或暂时不能作为法律关系客体的。即使像空气这样非常宝贵的物，在现时期也不能作为法律关系的客体，因为空气在现时期还不能为人们所自由支配。如果有人到法院起诉某人，说张三呼吸了他家的三口空气，要求索赔，法院是不会受理的。因为在目前空气还不能普遍地为人们所自由支配的情况下，如果法院受理此案，张三辩称他没有呼吸三口空气而只呼吸了一口空气，或是辩称没有呼吸他人的空气而是呼吸了自己携带的空气，那么法院便无言以对。将来科学发展到可以使人们自由地掌握和支配空气的时候，此类案件或可受理。

第二，精神财富。又称非物质财富、无体财产、无体物。作为法律关系客体的精神财富，是指为法所确认和保护的人们从事智力活动或脑力劳动所取得的成果。在现代社会，其范围颇为广泛，诸如著作权、发现权、发明权、专利权、商标权等各种知识产权，都属于可以作为法律关系客体的精神财富之列。诚如有学者所言：在知识经济时代到来的今天，知识对人类的进步与发展和对个人生活的重要性日渐凸显，因此促进了精神财富作为法律关系客体地位的提高。精神财富不仅可以成为传统民事法律关系的客体，也可以成为行政法律关系、刑事法律关系的客体。[①]

第三，行为。作为法律关系客体的行为，是指法律关系主体具有法律意义的作为和不作为。作为即人们通常所说的积极行为，它是主体积极主动实施的行为。例如父母根据法律要求而抚养教育子女，这是法律上的合法作为。恐怖分子违反国际法准则，以飞行器撞击纽约世界贸易大厦，这是法律上的违法作为。不作为是主体消极地不去实施自己应当实施的

[①] 周永坤著：《法理学——全球视野》，法律出版社2000年版，第135页。

行为。例如,父母应当抚养教育子女而不抚养教育子女,子女应当赡养扶助父母而不赡养扶助父母,就属于法律上的不作为。

第五节 法律关系的演变

一、法律关系发生、变更和消灭的条件

法律关系是个动态的事物,它不是静止不变的,而是演变着的。这种演变主要表现为它有发生、变更和消灭的问题。法律关系的发生,是指一定主体之间依法形成了权利和义务关系。比如男女因结婚而形成夫妻之间的权利和义务关系。法律关系的变更,是指法律关系主体、客体或内容的改变。比如在某种合同关系中,双方当事人经过协商同意修改履行某些法定义务的期限或条件,就会引起法律关系内容的改变。法律关系的消灭,是指法律关系主体之间的权利和义务的终止。比如当事人双方按照合同的规定履行全部义务后,合同即行终止,这一合同法律关系即消灭;又如由于劳动合同到期,当事人与有关工作单位的劳动法律关系即消灭。

法律关系的发生、变更和消灭,需要具备多种条件,其中基本条件有两个:相关法律规定的存在和相关法律事实的发生。

相关法律规定的存在,是法律关系得以发生、变更和消灭的前提性条件。没有相关法律规定,就不可能出现相关法律关系发生、变更和消灭的情形。比如,没有合同法的规定,就不可能有合同法律关系的发生、变更和消灭。相关法律事实的存在,是法律关系得以发生、变更和消灭的现实性条件。没有相关法律事实,同样不可能出现相关法律关系发生、变更和消灭的情形。比如,没有结婚这样的法律事实存在,就没有婚姻法律关系的发生;没有离婚这样的法律事实的存在,就没有诸如婚姻法律关系消灭这样的情形出现。

大多数情况下,法律规定的存在并不能直接引起法律关系的发生、变更和消灭,因为大多数情况下法律规定的内容,主要是在什么样的法律事实存在的情况下,将有什么样的法律关系存在。换言之,大多数情况下法律规定就是为法律关系的发生、变更和消灭提供法律根据或设定可能性的,要使这种可能性转变为现实性,需要有法律事实的存在。比如,《民法典》中关于合同的规定只是为合同法律关系的发生、变更和消灭提供了法律根据和设定了诸多可能性,而要使真实的合同法律关系得以发生、变更和消灭,则需要有签订合同这样的法律事实存在。不过,在有的情况下,法律关系的发生、变更和消灭,也是可以直接基于有关法律规定的。比如,组织法或其他法律规定了要设立或撤销某种国家机构,就可以直接引起一系列具体法律关系的发生、变更和消灭。

在可以引起法律关系发生、变更和消灭的两个条件中,法律事实比之法律规定的情况要复杂一些。法律事实,就是法所规定的能够引起一定法的后果即法律关系发生、变更和消灭的实际情况。在这里,应当注意到法律事实只能是法定能够引起法的后果的实际情况,不是所有的事实即实际情况都可以被视为法律事实。

二、法律关系发生、变更和消灭的事实

法律事实通常分为两类：一类是行为，指既能引起法律关系发生、变更和消灭，而通常又与主体的意志有关的某种实际行为。另一类是事件，即能够引起法律关系发生、变更和消灭而又与主体的意志无关的客观现象，如自然灾害、人的死亡。

就这两种法律事实而言，行为是能够引起法律关系发生、变更和消灭的更经常和更主要的因素。其特点在于：它是主体从外部表现出来的行为，不是人们的思想和心理状态；它是体现主体自觉意识或过失的行为，不是人们的无意识或无过错作出的行为；它是产生一定法的后果的行为，不是不能引发后果的无足轻重的行为。行为又可以分为合法行为和违法行为两种。

合法行为，即主体的行为在内容和方式上都符合法的要求。这种行为具有法的效力，是有效行为。合法行为又有是否旨在发生、变更和消灭一定法律关系的区分。多数情况下，合法行为以发生、变更和消灭一定法律关系为目的。比如依法签订合同旨在发生合同法律关系，实行企业并购旨在改变原有某些法律关系，向单位辞职旨在解除与单位的劳动法律关系。主体如果实施这种合法行为，需要具备权利能力和行为能力，否则其行为在法律上无效。在有的情况下，合法行为并非以发生、变更和消灭一定法律关系为目的。比如正当防卫行为、为保护国家财产同犯罪作斗争的行为、将违法犯罪分子扭送法定国家机关的行为，都是合法行为，行为者实施这种行为，并没有主观上想要发生、变更和消灭一定法律关系的目的。实施这种行为，并不要求主体兼具权利能力和行为能力，比如不具备法定行为能力的未成年人也可以实施这种行为。

不合法行为是指没有法的根据的行为和违反法的规定的行为。没有法的根据的行为，属于不受法的保护的行为，也是法律上无效的行为。比如婚姻关系以外的甲男和乙女签订所谓由女方帮助男方生育子女的合同，这样的行为没有法的根据因而不受法的保护，这一合同在法律上也是无效的。违反法的规定的行为是指做了法所禁止的事情或没有做法所要求做的事情。这种行为不仅不具有法的效力，是无效行为，而且还要承担相应的法律责任。通常人们所说的不合法行为，更多的是指这种违法的行为。追究违法行为者的法律责任，通常以行为者主观上有过错为其基本条件之一；在有的情况下，比如在从事具有高度危险性经济活动的情况下，没有过错也要承担一定的赔偿责任。

作为法律事实重要组成部分的事件，其特点在于：它属于客观现象；它与主体的意志无关；它具有法律意义即能够引起法律关系发生、变更和消灭。事件又依是否由主体的行为引起而分为绝对事件和相对事件两种。

绝对事件是指基于某种自然原因而非基于主体的行为发生的事件。比如自然灾害、人的自然死亡就属于绝对事件。绝对事件是纯粹的客观现象，它与主体之间不仅没有实质上的意志关联，而且也没有形式上的意志关联，它的发生完全不以主体的意志为转移。但就是这种与主体意志毫无关联的事件，却要引起种种法律关系的发生、变更和消灭。比如，洪涝灾害冲毁了池塘就会引起诸如水生养殖合同关系中的权利和义务内容的变更，甚至引起这种法律关系的消灭；人的自然死亡就会引起诸如劳动法律关系、婚姻法律关系的消灭。

相对事件是指基于主体的行为发生，但对于该行为所涉及的有关主体而言，该行为所引

起的法律关系的发生、变更和消灭是不以他们的意志为转移的事件。比如交通肇事致人死亡、凶杀致人死亡之类,即属相对事件。这些事件是造成交通事故的当事人、实施凶杀的凶手的行为引起的,但这些事件所引起的种种法律关系的发生、变更和消灭,则不是遇难者或受害者的意志所能左右的。相对事件的这种情形表明,从一定意义上说,由主体行为所引发的相对事件,实际上是兼有行为和事件两重性的:就行为主体的行为引起有关法律关系的发生、变更和消灭而言,这属于法律事实中的行为范畴;就这种行为使有关主体遭受不能预料的损害,并因此引起有关法律关系的发生、变更和消灭而言,属于法律事实中的相对事件范畴。

第十四章　法律权利和法律义务

第一节　法律权利和法律义务释义

一、法律权利的概念

法律权利是法律最基本和最普遍的组成要素,不过"权利"的含义就像"法律"这个词一样众说纷纭。人们对其认识视角的跨度之大、界定概念的思路之多,令人眼花缭乱,以至于庞德说"在法律和法学文献中,没有一个词比权利这一术语更加含糊不清了"。① 从概念的历史发展来看,在古罗马法中,"权利"和"法律""正义""正确"共用同一个词 jus 来表示。此后权利又主要被认为是从人的自由意志中自然推出的,与自由同在。如今,在法律、道德、宗教、习惯、社团等种种语境中都存在权利概念,人们还乐于使用政治权利、经济权利、社会权利等术语来阐述社会问题。当然最有影响力的权利术语是分别根植于自然哲学和法律哲学中的自然权利和法律权利。在自然法的基本理论中,自然权利先于法律权利并成为法律权利的基础,两者存在必然联系;而分析实证法学派则极力主张应当区分自然权利和法律权利,并认为法律权利的存在独立于自然权利,尽管事实上法律权利承认并保护了自然权利。总之,关于权利的学说浩如烟海,本节将聚焦于法律权利的界说。

（一）法律权利的形式

美国分析法学家霍菲尔德有关权利形式的系统化分析是迄今为止最有影响力和最被广泛认可的学说。分析法学派的核心研究内容是对概念作出厘清和界定,这不仅是因为某些概念本身具有复杂性,更是因为这些概念在被广泛使用的过程中,出现了含义上的变动不居,以至于被人们滥用甚至误用,造成了很多混淆和混乱的状况,这正是追求概念精确性的分析法学家们试图改变的现象,而"法律""权利"恰是这样的典型概念。霍菲尔德在边沁、奥斯丁、萨尔蒙德等前人的基础上完成了对权利的形式类型的完整分析。② 他从对权利一词的使用中提炼出四种不同的表现形式:主张权(claim)、自由权(liberty)、控制力(power)和受保护权(immunity),阐述了每种权利形式的权利人与权利相对人,描述了权利的具体内容,即权利人和权利相对人基于权利而形成的特定的规范关系。其中主张权和自由权是一阶规范,决定了相关方可以如何行为;权力和豁免权是二阶规范,是从属于其他规范的规范,决定了相关方是否能够改变某些规范。

主张权。其指当且仅当某乙就某物或某事对某甲负有义务时,某甲对某乙就某物或某事拥有主张权。霍菲尔德认为主张权是最严格意义上的法律权利,绝大多数的权利都是指主张权。主张权带有鲜明的指向性,即权利人指向相对人。主张权可以对应消极义务,即义务人不妨碍权利人,不作出侵犯权利人权利的行为,如所有权人享有财产不受他人侵犯的权

---

① Roscoe Pound, *Jurisprudence*, Ⅳ, West Publishing Co., 1959, p.56.
② Wesley Newcomb Hohfeld, *Fundamental Legal Conceptions*, Yale University Press, 1919, pp.35-64.

利;主张权也可以对应积极义务,即向权利人为特定行为以实现权利人的权利,如在合同法律关系中,权利人有要求义务人履行合同义务的权利。

自由权。某甲对某乙拥有自由意味着某甲对某乙不负有义务,同时某乙对某甲没有主张权。自由权应该是一种完全的、完整的自由,既可以是积极的,即作为的自由;也可以是消极的,即不作为的自由。有自由就意味着被允许这么做或不这么做而不受干扰。如果一个主体仅仅享有作为的自由,那么这种自由是残缺的和不真实的。例如婚姻自由意味着有选择结婚或不结婚的自由。当然自由权是不是一项真正的法律权利,或自洽的权利,值得探讨。

控制力。其指通过意志行为改变某种规范状态的能力,是一种法律认可的能够改变法律地位、法律关系或法律规范的能力,其对立面是无能力。某甲享有改变某乙法律地位的能力,意味着某乙负有必须服从某甲的控制力的义务。公共的控制力也即公权力,是赋予国家或个人作为国家代理人或官员的能力,例如立法机关对公民拥有制定法律并约束他们的权力,公民则对该立法权负有服从义务;行政机关拥有管理甚至处罚公民的权力,公民对该行政权力负有服从义务。私主体的控制力是赋予私人或法人的权力,例如在私法中,所有权人拥有赠与的权力,合同法赋予人们形成合同法律关系的权力,民法还赋予人们指定他人代理自己事务的权力。

受保护权。其指对于某甲的规范状态,某乙没有权力对之进行改变。① 与受保护权相反的是责任承担,例如立法者在立法活动中对立法行为的民事责任豁免;在私人领域,合同一方不接受另一方单方面改变合同条款的行为;夫妻一方的婚姻状态不受另一方单方面解除婚约的影响。

法律权利常常表现为多种形式的组合体。比如婚姻权就包括:(1) 主张权,他人不得干涉;(2) 自由权,有选择结婚或不结婚且不导致责任的权利;(3) 受保护权,他人不能取消其婚姻的主张权和自由权。又比如债权人的债权包括:(1) 主张权,要求债务人偿还债务;(2) 自由权,可以收债或放弃债务;(3) 受保护权,他人不可单方面宣告主张权、自由权、控制权无效。实际上有学者认为,如果权利只呈现一种形式的话,其很难成为真正意义上的权利。② 霍菲尔德将法律权利分解为不同形式有利于澄清和展现法律关系的不同图景。

(二) 法律权利的实质

权利是对权利享有者的授权,为权利人带来价值,它对于权利人而言具有了某种功用,体现出它的本质属性,从而将其与其他相似的规范区分开来。很多学说正是以剥离其法律外衣,揭示其实质内核的方式来诠释法律权利,最具有代表性的有如下三种:

利益论。法律权利是法律所确认、保护和促进的主体的利益。利益说强调权利的主张性,某人享有法律权利意味着法律认为,他在某一方面享有的利益是他要求他人承担义务的充分理由。利益论可以说是法律权利界说中影响非常大的一种理论,很多法学家都是其支持者。边沁、奥斯丁等功利主义学者认为法律应当是各种利益平衡加减后的正向结果。新功利主义法学家耶林更加明确地将利益作为权利概念的指称范围,认为权利就是受到法律

---

① 许多译者译为豁免权,但此处不宜这样翻译,因为 immunity 强调的是受保护,可以是出于不改变现状的保护,也可以是不承担责任的保护,而豁免本义为免除,仅侧重指不承担责任一个方面。

② Leonard Wayne Summer, *The Moral Foundations of Rights*, Clarendon Press, 1987, pp.34-53.

保护的利益,他通过呼吁人们注意权利背后的各种利益而改变了整个权利观念。当代法理学家麦考密克认为自由、权利、保护都是为了服务于人们的利益。[①]

选择论。该学说也被称为意志论,认为人们拥有权利意味着法律承认其意志和选择,在特定关系中,对于特定的事物,他的选择优先于其他人。由此,权利赋予权利人以控制自己或他人的手段,使自身成为特定领域的主导者,权利人对于这种控制具有主动性和选择性。康德、哈特等人持有这种观点。意志论侧重权利的自由属性,强调选择和控制,权利人可以自主选择是否行使自己的权利。最契合意志论的典型法律是私法,人们对生活的控制体现在对这些私法权利的拥有上,包括人身自由、财产所有、订立契约等,通过自由意志来达成个体的自主性、能动性和自我实现。

资格论。法律权利是法律所赋予的作为和不作为的能力或资格。格老秀斯在《战争与和平法》中提到人的权利,是"附属于人的一种道德品质,使得人们有能力正当地拥有或者做某事"[②]。这里的能力类似于今天我们所说的权利能力,即享受法律权利的资格。英国当代著名法学家米尔恩说:权利概念的核心理解是"资格"(entitlement),当说你对某事物有权利时就是说你对它有资格,如选举权、获得养老金的权利、保留自己观点的权利、拥有家庭隐私的权利。说权利就是资格,其实就是把一个词作为另一个词的替代说法。[③]

(三)法律权利的含义

无论人们如何见仁见智,关于法律权利,一般都应当注重它与法的形式、国家意志、主体选择、资格或能力的紧密相关。其特征在于:第一,法律权利是以法的形式表现出来的权利,是法中所确定的权利。第二,法律权利是国家意志的体现,是由国家强制力予以保障的权利。当主体的法律权利受到侵害时,就可以要求国家制裁侵害者,以保护主体的法律权利。第三,法律权利是一定的主体可以选择作出一定行为或不作出一定行为,或是要求他人作出一定行为或不作出一定行为的权利。法律权利意味着权利主体可以按照自己的意愿就是否作出某种行为进行选择或抉择,具有相当的自主性。第四,法律权利终究是法律上的权利,不完全与现实的权利等同,它是一种资格或可能性,它的实现有赖于多种因素的综合作用。这些就是法律权利的特征。

将这些特征整合起来,我们可以对法律权利作出这样的界定:法律权利是由法所确定的,由国家强制力保障其实现的,一定的主体可以自己或要求他人作出或不作出某种行为的资格或能力。[④]

二、法律义务的概念

义务是法律的另一个基石,任何国家的法律制度都认可、创设和实施法律义务。义务是法律的社会作用的核心要素,规定法律义务和对不履行法律义务的行为施加法律责任是法

---

① Neil MacCormick, "Rights in Legislation," in *Law, Morality and Society: Essays in Honour of H. L. A. Hart*, edited by P. M. S. Hacker and J. Raz, Clarendon Press, 1977, pp. 189-209.
② Hugo Grotius, *The Rights of War and Peace*, Book I, Liberty Fund, Inc., 2005, p. 138.
③ J. M. Milne, *Human Rights and Human Diversity: An Essay in the Philosophy of Human Rights*, Palgrave Macmillan, 1986, p. 89.
④ 参见周旺生著:《法理学》,北京大学出版社2006年版,第257页。

律调整社会的主要方式,义务所隐含的不可选择的强制性及其带来不利后果的制裁性都是法律的标志性特征,因此研究法律义务对于理解法律的性质极为重要。

义务这一术语起源于拉丁文的"债务",意为向他人承担的一种法律上的不利条件。实际上义务既可以是法律性质的,也可以是非法律性质的,比如道德义务、宗教义务、政治义务、家庭义务等。许多道德上的义务并不属于法律义务,比如尊老爱幼、帮助弱者、自立自强等;许多法律义务也不以道德义务为基础,比如程序法上的一些程序性义务。不过道德义务的存在确实强有力地推动着法律制度对某种义务的认可,比如违反应当尽到的注意义务,可能引起致人伤害的侵权责任。但是注意义务本来并不是法律义务,而是一种源自相邻之爱的道德原则(neighbour principle),在侵权法的发展过程中,为了更为公平地分担不利后果而逐渐被确认为法律义务。

不过,法律义务并没有像法律权利那样始终吸引着众多法学家们的倾心关注。尽管义务的观念自古就在社会生活中深入人心,但是古希腊—古罗马时代和中世纪的思想家们大多都将研究重心放在探讨道德义务、宗教义务、自然义务等概念上,这些论述对今后揭示法律义务的性质颇有裨益,但是学者们却似乎并无太多兴致将之延伸到法律义务的研究中去。直到分析实证法学派的兴盛才真正激起了学界对法律义务进行深入探讨的兴趣。此后义务作为权利的对应概念进入了更多法学家的研究视域,霍布斯、边沁、奥斯丁、凯尔森、哈特等人都对义务理论作出了卓越贡献,法学家们在论述权利的同时也常常附带地进行义务分析。不过总体而言,在权利本位的现代法治理念下,义务被认为包含在权利之中,一个人拥有某项权利,就意味着另一个人或另一群人应当承担相应的法律义务,权利就是义务存在的理由,理解和把握了法律权利也就可以明白法律义务的相关理论,因此相对于权利学说,理论界未见关于法律义务的多元论述。

无论如何,法律义务不仅关乎个人选择,也关乎民众与政府的关系,更对理解法律的性质和权威有着重要意义,应当重视对法律义务的解说。从现有的研究进展来看,学界对法律义务的阐述主要围绕两个方面展开,即法律义务和对于法律的义务。

(一) 法律义务的实质

法律义务充分体现了法律是如何展示和满足强制性的。但是自然法学家认为,从单一的义务视角来理解法律是过于简化和残缺的,剥夺了人们尊重法律的驱动力。他们选择绕过义务来理解法律:无论是否所有的法律都规定了义务,可以肯定的是,法律权利是一种通过要求他人承担义务来确保权利实现的利益,是一种能够创设或修改义务的权力。那么如何从正面去解说法律义务,规范分析法学家们对此进行了精彩论述,他们根据时代进步过程中法律及人们对法律认识的变化,不断修正和加深对义务的解释,逐渐去除附着在义务上的凶恶色彩。

边沁认为每一个法律体系实际上都可以单纯地表达为要么是施加义务,要么是免除义务。每一个法律条款和其他法律条款的共同点就是发出命令并由此产生责任,这就是义务。[①] 那么,什么是法律义务呢?它们是法律主体必须遵守的法律要求,强制性作为或不作为是法律规定的不可选择的内容。但是实际上人们"可以"违反法律义务,"不可选择性"不

---

① Jeremy Bentham, *Of Laws in General*, edited by H. L. A. Hart, Athlone, 1970, p.294.

意味着人们真的被迫去履行义务,或法律没有给出替代的可选项。相反人们常常去计算要不要违反法律义务。所以法律义务是否意味着义务只是一个"需要如此行为"的理由,甚至有时义务确实会被忽视。应该还有其他原因使得义务具有这种严格性。

制裁说。奥斯丁从惩罚的角度来说明法律义务的本质属性:拥有法律义务就是服从主权者的为或不为某种行为的命令,这种命令表达了命令者的明确意志,且带有附随风险,即违反命令者将招致邪恶的降临,这种邪恶就是惩罚或者说制裁。他说当谈及招致邪恶的机会时,就是指义务这个术语。[①] 凯尔森甚至认为,义务和制裁之间的关系应当以后者为主,因为义务规范不具有独立性,而是附着在制裁规范之上的。法律义务的真正内容不过是制裁规范的触发条件,制裁规范向官员发出施加惩罚的命令或授权。比如,民法规定债务人必须向债权人偿还借款,否则法律将从债务人的财产中强制执行,以实现债务归还。可以认为,义务规范的内容实际上是作为一个条件,包含在制裁规范中了。更清晰的例子是,刑法一般都不规定义务规范,而是直接规定制裁规范。比如"你不得杀人"这条义务规范就显得多余,一条有效的规范实际上是"杀人者应当受到惩罚"。从立法技术上来说,如果制裁规范已经包含了作为触发条件的义务规范,那么法律就只需要给出制裁规范就可以了。可见,法律是通过制裁来强制实施某种行为的。[②] 因此,直接体现法律要求的是法律制裁而不是法律义务。

法律规则说。制裁说受到了哈特的挑战和批评。他指出,首先,把不同的法律后果都等同于制裁是具有误导性的,比如赔偿以及使某行为、某事物或某规则无效;其次,存在着许多没有具体制裁性后果的职责,比如立法机构制定法律,司法机构适用法律;最后,没有充分解释"非选择性",比如"你不得杀人"不单纯等同于"如果你杀了人就要受到惩罚",因为法律不是冷漠的,要么杀人坐牢,要么不杀人,违法的权利不能通过付出惩罚的代价或支付对价来获得。最重要的是需要明白,法律制裁的功能是强化义务,而不是取代义务。尽管人们想要了解法律义务的原因之一是避免惩罚,但是这并不是唯一的原因,人们也希望能受到法律义务的指引,从而安排好自己的生活,无论是选择履行义务还是违反义务,都是人们决策的原因而不是结果。[③] 哈特诉诸法律规则说来诠释义务,认为只有当人们需要服从一套要求其作为或不作为的社会规则时,他们才有义务。义务性规则有三个特质:第一,它们必须通过严肃和持续性的压力来加强遵守;第二,它们必须被认为是对社会生活重要的和有价值的;第三,它们的要求可能与人们的利益或目标存在冲突。哈特还区分了义务的性质和有效性。当一项义务是法律体系的一部分时,它具有法律上的有效性;当遵守该义务是基于充分的道德原因时,它就具有道德有效性[④],也即法律义务是法律的产物,道德义务是道德的产物。

排他性理由说。另一种观点从行为的原因的角度看待义务,认为义务是作出行动的排他性理由。这种观点认为,构成义务的既不是使义务得以履行的制裁,也不是使义务得以表

---

① John Austin, *The Province of Jurisprudence Determined*, edited by Wilfrid E. Rumble, Cambridge University Press, 1995, pp. 24-25.

② Hans Kelsen, *Pure Theory of Law*, translation from the 2nd German edition by Max Knight, University of California Press, 1967, p.55.

③ H. L. A. Hart, *The Concept of Law*, 2nd edition, Clarendon Press, 1994, pp. 27-42.

④ Ibid., pp. 85-88, 256.

达的社会规则,而是义务所提供的行动理由。法律义务的强制力来源于其与内容无关的绝对性和抢先性。与内容无关是指义务的强制力与其所要求的行动的道德性无关;绝对性是指义务不以主体自己的目标或兴趣为条件;抢先性是指义务要求主体搁置自己对美德的看法而首先服从于它。新分析法学派的著名法学家拉兹是这一理论的代表人物,他认为义务是人们排除自身利益、欲望或道德而进行行动的绝对理由,义务的严格性来源于它通过特殊的规范方式,使之优先于其他竞争性理由来促使人们作出行动。[①]

(二) 对于法律的义务

对于法律的义务论证的是法律义务的正当性问题。传统上存在两种路径来实现这一证明:一种是认为法律义务的存在须诉诸国家与其成员之间的某种交换,法律义务是一种自愿自主的交换选择。在这一论证策略下存在几种主流学说,我们可以将之统称为自愿理论。另一种是认为法律义务的存在是自然而然的事实,无须满足任何前置条件,也无须追求任何后置结果。法律义务的基础是诉诸特定职责或关系,个体出于某种道德原因或基于某种身份而承担这一义务。在这一论证策略下也存在几种典型学说,我们可以将之统称为自然理论。我们先来介绍自愿理论中的代表性学说。

同意说。这是最经典的社会契约论的核心内容。初民们为了摆脱自然状态的恶劣环境,进入更安全、更稳定的社会状态,自愿让渡出一部分权利,通过合意建立并服从主权政府。霍布斯说所有主权者的权利,最初源于被统治者每个人的同意。[②] 洛克也表达过同样的意思:人天生都是自由、平等和独立的,没有人可以在未经本人同意的情况下服从于另一个政治权力。[③] 法律义务来源于人们通过一般意义上的同意声明,明示或暗示地表示服从主权者和主权者制定的法律。社会契约论在争取民族独立和建立代议共和制政府的斗争中具有重大历史意义,"同意"已经成为政治权力正当性的黄金标准,被普遍认为是建立政治共同体的宪法规范的精神基石,因此也是公民承担法律义务的正当理由。

公平说。该学说认为基于公平对等原则,既然人们自愿选择接受国家按照法律规则提供给大家的利益和好处,那么他们也应当遵从这些法律。公平交换包括两层意义:其一,国家确实为人们提供了至关重要的好处,比如安全和法治,所以我们也有义务服从和支持主权者。其二,人人守法,人人获益。每个人都必须互相合作、互相支持,共同遵守法律规则,才能实现国家给民众带来的利益。那么,从公平合作中受益的人就有义务根据这种合作方案,做好分配给他们事情。其他人为了我们的利益而遵守法律,那么我们也有义务同样地遵守法律,而不能搭别人的便车,这也是对同胞的承诺。

上述自愿理论从直觉上来说非常合理,遵守法律义务总是出于国家能够提供给人们的某种好处,但是有时候这种好处还不足以产生服从法律的义务。因此理论家们开始寻求不依赖于交换的另一种论证策略,即自然理论,其中具有代表性的学说是基本义务说和自然义务说。

---

① Joseph Raz, *Practical Reason and Norms*, 2nd edition, Princeton University Press, 1990, pp. 35-84.
② Thomas Hobbes, *Leviathan*, edited by Richard Tuck, revised student edition, Cambridge University Press, 1996, p. 395.
③ John Locke, *Two Treatises of Government*, edited by Peter Laslett, revised student edition, Cambridge University Press, 1988, pp. 330-331.

基本义务说。法律义务的存在以成员这一身份为基础,是集体主义的应有之义。政治共同体的成员共同承诺要维护这一集体,那么每个成员就应该履行这一共同承诺。成员身份附随着独特的"角色义务",决定了我们已经进入了带有特殊责任的关系和现实中。在团体活动或交往中本身就充满着义务要求,可以认为义务是成员身份的重要组成部分,是集体存在的先决条件,因此履行义务是作为成员的基本要求。

自然义务说。自然义务是作为一个人或社会成员,抑或出于某种特定身份如父母,而天然负有的义务,具有超历史性和无条件性,无论在什么样的社会下都始终有效。自然义务说主要由罗尔斯、托尼·霍诺等人提出。罗尔斯认为个人负有两种义务,一种与社会制度有关,另一种是自然义务,它与制度和社会性实践没有必然关系,不是由社会安排的规则,比如他提到了互助、相互尊重、不伤害他人以及不造成不必要的痛苦的义务。在正义的政府下,公民履行自己的职责是一种像自然义务一样的义务,具有无条件性。霍诺认为,遵守法律义务是出于需要,特定的关系会产生特定的义务,与自愿行为无关,如叔叔有义务照顾孤儿侄子;因强奸而怀孕且无法堕胎的妇女有义务照顾孩子。国家必须照顾自己的公民,两者的关系基于必要而非自愿性;同时,个人有相应的义务去遵守同胞的经由法律所表达的要求。总之义务的基础是天然的需求。自然义务与道德约束不同,后者如遵守诺言,此时义务源于自愿这么做。自然义务也不同于为了获得某种想要的结果而产生的道德强制,后者是一种功利主义的进路,自然义务与对结果的衡量无关。[①]

(三) 法律义务的含义

无论法律义务和对法律的义务有多少种界说,我们依然可以得出关于法律义务的一般性结论。法律义务是法律权利的伴随物和对应物,在法律权利的特征里,有的特征也是法律义务所具有的,这是法律义务作为法律权利伴随物的表现;有的特征则是与法律义务密切关联的,这是法律义务作为法律权利对应物的表现。具体说,法律义务的特征在于:第一,法律义务是以法的形式表现出来的义务,是法所确定的义务,因而是一定主体不能不承担的义务。第二,法律义务是国家意志的体现,是由国家强制力予以敦促的义务。义务主体所承担的义务通常是不可随意转让的。义务主体不履行义务,国家强制力就会走上前台,对义务主体实施制裁。第三,法律义务是一定的主体应当作出一定行为或不得作出一定行为,或是应他人的要求应当作出一定行为或不得作出一定行为的义务。就是说,法律义务在结构上包括作为义务和不作为义务两个部分,前者也称为积极义务,后者也称为消极义务。法律义务是用以实现他人法律权利或利益的法律手段。只有义务主体履行义务,权利主体的权利或利益才能实现。第四,法律义务终究是法律上的义务,不完全等于是现实的义务,它是一种责任,它的实现也有赖于多种因素的综合作用。这些就是法律义务的特征。

将这些特征整合起来,我们同样可以对法律义务作出这样的界定:法律义务是由法所确定的,由国家强制力敦促其实现的,一定的主体应当自己或应他人要求作出或不作出某种行为的责任。[②]

---

① See Kent Greenawalt, "The Natural Duty to Obey The Law," *Michigan Law Review* 84, no. 1 (1985).
② 参见周旺生著:《法理学》,北京大学出版社 2006 年版,第 257—258 页。

第二节 法律权利和法律义务的分类

与法律权利和法律义务概念的多重内涵相同,法学家们从不同视角对法律权利和法律义务进行了多元分类。除了最常用的实体性权利和程序性权利,实体性义务和程序性义务的分类以外,本节介绍以下五种经典的和主流的关于法律权利和法律义务的分类。

一、私权利和公权利,私义务和公义务

按照权利和义务源自不同的法律类别,可以把法律权利分为私权利和公权利,相应地,法律义务分为私义务和公义务。古罗马法学家乌尔比安提出把法律分为公法和私法,公法是关于罗马国家的法律,以保护国家的公共利益为目的;私法是关于个人利益的法律,以保护私人利益为目的。后来,这一分类方式不仅被大陆法系一直沿用至今,在英美法系中也被广为接受,成为一种最主流的法的分类方式。基于私法而产生的主要是私权利和私义务,基于公法而产生的则是公权利和公义务。

私权利是指由私法所确认的以维护平等主体之间的利益为出发点和归宿的权利。民法、商法和其他私法所确定的权利一般为私权利,比如人格权、物权、债权。私权利一般为自然人和法人所享有。需要指出的是,当国家和国家机关参与到民事和商事法律关系中而成为主体时所享有的权利,也属于私权利的范畴,这些主体也与其他自然人和法人具有平等的法律地位。私权利也是私主体可以在法庭上予以辩护的权利,其前提是私主体能够证明他们的私权已经遭受某种现实侵害。

公权利主要是指由公法所确认的以维护公益为出发点和归宿的权利。享有公权利的主体一般是国家机关和国家公职人员。宪法、刑法、行政法、经济法等公法中规定了国家机关及其公职人员的公权利,国家的立法权、行政权、司法权和监察权即为公权利。公权利通常称为职权。职权的主要特征在于:(1)法定性,任何主体享有的公共职权都应当是法定的,而不能自我设定。公权利主体拥有或行使的职权必须经由法律授予,否则不能成立。(2)国家意志性,尽管在具体行使职权的过程中难免会掺入公权利行使主体的某种主观因素,但公权利的性质和内容只能体现国家意志,而不体现个人意志。(3)公共利益性,公权利体现和代表国家、集体或其他共同体的利益,不体现和不代表私主体利益。(4)强制性,公权利主要体现服从关系,而不像私权利那样体现平等关系。因此,公权利的行使是直接和间接以国家强制力为后盾的,具有鲜明的强制性。而私主体在行使权利时,并不能实施对他人的强制,只有当私权利受到侵害时,才能寻求国家的强制力予以公力救济。(5)不可处分性,职权享有者对其职权不得任意转让,也不可放弃,而必须依照法律规定作出或不作出某种行为,否则即为失职。(6)公权利一般不得由私主体在法庭上予以辩护,在法庭上可以辩护的权利一般为私权利。

私义务是与私权利相对应的义务,指由私法所确认的以维护平等主体之间的利益为出发点和归宿的义务。民法、商法和其他私法所确定的作为或不作为的义务一般为私义务,如债务人清偿债务的义务,双方签订合同时产生的义务,父母抚养子女的义务,子女赡养父母的义务等。私义务也一般为公民和法人所享有,当国家和国家机关参与到民事和商事法律

关系中而成为主体时所承担的义务,也属于私义务的范畴。

公义务是与公权利相对应的义务,主要是指由公法所确认的以维护公益为出发点和归宿的义务。国家机关和国家公职人员所担负的职责通常为公义务,公民应当服兵役,法人应当纳税,也是公义务。

二、对物权和对人权,对世义务和对人义务

按照权利和义务的适用范围的不同,可以把法律权利分为对物权和对人权,相应的法律义务分为对世义务和对人义务。对物权和对人权是罗马法中经典的对权利的分类方式,并被大陆法系国家沿用,规定于一些国家的民法典中。

对物权(right in rem,real right)源于"对物之诉"(action in rem)。对物之诉是针对争议标的物提起的诉讼,经诉讼而裁定的权利效力及于全世界,而不仅仅适用于争议双方,比如权利人在任何时候都可以主张对财产的权利。由此,对物权就是在物之上的权利,指可以对抗其他所有人的对物的完全支配权。对于世界上任何干扰该权利行使者,权利人都可以强制行使该权利,故也称对世权、绝对权。对物权使权利人享有法律保护,使其免受任何人的干涉。所有权是最典型的对物权。而且对物权不仅与对特定有体物的请求权相关,也包括与权利人人身相关的请求权,如生命权、健康权、姓名权、名誉权、肖像权等人格权,还包括与特定有体物和人身都无关的请求权,如知识产权等。对物权的权利主体是不特定的一般人,任何人都可以享有这种权利;同时其义务主体也是不特定的,除权利人以外的其他任何人都不得侵犯权利人的对物权。

对人权(right in personam,personal right)源于"对人之诉"(action in personam)。对人之诉涉及由人与人之间的行为而产生的法律权益,是法院对个人而不是个人财产行使司法管辖权。因此,对人之诉的裁决首先对个人有约束力,其次才及于个人的财产,对人之诉包括合同之诉,债务清偿之诉、过失之诉等。对人权与对物权相反,是针对特定人提起法律诉讼或强制其履行法律义务的权利,也称相对权。对人权的权利主体具有特定性,不是一般的人、任何的人,其义务主体也具有特定性,因此是特定的权利主体针对特定的义务主体所主张的权利,具有明显的相对性,一般而言权利主体是无权向第三人主张权利的。例如,买卖合同法律关系中,双方当事人所享有的权利,就属于对人权,买方享有要求卖方交付符合合同规定的货物或服务的权利,卖方享有要求买方支付合同规定的对价的权利,此处的权利主体是确定的,即合同双方当事人。

对物权和对人权的区别在于:(1)权利指向不同,对物权指向于物,是对特定的物行使的权利;对人权指向于人,是对特定的人行使的权利。(2)对物权可以向所有人主张,对人权只能对特定人主张。(3)对物权属于一般性权利,是不特定的人普遍享有的权利;对人权属于特殊权利,是在特定主体之间存在着的特定的权利。(4)对物权是一种消极权利,即权利人要求他人不干预的自由权,权利人可以自行行使该权利;对人权是一种积极权利,权利人要求义务人为特定行为才能实现自己的权利主张。(5)对物权和对人权之间可以相互转化:比如在买卖合同中,买方享有要求卖方交付合同标的物的对人权,当交付之后,买方就享有了针对合同标的物的对物权。(6)对物权的行使并不以建立法律关系为前提,而对人权必须存在于特定法律关系之中。

对世义务与对世权相对应,其义务适用范围普遍及于全世界,义务主体不具有特定性,故也称绝对义务。对世义务的主体不是特定的人,而是一般的人、任何的人。比如,法律规定不得侵犯他人的财产权和人身自由权,这样的义务是每个人都应当承担的,具有普遍性。

对人义务与对人权相对应,其义务适用范围具有特定性,义务主体也是特定的,权利人和义务人之间具有相对性,故也称相对义务。对人义务的主体不是一般的人、任何的人,而是特定的人,针对特定的权利主体履行自己的义务。比如侵权责任中,侵权人向受害人履行赔偿责任,其法律关系的主体都是确定的,不涉及第三人。

三、原权利和救济权利,第一位义务和第二位义务

按照法律权利和法律义务是否属于基础性的权利和义务,或是否属于本原意义上的独立权利和义务,可以把法律权利分为原权利和救济权利,相应的法律义务分为第一位义务和第二位义务。

原权利(primary right, antecedent right)又称第一位权利,是法所明确规定了的基础性的法律权利,它独立存在,不必引证先在的权利。霍兰德在其《法理学》中说:"任何权利,要么是实体性的,要么是程序性的;所有实体性权利,要么是先在性权利,要么是救济性权利。先在权是一种仅因为自身的存在而可以采取行动的权利,救济权则是因为不履行另一行为而须采取行动的权利。"①可见,原权利的特征是:它是由法所直接地、明确地赋予的权利,或是由法所授权的主体依法通过其活动而产生的权利。原权利体现了法律对社会资源的分配,属于"分配正义"的范畴。例如,宪法所规定的公民基本权利,民事领域里的所有权、人身权、知识产权、缔约权、婚姻自由权等,都属于第一位权利。

救济权利(remedial right)又称第二位权利,是基于原有权利受到侵害而产生的补救性权利,它不能独立存在,其产生是为了保护或实现第一位权利,属于"矫正正义"的范畴。救济权利的特征主要有两个:一是派生性,主体本来没有这一权利,而是由于本来所享有的权利不能实现或受到侵害才产生了这一权利。因而,原权利和救济权利之间存在时间上的先后关系和法律上的因果关系,救济权利派生于原权利。二是非恒常性,这一权利并不是自始至终一直存在着的,而是存在于一定条件下的权利,一旦补救实现,这一权利便不复存在。例如由于违约、侵权而产生的请求赔偿权即属于此类权利。在一个买卖合同中,卖方要求买方支付货款的权利是原权利,卖方因买方违约而要求其支付违约金的权利是救济权利,因为违约金请求权是基于未履行支付货款的权利而产生的新的权利主张。

第一位义务是与原权利或第一位权利相对应的义务,也就是法所明确规定了的基础性的法律义务,亦称为主义务。其特征是:它是由法所直接地、明确地规定的义务,或是由法所授权的主体依法通过其活动而设定的义务。例如,宪法规定的公民服兵役的义务,民事领域里不侵犯他人财产权、人身权、知识产权、履行合约的义务,税法中依法缴税的义务等,这些都属于第一位义务。

第二位义务是与第二位权利相对应的义务,主要是由于违法行为而产生的义务,亦称从

---

① See Thomas Erskine Holland, *The Elements of Jurisprudence*, 6th edition, The Clarendon Press, 1893, p. 130.

义务。其特征与第二位权利的特征也是相对应的。例如由于违约、侵权而产生的赔偿义务，因其他违法行为而应当承担的民事、行政乃至刑事法律责任，都属于此类义务。

四、消极权利和积极权利，消极义务和积极义务

按照权利主体实现权利的方式不同，可以把法律权利分为消极权利和积极权利，相应的法律义务分为消极义务和积极义务。这种划分方式的意义在于表明，有些权利的实现只需要依赖于权利人自身的自主行为，而不必依赖于义务人作出的特定行为，义务人消极的不作为就是对权利人行使权利的配合和支持；而另一些权利的实现则无法通过权利人的自主行为来实现，反而有赖于义务人作出特定行为。

消极权利（negative right）是指权利人强制要求义务人不对某物或某事进行干预的权利，也即要求义务人不作为的权利。在民事领域中，最典型的消极权利就是对动产和不动产主张所有权的权利，还有由各种人格权和身份权而构成的人身权。又比如，《消费者权益保护法》中规定的消费者权利中的自由选择权也是一种消极权利。实际上，公民的许多基本权利都属于消极权利，如选举权、言论自由权、宗教自由权等。消极权利是一种绝对权。所谓绝对权，是指不需要借助他人行为就可以实现的权利，如公民的财产权和其他各项自由权等。绝对权的内容要求排除他人的干扰和干预，在这个意义上绝对权也是一种消极权利。

消极义务与消极权利相对应，是义务人为实现权利人的消极权利而应当履行的义务，主要是不干预的不作为义务。消极义务主体处于不得作出任何可能侵犯权利主体自由处置其权能的行为的消极状态，比如干扰、阻止或威胁权利人行使权利。

积极权利（positive right）是指权利人强制要求义务人作出某种行动以实现自身权益的权利，也即要求对方作为的权利。对人权就属于积极权利，最典型的例子是在合同法律关系中，合同一方当事人要求对方履约的权利。积极权利还包括范围广泛的政治、经济、社会、文化方面的权利，如在私人交易领域，消费者享有的安全权、知悉真情权、公平交易权、求偿权等；作为公民，享有获得安全保护的权利，获得维护市场公平竞争的权利，获得教育的权利，获得劳动保护的权利，获得社会福利的权利等。

积极义务与积极权利相对应，是指义务人作出积极行动来实现权利人的权利，也即积极作为的义务。积极义务一般由命令性规则作出规定，即应当如何行为的规则，此时义务主体处于给付某物或者作出某种对待的积极行动的状态。

五、主权利和从权利，主义务和从义务

按照两项法律权利之间相互关联的主从关系，可以把法律权利分为主权利和从权利，相应的法律义务分为主义务和从义务。这种分类方式主要适用于民事领域。

主权利（principal right）是指在相互关联的两项权利之中，不依赖于另一权利而能够独立存在的权利，又称独存权。从权利（accessory rights）是指在相互关联的两项权利之中，其效力受另一权利制约的权利，又称附属权。主权利是从权利的前提，从权利依附于主权利而存在，随主权利的成立而成立、生效而生效、变更而变更、转让而转让、消灭而消灭。权利人不能在转让主权利的情况下而单独保留从权利，也不能在抛弃主权利的情况下而单独享有从权利。相应地，主义务是与主权利相对应的义务，从义务是与从权利相对应的义务。

最典型的例子就是债权和为保证债权的实现而设置的抵押权。比如某公司向银行贷款500万元,并以厂房作为抵押,双方签订贷款合同和抵押合同。此时,银行享有作为主权利的债权和作为从权利的抵押权,该公司有偿还贷款的主义务和履行抵押的从义务。若银行贷款到期,该公司按照合同约定偿还贷款后,其与银行之间的主权利与主义务、从权利与从义务都归于消灭。若该公司到期未能清偿或未能足额清偿贷款,则银行有权依照抵押合同的约定向该公司主张抵押权,该公司应当与银行协议将厂房折价,或以拍卖、变卖该厂房的价款来清偿自己的债务。

主权利和从权利不同于原权利和救济权,尽管两者都具有独立与派生的关系。首先,适用领域不同。主权利和从权利的划分主要存在于民事领域,原权利和救济权适用于各种性质的法律领域。其次,权利存在的前提不同。从权利的存在不需要以错误行为的发生为条件,从权利是在主权利继续有效的情况下启动的,是为了确保主权利的实现而预先设置的一种权利保护措施,其与主权利可能同时产生,只是在一定时期内以期待权的形式存在。救济权须以违法或违约行为为前提。救济权是在原权利无法实现或受到侵害后产生的,目的是使原权利恢复原状或消除损失。最后,从权利多发生在民事主体的缔约行为中,救济权的实现往往需要启动司法程序。

第三节 法律权利和法律义务的关系

法律权利和法律义务的关系是法理学研究的一个重要论题。总体来说,两者密切关联,不可分割,具有很强的对等性。

一、法律权利和法律义务的关联性、并存性、对等性、等量性

第一,在同一个法律关系中,法律权利和法律义务总是同时存在的,一方享有的权利总是意味着另一方应当承担的义务。需要注意的是,这种关系特征是在特定前提下表现出来的,即在同一个具体的法律关系中,而不是指不同的法律关系、宽泛的法律关系或在同一个主体身上的权利和义务关系。权利和义务都不可能孤立地存在和发展,而必须以另一方的存在和发展为条件,即所谓"没有无义务的权利,也没有无权利的义务"。从静态上看,权利和义务好比同一枚硬币的两面,没有这一面也就不存在另一面,任何一项权利都对应着相应的义务,权利人所享有的权利都依赖于义务人所承担的义务。从动态上看,只有当义务被履行时才得实现权利,义务人如果不承担义务,权利人就无以享有权利,一方行使权利意味着另一方同时在履行义务。比如,一个人拥有生命权,其他所有人就有尊重其生命权的义务,不得对其造成人身伤害。

有一种法学观点对权利和义务的关联性提出挑战,认为有些义务可以独立存在而无须涉及权利,有的法律规定了义务但没有规定相应的权利。比如刑法对犯罪人的惩罚,并没有对应受害人的什么权利。事实上,这种看法是基于对两个问题的误解而造成的错误理解。第一个误解是,错把法律责任等同于法律义务。刑法规定的刑罚是一种法律责任,即刑事责任,而并非严格意义上的法律义务。当法律义务被违反时,才会触发法律责任这一不利的否定后果。法律责任作为一种矫正正义,正是为了补偿或恢复受损的分配正义。比如死刑作

为一种最严苛的法律责任,是对违反尊重他人生命权的义务的惩罚,这一义务所对应的是他人的生命权。可见,法律责任是对承担法律义务的保证和不履行法律义务时的补位,其本身并不是一种义务,也没有独立存在的意义。第二个误解是,认为法律权利和法律义务都以明示的方式规定在法律规则中,实则不然。法律权利和法律义务有明示和默示之分。明示是指法律明确地规定出权利和义务的内容。默示是指规定了一项权利,其实也隐含了其对应的义务;规定了一项义务,其实也隐含了其对应的权利。比如依然以生命权为例,当宪法和民法规定了公民保有生命权时,不一定需要再设立一个条文规定其他公民应当尊重他人的生命权,这一义务已经隐含在生命权的权利规则之内了。又比如我国《婚姻法》中规定了直系血亲和三代以内的旁系血亲、患有医学上认为不应当结婚的疾病的人,禁止结婚。这项不得缔结婚姻的义务包含了每个人都享有医学意义上的健康婚姻的权利,而不需要再设置专门规定健康婚姻权的权利条款了。

第二,对于同一个主体而言,在通常情况下,其权利和义务总是相伴存在,其享有权利的同时也承担着义务。不能一方只享有权利而不承担义务,另一方只承担义务而不享有权利。在法律上不存在单纯的权利人和单纯的义务人。正确理解这一关系特征,需要注意两点:

一方面,一个主体身上的权利和义务并存的关系并不是绝对化的。在特殊情况下,也存在权利和义务分离或分开而两相独立的情况。这主要是针对认知能力和责任能力都有局限的未成年人和精神病人。当一个人是限制行为能力人时,他享有的权利多一些,需要承担的义务少一些;当一个人是无行为能力人时,比如终身重度精神病患者,那么此人在法律上就是终身只享有权利,例如生存权、财产权等,但却终身不存在应当由其履行的法律义务,他事实上成了单纯的权利人。这些主体所不履行的义务由其监护人承担。

另一方面,只有当一个主体能够充分享有权利,也能够充分履行义务时,才是一个充分发展了的个体。当特殊情况下,法律允许一个人享有更多权利或使其终身只享有权利而无须承担义务,当然这是为了保护特殊群体的利益,理论上也应当是有利而无害的。但是实际生活是复杂的,有时这种享有更多权利而无法承担义务的情况,反而未必是当事人所希望和所乐于接受的状态。实践中出现了被认定为无行为能力而只享有权利的人,希望通过承担义务来实现部分独立谋生的愿望,但法律却否认了其履行义务的可能,而其监护人出于持续获取社会福利的原因而拒绝为其申请认定为限制行为能力人,无法令其在一定程度上通过承担义务而拓展独立生活的能力。可见,享有权利并不是真正的自由,能够承担义务,对自己的生命负责,才是真正的完整的自由,才标志着一个完整和成熟的个体。

第三,人与人之间所拥有的法律权利和承担的法律义务是否对等存在,标识了社会的文明程度。在现代国家,对于正常的成年人而言,每一个人都应该平等地享有权利和承担义务。这意味着我承认他人和我拥有相等的权利,我有义务尊重他人行使他们的权利。当一个人拥有生命权的时候,他也应当承认他人也拥有和自己同样重要的生命权,履行尊重和不侵犯他人生命权的义务。当一个人拥有婚姻自由的权利时,他也负有不侵犯他人婚姻自由的义务。当一个人拥有劳动和获取报酬的权利时,他也负有尊重他人劳动和获取报酬的权利。在一个社群中,当人与人之间的权利和义务不对等时,有些人就享有更多的权利而承担更少的义务,另一些人则承担更多的义务而只享有较少的权利,不同主体之间的权利之差就形成了特权,不同主体之间的义务之差则代表了被不平等对待。古代的君主制国家、贵族制国家就是如此,君主和贵族较之平民享有更多的权利,其实质是社会主体法律地位的不平等。

第四,从数量上看,法律权利和法律义务的总量是相等的。在一个社会中,无论权利和义务怎样分配,无论每个社会成员享有的权利和承担的义务是否存在不等,权利的总和和义务的总和在数量上总是等值的。某些情况下有些主体享有的权利和义务确实不对等,但是这些权利和义务的差额并没有消失,而是转由其他主体拥有,因此并不影响权利和义务总量的增减。在微观层面中,每一个法律关系中权利和义务总是对等存在着的,只是承担的主体会发生转移,这并不影响宏观层面中权利和义务在总量上永远守恒,数量上保持相等。

二、法律权利和法律义务的价值定位

从价值上看,法律权利和法律义务并非平分秋色,而是存在主次地位的分别,也就是权利本位还是义务本位的问题。权利和义务代表了不同的法律精神和价值取向,前者重视自由和选择,后者强调服从和强制。两者在历史上受到重视的程度有所不同,因而在不同国家的法律体系中的地位有主次之分。在奴隶制社会和封建制社会,法律制度以规定人们的义务为中心,强调义务为本位,权利处于次要地位,是作为义务的附属品而存在的,法律是社会控制的工具。而在民主法治社会,法律制度较为重视对个人权利的保护,因此以权利为起点、核心和主导,义务处于被动的状态。此时,权利是第一性的,义务是第二性的;权利是目的,义务是手段;权利是义务存在的依据和意义,义务设定的目的是保障权利的实现。国家法律的精神在于弘扬个人的自主意识,鼓励人们的自由发展。

第十五章 法和权力调控

第一节 作为支配性力量的权力资源

一、权力研究的现状和学术基础

在中国,权利问题被提到法的本位的高度谈论已有很多年,这对革除几千年来绝大多数中国人没有权利意识的旧状况是有积极意义的。然而权力问题迄今未进入法学界的主要研究视野,人们可以读到的有关权力主题的严肃深入的论著甚少。既有的关涉权力问题的论说主要是围绕讲权利、反腐败、建法治这些议题展开的,现实性是有了,却少有深入系统地研究权力问题的理论贡献。

西方的情形远非这个样子。从古希腊时代发展起来的政治学说和法律学说一直以权力之类的问题作为重要的研究主题,政治和法治的实际生活也始终将权力问题置于突出的地位。近代以来,先由思想家倡导,继而作为普遍实践而存在的分权制衡制度,成为西方世界典范性政治体制和法治体制。有这样的实际生活为背景,有关权力问题的研究必然广受重视,研究成果亦自然扎实和富足。当然,在多元化的西方学界,权力问题同其他许多问题一样,论说繁复而驳杂,即使像权力究竟是什么和应当是什么这样的基本问题,亦见仁见智。在有的学者看来,权力的界说甚至比其他许多问题更为困难。"给国家下定义已不是轻而易举的,要给'权力'下定义更难上加难了。"①

据考察:英语中"权力"(power)一词来源于法语的 pouvoir,后者源自拉丁文 potestas 或 potentia,意指"能力"。在罗马人看来,potentia 所表达的是一个人或物影响他人或他物的能力。霍布斯是较早提供有较大影响的权力界说的人物,他按照新科学的机械主义构想,把权力定义为一种因果关系,认为权力就是主动出击的行动者和被动承受的对象之间的因果关系。他还说无论由于什么原因,行动者拥有对其对象产生作用所需要的条件,就是拥有权力。②霍布斯之后,许多学者对权力给出新的有影响的界说。马克斯·韦伯的定义是:"权力意味着在一种社会关系里哪怕是遇到反对也能贯彻自己意志的任何机会。"③按韦伯的意思,在人们的社会交往中,一个行为者把自己的意志强加在其他行为者之上的可能性,就是权力。或者说,当一个人可以使另一个人屈从他的时候,这个人便有了相应的权力。伯特兰·罗素对权力的界说是:"我们可以把权力解释为若干预期结果的产生。因此,权力是一个量的概念。"④乔·萨托利的看法是:"权力永远是控制他人的力量和能力——其中包括摆布他

---

① 〔法〕莫里斯·迪韦尔热著:《政治社会学——政治学要素》,杨祖功、王大东译,华夏出版社1987年版,第14页。
② 〔英〕戴维·米勒、韦农·波格丹诺编,邓正来主编:《布莱克维尔政治学百科全书》,中国问题研究所等译,中国政法大学出版社1992年版,第595页。
③ 〔德〕马克斯·韦伯著:《经济与社会》(上卷),林荣远译,商务印书馆1997年版,第81页。
④ 〔英〕伯特兰·罗素著:《权力论:新社会分析》,吴友三译,商务印书馆1991年版,第23页。

们的生活和置他们于死地的力量。"① 而莫里斯·迪韦尔热则说:"权力就是根据行使这种权力的社会标准、信仰和价值得以确定的影响(或影响力)形式。"② 还有其他许多有影响的论说。不过也有共识:"尽管对如何界定这个概念存在分歧,大多数分析家们还是承认,'权力'基本上是指一个行为者或机构影响其他行为者或机构的态度和行为的能力。"③ 这些界说,都在一定程度上揭示了权力概念和权力现象的面目,但我们如果要更为完整而清晰地认知权力和权力现象,还需要有自己的进一步研究,而这种研究可以批判地建立在人们先前构筑的学术基础之上。

二、作为支配性力量的权力资源

观察古今实际生活中的权力现象,研究各种权力界说,我们可以认为:权力,实际上就是一种资源,一种存在于社会关系之中的、由一定社会主体所享有的、对相关社会主体和社会资源具有支配性力量的社会资源。

首先,权力是一种资源,一种可以为人们带来好处,帮助人们实现自己的意志或愿望,使权力握有者对社会主体和其他资源发生影响的重要资源。有了权力,人们就可能获得许多好处。握有相应的权力,人们在实现自己的意志和愿望时,通常就比没有权力的人方便。手中没有权力,即使怀有鸿鹄之志,其志向往往也难以实现。历史上和现实中,众多人物之所以能推动或阻碍历史发展,很重要的原因便在于手中握有足够的权力。权力可以迫使其他社会主体听命于权力握有者,可以使社会资源与社会主体的权属关系按照权力握有者的愿望发生变化。绝大多数人和组织,是在权力的影响过程中走完其历程的。

其次,权力是一种社会资源,一种存在于社会关系之中,作为连接社会关系纽带存在的,影响范围非常广阔的社会资源。权力是一定社会主体之间相互关系的重要体现,没有社会关系便没有权力资源存在的余地。比如,国家公职人员与所在机关之间、公司职员与所在公司之间、法官与案件当事人之间,就存有社会关系,在这种社会关系中都有权力资源存在;而同行在一条乡间小路上的两个陌生人之间,通常便没有直接的社会关系,也不存在权力资源。权力是大量社会关系得以维系的条件。比如,公民与国家的关系,就是以国家权力和公民权利、国家职责和公民义务为纽带所存在和延续的。权力握有者正是以权力这一纽带为基础,把自己的意志加于对应的社会主体,并形成自己和对应方的社会关系。权力所存在的空间范围非常之大,有社会生活的地方差不多都有权力存在,国家生活、集体生活、政党生活、企事业单位生活,以及其他各种有组织的社会生活中,都有权力存在。在这些社会生活中处于各种领导地位或主导地位的人物,大到总统,小到生产小组组长,手中都握有大小不等的权力。

最后,权力是一种具有支配性力量的资源,一种体现主体之间和资源之间不对等的关系,以直接强制为后盾的特殊社会资源。这是权力资源同其他资源相区别的尤其明显的特质。正是具有这种特质,权力资源的价值实现,比其他许多社会资源更有效、更现实。权

---

① 〔美〕乔·萨托利著:《民主新论》,冯克利、阎克文译,东方出版社1993年版,第31,32页。
② 〔法〕莫里斯·迪韦尔热著:《政治社会学》,杨祖功、王大东译,华夏出版社1987年版,第109页。
③ 〔英〕戴维·米勒、韦农·波格丹诺编,邓正来主译:《布莱克维尔政治学百科全书》,中国问题研究所等译,中国政法大学出版社1992年版,第595页。

力可以支配一定范围的社会主体和其他资源,并且通过这种支配来实现自己的价值。每一种权力都有其效力范围,通常只存在于具有支配性力量的社会关系中。有的社会关系,如友谊关系、爱情关系,通常没有权力资源,就因为这些关系的存在不以支配性力量的存在为条件。权力关系与法律关系不同,在法律关系中,主体之间通常互有对等的权利和义务,而在权力关系中,这种对等关系是不存在的。权力主体对权力客体通常具有绝对的支配性,权力主体行使权力通常不以对权力客体履行相对应的义务为交换条件。霍布斯、韦伯和萨托利等学者的观点都包含这种意思。权力主体具有要求相关主体必须服从的强制性,权力所指向的相关主体和相关资源都要接受权力主体的支配。可以说,强制性是所有权力的普遍属性。

三、权力资源的影响和价值

权力是一柄锋利的双刃剑。在正当合理的制度下,它可以发挥积极的正面作用;在落后昏暗的制度下,它就会弊病丛生,甚至会肆意为虐。

人在本性上是政治动物,注定要过社会生活,这在亚里士多德的著作中就已论述过[①],并为数千年人类实际生活所证明。人立于社会生活之中,不可能不受种种社会因素的约束。权力就是这些约束中非常重要的一种。人们从生到死,大多数时候,都处于权力的支配之下。在国家生活中,有国家权力的支配;在机关、企业、学校、部队里,在火车上、轮船里,在许许多多的社会关系中,人们都要受一定的权力支配。人就是这样处于权力的网络之中,想摆脱权力的约束是不可能的。要成为真正自由的、有价值的人,不仅要善于处理自己的行为与法律、道德以及其他社会规范的关系,也需要处理好与权力的关系,实现权力资源的正面价值。国家和各种组织要真正达致发达之境,便要善于充分利用自己的权力资源,发挥其正面作用。进步的个人和组织都应努力避免权力资源在自己这里发生弊病。

权力对生活的一个突出影响,是它可以迎合人的欲望本性,引起人的欲望冲动。欲望不仅是心理活动的表现,更通过行为表现出来,并且某些欲望是无止境的。正如罗素所说:固然大部分人为了取得生活必需品而被迫辛勤工作,很少余力追求其他目的,但生活有保证的人却并不因此而停止活动。波斯皇帝远征希腊时并非缺吃少穿没有妻妾。牛顿自当上校务委员起就有了物质享受的保证,然而正是在这时候他才撰写《自然哲学的数学原理》。圣芳济和罗耀拉也不是为了摆脱贫困才需要创建教派。这些都是著名的人物,而同样的特性也以各种不同的程度出现在普通人身上,只有少数异常懒散的人是例外。[②] 在人的各种欲望中,权力欲望是少数几种最主要的欲望之一,因为权力在手,可以帮助人们实现太多其他欲望。

权力资源在个人生活和社会历史发展中的作用都是重大的。假如我们把爱好权力当作人类唯一的动机,那是错误的。但权力、爱好权力、权力意志、权力欲望,对历史和社会进步确有提供动力的一面。权力掌握在谁的手中,就意味着他自己与相关的人和组织形成了什么样的连带关系,意味着不同的人可以在何种程度上获取何种社会资源。权力欲望如果得

---

① 〔古希腊〕亚里士多德著:《政治学》,吴寿彭译,商务印书馆1965年版,第7页。
② 〔英〕伯特兰·罗素著:《权力论:新社会分析》,吴友三译,商务印书馆1991年版,第1—2页。

以实现,不仅可以像实现其他欲望那样直接获得具体利益或满足,还能实现诸如上文所说的许多人所怀抱的鸿鹄之志。罗素把权力欲望视同促使人类社会变革的一种重要动力,他指出:"引起社会变革的,通常就是极希望引起社会变革的那些人。因此,爱好权力是在世事的造因方面起了重大作用的那些人的一种特性。"①博登海默在评价尼采的权力意志观点时也指出:我们很难否认一个事实,即权力意志不论在个人生活还是在社会生活中都经常是一种强大的驱动力。在个人生活中,权力欲可能着力于获得政治和社会影响,获得金钱和财富,或征服女性。在社会生活中,群体之间、阶级之间、国家之间为权力和支配权力进行的斗争,乃是历史舞台上许许多多具有决定性事件的根源。②

权力资源对国家生活更具重要性。国家主要是由领土、居民和主权所合成的,国家权力是国家的最基本要素之一。国家的基本职能的划分同权力的划分实际上是一个概念,通常所说的立法、行政、司法职能的分别,也就是立法权、行政权、司法权的划分。国家政权的各职能部门的制约平衡,就是这些职能部门所分掌的权力的制约平衡。国家权力体系的存在和运行,也就是国家生活的存在和运行。国家生活的过程,也就是国家权力体系按照一定的轨迹运作的过程。西方学界和政要一般都深谙权力的地位和作用。威尔逊这位学者和总统合于一身的人物认为:权力运用的好坏是确定国家生活中政治人物奖惩的最重要的标准,要使这些人物感到,"如能以国家为重,秉公用权,必将得到甚多荣誉和好报;同时也应使其明了,滥用一分权力,必将不能逃脱应得的惩处"③。布什在他的就职演说中也以用权力帮助人民来打动人:"让我们在心中铭刻下这样的话:'用权力去帮助人民。'因为给我们权力并不是让我们追求个人目的,也不是为了在世上显赫一时。使用权力只有一个目的,那便是为公众服务。"④

权力资源对法所具有的价值也值得注意。权力对法的制定具有积极的推动作用,许多重要的法典正是由于强有力的权力干预才终于产生的。古代的罗马法和唐律的产生是如此,近代的《法国民法典》更是在拿破仑权力的强悍保障之下诞生的。"法律制度中真正有深远意义的变化通常来自外界:人们往往是通过行使政治权力以推进立法行动而实现这些变化的,同时这些变化愈深刻,权力在实现这些变化方面的作用也就可能愈大。"⑤

第二节 权力资源的法律调控动因

一、法治与权力资源的法律调控

权力资源的法律调控,主要指国家权力和政治权力应当来源于宪法和法律的授予;权力的存在应当有益于维护社会成员的利益以及国家和社会的利益;权力的范围应当由法明确规定;权力的行使或运行应当遵循法律原则和规则;权力的滥用、乱用和不用应当为法所禁

---

① 〔英〕伯特兰·罗素著:《权力论:新社会分析》,吴友三译,商务印书馆1991年版,第5页。
② 〔美〕博登海默著:《法理学:法律哲学与法律方法》,邓正来译,中国政法大学出版社1999年版,第362页。
③ 〔美〕威尔逊著:《国会政体:美国政治研究》,熊希龄、吕德本译,商务印书馆1986年版,第156页。
④ 〔美〕布什:《布什总统的就职演说》,载《美国总统就职演说》,岳西宽等译,北方文艺出版社1991年版,第473页。
⑤ 〔美〕博登海默著:《法理学:法律哲学与法律方法》,邓正来译,中国政法大学出版社1999年版,第361页。

止;滥用、乱用和不用权力引致负面后果的,权力使用者应当承担相应的法律责任,受到应有的追究。

对权力资源实行法律调控,是法治的基本要义之一。西方人的法治从一开始便注重对权力资源实行法律调控,后来随着对法治的认识日渐发展,权力资源的法律调控更成为他们的法治理论和实践的重大主题。尽管人们对法治的解说有种种不同,但一般都认同对权力的制约是现代法治的关键。戴雪的《英宪精义》所揭示的法治要义有三:其一,没有专制权力;其二,官员受一般法律管辖;其三,宪法是本国一般法律的产物。在这里,"没有专制权力"被列为法治要义的第一项。① 英国学者沃克指出:法治意味着所有权力,立法、行政、司法等权力,都服从一定的原则。这些原则通常被视为体现了法的各种特征。在任何法律制度中,法治都意味着对立法权的限制,对滥用行政权的制约。法治的真谛不在于强调政府应当执法和维护法律秩序,而在于强调政府本身应当服从法。② 1955年雅典国际法学家大会所宣布的法治原则和1959年德里国际法学家大会对法治的界说,也都强调政府应当服从法。

对权力资源实行法律调控之所以是法治的要义之一,首先因为法治是一种以法为依据的社会调控方式。法治要求政府机关及其工作人员应当依法行使职权,使权力接受法的制约。实行法治,就意味着应当依法配置和规制国家权力。"法治的意思就是指政府在一切行动中都受到事前规定并宣布的规则的约束——这种规则使得一个人有可能十分肯定地预见到当局在某一情况中会怎样使用它的强制权力,和根据对此的了解计划他自己的个人事务。"③其次,也因为权力资源是一种极为重要的可以支配社会主体和其他社会资源的强制性力量。现代法治的主要内容就是治理权力和保障权利。国之大器莫过于权力,国家活动、政治活动和社会活动的一项最主要的内容就是获取和行使权力。在权力事项上离开了法律调控,依法治国必然不得要领,所谓法治也必然是个空壳。最后,还因为法在法治国家处于特别重要的地位。在现今这个多样化的世界里,诸如经济、政治、权力、法律、科学以及其他有关要素,在国家生活和社会生活中的地位总是各有千秋的,单一的至高无上的权威是难以存在的。但毫无疑义,法在法治国家的地位是殊为重要的,权力资源的获取、存在和运行是需要合法化的,权力资源负面作用的抑制以及正面价值的兑现是需要法律制度保障的,而法律也的确可以对权力资源予以调控。正是基于这样的原因,法治国家不能不高度看重权力资源的法律调控。

二、权力资源的合法化与法律调控

权力资源的合法化和权力资源的法律调控,在内涵方面是相通的,所强调的主要是:需要以法律形式调控的权力资源,应当以法的形式予以明确,其范围由法予以规定,其行使有法的根据,超越权力、滥用权力和在权力方面不作为,都应当承担相应的法律责任。近代以来,权力资源的合法化,还包括权力资源应当具有正当性的含义。

这里所谓"需要以法律形式调控的权力资源",意在表明不是所有的权力资源都与法有

---

① 戴雪关于法治三原则或三要义的理论,中国学界的表述多有不一。本章采澳大利亚著名学者维拉曼特的表述,见维拉曼特著《法律导引》,张智仁、周伟文译,上海人民出版社2003年版,第258页。
② David M. Walker, *The Oxford Companion to Law*, Oxford University Press, 1980, pp. 1093-1094.
③ 〔英〕哈耶克著:《通往奴役之路》,王明毅等译,中国社会科学出版社1997年版,第73页。

直接的关联,不能奢望法可以调控所有权力资源,因为法不能解决所有社会问题。一般来说,国家权力、政治权力、经济权力、军事权力之类,应当合法存在和合法运行。而有的权力,如一定利益集团内部的权力,工会、妇联之类社会组织内部的权力,因为仅仅在这些组织内部有效,它们只要不违法就可以存在,而不一定都需要有直接的法的根据。

究竟哪些权力是合法的权力,人们有不同的认识。卢梭强调,只有主权者所托付的权力才是合法的,因而也只有行使这种权力的被托付者,才可以充当政府的角色。① 在韦伯看来,国家或政府的权力行为应当是合法的。这种合法性在形式上集中体现为,政府权力应当来源于由抽象的、包罗万象的规则体系所构成的法律秩序;在实质上则体现为权力的行使得到公民的承认,个人服从国家权力以法的形式确定的义务,并对国家权力抱有信仰。韦伯将合法性统治权力分为三种:以合理的方式存在的合法性权力;以传统为根据的合法性权力;以领袖个人魅力为基础的合法性权力。② 也有学者主要强调政治权力应当是合法的,并且这种合法主要就是形式上的合法,如果它能达到实质合法的程度自然更好,达不到实质合法但做到了形式合法,也就具有合法性了。狄骥是持有这一观点的典型人物,他认为:政治权力是一种实际的东西,它所发出的命令只在其符合法律时才是合法的。无论是国王、国会,或是人民中的多数,都无权对他人发号施令,他们的行为只有在合法时才能强加于被统治者。国家建立在强力的基础上,但这种强力的行使只有符合法律才是合法的。③ 狄骥的言论表明,这位规范法学的挂帅人物,在政治权力问题上不仅是实在的合法论者,而且还是实在的法治论者,在他的视域之中,法不是为政治权力服务的,相反,政治权力的存在和行使既要有法作为根据,还要为法治服务。

权力资源的合法化有形式合法化和实质合法化之分。形式合法化,即权力资源的存在和行使获得了法的根据。这是权力合法化的初级状况,也是权力合法化的起码要求和标志。实质合法化,即权力资源得到属于其支配范围的社会主体的认同,有所谓正当性。这是权力合法化较深层面的含义,也是权力合法化的深层要求和标志。对政治和法治文明比较发达的国家来说,完整地注意权力资源合法化的两个层面是必要的;对正在建设市场经济、政治文明、法治文明的国家而言,实现权力的合法化,或许可以分为两个步骤,在初始的时候更注意权力资源的形式合法化,然后再进一步走向权力资源的实质合法化。

实现权力资源的合法化,一是抑制权力自身的弊病所必需;二是抑制权力握有者不适当的权力欲、防治滥用权力所必需;三是保障属于权力支配范围的社会主体获得安全环境所必需。权力的弊病和不适当的权力欲,没有法的限制是注定要引出负面结果的。同样,对权力没有必要的规制,必然会产生专制和其他种种弊病,使权力支配范围内的主体没有安全保障。要规制权力,就需要有法律规则。"法律规则与允许政府官员随意行使同公民个人有关的权力的制度是不相容的。这种行使权力的方式摧毁了公民的安全感。"④

权力资源的合法化也称为权力的合法性。古希腊和古罗马思想家在谈论法治问题时实

---

① 〔法〕卢梭著:《社会契约论》,何兆武译,商务印书馆1980年版,第77页。
② 〔德〕马克斯·韦伯著:《经济与社会》(上卷),林荣远译,商务印书馆1997年版,第61—64、238—242页。
③ 〔法〕狄骥:《宪法论》,载《西方法律思想史》编写组编:《西方法律思想史资料选编》,北京大学出版社1983年版,第637页。
④ 〔英〕斯坦、香德著:《西方社会的法律价值》,王献平译,郑成思校,中国人民公安大学出版社1990年版,第42页。

际上就已谈论过权力合法性问题。但权力合法性这一术语的正式使用，按俄国学者拉扎列夫的说法，是19世纪初期发生在法国的事情。当时的拿破仑政权被认为是非法篡夺的政权，要证明这个政权的正当性，需要使它具有合法性。随着时间的流逝，这一术语的内涵逐渐扩大，合法性不仅被认为是指政权的起源和建立方式是合法的，而且还被认为是政权存在的一种状态，即国家的公民承认该政权有权力为他们规定这种或那种行为方式。① 拉扎列夫所说的权力合法性，含有形式合法和实质合法两方面的含义。

权力资源的合法化同权力产生的途径是相关联的。按伯特兰·罗素关于权力形态的分析，权力大体上是基于传统、暴力和革命几种途径产生的。传统的权力有习惯势力相支持，它无须时刻为自身辩护，它几乎总是和宗教的信念联系起来，目的在于表明抗拒是不道德的。因此传统的权力远比革命的或僭窃的权力更能获得舆论的支持。基于传统而产生的权力，很容易规避法，因而须更多地注意对其实施法律调控。来自暴力的权力，其特性跟传统的权力大不相同。这种权力的产生，通常所采取的形式，或为对内的暴政，或为对外的征服。它的重要性确实很显著，比如，没有亚历山大，就不会出现用希腊文写的《福音书》，基督教就不可能传遍罗马帝国；没有恺撒，法国人就不可能讲拉丁语派生的语言，罗马大主教就不可能存在。对这种基于暴力征服而产生的权力，特别需要法律加以调控。还有一种权力来自革命。当一种传统的权力形态结束之后，继之而起的可能不是暴力，而是为人民中的多数或较大的少数所愿意拥护的革命权力。这种权力同样需要使其合法化、规范化。②

三、法律调控与权力资源弊病的抑制

抑制权力资源的弊病是权力资源法律调控的又一重要动因。

权力资源对社会历史有重大的作用，但也容易滋生诸多弊病。弊病主要表现在两个方面：一是权力资源作为一种支配性力量，是促使许多人追求它从而堕入深渊的重要原因；二是权力资源作为一种支配性力量，往往成为侵犯人的自由、权利和其他正当利益的工具。对后一种弊病，有学者指出它是一种本质上会强化当权者骄傲自大、贪图名利的缺点并使其堕落的因素。权力的行使隐藏着侵犯人格，有时会剥夺人的生存的危险。社会需要秩序，维持秩序需要权力。而权力又表现为对人的统治、强制或压制的力量。因此权力往往成为妨碍人的自由，侵犯人权的"坏东西"③。对权力资源这两方面的弊病，需要通过法来抑制，使其不能肆意作祟，危害人类的正常社会生活。

权力资源之所以容易滋生弊病，是有种种原因的。其中很重要的一个原因，在有的学者看来，是人的本性中存在可以使权力资源的弊病得以发作的土壤。英国学者汤因比和日本学者池田大作在他们的对话体著作中所阐述的观点，就是一个典型。

池田大作认为：本来权力应当为保护更多的人而存在，应当为善良的目的而行使，但由于当权者的心理动机和目的观念而向坏的方面转化的情况是不少的。人的本性不一定是善的，所处的环境也往往会使人丧失其精神的纯正性质。结果权力的行使就会导致为了实现

---

① 〔俄〕B.B.拉扎列夫主编：《法与国家的一般理论》，王哲等译，法律出版社1999年版，第311页。
② 〔英〕伯特兰·罗素著：《权力论：新社会分析》，吴友三译，商务印书馆1991年版，第25—26页。
③ 〔英〕汤因比、〔日〕池田大作著：《展望二十一世纪——汤因比与池田大作对话录》，荀春生等译，国际文化出版公司1985年版，第260页。

包括当权者在内的少数人的幸福和利益,而牺牲多数人的幸福和利益。①汤因比也认为,权力虽然有为好的目的而行使的时候,然而所有生物本来就是以自我为中心的、贪婪的。所以掌握权力的人,往往会陷入一种很强的诱惑之中,作出即使牺牲被统治群众的利益,也要为个人私利而乱用权力的事情。②

人性的弱点也表现在权力的牺牲者对权力行使者的不适当的容忍甚至接纳的方面。汤因比认为,人是社会的动物,社会的头等大事就是废止使其成员陷于不能生存的混乱崩溃状态。因此即使有人不正当地行使权力,也总会被认为比社会崩溃要好些。③池田大作呼应说:民众希望作为自己生存基础的体制,能继续存在下去,这种心愿却支持了权力的乱用。在强暴面前卑躬屈膝,或进而阿谀奉承,可能的话自己也沾点额外便宜,这种丑恶灵魂,是变本加厉地促使权力暴虐无道的原因之一。④

对此类观点,应当有正确的看法。我们认为:生活中的确广泛存在汤因比和池田大作所指出的情形,然而如果过于强调人性的弱点是权力资源的弊病得以滋生的根源,就不免有替权力握有者转移责任之嫌。同时,的确需要看到人性的负面因素对权力有较大的影响,但过于强调这一点就未免悲观过甚。⑤事实上,人性是复杂的,人性中不仅有可以同权力资源的弊病相吻合的因素,也有同权力资源的弊病相冲突的因素。人类在权力资源的弊病面前也并非完全消极的和束手无策的,人类不仅有被权力资源所俘虏的一面,也有可以抑制权力资源的弊病的一面,通过法和法治来抑制权力资源的弊病就是人类对付权力资源的弊病的一个有效办法。

通过法来抑制权力资源的弊病,需要着重抑制政治权力。不受制约的政治权力,是世界上最肆无忌惮的力量之一。在这种权力可以通行无阻的社会制度中,必然广泛存在有权有势者压迫和剥削弱者的情形。在一个由肆无忌惮的政治权力所支配的国际环境中,大国就会把它们的意志强加给弱小的成员国。⑥

通过法来抑制权力资源的弊病,也需要着重抑制专制者的权力。在各式各样的权力中,有一种权力是绝对的权力或专制者的权力,或如博登海默所称,是"纯粹形式上的权力"。"此一意义上的权力旨在实现对人的绝对统治:一个拥有绝对权力的人试图将其意志毫无拘束地强加于那些为他所控制的人。这种统治形式具有一个显著特征,即它往往是统治者出于一时好恶或为了应急而发布的高压命令,而不是根据被统治者的长远需要而产生的原则性行动。"⑦在现代国家,尽管这种绝对权力受到多方面的抑制,但也还是不难发现的。要抑制这种绝对权力的负面作用,必须对其实施严格的法律调控。

---

① 〔英〕汤因比、〔日〕池田大作著:《展望二十一世纪——汤因比与池田大作对话录》,荀春生等译,国际文化出版公司1985年版,第260—261页。
② 同上书,第261页。
③ 同上。
④ 同上书,第261—262页。
⑤ 池田大作甚至认为:不管怎样,在人类加倍努力争取和平和幸福的过程中,即使其他所有问题都解决了,最后还会有"权力的弊病"这一问题。权力弊病的根源,它的实质,存在于人的生命中的恶性。见〔英〕汤因比、〔日〕池田大作著:《展望二十一世纪——汤因比与池田大作对话录》,荀春生等译,国际文化出版公司1985年版,第264页。
⑥ 参见〔美〕博登海默著:《法理学:法律哲学与法律方法》,邓正来译,中国政法大学出版社1999年版,第360—362页。
⑦ 同上书,第358页。

通过法来抑制权力资源的弊病,还需要着重抑制侵犯自由和权利的权力。权力总是随处可见的,但权力却通常掌握在少数人手中,因而总是容易在不同程度上与自由相对抗。① 对自由和权利来说,最大的威胁和危险来自权力的滥用和权力的侵害。正如孟德斯鸠所言:"一切有权力的人都容易滥用权力,这是万古不易的一条经验。有权力的人们使用权力一直到遇有界限的地方才休止。"②而权力一旦滥用,就必然损害自由和权利。自由和权利只有在权力不被滥用的环境里才会得以存在。所以,"权力的行使,如果要比乱施刑罚好的话,就必须受法律和习惯的制约,必须经过慎重的考虑,而且必须托付给那些为了人民利益而受到严密监督的人"③。

四、权力资源法律调控的可能性

对权力资源实行法律调控,是完全可能的。

在现代社会,法是国家权力来源的制度渠道,没有法的根据,就没有国家权力。以国家机关和公职人员的名义所从事的活动,都属于行使国家权力或职权的活动,都应有法的根据,否则不能成立。在正常情况下,特别是在法治环境下,国家机关和公职人员的权力,是由法来确定其界限和范围的,超越了这一界限和范围,人们便有权予以抵制,权力行使者便要承担相应的法律责任。事实上,正如有的学者所说:在社会生活的现实中,权力与法都极少以纯粹的形式出现。如果出现一种完全不受规范限制的社会权力,那么这往往是一种暂时的现象,它表明政府正处于一种极度危机或严重瘫痪的状况。④

在先进的国家,法所寻求的乃是国家生活的稳定和社会生活的安宁,这就同权力往往表现出来的那些侵略性和扩张性大相径庭。发达的法律制度总是经常致力于阻止压制性权力结构的出现。通过法来调控权力,就是通过法来直接抑制权力的侵略性和扩张性趋向。"法律的基本作用之一乃是约束和限制权力,而不论这种权力是私人权力还是政府权力。在法律统治的地方,权力的自由行使受到了规则的阻碍,这些规则迫使掌权者按一定的行为方式行事。通过颁布旨在指导未来行动的行为标准,法律缩小了就事论事的判决范围,因为这种判决方式不遵循任何模式,因而使人们无法预测。"⑤法对权力资源的调控总是追求相对稳定,通常总是避免作临时且短暂的调整和安排。"在法律的统治地位已牢固确立的地方,法律都将力求避免不分青红皂白的、毫无秩序的和持续的变化,并力求用连续性和恒久性方面的某些保障措施去保护现行的社会制度。"⑥一国的法律制度做到了这一点,它对权力资源的调控,就自然会有好的成效。

权力和法都是强力的象征。权力资源需要法来调控,法对权力资源实行调控,这是强强碰撞,是强力之间的抑制和平衡。权力资源和法也有相互融通的一面,权力需要法为其服务而法亦可以为其服务;法需要权力为其支撑而权力亦可以为其支撑。这种融通,是强强联手。既相互碰撞,又相互融通,这就使权力资源同法律调控的结合具备了一定的基础。有了

---

① 〔苏〕别洛策尔科夫斯基著:《自由、权力和所有权》,林英译,吉林人民出版社1984年版,第82页。
② 〔法〕孟德斯鸠著:《论法的精神》(上册),张雁深译,商务印书馆1961年版,第154页。
③ 〔英〕伯特兰·罗素著:《权力论:新社会分析》,吴友三译,商务印书馆1991年版,第74页。
④ 〔美〕博登海默著:《法理学:法律哲学与法律方法》,邓正来译,中国政法大学出版社1999年版,第361页。
⑤ 同上书,第358页。
⑥ 同上书,第361页。

这一基础,也为通过法来抑制权力资源的弊病提供了条件和根据。

权力,尤其是国家权力和政治权力,是需要法来帮助的。国家权力一经产生,国王或君主一旦荣登宝座,就需要法来帮助自己巩固其统治地位。比如,文艺复兴时代,为建立新型的君主国,就需要世俗法律家提供极大的帮助。权力本身固然就是一种强力,但这种强力的实现,需要具备条件。权力是一种可能性,欲使这种可能性富有成效地实现,便需要使权力合法化。权力一旦合法化,权力的行使就名正言顺、如虎添翼。而权力需要合法化,就使权力在接受法律调控方面,减少了阻力,增强了可能性。

权力的行使并不总是顺畅无阻的,事实上在权力运行的过程中遭遇阻力是常见之事。在这种情形下,如欲有效地行使权力,就需要发挥法的强制力量使抵制者服从权力的权威。在涉及国家安全和重大政治事项时,政权的执掌者往往通过法律甚至宪法而将某种绝对权力授予有关国家机关。博登海默举例说:当法律授权秘密警察可以用任何适当方式对付侵害国家安全的犯罪嫌疑人时,情形就是如此。① 法使权力有了这样的权威和自由,也就使权力兼有自身强力和法的强力两种力量。从某种意义上看,这对权力资源接受法律调控亦有益处。

法和权力有天然的联系。权力在很大程度上就是一种合法的影响。权力就是根据行使这种权力的社会标准、信仰和价值得以确定的影响力形式。权力的存在取决于下述事实,即所有社会集团都承认一些首领、统治者、领导人有权向本集团的成员发布命令,推动他们做一些没有命令就不会做的事情。本集团的成员服从这种影响,因为他们认为这种影响是合法的。② 再者,有的权力,特别是主权,它本身所包括的重要内容就是立法权和其他有关的法定权力。③ 这些情形,使权力资源同法在一定程度上直接融为一体,因而也有益于法对权力资源的调控。

法诚然可以胜任调控权力资源的角色,但这种角色的作用并非没有限度。权力需要法帮助的情形也不是没有边际。一方面,确实存在像尼采所说的那种权力意志论者,他们把权力意志视为调整人类生活的至高无上的支配性原则,认为在法与权力之间,法只具有一种极为次要的作用,生活的实质就是不屈不挠地为权力而斗争,权力意志的充分发挥不应过分地受到法的限制,并把法的任务仅仅归结为确保权力竞争者之间的暂时休战状态。④ 这种权力意志的存在,无疑会在一定程度上抵消法对权力资源的调控。另一方面,正如法没有能力调整所有事物一样,法也没有能力调控所有权力。比如社团内部的某些权力就是法所不能或不宜调控的。"在权力和自由裁量权方面,始终会存在一些法律所不能或只能部分渗透于其间的开放领域。一个政治国家的典型事态,既非以无限权力的统治为特点,亦非以严格的规范控制为特点。"⑤再一方面,法在与权力资源存在天然联系的同时,也存在天然冲突:法的宗旨在于使权力的使用从属于规定的规则,从而控制权力的行使,而掌权者通常不愿手中的权

---

① 〔美〕博登海默著:《法理学:法律哲学与法律方法》,邓正来译,中国政法大学出版社 1999 年版,第 359 页。
② 〔法〕莫里斯·迪韦尔热著:《政治社会学——政治学要素》,杨祖功、王大东译,华夏出版社 1987 年版,第 109 页。
③ 〔英〕霍布斯著:《利维坦》,黎思复、黎廷弼译,商务印书馆 1986 年版,第 137—138 页。
④ 〔美〕博登海默著:《法理学:法律哲学与法律方法》,邓正来译,中国政法大学出版社 1999 年版,第 362 页。
⑤ 同上书,第 359 页。博登海默举出一系列实例佐证自己的观点:曾经在一些国家中,公民之间的私人关系极少为法律所调整,而政府的权力即使受到约束也是微乎其微。腓特烈大帝的普鲁士、拿破仑的法国、查士丁尼的拜占庭帝国所拥有的权力,均属于这样的权力。再如古罗马早期的法律不干预家庭内政,并赋予男性家长对其妻子、孩子和奴隶的极大的自由裁量权。在 19 世纪的美国,雇主在雇佣和解雇其雇员、确定雇员工资等级以及调整他们工作条件等方面的权力也极少受到限制。在今日美国,总统在处理国家外交事务方面则享有很大的自由裁量权。

力受到限制。① 只要权力关系存在一天,这个矛盾就不可能消失;只要这个矛盾存在一天,法在调控权力资源方面的作用就不可能没有限度。权力的本性决定了它永远是一种需要驯服的力量。我们的任务不是徒劳地去做什么"把权力驯服为俯首帖耳的羔羊"的事情,而是要努力在可能的限度之内,使权力资源受到法的有效调控。

第三节 权力资源的法律调控方式

一、权力资源调控与民主政治和宪法规制

对权力资源实施法律调控,早已是普遍现象。在法治较为发达的国家,这样的调控已积聚了丰富的经验。应当汲取这些经验中可资借鉴的因素,为中国的权力资源调控服务。

权力资源的法律调控,同民主政治和宪法规制有紧密关联。许多国家的成功经验表明,合理的权力资源调控,是同合理的民主政治和宪法规制交织在一起的。一方面,合理的权力资源调控通常是以民主政治和宪法规制的建立为前提的,另一方面,合理的权力资源调控又是民主政治和宪法规制的题中应有之义。表面看这似乎是个悖论,但实际上这是历史的和制度的逻辑。

民主政治实际上主要有两大议题:人民或多数人握有权力;人民的权力按照符合其根本利益的要求来实现。没有民主,权力资源必然为少数人甚至个人所掌握,难以避免集权专制,谈不上有合理的权力资源配置和控制。同样,如果没有人民掌握政权这个最重要的事实,人民的民主就无从谈起。诚如列宁所言:"人民根据经验认识到,如果人民代表机关没有充分的权力,如果它是由旧政权召集的,如果同它并存的旧政权还是完整无损的,那么人民代表机关就等于零。"②

把权力资源调控与民主政治结合起来,一个有效的做法是建立和健全选举制度,而不是一味地削弱权力主体的权力。这是许多国家的一个成功经验。健全选举制度不仅直接有助于挑选好的掌权人,从一个重要方面减轻权力的滥用或乱用,而且对解决当权者的合法性问题亦有不菲的价值。"在一个传统的社会中,合法性可能取决于统治者的世袭地位,取决于在制定和执行法律时遵守某些宗教习俗,以及取决于这些决策的范围和内容。在一个现代的民主政治体系中,当权者的合法性将取决于他们在竞争性的选举中是否获胜,取决于他们在制定法律时是否遵守规定的宪法程序。"③

作为国家形式的民主即民主政体,对权力资源的配置和控制,好于其他政体。罗素的《权力论:新社会分析》以专章讨论权力的节制问题,这一章开篇即引用"苛政猛于虎"的故事,设问怎样才能保证政治不如老虎凶猛。在罗素看来,节制权力这一问题很早就存在了,中国的道家认为这个问题是无法解决的,因而主张无为;儒家则相信贤人。在同一时期,民

---

① 参见〔美〕斯坦、香德著:《西方社会的法律价值》,王献平译,郑成思校,中国人民公安大学出版社1990年版,第34页。
② 《列宁全集》(第13卷),人民出版社2017年版,第308—309页。
③ 〔美〕加布里埃尔·A.阿尔蒙德、小G·宾厄姆·鲍威尔著:《比较政治学——体系、过程和政策》,曹沛霖等译,上海译文出版社1987年版,第36页。

主政治、寡头政治以及僭主政治正在古希腊互争雄长;人们想用民主政治阻止权力的滥用,但民主政治不断地成为政治煽动家博取一时人望的牺牲品,因而不断地招致失败。柏拉图也像孔子一样,企图以贤人政治来解决这个问题。后来韦伯夫妇重申此说,他们称颂一种寡头政体,主张在其中掌权者应有领导才能。从柏拉图到韦伯这漫长的历史时期中,世界上曾试行过军事独裁政治、神权政治、世袭君主政治、寡头政治、民主政治以及圣人政治。这一切都说明问题还没有解决。不过,"有一点一定是明白的,那就是民主政体纵然不是圆满的解决办法,但总是解决办法中的主要部分"①。

对权力资源实行有效的调控,也须借助宪法规制。民主政治和宪法规制相结合,就使民主成为新型民主,不仅反对集权专制,也可以抵消民主自身容易发生的诸如多数人对少数人的专制之类的弊病。没有民主政治和宪法规制相结合,民主自身便难以稳定地存在和健康地发展,权力的行使便难以遵循人民的合理的意愿。只有在民主政治和宪法规制相结合的环境之下,合理的权力资源调控制度才可能存在和发挥其应有的作用。应当看到,宪法是实现权力调控的最重要的法律,宪法本身就是权力调控之法和权利保障之法。作为权力体系中尤为重要的权力,国家权力的配置主要是由宪法规定的,国家权力的行使程序主要也是由宪法规定其基础的。虽然从很早的时候起,对权力的法律调控就已存在了,但对权力进行较为系统集中的法律调控,是始于宪法性调控的。1215年英王约翰颁布《大宪章》,确定人民在诸多方面享有自由权利,并在许多方面限制了王权。这是正式以宪法性法律规制权力的开端。正是有了这个著名的大宪章,英国人民的自由权利与英王的权力、与国家的权力,才有了比较清晰的法律界限可资遵循。近代以来所产生的宪法和宪法性法律对于权力的比较系统、集中的调控,构成了近代以来权力调控法律制度的基础和基本内容。在今日中国,完善宪法和以宪法为基础的宪法规制制度,也需要在宪法中补充、丰富、完善对权力的调控制度。

从民主政治和宪法规制的结合上解决权力资源的调控问题,一个重要的方面,就是要分清"所有权"和"管理权"的界限。所有权和管理权不是一回事。不仅经济生活方面存在所有权和管理权的问题,在政治生活中,在社会生活的许多方面,也都存在所有权和管理权的问题。传统的主权理论所强调的主权,在很大程度上实际上就是强调政治权力的所有权问题。传统的治权理论所阐述的实际上主要就是政治权力方面的管理权问题。在现今国家生活中,非常重要的一个环节仍然是从法律上确认和保障由人民掌握国家权力的政治所有权制度,从这个角度实现长久以来人们所期望实现的人民主权原则。但享有政治权力方面的所有权并非就万事大吉。政治权力方面的管理权虽然规格比所有权低一格,但它在实际上并不比所有权逊色。在某种意义上管理权甚至比所有权对人们的实际生活的影响还要更直接和更广泛。

罗素的《权力论:新社会分析》认为:"现今的经济权力是管理权力的问题,而不是所有权的问题。"②在罗素看来,如果现在依然把企业看成属于资本家个人的东西,而不是从所有权与管理权的分立中吸取教训,这就仍是19世纪40年代的旧的思想方法。他指出:"重要的

---

① 〔英〕伯特兰·罗素著:《权力论:新社会分析》,吴友三译,商务印书馆1991年版,第195—196页。
② 同上书,第206页。

人是掌握经济管理权的人,而不是享有一点儿所有权名义的人。英国首相并不享有唐宁街十号官邸的所有权,英国的主教们也不享有他们官邸的所有权;但如果根据这一点就认为他们在居住方面不比一般工资劳动者好,那就未免荒谬了。在任何形式的社会主义之下,如果它是不民主的,掌握经济管理权的人尽管没有任何所有权,却能居住壮丽的官邸,乘坐最漂亮的汽车,享有王侯般的娱乐津贴,用公费于官员假日游乐地度假,等等,等等。"[1]经济权力是这样,政治权力何尝不也是这样?因此,我们不仅要解决人民主权亦即政治权力的所有权问题,同时也要从法律制度上建立和健全政治权力上的管理权制度,在政治生活中实践这一制度。

二、权力资源调控与权力分工和制约平衡

对权力资源实施有效调控,需要坚持权力分工和制约平衡原则。在中国旧有的国情中,一个很突出的要素是集权专制,它的阴影对中国走向现代化是个极大的阻碍。要清除这种阴影,就要在国家权力资源配置方面化集权为权力分工,并用法律制度确认下来。同时,也需要通过法律制度对分工行使的各种权力实行有效的制约平衡,以避免分权力分工之后出现以小专权、多专权代替大集权、大专权的状况。权力是国家生活和社会生活中最大的腐蚀剂之一。在权力的行使方面,如果没有必要的权力分工和制约平衡,那么谁掌握权力,谁就有可能不仅使国家生活和社会生活蒙受其害,而且也会使自己走向反面。现代国家的权力资源配置方面的成功经验充分表明,权力分工和制约平衡是良好且重要的治国之策。司法机关依法独立行使职权,受法律监督,以及人们所追求的其他诸多目标,都蕴涵在权力分工和制约平衡的原则之中。应当用法律制度形成和保障适合中国国情的权力分工和制约平衡体制,并以此作为中国法治的一项基本原则。[2]

权力分工之所以是必要的,主要是因为权力一旦集中,就必然要滋生种种弊病。不仅孟德斯鸠等思想家对此早有许多经典论证,而且众多直接掌握权力的政治人物也有此类见解。华盛顿总统就说过:如果权力过分集中,"不管建成何种形式的政府,都会产生一种地道的专制。正确估计支配人类心灵的对权力的迷恋及滥用权力的癖好,就完全可以使我们相信这种情况是真实的。行使政治权力时,必须把权力分开并分配给各个不同的受托人以便互相制约,并指定受托人为公众福利的保护人以防他人侵犯。这种相互制约的必要性早已在古代的和现代的试验中显示出来"[3]。正因为权力分工是完全必要的,许多国家法律传统的一个重要内容就是以法的形式界分国家权力的各个基本要素。英国是较早以法的形式确立和保障权力分工制度的国家,1688年的《英国民法》和1689年的《权利法案》都规定了权力分工制度。1789年的《美国宪法》,更是系统地确立了这一制度。

那么如何实行权力分工呢?按尔根的研究,人类在文明时代之前就有了权力分工方面的实践。自文明社会开始后,政府权力的分工更有进一步发展,例如在雅典时期,权力分工出现了司法权由执政官和大法官行使、行政权由市行政官吏行使的情形。[4] 就学说而言,自

---

[1] 〔英〕伯特兰·罗素著:《权力论:新社会分析》,吴友三译,商务印书馆1991年版,第206页。
[2] 周旺生编著:《法理学》,人民法院出版社2002年版,第231页。
[3] 〔美〕乔治·华盛顿:《华盛顿选集》,聂崇信、吕德本、熊希龄译,商务印书馆1983年版,第320页。
[4] 〔美〕摩尔根著:《古代社会》,杨东莼等译,商务印书馆1977年版,第257—258页。

古希腊哲人以迄当代学界,有关分权学说的阐述不绝如缕。其中自洛克、孟德斯鸠以至美国联邦党人所贡献的近代分权学说,更是其中的经典。国家权力体系主要包括立法权、行政权、司法权三大要素,分别由三个机关行使,这样的观点早已差不多家喻户晓了。尤其是孟德斯鸠的立法权、行政权、司法权不能为同一机关行使的观点[1],传布范围特别广泛。按孟德斯鸠的意见,看一个国家是民主自由的国家还是君主专制的国家,主要不是看它是否采取共和国的形式,而是看其是否实行分权制度。他说:在意大利共和国,三种权力合并在一起,所以自由反比我们的君主国还少。试看这些共和国的公民是处在何等境遇中!同一个机关,既是法律执行者,又享有立法者的全部权力。它可以用它的"一般的意志"去蹂躏全国,因为它有立法权;又可以用它的"个别的意志"去毁灭每一个公民,因为它还有司法权。在那里,一切权力合而为一,虽然没有专制君主的外观,但人们却时时感到君主专制的存在。因此,企图实行专制的君主总是首先独揽各种职权。[2] 同样,如果真正要实行民主政治,便需要防止集权和实行权力分工制度。

除国家权力需要实行权力分工体制外,社会权力以及其他权力也需要实行权力分工或类似的制度。一个有效的办法是:"把社会权力分给许多人掌握,增设官职,使每一官职只有履行职务时所必要的权限。"[3]

每个公民都可以有机会掌握权力,这是实行权力分工的另一个具体办法。除主权外,一般的权力资源通常总掌握在少数人手中,因为权力资源是有限的。正所谓"无论如何,所有人不可能一齐执政和指挥;所以实际权力永远掌握在少数人手里"[4]。但是,可以使掌握权力的"少数人"处于一种可以变动、经常变动的制度之下,变"少数人"掌握权力资源的状况为一个又一个"少数人"掌握权力资源的状况,这种状况实际上就是许多人掌握权力资源的状况。为此就需要实行两项制度:其一,实行任期制,掌握重大权力的职位实行短期任期制。"没有任何事能比长期居高位更能培养权力欲。没有比权力欲更腐败更具毁灭性的了,当这种欲望占据人心,就像对黄金的喜欢一样,是没有满足的时候的。它常常蠢蠢欲动,且愈长愈强。"因此就需要限制任期,"短期的任职可防止他忘记自己要对人民负责,是人民的公仆,而不是主人"[5]。其二,每个适合的人都有掌握权力的机会。虽然不是每个人都愿意当官和掌握权力,即便他有这种机会。但愿意和不愿意当官和掌握权力是一回事,有没有这样的机会是另一回事。

权力分工固然是必要的,权力之间的制约平衡也是不可缺少的。所谓权力的制约平衡,主要指权力主体所享有和行使的权力只有相对独立性,不存在绝对权力,权力与权力之间应有相互制约的关联,相关权力大体处于平衡的状况,"没有一个部门在实施各自的权力时应

---

[1] 孟德斯鸠指出:当立法权和行政权集中在同一个人或同一个机关之手,自由便不复存在了。如果司法权不同立法权和行政权分立,自由也就不存在了。如果司法权同立法权合而为一,则将形成对公民的生命和自由施行专断的权力,因为法官就是立法者。如果司法权同行政权合而为一,法官便将握有压迫者的力量。如果同一个人或是同一个机关行使这三种权力,则一切便都完了。见〔法〕孟德斯鸠:《论法的精神》(上册),张雁深译,商务印书馆1961年版,第156页。
[2] 同上书,第156—157页。
[3] 〔法〕托克维尔著:《论美国的民主》(上卷),董果良译,商务印书馆1988年版,第79页。
[4] 〔苏〕别洛策尔科夫斯基著:《自由、权力和所有权》,林英译,吉林人民出版社1984年版,第82页。
[5] 〔美〕哈里逊:《哈里逊总统就职演说》,载《美国总统就职演说》,岳西宽等译,北方文艺出版社1991年版,第112页。

该直接间接地对其他部门具有压倒的影响"①。在实行权力分工和制约平衡体制的典型国家,一方面国家权力分别由互相独立的立法、行政、司法三个部门掌管,另一方面每一部门都有制约其他部门的武器。比如在美国,总统对国会的立法享有有限否决权;联邦法院有权解释法律;而总统和参议院则有权决定法官的任命;总统是三军的总司令,但军队则由国会供给。美国宪法的制定者们正是期望通过这种分权和制衡的体制防止官员专权,尤其是防止一部分人,无论是多数或是少数,取得对政府的完全控制。"他们通过使各政府部门向不同的利益集团负责,使政府能够反映各种不同的利益,从而导致利益之间的妥协和平衡。"②

权力分工和制约平衡是不矛盾的。实行权力分工制度,不是说一个部门不得对另一个部门的决策有任何影响。权力分工并不排斥各权力主体之间的必要的联系,相反,在权力分工制度下,还是需要有这种联系的。没有这种联系,没有此一机关对彼一机关的影响或控制,权力分工后享有一方面权力的国家机关,就同样可以在自己的权力范围内专权擅断。因此,美国的制宪者摒弃了权力绝对分立的教条主义理论,选择了既分权又制衡的体制。在美国,"每一个部门对其他部门的事务都有发言权,每个部门在与其他部门的合作中保持独立,以便处理自己的事务。正是通过在政治上互相独立的三个部门的权力的混合,制衡学说才具有实际效用"③。在美国,"防止权力合并和集中的最坚强壁垒是各部门的相互联系和相互依赖"④。

实行权力资源的制约平衡是无可避免的选择。"从事物的性质来说,要防止滥用权力,就必须以权力约束权力。"⑤同样,平衡也非常重要,制约的各方没有大体上的平衡,不在一个量级上,就谈不上有效的制约。但制约和平衡都应合理,都应有必要的限度,否则制约和平衡就会从负面影响权力的运行。对此,华盛顿表达了他的观点:"没有人比我更强烈地主张对政府每一部门都应加以适当的约束和合理的牵制了。但是,只因为政府人员有做坏事的可能,就使政府绝对无权,使政府人员毫无能力执行必要的任务,我还找不到适当理由来赞同这种观点。"⑥

三、权力资源调控重点和权利保障及责任追究问题

(一)注重对相关权力资源实行重点调控

权力是一种体系。对权力实行调控,更需要注重调控权力体系中的国家权力、最高权力、中央权力。

现代国家权力通常包括立法权力、行政权力、司法权力三要素,如果仅注意对一种或两种权力予以调控而忽略对其他权力实行调控,就会出现偏差。但也须注意,权力调控应当有重点。就一般情况而言,更应当强调对行政权力的调控。这是因为行政权力是一种有更大自主性的权力,它的行使通常不需要履行程序,或需要履行的程序不严格;行政机关在现代

---

① 〔美〕麦迪逊著:《联邦党人文集》,程逢如等译,商务印书馆1980年版,第252页。
② 〔美〕卡尔威因·帕尔德森著:《美国宪法释义》,吴新平译,华夏出版社1989年版,第30页。
③ 同上书,第30—31页。
④ 〔美〕梅里亚姆著:《美国政治学说史》,朱曾汶译,商务印书馆1988年版,第57—58页。
⑤ 〔法〕孟德斯鸠著:《论法的精神》(上册),张雁深译,商务印书馆1961年版,第154页。
⑥ 〔美〕华盛顿著:《华盛顿选集》,聂崇信、吕德本、熊希龄译,商务印书馆1983年版,第238页。

国家生活和社会生活中有非常广泛的活动空间,因而其职权范围也非常广泛,并且行政权本来就最容易膨胀。

行政权力问题也就是政府权力问题。政府权力对法律调控是有本能的抵触的。罗素指出:"在近代读者看来,卢梭的《社会契约论》并不是很革命的,很难看出何以这本书使一些政府大为震惊。照我想,其主要原因在于它企图把政府权力建立在基于理性的公约之上,而不是建立在对于君主的迷信尊崇之上。"①罗素的这一见解是可以认同的,他这里所说的理性的公约,也就是理性的法律关系。

运用法律来调控权力,另一个特别重要的方面,是运用法律对最高权力实行有效调控。主权和最高治权都属于最高权力的范畴,其中最高治权是法律调控的重中之重。最高权力在不同时代和国家握于不同主体之手。现今时代,大多数国家实行人民主权制度,人民是主权的握有者;而治权则或由议会行使,或由总统为首的政府行使,或由内阁、委员会行使,在有的国家,也由有关执政党行使。以法律调控最高权力,就要以法律规定最高治权的范围、内容和行使程序,以避免最高治权褫夺或侵越其他权力和权利。主权是否应受法律调控,人们有不同的意见。我们认为,在法治环境下,主权也应当受法律调控。这一则因为主权也是权力的一种,没有法律调控,它也会表现出一般权力必然要表现出来的弊病;二则因为,没有法律调控,主权的行使往往会出现多数人压制少数人的局面,甚至使少数人的正当权利被多数人所侵越。

对中央权力及其同地方权力的关系予以法律调控,也是十分重要的。不仅联邦制国家存在中央权力和地方权力的问题,单一制国家也有这种问题。应当着力研究中央和地方各自的权力范围和权力关系,以法律调控的形式使其明确化。中国是单一制国家,但幅员广阔、人口众多,各地经济和社会发展很不平衡。因此既要坚持中央的强有力领导,又要给地方一定的独立性。20世纪50年代,毛泽东主席就说过:"有中央和地方两个积极性,比只有一个积极性好得多。我们不能像苏联那样,把什么都集中到中央,把地方卡得死死的,一点机动权都没有。"②如果只搞中央集权而不给地方以必要的自主性,那就会出现托克维尔所说的情形:使整个社会永远处于被官员们惯于称之为良好秩序和社会安宁的那种昏昏欲睡的循规蹈矩的状态。中央集权长于保守而短于创新。当它激起社会的巨大动荡,或加速社会的前进步伐时,它便会失去控制的力量。而地方获得必要的权力,对一切国家都是有益的,对一个民主社会更是最为迫切的需求。没有实行地方分权制度的民主政体,就不会有抵抗专制的压迫和暴君的统治这类灾难的任何保障。③

(二)权力资源调控和权利保障相结合

权力的种种滥用和误用,是权利经常受到侵害的主要原因之一;反过来,权利的羸弱,也是权力往往得以恣肆的一个重要条件。要保障权利,就要对权力作必要的限制或调控;要限制或调控权力,一个重要的办法就是注重以法的形式确认和保障权利。在法治国家,对权力的制约,主要依靠三种方式:以权力制约权力、以权利制约权力、以道德制约权力,其中前两种方式主要是以法律制度的形式予以确立和运行;后一种方式在多数情况下并非采取法的

---

① 〔英〕伯特兰·罗素著:《权力论:新社会分析》,吴友三译,商务印书馆1991年版,第71页。
② 毛泽东:《论十大关系》,载《建国以来毛泽东文稿》(第六册),中央文献出版社1992年版,第90—91页。
③ 〔法〕托克维尔著:《论美国的民主》(上卷),董果良译,商务印书馆1988年版,第101、106—107页。

形式,只是在必要时也可以把某些对权力的道德制约上升为法律制约的形式。

以法的形式确立和保障权利的一个重要方面,是以法的形式宣告权利的存在。法每宣告一项权利,就等于宣告了一项权力的禁区;法宣告多少权利,就等于宣告权力受到多大的限制。反过来也可以说,权力受到多大限制,等于权利受到多大程度的保障。所以,博登海默写道:"一个发达的法律制度经常会试图阻止压制性权力结构的出现,而它所依赖的一个重要手段便是通过在个人和群体中广泛分配权利以达到权力的分散和平衡。当这样一种权利结构建立起来时,法律就会努力保护它,使其免受严重的干扰和破坏。"①波斯纳在谈到美国宪法的权利保护问题时也指出这两者的关联:美国宪法所保护的许多权利都同反对权力垄断的分权制度相关;对于权利来说,政府权力是具有威胁力的另一面。宪法要保护权利,就要限制政府的权力。②

权利总是同自由相联系的,保障权利同保障自由自然是相通的,而保障自由同保障权利一样,需要有法律秩序。这里有两个层面的问题。一是在法治环境下,自由只有在法律秩序的范围内才是有效的。二是国家以何种形式、在何种程度上行使自己的权力,才能不危及个人自由、不陷入任意的问题。"这是古典自由主义者哈耶克的基本问题。他引证了以洛克为首的英国自由主义者的观点,他们用鼓吹法律是自由的保护伞来回答这个问题。他们的法治思想把国家的强制力限制在公布和执行正当行为的普遍规则上。在这里,国家凌驾于公民之上的权力得到了限制。"③两个层面的问题集中到一点,就是自由离不开法律秩序。一国法律秩序容纳多大程度的自由,不能根据抽象的理论来判定,而应由国情因素的综合作用来决定。"在实行民主政治的地方,如果少数人企图用武力攫取权力并煽动这种企图,那是可以合乎情理地加以禁止的,理由是守法的多数人有权利享受宁静的生活,假如他们能够获得这种生活的话。一切并非煽动破坏法律的宣传都应该容许,而且法律要宽大,其宽大程度应该适应于技术的功效和秩序的维持。"④

对权力的制约或调控有利于权利的保障,这一点是没有疑义的。但不能由此出发,把权力和权利两者置于完全相对的两个侧面。一段时间以来,国内学界似乎形成了一种共识性的观点:权利属于私概念,权力则属于公概念,权利的主体是个人或个体,权力的主体是国家或国家机关,私权利和公权力的关系就是个人和国家或社会和国家的关系。这种以国家和个人二元对立的方法解说权利和权力关系的观点,对制约权力和保障权利是有明显的积极性的。但实际上权力和权利的关系不完全是这样的。权力的种类和形态是多样化的,除却国家权力、政治权力外,还有其他种种权力。而权利也不仅仅是个人或个体才有的,国家、社会组织等在民事法律关系中就享有不少法律权利。因此,不能简单地以为权利和权力的对峙就是个人和国家的对立。

(三) 权力资源调控和责任追究相统一

权力的责任追究,主要指对权力主体不法或不当行使权力的行为所实施的责任追究。现代权力责任追究,起因于多种途径:由于滥用权力产生的责任追究;由于怠用权力产生的

---

① 〔美〕博登海默著:《法理学:法律哲学与法律方法》,邓正来译,中国政法大学出版社1999年版,第361页。
② 〔美〕波斯纳著:《法律的经济分析》(下),蒋兆康译,中国大百科全书出版社1997年版,第811页。
③ 〔德〕格尔哈德·帕普克主编:《知识、自由与秩序》,黄冰源等译,中国社会科学出版社2000年版,第151页。
④ 〔英〕伯特兰·罗素著:《权力论:新社会分析》,吴友三译,商务印书馆1991年版,第198页。

责任追究;由于管理不当或不善产生的责任追究;由于应当作为而不作为产生的责任追究;由于公民请求产生的责任追究;等等。实施权力责任追究,很重要的一点,是以权力主体侵害了相对人的正当利益为主要前提。权力主体只要侵害了正当利益,就应对其实施责任追究,使原有的社会关系或原有的平衡得到救济或恢复。

现代的权力责任是多方面的。首先要注重行政权力的责任追究,因为行政权力对公民权利的侵害更为经常和突出。同时也要注意立法权力、司法权力以及其他权力的责任追究,因为这些权力同样能形成对公民权利的侵害。有著述指出:权力责任的主体应是全方位的。不论哪种权力主体,只要启动了权力,就应预设责任于其运行之后,以使权责成为不可分的整体,使任何一个权力主体都无法逃避其责任。

四、权力资源调控的传统形式和新形式

国家要实现自己的职能,需要通过享有国家权力的组织和个人亦即国家权力主体的种种具体活动,使其得以实现。国家权力主体不仅包括传统意义上的国家机关。实际上,无论古今,以非国家机关形式存在的某些个人和某些组织,也经常是国家权力的握有者和行使者。所以,把国家权力主体仅仅同国家机关联系起来,讲到国家权力主体,就以为只有国家机关才是国家权力主体,这样的意识和理念,显然是过于老派的意识和理念了。

国家职能实现的过程也就是国家权力行使的过程。国家职能的实现或国家权力的实现,可以有法定形式和非法定形式之分。采取法定形式是指国家权力主体依据法律制度的规定,在法律秩序中实现国家职能。

国家权力体系中不同的权力主要就是立法权、行政权、司法权。国家权力的实现,最常见的法定形式也就是同这三种权力相对应的三种形式。"第一种形式是国家权力主体创立、变更和废除法律规范的活动,第二种形式是国家权力主体执行法律规范规定的活动,最后,第三种形式是保护法律规范不受破坏的活动。"[①]这些国家权力的行使,特别是国家管理权力的行使,通常采取命令的调整方式。

从新近的眼光看来,国家权力的实现所采取的法定形式,也扩及国家权力主体之间、国家权力主体和其他社会主体之间所广为采用的契约形式或协议形式。也就是以契约的形式连接国家权力主体之间的关系、国家权力主体与公民和其他社会主体之间的关系。这些契约是当事人之间为实现某种共同目标,以协调其活动为直接目的而签订的。在国家权力主体之间,契约主要是用来调整各部门之间的关系,契约的主要内容,更多体现为注意确立相互之间的责任,主要是下级国家机关对上级国家机关的责任。在国家权力主体与其他社会组织之间,主要是对上级国家机关和上级社会组织的责任。在国家权力主体与公民之间,契约内容的很重要的方面,一是公民对国家权力的承认和支持,二是国家权力主体对公民的允诺、保护和一定程度的管理。

国家权力的实现,采取契约形式有诸多意义。对政府这种重要的国家权力主体而言,它在行使国家权力方面采取契约方式,好处至少有:首先,采取契约方式可以使各方的关系得以简化,使他们有可能就契约的实行问题直接接触,并使关注契约实行的机关直接保证和推

[①] 〔俄〕B.B.拉扎列夫主编:《法与国家的一般理论》,王哲等译,法律出版社1999年版,第316页。

动契约的实行。其次,可以用契约形式精确地调整各方面关系,明确规定这些关系的参与者所关注的某些事项。而管理机关在采取发布命令的方式调整社会关系的情况下,难以避免一个突出的弊病,就是以自身为出发点而不能保证对另一方的利益予以精确全面的考虑。再次,为更好地监督管理机关而进行的契约式活动,有效地促进了相应活动的加强。最后,契约形式还能对国家管理的公开化和民主化作出重要贡献。[①]在拉扎列夫看来,国家权力资源实现过程中的契约形式,比传统的以宪法、法律确立和调控国家权力的法的形式,显然更为广泛、更为重要。采行契约形式以更好地行使国家权力,这一点在相当程度上还预示着国家权力法定形式的一种前景。[②]这种观念,把契约方式视为国家权力法定形式的一种主流形式,而不是把契约方式主要视为甚至仅仅视为私权利的法定形式,是同宪制、民主、法治的发展趋向相吻合的。

以法的形式调控权力资源,可以有多种多样的表现形态,其中基本的形态有两种:其一,以法的形式使权力资源固化下来,并以法的形式保障权力资源得以有效配置和实现其价值;其二,以法的形式限制或控制权力资源,使其尽量减少负面作用。

除法定形式外,还有非法定形式。非法定形式的范围,取决于国家权力的性质和内容等方面的条件。一般来说,专制性质的国家权力,在其实现过程中采用非法定形式的范围远远大于其他特质的国家权力,因为权力越是高度集中,政治越是专制,对法律调控也就越是抵触;而现代国家的国家权力的实现,则更多地采取法定形式。另一方面,在日常工作事务和技术性事务方面,国家权力的实现与政治性较强的事务相比,更多采取非法定形式。例如,在实现国家权力的过程中,国家机关日常的总结经验、表彰先进、改进工作方式之类的活动,又如为立法准备资料之类的活动,就不一定要采取法定形式,甚至不必采取法定形式。

[①] 〔俄〕B.B.拉扎列夫主编:《法与国家的一般理论》,王哲等译,法律出版社1999年版,第317页。
[②] 同上书,第316—317页。

第十六章 法律行为、责任和制裁

第一节 法 律 行 为

一、法律行为释义

法律对社会的调整是通过对各种具体社会行为的调控而实现的,从这个意义上说,法律存在于可以观察到的行为中,而非存在于规则中。法律虽然表现为规则体系,但实际上与人的行为密切相关。马克思曾说:"只是由于我表现自己,只是由于我踏入现实的领域,我才进入受立法者支配的范围。对于法律来说,除了我的行为以外,我是根本不存在的,我根本不是法律的对象。"①所以,研究法律,必须关注法律行为问题。

所谓法律行为,是指具有法律意义和属性,能够引起一定法律后果的行为。"法律行为"一词由日本学者在翻译德语法学著作时在日语中首次使用,中文的"法律行为"一词,译自日文,由"法律"和"行为"两词构成。法律行为(Rechtsgeschaeft)这个概念是德国历史法学派的创始人胡果(Gustav Hugo,1764—1844)所创造的,其最初的语义是合法的表意行为。

法律行为具有以下两个特征:第一,法律性。法律行为是法的现象的重要组成部分,是由法律规定的、具有法律意义并可以用法律进行评价的人的行为,由此区别于一般的社会行为。正如奥地利法学家凯尔森所言:"行为之所以成为法律行为,正因为它是由法律规范所决定的。行为的法律性质等于行为与法律规范的关系。行为只是因为它是由法律规范决定并且也只在这一范围内才是一个法律行为。"②法律行为发生一定的法律效果,能够引起人们之间一定的权利义务的产生、变更和消灭,并且,它也可以间接地由法律所控制。第二,社会性。法律行为作为人的活动,具有社会性的特征。这是因为,法律行为并不是一种孤立的行为,而是其他社会行为的一种形式或一个方面。人的本质乃是社会关系的总和,所以,人的行为受社会环境和社会关系的制约,是社会的产物。而且,人的行为是引起他人行为的行为,是社会互动行为;它受社会规范的制约,具有一定的社会倾向性,体现了主体和客体的关系。

法律行为的结构有两个方面:一是内在意志方面,即法律行为有一个内在的、主观的领域,包括动机、目的和认知能力等要素;二是外在表现方面,即法律行为外在地客观表现为行动、手段和效果等要素。从我国法律上来看,行为或者指单纯的身体外部举动,即非基于意识和意志支配的行为;或者指意识或意识的外部举动,意识是行为的必备要素;有时还指客观上的作为和不作为,即在特定情况下,没有外部举动的身体静止也是行为。

---

① 《马克思恩格斯全集》(第1卷),人民出版社1995年版,第121页。
② 〔奥〕凯尔森著:《法与国家的一般理论》,沈宗灵译,中国大百科全书出版社1996年版,第42页。

二、法律行为的基本分类

根据不同的标准,可以对法律行为进行不同的分类。按照法律部门的不同,可以将法律行为划分为宪法法律行为、民事法律行为、刑事法律行为、行政法律行为、经济法律行为及诉讼法律行为等。另外,法学界还有人把法律行为划分为职业法律行为和非职业法律行为、行使权利的行为和履行义务的行为、主法律行为和从法律行为、自为行为和代理行为、独立的行为和辅助的行为、表意行为和事实行为、单务法律行为和双务法律行为、有效法律行为和无效法律行为等。这些类别的划分我们可以在部门法学里分别研究。这里从宏观的角度,着重介绍其中四种分类。

(一)合法行为、违法行为和中性行为

根据行为与法律的要求是否一致,可以把法律行为分为合法行为和违法行为。合法行为就是指符合法律要求的行为。大多数合法行为以产生某种法律后果为目的,如依法订立合同、进行诉讼等。这种行为是立法者所希望追求的,至少是不反对的行为。违法行为就是违反国家现行法律规定、危害法律所保护的社会关系的行为,具有社会危害性和违法性,表现为不履行法律所规定的义务或者为法律所禁止的行为,包括严重违法行为即犯罪和一般违法行为如轻微违反道路交通规则的行为,这是承担法律责任的依据。

有学者提出,还可以再分出一种中性行为。所谓中性行为,即介于合法行为与违法行为之间,虽没有得到法律的允许又没有受到法律的禁止,而处于现行法律的调整范围之外,无法以现行法律规定进行评价的行为。其存在的原因,是由于法律调整的范围本身有一个界限,也可能是因为立法不完善,存在"立法真空"或"法律漏洞"。除非法律另有规定,公民个人一般不对自己的中性行为承担法律责任,而社会组织和国家机关一般应对自己的中性行为承担法律责任。

(二)积极法律行为(作为)和消极法律行为(不作为)

根据行为人的具体行为方式是积极的作为还是消极的不作为,可以把法律行为分为积极法律行为和消极法律行为。积极法律行为,就是行为人以积极的、直接对客体发生作用的方式进行的活动,表现为一定的动作或者系列动作,能够引起客体内容或性质的变化。法律规定的积极义务要求人们作出一定的行为,如提供劳务、指挥交通。行为者如果不履行积极义务,没有做依法应做之事,就构成违法行为。消极法律行为,是行为人以消极的、间接对客体发生作用的方式进行的活动,表现为不作出一定的动作,保持客体不变或者容许、不阻止客体发生变化。法律规定的消极义务禁止人们作出一定的行为,如果行为者违反消极义务,做了依法不该做的事情,就构成违法行为。

(三)抽象法律行为和具体法律行为

根据法律行为的效力对象和生效范围,可以区分为抽象法律行为和具体法律行为。抽象法律行为是针对未来发生的不特定事项而作出的、制定和发布普遍性行为规范的行为,如立法行为、司法解释行为、制定行政法规和规章的行为。从内容上看,抽象法律行为与不特定相对人的权利义务有关;从效力上看,抽象法律行为具有拘束力和强制力。具体法律行为是针对特定对象,就特定的具体事项而作出的、只有一次性法律效力的行为,如行政主体的某一具体行政行为、司法机关对某一案件的判决行为、公民个人领取营业执照的行为、公司

之间签订经济合同的行为等。一般情况下,抽象法律行为的主体是有权制定规范的组织,公民个人只能是具体法律行为的主体,而不可能成为抽象法律行为的主体。

(四)个体法律行为和群体法律行为

根据行为的主体情况,人的行为可分为个体行为与群体行为。个体行为就是由自然人个人的意识和意志所支配并由自己直接作出的行为。个体行为是个人独特社会经历的反映,是个人社会实践的产物。群体行为是由两个以上的自然人有组织的、基于某种共同意志或追求所作出的趋向一致的行为。虽然个体行为受群体行为的影响,但群体行为要通过个体行为来实现,个体行为和群体行为必然相互影响、相互制约,法律在重视个体行为的同时,不能轻视甚至忽视对群体行为的调控。当今社会,许多行为呈现群体化趋势,同时,社会的组织化程度也越来越高,群体行为对社会发展的影响越来越大,加强法律对群体行为的调控,日趋重要。

三、法律对行为的激励机制

激励,就是我们常说的调动人的积极性,是指主体追求行为目标的愿意程度。若从字面意义理解,激励指激发使之振作,即激发动机、鼓励行为,从而形成一种动力。在心理学上,激励又叫强化。人受到正确、充分的激励,就会大大提高能力的发挥程度。法律对行为的激励,就是通过利益关系的规范和调整,使人作出法律所要求和期望的行为,最终实现法律所设定的整个社会关系的模式系统的要求,取得预期的法律效果,造成理想的法律秩序。

法律对个体行为的激励方式可以从不同角度进行分类,形成法律激励的种种表现。

(一)法律的外附激励

行为科学关于激励因素问题有许多种理论。道格拉斯·麦克雷戈把激励因素分为外附激励和内滋激励。[①] 外附激励方式既包括赞许、奖赏等正激励,又包括压力、约束等负激励;内滋激励属于主体自身产生的发自内心的自觉精神力量,如认同感和义务感。

法律的外附激励最易为人所见,因此被列为首要的表现。过去,我国法学界将制裁作为唯一的法律后果,这有其片面性。后来,有学者提出法律后果有肯定性和否定性之别,从法社会学上分析,这是两种外附激励,即正激励和负激励。在有些法律如科技法中,正激励方式多一些,如《科学技术进步法》关于自然科学奖、技术发明奖、科学技术进步奖和国际科学技术合作奖的规定等。而另一些法律如刑法中,则以负激励为主,即通过法律制裁达到校正行为方向、调动社会上大多数人积极性的目的。当然,《刑法》中规定的立功的条件和激励原则,完善了对立功的激励机制,这种外附激励也是正激励形式。法律指引功能的发挥程度,与立法者关于外附激励的两种形式的设定有关。当立法者希望某种行为增加发生率时,便会加大正激励的力度;反之,当立法者希望限制乃至杜绝某种行为的发生时,便会加大负激励的强度。尽管如此,相对于内滋激励而言,外附激励效果及作用终究有限。

(二)法律的内滋激励

第一,认同感是内滋激励的基础。认同就是个体承认、同意群体或组织的目标,进而产生一种肯定性的情感和积极态度,甚至迸发出一种为实现那一目标而奋斗的驱动力。如果

---

① 〔美〕道格拉斯·麦格雷戈著:《行为科学与管理》,韩禹译,北方妇女儿童出版社2017年版,第9页。

没有认同感,个体与群体中的其他人就没有或很少有共同语言,更谈不上自觉地为之奋斗。法律体现国家意志,国家立法者把不同层次和不同种类的社会目标或国家目标载入宪法及法律法规,并且激励不同层次的人去认同。这方面的例子很多。我国现行《宪法》序言把爱国统一战线规定为包括全体社会主义劳动者、社会主义事业的建设者、拥护社会主义的爱国者、拥护祖国统一和致力于中华民族伟大复兴的爱国者。这种极大的广泛性,无疑能够激励包括台、港、澳同胞在内的世界华夏子孙,为祖国统一和中华民族伟大复兴作出贡献。

第二,义务感作为人们的一种内心要求也会对人的行为产生一种自觉的精神动力,使之心甘情愿付出一定代价。法律义务带有国家强制性,然而法律义务的实现在多数情况下能够依靠人的自觉。我国进行大规模"普法"活动的主要成就之一,就是激发公民的义务感,特别是使广大干部了解法律对自己的责任要求,从而勤政为民。

(三)法律的公平激励

公平或正义问题为哲学、法学、经济学、伦理学等几乎每一社会科学所关注。博登海默如是说:正义具有一张普洛透斯似的脸,变幻无常、随时可呈不同形状,并具有极不相同的面貌。当我们仔细查看这张脸并试图解开隐藏其表面之后的秘密时,我们往往会深感迷惑。早在古希腊,亚里士多德便已意识到,"公正就是比例,不公正就是违反了比例,出现了多或少。"①而现代行为科学中的公平激励理论为法律功能研究开辟了一片新的视野。20世纪60年代美国行为科学家亚当斯提出的公平理论至今仍备受推崇。该理论的主要内容是:公平是平衡稳定状态,个人对所得报酬是否满意,不是看绝对值而是看相对值,每一个人把自己的报酬与贡献的比率同他人的比率作比较,比率相等则认为公平,从而将努力工作。②法律历来被视为正义和公平的象征,中国古人就有"平之如水"之说,但在具体的立法、执法操作中,如果不能处理好上述比率,就无法形成公平关系,也就难以将法律的公平原则落到实处,当然无以发挥法律对个体行为的激励功能。我国《民法典》第6条规定:"民事主体从事民事活动,应当遵循公平原则,合理确定各方的权利和义务。"我国现行《刑法》第5条规定:"刑罚的轻重,应当与犯罪分子所犯罪行和承担的刑事责任相适应。"罪刑相适应原则,又称罪刑均衡原则或罪刑等价主义。"公正在形式意义上具有一种对等性。……无论对于人际关系还是事际关系。公正的对等性首先表现为'等价交换原则',即某人以某种方式对待他人,所以他人也以这种方式对他,或者某人的某种东西与他人交换与之等值的东西。"③青年时代的马克思曾表达过这样的思想:要使惩罚成为真正的犯罪后果,惩罚在罪犯看来应该是他的行为的必然结果,因而表现为他自己的行为,他受惩罚的界限应该是他的行为的界限。因此,法律虽不能完全地、彻底地实现这种"对等",但却应尽可能充分地、积极地追求公正、公平,"虽不能至,心向往之"。如此,方能激励人的行为,促进社会进步。

(四)法律的期望激励

法律在一定意义上代表着社会的某种期望。苏联法学家曾经提出:"法律制度功能趋向同把说服、教育、宣传放在优先地位,同完善和充实影响人们行为的形式、手段和方法是联系

---

① 《亚里士多德全集》(第8卷),中国人民大学出版社1992年版,第101页。
② 刘凤瑞主编:《行为科学基础》,复旦大学出版社1991年版,第58页;另参见马华著:《当代激励理论》,中国广播电视出版社1992年版,第48页。
③ 赵汀阳著:《论可能生活——一种关于幸福和公正的理论》(修订版),中国人民大学出版社2004年版,第181页。

在一起的。……不能同意法律对人们行为的影响只是用允许、命令和禁止规范实现的传统看法。"①人类行为的一个重要特点是有目的性,即不是盲目的,而是有目标的。目标给人以希望,激励人的生命力和创造力,从而使国家、使社会充满活力。

我国《刑事诉讼法》中,关于判决停止执行死刑的情况,规定"在执行前罪犯揭发重大犯罪事实或者有其他重大立功表现,可能需要改判的",应当停止执行死刑。这一停止执行死刑的情形,旨在以法律形式要求和激励被判处死刑的罪犯检举揭发犯罪,以调动一切积极因素,尽可能地保护公民和国家的生命财产安全,最大限度地孤立和打击罪大恶极的犯罪分子。法律体现一定的价值,设定一定的目标,同时还要规范好满足目标的手段。本节在论述法律的内滋激励功能时已对目标激励问题有所涉及。目标实际就是一种期望。期望理论(expectancy theory)由美国心理学家弗鲁姆于1964年在《工作与激励》一书中提出,基本模式是:激发力量=效价×期望值($M=V \cdot E$)。② 这一理论认为,效价(value)即目标对于满足个人需要的价值越高,激发力量即推动人去追求目标的力量强度或积极性也越大。这是由于,作为个人对目标行为价值评判的效价有正负之分;作为个人对特定行为在达到特定结果时的主观认知,或作为个人主观上对某种行为实现的可能性的估计、期望也同样有大小之别。正的效价和大的期望对个人行为有着增力的作用;相反,负的效价和小的期望对个人行为则有减力的作用。法律设定的目标千差万别,但有时非常有吸引力的目标却无效价,激发力量就是零。所以,在设立法律目标的同时,必须也对绩效及效价作出相应的充分考虑。

(五)法律的挫折激励

由于人的需要可以是无限的和无条件的,而人满足其需要的能力却总是有限的和有条件的,所以,人的一生中常常会遭遇到各种各样的挫折。行为科学基于成功与挫折是行为的两种可能的结果,因而把挫折理论归入激励的范畴。挫折在动机模式中称为目标行动受到阻碍或干扰,是指主体当其欲望和目的在实现过程中受到阻挠时的一种情感经验和行为表现,具有精神损害性。人的行为是有意识的,任何人的任何行为都具有一定的目的性,即都要指向一定的目标。然而,人们在实现其目标的行为过程中,不可能都顺利无阻。人的主观意愿与客观条件的结合,会产生许多完全不同的结果。如果行为者因某种因素的干扰或阻碍,而未能达到既定目标,未能满足其生理上和心理上的需要,于是,他就会感受到失败的痛苦和沮丧。从心理学和行为科学的角度来说,他的行为就是受到了挫折。法学家关注挫折理论,一是为了阻碍不正当行为目标的实现,使有不正当行为的人蒙受必要的挫折;二是为了用法律调控防止或减少正当的行为遭遇挫折,并且当挫折发生后在法律上加以补偿或救济。这两方面都会对人的行为形成激励效应。产生挫折的原因有两类,由此把挫折分为外因性挫折和内因性挫折。如《民法典》规定,因不可抗力不能履行民事义务的,不承担民事责任。所谓不可抗力,是指不能预见、不能避免且不能克服的客观情况。这就是对于外因性挫折的法律反应的一种。对于内因性挫折即由主观原因引起的挫折,如造成对他人或社会的危害,则法律要加以追究,这也就是我们通常所说的主观过错责任法律原则。另外,法律中

---

① 苏联科学院国家和法研究所法的一般理论与法社会学研究室:《社会主义法律制度的功能与发展问题》,梁溪译,载《法学译丛》1987年第1期。

② V. H. Vroom, *Work and Motivation*, Wiley, 1946. 转引自俞克纯、沈迎选编著:《激励·活力·凝聚力——行为科学的激励理论与群体行为理论》,中国经济出版社1988年版,第58页。

关于正当防卫的规定，也可以从挫折理论角度加以解释。

第二节 法律责任

一、法律责任释义

(一) 法律责任的字义

在现代汉语中，"责任"一词通常在两个意义上使用。一是指分内应做的事，如职责、应尽责任、岗位责任等。二是指没有做好分内的事，而应承担的不利后果或强制性义务。前一种责任通常是"积极责任"，责任人积极主动地采取措施做好分内之事；后一种责任通常是"消极责任"，责任人通常消极被动地承担不利后果。法律责任在上述第一种意义上被使用时，其含义大体相当于义务。多数法律责任是在第二种意义上被使用的，此时法律责任与法律义务有严格的区别。

(二) 法律责任的含义

关于法律责任的常见定义有：

1. 惩罚论

法律责任是法律所确定的违法者因其与法律相冲突的行为所应承受的惩罚、制裁。法律责任与处罚、制裁、惩罚必然相连的判断明显不符合基本事实。例如我国《产品质量法》规定"生产者应当对其生产的产品质量负责"，该法律责任强调"当为性"比"制裁性"明显，而惩罚论无法涵盖法律责任的"当为"意思。

2. 后果论

法律责任是指法律强制责任主体承担某种不利的法律后果。该定义无法与法律规范的逻辑构成要件之法律的否定性后果相区分。另外并非所有的否定性评价和不利后果都与法律责任有联系。如宣告无民事行为能力的人实施的民事行为无效，这一后果很难认为是法律责任。

3. 义务论

法律责任是指因某种行为而产生的受惩罚的义务及对引起的损害予以赔偿的义务。该定义指出法律责任与义务的关联性。纯粹法学的代表人物凯尔森曾指出："法律责任是与义务相关的概念。一个人在法律上对一定行为负责，或者他为此承担法律责任，意思就是，他作相反行为时，他应受制裁。"① 但法律责任与义务是不同的。

综上所述，法律责任应该是一种特殊意义上的义务，具体指由违反第一性的义务而引起的第二性的义务。由此法律责任与法律义务是不同的。法律义务通常是指主体根据法律的规定或合法的约定必须作为或不作为的义务。法律义务通常针对一般的社会主体设立，有时法律义务也被称为第一性义务。而法律责任是指一种特殊义务，通常是针对特殊主体设定的，具体是一方由于违反了法定义务或约定的义务从而产生的一种新的特定义务。例如违反不得非法占有他人财物的义务，从而应接受刑事处罚的义务。此种法律责任的界定既

---

① 〔奥〕凯尔森著：《法与国家的一般理论》，沈宗灵译，中国大百科全书出版社1996年版，第65页。

坚持了法律责任与义务有密切的关联,又可以清晰地展示两者的区别。

法律责任与法律义务的区别主要有:(1)两者针对的主体不同。法律责任针对的是特定的主体,具体是指违反了法定义务或约定义务的主体;法律义务针对的是一切社会主体,具有相当的广泛性。(2)法律责任通常具有惩罚性,即法律责任以第一性的义务没有被履行而进行救济、制裁为目的;法律义务是作为与法律权利相对应的法的重要调控手段,一般不具有制裁性。(3)法律责任的产生以法律义务为前提,没有主体对义务的违反就不会产生法律责任。

(三)法律责任的种类

法律责任依据不同的标准有不同的分类。如根据行为人的主观过错对法律责任的影响,将法律责任分为过错责任、无过错责任和公平责任。根据责任承担的内容不同将法律责任分为财产责任和非财产责任。根据法律责任承担主体的不同可以将法律责任分为个人责任、组织责任和国家责任。按照责任主体承担责任的限度可以分为有限责任和无限责任等。但最常见的是根据不同的部门法所确立的责任种类将法律责任分为民事责任、刑事责任、行政责任和违宪责任。

1. 民事责任

民事责任是指公民、法人或其他民事主体因民事违法行为、违约或因特定的法律事实出现而依法应承担的不利后果。民事责任的特点是:

(1)民事责任是一种以救济为主的法律责任。民法是典型的私法,强调私权神圣、个人自治。每个公民在日常生活中最经常作出的行为就是民事行为,例如借贷、赠予、租赁、继承、买卖等。这一方面导致民法的调整范围具有相当的广泛性;另一方面使民事违法行为发生的几率很高。基于民事行为的经常性、广泛性的特点,民事责任调整目的主要定位为矫正人们的民事行为、救济民事权利、补偿民事损失。当然民事责任也有惩罚功能,只不过没有其救济功能强。例如在民事责任的承担方式中,停止侵害、排除妨碍、消除危险、恢复原状、消除影响、恢复名誉、返还财产等集中实现救济功能;而赔偿损失、支付违约金带有一定的惩罚性。但即便如此民事责任的惩罚性也远远低于刑事责任的惩罚性。

(2)民事责任主要是财产责任。民事责任的主要承担方式即赔偿损失,而此种赔偿又主要通过物质赔偿的方式完成。例如即使是民事赔偿中的精神损害赔偿也往往折算成金钱进行赔偿。

(3)民事责任主要是一方当事人对另一方当事人的责任,在法律的框架内,当事人可以自行协商确定民事责任的承担方式、类型等。

民事责任的承担者包括自然人、法人、其他组织及国家等。民事责任根据责任发生原因不同又可分为违约责任和侵权责任。前者指因违反民事约定而产生的民事责任,后者指因为违反法定民事义务而产生的民事责任。

2. 刑事责任

刑事责任是指公民、法人、组织等主体违反刑事法律而应该承担的法律上的不利后果。刑事责任的特点是:

(1)刑事责任是最严厉的责任类型,具有严厉的惩罚性。刑事违法行为通常伴随严重的社会危害后果,从保障基本人权、建立法律秩序等目的出发,刑事责任注重法律的惩罚功能的实现。从刑事责任的实现方式上看,无论是没收财产、限制或剥夺人身自由、剥夺政治权利甚至剥夺生命都是极为严厉的。

(2) 刑事责任通常是一种非财产责任。非财产责任通常指责任的承担方式不以财产为限度,可能以人身、人格、行为等作为承担内容。刑事责任的承担内容主要是人身自由、生命等。例如我国刑法设定的刑事责任主要针对人身,其承担方式主要包括管制、拘役、有期徒刑、无期徒刑(这四种属于自由刑)和死刑(此种属于生命刑)。

(3) 刑事责任主要是一种个人向国家承担的法律责任。刑事责任主体"向国家承担"责任体现犯罪由国家追诉的特点,这与民事责任的国家消极不干预,允许当事人协商有明显的区别。刑事责任个人承担的特点要求仅追究责任人的刑事责任,不得任意扩大刑事责任承担主体范围。但"法人犯罪""单位犯罪"而引起的集体刑事责任也是存在的。要防止那种用集体责任承担代替个人责任承担,从而无法发挥刑事责任的正常功能的情况。正如哈耶克警告说:"欲使责任有效,责任还必须是个人责任。在一自由的社会中,不存在任何由一群体的成员共同承担的集体责任,除非他们通过商议而决定他们各自或分别承担责任。……如果因创建共同的事业而课多人以责任,同时却不要求他们承担采取一项共同同意的行动的义务,那么通常就会产生这样的结果,即任何人都不会真正承担这项责任。"[①]

3. 行政责任

行政责任是指行政机关及其工作人员和行政相对人因违反行政法律或因某些法律事实的出现而引起的法律上的不利后果。行政责任通常包括两个部分:一是国家行政机关及其工作人员的违法行为引起的法律责任;二是公民、社会组织等行政相对人作出违法行为或不履行行政义务而引起的法律责任。行政责任的承担主体包括行政机关、公务员和行政相对人。行政责任的形式包括惩罚性的行政责任和补偿性的行政责任两类。前者包括行政处分和行政处罚;后者包括赔礼道歉、消除影响、恢复名誉、行政赔偿等。

4. 违宪责任

违宪责任是指因违反宪法而应承担的法律上的不利后果。违宪责任的特点是:

(1) 违宪责任主要是一种政治责任。宪法是一国的根本大法,是其他法律的正当性依据。违宪行为主要是国家机关或重要国家机关领导人在执行公务的过程中从事了与宪法相冲突的行为,除具有一般违法的危害性外,更会对宪法权威等造成损害。因此追究违宪主体的违宪责任的意义主要是政治方面的。

(2) 违宪责任的承担方式较特别。国家机关的违宪行为,主要是指有立法权的国家机关制定的法律与宪法冲突,其违宪责任的承担方式主要是违宪的法律、法规等被撤销。重要国家机关领导人的职务行为与宪法相抵触或没有宪法依据的,其违宪责任的承担方式通常是该国家领导人被罢免、被弹劾、被质询等。

(3) 违宪责任的追责主体较特别。违宪责任是确保宪法权威、维护宪法效力的重要措施之一。为实现违宪责任的功能,世界各国通常设置常设机构作为违宪责任的追责主体。如德国宪法法院、法国宪法委员会等作为唯一的违宪责任追责主体。

---

① 〔英〕弗里德利希·冯·哈耶克著:《自由秩序原理》,邓正来译,生活·读书·新知三联书店1997年版,第99页。转引自〔美〕罗·庞德著:《通过法律的社会控制 法律的任务》,沈宗灵等译,商务印书馆1984年版,第99—100页。

二、法律责任的特征

(一)法律责任的法定性

法律责任承担的最终依据是法律,而非别的任何社会规范。尽管有些法律责任是约定产生的,但无论法律责任的产生原因如何,一旦法律责任不能被顺利承担,相应国家机关必须依法强制保障法律责任的追究和执行。

(二)法律责任的强制性或必为性

法律责任的承担由特定国家机关运用强制力量归结,以国家强制力为后盾保障实施,不以任何责任主体的个人意志为转移,这反映了法律责任的国家强制性或必为性。

(三)法律责任的当为性

法律责任主体应当补救由于自己违反第一性义务对国家、社会、集体和他人所带来的损害。法律责任的当为性较之必为性,更进一步具有道德上的说服力。英国学者米尔恩曾指出:"说某人有责任做某事,就是说不管愿意与否,他都必须做,因为这事在道德上和法律上是正当的。"[①]

三、法律责任的产生原因

法律责任对责任主体来说是一种不利或负担,它的产生原因主要可分为三种:违法、违约以及违反法律的特别规定。违法、违约在法律实践中是最常见的引起法律责任的原因。

(一)违法

违法通常指特定主体实施了与现行法律相冲突的行为,引起相应的损害事实,法律对之进行否定性评价的状态。

违法的构成要件包括:一是主体要件。违法的主体要件即构成违法的主体必须是具有行为能力或责任能力的主体。不同的法律对主体的行为能力或责任能力的规定条件不同。无行为能力或责任能力的主体实施的与法律相冲突的行为不属于违法行为,也不能引起相关的法律责任。二是主观要件。违法的主观要件是指违法的构成主体在实施与现行法律相冲突的行为时,主体的主观心理态度上必须有过错,过错又被分为故意和过失两类。如果主体对行为与后果之间的因果关系事实上是没能预测也无法推定其应该预测的,此种心理状态不属于过错,而是意外。行为主体的心理状态如果既不是故意也不是过失,而是意外,则不构成违法。三是客观要件。违法的客观要件即违法通常所造成的损害事实。损害可分为直接损害和间接损害两种。直接损害指既得利益的减少,如财产毁损灭失,人身受伤害等;间接损害指可得利益的丧失,如扣押运营工具造成可得利益丧失。损害也可分为物质损害和精神损害。违法所造成的损害事实具有客观性:一方面违法行为客观上造成了损害事实,而非主观臆想的;另一方面此种损害事实是明确的、可客观认定的。四是客体要件。违法在深层次意义上是破坏了法律所保护的社会关系。社会关系是人与人之间的各种关系,法律

[①] 〔英〕A.J.M.米尔恩著:《人的权利与人的多样性——人权哲学》,夏勇、张志铭译,中国大百科全书出版社1995年版,第34页。

的形成和实施是建构良好的法律秩序的过程。人在这些确定的法律秩序中获得自身的规定性，并享有各种权利和自由，保持社会稳定连续地发展等。然而，任何一种违法都直接或间接地损害法律建构的社会秩序和各种社会关系，无论是物质的还是非物质的。如果一种与法律冲突的行为并不损害社会关系，那么该行为就不构成违法。

（二）违约

违约是指合同主体违反合同约定，通过作为和不作为的方式未履行合同义务的状态。一般来说，违约行为从属于违法行为。民事违法行为就包括民事违约和民事侵权两类。但是，违约行为引起的法律责任与违法行为产生的法律责任是有所不同的。所以，将违约与违法并列作为产生法律责任的原因来介绍。通常，违法引起的法律责任是针对不特定的人，效力普遍及于一般人，因此，此种法律责任设定属于法律的规范性调整范畴。违约引起的法律责任主要适用于合同主体，因此是针对特定人有效的，属于个别调整范畴。另外，违约引起的法律责任通常包括两类：一是法定的法律责任，如《民法典》规定，当事人一方支付了定金的，如果收取定金方违约，违约方应该双倍返还定金。此处的"双倍返还定金"即法定的法律责任。二是约定的法律责任，此种仅是契约主体之间在尊重法律规定的前提下，相互约定在不履行义务时应承担的法律责任。该责任并非来自法律的预先规定，而是双方约定的产物，只是此约定不能违法。例如，合同双方约定，在一方不履行合同时，违约方应支付给对方造成的损失的两倍赔偿。此时的"两倍赔偿"即约定的法律责任。

（三）法律的特别规定

主体的行为符合法律的特别规定，也可以引起法律责任。这主要是指有些行为一旦进入法律特别规定的调整范畴，行为主体就要承担某种法律责任。例如，产品致人损害，有时候根本不存在任何人违法或违约的情况，但生产者、销售者必须对损害承担赔偿等法律责任。违法行为和违约行为无法涵盖所有法律责任的产生原因，而符合法律的特别规定引起法律责任的情况体现了引起法律责任的原因的复杂性。为了保障责任主体的利益，实现社会基本公正，在认定和归结因介入法律的特别规定而产生的法律责任时，必须以法律的明确规定为依据。不得任意扩大或缩小法律责任归责的范围，不允许进行任何超越法律或无法律依据的归责。

四、法律责任的归结、承担和免除

（一）法律责任的归结

法律责任的归结也称法律责任的归责，是指法定的国家机关或经授权的国家机关依照法定的程序，进行判断、认定、追究或减缓、免除法律责任的活动。法律责任的归结过程是特定主体严格依照法律程序进行的，是法律权利与义务得以实现的重要环节。法律责任的归结是法律责任承担的前提，但不必然导致法律责任的承担。

法律责任的归结原则有以下三项：

1. 责任法定原则

法律责任是责任主体必须承担的一种不利负担，通过归责，这种不利负担往往会现实化。责任法定原则是指法律归责过程必须依法进行。其具体表现为：

（1）归责主体必须是依法享有归责权力的或依授权获得归责权力的主体。一般民事责任和刑事责任的归责主体是人民法院。行政责任的归责主体首先是行政机关,但终极归责主体也是人民法院。企业事业组织、仲裁机构等通过依法接受国家机关的授权或委托,也可能成为归责主体。

(2) 责任主体应承担的法律责任的种类、性质、期限、承担方式等必须以预先生效的法律规范为依据。这一方面可以确保法律的实施,使"纸面上的法"能够顺利转化成"行动中的法",维护法律的权威;另一方面也可以有效地防止责任擅断,贯彻诸如"法无明文规定不为罪"等法律原则,增进法律的确定性,因为"为使责任有效,就必须对责任予以严格的限定,使个人能够在确定各不相同的事项的重要性的时候依凭其自身的具体知识,使他能够把自己的道德原则适用于他所知道的情形,并能够有助于他自愿地作出努力,以消除种种弊害"。①另外,责任法定原则也可以最大限度地防止归责主体"有害追溯",坚持"法不溯及既往"原则和责任自负原则。既"不用今天的法律规范昨天的行为",也不任意地扩大归责的范围,杜绝归责上的株连。

(3) 归责过程必须严格遵守程序法。一般来说,没有程序法的正确适用是不可能有实体法的正确适用的,因此,只有归责过程是依程序法进行的,法律责任的归结才能满足正当性要求,法律责任的功能才能实现。

2. 公正原则

公平、正义是法律的重要价值原则,责任法定、依法归责就是法律的公正性的体现。但法律尤其是成文法具有局限性,在法律无法提供准确的归责依据时,归责主体必须本着符合基本社会公正、法律公正的原则和精神进行归责。其具体表现为:

(1) 同等情况同等对待。归责主体在裁判过程中,必须保持遵循"先例"的一贯性,即在同样的或近似的案件中,归责主体的裁量必须大体相当,贯彻正义原则。

(2) 归责要坚持"罚责相适应"。对责任主体的惩罚和其所造成的损害、主体的主观恶性、主体违法犯罪性质等应保持大致相当。如果做不到"罚当其责",非但不能实现法律责任的功能,而且可能造成更大意义上的不公正,损害法律的正当性。

(3) 归责主体要坚持法律面前人人平等原则,任何主体的违法犯罪都应受到同等追究;但要注意恰当地区别对待,在特定情况下,只有区别对待才能达到真正的平等。

3. 效益原则

以较小的投入产出同样的成果或以同等的投入实现较多的产出即效益。归责的效益原则是指针对不同的违法或犯罪确定怎样的法律责任,要始终用效益去衡量。例如,经济犯罪的刑事制裁中一般都有"没收财产",目的是削弱或剥夺后续犯罪的实力,从而实现法律责任的功能。

(二) 法律责任的承担及竞合

所谓法律责任的承担,是指责任主体依法承受不利的法律后果。法律责任的归结是以法律责任的承担为目标和逻辑后果的。法律责任的承担方式通常包括主动承担和被动承担两类。主动承担主要是指责任主体主动承担法律责任,例如违约方主动支付违约金、主动赔偿损失,侵权主体自觉停止侵害、赔礼道歉等。总之主动承担法律责任的方式通常不引起国

---

① 〔英〕弗里德利希·冯·哈耶克著:《自由秩序原理》,邓正来译,生活·读书·新知三联书店1997年版,第101页。

家强制力量的启动,责任承担成本低,属于较优的责任承担类型。被动承担是指责任主体根据归责主体的确认和归结,被动承受相应法律责任。一般法律责任主体是因为违反了法定或约定的义务或者说违反了第一性的义务而相应地承担更为不利的后果。合理推断,主体既然规避或消极逃避第一性的义务,自然也很少可能主动承担作为第二性的法律义务也就是法律责任。因此被动的法律责任承担往往需要借助国家强制力。具体指国家司法机关等法定的责任归责主体依照法定程序归结法律责任,责任主体必须依照生效的法律文件承担法律责任,生效法律文件依靠国家强制力保障实施。例如人民法院作出的终审判决书、行政机关的生效复议书、立法机关撤销违宪法律的决定等都依赖国家的强制力保障实施;相应的责任主体承担法律责任的被动性也较明显。

法律责任的承担具有重要的意义。一方面,法律责任的承担可以使责任主体最大限度地通过承担责任实现对国家和受害人的救济功能。例如国家通过使犯罪主体承担刑事责任恢复被犯罪破坏的社会秩序;受害人通过犯罪主体的责任承担行为而获得精神和物质双方面的补偿。另一方面,法律责任的承担过程是法律责任主体承担不利的法律后果的过程,这有助于责任主体今后理性地选择行为,防止违法者再次违法;同时可以防范威慑新的违法者出现,实现整体的法的预防功能。

所谓法律责任的竞合,是指由于某种法律事实的出现,导致两种或两种以上的法律责任产生,而这些责任之间相互冲突的现象。同一行为同时符合不同法律责任的构成要件,从而导致了不同法律责任间的冲突。法律责任竞合的特点为:(1)数个法律责任的主体为同一法律主体;(2)责任主体实施了一个行为;(3)该行为符合两个或两个以上的法律责任构成要件;(4)数个法律责任之间相互冲突。

法律责任竞合是法律上竞合的一种,它既可发生在同一法律部门内部,也可发生在不同的法律部门之间。

(三)法律责任的免除

法律责任的免除又称"免责",是指根据法律本应该承担法律责任,但基于某种法定的主客观情况,可以不必再承担法律责任。

设定法律责任的免除,展现了法律责任追究的复杂情形。恰当的法律责任免除是法律的正当性要求。要注意区分法律责任的免除不是指"无责任",而是有责任但免予承担;法律责任的免除不意味着引起法律责任的行为的法律意义有所改变,该行为仍是法律所反对的或不赞成的。

常见的法律责任的免除情形包括:

1. 时效免责

通常法律规定法律责任的存续是有一定的期限限制的。如果法律责任的存续超过法定的期限,法律责任可以被免除。如民法规定的诉讼时效制度,刑法上的犯罪追诉时效制度等。时效免责的目的一方面是督促归责主体应积极地实现法律责任承担,只有这样法律责任的惩罚、预防、救济等功能才可能实现;另一方面是希求通过及时地清结各种权利义务关系,实现社会秩序的稳定,增强公民的预测能力,使公民能恰当地作出行为选择。

2. 不诉免责

法律规定有些法律责任的承担应以受害人的"告诉"为前提,即所谓的"不告不理""告诉的才受理"。民法的意思自治等原则要求给予民事主体充分的处分权,因此大量民事责任的追究以民事主体的告诉为依据,国家不主动归结民事责任。那么如果民事主体"不告诉",实质上是免除了责任主体的法律责任。当然民事主体的"不告诉"必须是真实意思表达而非受强制的结果,否则不构成免除法律责任的原因。

3. 协议免责

在违约引起的法律责任中,既然有的法律责任本身就是因约定才产生,当然就可以因约定或协议而免除。但约定或协议免除法律责任同时都不得规避法定的法律责任。

4. 自首、立功免责、诉辩交易

自首、立功属于刑事责任免除的法定事由,其主要是基于对责任主体的后续补救行为的肯定,而对法律责任部分或全部免除。西方有些国家的"诉辩交易"制度也是法律责任免除的一种类型,主要是通过控辩双方的交易而免除辩方承担法律责任,或以承担较小法律责任的方式免除所应承担的较大的法律责任。

5. 因履行不能而免责

法律责任的归结是以实现法律责任的功能为目标的。如果法律责任主体根本无法承担法律责任,也就无法实现法律责任的功能,此时可以免除法律责任。如法律责任主体死亡、财产责任主体无偿债能力等情况下,归责主体可以免除部分或全部法律责任。

第三节 法律制裁

一、法律制裁的概念

法律责任具有制裁功能,即通过法律责任的承担对责任主体进行惩罚,体现着对违法行为、违约行为的否定性评价。这种否定性评价除了使行为主体无法达到行为的预期后果外,往往还包括强制主体因其违法行为、违约行为而承受不利的后果和负担。从国家和社会的角度,这就是国家对责任主体所施加的法律制裁。

所谓法律制裁,是指由特定国家机关对违法者依其法律责任而实施的强制性惩罚措施。法律制裁是法律责任作用于人和社会最为严厉的方式,是不以责任主体意志为转移,由法律责任的归责主体依照法律对责任主体所施加的强制性惩罚措施。法律制裁针对人身或财产,主要是国家强制限制或剥夺人身自由、限制或剥夺财产乃至剥夺生命等。

法律制裁可以使责任主体因在外部受到损失而补救被破坏了的社会秩序,还可以通过对责任主体内心形成压力机制,进而调整责任主体的未来行为选择,遏制新的违法行为、违约行为的发生。

法律制裁与法律责任密切相关但又明显不同。法律责任是法律制裁的前提,无法律责任即无法律制裁的可能。法律制裁是法律责任的功能体现,但有法律责任不一定会有强制性制裁措施的结果。一方面,法律责任因法定事由可能免于被承担;另一方面,法律责任的功能不局限于制裁一种,因此,法律制裁不是法律责任的唯一后果。

二、法律制裁的种类

根据法律责任的种类,法律制裁可以分为四类:

(一)民事制裁

民事制裁是根据民事法律规定,责任主体依照其所应承担的民事责任而被施加的强制性惩罚措施。凯尔森认为:最初它只有一种制裁——刑事制裁,即狭义的惩罚,涉及生命、健康、自由或财产方面的惩罚。最古老的法律只有刑法。后来制裁中才有区分:除惩罚外,还出现了一种特定的民事制裁,民事执行,也就是对财产的强制剥夺,旨在提供补偿(reparation),即补偿非法所造成的损害。[1] 可见,民事制裁的制裁性不强,主要表现为民事法律强制违约主体或侵权主体支付违约金、赔偿金等措施。

(二)刑事制裁

刑事制裁是依照刑事法律规定,责任主体依照其所应承担的刑事责任而被施加的强制性惩罚措施,通常称为刑罚。我国《刑法》规定的刑事制裁分为主刑和附加刑两类。主刑包括管制、拘役、有期徒刑、无期徒刑、死刑。附加刑包括罚金、剥夺政治权利和没收财产。此外对于犯罪的外国人,还可以独立适用或附加适用驱逐出境。刑事制裁是最严厉的制裁方式。

(三)行政制裁

行政制裁是依照行政法律规定,责任主体依照其所应承担的行政责任而被施加的强制性惩罚措施。行政制裁包括行政处分和行政处罚。行政处分是国家行政机关依照行政隶属关系给予违法的国家机关工作人员或被委托的工作人员的惩罚性措施,包括警告、记过、记大过、降级、降职、开除等类型。行政处罚是由特定行政机关对违反行政法律规定的责任主体所实施的惩罚性措施,主要有警告、罚款、没收非法所得、责令停产停业、暂扣或者吊销许可证、行政拘留等类型。

(四)违宪制裁

违宪制裁是依照宪法的规定,责任主体根据其所应承担的违宪责任而被施加的强制性惩罚措施。在我国,目前实施违宪制裁的机关是全国人民代表大会常务委员会。违宪制裁的方式有:撤销同宪法抵触的法律、行政法规、地方性法规、自治条例等规范性法律文件;撤销中央国家机关有关违宪的各种决定、命令和决议;罢免国家机关领导人员等。

---

[1] 〔奥〕凯尔森著:《法与国家的一般理论》,沈宗灵译,中国大百科全书出版社1996版,第54页。

第十七章 法律程序

第一节 法律程序概述

一、法律程序释义

程序是按时间先后或依次安排的工作步骤。现代社会生活的高度复杂化、精密化以及随之而来的思维的理性化,使人们在完成较为复杂的任务时,需要预先设定一定的工作方式和步骤。程序在社会生活的各个领域中都有所体现,既有指导人的行为或思维的程序,也有作用于机器的自动化程序以及可进行逻辑运算的计算机程序,法律程序属于其中的行为程序。法律程序又称法定程序,是法律预设的行为过程中的相互关系,也是人们进行法律行为时必须遵循的法定步骤和方式。

法律程序和程序法是近似的概念,但略有不同。法律程序是程序法的内容,而程序法是法律程序的表现形式。程序法的概念是通过与实体法进行区分产生的,所以程序法是法的分类的结果,是法的一种形式,而法律程序的概念则是对程序法的实质内容的表达。

我国法学界曾经对法律程序的研究重视程度不够。比较明显的是人们误将法律程序等同于诉讼程序,以至于对其他法律程序的存在视而不见,如《中国大百科全书》对程序法的权威解释是:"凡规定实现实体法有关诉讼手续的法律为程序法,又称诉讼法,如民事诉讼法、刑事诉讼法等。"[①]这种观点导致了其他法律程序立法的滞后现象。此外,程序工具主义倾向曾经也比较严重,很多人仅仅将程序法看成是实现实体法目的的手段,忽略程序法自身的目的和价值存在,使程序法完全成为实体法的附庸。随着认识的深入,这种倾向有了很大的改观,人们越来越清晰地认识到法律程序的重要地位,认识到程序法有自己的独立价值,法律程序在控制国家权力和实现公民权利方面有重要地位和作用。从实践上看,程序性立法开始不断出现,法律运作中的程序观念也越来越强。

习近平总书记从政治、法治、立法、执法、司法等方面全方位地重视法律程序的作用。他指出,"要长期坚持、不断发展我国社会主义民主政治,积极稳妥推进政治体制改革,推进社会主义民主政治制度化、规范化、程序化"[②]。他还把法律程序提升到法治的高度来强调:"领导干部提高法治思维和依法办事能力,关键是要做到以下几点。一是要守法律、重程序,这是法治的第一位要求。"[③]对于立法程序,他指出:"要完善立法工作机制和程序,扩大公众有序参与,充分听取各方面意见,使法律准确反映经济社会发展要求,更好协调利益关系,发挥

[①] 中国大百科全书总编辑委员会《法学》编辑委员会、中国大百科全书出版社编辑部编:《中国大百科全书·法学》,中国大百科全书出版社1984年版,第80页。
[②] 习近平著:《决胜全面建成小康社会 夺取新时代中国特色社会主义伟大胜利——在中国共产党第十九次全国代表大会上的报告(2017年10月18日)》,人民出版社2017年版,第36页。
[③] 习近平著:《论坚持全面依法治国》,中央文献出版社2020年版,第141页。

立法的引领和推动作用。"①对于执法程序,他要求:"要推进严格执法,理顺执法体制,完善行政执法程序,全面落实行政执法责任制。"②对于司法程序,他指出:"完善司法制度、深化司法体制改革,要遵循司法活动的客观规律,体现权责统一、权力制约、公开公正、尊重程序的要求。"③对于某些严重违反司法程序的行为,习近平总书记特别要求:"要建立健全违反法定程序干预司法的登记备案通报制度和责任追究制度,对违反法定程序干预政法机关执法办案的,一律给予党纪政纪处分;造成冤假错案或者其他严重后果的,一律依法追究刑事责任。"④

根据不同的标准,可将法律程序划分为不同的类型。根据法律关系的性质,可将法律程序划分为公法程序和私法程序,凡是在法律程序中主要体现为服从或隶属关系的法律程序就是公法程序,如选举程序、立法程序、行政程序、诉讼程序等。凡是法律程序中主要体现为平等主体之间的关系的法律程序为私法程序,如签订合同的程序、履行合同的程序、订立遗嘱的程序、财产继承程序等。法律程序还可按法律运行的过程划分为法律制定程序、法律解释程序、法律实施程序、法律监督程序等。

二、法律程序的构成要素

(一)法律主体和法律行为

法律程序中的法律主体是参与程序法律关系,享有法律权利并承担法律义务的主体。任何法律关系必须有主体的存在,从法律程序的主体上看,既可以是自然人,也可以是法人(公法人和私法人),也可以是国家或其他组织。由于法律是对人的社会行为的控制和调整,法律主体必须产生行为才可能成为法律调控的对象,所以法律程序中法律主体必须和法律行为结合。这里的法律行为仅指合法行为,既包括法律预设的法律行为,也包括实际上运行着的法律行为。通过法律主体的法律行为,法律程序的目的得以实现。

(二)法定步骤和方式

法定步骤和方式是法律程序对法律行为的规定。法律程序对法律行为的规定是通过规范行为发生的步骤以及方式来实现的。所谓步骤,指的是法律行为的时间先后顺序和期限上的安排;所谓方式,指的是法律行为在空间上的具体表现,如诉讼程序中的合法证据形式、审判公开、回避原则等规定,立法程序中的立法听证、议员言论免责、多数决定、表决方法等规定。

(三)程序法律后果

程序法律规范和实体法律规范一样,必须具备法律后果这一要件。同样,程序法律后果也包括肯定性法律后果和否定性法律后果。肯定性法律后果使程序法律行为有效,而否定性法律后果使程序法律行为无效。

(四)特定价值

价值反映的是人们对事物满足人们需求的评价,也反映了人们对它的愿望和要求。法律程序总是和特定价值联系在一起,因为法律程序必然是人们某种愿望的表达,反映了人们

---

① 习近平著:《论坚持全面依法治国》,中央文献出版社2020年版,第20页。
② 同上书,第230页。
③ 同上书,第148页。
④ 同上书,第50页。

某种法律需求的满足。即使是程序工具主义者将法律程序看成纯粹是实现实体法的工具，也只能说明法律程序没有自身的独立价值，但不能排除这种法律程序以实体法的价值为自己的价值。现代法律程序越来越注重程序自身独立价值的存在和实现，即这种价值不依赖于实体法的存在就可以单独存在，并予以实现。如对程序公正、中立、参与等价值的追求可以独立于实体法而被实现。

第二节 法律程序的内在价值

一、法律程序内在价值的含义

价值一词最初源于经济学，它的意义是某物的价值，主要指经济上的交换价值。19世纪时，在若干思想家和学派的影响下，价值的意义被延伸到哲学方面更为广泛的领域。人们通常(将价值)区分为工具价值与固有价值，亦即作为方法的善和作为目的的善。[①] 工具价值和固有价值(或工具价值和目的价值)的划分亦可运用在法律程序的价值的区分上，法律程序既是实体正义实现的工具，同时也要实现自身程序正义这一目的。所以，法律程序的价值可以分为两种：一种是辅助实体法目的实现的工具价值，另一种是程序本身的固有价值，即程序的道德性。偏重前者的观点可称为程序工具主义，偏重后者的可称为程序本位主义。

法律程序本身包含了过程和结果两个部分，从其价值角度，这两个部分在很多时候是统一的，既实现了程序正义的目的，也实现了作为结果的实体正义。但在有时，这两个部分并不一定能够完全统一：在过程中我们采用了良好的方法，但不一定实现良好的结果；而在实现了良好的结果的时候，却不一定是通过良好的方法获得的。如我们采用了正当的法律程序，保护了犯罪嫌疑人的人权，却可能没达到最大限度地打击罪犯的实体法的目的；当我们要惩处真正罪有应得的罪犯时，却无法通过正当的法律程序来实现。程序工具主义偏重于实现法律程序的结果价值，即实现实体权利与义务，或称为实现实体正义，而程序正义受到忽略；程序本位主义偏重于实现程序的过程价值，即实现法律程序的内在道德，或称为实现程序正义，而实体正义往往被置于第二位。如果程序工具主义和程序本位主义走到极端化，都不会完美地实现法律程序的价值。所以，法律程序的价值的实现必须是兼顾过程价值和结果价值的实现。

法律程序的过程价值即法律程序的内在价值，是指法律程序作为一个过程所具有的道德上的"善"的那些价值，它不依赖结果而存在。因为法律程序是由人们的法律行为所遵循的法定的步骤和方法，每一步骤和方法的设定都具有各自的结构和功能，构成了相应的程序规则，所以，我们就能够认识到程序在不同阶段中的特征以及这些程序要实现的目标，在这些特征和目标中，就能体现程序的内在价值。

最早对程序价值进行研究的学者是英国的法学家边沁。边沁第一次将法律从总体上分为在实施社会控制方面起首要作用的实体法和为实施实体法提供服务的程序法。实体法直接地体现了主权者的意志，通过提供人们的行为准则来调整社会关系，是最重要的法律。而

[①] 中国大百科全书出版社《简明不列颠百科全书》编辑部译编：《简明不列颠百科全书》(第3卷)，中国大百科全书出版社1986年版，第306页。

程序法为实施实体法创造条件,是实体法之外另行颁布的一种次要的法律,包括证据法、审判法,是实体法的附属法。边沁认为程序法的唯一正当目的就是最大限度地实现实体法,程序法的最终有用性要取决于实体法的有用性,只有当实体法首先被制定出来,程序法才具备意义。虽然边沁看到了程序法本身具备的工具性价值,但他并没有认识到程序法自身的内在价值,而认为程序法的价值只能通过最大限度地实现实体法的目的而体现出来。

意大利法学家贝卡利亚进一步认识到了程序独立价值,这反映在他提出的无罪推定原则和刑事程序的人道化方面,他实际上使人权成为评价刑事法律程序的价值标准。通过贝卡利亚的理论,刑事程序开始有了自己独立于实体法的价值追求。

在当代西方,美国法学家罗伯特·萨默斯是较早提出法律程序的独立价值标准问题的学者,他在1974年发表了《对法律程序的评价与改进——关于"程序价值"的陈辩》的长篇论文,其中对这种与程序的工具性价值相对的程序价值进行了较为系统的分析和论证。他所谓的这种程序价值就是程序的内在价值,是通过程序本身而不是通过结果所体现出来的价值标准。萨默斯认为程序价值包括参与性统治、程序正统性、程序和平性、人道性及尊重人的尊严、个人隐私的保护、协议性、程序公平性、程序法治、程序理性、及时性和终结性。

美国法学家米奇尔曼同样对法律程序的内在价值进行了列举,他认为诉讼其实就是为了追求一定的目的或价值、利益、结果。这些价值包括尊严价值、参与价值、威慑价值和实现价值。

二、法律程序内在价值的主要内容

我国法学界对法律程序的价值研究主要集中于20世纪90年代以后,学者们普遍认识到法律程序自身固有的区别于结果的价值,并纷纷提出了自己关于程序价值的研究,对程序价值和程序正义等问题进行了深入的探索,不少学者列举了程序价值包括的内容。[①]

综合理论界关于法律程序内在价值的论述,法律程序的内在价值主要包括以下八个方面:

(1) 参与。参与价值是民主社会里对法律程序的普遍性要求。民主的实质是排除权力的个人专断或少数人专断,就包含了民众参与的基本特征。参与价值不仅体现在民主的立法程序中,也体现在法律适用过程中利害关系人都有被告知和陈述意见的机会。参与价值本身具有独立性,参与体现了人作为自己主人的愿望,同时参与价值也有助于实现一种好的结果,如有助于良好法律的制定以及法律的正确适用。

(2) 公平。公平包括公正和平等。首先包括了程序中立,中立是指法律程序中立法者或法律适用者的立场,也是指自己不能成为自己案件的法官的自然正义原则。只有中立才能带来公正的实现。平等是指平等地享有各种程序权利和履行程序义务,尤其指各方当事

---

① 部分论文可见孙笑侠:《两种程序法类型的纵向比较——兼论程序公正的要义》,载《法学》1992年第8期;季卫东:《程序比较论》,载《比较法研究》1993年第1期;陈端洪:《法律程序价值观》,载《中外法学》1997年6期;王锡锌:《论法律程序的内在价值》,载《政治与法律》2000年3期;张令杰:《程序法的几个基本问题》,载《法学研究》1994年5期;陈瑞华:《程序正义论——从刑事审判角度的分析》,载《中外法学》1997年第2期;陈桂明:《诉讼公正与程序保障——民事诉讼程序优化的法哲学探讨》,载《政法论坛》1995年第5期;姚莉:《司法公正要素分析》,载《法学研究》2003年5期。对中国学者的法律程序观的简要介绍也可参见徐亚文著:《程序正义论》,山东人民出版社2004年版,第209—214页。

人的意见都能被平等地听取。

（3）正统性。正统性也可称为合法性、正当性。主要指法律程序被公众认可而具有权威性。不同的社会中其正统性的体现不一样，君主政体的社会里程序的正统性体现在君主的意志上，现代社会法律程序的正统性体现在民主的程序原则和理性的程序设计上，使之获得公民的认可和服从。

（4）和平。和平是指程序本身良好的和谐的秩序。法律程序的设计本身就有避免社会暴力和纠纷的目的。正义并不掌握在强者的手中，非暴力的程序形式能够促进人们彼此理解和合作，并达成公平合理的程序结果。

（5）尊严。尊严价值体现为要将人看成是人，人就是目的而不能成为手段。每个人都拥有平等的被尊重的权利。如刑讯逼供即使能够有效地获得犯罪证据，但它的手段是不人道的、残酷的和野蛮的，是对人的尊严的践踏。刑事司法程序正是因为其漠视人的尊严而予以禁止。

（6）理性。法律程序的理性是指程序能够产生合乎逻辑的结果，它符合人们理性思维的习惯，因而能够被认可。理性也代表了法律程序的后果的可预测性和确定性，同时也使利益相关人能够理解并接受法律程序运行的结果。

（7）公开。程序的公开能够满足人们了解程序运行的愿望，获知相关信息并有效参与，也能够使人们对程序运行进行监督，促进程序的正确运行。公开更能够使人们对法律程序的结果的实现获得心理上的满足。

（8）及时性和终结性。及时性既反对拖延，也反对急速，它要求程序按照既定的时间阶段运行，使程序运行的后果在某个时期可能出现。终结性反对法律程序随意被延长，以便在确定的时间获得确定的结果。及时性和终结性有利于提高诉讼效率。

三、程序正义及其法治价值

程序正义是法律程序自身所体现的正义，是法律程序内在价值在法律程序中的反映。参与、公平、正统性、和平、尊严、理性、公开、及时性和终结性等法律程序内在价值都是程序正义的要求。程序正义和实体正义相对应，分别反映了不同的正义要求。程序正义独立于程序之结果，是过程和方式的正义。实体正义则要求程序运行的结果是正义的，往往体现为实体法及其适用所导致的结果正义。程序正义注重法律程序的内在价值的实现，实体正义注重的是实体法所追求的价值被实现。

理解程序正义要注意：

第一，程序正义重视法律程序对程序运行结果的重要作用。程序正义首先重视程序自身的功能，未经法律程序，不能得出程序之结果。比如，未经司法程序，不能预先确定判决结果，即不能"未审先定"；未经立法程序，不得出台法律。只有重视程序的功能，才能保证最初级的程序正义。

第二，程序正义是对程序的价值指引，并非法律程序都是正义的。正如实体法规范不可能都是正义的，程序法规范也不可能都是正义的。法律程序存在于事实领域，它存在正义和不正义之分；而程序正义则存在于价值领域，它是理想的而非现实的。由于程序正义的理想性，它对法律程序具有价值指引，使其不断趋向于程序正义的实现。

第三，程序正义与实体正义并不必然一致。比较典型的如赌博。赌博可以有保障公平、公开、参与、中立等程序设定，但并不能得出赌博之结果是好的、正当的。就法律程序而言，程序正义和实体正义常常可能不一致。比如，恐怖分子埋藏了定时炸弹爆破大楼，为及时找到定时炸弹，审讯者遵循保障犯罪嫌疑人人权的原则审问恐怖分子，可能会贻误时机导致更多的生命和财产损失。极端的情况实际并不常见，在一般情况下，程序正义和实体正义的不一致可使二者相互弥补各自的不足。

第四，程序正义可独立于实体正义而发挥作用。过去人们常常认为程序法对实体法而言只具有辅助作用，程序法是助法，实体法才是主法。从这种角度认识程序正义往往会轻视程序正义独立于实体正义的价值。实际上，即使没有实体法去主张正义，程序正义同样可以发挥出实现正义的作用。比如民事审判中，即使欠缺实体法规范，法官只要遵循公正、中立的审判程序，一样可以作出正义的判决。

程序正义在推动法治实现方面具有重要价值。首先，在法治的权力约束方面，法律程序对权力拥有者反复无常的任意意志具有重要的约束意义。而程序正义则将正义价值融入法治之中，使法治和公平正义紧密相连。其次，法治具有通过法律保障人们稳定预期之功能，程序正义在这方面具有突出的作用。法律程序把人的意志纳入预定的法律轨道之中，使人们的法律活动和社会纠纷的解决在步骤、方式和时间上具有明确性和可预期性，从而通过程序正义带来了社会的安定。再次，程序正义在化解社会矛盾纠纷，推进依法治国方面有重要作用。习近平总书记指出："要全面推进依法治国，更好维护人民群众合法权益。对各类社会矛盾，要引导群众通过法律程序、运用法律手段解决，推动形成办事依法、遇事找法、解决问题用法、化解矛盾靠法的良好环境。"[①]程序正义有利于人们形成依法、找法、用法和靠法的意识。最后，程序正义在依法治国中发挥着全方位的作用。党的十八届四中全会提出"科学立法、严格执法、公正司法、全民守法"新十六字方针，其中每个环节都离不开程序正义的作用。从科学立法上看，科学的立法必然是遵循程序公正、公开和参与等程序正义原则的立法；从严格执法上看，严格的执法不仅要严格遵循实体法，也要严格遵循程序法，实现执法中的程序正义；从公正司法上看，公正司法最主要的是实现司法程序中的公正，保证法官中立裁判；从全民守法上看，程序正义是一种看得见的正义，是一种可以被感知的正义，可以促进全民对法律正义的认知，促进守法行为的发生。

第三节　正当法律程序及其功能

一、正当法律程序的含义和历史

正当法律程序是将程序正义作为法律程序的内在价值追求而形成的法律程序。最早的正当法律程序的含义主要针对法院的诉讼过程和程序，"意味着在广义上剥夺某种个人利益时必须保障他享有被告知（notice）和陈述自己意见并得到倾听（hearing）的权利，从而成为英美法系中人权保障的根本原则"[②]。在美国，正当法律程序又可分为程序性正当程序和实质

[①] 习近平著：《习近平谈治国理政》（第一卷），外文出版社2018年版，第204页。
[②] 〔日〕谷口安平著：《程序的正义与诉讼》（增补本），王亚新、刘荣军译，中国政法大学出版社2002年版，第4页。

性正当程序。对于程序性正当程序,《布莱克法律词典》将其界定为:"程序性正当程序的中心含义是指:其权益受到判决影响的任何当事人都享有被告知控诉的性质和理由、陈诉意见并获得听审的权利……合理的告知、获得审判机会以及提出主张和抗辩等都包含在'程序性正当程序'之中。"[1] 程序性正当程序主要基于承认个人的生命、自由和财产的天赋权利的思想,并通过正当程序约束政府的行为。而实质性正当程序是要求联邦和州议会制定的法律必须符合公平与正义,如果其不符合公平与正义的标准,法院将宣布这个法律或行为无效。实质性正当程序是对联邦和州政府部门立法权的一项宪法限制。实际上,实质性正当程序是美国法院将宪法没有确认的价值予以司法化的途径,也是法院限制立法、行政权力的手段。

正当法律程序最早起源于英国的程序正义的理念。1215年的英国《大宪章》规定:"凡自由民,如未经其同级贵族之依法裁判,或经国法判决,皆不得被逮捕和监禁,没收其财产,剥夺法律保护权,流放或加以任何其他损害。"其后的数位英国国王都一致认可这部宪章。爱德华三世在位时,正当程序的概念出现在1354年英国国会通过的《威斯敏斯特自由令》中:"未经法律的正当程序进行答辩,对任何财产或身份的拥有者一律不得剥夺其土地或住所,不得逮捕或监禁,不得剥夺其继承权,或剥夺其生存之权利。"从正当法律程序的思想渊源来说,它是来自英国的自然正义观念。自然正义拥有两个原则:第一,任何人不得在与自己有关的案件中担任法官;第二,必须给予诉讼当事人各方充分的机会来陈述本方的理由。自然正义的原则在英国普通法的实践中作为最重要的程序原则被适用。

受英国普通法传统的影响,美国宪法确立了正当法律程序的原则。正当法律程序原则最早是在殖民时代北美各州的基本法中确立的,如1639年《康涅狄格基本法》、1682年《宾夕法尼亚政府组织法》以及1701年《宾夕法尼亚特权特许状》等都规定了保护个人权利的内容,而这些原则大多来源于英国普通法。1776年北美殖民地第一部宪法——《弗吉尼亚宪法》规定:"任何人非经国法或受同辈之审判,不得剥夺其自由。"独立战争结束时,北美许多州都在自己的宪法中规定了正当法律程序的原则。1787年美国制宪会议通过的《美国宪法》并无一套权利典章,因此受到了各州的反对。为确保宪法被各州顺利批准,1787年汉密尔顿在纽约州的批准宪法会议上提出了"正当程序"一词。1789年,麦迪逊在起草《美国宪法修正案》初稿时,写上了正当程序的条款。1791年通过的《美国宪法修正案》第5条以及1868年的《宪法修正案》第14条均规定,未经正当法律程序,不得剥夺任何人的生命、自由和财产。在这之后,正当法律程序在美国成为非常普遍的保护人权的概念。

正当法律程序虽然是英美国家法律程序的基本原则,但也给世界各国程序法治建设带来了非常重大的影响。

二、正当法律程序的功能

法律程序的功能和法律程序的价值是不同的概念,价值代表了人们对某物的"善"或称为"好"的一种愿望及其评价。功能则体现的是事物本身的能力的表达,或事物所发挥的有利的作用。不同的具体的法律程序有不同的具体的功能,但总的来说,不同的法律程序都有

---

[1] H. C. Black, *Black's Law Dictionary*, West Publishing Co., 1979, p. 1083.

其共通性的功能。从法理学角度认识法律程序的功能是从其共通性角度来认识的。由于程序正义是法律程序的追求目标,所以,我们在论述法律程序的功能的时候,将从正当法律程序的角度来进行分析。

从正当法律程序对于整个法律秩序的功能看,主要有以下几个方面:

（一）限制恣意,约束权力

在法律程序中既有决定者也有被决定者,权力的赋予是不均匀的,只有权力受到彼此控制的时候,才能保持人与人之间的关系的平衡,防止权力滥用的现象出现。整个法律的历史就是不断克服人类的恣意的历史,法律程序的创制的主要目的之一,就是限制程序运行中的恣意现象,最后实现良好的程序运行结果。法律程序限制恣意的功能主要是来自程序的功能自治性,这种自治性就是指为了实现一定的目的而进行活动,经过不断反复而自我目的化。程序的自治性又由分化和独立带来,"分化是指一定的结构和功能在进化过程中演变成两个以上的组织或角色作用的过程。这些分别项目各自具有特殊的意义,因而要求独立地实现价值"。① 程序参加者的各种角色的分派,使他们能够各司其职,相互配合又相互制约,恣意的出现就受到了限制。

（二）充分保护程序运行中弱势者的权利

从实质上看,法律程序主要用于规制人们争取利益过程中各种力量的角逐过程。正当法律程序既要防范拥有权力的强势者滥用权力,也要帮助没有权力的弱势者实现权利。首先,正当法律程序要保护每个个体的尊严和人权,通过保障人权的方式来防止权力拥有者践踏人权的可能。其次,正当法律程序要保护弱势者的民主权利。不论是立法、司法还是执法,正当法律程序都要求利益相关方,即使是弱势者都能够参与到程序过程中来,使各种利益主体的诉求都能得到表达,从而使每个主体的意志得到尊重。最后,正当法律程序要保护程序参与者权利的平等性。在程序运行中常常存在利益对抗的双方或利益不同的多方,要保证程序公正和中立,正当法律程序就必须使弱势者在与强势者对抗的过程中拥有平等的地位。

（三）保障作决定者充分接纳各种信息,作出正确的或最好的判断

任何决定的作出都需要掌握大量的信息,信息越全面,决策越正确。法律程序具有保障作决定者全面接纳信息的作用。法律程序的参与原则使法律在制定和实施程序中有公众的参与,作决定者因而不得不排除自己主观的偏见,全面地考虑各种各样的信息、观点、意见。法律程序既具有封闭性,也具有开放性。程序的封闭性是由程序的自治性决定的,法律程序需要在一个相对隔离的、封闭的空间排除外界各种各样的干扰,实现自己的功能。但法律程序同样需要开放,这种开放是对外界信息的开放,它需要将外界各种信息和意见通过特定的方式从程序中反映出来。如立法程序中的立法听证制度,可以使立法者通过听证会掌握大量的专家、学者以及利害关系人的建议和意见。而司法程序和行政程序中也有参与原则,使作决定者不至于偏听偏信,这对于决定的公正和正确有至关重要的作用。

（四）通过和平的程序保障充分、平等的发言机会,疏导矛盾冲突

法律的目的是解决社会纠纷和社会冲突,法律对纠纷的解决是将社会中已经存在的各

---

① 季卫东著:《法治秩序的建构》,中国政法大学出版社1999年版,第16页。

种冲突通过法律程序的运行予以和平公正地解决。正当的法律程序,排除了专断和恣意,能够公正地维护社会秩序,使社会中随时可能会升级的矛盾冲突有了一个公开的、和平的、秩序的解决方式,社会冲突得到舒缓。法律程序的这种功能是通过对社会中的每个人予以平等的尊重来实现的,如程序中参与人的平等发言和对话,不仅可以防止暴力解决纠纷,促进相互沟通和理解,还可以提升他们对通过程序解决冲突的信任度。

(五)稳定实现确定的程序运行结果

社会纠纷的解决忌讳循环往复,也就是后果的不确定性。这种不确定性给社会纠纷的解决埋下了隐患。法律程序的及时性和终结性确保在确定的时间内出现确定的结果,使人们可以期待社会纠纷解决的终止之期。法律程序的正义性实现的同时,确定性的结果也得到彼此认可,这就消除了原有的纠纷复发的可能。可以肯定,正当的法律程序对于公正而高效地解决纠纷有决定性作用。

(六)可以导致人们对程序运行的结果有效服从,并有利于法律信仰的形成

正当的法律程序的实质就是它能满足人们对正义实现的心理需求。这种心理需求包括对程序的公正、参与、中立、公开、效率等原则的要求。凡是满足了人们对程序正义的需求的程序容易导致人们对程序结果的认同和肯定,即使不能做到皆大欢喜,但失望者对程序的结果也容易接受。正当法律程序的运行,还有利于巩固人们的法律信仰。人们对法律的信仰不仅仅是出于法律文件中对正义的标榜,还在于这种正义是能够被实现的正义。正当法律程序的运作不仅使实体正义有了公正的实现渠道,而且还将人们对程序正义的期待付诸实现。对法律的信心和信念由此产生。

第十八章 法律推理和法律论证

第一节 法律推理释义

一、推理的含义和构成要素

推理是指根据数个已知命题推导出另一个新命题的思维形式。它广泛应用于哲学、数学、科学以及其他人类特有的智力活动中。直觉与推理相反,它不需要诉诸思维过程或理由,而是源于无意识地认知、感觉或本能,并且更为个性化或主观化。推理包含三个构成要素:一是前提,即已知命题,可以是真命题,也可以是假定为真的命题;二是结论,即推知命题;三是推导关系,即连接前提和结论的逻辑关系。这三者中,前提和结论是有形要素,前者是推理的基础和依据,后者是推理所要达成的目标;推导关系则是无形要素,是使前提和结论建立合理性关联的思维形式。推导关系虽然是隐性的,但却非常重要,它是连接前提和结论的纽带,其实质是把前提的真传递给结论。根据不同的推导关系,前提的真可以证明结论必然为真,或证明结论大概率为真。我们研究推理,很大程度上就是研究推导关系:推导关系运用是否合理,很大程度上决定推理是否正确;根据不同的推导关系,人们划分出不同的推理类型。可以说,所谓推理就是推导的合理性。

二、法律推理的含义和特征

法律推理是推理这种思维活动在法律领域中的运用,为法律行为或司法裁决提供正当性理由。法律推理普遍地存在于立法、司法、执法、守法的全过程中,成为法律方法的重要组成部分。法的适用环节尤其强调法律推理的应用,它是案件审理的核心技能,关乎司法判决的质量和公正。在现代法律方法论中,法官如何依靠法律,或在没有法律的情况下,获得个案裁判上的"正当性",始终是一个中心问题。[1] 故本节主要阐述司法过程中的法律推理,它是指特定主体在法的适用过程中,根据已知案件事实和法律规定合乎逻辑地得出判决结果或为判决结果提供正当性证明的思维过程。法律推理具有下列特征:

第一,法律推理主要是法的适用过程中的一种思维活动,是法官将具体的案件事实和抽象的法律规范相结合,推出判决结论的过程。法律推理应用于个案,对大陆法系而言,推理结果的效力一般仅及于本案;对英美法系而言,高级法院的判决对今后类似案件都具有普遍约束力。

第二,法律推理的前提是查明的案件事实和既定的法律规范这两个已知判断。这里的案件事实必须是已经查明或双方均无争议的涉案事实。法律推理不能解决对案件事实的证明问题,如果案件事实尚未查明或尚存争议,那就需要依靠证据和相关诉讼法律规范来解

---

[1] 参见〔德〕卡尔·拉伦茨著:《法学方法论》,陈爱娥译,五南图书出版公司1996年版,第19页。

决。作为前提的法律规范必须是能够作为判决依据的现行有效的法律规范。在大陆法系国家主要是制定法,在英美法系国家包括制定法和普通法两种法。我国能够作为司法判决依据的法律规范主要是法律、行政法规、地方性法规、自治法规、部门规章和政府规章等。作为前提的法律规范还应当是适用于本案的具体的法律规定。对大陆法系而言,法官需要对适用于本案的法律规范进行选择和解释;对英美法系而言,法律规范由法官运用归纳推理从先例中提取出来。

第三,法律推理的目的是为判决结论提供正当理由,与司法公正密切相关。法律推理同法律裁决的理由相关,展示依法说理的过程,其目的在于向当事人释明,为何由本案事实得出这样的判决结论,也向其他社会主体宣示法律适用的理由。而推理理由的正当性既要考虑适用结果的合法性,也要考虑适用结果的合理性,是合法性和合理性的交织融合。

第四,法律推理的结论也即判决结果涉及当事人的利害关系。法律推理的结果关系到当事人是否拥有权利,是否应负法律责任等,这些都直接关涉当事人的利益增减。

第五,法律推理以逻辑理性为基本要求,是对法官擅断的有效限制。法律形式推理要求判决结论必须依据形式逻辑规范地进行推导,而不能仅凭借个人偏好进行臆断,这在很大程度上限制了法官自由随意地使用裁量权,防止法官恣意判决。

三、法律形式推理的种类

法律推理有多种类型之分。在司法活动中,法官和律师主要运用的是三种形式推理,即演绎推理、归纳推理和类比推理。这三种推理形式是人们根据由前提到结论的不同推导思维方向划分出来的,前者是大陆法系国家司法活动中运用的主要推理形式,后两者是英美法系国家司法活动中主要运用的推理形式。

第二节 形式推理及其司法应用

一、演绎推理

(一)三段论公式

演绎推理(deductive reasoning),也称三段论,是指从一般性前提推导出特殊性结论的逻辑推理方法,即由一般到特殊的思维进程,与归纳推理相对。演绎推理从一个前提开始,再到另一个前提,然后经由这些前提引出结论,如果推理过程符合推理规则,形成正确有效的推理,那么得到的结论就是有确定性的,因此它是一种必然性推理。

三段论是古希腊哲学家亚里士多德在逻辑学上的重要贡献,他的广为人知的经典三段论是[①]:

大前提:凡是人都终有一死,

小前提:苏格拉底是人,

结　论:所以苏格拉底会死。

[①] 〔英〕罗素著:《西方哲学史》,何兆武、李约瑟译,商务印书馆1963年版,第252—253页。

一个完整的三段论由大项(P)、小项(S)和中项(M)构成,它们统称为词项。三段论又包括三个命题,即大前提、小前提和结论,其中大前提是一般性陈述,小前提是特殊性陈述。每个命题均由两个词项组成,每个词项在整个推理过程中均重复出现两次。其中,含有大项的前提叫作大前提,含有小项的前提叫作小前提,中项在大小前提均出现一次,且只在前提中出现,在结论中不再出现,它起到连接大项和小项的桥梁作用。大项和小项经由中项的传导而建立起逻辑关系,即由于所有的 M 都是 P,所有的 S 都是 M,因而推导出所有的 S 都是 P 这个结论性命题。在结论中,小项是主项,是被判断的概念;大项是谓项,是用来描述小项的概念。三段论的公式可以表示为:

M——P　　大前提　　凡是人(M)都会死(P),
S——M　　小前提　　苏格拉底(S)是人(M),
─────
S——P　　结　论　　所以,苏格拉底(S)会死(P)。

三段论的有效性建立在大项、中项和小项概念外延的包含与被包含关系上。例如大前提中"人"这个中项概念的全部外延包含于大项"死"的外延之中,而小前提中"苏格拉底"这个小项概念的全部外延又包含于中项"人"的外延之中,因此可以推导出,小项"苏格拉底"的外延包含于大项"死"的外延之中,即结论苏格拉底会死。可见,中项在大项和小项之间的媒介作用非常重要,只有三个词项的包含关系正确,才能确保推理的正确传导,此时前提为真,结论必然为真。

(二)演绎推理的司法应用

大陆法系国家以成文法为主,司法活动是将成文的法律规定适用于具体案件,从而得出裁决结论的过程。法律人主要采用演绎推理来解决纠纷,即将经由证据确认的案件事实和相关的法律条文结合后推导出判决结果。这一思维进程用三段论逻辑公式可以表达为:

M——P　　大前提　　法律规则:行为模式(M)——后果模式(P)
S——M　　小前提　　案件事实:本案主体(S)——具体行为(M 的子集)
S——P　　结　论　　法院判决:本案主体(S)应适用的法律后果(P)

从上图可见,法律规则是表达一般性陈述的大前提,案件事实是表达特殊对象的小前提,法院判决则是推导的结论。在"法的要素"中我们已经学习了法律规则的逻辑构成包括行为模式和后果模式两个要素。当我们拆解演绎推理时可以看到,行为模式是连接法律规则和案件事实的纽带,对应三段论中的中项,后果模式对应三段论中的大项,本案主体则对应小项。

演绎推理的优势在于逻辑严密,结论可靠,只要前提为真,推导过程符合有效性规则,那么结论一定为真。具体到司法应用中,只要案件事实查明为真,法律规则适用正确,那么通常而言,判决结果应当是正确的。我国"以事实为依据,以法律为准绳"的司法要求恰好构成了三段论推理中的两个前提,按照这一诉讼原则进行案件审理是依法司法和公正司法的基本保障。

然而,尽管将法律应用于案件的过程大体上是演绎推理,司法判案的实际情况较之机械地三段论推理要复杂得多。法官不是一台"自动售货机",从入口塞进案件事实和法律条文,从出口就能得到正确的判决结果。作为法律推理的大、小前提本身,均含有某些不确定因素,需要法官作出探求和选择,故此法官进行的推理不可能仅仅是简单的形式逻辑操作。伯顿在《法律和法律推理导论》中真切地指出:法律推理的表述通常采取演绎的形式。但是一个三段论不管表面上看起来多么具有逻辑性,实际上它不过是大、小前提及大、小前提的逻辑关系而已。虽然有效性在法律推理中是必需的,但就法律推理本身而言,有效性的重要程度是微末的。关键性的问题是:(1)识别一个权威性的大前提;(2)明确表述一个真实的小前提;以及(3)推出一个可靠的结论。①

一方面,识别权威性大前提也就是要找到包含案件事实所对应的法律概念的法律条文,需要法律解释这个最重要的司法技术。因为虽然法律语言在内核上具有确定性,但是在其语义所辐射的边缘地带却往往带有模糊性,对法律概念的不同解释决定了特定法律规范能否适用,这就是为什么法律从业者都非常重视对概念的诠释和分析的原因。另一方面,明确表述真实的小前提更非易事,有时案件事实的确定非常微妙而复杂,为了尽可能客观地、合理地查明真相,应遵循一系列证据法和诉讼法上的规则。即便如此,真相也常常难以再现,法庭上所探求的仅仅是经由证据证明了的"法律真相",而未必是实际真相。总而言之,无论是定位法律条文,还是查明事实真相,都是在寻找真的前提,或假定为真的前提,它们都不是形式逻辑能够解决的。案件审理的难点,不仅在于如何正确地从两个现成的前提中推导出结论,更在于解决为了建立推理应当掌握什么样的前提。

可见,演绎推理的局限性是明显的。演绎推理研究的是命题本身的逻辑结构和命题之间的逻辑关系,也就是推理在形式上的正确性,但是它不解决应适用哪个法律规范和如何认定事实的问题,它也不负责证明结论内容的"合理性"。也即,演绎推理是描述性的,它只关注思维的形式,而不涉及事实认定和价值判断,不关注思维内容和结论本身的"真实性""正当性"和"公平性"。我们来看一下曾经引起热议的许霆案。年轻人许霆在ATM机取款的过程中,发现机器系统故障,取出1000元,账户只被扣除1元。他大喜过望并频繁提款,前后共提取17.5万元人民币。事发后,一审法院判决许霆构成盗窃罪,并符合盗窃金融机构且数额特别巨大这一法定加重处罚情节。根据当时的《刑法》,许霆应被判处无期徒刑或死刑,最终法院判处其无期徒刑。从诉讼过程看,事实清楚,法律依据明确,但是判决结果明显过重。后来广州中院重审此案,并改判为5年有期徒刑。此后,我国刑法又进行了修改,不再将"盗窃金融机构"作为法定加重情节。从这个典型案例可以看出,标准的三段论推理无法保证每一个判决结果都是公正或合情合理的。演绎推理通常适用于简单案件的处理,对于疑难案件和复杂案件,往往显得捉襟见肘,需要借助辩证推理的方法,运用法律原则、法学原理、道德伦理、职业经验等其他因素进行综合考量和判断。演绎推理的形式逻辑在成文法国家的审判活动中是必需的、基础性的,但同时又是不足的。

二、归纳推理

(一)归纳推理公式

归纳推理(inductive reasoning)与演绎法相对,是指根据一类事物包含的若干对象的共

---

① 〔美〕史蒂文·J.伯顿著:《法律和法律推理导论》,张志铭、解兴权译,中国政法大学出版社1998年版,第54页。

同特征,推导出该类事物的一般性结论的逻辑推理方法,即由特殊到一般的思维进程。归纳推理和演绎推理在两个方面正好相反:其一,演绎推理是一种自上而下的推导,从一般性认识出发,推导出一个特殊结论;而归纳推理则是自下而上的推导,从若干特殊例子出发,推导出一个一般性认识。其二,演绎推理是非黑即白,结论要么正确,要么错误,不可能部分正确,部分错误;而归纳推理的结论具有或然性,正确与否是概率问题。

在亚里士多德主导演绎推理这一"旧方法"的近两千年后,17世纪英国自然哲学家培根在《新工具》(Novum Organum)一书中提出了"新方法"。他认为,人类要达致真理,应该进行反复的观察,将观察到的现象抽象为一个可能的结论,这就是归纳法。培根的发明挑战了学术巨擘亚里士多德,展现了人们在度过了中世纪漫长的沉寂之后,重新燃起了挑战权威的勇气,也彰显了16—18世纪科学革命和启蒙精神对逻辑学产生的深刻影响。

归纳推理具有两个主要特征:一方面,归纳推理的优势在于其拓展性。归纳推理通过观察来获得结论,在哲学或科学上是一种经验主义的认知观。推理的起点是一系列同类的个别事物,结论是对该类事物的概括性认知,信息含量已经大大超过前提的已知范围。同时,推理的前提数据越多,结论的可靠性越强,是一种连点成线的思维方式。人们凭借归纳获得的一般性规律,可以预见到未曾观察到的情况,由此获得新的认识。现代科学求索自然规则正是建立在这一基本方法之上的。另一方面,归纳推理具有或然性。不同于演绎推理,归纳推理不能推导出一个确定的结论,即便推理过程正确有效,前提和结论之间也不存在必然联系,前提为真并不必然导致结论为真,一个反例就可以推翻结论。前提仅仅为结论提供支撑,而这种支撑可强可弱,取决于前提的数量和质量,也取决于事物是否发生变化。准确来讲,除了少数完全归纳推理以外,更常见的不完全归纳推理仅仅是一个概率推断。

不完全归纳推理是指考察了某类事物的部分对象后得出概括性结论的推理方法。根据前提是否揭示了对象与其属性之间的因果联系,不完全归纳推理可以被分为简单枚举归纳推理和科学归纳推理。

简单枚举归纳推理是指观察某类事物的若干对象都具有或不具有某种属性,并在考察中没有遇到反例,从而推出该类事物具有或不具有该属性的推理方法,其公式可以表示为:

S_1是(或不是)P,
S_2是(或不是)P,
S_3是(或不是)P,
S_n是(或不是)P,
S_1……S_n属于S类的部分对象,并且在考察中没有遇到相矛盾的情况,

所以,所有S是(或不是)P。

比如:某人说话含糊不清,走路跌跌撞撞,身上散发了浓郁的酒精气味,这三个表现都属于醉酒的表现,所以某人很大概率是醉酒者。又比如,发生了一起谋杀案,有人作证看见张某杀了人,杀人凶器上留有张某的指纹,受害人的血迹留在张某的衣服上,这些人证和物证都指向了张某,并且没有找到张某未杀人的证据,所以张某有很大可能是杀人凶手。

从上述举例可以看到,第一,根据若干个单一事实的前提,推出了新的判断,也即案件的事实认定。该事实在法庭司法适用中,又成为演绎推理的小前提,法官据之推出判决结果。

所以如果仅截取法的适用这个阶段,大陆法系国家确实主要运用演绎推理,但实际上在整个案件的侦破和审理过程中,演绎推理和归纳推理是交替使用的,并非单一地只运用哪一种方法。第二,简单枚举归纳推理的结论仅仅是一种概率,结论未必确凿,因为其既没有考察所有情况,而且考察中未遇见反例不代表事实上不存在反例,现实情况是非常复杂的。但是人们并不能因为或然性而否定其价值,因为它是科学研究、法律推理和日常生活中人们自觉或不自觉都在运用的一种推理形式,其有效性是广泛的。

有几种方式可以提高简单枚举归纳推理的可靠性。一是尽可能多地列举前提,这是常识,考察得越多,当然结论越具有说服力。二是注意样本的典型性,判断某人是不是凶手,指纹、DNA 检测的重要性自然要大于相貌、学历或性格。有经验的侦查工作者善于抓住关键细节,有经验的法官和律师也善于援引经典案例。三是增强样本的随机性,避免样本选择的主观偏见。四是寻找反例,一个反例就足以推翻结论,因此某种程度上找到一个反例比列举多个正例有用得多。刑事案件中所谓的"排除一切合理怀疑"就是强调要反复寻找反例,哪怕 1% 的怀疑都不足以得出有罪认定,必须达到接近 100% 的确信。综合运用这些方法可以避免"以偏概全"的轻率概括,提高推理强度和结论的可信度。

科学归纳推理是指观察某类事物的若干对象都具有或不具有某种属性,并且对象和属性之间可能存在因果联系,从而推出该类事物具有或不具有该属性的推理方法,其公式可以表示为:

S_1 是(或不是)P,

S_2 是(或不是)P,

S_3 是(或不是)P,

S_n 是(或不是)P,

S_1……S_n 属于 S 类的部分对象,并且 S 和 P 之间可能存在因果联系,

所以,所有 S 是(或不是)P。

比如:法医们发现,他们所观察的死后 24 小时左右的所有尸体,角膜都呈现中度浑浊状态;死后 48 小时以上的尸体,角膜完全浑浊,甚至呈现灰白色,瞳孔不可见。因此,法医凭经验归纳得出结论:尸体角膜呈中度浑浊的,死亡时间在 24 小时左右;角膜完全浑浊的,死亡时间约在 48 小时以上。这就是经简单枚举归纳推理得出的,以角膜透明度下降的程度判断死亡时间的方法。为了避免错误,法医们进一步研究出现这个现象的原因。过去人们猜测,因为人死后角膜变得干燥,所以引起浑浊现象。但是后来法医们又发现,溺水身亡者的角膜并未发生干燥,但是仍然出现浑浊现象。经过科学研究,法医们最终发现,角膜浑浊与其粘多糖和水的含量有关。当人死后不久,粘多糖和水保持原有含量时,角膜清晰透明;随着时间的推移,粘多糖的水合作用受阻,水分增加,角膜开始浑浊,且浑浊度随着水分的增加而增加。这就在角膜浑浊和死亡时间之间建立起了因果联系,原来的简单枚举归纳推理成了科学归纳推理。

科学归纳推理和简单枚举归纳推理相比较,具有明显差异:首先,两者的推理根据不同。前者必须经过分析,把握对象和属性之间的因果联系;后者主要依赖属性出现的重复度和有没有反例。其次,结论的可靠程度不同。前者由于加入了因果联系,结论的确切度明显高于

后者。最后,对样本数量的依赖度不同。前者的样本数量不是决定因素,因果关系很大程度上替代了样本重复性要求;后者则依赖于样本考察的广泛性、多样性、典型性等,这些因素都会影响结论的可信度。

(二) 归纳推理的司法应用

在英美法系,归纳推理常被用于在判决书中寻找法律原则或规则。此时法律职业人必须学会分析判决书的内容,区分出什么是判决理由(ratio decidendi),什么是附带意见(obiter dictum)。所谓"判决理由"是指得出判决所依据的必要理由,它构成判例规范,对下级法院或同级法院今后审理类似案件具有约束力。所谓"附带意见"是指法官阐述的对判决并非绝对必要的内容,它没有约束力,其价值在于仅具有说服性,说服力的大小取决于发表意见的法官本身的声望、分析的正确性和大量因个案而不同的情况。但是法官不会在判决书中明确标识出什么是判决理由、什么是附带意见,它们是交织在一起的。后来的法官或律师在研究这个判决是否适用于在审案件时,需要自己加以识别、区分和明确。① 那么,如何确定判决理由就成为英美法系中法律人必须学习和训练的基本职业技能。运用归纳推理的方法从判决书的大量具体阐述中提炼、抽象出一般性的法律规则或法律原则,正是这种"一般化"的概括才使得一个具体的案例转化为今后的判例。

我们来举一个例子。著名的 Donoghue v. Stevenson [1932]AC 562 案也称"佩斯利蜗牛案",是英国侵权责任法中里程碑式的判例,奠定了现代普通法过失责任的基础,确立了合理注意义务规则。案情是这样的:多诺霍夫人在佩斯利的一家咖啡馆喝了半瓶姜汁啤酒,并把剩下的倒入一个玻璃杯中,此时瓶中浮出一只腐烂的蜗牛。多诺霍夫人极为震惊,并很快发生了肠胃炎,于是她起诉姜汁啤酒制造商史蒂文森先生。此前,侵权责任中的人身伤害必须是直接或间接的身体损害,因食用有害物质而生病不符合侵权人身伤害的构成要求,损害赔偿没有法律依据。因此,在初审、二审中原告都败诉了,官司最终打到上议院。现在上议院面临的争议焦点是:如果消费者在饮用被蜗牛污染的啤酒后生病,啤酒制造商是否应对消费者负有赔偿责任。5 名上议院成员经过激烈争论,最终以 3∶2 判决原告胜诉,姜汁啤酒的制造商应承担责任。

那么在这份充满了大量的事实、说理、道德评价,甚至法官还援引了圣经的判决书中,哪些属于"判决理由"呢?如果仅从最简单、最表面的文字内容看,在未来的案件中,只有出现同这个案件类似的事实时,才能够遵循该案开创的先例。如果换成另一种消费品,换成另一个产业的公司,换成另一种场景的消费,事实就改变了,这个案件还能不能作为先例来适用将是一个重大疑问。要找到该案的恰当的判例法内涵,法官和律师必须运用概括的方法,从具体的、分散的事实和分析中,归纳出具有法律意义的规范。在本案中,制造商可以合理预见未能确保安全的产品将导致消费者的身体伤害,因此对多诺霍夫人负有注意义务,现在该义务已被违反,故法院裁定制造商承担赔偿责任。那么借此可以归纳出本案的"判决理由"是:制造商在生产产品时有义务采取"合理的注意",如果缺少这种注意,同时消费者也不可能自行检查,那么可以预见这种产品会对消费者造成伤害。这就是今后判断何为同案的依据,而不需要拘泥于具体事实的类似程度。

---

① 〔法〕勒内·达维德著:《当代主要法律体系》,漆竹生译,上海译文出版社 1984 年版,第 356 页。

三、类比推理

（一）类比推理公式

类比推理是一种特殊的思考方式，指通过比较某个对象与另一个对象在若干属性上相同或相似，推导出某个对象与另一个对象的另外某种属性也相同或相似的逻辑推理方法，即由特殊到特殊的思维进程。它是一种依赖于类比的思维启发，将知识从一个原型对象迁移到另一个目标对象上，其公式可以表示为：

A 与 B 类似，
A 具有属性 a、b、c、d，
B 具有属性 a、b、c，
_____
所以，B 也具有属性 d。

其中，A 是类比原型或原型对象，B 是认识模型或目标对象。所类比的对象可以是同类个体，如医生看病的过程就是诊疗经验的类推，过去的患者和就诊患者的病症相同，过去的患者用某药起效，就诊患者用相同药物也有很大概率起效；也可以是不同类的个体，比如根据智能生物的特点研发人工智能，使 AI 具有人的智商；还可以是抽象经验的类推，比如"以史为鉴，可以知兴替"，就是把具有相同场景的历史经验和现在的情况进行类比，以预判当下的局势。

类比推理整合了人类思维的多种机制，完成这一逻辑论证需要经过三个步骤，即"类""比"和"推"。第一步"类"是找相同，定位两个相似对象，若类比对象和目标对象的相似度越高，则结论的可靠性就越高。比如，在心理学研究中，想要探讨某种行为是先天造就还是后天养成，研究者经常采用的方法是寻找同卵双胞胎作为实验对象，因为同卵双胞胎的相似度最高。又如某位同学想摸索如何才能顺利通过法律职业资格考试，那么他/她最好寻找本学院已经通过考试的学长作为类比对象，因为两者在法学教育的培养方案、授课教师等方面相似度很高。第二步"比"是对照，找到两个对象的若干相似属性，且应是对于推出结论有相关性、有意义的相似属性。比如这位同学应与其学长在法学基础知识、投入的备考时间、使用的备考材料、学习效率等方面进行比对，而不是在两者的身高、体重、兴趣爱好等方面比较，尽管他们可能在后面这些因素上非常相似，但对需要推出的结论没有相关性。第三步"推"是推导，也就是要产生知识或信息迁移，得出结论。如果两位同学在相关因素上非常类似，那么学长通过了考试，该同学可以推出自己也有很大概率通过考试。若论证过程的最后没有产生信息迁移，那就仅仅是一种比较，停留在类比阶段，而不是类推。

类比推理是一种由此及彼的拓展性推理，也是最具创造性的启发式思维模式，在推动人类创新发展方面发挥了巨大作用，很多问题的解决和发明都至少部分地归功于类比推理。当我们遇到无解的困难时，回顾自己的知识库，在过去的同类情况中可能会获得灵光乍现的解决方案，把它迁移到新问题上也许能收到令人惊喜的效果。飞机、雷达、AI 等仿生学、宇航员的模拟训练、新药研发等模拟实验的方法都得益于类比推理。当然，善用类比推理离不开知识、经验、联想、试探、摸索、举一反三、横向思维和知识迁移等能力的前期积累，也可以通过训练来提高类比推理质量，将这些创新素质综合起来，可以最大化地发挥类比推理的创造力。

不过,类比推理也有或然性的弱点,其结论是一个概率,并非必然正确。前提的真实性为结论的确切性提供支撑,但不对结论具有完全有效的证明力。通过类比推理得出错误结论的情况并不罕见,比如人们常说的"路径依赖"导致失败就是如此。类比推理结论的可靠性一是取决于类比对象是否真的类似,有时相似仅是表面上的,但本质实则不同;二是取决于类比属性和推知属性之间的相关度。因此,想要提高类比推理的可靠性,就要尽量提高类比对象的相似性和类比属性的相关性。不过,世界上不存在完全相同的事物,而且世界永远处在变化之中,相似性和相关性只是一个相对的程度,人们可以将之无限推进,但难以实现完全一致,因此类比推理结论的正确性只能是一个概率。

综上,我们探讨了形式推理的三种主要方法,即演绎推理、归纳推理、类比推理。三种方法不存在孰优孰劣之分,仅仅是思维方式的不同而已。人们从认识一系列个别事物开始,慢慢把握一类事物的共同性质和一般规律,然后又以这个一般规律为指导,去认识其他个别性事物。科学方法就是这样一个不断反复进行归纳和演绎的过程,人们对世界的认识也是这样不断循环往复向前发展。当人们进行创新创造时,更多地运用类比推理。三种形式推理各有特色,也各有长处和作用:演绎推理推证个案,归纳推理提炼规律,类比推理预测未知,三者的联系可以用下图来表示。人类正是通过反复运用三种推理方法来认识世界,创造未来!

$$个别 \xrightarrow[\text{(提炼)}]{\text{(归纳)}} 一般 \xrightarrow[\text{(推证)}]{\text{(演绎)}} 个别 \xrightarrow[\text{(创新)}]{\text{(类推)}} 个别$$

(二)类比推理的司法运用

无论在大陆法系还是英美法系,类比推理都是司法工作中被广泛应用的一种法律推理方式。

1. 大陆法系的类推适用

类推适用是指对法律没有具体规定的案件,比附援引类似案件的法律规定来裁决本案的法的适用方法,其公式可以表示为:

A 案案情为 f,适用法律规则 r,

B 案案情为 f',
_____

所以,B 案也适用法律规则 r。

类推适用是填补法律漏洞的重要方法之一,体现了"同样情况同样对待"的公平观念。所谓的"类似案件"是指案件的关键法律事实类似而不是案情完全雷同,同时案件反映的法律评价的价值取向也应一致。

类推适用制度在我国有着悠久的历史,最著名的如《唐律疏议·名例律》中"断罪无正条"的规定:

诸断罪而无正条,其应出罪者,则举重以明轻;其应入罪者,则举轻以明重。

在正文旁边的《疏》议曰:

案贼盗律:"谋杀期亲尊长,皆斩。"无已杀、已伤之文,如有杀、伤者,举始谋是轻,尚得死罪;杀及谋而已伤是重,明从皆斩之坐。

意思是依照律文含义,谋杀期亲尊长即得斩刑,律文中没有杀害或伤害的条文,但比照规定,预谋杀害是更轻的罪行,尚且是死罪,杀害和预谋杀害并致伤的,当然应判处斩刑。又举例说:

"夜无故入人家,主人登时杀者,勿论。"假有折伤,灼然不坐。

意思是若半夜有人闯入他人住宅,主人出于防卫,将闯入者杀死,不论罪,律文中没有致伤的条文,但比照规定,杀人已不论罪,致伤更不论罪。

类推适用在司法适用中有几个特点需要注意:

首先,在现代法治中,类推适用仅适用于民商法领域,在刑法领域禁止类推适用。对于没有法律条文规定的民事和刑事案件,司法处置的理念是截然不同的。民事案件奉行禁止拒绝裁判原则,法官不得以法无明文规定为由拒绝办案,司法作为社会救济的最后一道防线,法院必须履行定分止争的基本司法职责。刑事案件正相反,奉行的是"法无明文规定不为罪"原则,法官不得进行有罪推定,否则就变相扩大了犯罪行为的种类,不利于保护被告人的权益。

其次,类推适用的前提必须是法无明文规定。这里的没有规定是指缺少具体的法律规则适用于在审案件,若有法律规则,应首先适用规则,而不能采用类推适用判案。成文法的局限性和不完满性决定了类推适用作为一种填补法律漏洞的司法技术手段有其正当性,甚至还可以起到推动法律发展的作用。法国和德国的一些民法新规就是通过类推适用出现的,比如无过错责任的扩大适用。

再次,是否采用类比推理,法官享有较大的自由裁量权。在法律适用过程中出现规则缺失时,法官可以采用多种方法来解决,比如可以通过适用法律原则来填补规则空白,也可以运用各种法律解释的方法特别是扩大解释来延展规则的适用范围,还可以用道德、习惯、风俗、法理等其他要素填补法律空白,当然也可以采用类推适用的方法。法学理论和实践为法官处理这类疑难案件提供了多元化的选择和依据,他们应当根据案件的具体情况选择既能满足个案公正,又对法治安定性伤害最小的解决方案,而没有必须类推适用的强制性义务。

最后,类推适用的判决结果具有不同程度的恰当性,但不具有不可辩驳的确当性。世界上不存在两个一模一样的案件,而且是否采用类推适用断案的方式,如何理解立法意旨从而实现规则比附,这些都带有法官自由裁量的主观差异性。比如《大明律·名例》中有这样的内容:"凡律令该载不尽事理,若断罪无正条者,引律比附,应加应减,定拟罪名,转达刑部,议定奏闻。"1979年《刑法》曾经规定"本法分则没有明文规定的犯罪,可以比照本法分则最相类似的条文定罪判刑,但是应当报请最高人民法院核准。"这一条文在1997年《刑法》中已经被"罪刑法定原则"所取代,但是从历史的痕迹可见,类推适用是一种补充式的特殊裁判方式,较之常规的司法适用,其确定性更低,可辩驳的开放空间更大。

2. 英美法系的"遵循先例"原则

类推适用在英美法系中被广泛应用,判例法最基本的"遵循先例"原则及其所采用的"区别"的司法技术就是以类比推理为其基础思维模式的。

遵循先例原则的含义是,高级法院作出的判决中所包含的法律原则和法律规则,对下级法院处理同类案件具有约束力,在审理过程中下级法院法官必须援引先例。遵循先例原则反映了人们"相同/似案件相同处理",或更简洁地称为"同案同判"的朴素的公平正义观念。不过英国法学家哈特有一句名言:"在明确相似之处和差异之处具有相关性之前,'同案同判'必然是一个空洞的形式。"[①] 如何判定是同案还是异案并不容易,而这种比对在判例法适用中具有决定意义,"区别技术"是英美法系法律人必须掌握的最基本的司法技术。在处理一个案件时,律师们在案例汇编(Law Reports)中寻找与本案最相似的先例,然后在庭审过程中对本案事实与先例判决中的案件事实进行比对,要么主张从先例中归纳并建立起来的法律规则与本案相关,应予适用;要么辩称在审案件与先例并不相同,因而不能适用该先例。法官则必须阐明本案为何适用此先例而不适用彼先例,必须在"形式上"或"真正相互冲突"的先例中经过分析论证和审慎权衡,指出本案与这些先例有哪些相似之处,哪些不同之处,其中哪些因素是起决定作用的判决依据,哪些又是次要的甚至是干扰性的因素。这就是司法的区别技术,即发现两个案件的相似性并比对相似程度,以便建立类比推理的前提。之后,再从先例的判决意见中运用归纳推理总结出法律规则或法律原则,适用于本案,最终得出本案的判决结论。可见英美法系以判例法为依据审理案件时,必须将类比推理和归纳推理两种方法相互穿插结合起来应用才能得出判决结论。

大家还记得在"归纳推理的司法应用"中举例的 Donoghue v. Stevenson 案吗？通过归纳推理,法律职业者提炼出判决理由,并通过遵循先例原则确立这一判决理由成为一般性的法律规则。那么它是如何被类比推理应用于今后的类似案件的呢？历史上,在之后的各类案件中,类推适用使法院很快得以超越这一原则狭隘的适用范围,在更大范围内维护了消费者权益。Grant v. Australian Knitting Mills [1936] AC 85 案就是其中经典的一例。格兰特买了两套羊毛内衣,内衣是用纸包起来的,并且没有任何说明标签提示内衣在穿着前应予清洗。格兰特在没有清洗的情况下穿了整整一周,第二周又穿了另一套,并清洗第一套。那个时代每周只换一次内衣是老百姓家常便饭的习惯。不幸的是,内衣引发了皮肤刺激,并且越来越严重,最后发展成几乎致命的皮炎。格兰特起诉内衣制造商 Australian Knitting Mills,指控他们疏忽大意,未能在准备服装时采取合理的谨慎措施,涉案服装含有过量的硫化合物。庭审法院援引了当时最具革命性的 Donoghue 案,列举了该案的三个核心特征:(1)制造商的商品将以离开制造商时的状态到达消费者;(2)消费者没有合理的可能在消费前检查产品;(3)制造商知道如果缺少合理注意的话,会导致消费者的人身伤害或财产损失。如果具备上述三项特征,那么会产生另一个新的特征,即制造商对消费者存在法律注意义务。法院认为,Grant 案与 Donoghue 案类似,从而得出结论:首先,制造商以他们认为可以被穿着的形式出售了内衣;其次,消费者通过视觉不可能发现内衣上的腐蚀性物质;最后,制造商知道或应知穿着带有腐蚀性物质的内衣对身体有害。因此,既然 Grant 案在这些方面与 Donoghue 案类似,内衣制造商也应具有注意义务,并因违反注意义务而产生法律责任。按照类比推理的形式逻辑,可以表达为:

Donoghue 案具有 a、b、c 三个特征,

---

① H. L. A. Hart, *The Concept of Law*, Oxford University Press, 1961, p.155.

Grant 案也具有 a、b、c 三个特征，

两案是类似案件。

Donoghue 案具有进一步的 d 特征，即注意义务和违反之后的法律责任，

因此 Grant 案也具有进一步的 d 特征，制造商应承担损害赔偿责任。

同样地，Donoghue 案中阐述的原则还被类推适用到 Haseldine v. CA Daw & Son Ltd. [1941]案中，法院裁定因疏忽维修工作而导致电梯倒塌的工程公司对受害人进行损害赔偿。但是，Donoghue 案不能作为先例适用于 Farr v. Butters Brothers & Co. [1932]案，工人因有缺陷的起重机而受伤，但不能获得损害赔偿，因为工人是有机会检查起重机并且知道其有缺陷，因此此案与先例存在区别而不能类推适用。[①]

类比推理是英美法系国家审理案件中非常重要的推理方式，是普通法得以确立和发展的基本思维模式。它使法官和律师在尊重先例的同时，还可以通过提出真正重要的相似因素，忽略不重要的相似之处，来扩展先例所确立的规则的适用范围，在既不动摇法律、不改变先例的同时，又推动法律顺应时代的变化而向前发展。

但是，同演绎推理一样，归纳推理和类比推理都只关注形式的有效性，不关注价值判断问题。在某些极端情况下，合法而不合情理的所谓"理""法"矛盾的案件表明，即便先例中对法律规则的归纳是正确的，案件和先例的事实也高度类似，推理完全正确，但是判决结果却明显不符合人们普遍的正义观念。比如在著名的 1889 年里格斯诉帕尔默案件中，纽约州法院必须判决，祖父的遗嘱中的指定继承人将其祖父杀死，他是否依然享有继承权。按照当时先例中关于遗嘱制作、证明和效力以及财产转移的规定，财产应当给予凶手。[②] 但这一归纳和类推的结果显然既不符合人们普遍的道德伦理观念，因为这相当于认可了加害人通过加害行为获取利益，同时又会造成巨大的社会风险，被继承人将一直处于人身危险之中。

由此可见，尽管演绎推理、归纳推理和类比推理这三种形式推理的逻辑力量是强大的，但是它们在司法中的作用是有局限的，其应用有一定的条件，要具备案件事实相对明确，法律依据相对清晰并稳定，法律规范之间没有相互冲突，案件不存在情理法矛盾的特殊情况等因素。三种形式推理的缺陷都在于，它们既无法证明前提的正当性，也无法解决裁判结论的可接受性。对于复杂疑难案件，形式推理几乎力所不及，此时就不得不诉诸实质推理。

第三节 实质推理的司法应用

一、实质推理的含义

实质推理又称辩证推理，是指在两个或两个以上相互矛盾的、均具有一定合理性的命题中进行权衡、说理和选择的理性论证，从而获得真理的思维进程。

---

① Paul Bartha, "Analogy and Analogical Reasoning," Stanford Encyclopedia of Philosophy, January 25, 2019, https://plato.stanford.edu/entries/reasoning-analogy/.

② 〔美〕罗纳德·德沃金著：《认真对待权利》，信春鹰、吴玉章译，中国大百科全书出版社 1998 年版，第 41 页。

二、实质推理对形式推理的补充

法律实质推理主要用于形式逻辑难以发挥有效作用的场合，法官为了解决因法律规定的复杂性而引起的疑难问题，在相互矛盾的法律命题中，根据法律原则、法律体系、价值伦理、习惯、政策、学理等因素，运用辩证思维，得出最优结论，从而实现个案正义。实质推理尤其注重价值选择的重新考量和排序，是对法律形式推理的一种有效补充。

三、实质推理的适用限制

实质推理认可了法官对案件处理的自由裁量空间，法官对案件事实和法律依据进行辩证推理的过程，具有一定的灵活性，但这并不意味着法官拥有恣意的自由裁量权，可以任意地主观断案。只有在案件无法通过形式推理解决，存在对前提的选择困难或需要正当性论证时，或虽可得出判决但是显失公平时，才能采用法律实质推理的方法，旨在突破法律形式推理的僵化和局限，提供解决案件的新思路，实现判决结果的正当性和可接受性。归纳起来，这类疑难案件主要有这样几种情形：① 法律规定较为笼统，含义模糊，无法界定适用范围，以至于根据这一规定可以得出两种以上的理解和适用方式，法官需要权衡和选择；② 法律规范有空白，缺少明文规定，但对如何填补空白存在争议意见，法官需要给出独立意见；③ 法律规定本身出现冲突或有两种以上选择适用的内容，法官需要作出选择；④ 出现严重的合法不合情理的理法冲突，比如法律规定是明确无歧义的，但是社会情势发生了变化；或是法律规定本身没有问题，但是出现了新的情况或非常特殊的情节，适用法律都将得出显然不合理、不正义、不符合立法精神或立法者原意的结果。

四、实质推理的局限性

实质推理较之形式推理，带有更多主观价值判断的色彩，判决结果的确定性和可预见性相对较弱。法官在数个可以选择的理由之间进行比较、陈述和论证时，不可避免地会根据自己特定的法律素养、法治信念、正义哲学，甚至个人人生经验和体悟来进行选择，在相互冲突的法律命题所代表的不同价值观念之间作出价值优先地位的判断，无论是对法律规定的实质内容还是对最终结论均会带有推理者的主观性分析和价值取舍。因此实质推理可能在某种程度上影响了法律的连续性和稳定性，影响了人们对法治的可期待性。此时，完善的法律制度特别是健全的程序性规则，以及法官高水平的专业能力和职业伦理是防止司法专断的约束条件，对于降低实质推理对法治安定性的冲击，防止任意司法或非理性判断显得尤为重要。

在实务中，不能用实质推理来完全取代形式推理，也不宜夸大实质推理的作用，形式推理依然是基础性的优位推理方法。同等条件下，如果采用形式推理就能得出确当的裁判结论时，就不应采用实质推理。当然，实质推理和形式推理的应用并不是泾渭分明的，也不是完全割裂的，在实际案件处理过程中，更可能发生的情况是：兼而采用不同的推理方式，解决不同的问题。一般而言，案件情况越简单，形式推理的有效性越高；反之，案件越复杂棘手，实质推理的应用空间越大，效果也越好。形式推理是对实质推理的一种约束，实质推理是对形式推理的补充，两者都旨在体现公平正义之精神，旨在实现法的功能和价值。

实质推理不像形式推理那样具有固定的推理模式和形式规则,但这不等于说实质推理可以不合逻辑。实质推理也不像形式推理那样能找到确定的推理前提,但这不等于说实质推理可以在没有合理依据的基础上得出结论。在进行实质推理的司法案件中,法官要么运用各种法的解释的方法来明确法律依据,要么援引道德伦理、人情惯例、乡规民约、国家政策、法律学理等为论证依据,得出合情合理的裁判结果。法律的实质推理,有一种自身的逻辑,这种逻辑是建立在理性思考的基础上的,这就使它同主观臆断完全区别开来。这种逻辑的首要特征就在于它是实质性的,而不是形式上的。[①] 实质推理对法律人提出了很高的职业素养要求,他们必须善于运用各种论证方法,有能力做深入分析,提出有说服力的理由,这些都与论证能力有关。

第四节 法律论证

一、法律论证的构成和种类

论证是用已知为真的命题去确立或推翻另一个命题的真实性的思维过程,法律论证是在立法、司法、法学研究等法律领域进行的论证,适用论证的各种逻辑要素和规则。一个完整的法律论证由论题、论据和论证方式三个要素构成。

论题是论证中需要证明或反驳的命题,即要论证什么。论题是论证者希望通过论证予以阐明的观点,它是整个论证的核心和目的,没有论题也就无所谓论证。论题可以是已经得到证实的命题,论证的目的在于展示或说明某个命题成立的原因,使人们认识、理解和信服该命题,知其然并知其所以然,比如论证为什么法律面前应当人人平等;也可以是未经证实的命题,论证的目的在于探求真理或规律,使人们确定某种观点的确切性、合理性或可行性,比如论证一个判决结果的正当性。

论据是据以确定论题真实性、合理性或正当性的一个或数个真实命题,即用什么来论证,它是形成论题的依据和理由。作为论据的命题必须是已经确定为真的命题,或至少论证者确信为真的命题,否则无法形成论题的真实性和确定性。作为论据的命题不能是空洞的或有欠缺的,否则无法为论题提供充足的理由。为了获得可靠的论题,收集和掌握真实而又充分的证据非常关键。由于论题和论据都表现为命题,如果在一个论证中,论据的真实性、合理性不足,或是他人尚未完全认同和接受论据,那么需要先将这样的论据作为论题予以证明。也可以是另一种情况,即在完成了一个论证后,以证明得到的论题作为下一个论证的论据,去进一步地证明另一个新命题,由此层层推进论证的深度。这两种论证都是由多个单一论证叠加在一起,形成多层次的复杂论证。可见,论题和论据具有相对性,并且可以循序转化,这取决于它们在论证中的位置。

论证方式是指论据与论题之间的联系方式,即如何论证。当有了真实的、充分的论据后,论证者通过什么样的方式将论据的真实性传导至论题,确立或否定论题的真实性,是论证过程中无形的、动态的部分,决定了论证的质量。不能认为有了充足的论据,就自然而然

---

① 〔美〕博登海默著:《法理学:法律哲学与法律方法》,邓正来译,中国政法大学出版社2004年版,第522—523页。

地一定能得出有效论题。几千年来人类对逻辑思维孜孜不倦地探讨和求索的对象主要就是论证方式,研究和训练不同种类的逻辑思维进路,在不断提升的论证质量中推进对自然和社会的认识,是人类理性的最好表达。

论证和推理有着密切联系,任何论证都要运用推理,但推理并非论证。论证和推理的构成非常相似:论证中的论题相当于推理的结论,论证中的论据相当于推理的前提,论证中的论证方式相当于推理形式。但是,论证和推理又是不同的两种思维模式,其区别主要有:首先也是最主要的,两者的思维进程的向度不同。论证是用论据去证明或反驳一个论题;而推理是由一个或几个已知的命题去推导出一个未知的命题。也就是说,论题是在论证开始之前就已经形成了,论证的目的是向人们展示证明或反驳的过程,从而使人们接受或不接受这个论题;而推理的结果,在推理完成之前是未知的,推理的目的是从已知到未知,去获得一个结论,一个新的命题。其次,思维的重点不同。论证重在表达论题的真实性或正当性;推理重在形成前提和结论之间的逻辑关系。最后,逻辑结构的繁简程度不同。论证可以是包含一个推理的简单论证,也可以是包含多个推理的复杂论证,一般而言常见的论证都是由几个不同的推理构成的。推理的结构比较简单,就是从若干前提推导出一个结论。

论证是所有逻辑知识的综合运用,是人类大脑的复杂运作过程,有自己特定的论证方式。根据论证的目的是确立还是否定一个论题,法律论证可以分为证明和反驳两大类。

(一) 证明(logic proof)

所谓证明是指引用一些已知为真的命题来确立另一个命题的真实性或正当性的思维过程。实际上很多学科领域都用到证明这个概念,比如说在数学领域,证明是指通过公理或定理推导出另一条定理的论证。在司法领域,与证明相对应的概念是证据,证据法就是关于如何证明事实的规则,此时的证明含有证明真实情况,也即证实的意思。我们这里所说的证明发生在言辞交流领域,可以是口头的,也可以是书面的,用来完成对一个命题的真实性的充分论证,它是一种说服性的言说行为,其间每一步过程都要符合逻辑规律,故也称为逻辑证明或说理性证明。

证明的方法可以根据不同的标准进行不同的划分,国内逻辑学理论通常根据是否由论据直接确立论题而将证明分为直接证明和间接证明两大类。

直接证明是根据论据的真实性或正当性,通过逻辑推理,直接推导出论题的真实性或正当性的论证。人们根据演绎推理、归纳推理、类比推理等不同的推导关系,将论据和论题联系起来,形成演绎的直接证明、归纳的直接证明、类比的直接证明等证明方式。由于直接证明是通过推理关系直接确定论题的真实性,因此当运用的是必然性推理如演绎推理时,论据与论题之间的联系就是必然的;如果运用的是或然性推理如归纳推理和类比推理时,论据与论题之间的联系就是或然的。为了提高证明的论证强度,应当根据论证目标,把必然性推理和或然性推理结合运用,实现最佳的逻辑证明效果。

间接证明是引用论据证明与论题相矛盾或相排斥的反论题虚假或不正当,进而确定论题真实性或正当性的论证。其特点是论据不直接同论题产生联系,而是同与论题相矛盾或相排斥的反论题发生联系,即通过证明反论题的虚假性这一逻辑媒介,间接地确立论题的真实性。间接证明有两种证明方法:

(1) 反证法,又称逆证,即通过确定与论题相矛盾的命题的虚假性来确定论题的真实性。一般遵循以下步骤：设立反论题；依据推理规则从反论题中推导出特定的推断,形成假言命题；根据论据,确定这个从反论题中推导出的假言命题虚假或荒谬,从而确定反论题虚假或不正当；最后根据反论题和论题之间的互斥关系,既然反论题为假,原论题就是真的。其中,最重要的环节就是确定反论题的虚假性。当直接证明或反驳论证比较困难时,使用反证法效果比较好。其公式可以表示为：

论题：p 为真
第一步：设反论题非 p，
第二步：如果非 p，那么 q。
第三步：已知 q 假，所以非 p 假。
第四步：非 p 与 p 为矛盾关系，
第五步：所以，p 真。

仍然以前文所举帕尔默案为例。法官可以用反证法来论证帕尔默无权获得其祖父的遗产：如果帕尔默有权获得遗产,那么他就能够通过杀人行为来获得大笔遗产,享受遗产带来的物质利益,显然通过杀人这种极其错误的行为来获取个人利益,完全违背了人类最基本的道德观念,所以帕尔默不应当获得其祖父的遗产。

（2）排除法,顾名思义,指通过确定除论题以外的其他命题都为虚假,从而间接推出论题为真,又称选言证法或淘汰法。其证明的关键在于找到除论题外的其他所有可能的情况,不能有遗漏,否则推出的论题就不可靠。这一方法经常在案件事实的认定中被采用,有时直接确定论题的真实性存在困难,运用排除法会比较有效。

（二）反驳（refutation）

反驳是指引用一些已知为真的命题,以确立另一个命题为虚假或某个论证不能成立的思维过程。反驳与证明正好相反,它不是为了论证某个命题为真,而是为了论证某个命题为假或不可靠,也可以认为反驳是证明的特殊形式。如果说证明是"立",那么反驳就是"破",在复杂论证中,能做到"有破有立",结合使用证明和反驳,可以起到更生动更有力的论证效果。反驳的方式是非常灵活的。根据反驳的内容,可以分为反驳论题、反驳论据、反驳论证方式,三者都能达到反驳的效果。在反驳论题时,根据反驳的方法,可以分为直接反驳、间接反驳和归谬反驳。

1. 反驳论题,是指引用真实的或被人们普遍接受的命题来确立对方论证中的论题为假的论证。（1）直接反驳法,即引用论据直接确立被反驳的论题是虚假的或含义模糊难以成立。比如引用与对方论题相矛盾的事实命题来论证对方论题为假,这是非常直接且方便的论证方式。如驳斥"刑事诉讼中的所有被告都是有罪的",只需要举出有些被告是无罪的这一事实就可以确定被反驳命题为假。（2）间接反驳法,即设立一个与被反驳论题相矛盾或相互排斥的反论题,通过引用论据确立这个反论题为真,既然反论题为真,那么被反驳的论题必为假,该方法与证明中的反证法的思路是一样的。比如在一个命案中,男性死者不久前继承了价值上亿的遗产,他与另一男子登记结婚后两个小时坠亡。侦查人员怀疑婚姻的真实动机,遂向周围人求证该男子的性取向,很多人证实,该男子有过女朋友,也对女生表白过,根本没有同性恋倾向,由此侦查人员认为死者与其丈夫结婚不是出于相恋,这是间接反驳法。另侦查人员在调查其坠亡时,经过尸检发现,该男子只有右手肘骨骨折,颅内和腹部没有出血,该伤势不是从10楼坠落造成的,这是直接反驳法。(3)归谬反驳法,即先假定被反驳的论题为真,然后从该论题推导出明显荒谬或逻辑混乱的命题,以此论证被反驳命题为假。比如要反驳"法律可以溯及既往",那么先假定法律对它生效之前的行为发生了约束力,那就意味着要求人们去遵守他们不知晓的法律规则,这明显是强人所难,完全无法做到的,因此可以推出,法律原则上不能溯及既往。

2. 反驳论据,即引用真实性或正当性命题来确立对方论证中所引用的论据为虚假,从而推翻对方论题的论证方式,也就是论证对方的理由不成立。比如近年来纠纷频出的众包模式下外卖骑手与外卖平台之间的用工争议,外卖骑手认为自己与平台之间签订了《合作协议》,相当于劳动合同,因此其与外卖平台之间构成劳动关系。法院根据案情,认定《合作协议》不符合劳动合同的成立和生效要件,不能认定为实质上的劳动合同,所以双方之间不存在劳动关系。可见,法院反驳外卖骑手主张其与平台之间构成劳动关系这个论题的方法,是反驳其论据,即《合作协议》构成劳动合同,既然论据不成立,那么论题为假。

3. 反驳论证方式,即指出对方论题与论据之间的逻辑关系的错误,从而推翻对方论题的论证方式。比如在大陆法系司法适用中,指出演绎推理违反了三段论的推理规则;又比如在英美法系援引先例时,指出先例与本案不具有类似性,因此不属于同案,类比推理无效,因此不能作出类似判决。

二、法律论证的规则

法律论证是指通过提出一定的理由或根据来阐明某种立法意见、司法裁决、法律主张等涉法命题的真实性或正当性的思维过程。立法过程中,法案提出者、利益相关者、法律专家对立法议案、法律草案提出建议、陈述观点;司法审理过程中,诉讼双方和法官都会就案件事实和法律适用阐明观点,或证明己方观点的真实性或正当性,或反驳对方观点的谬误性或不可接受性,法官则要在针锋相对的观点中确立自己的裁判及其理由;法学研究中,学者们需要理性地阐明某些观点,推进理论的深度和广度,所有这些都有赖于法律论证这个思维的工具。

论证在法律活动中起着非常重要的作用,关乎如何合乎事实和合乎逻辑地提出确当的法律命题,阐明合法合理的依据,以彰显法律的公平正义和严肃权威。法律命题的可接受性取决于法律论证的质量,一个良好的法律论证应当遵循逻辑思维规则。人们根据柏拉图、亚里士多德、汉密尔顿和莱布尼茨提出的思维法则(laws of thought),整理出四条思维规则:

第一条是同一律(law of identity),指在同一思维过程中概念和命题都应当和自身保持同一,即P就是P,任何事物都只能是其自身而不能是别的。违反这一规则的常见错误是"偷换概念"和"转移论题"。同一律强调论证中概念或命题的确定性。比如有同学在对比我国民法教科书和德国民法教科书时说:我国民法教科书的框架结构是按照我国《民法典》的体例来编写的,因此我国传统的民法教科书的结构和德国民法教科书的结构不同。这个论证就不够严谨,出现了"偷换概念"的问题。我国《民法典》是2020年通过的,按照这部《民法典》体例编写的教科书不过是近几年来的事情,它算不上"传统的民法教科书",这个论证就没有遵循概念的同一性。又比如,在立法技术中,有一条立法技术规则是"同词同义,同义同词",这也体现了法律概念上的同一律法则。法律概念必须准确,如果同一个概念用了不同的词语,非常容易引起歧义,使人们产生困惑甚至误解,以为它们的含义有所区别,从而影响包含这些法律概念的法律规则的适用,因此在立法中概念表达的多样性是有害的,同一性表达才最能确保规则的准确适用。

第二条是不矛盾律(law of non-contradiction),指在同一思维过程中两个相互矛盾或相反的概念和命题不能同时为真,即 P 不是非 P。一个概念不能有相互矛盾的性质,一个命题不能出现不相容的断定。违反这一规则的常见错误是自相矛盾,无法自圆其说。不矛盾律强调论证过程中概念或命题的前后一致性。法律论证往往是包含了数个推理或单个论证的复杂论证,尤其要注意同一个概念或命题在不同地方出现时不能出现前后矛盾的内容。比如,在一个职业打假人是否适用欺诈导致的惩罚性赔偿的案例评论中,作者在前文认为该案原告也就是职业打假人应当胜诉,并提出职业打假人的存在有利于打击侵权行为,净化市场环境,规范市场秩序,因此应当支持其获得惩罚性赔偿;后文作者在宽泛地分析消费者身份认定的问题时,又认为职业打假人一味逐利,有组织的团伙式打假破坏了市场交易秩序。这样论证就出现了观点的前后矛盾,说明作者在这个问题上没有研究透彻,论题轻易地随着自己论证需求的改变而改变,造成了论证的自相矛盾。

第三条是排中律(law of excluded middle),指在同一思维中两个互相矛盾的判断必有一真,不可能都为假,即要么 P 要么非 P。这条法则强调论证中概念或命题的明确性。违反这一规则的常见错误是"含糊不清"和"模棱两可"。

第四条是充足理由律(principle of sufficient reason),指任何一个真实的判断必须有充足理由,这条法则由德国哲学家莱布尼茨提出,有时不被归入思维法则中,所以传统思维法则指前三条。这条法则仅针对论据,强调论证中论据应当真实、可靠和明显,且论据和论题之间要存在合理的推导关系。违反这一规则的常见错误是论据出现问题,如"虚假理由"和"预期理由",后者指理由的真实性并未确定。也可以是推导关系有问题,如"循环论证"和"无关论证"等。

根据以上四条思维法则,结合论证三要素,可以得出法律论证的一些规则。这些规则使人们能够理性地探讨法律问题,无论是立法意见还是司法判决,都能避免主观臆断,使法律论证具有更强的辩证性、有效性和说服力,真正体现讲法说理的艺术。

1. 关于论题的规则

论题必须保持同一。一方面论题中涉及的概念要保持一致。比如初学法律的同学,往往分不清法学和法律是不同的概念,法学体系和法律体系不同,法学的产生和法律的产生不同,法学方法和法律方法也不同。如果同学们经常把两者混用起来论证,会造成答非所问的结果。又比如在一起案件中,法院认为,由于涉案酒水经过茅台公司工作人员鉴定,并出具鉴定表证明是假冒注册商标的产品,所以涉案酒水标签上的内容就是虚假的。这里出现了偷换概念,商标不等于标签,假冒了商标,不等于酒水标签上的内容也一定是假的,这是一个无效论证。另一方面论题本身的观点也必须前后一致,不得随意"偷换论题"或"转移论题"。比如在一个盗窃案件的审理过程中,被告辩称他没有盗窃,理由是他是一个好人,特别乐于助人,自己家里经济情况也很好,经常借钱给朋友。这就是没有直接论证为什么他没有盗窃,而是论证他是一个好人,偷换了论题。

论题必须明确，不能含糊不清、模棱两可。一是论题所包含的概念必须有清晰的内涵和外延。法律论证中存在既定的法律概念的，应当优先使用法律概念，而不要使用意义宽泛不定的生活概念；对有关概念存在争议的，应当先界定清楚概念含义，再进行法律适用。这就是为什么在司法判决中，案件双方和法官都会围绕概念界定展开大量论证工作。二是论题本身要明确，应当清晰表述法律观点。法律问题的论证一般具有公开性和辩论性，如果论证时不能明确论题含义，这就有可能使自己在论证中失去方向，也有可能造成对方误解而导致无谓争论。

2. 关于论据的规则

论据必须是真实命题。"以事实为依据，以法律为准绳"，此处的事实和法律都是论据。调查清楚案件事实，适用正确的法律规则，对诉讼的胜负和判决的对错都具有决定性作用。对于事实问题，如果证人做假证，那么会形成虚假理由；如果将尚未查证属实的材料作为证据，则犯了"预期理由"的错误。对于法律适用，最基本的要求是能够找到与案件事实相对应的法律规则，因此法律检索能力非常重要，否则无以建立一个法律论证。当出现法条竞合、法律规定不清时，应当认真阐述辨别，找到最正确的适用规则，才能恰当地解决纠纷。

论据的真实性不依赖于论题。论据是用来证明论题的，因此论据的真实性应当来源于论题之外，而不能靠论题来证明，否则论题和论据互为理由，就陷入循环论证，完全没有说服力。循环论证经常表现为把论题用不同的措辞重述一遍，冒充论据。

3. 关于论证方式的规则

论证方式是连接论题和论据的纽带，是论证过程中运用的各种推理形式的综合。要使论证方式发生作用并且合乎逻辑，首先要连接论题和论据，其次要正确运用推理形式，否则会出现下列各种"推不出"的逻辑错误：

其一，论据必须与论题具有相关性，联系越紧密，论证的效果越强。当论据与论题不相干时，即使论据为真，它与论题的真之间也没有传导关联，无法证明或反驳论题，这就是"无关论证"。无关论证经常表现得很隐蔽，常常出现的情况是论题中的核心词在论据中也反复出现，看上去非常具有相关性，但实则不然。比如在外卖骑手与外卖平台的用工纠纷中，有人主张将不具有人格从属性和组织从属性但具有经济从属性的这种劳务提供者纳入第三类劳动关系予以保护，这是论题。论据部分阐述了为什么平台提供给骑手的数字信息属于一种新型生产资料，可以被认为是骑手对平台的经济从属性。粗略地看，似乎没有问题，都出现了"经济从属性"字样，具有相关性。但实际上，需要论证的论题是具有经济从属性的劳务提供者应纳入第三类劳动关系，而论据则是为什么某一种情形属于经济从属性。尽管所提出的论据是正确的，但是没有给论题提供理由，是典型的无关论证。

其二，论证方式必须符合推理规则。论证经常会用到演绎推理、归纳推理和类比推理，如果推理规则使用错误，就推不出正确结论。比如诉讼中三段论推理错误、类比推理中先例与本案的相似度不足，都可能导致裁判结果失当。在形式推理部分已经详述了推理规则，此处不再赘述。

其三，论据对论题的论证理由应当充分。论据的充足和全面对提高论证质量至关重要。在司法案件审理过程中，案件事实的证据要充分，法律适用的说理要详细和周全。在形式上,判决书应当具有一定的篇幅,如果判决书的说理部分太简短,表明法官没有展开充分论证。在内容上,法官应当正确归纳争议焦点,并对每一个争议焦点中的论题逐一论证,这样的判决结果才具有公信力。有些国家直接规定判决论证的必要事项,来确保论证的充分性。如《德国民事诉讼法》明确规定,裁决必须包括该裁决所依据的有效法律条款、案件事实和裁决理由。近年来我国裁判文书的内容也逐步趋于规范化,形成了四部分结构的定式,包括(1)案由、诉讼请求、争议的事实和理由;(2)判决认定的事实和理由、适用的法律和理由;(3)判决结果和诉讼费用的负担;(4)上诉期间和上诉的法院。这些都是为了保障司法论证的充分性。

三、法律论证的前沿理论

在悠久的法律逻辑论证理论之外,各国不同学术背景下的法律论证研究也正在蓬勃兴起,自20世纪70年代以来形成了若干新的法律论证学说和思潮。尽管这些理论至今尚未在学界达成共识,但它们对于拓展法律论证理论的边界是极富启发性的。这些法律论证学说主要以司法裁决为中心,聚焦法律论证应当达到什么样的法律正当性标准。法官论及案件事实和法律规则就够了吗?或者他还必须解释该法律规则可以适用于该案件吗?对某一规则的解释怎样证立才是可接受的?在法律证立的情景下,法律规则、法律原则和一般道德规范与价值的关系如何?与证立其他法律命题相比,法官裁决有无特殊规范?论证理论家、哲学家和法理学家都致力于回答这些问题。除了传统的逻辑方法以外,其他有代表性和影响力的法律论证学说包括下列几种:[①]

(1)图尔敏的论证模型。图尔敏在《论证的应用》一书中提出了自己的论证模型。他以法律程序为例表明,论证的可接受性并不依赖于逻辑的有效性,通过将论证程序同法律程序相比较,他试图证明,一个论题的可接受性部分地依赖于论辩的固定程序,这种程序性元素是恒定不变的;然而在不同的诉讼程序中,决定在本程序中所提论点的可接受性的评估标准,则是相对的,取决于不同领域。证立的过程分为三步:第一步提出一个特定主张(claim),相当于诉讼中的诉请或指控;第二步提出该主张所基于的资料(data),相当于法律中的证据;第三步提出另一种类型的命题,如一条规则、原则或推导依据,他称其为正当理由(warrant),用以展示从资料到主张的过程是合法合理的,资料和正当理由的不同类似于法律事实和法律规范之间的区别,这三步构成论证的简易形式。而实践中的论证常常更为复杂,通常在法庭上,仅仅援引特定的法律或一条普通法原则是不够的,还需要深入去思考该法律是否不可避免地应当适用于本案,该案的特定事实是否需要形成例外规则,或是否有必要明确该法律只能在"满足特定情况下"才得适用。如果需要这些进一步的阐释,那么就要拓展论证模型,囊括更多元素,比如一旦对"正当理由"提出挑战,那么就需要对其提供支撑理由(backing),该理由应当显示正当理由的来源;有时当资料只能有条件地支持主张时,还需要一个限定形式(modal qualifier),比如在什么程度上正当理由可以适用于本案。

(2)佩雷尔曼的新修辞学。佩雷尔曼在《新修辞学》一书中提出了他的新修辞学及其逻

[①] 这部分内容参见 Eveline T. Feteris, *Fundamentals of Legal Argumentation: A Survey of Theories on the Justification of Judicial Decisions*, 2nd edition, Springer Science & Business Media B. V. 2017。该书分析和评价了各种法律论证理论,并在结论部分提出了体系化的各种研究路径的理论框架。

辑形式在法律领域的应用。他同样认为形式有效性的逻辑不是日常论证的充分基础,并提出有效性的替代标准。该理论的重点在于强调法律论证的可接受性,认为当一个论证为听众接受时,它就是合理的,也即论证的公正性取决于听众的认同。他讨论了律师们如何运用新修辞学来说服听众的论辩技术。他论述了一般论证理论并将之运用于法律论证,其论证理论的核心是法律起点和论证方案。法官可以将法律规则、法律原则和特定法律共同体所接受的原则作为起点,选择论证方案时,法官必须考虑可被接受的法律解释方法和论证技术。佩雷尔曼提出了许多有关法律推理的有趣想法,但是他没有提供任何评价法律论证的实践性指南。

(3) 哈贝马斯的沟通理性理论。哈贝马斯的经典学说是沟通理性理论(theory of communicative rationality),他论述了理性沟通所要满足的条件,如何将法律商谈的合理性与非法律商谈的合理性联系起来。沟通理性是法律论述的标准,法律又是一种理性论述的制度化体现,这些都同重构法律论证的工具有关,旨在实现商谈中达成理性共识的理想。这种理想也同样适用于法律演说和论证。法律演说和一般演说的关系具有双重性:一方面,法律演说的目的在于获得针对特定损害的赔偿,这与日常的伦理讨论有关,并且确保公正解决问题的程序十分必要;另一方面,法律演说的合理性有赖于达成解决方案的程序是否符合理想演说情景的条件。总体来说,哈贝马斯的理想演说情景规范不是对实际商谈的描述,而是评估理性商谈的工具,通过这种理想来评估法律冲突解决机制,从而得出法律程序在多大程度上接近理性论述的条件。哈贝马斯的观点有助于进一步研究如何用理性论述和伦理原则的标准来评估法律裁决程序和法律论证的质量,其理论的重要性不在于分析实际的法律裁决论证,而在于建构法律程序合理性基础的理论分析。

(4) 麦考密克的法律裁决证立理论。麦考密克的理论核心在于研究是什么构成法律裁决的理性论证,回答这一问题的最重要著作是其《法律推理和法律理论》。他从法律裁决的正当性视角,区分了简单案件和疑难案件两个层次。在第一层次,如果案件事实能够满足规则条件,那么裁决所依赖的论辩是一种演绎性有效论证。在第二层次的疑难案件中,法官不能依赖于被普遍接受的现行规则,而可以理性地去论证法律裁决的正当性。此时,法律规则需要解释,只有当解释完成后才有可能采用演绎论证。因此在第二层次上需要一个二阶论证,这就是说,要从结果的视角,从法律体系中规则和价值一致性的视角来正当化这一解释。二阶论证包含两种形式的论证。第一种是论证适用经解释的规则能形成可接受的裁判结果,麦考密克将其称为结果主义论证模式。第二种是论证裁决结果与现行法律秩序、不同的法律原则相吻合,他称此为连贯性论证和一致性论证。演绎论证的要求是同法治和普遍性要求相关的,既然一个法律裁决必须总是基于一个普遍规则,那么一个法律裁决的理性论证总是意味着可以采用演绎性有效论证。二阶论证则要求在具体案件中的法律适用必须有实际意义,即麦考密克认为的必须形成可以接受的结果,同时还必须具有法律体系上的意义,即法律适用同相关法律原则及其背后的价值相一致。麦考密克的法律裁决证立理论既是一种描述性理论,也是一种规范化理论。描述性的一面在于分析法律裁决论证中的不同论证模式,并回答在法官必须超越既有规则并通过解释现有规则来形成新规则的案件中,应当使用何种模式才可以作出理性论辩;规范性的一面在于,基于前述分析,法律论证的规范得以重构。该理论的最终目标是说明如何将充分的法律论据和糟糕的法律论据区别开来。

(5) 阿列克西程序性法律论证理论。阿列克西关于法律论证的中心问题是,如何用理性的方式来论证法律裁决这类规范性陈述,为此他提出了最复杂、最体系化的法律论证理论。在他看来,如果法院裁决是理性论证的结果,那么这个规范性陈述就是可接受的,司法裁决的理性论证取决于论证过程所遵循的程序的质量。由于规范性陈述的可接受性与特定程序相关,因此他将自己的理论称为规范性程序理论。他将规范性陈述的证立过程视为一种商谈,将法律裁决的证立过程视为法律商谈。既然对法律规范进行论辩的法律商谈是一般商谈中的特别形式,那么法律论证理论就应当建立在一般论证理论之上。一般商谈规则不能确保达成共识,而这种共识又是法律商谈所必需的,因此法律商谈就需要对一般商谈理论进行一些修正。他还提出法律论证的内部证成和外部证成,前者指从前提推导出结论的证成方式;后者解决前提的正确性问题。阿列克西的法律论证理论是作为规范性程序理论提出来的。其规范性向度是指他提出了理性法律论证的规范;其程序性向度是指法律论证被视为程序的一部分,即关乎规范性陈述正确与否的一种商谈。这一理论旨在规制这种商谈,而法律论辩是这种商谈的特殊形式。

以上几种法律论证理论,大多视法律论证为一般论证的特别形式。无论理论呈现什么样的内部构造,它们都强调在特殊案件中,法官应当有超越形式逻辑和现有法律规则的使命,并通过法律论证来实现合理的司法裁决,形成新的法律规则。进一步而言,对于如何确保法律论证的质量并使其达成目标,他们无不申言"理性"(rationality)要素,同时强调形式上的"程序性"和实质上的"结果可接受性"这两个评价标准。相关研究的进展使法律论证实现了更多的理论和实务价值,为法律实践提供了科学化和系统化的方法指导。

第十九章 法律职业和法律思维

第一节 法律职业释义

一、法律职业的含义

法律职业是指从业前经过法学学位教育或接受过其他形式的法律培训，以法的适用为主要工作内容，将法律知识和法律技能相结合，以处理法律实务问题和维护国家法律体系为目标的全部职业角色。其狭义范围包括律师、法官、检察官这三种具体职业，特别是以律师和法官为主；广义范围还包括仲裁人员、法律顾问、公证人员、立法人员、法律教师、法律助理等所有接受过法律训练并从事法律相关工作的从业者。与法律职业相关的一个概念是法律共同体，它相当于最宽泛的法律职业群体，是所有从事法律工作的人构成的群体，法律共同体的成员也称为法律人。法律职业强调的是其专业性、实务性和自治性，法律共同体则强调共有的知识体系、共享的价值取向、共同追求的事业愿景。

二、法律职业的内部结构

不同国家法律职业的内部结构差异很大，很大原因在于大陆法系和英美法系在法律制度、法学教育、法律实务等方面均有着不同的传统和特点，在不同法系甚至不同国家中，法律职业的名称、从业要求、职业发展都不尽相同。比如在大陆法系国家，不同法律职业有着不同的明确的发展路径，比如律师、法官、检察官各自的职业专属性较为分明，通常不会切换职业通道；而在英美法系特别是在美国，法律职业的融合度很高，各种法律职业之间的转换也更容易和更普遍，比如在高级法院担任法官这项公职的要求是先进行数年的私人律师执业。

三、法律职业的特征

法律职业化是现代法治国家的一个核心基础，是司法文明发展的重要标志和必然结果，法律职业的特征主要表现为：

首先，法律职业以法律为业。法律职业的专业性极强，所谓法律是一门技艺，要求从业者在共同的法律知识体系基础上，使用共通的法言法语，凭借专有的法律技术，运用类似的法律思维，完成法律文书起草和法律争端解决的工作。为了能以法律为业，法律职业者在从业前，需要经过相当一段时间的高强度的法律专业教育和训练，以获取专门的知识和技能。成为一名合格的法律人，不仅需要掌握法律原理、原则和规则方面的大量知识，还要熟稔法律方法，熏陶法律精神，遵守法律伦理，对综合能力要求很高。法律职业者开始执业之后，日常工作都是以法律为中心而展开的专业性业务，包括庭审辩护、控诉、裁决和仲裁等法律争端的解决，起草法律合同、法律意见书等法律文书，为政府、企业或私人客户提供法律咨询等。同时，由于国家法律需要随着社会变化而不断地立、改、废，以法律为业还要求职业者保持终身学习的习惯,不断提高法的适用的能力,保证法律执业水准。

其次,进入法律职业需要获得特定的职业许可。在绝大多数国家,法律职业不是一个开放式的可以随意进入的职业领域,而是需要经过一系列严格的专业训练和资格审核。第一,它要求从业者接受较长时间的职前专业教育;第二,从业者还被要求经过一个难度较大的准入资格考试;第三,它一般还要求从业者经过一定阶段的职前见习训练;第四,从业者还应获得权威机构的特别许可,取得从业资格证书。从业者完成这一过程之后才可以独立执业。例如,我国的法律职业从业人员必须通过国家统一法律职业资格考试,取得法律职业资格证才得从业。近年来该考试通过率仅为10%—15%,职业进入门槛较高。在英国,诉讼与非诉律师具有不同的职业准入要求。大多数国家设置严格的职业资格要求主要出于三方面的考虑。其一,法律业务涉及自然人或组织的切身权益,事关法律权利、法律义务、法律责任的分配,事关财产、自由甚至生命等基本权利,不能轻率对待。其二,法官、检察官、律师是裁判过程中的主要参与者或裁决者,决定了裁判结果的质量,决定了司法能否获得民众的认同和服从、尊重和信赖,决定了司法最终具有多大公信力。而司法公信力体现了法律在社会中的权威和尊严,代表了国家法治和国家信誉的水平。其三,一个国家的法律体系越成熟,其规模就越庞大,结构和内容越复杂,要全面掌握法律知识和技能,就必须对职业者的法律水平设置标准,从而把控职业人士的专业能力。大陆法系拥有若干规模浩大的法典和众多单行法,英美法系不仅有相当数量的制定法,还有几百年积累起来的判例法,从业者不可能一蹴而就地轻易掌握法律知识并形成有质量的法律思维,因此必须经过职业水平的资格检验来确保专业水准。

再次,法律职业应当具有较大的职业自治性。一方面,法律职业自治的权利建立在法律知识和技能的独特性上,它不同于其他形式的知识体系,区别于其他职业的业务内容,具有自己独立的职业话语、工作范围和从业要求。另一方面,法治政府意味着国家的行政权力必须依照法律来行使,那么法律自治要求法律的实施有其自主的范围,不受不当因素的影响。法律自治的诉求特别体现在法的适用过程中,以事实为依据,以法律为准绳,尊重司法作为法治最后屏障的功能,使司法公正成为社会公平正义的最后保障。法律职业中最主要的法官、律师、检察官就是实现司法公正、维护法治政府的主体力量。根据《宪法》的规定,人民法院依照法律规定独立行使审判权,人民检察院依照法律规定独立行使检察权,均不受行政机关、社会团体和个人的干涉。律师也在《律师法》等有关法律保护下独立执业,开展法律服务工作,其合法权益不受侵害。律师和律师事务所还应当加入律师的自律性组织即律师协会,以保障律师依法执业,维护律师合法权益,规范律师执业的规则和道德准则。可见法律职业从功能、组织机构到法律保障,都具有相当大的自主性,从业者职业化地从事法律活动,并对自己的职业活动负责。

最后,法律职业必须遵守职业伦理要求。如同职业资格考试一样,职业伦理要求也是为了提高职业者的执业水平。两者的区别在于,前者是从专业知识和技术水平进行约束,后者是从道德伦理的精神层面进行监督。法律职业伦理不同于普通大众化的职业伦理内容,它要满足法律活动的规律和要求,秉持法律职业特有的职业道德观念,同时它也是在法律职业形成过程中逐渐形成的职业习惯、法律信念、价值追求和职业操守的综合体现。比如法官不得歧视恶性刑事案件的被告人,在法律规则和自我良知感受之间一般应当选择遵守法律规定;对因不符合证据规则而导致证据不足的案件中的被告人作无罪宣判。律师应当为犯罪嫌疑人尽职尽责地进行辩护,哪怕明知其罪恶深重。在实务中,不同法律职业采用不同的职业伦理约束方式。比如,对于审判人员,主要通过司法公开来实现。世界各国通行的做法是,审判公开是原则,不公开是例外。除法律另有规定外,案件审理都在法庭上公开进行,允许公众旁听,允许新闻记者采访和报道。案件判决生效后,司法裁判文书也公开供大众查询,现今电子化水平很高,网上查询裁判文书非常便利快捷。在司法公开原则下,法官的业务水平是否专业,司法判案是否公正,时刻接受着大众监督。对于律师,各国一般都有律师职业道德准则,律师协会可以据之进行监督实施,违反者可由律师协会给予处分,甚至开除出职业团体,所以律师一般都非常重视律师协会的章程和职业守则。

第二节 法律职业的形成

法律职业的起源和萌芽可以追溯至古希腊和古罗马时代。现代意义上的法律职业成熟于18、19世纪,同资本主义的确立和三权分立的政治结构有直接关系,它具有专业化和规模化的特点,在国家和社会生活中占据重要的一席之地。

一、古代

无论在东方还是西方,已知的最早的法律专家应该是法官。不过当时的审判人员几乎都不是专职的,而是作为政治官僚,同时履行着行政管理和纠纷裁决的职能。任职者下至一般地方官员,上至社群首领或国王。随着王权的扩大和分化,国王将司法权越来越多地委托给一般官僚来行使,但他们依然不是专职法官。典型的例子比如,中国古代长期实行行政和司法合一制度,行政长官兼理司法审判权。古代早期还存在着另一种法官的职业途径,即由神职人员兼任祭祀和司法的双重职能,这个传统一直延续到中世纪的宗教审判。

在中国古代,诉讼不被鼓励,也没有现代意义上的律师和律师制度,但是长期存在着讼师,到了明清时期又出现了刑名幕友。讼师是帮助老百姓办理诉讼事务的人。他们掌握一定的法律知识,了解基本诉讼程序,为当事人代写状纸之类的法律文书,为诉讼出谋划策,代老百姓与官府打交道,但是他们不能出庭辩护。为讼师者一般都是科考未中、仕途落魄的文人,因生活所迫不得已而为之,他们的社会地位不高,往往为统治阶层所不齿,也从未获得过官方认可的法律地位。但这一行当从未被禁止,他们处于被官方容忍默认的灰色地带,这说明讼师的工作在民间还是起了一定的作用。另外还有一类专事法律为生者叫刑名幕友,起于明而盛于清,是协助衙署官员办理诉讼案件的书吏和幕友,一定程度上影响了司法。由于清代官员主要通过科举取士选拔,他们对日趋庞杂的国家律法和成案并不熟悉,在办案时特别需要书吏和幕僚的帮助,以确保司法的正常运转。刑名幕友主要负责拟批呈词、案前准备、勘验详案、定拟招解、审转复核等,但是他们不是国家的正式官员,不领国家俸禄,属于官僚的私人顾问,从事这一行当亦是读书人入仕无望,不得已而为之的谋生之路。可见,讼师和刑名幕友都不属于真正意义上的法律职业。

在古希腊时期,律师群体是否出现存在着很大争议。但可以肯定的是,给予诉讼当事人以法律帮助的人很早就有了,只不过起初他们的社会地位比较低下,和中国的讼师一样是不被官方认可的。古希腊还存在着一个更近似于"律师"的职业群体——雅典的演说家(orators)。他们口才出众,技巧娴熟,善于雄辩,专门在公众场合进行政治议题演讲或为争讼辩护,但是这些演说家接受的训练是修辞学,而不是法律,甚至法官其实也没有接受过专门的法律训练。此外,演说家很难被界定为真正的律师,因为存在着两个阻碍因素。其一,古希腊有条规则,个人应当为自己的案件辩护。不过这条规则并未被始终严格遵守,有时在民间流行起向"朋友"寻求帮助的风气,有时人们又放弃这种请求,但无论如何为他人的案件提供辩护服务从未名正言顺过。其二,雅典还有一条规则,任何人都不得收取报酬为他人辩护,这项法律在实践中被广泛忽视,但却从未被废除,这意味着演说家永远不能以职业辩护人的身份出现。他们必须维持这样一种法律虚构,即他们只是一个普通公民,慷慨大方地免费为朋友帮忙说话。因此他们无法形成一个真正的辩护人职业群体,无法拥有职业称谓,无法组织职业协会。① 无怪乎爱尔兰法学家说古罗马存在着的法律职业"不曾存在于古希腊"②,但是古希腊人已经为律师职业发展出了精湛的辩论技术,他们被古罗马人视为公共演讲艺术的大师,古罗马上流社会的家庭经常延聘希腊教师或送儿子去希腊向著名大师拜习这一政治家和未来的"律师"所必备的专业技能。

古罗马对法律职业作出了如同其对法律制度一样重要的贡献,古罗马人能够公开合法地专门从事法律职业。古罗马法律职业的发展存在着多条路径,形成了法律家阶层、庭辩律师、公证人这三类职业,还发展了事务律师的早期雏形。

最早出现的是法律顾问(jurisconsult),也被称为法律家(jurist),他们最终形成了独特的法律家阶层。在古罗马早期,人们拥有和古希腊人一样的观念,对有偿提供法律援助持有偏见。但是随着法律变得越来越复杂,一些贵族男性发现有必要掌握法律知识,其中的一些优秀者获得了法律专家的声誉。他们有时担任低级法院的法官,有时被允许作为法律解释者协助诉讼当事人发言。随着法律和庭审方式的变化,他们获得了更有影响力和更重要的地位的机会,成为了法律家。③ 平民可以在这些谙熟法律的贵族中选择一位作为自己的法律顾问,协助和负责自己的诉讼,并馈赠礼物以示感谢,这就是第一批获得社会认可的非官方律师。起初,这样的法律顾问并不多,但是由于法律的多样性和变化性,理解罗马法变得越来越困难,为了能更好地对法律作出解释,法律顾问们将法律当作自己唯一的职业对象。法律顾问们除了在家中给予咨询者法律解答以外,有时甚至会在公共广场上行走,以便于需要获得法律意见的人们便利地找到他们。人们也逐渐发现从这些法律解释者那里可以获得处理法律事务的所有资源。渐渐地,这些法律解释者们的数量成倍增加,并且他们还开始撰写法律评论,此后罗马皇帝狄奥多西颁布《引证法》赋予几位著名法律家的著作以法律的效力。④ 不同于古希腊,古罗马培养了一批精通法律的专家,他们都是富有的法律爱好者,把法律作为一种智力爱好,所以古罗马是第一个拥有整天思考法律问题的一整个阶层群体的国

---

① Robert J. Bonner, *Lawyers and Litigants in Ancient Athens: The Genesis of the Legal Profession*, The University of Chicago Press, 1927, pp. 204-209.
② 〔爱尔兰〕J. M. 凯利:《西方法律思想简史》,王笑红译,汪庆华校,法律出版社 2002 年版,第 47 页。
③ 参见"Legal profession," Britannica online version, https://www.britannica.com/topic/legal-profession, 最后访问日期:2024 年 3 月 1 日。
④ See "Jurisconsulte," *Encyclopédie ou Dictionnaire raisonné des sciences, des arts et des métiers*, General editor, Denis Didera, Briasson et to 1765, Vol. 9, pp. 70-72.

家,这也就是为什么古罗马的法律变得如此精确、详细和技术化。到了罗马帝国晚期,法律家们只收礼物的做法被废弃,他们可以收受报酬,但是价格被管控。这样,以提供有偿法律服务为生的法律职业群体首次变得清晰起来。但是,需要注意的是,古罗马的法律家们只提供法律咨询而不作庭审辩护,当时言辞辩护仍然专属于演说家阶层,并且依然是不得收取费用的。

另一个形成的法律职业是庭辩律师(advocates,pleading lawyers),相当于今天的诉讼律师。庭辩律师崭露头角要部分地归功于罗马第四任皇帝克劳狄,他显然不喜欢法律家,因为他们称赞共和制而反对帝制,但皇帝对法庭演说家倒是怀有好感。[1] 他废除了法庭辩护的收费禁令,使辩护真正地成为一个职业,这些辩护人则成为第一批可以公开执业的庭辩律师。不过,他们的收费价格同样要受官方监管,而且上限很低,以至于有人抱怨说当辩护人挣不了什么钱。同古希腊人一样,早期的辩护人学习的仅仅是修辞学,不接受法律训练,所以他们会和普通老百姓一样去请教精通法律的法律家们,向他们咨询法律意见。[2]

在罗马帝国晚期,法律家和庭辩律师的地位悄然发生了变化。罗马共和国和罗马帝国早期,法律家和庭辩律师都不受监管,因为前者是业余爱好,后者从技术角度讲是非法的,任何人都可以声称自己是法律专家或辩护人,信不信则由别人视他们的声誉而定。帝国晚期,当法律职业有偿化和合法化后,情况发生了变化。公元4世纪拜占庭帝国成立之初,法律行业已经建立起来,并受到严格监管。很长一段时间以来,法律家除了作出法律解释和解答外,还曾经是重要的法律教师和法律著述者,但是帝国晚期时他们的地位开始走向衰微,他们的教学和写作任务逐步转移给了由政府主办的法律学校和受薪教授。而与此相对,庭辩律师却越来越受到尊敬,甚至可以获得帝国最高荣誉,这种重视也反映在官方对庭辩律师的管理上,其注册要求和教育培训都规范化起来,庭辩律师变得越来越像今天的职业辩护律师了。比如,他们必须在法庭律师协会注册后才能进行庭审辩论,并且每次只能从属于一个法庭进行注册,每个法庭的注册律师的数量还设有限制。庭辩律师们除了修辞学外,还要研习法律,以减少他们对法律家阶层的咨询需求。5世纪时,罗马皇帝规定新注册的庭辩律师必须事先出示向法律老师学习的证明。到了6世纪,注册的庭辩律师需要经过持续四年的法律研习课程才能执业。[3]

罗马帝国晚期还出现了一种法律职业——公证人(tabelliones,notaries),他们的地位虽然不高,但此后这一职业却能一直独立延续到今天。公证人的数量众多,遍布各个村庄,他们负责起草产权转让证书、合同、遗嘱等法律文件,是付费的法律文书专家,在民事交易中起了很大作用。但是他们的社会地位不高,同辩护律师和法律顾问相去甚远;他们也不需要经过专门的法律训练,很多人仅能勉强识文断字。但是,他们好用成堆的法律术语去包装简单的交易文书,因为他们是按文字的行数收费的,因此他们的声誉并不太好。[4]

---

[1] See Anton-Hermann Chroust,"Legal Profession in Ancient Imperial Rome," *Notre Dame Lawyer—A Quarterly Law Review* 30(1955):543.
[2] See John A. Crook, *Law and Life of Ancient Rome*, Cornell University Press,1967,pp.87-90.
[3] See A. H. M. Jones, *The Later Roman Empire*, *284-602*: *A Social*, *Economic*, *and Administrative Survey*, Vol. 1,University of Oklahoma Press,1964,pp.507-513.
[4] Ibid., p.515.

罗马帝国晚期又孕育了此后法律职业的最大群体即律师的雏形——代理人(procurators),该词来源于拉丁语动词"看护,照顾"。他们的职责经常处于变动中,最主要的是被帝王或有钱人聘来管理公共和私人的财务事宜,如资金、征税、铸币、农矿业等,有时也担任小行省的行政长官。后来他们获得越来越多的司法权力,并由皇帝克劳狄将之合法化。[①] 他们负责为他人准备正式诉讼的书面文件,由于帝国晚期诉讼程序越来越倚重于书面文件,因此他们的地位也变得愈加重要。这些代理人逐渐演变为今天的律师,其中专门代表国家进行公诉的代理人就成为检察官,代理私人事务的就成为私人执业律师。

二、中世纪

随着西罗马帝国灭亡和中世纪早期的黑暗时代来临,西欧的法律职业崩塌,但是罗马晚期的法律职业组织模式依然暗暗地蓄积着对后世的影响力。一方面,基督教成为罗马帝国的国教,不遗余力地发展自己的教会法、法院和执业者,它们大体遵循了帝国法律职业组织的轮廓。待到12、13世纪,越来越多的人以教会法为自己的终身职业,形成了一大批教会法专家。另一方面,随着12世纪学术传统和罗马法的复兴,在博洛尼亚教习罗马法兴盛起来,罗马法律职业体系的影响也日益增强。于是,教会和国家重新规范法律职业,比如规定律师执业前必须宣誓,对职业律师的欺骗行为进行惩罚,法院颁布律师执业许可程序等,这些都标志着法律职业的正式复兴。[②]

自此,欧洲大陆各国均建立起了自己的法律职业群体,其中可以清楚地看到存在着四种具体职业:(1)辩护律师,他们通常是研习罗马法的大学毕业生,给客户和非诉律师提供法律咨询,在法庭上进行言辞辩护;(2)一般律师,参与正式诉讼,特别是诉讼文书部分,但没有法庭上的发言权;(3)公证人,认证文件并保存档案;(4)大学法律教师,解释和改写罗马法和日耳曼习惯法,它们催生了欧洲国家的现代法律,19世纪欧洲大陆法典化浪潮后,大学教授依然主导着对法律的学术性解释。以上这些法律职业阶层的重要性因地而异、因时而异:有时法律教师们几乎取代了辩护律师;在有些法院中,一般律师的地位盖过辩护律师,有些法院又正相反;只有公证人几乎没有什么变化地一直存续下来。[③] 从历史渊源来看,大陆法系各法律职业的发展图景是:辩护律师从古希腊的演说家发展而来,一般律师由古罗马的代理人演变而来,公证人自罗马帝国产生以来一直独立而稳定地存在着,大学法律教师则是从罗马共和国早期就形成了的法学顾问或称法律家阶层演变而来。

英格兰也受到罗马法律职业化的影响。11世纪诺曼征服后,神职人员充当法官,诉讼代理的观念也被人们广为接受,并分化出两类律师:大律师(barristers)和事务律师(solicitors)。大律师的形成与英国独特的法律团体——律师学院(Inns of Court)有关,律师学院也称律师协会,它不是一个学术机构,而是非官方性质的、自愿组成的自治性行业协会,主要

---

① 参见 Jona Lendering, "Procurator," Livius, April 23, 2020, https://www.livius.org/articles/concept/procurator/,最后访问日期:2024年3月1日。

② See James A. Brundage, "The Rise of the Professional Jurist in the Thirteenth Century," *Syracuse Journal of International Law and Commerce* 20(1994):185-190.

③ 参见"Legal profession," Britannica online version, https://www.britannica.com/topic/legal-profession,最后访问日期:2024年3月1日。

负责律师的法律教育和管理。在律师学院,人们通过传统的师徒制形式,接受实践式的法学教育,满足一定条件后成为注册庭辩律师,有权在法庭上进行言辞辩论。特别重要的是,他们由此成为最受尊崇的高级律师,皇家法官只能从他们当中遴选任命,皇家大律师也从这里产生。这一实践一直延续到今天,现在保留下来的主要是位于伦敦的四大律师学院①,英格兰和威尔士的大律师必须隶属于其中一家,并接受其管理和法律方面的继续培训。与此同时,类似于一般律师的各类诉讼代理人也出现了,也就是事务律师,他们可以为普通法或衡平法的诉讼提供服务,但无权在法庭上进行言辞辩护。上述这些实践为英国现代大律师和事务律师之间的严格区分奠定了基础,如今两者的分工形成了既定规则,大律师可在各类法院从事庭辩工作,但是不得直接接受客户委托,而需要由事务律师转达案件;事务律师则负责各类法律文书的起草、提供法律意见并可在低级法院出庭辩护。

英国与欧洲大陆在法律职业发展方面有四个显著差异:一是英国没有欧洲大陆的法学家和法律评论家阶层,法律的发展主要靠汇编起来的法院先例;二是欧洲大陆在君主制时就发展了一套司法官员职业体系,持法律执照的大学毕业生可以直接担任司法公职,而英国的法官主要是从高级律师中遴选;三是欧洲大陆不存在英国大律师和事务律师这样的严格区分,庭辩律师和事务律师都可以直接接受客户委托;四是英国没有发展出职业公证人,相关工作是由事务律师承担的。②

三、近现代

法律职业的发展具有很强的历史延续性。欧洲中世纪晚期形成的法律职业体系奠定了近现代很多国家法律职业的框架和结构,两大法系在法律职业方面的区别也在世界范围内广泛存在,这与欧洲的殖民扩张有一定关系。比如在北美独立战争之前,律师作为英国普通法专家,力量十分强大,有的成为殖民地领导人。独立战争之后不久,律师在公共事务和私人事务中越来越发挥着重要作用,以至于托克维尔说,美国的贵族不在富人之中,而在律师和法官中。③ 今天,美国的法官们特别是联邦最高法院的大法官通过司法审查权和创设先例权,在国家和社会生活中扮演着举足轻重的角色,美国历任总统中半数以上曾经是律师。美国是一个好讼的国家,根据2024年的数据,该国现有执业律师130余万人④,每年诉讼服务费用高达三千多亿美元,约占GDP的1.3%,稳居世界之首,法律职业成为最热门的职业之一。

最近二三百年以来,各个国家的法律职业都不断地发展变化。最重要的一个发展成果是,检察官也就是公诉人出现了。由于公诉制度的确立是相对晚近的事情,作为法律职业的检察官也形成较晚。一般来说,公诉人的职责主要有两项——收集证据和在法庭上提出公

---

① 即 The Honourable Society of Lincoln's Inn, The Honourable Society of the Inner Temple, The Honourable Society of the Middle Temple, The Honourable Society of Gray's Inn。

② 参见 "Legal profession," Britannica online version, https://www.britannica.com/topic/legal-profession,最后访问日期:2024年3月1日。

③ See Alexis de Tocqueville, *Democracy in America*, translated and edited by Harvey C. Mansfield and Delba Winthrop, The University of Chicago Press, 2000, p. 282.

④ 数据引自 Mike, "How Many Lawyers Are in the U.S. in 2004?" January 13, 2024, https://www.ilawyermarketing.com/lawyer-population-state/,最后访问日期:2024年3月6日。

诉,这需要建立在相对明确和成熟的刑事程序法基础上。在英格兰,直到都铎王朝时期公诉人才开始成为刑事程序中的常规职务,其产生原因是出现了对应于公诉人两项职能的现实需求。一方面,中世纪晚期陪审团制度发生了变化。此前,陪审员兼具证人和审理者的双重身份,他们本身了解案情,不需要依靠外部工作人员来调查和告知证据。陪审员是如何从主动知晓证据转向被动获知证据的历史尚不清楚,但是这一转变确实创造了对公诉人的需求,即需要有专人来为陪审员收集和提出证据。另一方面,英国传统上主要实行自诉模式,此后经历了自诉和公诉的叠加,直到19世纪才真正确立起公诉制度,自此终于形成了成熟的检察官职业。[①] 大陆法系形成检察官职业的时间更早。在13世纪,法国国王意识到有必要拥有自己的代理人(procureurs),将他们派驻到全国的法院中,来维护他的权利并帮助他对影响公众的诉讼发表看法。18世纪末法国大革命前夕出现了检察部门(ministère public),此时国王喜欢让自己的代理人为自己辩护,这些代理人渐渐完全只为国王服务。大革命后检察部门被保留了下来,国王代理人成为代表国家进行诉讼的检察官(prosecutors)。[②] 法律职业的另一个显著变化是在很多国家,辩护律师和非诉律师的界限越来越模糊,两者逐渐融合为有资格同时履行双重功能的执业律师。

在中国,真正的法律职业兴起于清末新政时期的法律改革。清末实行司法改革,实施司法与行政的分离,1910年颁行《法院编制法》,规定了四级审判机构,建立了检察制度,规定了法官、检察官和其他司法人员的任用和职责,自此产生了专职审判人员即法官和专职公诉人即检察官。1906年完稿的《大清刑事民事诉讼法》规定了律师制度,但是由于爆发了辛亥革命,该法律没有公布实施。在民国时期,现代意义的法律职业群体真正在中国开始活跃起来,当时的法律职业体系大体移植了大陆法系的做法。不过国家处于连年战乱与纷争中,法律从业者又主要集中于几个大城市,所以影响十分有限。新中国成立后法律制度和法律职业迎来了新发展。法官制度是在新民主主义革命时期审判工作的传统和经验的基础上建立和发展起来的,随之检察官制度和律师制度也建立了起来。1978年开启改革开放新纪元,我国法律职业终于进入了快速发展的新轨道。1980年《律师暂行条例》的实施重建了销声匿迹二十多年的律师制度,标志着我国法律职业的全面复苏。经过四十余年的发展,法律职业终于成为具有一定独立性的、专业性很强的主要职业门类。

第三节 法律职业主体和职业教育

一、法律职业主体

法律职业因具有共同特征而成为法律共同体,他们共享知识体系、法律技能和思维方式,追求理性和公正地解决社会纠纷,实现法律的公平与正义。出于法治和术业专攻的需要,法律职业内部也存在不同分工之间专门化和专业化的发展。法官、检察官、律师是现代

[①] John H. Langbein, "The Origins of Public Prosecution at Common Law," *American Journal of Legal History* 17(1973): 313-318.

[②] 参见"ministère public," Britannica online version, https://www.britannica.com/topic/ministere-public, 最后访问日期:2024年3月1日。

社会最主要的法律职业主体,各个国家都对之有专门的规定,本节主要介绍我国法律职业主体的基本情况。

(一) 法官

法官是依法行使国家审判权的审判人员。对于大陆法系而言,法官是法律的忠实执行者和守护者。西塞罗在《法律篇》中比喻"法官乃会说话的法律,法律乃沉默的法官",孟德斯鸠说法官是"宣告及说出法律的嘴巴"。在我国,法官审判案件,应当以事实为根据,以法律为准绳,秉持客观公正的立场。同时,法官依法履行审判职责,受法律保护,不受行政机关、社会团体和个人的干涉。

法官选任有严格的条件和程序限制。在我国担任法官的条件是应当具备良好的政治、业务素质和道德品行。业务素质的条件包括:(1)法学教育:具备法学类本科学历并获得学士及以上学位;或非法学类本科及以上学历并获得法律硕士、法学硕士及以上学位;或非法学类本科及以上学历,获得其他相应学位,并具有法律专业知识。(2)实务经验:从事法律工作满五年。其中获得法律硕士、法学硕士学位,或获得法学博士学位的,从事法律工作的年限可以分别放宽至四年、三年。(3)资格考试:初任法官应当通过国家统一法律职业资格考试取得法律职业资格。我国的法官不得兼任人大常委会组成人员,不得兼任行政机关、监察机关、检察机关的职务,不得兼任企业或其他营利性组织、事业单位的职务,不得兼任律师、仲裁员和公证员。为了优化配置审判人力资源,实现法官队伍正规化、专业化、职业化,我国于2016年全面实行法官员额制,通过选拔的方式将法院内部人员分为审判人员、审判辅助人员、司法行政人员三个类别。员额法官的工作仅限于审理案件,其他工作交由行政部门以及法官助理。

多数国家的法官都享有不同于一般行政官员的特殊职业保障。有些国家规定了诸如法官任职终身制的职务保障、高薪制的物质保障、职务豁免的特权保障等,法官的职务保障应当同该国的国情相适应。我国法官也享有较为完备的职业保障,有着不同于其他公务员的单独职务序列。每个法院都设有法官权益保障委员会;无法定情况不得将法官调离审判岗位;法官的职业尊严、人身安全、名誉都受到特别保护;法官享有高于其他公务员的工资制度,并实行定期增资制度;等等。这些职务保障符合我国法官职业的特殊性,有利于促进法官履职,维护司法的权威性和公正性。

(二) 检察官

检察官是依法行使国家检察权的检察人员。我国《宪法》规定人民检察院是国家的法律监督机关。检察官是国家设置的专职维护法制统一和正确实施的工作人员,他们通过对刑事案件的侦查和提起公诉、开展公益诉讼以及对各类诉讼进行监督等活动来行使国家法律监督职权。我国检察官的任职条件、不得兼职的规定、员额制度和职业保障制度均与法官相类似。

(三) 律师

律师是指依法取得律师执业证书,接受委托或指定,为当事人提供法律服务的执业人员。律师可以提供的法律服务内容广泛,包括出庭辩护、代理各类诉讼案件、代理诉讼申诉、参与调解或仲裁、提供非诉业务、担任法律顾问、担任政府律师、解答法律询问、代写诉讼文书或其他法律事务相关文书等。除了英国等少数国家或地区还保留大律师和事务律师两种律师类型外,更多数的国家和地区采用融合职业模式,取得执业资格的律师同时享有大律师和事务律师的业务权利,我国律师也采用融合模式。

绝大多数国家都规定了律师应当通过统一的资格考试。在我国,申请律师执业,应当通过国家统一法律职业资格考试,取得法律职业资格,并在律师事务所实习满一年。我国早在1986年就确立了律师资格考试制度,2001年进一步确立了集律师资格、初任法官和初任检察官三项考试于一体的国家司法考试制度。2018年为了推进法治工作队伍正规化、专业化、职业化,国家提出完善法律职业准入制度,建立了国家统一法律职业资格考试制度,不仅律师、法官、检察官、公证员需要通过该考试,从事行政处罚决定审核、行政复议、行政裁决的工作人员,以及法律顾问、法律仲裁员也需要参加并通过考试。国家统一法律职业资格考试的报考条件有所提高,设置了报考前法学教育的要求:一类是具备全日制普通高等学校法学类本科学历并获得学士及以上学位;另一类是具备全日制普通高等学校非法学类本科及以上学历,并获得法律硕士、法学硕士及以上学位;如果是具备非法学类本科及以上学历和学位的,若从事法律工作满三年亦可报考。

我国的律师分为商业律师和公职律师。公职律师是国家行政部门设立的政府律师,属于公职人员,主要办理政府的相关法律事务,以提高依法行政水平,公职律师不得为社会提供有偿法律服务。不过,公职律师占比非常小,绝大多数都是商业律师,当人们提起律师时,也主要是指商业律师。商业律师应当在律师事务所执业,律师承办业务,由律师事务所统一接受委托,与委托人签订书面委托合同。除了法律援助以外,律师通常提供有偿法律服务,按照国家规定统一收取费用。律师和律师事务所应当加入所在地的地方律师协会,律师协会是律师自律性组织的社团法人,有义务保障律师依法执业和维护律师合法权益权利,同时有权制定律师行业规范和惩戒规则,对律师、律师事务所实施奖励和惩戒。

律师同样享有职业权利和保护。律师在执业活动中的人身权利不受侵犯。律师担任诉讼代理人或辩护人的,其辩论或辩护的权利依法受到保障,律师在法庭上发表的代理、辩护意见不受法律追究,但是不得发表危害国家安全、恶意诽谤他人、严重扰乱法庭秩序的言论。律师可以依照刑事诉讼法的规定会见在押或被监视居住的犯罪嫌疑人、被告人,且会见时不被监听,有权查阅、摘抄、复制案卷材料。

(四)公证人

公证人是指在公证机构内,根据自然人、法人或其他组织的申请,依照法定程序,从事对民事法律行为、有法律意义的事实和文书的真实性、合法性予以证明的工作人员。公证人的职业由来已久,与事务律师有着几乎同样悠久的历史,是法律职业的一个重要组成部分。公证人实际上就是受公众和官方委托的法律文件的证人,可以帮助创建更具有可信度的法律文件。各国对公证人的任职资格都有规定,其要求一般低于法官、检察官和律师。在我国,担任公证员应当具备的条件是,具有中国国籍的、年龄25周岁以上65周岁以下的品行良好者,同时应当通过国家统一法律职业资格考试,取得法律职业资格,并在公证机构实习2年以上或具有3年以上其他法律职业经历并在公证机构实习1年以上,经考核合格。

此外法律职业主体还包括公司法务、法学教育者等。当然法律职业的核心主体是法官、检察官和律师。

法律职业共同体具有相似的职业特征,共同追求法治社会的目标,但是在职业共同体内部,不同职业主体基于其不同的职业内容和要求,它们之间也存在着明显的区别。以法官、检察官和律师为例,其差异主要表现为:首先,三者的职业性质不同。法官和检察官是国家公职人员,是国家权力体系的组成部分,行使司法权。律师中除了少部分属于公职律师外,绝大部分为私人执业律师,被认为是专业人士里的"自由职业者",在自己的指导下工作。其次,三者的任务不同。法官是法律的裁判者,寻求公平的纠纷解决结果,实现法律的正义,是法治的守护者和代言人。检察官代表国家和社会对犯罪嫌疑人提起公诉,对司法活动进行监督,代表国家利益从事法律活动。律师则是接受当事人的委托,运用自己的法律知识,为当事人提供委托合同中约定的法律服务,所以律师首先应当维护当事人的利益,通过履行合同义务来实现合同权利。最后,权利来源不同。法官和检察官的权力是国家赋予的,而律师的诉讼、调查等权利则是通过当事人的委托而获得。

二、法律职业教育

法学教育是就法律规则、法律实践和法律理论等方面进行系统化的教学和训练的专门教育领域,是法律职业的重要组成部分。法律是一个庞大且不断更新的学习和研究对象,这要求从业者在其职业生涯中能够持续学习。正是法学教育使法律职业成为可能,法学教育者,特别是传承古罗马传统的大陆法系的法律家本身就是法律职业的主体之一。法学教育的内容和方式非常广泛,可以基于各种需求进行开展。最主要的法学教育是高等院校的法学学位和学历教育,这是法律人才产生的主体渠道,其他还包括为法律职业主体提供的专题培训或高级培训,让他们了解法律的最新动态,持续提升法律实务能力;为商业或其他行业人员提供他们所需要的法律知识,帮助他们更好地合规开展业务活动;包含法律知识或要求的某些领域的职业认证培训课程,如会计师、税务师,帮助求职者获得特定的从业资格;等等。

(一)法律教育简史

中国法学教育早在春秋时期就出现于民间。"名辩之学"倡始人邓析自己承揽诉讼,还聚众讲授法律知识。官方法学教育始于三国时期,曹魏设律博士,研究和教授法律。近代意义上的法学教育始于清末,政府在天津创办了最早的官办高等学府北洋大学,内设法科,其课程设置和当代法学教育没有太大区别,第一张大学文凭发给了法科学生王宠惠,他后来成为在海牙国际法庭任职的第一位中国人。北洋政府时期的法学教育侧重于职业化教育,法政学堂的毕业生可以免试取得法官和律师资格。民国时期进一步强化法律教育,形成了以"六法全书"为核心的法学课程体系。新中国成立后大力发展法学教育,使之初具规模。新中国成立初期创建了著名的"五院四系",它们对我国法制发展与法治建设作出了重要而深远的贡献。改革开放后,法学教育进入了一个快速发展时期,目前全国开设法学专业的大学已有 600 余所,高等院校已经成为我国培养法律职业人才的主阵地。

西方最早的法律教育被认为出现在罗马共和时期。古希腊和古罗马有教授修辞学的传统,这可以帮助法庭上的演说家更好地进行辩护,但是他们并不学习法律。大约在公元前 3 世纪一位大祭司 Tiberius Coruncanius 开始将法律作为一门单独的学科来教授,在他提供的公共法律教学指导下,产生了法律家阶层。此后法律教学越来越正规化。学生甚至是公众,除了阅读一些法律书籍以外,还可以通过向某一位法律家咨询法律问题、参与他的法律讨论来研习法律。① 此后几个世纪里,法律家的职责从单纯提供法律咨询,慢慢发展到同时著书立说和教授法律,他们中的一些人也越来越成为正规的法律教师。

中世纪欧洲的大学教授教会法和罗马法,但是不教授本地法和习惯法,因为后者被认为内容有限而不值得在大学里教习。世界上最早的大学是由4位罗马法评注法学派学者于11世纪时在意大利创办的博洛尼亚大学。世界上第一个学术学位是法学学位,并且直到13世纪大学学位才被授予其他学科。世界上第一个法学学位是博士学位(doctorate),博士一词来源于拉丁语(docere),是"教学"的意思,所以获得博士学位意味着可以在大学任教。在普通法法系的英格兰,13世纪后期出现兼具法律培训和法律协会性质的机构(Inns of Court),以学徒式的方式传授普通法知识和实践技术,并一直延续到今天。英国直到19世纪才在大学中普及普通法教育。总之,18—19世纪法学教育开始以大学的法学院为主进行教学,法律从一门纯粹的职业教育,演变为兼具学术性和职业准备双重属性的学科门类。

(二)法律教育模式和教学方法

高等院校法学教育拥有从本科到博士的不同层次的法学学位。以我国为例,我国的法学教育既是高等教育体系的组成部分,也是法律职业制度的构成要素之一,其培养模式兼具学术和实践的双重属性。法律专业给予学生系统而抽象的法学理论与原理讲授,培养学生的法学素养和潜能;同时进行法律规则讲解和实务模拟训练,使学习者具备处理具体法律事务的实操技能。目前我国法律人才培养以法学学士、硕士、博士教育为主体,法学专业教育与法律职业教育相结合的法学教育体系已经形成,基本适应了建设中国特色社会主义法治国家的需要。我国现有各层次法学学位包括:(1)法学本科,为法学初级学位,实行4年学制,毕业合格者授予法学学士学位。(2)法律硕士,属于特定法律职业的专业学位教育,以实务和致用为指向,分为两个方向:分别是2年学制的法律硕士(法学)和3年学制的法律硕士(非法学);其中法律硕士(法学)只能由法学类专业本科生就读,法律硕士(非法学)只能由其他专业的本科生就读。(3)法学硕士,属于普通硕士教育,拥有大学本科学历的考生均可报考,侧重理论研究,旨在为国家培养全方位的学术、实务型人才,属于学术型硕士学位。(4)法学博士,是高等教育体系中的博士学位,属于最终学位。(5)法律博士,是2022年新设的专业博士学位,于2023年开始实施,是针对政法实务部门从事法治领域高层次工作的法治人才而设置的学位类型。

德国法学教育有一定特殊性,是把本科学习和国家考试相结合的模式。在德国,法学学位在历史上并不存在,也不是法律执业的必备条件。如今,为了满足现实需求,某些大学开始提供相当于法律硕士的证书。希望成为法律职业者仍须在大学学习,在某一学科领域完成4年半左右的课程并毕业后,参加第一次国家考试,它是医生、律师、教师等特定职业的资格考试,通过率约70%。通过的学生需要进行由政府组织的为期2年的法律实习,然后再参加第二次国家考试,内容包括起草判决书、合同和其他法律文件,还有口试部分。这次的通过率比第一次要高很多。通过者可以成为一名律师。②

---

① *A Dictionary of Greek and Roman Antiquities*, edited by William Smith, John Murray, 1875, p. 655.
② European Commission, "Lawyers' training systems in the EU (Germany)," The German Federal Bar and the German Bar Association, accessed June 1, 2024, https://e-justice.europa.eu/content_lawyers__training_systems_in_the_member_states-407-en.do.

美国在法学学位设置上非常特殊。美国有两个专业是不设本科学位的,它们都是职业类教育:法学和医学。美国的法学学位主要有三类:(1) LLM(Master of Laws),法学硕士,学制1年,是为已经进入法律领域的人提供的高级专业学位。入读要求是已持有一个法学学位如法学学士学位(LLB,Bachelor of Laws),或持有允许进入法律实务执业的同等证书。由于美国本土不设法学本科专业,因此攻读LLM的生源主要是在其他国家或地区获得法学本科学位的国际生。在有些州,获得LLM后,就可以参加当地州的律师资格考试,通过后取得执业许可证。(2) JD(Juris Doctor),直译为法学博士,但实际上它是一种学士后学位,相当于法学硕士,属于职业型学位,学制3年。持有任何本科学位者均可申请。对于美国本土教育来说,由于不存在法学本科学位,因此这是第一法学学位,获得该学位后可以参加律师资格考试。(3) JSD或SJD(Doctor of Juridical Science,Doctor of the Science of Law),法学博士,是法学最高学位,一般需要3—5年来完成学业。这是一种研究型学位,对等于哲学博士学位。申请者须持有法学硕士学位,如JD或LLM。不过设有这一学位的美国法学院数量很少,获得这一学位后可以在美国大学任教。

世界各国的法学教育工作者不断追求法律教学方法的变化和改进。受到法律传统的深厚影响,目前各国大体上采用两种法学教学方式。一种是以普通法法系国家为主的案例教学法,以美国最为典型,也与英国中世纪以来的师徒制律师培养机制有内在关联。这种教学方式十分契合法官造法的法律传统,学生课前阅读大量汇编案例,上课时回答案例相关问题,由此来掌握法律要义,当然学院也会举办一些讲座和研讨会作为补充。案例教学法训练了学生区别的司法技术,类比和区分此案与彼案,使学生很好地掌握法律实务技能。但其缺点是学习知识的耗时较长,教学效率相对较低,同时对制定法的掌握比较薄弱。另一种是以大陆法系国家为主的讲座教学法,这深受古罗马法律家传统的影响,而且从11世纪开始大学就一直是欧洲大陆法学教育的重地,国家的法律也以立法为最主要的法律渊源。讲座授课的方式可以用于人数规模很大的班级,其优点是知识传授的效率和体系化都很高,不足是学生的课堂参与度相对较低,实务操作能力弱一些。大陆法系国家的大学也越来越重视案例教学以取长补短。

第四节 法律职业伦理

一、法律职业伦理释义

法律职业伦理是法律职业主体在法律职业活动中应当恪守的善良和理性的要求。法律职业伦理伴随着法律职业的产生而产生,较之许多其他职业,它具有更高的伦理要求。法律职业伦理的必要性在于:

首先,法律本身具有浓厚的道德基础。所谓法律是最低限度的道德,法律在诞生之初就是以反映群体的基本道德和习惯为主要内容的行为规范,法律可以与道德无涉,但不应与道德对立,否则将被人们斥之为恶法。法律职业人是法律尊严的守护者和践行者,当然也应当时时怀有正义和良心的道德操守,才能彰显和实现法律所代表的公平和正义。

其次,法律职业所担负的社会责任重大。博登海默在"法律教育之目的"部分谈到,法律制度的主要目的在于确保和维护社会机体的健康,从而使人民过上有价值的和幸福向上的生活,那么就必须把法律工作者视为"社会医生"。因此我们可以说,法官与律师通过共同努力而使争议得到公平合理的裁决,就是在执行社会医生的任务。如果一个纠纷根本得不到解决,那么社会机体就可能产生溃烂的伤口;如果此纠纷是以不适当的和不公正的方式解决的,那么社会机体就会留下一个创伤,而且这种创伤的增多,又有可能严重危及人们对令人满意的社会秩序的维护。[①] 医生的职业道德关乎人的生命,那么作为"社会医生"的法律职业人,其职业道德关乎社会的健康。

再次,法律职业人处理的事务涉及人们的切身权益。法律不外乎对人们权利和义务的分配,法律责任则是对人们权利和义务的再分配。法律职业人办理的每一个案件、起草的每一份文书、处理的每一项业务都真真切切地影响到个人或组织的基本权益,人们把自身的生命权、自由权、财产权托付给法律人来维护、来裁断,法律人的职业行为深深地影响着个人、家庭或组织的命运。而形形色色案件中的个人生活或组织信息又构成隐私和机密,是其他人不宜或不应得知的,律师基于业务内容而需要获取和知悉这些信息,那么也应当保守秘密。所有这些与个体权益密切联系的法律工作都要求从业者保持高水准的职业伦理。

最后,法律工作对从业者专业性的要求很高。法律是很少几种需要有长时间专业学习、学位要求、资格许可的职业。更具挑战性的是,取得执业资格并不意味着一劳永逸,法律在变化,法律技术在进步,社会在发展,这些都要求法律从业者保持终身学习的习惯。唯有如此,法律职业人才能够提供具有更高专业度的高质量的法律服务,职业伦理要求是维持专业服务品质的保障之一。

二、法官职业伦理

法官职业伦理与法官的审判活动密切相关,具有高标准和强制性的特点。法官依法行使审判权,通过准确适用法律来调整社会关系,化解矛盾纠纷,矫正社会不公和秩序失衡。与任何其他公共部门相比,司法部门更多地建立在公众信任的基础上,因此司法不当行为将破坏司法职能追求公平公正的精神内容,失去人民的信任和信心,那么司法机构也就丧失了存在的意义。因此法官必须对法律和道德标准负责。法谚说"法袍放大了品行",法官职业伦理属于高标准的伦理要求,内含诸如独立、正直、良善等高规格的道德标准,对法官庭内和庭外行为都应予约束。同时法官的职业伦理具有更严格的强制性,在大多数国家都体现为成文化的规则,在我国则是以《法官法》《法官行为规范》《法官职业道德基本准则》等法律法规及规章的形式明确规定下来,违者需要承担惩戒责任甚至法律责任。

我国《法官法》对法官提出了基本职业要求:一是维护法治:法官必须忠实执行宪法和法律,维护社会公平正义,全心全意为人民服务;二是平等对待:法官应当公正对待当事人和其他诉讼参与人,对一切个人和组织在适用法律上一律平等;三是恪守职业道德:法官应当勤勉尽责,清正廉明,恪守职业道德;四是公正司法:法官审判案件,应当以事实为根据,以法律为准绳,秉持客观公正的立场。《法官法》规定了法官的八项基本义务:① 严格遵守宪法和法律;② 秉公办案,不得徇私枉法;③ 依法保障当事人和其他诉讼参与人的诉讼权利;④ 维

[①] 〔美〕博登海默著:《法理学:法律哲学与法律方法》,邓正来译,中国政法大学出版社2004年版,第530—531页。

护国家利益、社会公共利益,维护个人和组织的合法权益;⑤ 保守国家秘密和审判工作秘密,对履行职责中知悉的商业秘密和个人隐私予以保密;⑥ 依法接受法律监督和人民群众监督;⑦ 通过依法办理案件以案释法,增强全民法治观念,推进法治社会建设;⑧ 法律规定的其他义务。这些都是法官必须遵守的法定职业伦理的内容。

根据《法官职业道德基本准则》,我国法官职业道德的核心要素有三项,即公正、廉洁、为民;同时还有五个方面的基本要求:

(1) 忠诚司法事业。这是法官应当奉守的最高政治道德,包括牢固树立社会主义法治理念,忠于党、忠于国家、忠于人民、忠于法律,做中国特色社会主义事业建设者和捍卫者;坚持和维护中国特色社会主义司法制度,认真贯彻落实依法治国基本方略,尊崇和信仰法律,模范遵守法律,严格执行法律,自觉维护法律的权威和尊严;热爱司法事业,珍惜法官荣誉,坚持职业操守,恪守法官良知,牢固树立司法核心价值观,以维护社会公平正义为己任,认真履行法官职责;维护国家利益,遵守政治纪律,保守国家秘密和审判工作秘密,不从事或参与有损国家利益和司法权威的活动,不发表有损国家利益和司法权威的言论。

(2) 保证司法公正。司法公正是法治国家的重要标志,是司法职能的核心追求,也是法官职业伦理最重要的实体性要求。从职业伦理的角度保障司法公正,要求法官做到七个方面的要求:第一,坚持独立行使审判权原则。客观公正审理案件,在审判活动中独立思考、自主判断,敢于坚持原则,不受任何行政机关、社会团体和个人的干涉,不受权势、人情等因素的影响。第二,坚持以事实为根据,以法律为准绳。努力查明案件事实,准确把握法律精神,正确适用法律,合理行使裁量权,避免主观臆断、超越职权、滥用职权,确保案件裁判结果公平公正。第三,实现程序正义。坚持实体公正与程序公正并重,严格按照法定程序执法办案,充分保障当事人和其他诉讼参与人的诉讼权利,避免执法办案中的随意行为。第四,确保司法效率。严格遵守法定办案时限,提高审判执行效率,及时化解纠纷,注重节约司法资源,杜绝玩忽职守、拖延办案等行为。第五,坚持司法公开原则。尊重人民群众的知情权,自觉接受法律监督和社会监督,同时避免司法审判受到外界的不当影响。第六,遵守司法回避制度。审理案件保持中立公正的立场,平等对待当事人和其他诉讼参与人,不偏袒或歧视任何一方当事人,不私自单独会见当事人及其代理人、辩护人。第七,尊重其他法官对审判职权的依法行使,除履行工作职责或通过正当程序外,不过问、不干预、不评论其他法官正在审理的案件。

(3) 确保司法廉洁。法官腐败将严重削弱司法公信力,廉洁正直要求法官处理好工作和生活中的多重关系。一是拥有正确的价值观。法官应当树立正确的权力观、地位观、利益观,坚持自重、自省、自警、自励,坚守廉洁底线,依法正确行使审判权、执行权,杜绝以权谋私、贪赃枉法行为。二是洁身自爱。严格遵守廉洁司法规定,不接受案件当事人及相关人员的请客送礼,不利用职务便利或法官身份谋取不正当利益,不违反规定与当事人或其他诉讼参与人进行不正当交往,不在执法办案中徇私舞弊。三是远离商业利益。不从事或参与营利性的经营活动,不在企业及其他营利性组织中兼任法律顾问等职务,不就未决案件或再审案件给当事人及其他诉讼参与人提供咨询意见。四是妥善处理个人和家庭事务。不利用法官身份寻求特殊利益;按规定如实报告个人有关事项,教育督促家庭成员不利用法官的职权、地位谋取不正当利益。

(4) 坚持司法为民。全心全意为人民服务反映到司法领域,就是要努力让人民群众在每一个案件中感受到公平正义。因此法官应当牢固树立以人为本、司法为民的理念,强化群众观念,重视群众诉求,关注群众感受,自觉维护人民群众的合法权益。法官要注重发挥司法的能动作用,积极寻求有利于案结事了的纠纷解决办法,努力实现法律效果与社会效果的统一。法官在日常工作中应认真执行司法便民规定,努力为当事人和其他诉讼参与人提供必要的诉讼便利,尽可能降低其诉讼成本。法官还应当尊重当事人和其他诉讼参与人的人格尊严,避免盛气凌人、"冷硬横推"等不良作风;尊重律师,依法保障律师参与诉讼活动的权利。

(5) 维护司法形象。司法行为准则还包括敦促法官维护司法形象和尊严,避免在职业中出现不当行为的现象。法官应当坚持学习,精研业务,忠于职守,秉公办案,惩恶扬善,弘扬正义,保持昂扬的精神状态和良好的职业操守。法官要坚持文明司法,遵守司法礼仪,在履行职责过程中行为规范、着装得体、语言文明、态度平和,保持良好的职业修养和司法作风。法官必须加强自身修养,培育高尚道德操守和健康生活情趣,杜绝与法官职业形象不相称、与法官职业道德相违背的不良嗜好和行为,遵守社会公德和家庭美德,维护良好的个人声誉。法官退休后应当遵守国家相关规定,不利用自己的原有身份和便利条件过问、干预执法办案,避免因个人不当言行对法官职业形象造成不良影响。

三、检察官职业伦理

我国的检察机关享有公诉权和法律监督权,是一种集司法性、行政性和监督性为一体的国家权力。检察官履行追诉犯罪和提起公诉的职责,其肩负的责任和掌握的权力高于一般的公职人员。如果检察官滥用职责、行为不当,无疑会对普通公民造成巨大伤害,也会给社会和国家造成危害。检察官以政府律师的身份追诉犯罪,与一般律师代理诉讼的行为有很大不同。律师仅对委托人负责,维护委托人的最大权益;而检察官代表和维护国家的公共利益,其责任重大,远高于一般律师。因此,检察官职业伦理规范更强调其公共属性,与法官的职业伦理要求有相当多的重叠之处,也有反应其职业专属性的独特内容。国际上检察官伦理规范均以客观公正为核心内容,同时还特别要求在打击犯罪时注重保障人权。

我国《检察官法》规定了检察官的职业要求和法定义务,内容与法官的相应要求基本相同。相较《法官职业道德基本准则》,《检察官职业道德基本准则》的内容高度概括和简洁,只有5条60个字,即坚持忠诚品格,永葆政治本色;坚持为民宗旨,保障人民权益;坚持担当精神,强化法律监督;坚持公正理念,维护法制统一;坚持廉洁操守,自觉接受监督。"忠诚""为民""担当""公正"和"廉洁",是贯穿我国检察官职业生涯的核心伦理规范。我国检察官的职业伦理具体可以分为三个方面:

(1) 职业信仰。检察官应当坚定政治信念,热爱祖国,捍卫社会主义事业;应当执法为民,坚持人民利益至上;应当维护法治,坚持宪法法律至上,致力于社会主义法治事业的发展进步;应当追求公平正义,促进司法公正,提高检察机关执法公信力。

(2) 职务内要求。首先,检察官应当依法履行职责,自觉抵制权势、金钱、人情、关系等因素干扰;坚持客观公正,秉公办案,不偏不倚,不枉不纵。其次,检察官应当遵守职业纪律,包括严守政治纪律、组织纪律、工作纪律、廉洁从检纪律、办案纪律、保密纪律、枪支弹药和卷宗管理纪律、公务和警用车辆使用纪律等。再次,检察官应当讲求职业作风,保持和发扬良好的职业作风、学风、工作作风、领导作风、执法作风等。最后,检察官还应当注重职业礼仪,遵守工作礼仪、着装礼仪、接待和语言礼仪、外事礼仪等。

(3) 职务外要求。检察官应当慎重社会交往,约束自身行为;谨慎发表言论,避免因不当言论对检察机关造成负面影响;遵守社会公德,弘扬家庭美德,培养健康情趣,坚持终身学习的习惯。

四、律师职业伦理

律师是法律职业共同体的中坚力量,在整个职业群体中占比最大。有时法律职业在最狭义的范围上指的就是律师群体。律师的职业定位反映了律师的性质与地位,一定程度上决定了律师的权利义务和伦理要求。我国自二十世纪七十年代末重建律师制度以来,对律师的职业定位经历过一些变化。根据现行《律师法》第 2 条,律师是指依法取得律师执业证书,接受委托或指定,为当事人提供法律服务的执业人员;律师的宗旨是维护当事人合法权益,维护法律正确实施,维护社会公平和正义。可见,律师是提供法律服务的执业人员,肩负着维护客户权益和实现法律公正的社会责任。

律师职业伦理是律师的执业之道、立身之本,既能促使职业主体自我约束,又是对其进行社会评价的尺度,具有非常重要的意义。

首先,律师职业伦理是实现委托人利益的重要保障。律师接受委托或指定,为当事人提供法律服务。但是相比于有形产品容易辨认质量,人们很难对无形的服务设定量化的评判标准,特别是法律作为高度专业性的知识和技能,使当事人判断法律服务良莠的难度增加。比如在没有发生纠纷前,人们很难判断律师起草的合同有没有问题;在法院作出法律判决前,当事人也很难判断律师的诉讼策略是否为最优。而但凡涉及聘请律师,往往事关当事人的重要利益或是遭遇人生危机的时刻,因此保持道德良心和职业责任心是律师对服务对象的无形承诺。律师能最大限度地从当事人利益出发进行职业活动,实现对当事人的忠实义务,是其核心职业道德要求。

其次,律师职业伦理是提升律师职业和法律服务行业竞争力的重要因素。律师行业归根结底是一种商业活动,是服务产业的一个细分市场。要保持这个市场具有持续发展的潜力,就要确保从业群体都能在一个道德平台上优胜劣汰,这里的优不仅指专业素质优秀,也指职业道德的优良。只有每个律师都恪守职业道德,树立良好的职业形象,律师群体才能获得社会公信力,积累职业口碑,获得公众认可与尊重,这又反过来便利了律师开展各种法律业务,获得更优越的服务对价费用,法律服务市场就可以良性发展和成熟起来。所以,确保职业道德底线也是对律师和法律行业的一种保护机制。

最后,律师职业伦理对国家法治建设有重要的促进作用。社会主义法治建设是一个从立法、守法、执法到司法的系统工程,每一个环节都离不开律师的参与。可以说律师是法治机体的毛细血管,深深贯穿于整个法律制度的运行中。律师正确解读和适用法律,积极参与人们的法律生活,能更有效地推动法律的实施,实现社会公平与正义。总之,律师是一国法治文明的重要标志,是依法治国的一支不可或缺的力量。

律师职业伦理与法官和检察官职业伦理有很多不同之处。律师需要处理和平衡好个人商业利益、委托人利益、公平正义、法治维护、公共服务精神等多方面的关系,因此律师职业伦理的内容比较广角和立体,需要形成合理的层次化规范体系。我国律师职业伦理的依据主要源自于《律师法》《刑事诉讼法》《民事诉讼法》等法律及其司法解释,《法律援助条例》《律师执业管理办法》等行政法规和规章,还有《律师执业行为规范(试行)》《律师职业道德基本准则》等中华全国律师协会和地方律师协会发布的规范性文件,归纳起来主要包括以下几个方面:

(1) 诚信勤勉义务。律师和委托人签订法律服务合同,形成合同法律关系,律师基于委托关系而对被委托人履行忠实义务,这是律师伦理要求的重中之重。第一,律师应当诚实守信,包括如实告知法律风险、自身专业技能、服务进展和费用等相关信息,不得作出虚假承诺;不得接受对方当事人财物或其他利益,恶意串通损害委托人利益;不得利用提供法律服务的便利牟取当事人争议的权益。第二,律师在代理法律事务的全过程中,应当恪尽职守,勤勉尽责,展现律师的业务素质和服务质量。除了高效率、高质量地完成法律事务外,律师还应当妥善保管委托人财物,不得随意转委托代理事项。第三,律师应当尽到保密义务,这是非常重要的职业伦理要求之一。保密义务源于律师和当事人之间建立的高度信赖关系。律师和律师事务所应当保守的秘密包括国家秘密、商业秘密、当事人隐私、委托人和其他人不愿泄露的有关情况和信息等。但是,律师还应当承担真实义务,且有时可能与保密义务相冲突。如果委托人或其他人准备或正在实施危害国家安全、公共安全以及严重危害他人人身安全的犯罪行为,这些事实和信息则不在保密义务范围之内。

(2) 利益冲突避免规范。多数国家都规定律师代理业务应当避免利益冲突,我国行业自治规范也有明确和详细的规定,包括律师不得在同一案件中为双方当事人担任代理人,或代理与本人或近亲属有利益冲突的法律事务等八类律师和律师事务所不得与当事人建立或维持委托关系的情形。不过禁止代理不是绝对的,还需要将当事人的意思自治、律师业务范围的商业性考量纳入进来,当律师告知并主动提出回避,而委托人知情同意且出具书面函明确意思表达时,可以豁免利益冲突避免义务。

(3) 推广和计费规范。关于律师业务推广,多数国家都设有限制,但宽严不一。我国持较为宽松的管理模式。律师、律师事务所进行业务推广应当遵守法律法规和执业规范,公平和诚实竞争,推广内容应当真实、严谨,推广方式应当得体、适度,不得含有误导性信息,不得损害律师职业尊严和行业形象。法律服务收费问题是非常核心的职业伦理内容,不适当的收费方式或过高的收费数额都有违执业道德。多数国家均规定了"公平合理"的义务,我国也是如此。律师承办业务,应当由律师事务所统一向委托人收取律师费和有关办案费用,不得私自收费,不得接受委托人的财物或其他利益,对计件收费、计时收费、比例收费、风险代理收费等都有相应规范。

(4) 职业关系规范。律师与委托人之间的关系是律师职业伦理的核心内容,但是律师的业务决定了他还要同其他法律职业主体建立频繁的工作关系,在这些职业关系中保持道德底线同样重要。首先是与司法人员的关系:律师在法庭上有真实义务,不得伪造、提交虚假证据,不得隐匿、毁灭证据,不得妨碍对方当事人合法取得证据;律师在法庭上应遵守程序规范,应当尊重司法人员,尊重法庭和仲裁记录,遵守程序性规定,不得扰乱法庭或仲裁秩序,不得干扰诉讼或仲裁活动的正常进行。律师在庭外也应当遵守行为规范,不得违规会见司法人员及相关工作人员,不得作出破坏司法廉洁的行为,不得发表不当的庭外言论,不得影响司法人员依法办理案件。其次是律师与律师同行之间的关系:应当互相尊重,不得随意贬损同行声誉;禁止采用人格诋毁、价格手段、制造纠纷、虚假承诺等手段进行不正当竞争,应当建设良性竞争关系。最后是律师与律师事务所之间的关系:律师事务所应当建立健全各项执业管理制度,保障律师权益,做好培训、经验交流等服务工作;律师则应当服从律师事务所的业务管理和监督,积极参与律所组织的活动。

(5) 社会责任规范。律师除了维护当事人合法权益外,还应当维护法律正确实施,维护社会公平和正义,因此担负社会责任是律师职业伦理的题中应有之义。律师应当认真履行法律援助职责,积极参与公益诉讼、人民调解,积极提供法律公益服务,特别是为特殊群体提供法律帮助。

第五节 法 律 思 维

一、法律思维的含义

法律思维是法律职业者的特定执业思维方式,用以识别法律问题,确定相关事实,并通过法律推理和论证来适用法律,得出结论,解决法律问题的思考模式。法律思维不同于一般的大众思维,属于专业思维的一种,可以说法治实质上就是一种独特的思维方式,法律职业教育的目标之一就是使学习者养成超越一般思维的特殊的思维习惯。

二、法律思维和大众思维的区别

英国中世纪法制史上记载了一件著名的轶事,生动地展现了法律思维和大众思维的不同。故事发生在国王詹姆斯一世和大法官爱德华·柯克之间。一位大主教将官司上诉到詹姆斯国王那里,他认为法官不过是王权的代理人,国王理应有权亲自审理案件并作出裁决,可是这个请求遭到大法官柯克斩钉截铁地否决,他说国王无权经手这样的诉讼案件。国王反驳道,法律建基于理性之上,而他和其他的人们所拥有的理性与法官的无异。柯克回敬道,上帝确实赋予陛下卓越的知识和非凡的天赋,但是国王并不精通英国的法律。而关乎其臣民的生命、继承、私产和巨额财富的诉讼,并不是由自然理性决定的,而应由人为理性和法律来裁决。法律是一门艺术,一个人只有通过长期的学习和经验积累才能获得对法律的认知。[①] 在专业化分工高度发展的今天,法律职业独立性的表现之一就是形成了一套独特的职业思维模式和技术,明显地区别于其他专业思维和大众思维。

三、法律思维的特点

法律思维具有以下特点:

第一,法律思维是实践理性思维。法学不同于自然科学和人文科学,不进行纯粹思辨,也不追求纯粹知识,而是追求实践知识,是一种实践理性。古典哲学把人类的活动分为三

---

① Roland G. Usher, "James I and Sir Edward Coke," *The English Historical Review* 18(1903): 664-675.

种：理论理性，也称思辨理性，它研究偶然事件的真实性和必然性；实践理性，它决定行动方案的正确性和正当性，即用理性来决定如何行动；技术，它寻求达成目标的最优方法。法律思维作为最典型的一种实践理性，就是针对特定法律现象，作出特定行为选择，解决特定法律问题的思考方式。

第二，法律思维是以实在法为起点的思维。法律职业者的思考总是以生活中实际发生效力的法律制度为基础而展开，注重运用规范分析的方式作出法律评价。他们很少借助超越实在法的哲学或伦理性思维来批判法律，得出道德性评价。法律思维是以法律为起点和平台的理性思维方式，法律规则构成演绎推理的大前提，脱离法律规则无法进行法律推理。当然法律思维的边界也受制于法律的约束和限度，法律职业人不可能天马行空地进行浪漫的创意性思考。

第三，法律思维是以问题解决为导向的思维。法律职业者进行思考总是以解决生活中的实际问题为目标的，需要形成肯定的判断，给出明确的具有唯一性的答案。这些问题可以通过立法方式以规则确立的形式加以规范，也可以通过司法方式以定分止争的形式加以解决。法律思维主要不是为了推进真理而进行的学术思辨，也主要不是为了抒发情感而发生的感性思考，尽管在解决法律问题的论证过程中有可能促成一定理论的形成，也可能产生以理动情的效果。

第四，法律思维是以权利和义务为线索的思维。法律以权利和义务为主要内容，因此法律思维也主要是将思考对象按照权利和义务的二元关系来进行分解和分析，厘清权利之间的冲突，义务和责任的归属，最终以权利和义务再分配的方式解决问题。因此法律权利和法律义务构成了思考绝大多数法律问题的逻辑线索，法律思维方式的实质就是从权利和义务的视角来识别问题、分析问题和解决问题。

第五，法律思维是实体与程序并重的思维。与其他大多数思维更偏重实体内容和结果不同，法律思维将程序置于同实体同样重要的地位进行问题思考。法律职业者不可能脱离程序要件而单独考虑实体问题的解决，因为程序要求本身具有独立的法律意义，构成解决法律问题的组成部分，因此法律人只能在程序范围内进行思考和判断。

第六，法律思维是以得出法律评价为结果的思维。法律职业者总是根据法律来对特定行为或事件给出合法或违法的客观评价。这种评价可能包含道德因素，也可能与道德无涉，目的是让人们明确若以法律作为衡量尺度或判断标准，可以如何认识、预测和安排自己的行动选择。相较之下，经济思维追求的是效益最大化，伦理思维教导人们判断善恶，政治思维寻求在权衡下作出可变通的、合目的性的选择，而法律思维则追求通过法律评价实现公平和正义。

第二十章　法治和法制

第一节　法治和法制释义

一、法治释义

（一）中西法治概念的历史比较

关于法治有多种不同的界说。中国最早提出法治主张的是强调建法立制、富国强兵、以法治国的先秦法家。法家的法治(rule by law)有别于现代法治(rule of law)，它并非真正意义上的法治。它强调用以刑罚为核心的法作为统治社会、处理国事的准则，同时建立依照个人能力授官的官僚制度，使得君主集中权力，运用刑罚统治天下。在一定程度上它仍然是"人治"的一种曲折反映。其一，中国古代社会"一人之治"的现实社会制度，决定了君主和皇帝无论采用什么手段治理国家，都只能是"人治"的翻版。其二，法家法治中的"法"的主要内容是刑罚，是人治传统下"治民"的专制手段。其三，法家的法治是皇帝旨意下的法治，它与人治是互补的。先秦法家的法治与儒家主张的德治都是中国封建社会的治国手段，但两者并非对立关系，而是以"德治"为主、"法治"为辅（"德主刑辅"），先"德治"、后"法治"就是贯穿整个中国封建社会的基本国策。

古希腊思想家亚里士多德尤其倡言法治，反对人治，提出法治优于一人之治的著名命题，认为法治比人治理智和公正，比人治正确和高明，比人治稳定和可靠，并给法治下了定义："法治应包含两重意义：已成立的法律获得普遍的服从，而大家所服从的法律又应该本身是制定得良好的法律。"① 近代意义的"法治"就是从西方传入我国的，近代法治理论有着深刻的政治、经济和社会历史背景。西方学者指出，"法治"一词的含义在西方也是变动不居的，西方古代对于法与权力的关系的讨论奠定了法治观念的基础。多种不同含义的一个共同标准就是禁止政府的独断专横和高度保障公民与国家关系中的"合理性"。②

近代以来，西方思想家、法学家一般也都强调法治。他们强调按照民主原则立法，一切以法为治。近代晚期，英国政治思想家戴雪明确提出了法治的概念，他认为法治应当包含排除专断，法律至上，各个阶级、阶层在法律面前一律平等等基本原则。法治作为一个概念和现象，"它意味着所有权力，立法、执法、司法等权力，都服从一定的原则，这些原则通常被视为表达了法律的各种特征，如：正义的基本原则、道德原则、公平和正常程序的观念。它意味着尊重个人的最高价值和尊严"。"法治的意思是不仅政府维护和执行法律秩序，而且政府本身要服从法治，绝不能无视法律或任意更改法律。"③

---

① 〔古希腊〕亚里士多德著：《政治学》，吴寿彭译，商务印书馆1965年版，第199页。
② 参见〔美〕H. W. 埃尔曼著：《比较法律文化》，高鸿钧译，生活·读书·新知三联书店1990年版，第94页。
③ 〔英〕沃克著：《牛津法律大辞典》，北京社会与科技发展研究所组织翻译，光明日报出版社1988年版，第1093—1094页。

(二) 形式性的法治概念和实质性的法治概念

根据构成要素的不同,法治又可以分为形式性的法治和实质性的法治。① 形式性的法治更为强调法治的形式性和工具性的方面,即任何法律体系为了有效履行其职能所必须具备的特征,而对法的体系的社会和政治属性少有问津。一般认为,这类法治理论的重要理论渊源是复兴自然法学派代表人物富勒的法律理论。富勒认为,法律应该具有普遍的、公开的、可预见、能够被遵守和执行等特征要素。而实质性的法治,不仅包括上述有关法治的形式性要素,还包括了经济体制、政治伦理、政府形式乃至人权概念等内容。现代西方国家所推崇的自由民主派法治观,包括了资本主义自由市场经济、使得公民可选举其在各级政府中的代表的多党民主制以及自由主义人权观等内容。这种法治观认为,民权和政治权利应优先于经济、社会、文化和集体权利。尽管西方法治理论和实践包含着诸多可资镜鉴的合理成分,但是这种产生于发达的西方自由民主制背景下的现代法治概念是否适用于中国法治实践,仍然是一个需要具体分析的问题。1997 年,我国提出"依法治国,建设社会主义法治国家"的主张,并于 1999 年将其纳入宪法。在这种时代背景下,一般意义上的法治概念、法治对中国的价值以及实现它的资源和障碍受到了学界的广泛关注。一些学者对于自由民主派的法治能否在中国国情下实现提出疑问,他们主张,建设具有中国特色的法治,必须综合考虑历史、文化传统、意识形态、法律和政治制度发展状况等制约因素。形式性法治和实质性法治的分类,为我们思考法治问题特别是处于中国国情语境下的法治问题提供了一个比较独特的分析框架。

(三) 中国学者对法治概念的理解

现代法治,意即法的统治(rule of law),是以民主为前提和目标,以法律至上为原则,以严格依法办事为核心,以制约权力为关键的国家治理方式、社会管理机制、社会活动方式和社会秩序状态。②

1. 法治意指一种治国方略或社会调控方式。在这种意义上,法治有两个相对面:人治和德治。

2. 法治意指依法办事的原则。特别是在现代法治社会,依法办事已经成为社会关系主体的普遍行为准则。从与古代法治对立的意义上甚至可以说,现代法治的精髓是官吏依法办事,只有官吏依法办事,接受法的约束,才有法治可言。

3. 法治意指良好的法律秩序。无论是作为治国方略,还是作为依法办事的原则,法治最终要表现为一种良好的法律秩序。达到某种法律秩序,既是法治的目标和结果,也是检验是否厉行法治的一个重要指标。

4. 法治代表某种具有价值属性的社会生活方式。现代法治的价值基础和取向至少应当包括:法必须体现人民主权原则,必须是人民根本利益和共同意志的反映,并且是以维护和促进全体人民的综合利益为目标的;法必须承认、尊重和保护人民的权利和自由;法律面前人人平等;法承认利益的多元化,对一切正当的利益施以无歧视性差别的保护。③

---

① 参见梁治平编:《法治在中国:制度、话语与实践》,中国政法大学出版社 2002 年版,第 34 页。
② 张文显主编:《法理学》(第五版),高等教育出版社 2018 年版,第 366 页。
③ 同上书,第 367—368 页。

当代中国已经提出了实现法治的主张,确立了"建设中国特色社会主义法治体系,建设社会主义法治国家"的目标,而中国的法治自然不同于以往的法治和其他国家的法治,中国的法治以体现人民共同意志和根本利益的法和法律制度,作为国家生活、社会生活和公民生活的基本准则,是指社会主义国家的依法治国的原则和方略,也是同人治相对的治国理论、原则、制度和方法。

二、法制的概念[①]

"法制"一词通常可以从两种意义上理解:

1. 与法律和制度相关的法制,即 legal system、legal institution。这种法制是把法制同法律和制度联系起来。这种法制又有两种理解和使用方式。其一,指国家的法律和制度简称。中国古代典籍中的"法制"一词多指此义。其二,指国家的法律制度的简称,包括国家的立法、执法、司法、守法诸方面的制度。这两种意义上所说的制度有所不同,一指国家依法制定的政治、经济、文化、教育、军事等各方面的制度;二指法所规定的国家立法、执法、司法、守法制度。同法律和制度相关的法制,其前提和基本要求、基本内容是要制定一定的法和制度。有法和制度的国家都有这种法制。奴隶制社会、封建制社会、资本主义社会、社会主义社会都有法和制度,因而都有这种法制。

2. 与民主制相关的法制。这种法制是把法制同民主制联系起来,指掌握政权的阶级按照民主原则把国家管理制度化和法律化,并严格依法进行国家管理的一种方式、制度。历史上各种类型的国家都有不同形式和程度的法和制度,但并不都有法制,只有实行民主制的国家才有法制。

这种法制的基本要求和内容,不仅在于制定一定的法和制度,而且更在于严格实施法和遵守制度。同民主制相关的法制是近代意义上的法制,在古代社会一般不存在这种法制。以民主制为前提和基础的法制,一般都要求贯彻守法原则,要求一切组织和个人都遵守法,依法办事;要求贯彻平等原则,即实行法律面前人人平等;要求贯彻统一原则,即在全国范围内建立统一的法律制度。这种意义上的法制,实际上已经同法治大体相似。

三、法治和法制的区别和联系[②]

法治与法制的区别主要表现在:

第一,法制既指一国的法律制度或法律和制度,也可以指严格依法办事的一种方式、制度。而法治概念的含义则主要在于主张执政者严格依法治理国家。"法治"一词明确了法律在社会生活中的最高权威。法治是众人所同意的法律之治,是与民主相联系的,在国家治理的方式上与人治有着本质区别。

第二,当法制作为法律制度或法和制度的简称时,它指的是具有实体性的法和制度,属于制度的范畴,强调加强法制是强调要有治国的工具。而法治是一种治国的理论、原则和方法,相对人治而言,强调法治就是强调法和制度这种工具在治理国家中具有极其重要的地位

[①] 本题内容见周旺生著:《法理学》,北京大学出版社2006年版,第277—279页。
[②] 同上书,第279—280页。

和作用。一国执政者特别看重法和制度的作用,以法治国,即为通常所说的法治。

第三,法制既强调国家机关和公职人员必须严格守法,也强调每个公民守法。而法治强调的主要是一切国家机关和公职人员必须严格守法,依法办事。

第四,法治蕴含了法调整社会生活的正当性;法制并不必然地具有正当性,它更为强调秩序价值。任何国家都有自己的法和制度,亦即都有某种意义上的法制;但并不是每个国家都以法治国,都有法治。

法制与法治又有密切联系。主要表现在:一方面,当法制意指严格依法办事、依法进行国家管理时,同法治含义相当。当法制意指一国法律制度的简称时,同法治也有密切联系。因为,一国法律制度的健全需要有法治理论指导,执政者没有法治观念,不重视法律制度在治国中的作用,不重视对法律制度的执行和遵守,就不可能真正加强法制。在现代国家,法律制度建设应当以法治为目标和归宿。如果不实行法治,法制就难以真正有效地实行,法制的价值因而也就难以真正实现。另一方面,法治的实现,又需要以健全法制为条件,没有健全的法律制度,就不可能有真正的法治,因而健全法制是建设现代法治国家的前提条件。

第二节 法治的原则和条件[①]

一、法治的基本原则

法治的基本原则和内容是什么,在西方以及当代中国都是一个众说纷纭的问题。西方学者虽然对此早有论及,但是由于法治观的差异并未取得共识。早期的英国政治思想家戴雪认为法治原则有三:(1)法律具有绝对的至高无上的地位。(2)任何人的权利和义务都必须由普通法院来审决。(3)不是宪法赋予个人权利与自由,而是个人权利产生宪法。拉兹则把法治原则归纳为八条:(1)法律应当是公开和明确的规则。(2)法律应当相对稳定,不能频繁改变。(3)特别法的制定尤其要符合公开、稳定、明确和普遍的原则。(4)司法独立。(5)审判公开、公正,为此应当坚持正当程序。(6)法院应当有权审查其他法治原则的实施。(7)司法程序应当简便易行,诉讼期限不能过长,不能久讼不决。(8)惩罚犯罪的机构所享有的自由裁量权应当受到法律的严格限制。还有人认为法治的核心就是确保个人权利;还有人认为法治必须体现诸如平等、实体公正等价值要素,把"良法"作为实现法治的前提条件;还有一些人更注重程序公正对法治的意义,强调形式性或程序性的法治理论。我国学界对法治的原则也有多种表述,有代表性的观点包括:

1. 在戴雪和拉兹观点的基础上,把我国的法治原则归纳为人民主权、依法行政、保障人权等原则。[②]

2. 从法治国家的条件和标准入手探讨法治的基本原则。现代意义上的法治国家,其基本含义是国家权力,特别是行政权力必须依法行使。其基本条件和标准主要有:(1)通过法律保障人权,限制公共权力的滥用。(2)良法的治理。(3)通过宪法确立分权与权力制约的

[①] 本节内容见周旺生著:《法理学》,北京大学出版社 2006 年版,第 280—285 页。
[②] 李步云主编:《法理学》,经济科学出版社 2000 年版,第 376—381 页。

国家权力关系。(4)赋予广泛的公民权利。(5)确立普遍的司法原则等。

3.从法治的制度要素和机制的视角界说法治的原则。这些要素和机制是:(1)社会应当主要经由法律来治理。(2)社会整合应当通过法律来实施和实现。(3)立法政策和法律必须经由民主程序制定。(4)法律必须建立在尊重和保障人权的基础之上。(5)法律必须具有极大的权威性。(6)法律必须具有稳定性。(7)法律必须具有连续性和一致性。(8)法律必须以平等地保护和促进一切正当利益为其价值目标。(9)法律应当能够有效地制约国家权力,防止国家权力的失控和异变。(10)法律应当力求社会价值的衡平与互补。①

4.从应然的角度出发,提出法治所应当奉行的基本原则。即(1)通过法律对权力实行控制原则。(2)权力与责任相统一原则。(3)权利保障原则与社会自由原则。(4)公民义务的法律化和相对化原则。②

国内学界对法治原则的争议表明,应当重视研究法治原则的方法问题。一是法治原则要贯穿整个法治,只涉及法治的局部问题而不具有统领性的提法,不宜作为整个法治的原则。二是法治原则属于基本原则,不宜将琐细的法治要求上升到法治原则的高度。三是要注意法治与国情的联系,要充分注意确立与一定国情相联系的法治原则。四是要考虑法治本身的成熟程度,确定与这种成熟程度相联系的法治原则。但无论如何,已有的关于法治原则的论说,是我们继续研究的资料渊源和思考基础。

基于以上考虑,我们以为,中国现时期的法治,可以和应当确立这样几项原则:

第一,法律应当成为国家生活和社会生活的基本准则。国家一切活动都应当接受法律的规范,社会生活各个基本环节都应当由法律来规制。法律应当成为国家生活和社会生活中的第一位基本准则。

第二,法律应当在整体上臻于良法之境。实行法治需要有良法,这是自亚里士多德以来的思想家、法学家和立法者、司法者的普遍共识。但良法在不同国情、不同时代和不同语境之下,应当有不同的内涵。在当代中国,良法的主要标志应当是:法是人民意志和利益的体现,充分反映和保障人民主权和其他各种需要以法的形式反映和保障的权利;法是国家生活和社会生活摹本需要的适当反映,能够对实际生活的需要适时地予以制度描述和制度满足;法是技术水平比较高超的科学的法,融合了现代各国法律制度中先进的并且可以引进为我所用的法律技术,是完全可以用来实施而不是难以实施的法。良法原则是划清现代法治与古代法治界限的重要标准。

第三,法应当在国家生活和社会生活中具有极大的权威。所有个人和组织的法律权利都能得到应有的保障,所有个人和组织的法律义务都能得到应有的兑现。任何合法行为都能受到法的保护,任何违法行为都能受到法的应有追究。不允许存在超越法或凌驾于法之上的特权人物和特权组织。法就是国家生活和社会生活的最重要、最有权威的准则。坚持这一原则,就要同特权、专权、专制、人治等因素抗争。这是中国法治走向现代化过程中尤其需要坚持的一项原则。"有法必依,执法必严,违法必究",所强调的核心性因素,也正是坚持法的权威这一原则。

---

① 张文显著:《法哲学范畴研究》(修订版),中国政法大学出版社2001年版,第160—166页。
② 曾宪义总主编:《法律硕士专业学位研究生联考考试指南》(第二版),中国人民大学出版社1999年版,第91—95页。

二、法治的基本条件

法治的基本条件,是指建设法治国家所需要具备的外部因素的统称。法治的条件并不等同于法治的内部因素,法治内部的因素是属于法治本身的因素。因此,在研究法治的条件时,我们应当把法治的基本条件与法治自身的标志区别开来,注意划清法治条件同法治标志的界限。法治条件是可以影响法治的因素,但并不是法治本身。忽视这一界限,就可能把属于法治本身的因素——法治之所以作为法治的标志,也视为法治的条件。例如,"有较完备的法律和较健全的立法、执法、司法、法律监督机制以及较强的法律职业""有完备的法和系统的法的体系""有一个独立的具有极大权威的司法系统和一支高素质的司法队伍",有"法律至上"等方面的观念,以及"法治观念""崇尚法律的理念",等等,属于法治本身的标志,它们的存在,已经表明法治发展的程度,它们一般不是法治的条件或基础,而是法治本身的组成部分。当然,有些现象,例如法律至上、权利平等、权利本位以及其他一些法治观念等,在一定意义上也可以说既是法治本身的组成部分,也含有法治条件的某种因素。

建设法治需要具备哪些条件,不仅取决于某些共通性的条件,更与建设法治的国家特定的国情、时代背景直接地或深刻地相关联。关于法治的条件问题,我国学界的论述也是驳杂的,但比之关于法治原则的论述,共识性是比较显著的。其中比较有代表性的观点包括以下几种:

第一,"四基础说"。有学者指出:从西方法治发展历史看,现代法治的基础包括四项内容:发达的市民社会是法治的社会基础;自由的市场经济是法治的经济基础;崇尚法律的理念是法的文化基础;为维护规则而设置的政治与法律结构是法治的制度基础。[1]

第二,"三基础说"。有学者指出,实现法治国家必须具有一定的经济、政治、文化条件为基础,具体表现为:法治的经济基础是商品经济和市场经济;法治的政治基础是民主政治;法治的文化基础是理性文化。[2] 有的学者则认为,法治的文化基础是法治概念。[3]

第三,"两条件说"。有学者阐述了社会主义法治国家需要具备的制度条件和思想条件。制度条件包括:必须有完备的法律和系统的法律体系;必须具有相对平衡和相互制约的符合社会主义制度需要的权力运行的法律机制;必须有一个独立的具有极大权威的司法系统和一支高素质的司法队伍;还必须有一个健全的律师制度。思想条件则包括确立法律至上、权利平等、权力制约、权利本位等方面的观念。[4]

还有学者指出,法治国家的构成要素包括:形式要素、制度要素、价值要素和观念要素。[5]

我们以为,研究法治的条件,需要考虑两点:一是建设法治国家一般应当具备什么条件,二是建设特定的法治国家应当具备什么条件。基于此,我们认为,在中国现时期建设法治国家,需要注重把握以下几项条件:

第一,经济条件——现代市场经济。现代市场经济是消除集权专制传统影响的最深刻、

---

[1] 李步云主编:《法理学》,经济科学出版社 2000 年版,第 381—387 页。
[2] 张文显主编:《法理学》(第二版),高等教育出版社 2003 年版,第 336—337 页。
[3] 周永坤著:《法理学——全球视野》,法律出版社 2000 年版,第 539—544 页。
[4] 葛洪义主编:《法理学》,中国政法大学出版社 1999 年版,第 269—274 页。
[5] 参见舒国滢主编:《法理学导论》,北京大学出版社 2006 年版,第 311—315 页。

最有效的物质力量。市场经济实质上是法治经济,建设市场经济体制,必然从实质上推进法治国家建设,为法治国家建设提供相适宜的经济基础条件。这是法治建设需要具备的基础条件、一般条件。在中国传统国情中,小生产经济曾经长期占据统治地位,权利意识、私权意识等极不发达,专制集权根深蒂固,因此,需要以建设市场经济为契机,培育普遍的权利意识、私权意识等,促进制度建设,形成法治局面,建成现代法治国家。努力建设市场经济,既是法治国家建设的一般要求,也是中国法治国家建设的特别要求。

第二,政治条件——现代民主政治。法治并不必然带来民主,历史上的法治就曾有过非但没有带来民主反而带来更大的专制的情形。但是,民主与法治的结合则可以使法治成为有益于文明发展的法治。法治接纳和需要民主的程度,在很大程度上取决于法治本身的性质和先进程度。现代法治就是与民主联姻的法治,现今世界上的法治国家,多为与民主结合的法治国家。法治是否与民主结合,不仅取决于民主是否选择法治,而且首先取决于法治是否选择民主。现代法治建设与民主建设并行不悖才会获得成功。在中国国情之下,注重民主建设,抵消集权专制传统的负面影响,对于发展现代法治具有重要价值。

第三,文化条件——现代法律文化。现代法律文化是建设法治国家的重要文化条件,对我国而言,建设中西合璧的法律继承和移植机制具有重要的文化价值。建设中国现代化法治国家,绝对不能采取闭关锁国的做法、拒绝接纳国外的法治文化,而是应当以开放的心态,选择和移植可资借鉴的外国法治资源或法治文化。法治与本土环境、本土制度文化有着深刻的关联。每一种法治实际上都是特定的本土资源所生长出来的法治之果。鉴于文化和制度的地域性,决定了我们只能采取有选择的移植、接纳的方式,"以中为体,以西为用",才能将外部先进法治文化因素融入本土资源之中。

第三节　法制和民主[①]

一、民主的概念

"民主"一词来源于古希腊文 demokratia,它由希腊文 demos 和 kratia 两个词组成,前者指"人民",后者指"权力"或"统治",合起来指"人民的权力"或"多数人的统治"。"民主"意指一种国家制度、政治制度,即民主制度(亦即民主政体、民主政治),用来表示奴隶制国家政权的一种构成形式。古代奴隶制国家有多种形式,有君主制、共和制、贵族制形式,也有民主制形式。它们的主要区别在于:"君主制是一人掌握权力,共和制是不存在任何非选举产生的权力机关,贵族制是很少一部分人掌握权力,民主制是人民掌握权力。"[②]马克思主义经典著作也充分肯定民主是一种国家制度、政治制度。列宁说:"民主是国家形式,是国家形态的一种。因此,它同任何国家一样,也是有组织有系统地对人们使用暴力,这是一方面。但另一方面,民主意味着在形式上承认公民一律平等,承认大家都有决定国家制度和管理国家的平等权利。"[③]

---

① 本节内容见周旺生著:《法理学》,北京大学出版社 2006 年版,第 285—289 页。
② 《列宁全集》(第 37 卷),人民出版社 1986 年版,第 67 页。
③ 《列宁选集》(第 3 卷),人民出版社 1995 年版,第 201 页。

民主作为一种国家制度、政治制度,意味着:(1)民主的实质是关于各阶级在国家政权中的地位以及掌握政权的阶级采取什么形式来组织国家政权的问题。(2)民主属于社会上层建筑的范畴,由一定的经济基础决定并为其服务。作为上层建筑中的一种国家制度、政治制度,它是人们所追求的,因而是目的;从民主作为上层建筑组成部分又为经济基础服务的角度看,它又是手段。(3)民主是历史的概念。世界上只有具体的民主,没有抽象的民主。作为国家制度、政治制度的民主,它随着国家政权的发展而由低级向高级发展。迄今已有古代民主、资本主义民主和社会主义民主等不同类型的民主。

古代民主在古希腊雅典获得高度发展。但古代民主制不是奴隶制国家的普遍形式,它只存在于很少一些城邦,也只属于少数人。资本主义民主是近代意义上的民主。它承认公民在政治上享有自由和平等权利,国家的主要机关和主要公职人员由选举产生,实行少数服从多数和法律至上的原则等。它以自由、平等学说为理论基础,在民主的主体上突破古代民主限于城邦公民即少数人的界限,把自由和平等扩展到整个社会,它以分权制、议会制、普选制、两党制(多党制)作为民主的主要构成部分和表现形式。但资本主义民主仍有深刻的局限性。它的理论基础是假想的天赋人权等学说;它的经济基础是少数人占有生产资料和绝大多数财富。社会主义民主建立在生产资料公有制的基础上,其本质和核心是一切权力属于人民。它的具体形式也不同于资本主义民主。中国现时期的民主制度以人民代表大会制度为重要制度载体。

二、法制和民主的一般关系

法制与民主的关系是当代中国法律理论和实践中的一个重要问题。法制与民主两者相互依存,不可分离。不能把它们割裂开来或对立起来。没有民主的法制是一种"异化"的法制,甚至可能导致专制;没有法制的民主是一种缺乏制度保障的民主,甚至可能导致无政府主义。当代中国的民主和法制建设需要紧密结合,同步进行,相互促进。

(一)民主是法制的基础

1. 民主是法制的前提。在当代中国,民主的内容主要是工人阶级和其他人民掌握国家政权,当家作主,行使管理国家和管理其他事项的权力。法制则是取得胜利、掌握国家政权的人民的意志和利益的体现。只有实现民主,由全体人民掌握国家政权,才谈得上制定出体现自己意志的法制。同时,民主作为政体,意味着多数人的统治,而法制是一定阶级的共同意志的体现,不应当是个别人、个别集团意志的体现。现代意义上的法制,其中心环节是依法办事,人人在法律面前平等,反对超越法律的特权。这种法制只能存在于民主政体中,绝不能存在于专制政体中。

2. 民主是法制的一个原则。法制的民主原则是指在立法、执法、守法、法律监督等法制的种种环节上,都实行民主。坚持法制的民主原则是由法制的本质决定的。当代中国法制应当是社会主义法制,这种法制在立法上民主地反映人民的意志,在执法、守法上人人平等,在法律监督方面体现民主精神,因此能够真正贯彻民主原则。

3. 民主是法制的力量源泉。(1)在立法上,充分发扬民主,有助于公众充分表达自己的意志和利益,并使立法者在立法中集中体现这些意志和利益,制定真正符合客观规律的法律。(2)在执法和司法上,充分发扬民主,依靠公众的支持、帮助和监督,有利于防止主观主义、官僚主义、滥用职权等现象,预防和遏制违法犯罪活动,维护法律的权威。(3)在守法上,充分发扬民主,有利于社会公众监督国家机关守法,也有利于人们互相监督共同守法。

4. 民主在促进法制发展方面也有重大作用。随着社会发展,民主不断健全和完善,法制也必然随之发生相应的发展变化。法制的完备程度,是同民主发展的阶段相适应的。民主的发展是逐步的,法制的完备也必然是逐步的。超越社会的物质基础和民主的发展阶段,刻意追求法制的"完备"是不现实的。因此,加强法制,务必要发展民主。

(二)法制是民主的保障

1. 法制确认民主。法制是对一定的国家的民主性质和形式的确认。民主的存在、实现和发展,需要法制使它合法化、法律化、制度化,从而具有权威性和稳定性,获得法制的力量。美国学者卡尔·科恩在论述"民主的法制条件"时指出:"在实行民主的社会中,某些原则是必须写进宪法中去的。这些即保证允许并保护公民从事参与社会管理所需的各种事项的原则。这些保证就是民主的法制条件。"[①]

2. 法制规定民主的范围。民主并非绝对的、无限制的,而是在宪法和法律范围内的民主。民主的主体和内容都是广泛的。民主权利和自由只有通过法律规范的确认和设置才能保障。通过法律的规定,民主权利和自由才有明确的范围。我国法律规定,享受民主的是广大人民而不是少数人,人民在管理国家、管理社会生活的各个方面,都享有广泛的民主权利,这些规定可以使人民明确民主的范围有多大,在行使民主权利时有明确的方向,同时也使国家机关和公职人员在维护和保障人民民主权利的工作中有章可循。

3. 法制提供了民主的实现路径和方法。一方面,法制规定实现民主的程序和方法,为各项民主权利的行使提供了有效措施。另一方面,法制通过规定义务以保障民主权利的有效行使。法制正是在保证充分行使民主权利的同时,又反对一切侵犯人民民主权利的行为,反对极端民主化和无政府主义的行为,反对超越宪法和法律范围的行为,并以明确的形式比较系统地规定人们在行使民主权利的时候,不得损害国家、集体和他人的合法权益,不得滥用权利。

4. 法制是保卫民主的后盾。一方面,根据违法犯罪者破坏和损害民主的不同情节和后果,法制给予其不同形式的制裁,使民主得到切实保障。另一方面,法制还通过遏制官僚主义来保障民主。

三、法制的民主化和民主的法制化

中国社会不仅需要通过民主实现法制,而且需要法制保障之下的民主。中国的民主政治建设,不仅应当将法制与民主紧密结合起来,还要使它们相辅相成,相互作用,相互渗透,相互融合。坚持法制的民主化和民主的法制化,正是促成这种渗透、融合的有效途径。

---

① 〔美〕科恩著:《论民主》,聂崇信、朱秀贤译,商务印书馆1988年版,第121页。

（一）法制的民主化

法制的民主化，是指在法制的各个环节上都坚持民主原则。法制的民主化不是每一种类型的法制都能做到的。法制的民主化是资产阶级反对封建专制的成果。但资本主义制度的本质决定了它不可能真正实现彻底的民主化。社会主义法制有必要且有可能实现法制的民主化，法制的民主化主要体现在：

1. 立法的民主化。一方面使所立的法充分反映人民的共同意志和利益，确认和保障民主，特别是确认和保障人民当家作主，管理国家和管理经济、文化事业和社会事务的权利，规定各种民主权利得以实现的方式和保障。另一方面在立法的过程中坚持党的领导和群众路线相结合，专门机关和社会公众相结合，使人民成为立法的主人。

2. 执法和司法的民主化。一方面使执法和司法的过程成为维护人民利益、保护人民民主权利的过程。另一方面使执法和司法的过程成为依靠人民、争取人民支持帮助的过程。

3. 守法的民主化。一切国家机关、社会组织和个人都要遵守宪法和法律，在法律面前一律平等，不允许有超越法律之上的特权。同时，通过发扬民主，促使一切组织和个人自觉守法。

4. 法律监督的民主化。动员和通过各方面，特别是动员和通过人民群众，来监督立法、执法、司法和守法。

（二）民主的法制化

民主的法制化，是指通过国家政权，以法的形式，将一定的民主成果加以总结、确认和固定，使之法律化、制度化，从而获得国家强制力的保障。历来实行民主制的国家，都注意运用法律制度来保障民主。早在古希腊，雅典政治家梭伦便以立法的形式确认民众大会为城邦最高权力机关。资本主义民主制下也重视民主的法制化问题。中国更有必要、有条件将民主法律化、制度化，这是由我国社会制度的性质所决定的。另外，中国是一个封建历史很长的国家，要彻底清除封建专制主义的影响，使民主真正彻底地在国家生活中得以实现，必须特别借助法制的力量，使民主法律化、制度化。实现民主的法制化的主要措施如下：

1. 把国家的民主制度、民主形式、民主程序、民主生活和人民的民主权利，用法律制度固定下来，使其不因领导人的改变而改变，不因领导人的看法和注意力的改变而改变，使民主因其获得法制的有力保障而在中国逐渐成为一种深厚的传统。

2. 运用法制的力量同危害民主、侵犯人民民主权利的行为进行斗争，使这种斗争有法可依、有章可循，真正做到不论何人、何组织，只要危害了民主，侵犯了人民的正当的民主权利，都要受到国法的制裁。

3. 使人民了解自己究竟有哪些民主权利，了解自己应当怎样行使民主权利，从而正确地行使自己的民主权利。也使人民了解国家有哪些民主制度受法律保障，应当怎样依法维护国家的民主制度，从而在国家的民主建设方面作出自己受到法律确认和保障的努力。

第四节　建设法治中国①

一、理念的重构：丢弃人治，走向法治

倡导法治还是固守人治是一个关乎治国方略的重大抉择。丢弃人治，走向法治，是中国法治建设的必由之路。实行法治还是人治，直接决定着一国的法制地位和状况。实行法治，则法制必然被置于显豁地位，即便封建王朝也概莫能外。如若实行人治，法制未必始终处于重要地位。我国汉代以后的历代封建王朝虽然法典体系庞大，法制完备，但由于实行人治，法制通常都被置于无足轻重的地位甚至被弃之不用。新中国成立之初，伴随着我国第一部宪法的颁布实施，《全国人民代表大会组织法》《国务院组织法》等五部组织法相继出台，刑法、民法、刑事诉讼法、民事诉讼法也开始起草。然而，人治思想的倾向与"阶级斗争"治国纲领的错误结合，直接导致了人治思潮在理论和实践中的绝对主流地位。

1979年后，实现由人治向法治的转换已成为共识和目标，这为法治和法制的良性互动创造了良好契机。中国法制要真正得以健康、稳定、持久地发展，关键在于在理念层面彻底丢弃人治，笃行法治，建设法治国家、法治政府、法治社会，把法制活动作为国家生活中最重要的活动之一予以认真对待，从而实现社会主义法制的当代价值。1999年我国《宪法》确立"依法治国，建设社会主义法治国家"的治国方略，正是在尊重世界法治国家建设规律、反思我国法治建设历史教训的基础上所做的明智选择。

二、路径的选择：发展现代法治和法制

笼统地强调推行法治、重视法制并不能建成法治国家，问题的关键在于建设何种类型的法治和法制。法治和法制历来有不同类型，在民主制度和封建集权专制制度下都可以实行法治，都会给予法制以特别重要的地位。而我们追求的法治，应当是现代法治和法治国家；我们所要加强的法制也应当是现代法制。

现代法治主要也是由立法和法的实施两方面构成的。诚如亚里士多德所说："法治应包含两重意义：已成立的法律获得普遍的服从，而大家所服从的法律又应该本身是制定得良好的法律。"现代法治的主要标志应当是：(1) 国家生活、社会生活和公民生活的各个基本方面或绝大多数环节，都依法运行；国家一切权力的存在和行使都必须有法的根据；社会生活的众多方面都必须接受法的调整；社会成员以公民的身份进行活动，其各种行为都必须以法为规范，享受法所确认的权利，履行法所规定的义务。(2) 这种法有利于社会进步，有利于维护社会安宁，有利于保障人类的生存权、自由权、平等权、财产权和追求幸福的权利；只要不侵害国家、社会和公民的利益，凡是法未禁止的，任何个人和组织都可以按自己的意愿活动；没有法的根据，一切个人和组织的合法权益不受任何方面的剥夺，一切公民不受任何个人和组织超出法的范围所追加的义务的约束。(3) 所制定的法在国家生活、社会生活和公民生活中具有最高的地位和权威，获得普遍的服从，任何个人和组织都不得凌驾于其上，任何个

---

① 本节部分内容见周旺生著：《法理学》，北京大学出版社2006年版，第289—293页。

人和组织违反了法都要受到应有的追究。我们所要建设的法治，就是这种法治，我们所要发展的法制，就是这种法治所要求的法制，就是这种法治之下的法制。

中国当代法制是中国当代各种法律制度的总称。一方面，它包括国家通过法的形式所制定的政治、经济、文化、教育、军事等各方面的制度；另一方面，它也包括国家的立法、执法、司法、守法诸方面的制度。从属性上看，中国现时期的法制与以往历史时期的法制有重大区别：中国现时期的法制建立在社会主义经济基础之上，以解放和发展社会生产力为自己的基本任务，反映广大人民的共同意志和利益；而以往历史时期的法制则主要或首先反映有产者的意志和利益，因而在根本上具备了把法制原则贯彻到底的可能性。

伴随法治国家建设进程的发展，我国现代法治和法制的基本内涵发生了积极的变化：

1978年，党的十一届三中全会提出法制建设的工作方针就是有法可依、有法必依、执法必严、违法必究。

有法可依指国家应当高度重视、加强立法，逐步健全和完善法律制度，使需要法律调整的社会关系都得到法律调整，使社会生活的各重要方面都有法律制度可以遵循。有法可依是健全法制的前提和首要任务。

有法必依指一切国家机关、政党、社会团体、企事业单位、公职人员和公民，都必须严格执行和遵守法律制度，依法办事。理论和实践都表明，有法必依是健全中国现时期法制的中心环节，是加强法制建设的关键。

执法必严指执法机关及其工作人员在执法过程中，一要严格依照法律规定的内容、精神和程序办事；二要忠于事实真相和法律制度，依法不依人，依法不依权；三要严肃、正确地理解和运用法律。执法必严，才能确立和维护法制的尊严和权威，保证法律制度得以实现。因此，执法必严是加强法制建设的重要条件。

违法必究指对一切违法犯罪分子都依法予以追究和制裁，不允许任何人凌驾于法律之上，享受法外特权。违法必究是从有法必依、执法必严引申出来的要求，也是实现立法目的和法的普遍约束力所必需的。能否做到违法必究，关系到国家法制能否取信于民，是否具有尊严和权威。因此，违法必究是我们的法制得以实现的一个保障。

2007年党的十七大提出"全面落实依法治国基本方略，加快建设社会主义法治国家"。2012年，党的十八大报告将新时代法治的基本要求概括为"科学立法、严格执法、公正司法、全民守法"。作为新时代社会主义法治建设的基本方针，这四个环节构成了一个有机联系的统一整体。

科学立法主要是指立法程序科学合理并得到严格执行，立法内容符合客观实际与客观规律，并能有效地促进社会的科学发展。推进科学立法、民主立法，是提高立法质量的根本途径。

严格执法要求一切执法机关及其工作人员严格依照法律的实体规定和程序规定，规范执法程序，确保法律得到准确实施。重点解决执法不规范、不严格、不透明、不文明以及不作为、乱作为等突出问题。

公正司法是指司法机关办理案件，必须从程序和实体两个方面实现公平正义。以公正司法，守护社会公平正义，才能让人民群众在每一个司法案件中都感受到公平正义。

全民守法要求所有社会成员都必须一体遵守法律的规定。任何组织和个人都没有超越法律的特权。推进全民守法,培育良好法治环境,是全面依法治国的基础性工作。

第五节 习近平法治思想

2020年,中央全面依法治国工作会议提出"习近平法治思想",并将其确立为全面依法治国的指导思想。习近平法治思想是对习近平同志在该工作会议上重要讲话的理论概括。习近平法治思想是一个内涵丰富、论述深刻、逻辑严密、系统完备的科学理论体系,具有鲜明的理论风格、思维特征和实践特色,具有独特的实践逻辑、理论逻辑和历史逻辑。其核心要义包括以下十一个方面的具体内容:

一、坚持党对全面依法治国的领导

中国共产党是中国特色社会主义事业的领导核心。党的领导是我国法治与西方资本主义国家法治的最大区别。[①]我国《宪法》规定,中国共产党领导是中国特色社会主义最本质的特征。《中国共产党章程》(2022年修订)总纲规定:"坚持党的领导、人民当家作主、依法治国有机统一……建设中国特色社会主义法治体系,建设社会主义法治国家……完善中国特色社会主义法律体系,加强法律实施工作,实现国家各项工作法治化。"这充分说明,党的领导和社会主义法治建设具有高度一致性。坚持党对全面依法治国的领导,一方面,要体现为党对全面依法治国的统一领导,把党的领导贯穿于全面依法治国的全过程。另一方面,还应当进一步推进党的领导入法入规,推进党的领导制度化、法治化和规范化。坚持依法治国与依法治党的有机统一。

二、坚持以人民为中心

人民是全面依法治国的最广泛、最深厚的基础。全面依法治国是顺应人民意愿的历史必然选择。坚持以人民为中心,首先应当坚持人民的主体地位,始终把人民作为依法治国的主体和力量源泉。依据《宪法》有关国体和政体的规定,最广大人民是国家的主人,人民代表大会制度是保障和实现人民当家作主的根本政治制度。人民在依法治国之中享有的主体地位,符合全面依法治国的目标和宗旨。其次,应当坚持以依法保障人民权益为根本目的。把立法为民、执法为民、司法为民,提高全社会的法治意识,作为四个重要的抓手。最后,应当坚持以维护社会公平正义为生命线。"良法善治"必须以公平正义为评价标准。坚持法律面前一律平等,需要实现法律地位平等、权利义务平等、守法平等和法律保护方面的平等。

三、坚持中国特色社会主义法治道路

坚持中国特色社会主义法治道路,就是要坚持党的领导、坚持中国特色社会主义制度和贯彻中国特色社会主义法治理论。"中国特色社会主义法治道路,本质上是中国特色社会主义道路在法治领域的具体体现……中国特色社会主义法治体系,本质上是中国特色社会主

---

① 《习近平法治思想概论》编写组著:《习近平法治思想概论》,高等教育出版社2021年版,第80—81页。

义制度的法律表现形式。"党的领导是中国特色社会主义的最本质特征,是社会主义法治的最根本保证。中国特色社会主义制度是中国特色社会主义法治体系的根本制度基础,是全面推进依法治国的根本制度保障。中国特色社会主义法治理论是中国特色社会主义法治体系的理论指导和学理支撑,是全面推进依法治国的行动指南。实践表明,应当把坚持党的领导、人民当家作主、依法治国有机统一。继承和发扬党领导人民建设法治的宝贵经验,传承中华优秀传统法律文化,吸收和借鉴国外有益的制度成果,还需要与西方所谓"宪政""三权鼎立""司法独立"划清界限。

四、坚持依宪治国、依宪执政

宪法是治国安邦、治国理政的总章程。依宪治国、依宪执政不同于西方所谓"宪政",我们强调的是党领导人民制定宪法、法律,党领导人民实施宪法法律,党在宪法法律范围内活动。作为全面依法治国的首要任务,全面贯彻实施宪法要遵循四项基本要求:一是坚持正确政治方向,坚定不移走中国特色社会主义政治发展道路。二是落实全面依法治国基本方略,加快建设社会主义法治国家。三是坚持以人民为中心,切实保障公民享有权利和履行义务。四是坚持党的领导,注重改进党的领导方式和执政方式。[①]

五、坚持在法治轨道上推进国家治理体系和治理能力现代化

党的十九届四中全会对坚持和完善中国特色社会主义制度、推进国家治理体系和治理能力现代化作出全面部署。只有全面依法治国,才能有效保障国家治理的系统性、规范性、协调性。新中国成立以来,我国创造出经济快速发展、社会长期稳定"两大奇迹",与长期践行社会主义法治有着密切关系。在百年未有之大变局之中,应当坚持依法应对重大挑战、抵御重大风险、克服重大阻力、解决重大矛盾。在经济方面,秉承党的十八届五中全会提出的创新、协调、绿色、开放、共享的新发展理念,加快构建以国内大循环为主体、国内国际双循环相互促进的新发展格局。还应当及时总结实践中的好经验好做法,成熟的经验和做法可以上升为制度、转化为法律。此外,还应当加强对法律实施的监督,深化司法体制综合配套改革,推进严格规范公正文明执法,努力提升执法司法的质量、效率、公信力,实现执法司法公正、高效和权威。

六、坚持建设中国特色社会主义法治体系

建设中国特色社会主义法治体系是全面依法治国的总目标和总抓手。具体包括以下五个体系的建设:

(一)完备的法律规范体系

其一,加强国家安全、科技创新、公共卫生、生物安全、生态文明、防范风险、涉外法治等重要领域的立法。其二,加强人工智能、基因编辑、医疗诊断、自动驾驶、无人机、服务机器人等新兴领域的立法。其三,积极推进应对外国法不当适用等涉外领域的立法。其四,继《民法典》出台后,适时推动环境法典、教育法典等编纂工作。

---

① 《习近平法治思想概论》编写组著:《习近平法治思想概论》,高等教育出版社 2021 年版,第 136—138 页。

（二）高效的法治实施体系

一是建立权责统一的依法行政体制，建立行政机关内部重大决策合法性审查机制。全面推进政务公开，严格执法程序。二是建立公正高效的司法制度。三是健全全民守法的激励约束机制。

（三）严密的法治监督体系

一方面，法治监督是党和国家监督体系的重要内容。应当建立党统一领导、全面覆盖、权威高效的法治监督体系。另一方面，应当建立健全权力运行的制约监督体系。强化立法监督、对执法权的监督和对监察权的监督。

（四）有力的法治保障体系

有效推进全面依法治国进程中的政治和组织保障，队伍与人才保障，以及科技和信息保障等。

（五）完善的党内法规体系

党内法规是管党治党的重要依据。党的十八届四中全会将"形成完善的党内法规体系"确定为建设中国特色社会主义法治体系的重要内容。党内法规制度体系以党章为党的总章程，以下四项制度为四大制度模块，即党的组织法规制度、党的领导法规制度、党的自身建设法规制度、党的监督保障法规制度。

七、坚持依法治国、依法执政、依法行政共同推进，法治国家、法治政府、法治社会一体建设

全面依法治国的工作布局，包括"共同推进""一体建设"两个重要的维度。依法治国是党领导人民治理国家的基本方略。依法执政是党治国理政的基本方式，依法行政是各级政府活动的基本准则，三者是一个有机整体，必须共同推进。作为法治中国的三根支柱，法治国家、法治政府、法治社会三者各有侧重，相辅相成。

（一）法治国家建设

具体任务包括但不限于坚持依宪治国、依宪执政；建设中国特色社会主义法治体系等内容。

（二）法治政府建设

法治政府是建设法治国家的重点。具体内容包括：

其一，依法全面履行政府职能。推进机构、职能、权限、程序、责任法定化，推进各级政府事权规范化、法律化。

其二，强化对行政权力的制约和监督。加强对政府内部权力的制约制度。完善政府内部层级监督和专门监督。

其三，全面推进政务公开。重点推进财政预算、公共资源配置、社会公益事业建设等领域的政府信息公开。

其四，建立健全行政纠纷解决体系。推动构建行政调解、行政裁决、行政复议、行政诉讼有机衔接的纠纷解决机制。

（三）法治社会建设

法治社会建设是法治国家建设的基础工程，其基本目标是社会治理的法治化。营造公平、透明、可预期的法治环境，这就需要创新社会治理体系、治理模式，健全社会领域制度规

范,推进多层次多领域依法治理。建设社会主义法治文化,将其作为法治社会建设的重要支撑。强调网络空间与现实社会的协同治理,依法治理网络空间。

八、坚持全面推进科学立法、严格执法、公正司法、全民守法

(一)科学立法

科学立法的核心在于尊重和体现客观规律。实现科学立法,应当健全立法规划计划编制制度,充分发挥立法规划计划的统筹引领作用。健全立法立项、起草、论证、协调、审议机制,提高立法的针对性、及时性、系统性、可操作性。对立法涉及的重大利益调整事项加强论证咨询。加强立法评估论证工作。加强法律法规解释工作。建设全国统一的法律、法规、规章、行政规范性文件、司法解释和党内法规信息平台。

(二)严格执法

执法是行政机关履行政府职能、管理经济社会事务的主要方式,直接关乎人民群众对党和政府的信任。严格规范执法,与公正、文明执法是一个有机整体。严格执法需要深化行政执法体制改革,加强对执法活动的监督。要完善权责清单制度,强化对行政权力的制约和监督。加强对行政处罚、行政强制事项的源头治理,统筹配置执法职能,减少不必要的执法。全面推行行政裁量权基准制度、行政执法公示制度、执法全过程记录制度和重大执法决定法制审核制度。全面落实行政执法责任制,健全事前事中事后监管有效衔接、信息互联互通共享、协同配合工作机制。

(三)公正司法

所谓公正司法,就是受到侵害的权利一定会得到保护和救济,违法犯罪活动一定要受到制裁和惩罚。[①]实现公正司法,应当深化司法体制改革,强化对司法权力的监督。2020年,中央全面依法治国委员会第三次会议通过《关于深化司法责任制综合配套改革的意见》,旨在"让审理者裁判、由裁判者负责",提高司法公信力,努力让人民群众在每一个司法案件中感受到公平正义。此外,公正司法还需要建立司法人员管理制度,完善公益诉讼制度。

(四)全民守法

全民守法意味着任何组织或者个人都必须在宪法和法律范围内活动,任何公民、社会组织和国家机关都要以宪法和法律为行为准则,依照宪法和法律行使权利或权力、履行义务或职责。应当在全社会树立法律权威,增强全社会尊法学法守法用法意识,还必须强化依法治理,将法治教育与法治实践密切结合。

九、坚持统筹推进国内法治和涉外法治

国内法治和涉外法治两者相辅相成,不可或缺。统筹推进国内法治和涉外法治,有助于更好维护国家主权、安全和发展利益。

第一,应当加快形成系统完备的涉外法律法规体系和涉外法律服务体系。一方面,积极推进涉外领域立法,加强执法、司法领域的国际合作。另一方面,要注重培育一批国际一流

---

① 习近平:《全面推进科学立法、严格执法、公正司法、全民守法》(2013年2月23日),载习近平著:《论坚持全面依法治国》,中央文献出版社2020年版,第21—22页。

的仲裁机构和律师事务所,发展壮大涉外法律服务机构和服务队伍,健全涉外法律服务形式。

第二,应当坚定维护以联合国为核心的国际体系,坚定维护以国际法为基础的国际秩序,坚定维护以联合国宪章宗旨和原则为基础的国际法基本原则和国际关系基本准则。

第三,应当综合利用立法、执法、司法等手段开展斗争,提高对外斗争能力。

十、建设德才兼备的高素质法治工作队伍

法治工作队伍包括专门法治队伍、法律服务队伍、法学专家队伍。忠于党、忠于国家、忠于人民、忠于法律,是法治工作队伍建设的总体要求。

专门法治队伍包括立法工作人员、司法工作人员和执法工作人员。专门法治队伍建设要实现革命化、正规化、专业化和职业化。其中,所谓正规化,是要求加强专门队伍管理监督制度;所谓职业化则是要求加强职业机理保障体系建设。

法律服务队伍由律师、公证员、司法鉴定人、仲裁员、人民调解员、基层法律服务工作者、法律服务志愿者等构成。其职业道德基本要求是自觉维护法律权威、依法依规诚信执业,认真履行社会责任。

法学专家队伍肩负着构建中国特色法学学科体系、理论体系和话语体系的学术使命,应当政治立场坚定、理论功底深厚、熟悉中国国情。

十一、坚持抓住领导干部这个"关键少数"

领导干部是党和国家事业发展的"关键少数",具体行使党的执政权和国家立法权、行政权、监察权、司法权,应当做尊法、学法、守法、用法的模范,这就要求领导干部带头尊崇法治、敬畏法律;了解法律、掌握法律;遵纪守法、捍卫法治;厉行法治、依法办事。领导干部要提高运用法治思维和法治方式的能力。应当坚持宪法至上,强化规则思维;应当重程序,强化程序思维。还应当强化公平思维、人权保障思维和权力制约监督思维,牢记法定职责必须为、法无授权不可为的行为准则。

第二十一章 法律监督

第一节 法律监督概述

一、法律监督释义

中国先秦时代的法家著作曾经指出:"国皆有法,而无使法必行之法。"[①]法家所指的"使法必行之法",一定意义上就是法律实施的"督责之法",也就是法律监督问题。

在现代社会,法律监督是整个法治系统中的一个重要组成部分。法制运行系统是一个由法律创制、法律实施、法律监督、法律实现等多种要素构成的有机体。只有立法、执法和司法,并不能保证法律准确有效地实现,也不能使法制系统具备流畅的信息渠道以便不断向立法机关有效地反馈信息,使其作出反馈调节,使法律获得最佳效果,更难以在动态中求得法制系统的统一协调和健全。因此,在法治系统内部必须有法律监督来发挥作用。法律监督既是法律运行的重要组成部分,又是法律运行的自我保障机制。法律创制和实施以及法的实现都离不开法律监督这个重要的机制和环节。

在我国,法律监督也称"护法",有广义与狭义之分。广义的法律监督,是指国家机关、各政党、社会团体、公民,对于法律运行的全过程,包括立法、执法、司法活动的程序及其结果是否合法所实施的评价和督导。狭义的法律监督,专指有关国家机关依照法定职权和法定程序,对立法、执法和司法活动的合法性进行的监察和督促。随着法治进程的深入,在全面依法治国的战略部署中,"严密的法治监督体系"乃是中国特色社会主义法治体系的重要组成部分,对整个法治建设具有非常重要的功能。

二、法律监督的构成

任何一种法律监督关系都由特定要素构成。法律监督的构成要素有四个,包括法律监督的主体、客体、内容和方式。

法律监督的主体,就是法律监督行为的实施者,即依法享有法律监督权的国家机关、社会组织和个人。

法律监督的客体就是法律监督的对象,即监督"谁",也就是法律监督主体行使职权的范围。在当代中国,法律监督的客体主要包括进行各种法律活动的所有国家机关和武装力量、各政党和社会团体、各企业事业单位、全体公民。也就是说,任何人、任何组织都必须接受监督。其中对国家机关及其公职人员各种公务活动的监督尤为重要,是国家实现法治的重要条件。因为国家机关及其公职人员的公务活动是否合法,直接关系到法律的尊严、权威能否得到维护。

[①] 《商君书·画策》。

法律监督的内容非常广泛,它的范围应当同法律的覆盖面相适应,内容包括法律的制定、适用和遵守,即贯穿于法律运行的各个环节和整个过程。国家机关及其公职人员的各种职务活动及其行为的合法性是法律监督的主要内容。

法律监督的方式,即监督权的运行方式、方法、程序,等等。

其实,法律监督四要素即谁监督、监督谁、监督什么和怎样监督。它们相互依存、相互影响、相互统一,组成一个完整的法律监督体系。

三、法律监督制度模式

从不同的角度,法律监督可以被分为不同的模式:

1. 自循环监督与交互监督

所谓自循环监督,又称系统内监督,指的是在某个确定的系统内实行纵向的、自上而下或自下而上的自我监督,监督的主体和客体一般都存在于同一系统内。

所谓交互监督,又称系统间监督,是指不同的子系统相互之间进行的交叉监督。

2. 国家法律监督与社会法律监督

具体内容将在第二节和第三节中进行详细讨论。必须强调,执政党在国家政治生活中的地位,是任何其他组织所无法比拟的。因此,应当正确认识和处理政治监督与法律监督的关系。在我国,无论是国家法律监督还是社会法律监督,都只能在中国共产党的领导下进行,党对国家各方面的工作都发挥着政治监督职能。一方面,党组织通过行使政治领导权,督促国家机关、社会团体、企事业单位自觉守法,依法办事,教育广大群众遵纪守法。另一方面,通过党的各级纪律检查委员会对自己的党员和党组织,特别是法律工作者与法律机关的活动实行全面监督,促使他们模范地执法和守法。

四、法律监督的依据

(一) 建立完善的法律监督制度是现代民主政治的需要

建立健全法律监督制度是廉洁政治的需要,通过法律监督可以对权力进行制约,防止权力滥用。任何不受制约的权力都有可能走向独裁和腐化。这是由国家权力本身的特点所决定的。健全法律监督制度是现代廉洁政治的需要,也是建立现代民主制度所不可或缺的。

党的十八大将"健全权力运行制约和监督体系"作为政治体制改革的重要组成部分。党的十九大进一步健全了权力运行制约和监督体系的顶层设计,提出要"建构党统一指挥、全面覆盖、权威高效的监督体系,把党内监督同国家机关监督、民主监督、司法监督、群众监督、舆论监督贯通起来,增强监督合力"。2018年3月20日,第十三届全国人民代表大会第一次会议通过了《监察法》。这部法律是党的意志转化为国家意志的重要体现,其从整个国家权力架构出发,通过建立独立完善的监察权,形成全方位、全覆盖的对公权力进行监督的制度体系。党的二十大进一步强调:"完善党的自我革命制度规范体系。坚持制度治党、依规治党,以党章为根本,以民主集中制为核心,完善党内法规制度体系,增强党内法规权威性和执行力,形成坚持真理、修正错误、发现问题、纠正偏差的机制。健全党统一领导、全面覆盖、权威高效的监督体系,完善权力监督制约机制,以党内监督为主导,促进各类监督贯通协调,让权力在阳光下运行。"①

（二）法律监督制度是现代国家管理和社会管理的需要

从依赖单一的行政命令、直接管理为主，转变为法律宏观控制、间接管理为主，这是现代国家管理和社会管理发展的趋势和特点。要实现宏观控制、间接管理，则离不开完善的监督制度。

在现代社会，由于社会关系更加复杂、社会事务空前增多，传统的、集权式的国家和社会管理方式不再行得通。必须采用新的管理方式，也就是权力分工和监督。一方面，现代国家需要高效廉洁的政府管理；另一方面，国家和人民又需要扩大民主。要使现代社会庞大而复杂的国家机关能够正常高效地运转，各种矛盾能够得到协调，社会稳定健康地发展，只能通过法律的监督机制来对社会保持有效的控制，即要强化现代国家管理和社会管理的监督功能。

（三）法律监督是维护国家法制统一和实现法律价值的重要保障

法律监督是法治建设的重要内容，与立法、监察、执法、司法等活动相伴相生。法律监督在整个法律活动中都有重要的意义和作用，它贯穿于法律创制、法律实施和法律实现各法律活动的每个阶段中。一个国家如果没有严格、有力的法律监督，也就没有真正的法治。

法律监督保证各法律关系主体的权利和义务能够得到实现。通过法律监督，某些在正常情况和形势下遇到阻碍而未能实现的法律关系可得以实现。例如，审计监督对国家财经制度的保障作用，物价监督对社会正常生活的保障作用，等等。同时，通过法律监督，法律实施的社会效果可以被检验和评价。法律通过实施便会产生一定的社会效果，它是法制内部系统和外部系统在社会环境中综合运行的结果，是立法者的理想目标与社会现实相结合的产物。它能够及时地验证法律是否符合客观实际，各项法律规范是否得当以及是否在一定的时空内达到了预期目标。这样，就便于针对法律现实中的不足之处，针对效果和目标之间的偏差的大小和性质，采取补救措施，或者及时纠正，使之符合或更接近理想目标；或者找出失误的原因，以防止重蹈覆辙，使法律能在预定的轨道内对社会关系进行最佳调整。可见，法律监督对于维护国家法制的统一和尊严，作用极其重大。

第二节 国家法律监督

一、国家法律监督的概念

国家法律监督，或称国家机关的法律监督、法律的国家监督，是一种法定监督，即国家机关以国家名义进行的、由国家强制力保证实施的、具有法律效力的监督。国家监督在整个法律监督体系中占有特殊的地位，具有权威性和特殊性的作用。国家机关作为法律监督的主体，一般指国家的权力机关、监察机关、司法机关对法律活动的监督。包括各级人民代表大会及其常务委员会、各级人民政府及其所属的行政主管部门、各级监察机关、各级军事机关、审判机关和检察机关等。国家机关的法律监督的权限、监督范围、程序和效力由宪法和法

---

① 习近平著：《高举中国特色社会主义伟大旗帜　为全面建设社会主义现代化国家而团结奋斗——在中国共产党第二十次全国代表大会上的报告（2022年10月16日）》，人民出版社2022年版，第65—66页。

律、法规作出明确规定。这种监督构成我国法律监督体系的核心。

二、我国国家法律监督体系

（一）国家权力机关的监督

国家权力机关的监督，指的是国家权力机关依法对行政机关、监察机关、检察机关、审判机关、军事机关进行监察和督导的活动。这种监督在西方国家，多是按照三权分立原则或者按照议会至上原则设置的。《宪法》第2条规定："中华人民共和国的一切权力属于人民。人民行使国家权力的机关是全国人民代表大会和地方各级人民代表大会。"国家权力机关既具有立法权又具有法律监督权；既是立法机关又是法律监督机关。我国权力机关的性质及其在国家体制中的地位，决定了它代表人民和国家实施法律监督，其监督权不仅限于对国家行政机关的监督，还包括对其他的所有国家机关及其工作人员进行监督。我国《宪法》规定："国家行政机关、监察机关、审判机关、检察机关都由人民代表大会产生，对它负责，受它监督。"当然，国家权力机关的监督必须按照宪法和法律规定的内容和范围进行，具有严格的形式和程序。

2006年8月27日，保障国家权力机关行使监督权的《各级人民代表大会常务委员会监督法》（下称《监督法》）在第十届全国人大常委会第二十三次会议上以高票获得通过[①]，自2007年1月1日起正式施行。《监督法》共9章48条，分为：总则；听取和审议人民政府、人民法院和人民检察院的专项工作报告；审查和批准预算，听取和审议国民经济和社会发展计划、预算的执行情况报告，听取和审议审计工作报告；法律法规实施情况的检查；规范性文件的备案审查；询问和质询；特定问题调查；撤职案的审议和决定；附则。

这部《监督法》从起草、审议到表决通过，历经20年。自1987年到2006年，历次全国人民代表大会会议共收到222件关于制定监督法的代表议案，参与提出议案的代表4000余人次。《监督法》的政治性很强，涉及国家的政治制度和国家体制。我国的政体是人民代表大会制度，不是"三权鼎立"，在人民代表大会统一行使国家权力的前提下，对行政权、审判权、检察权，或者说对行政机关、审判机关、检察机关的职权又有明确的划分。

《监督法》突出监督形式——主要是听取和审议"一府两院"专项工作报告；突出监督内容——直接反映人大代表和人民群众普遍要求解决的问题；突出监督效果——注重针对性和实效性。依据宪法和有关法律的规定，立法和监督是宪法赋予人民代表大会的两项重要职权，监督对象主要为"一府两院"，即政府、法院和检察院。人大与"一府两院"的关系既有监督，又有支持；既要依法监督，又不代行行政权、审判权、检察权。由于人民代表大会会议一年召开一次，它的监督职权日常由人大常委会行使，因此《监督法》将调整范围确定为规范人大常委会的监督工作，监督对象为与各级人大常委会同级的"一府两院"，较为切合实际。人大常委会遵循"既不失职，又不越权"的原则，对政府和司法机关进行监督。人大与"一府两院"虽然职责分工不同，但他们工作的出发点和目标都是一致的，都是为了维护国家和人民的根本利益，这是中国政治制度的特点和优势。

[①] 第十届全国人大常委会第二十三次会议到会161位常委会组成人员，《监督法》以155票赞成，1票反对，5票弃权，获得通过。

《监督法》在五个方面强化了人大常委会对"一府两院"的监督,更具有针对性和实效性。第一,人大常委会监督的重点紧紧抓住关系改革发展稳定大局和群众切身利益、社会普遍关注的问题。第二,人大常委会工作监督的主要形式是每年有计划地选择若干重大问题,听取和审议"一府两院"的专项工作报告。第三,专项工作报告的议题确定的六个途径,比如说人大代表集中反映的问题、常委委员集中反映的问题、人民来信来访集中反映的问题,等等。从这些途径确定的监督内容来看,都是人民群众普遍关注的问题。比如对政府工作中,像"三农"问题、义务教育、医疗卫生、环境保护、安全生产、社会保障、拆迁补偿等;对"两院"工作当中,比如执行难、告状难、赔偿难、刑讯逼供、超期羁押、错案不究、司法不公等,这样一些问题是人民群众普遍关注的问题。人大常委会抓住了人民群众普遍关注的、反映强烈的、又带有共性的问题实施监督,这种监督是基本的、全面的,而且是具有法律效力的。围绕这些问题开展专项监督,实际上也体现了对人大选举和任命国家机关工作人员的监督。第四,"一府两院"要将对人大常委会审议意见的研究处理情况,向人大常委会提出书面报告。人大常委会认为必要的时候,可以作出决议。"一府两院"要在决议规定的期限内,将执行决议的情况再次向人大常委会报告。这就意味着一旦人大常委会启动了工作监督的程序,就要一抓到底,要抓出实实在在的成效出来。第五,人大常委会工作监督的情况,包括"一府两院"执行人大常委会决议的情况,都要向人大代表通报,并且向社会公布,要把人大的监督置于人大代表和全社会的监督之下。应当说,上述规定使这部《监督法》具有很强的针对性和实效性。

同时,也应注意,此次出台的是《各级人民代表大会常务委员会监督法》,而不是其他的监督法。也就是说,这部法律只规范了各级人大常委会对"一府两院"的监督,其他形式的监督并没有纳入。因而,可以说,这只是一部"小"监督法。下一步,在修改这部法律时,将增加规范各级人大常委会对"一委"即各级监察委员会的监督。

根据现行宪法和法律,我国国家权力机关的监督职能主要有两种:

第一,立法监督是国家权力机关对制定规范性法律文件的权力的行使进行监察和督导的一种专门活动。

1. 对国务院制定的行政法规、决定和命令进行监督,凡同宪法和法律相抵触者予以撤销。行政法规是对宪法和法律规定的具体实施。行政立法是现代社会非常重要的一个立法层次和类别,行政立法在社会中的地位和作用日渐突出,加强对行政法规的监督是国家立法机关立法监督的重要环节。

2. 对同外国缔结的条约和协定进行监督。我国同他国缔结的关于政治、经济、文化、军事、法律等方面的条约或协定,是我国法律的一种形式,构成国际法的渊源,对于国内的各国家机关及其工作人员均具有约束力。为了保证我国法律的统一和协调,全国人民代表大会常务委员会有权批准或废除我国同外国缔结的条约和协定,即对其有效性实行监督。

3. 对省、直辖市国家机关制定的地方性法规进行监督。这些相应的权力机关应将制定的地方性法规报全国人民代表大会常务委员会备案。如有同宪法、法律和行政法规相抵触者,全国人民代表大会常务委员会有权撤销。备案是一种事后监督制度,其目的不仅是要对法规予以登记立档以备查考,更重要的是违宪审查,实现事后监控的目的。

4. 对民族自治地方的人民代表大会制定的自治条例和单行条例进行监督。制定自治条例和单行条例,是民族自治权的一个重要内容。而自治权的行使须依照宪法、民族区域自治法和其他法律规定。为了保证法律的协调和统一,自治区的自治条例和单行条例须报全国人民代表大会常务委员会审查批准后才能生效。自治州、自治县的自治条例和单行条例,报省或自治区的人民代表大会常务委员会批准生效后,也须报全国人民代表大会常务委员会备案,以便监督。"批准"就是一种事先监督。

5. 对授权立法进行监督。具体表现在:一是对授权国务院制定的暂行规定和条例的监督;二是对授权制定的经济特区的各项单行经济法规的监督。这些暂行规定和条例以及单行法规必须符合宪法,且不能与有关法律原则抵触,并报全国人大常委会备案,以便监督。

尤其是,根据2023年3月13日第十四届全国人民代表大会第一次会议《关于修改〈中华人民共和国立法法〉的决定》,再次修正后的新《立法法》进一步完善和加强了备案审查制度。一是备案审查程序相关条款中在原先三处"同宪法或者法律相抵触"之后增加规定"或者存在合宪性、合法性问题的"。包括增加规定:国务院等六类主体只要认为法规存在合宪性、合法性问题的,即可向全国人大常委会提出法规审查要求;全国人大专门委员会、常委会工作机构在审查中,只要认为存在合宪性、合法性问题的,即可向制定机关提出审查意见;制定机关对此若不予以修改,则应向委员长会议提出予以撤销的议案、建议并提请常委会审议决定。这些新规定有利于降低审查要求门槛、激活审查要求。二是增加规定主动审查、专项审查、衔接联动机制,将备案审查实践中的工作机制写入《立法法》,实现工作机制制度化、实践经验法律化。这些立法举措,为更好发挥备案审查在治国理政中的重要作用提供了规范基础和制度保障。

第二,按照宪法的规定,我国最高权力机关监督宪法和法律的实施。地方各级权力机关也有权监督法律、法规和规章的实施。其中监督的对象主要有行政机关、监察机关、检察机关、人民法院等国家机关及其工作人员。监督的主要形式有:听取和审议"一府一委两院"实施法律情况的报告,并对其执法、守法行为提出质询和询问;组织视察和检查,特别是经常检查单行法律、法规的贯彻执行情况;受理人民群众的申诉、控告,包括对具体案件的申诉控告;听取代表对"一府一委两院"工作的意见和建议,及时纠正违宪和违法行为。

人民代表大会及其常务委员会对司法机关进行监督,既是我国宪法和法律确立的一项重要制度,又是司法机关依法独立公正行使司法权的根本保证。同时,司法机关应当深刻认识接受人民代表大会及其常务委员会监督的重要意义,采取多种形式,开辟多种渠道,自觉、主动地接受人民代表大会及其常务委员会的法律监督和工作监督,严格依法办事,维护司法公正,履行宪法和法律赋予的职责。

但是,人民代表大会及其常务委员会对司法机关进行监督,应当遵循司法活动的规律,顾及司法权不同于其他国家权力的特点,维护司法权的终局性、中立性和独立性,注重司法活动的专业性,因为这是确保司法公正和司法权威不可缺乏的基础。为此,对司法进行监督,应当以自律为主、他律为辅,并且对人与对事的监督要分离,以避免监督变成干预。对人大而言,其监督法院的正确方式是对人不对事,监督的目的是对有违法不检行为的司法人员进行弹劾罢免,而不是纠正个案;对在司法活动中发现的不够明确或不适当的法律进行修改,以保证正确适用法律。

（二）国家监察机关的监督

国家监察机关的监督，指的是国家监察机关依法对所有行使公权力的公职人员的工作效能、廉政、违纪、违法、犯罪等进行的全面监督与督查。国家监察机关的监督是我国在反腐过程中逐渐探索的一个新型有效的监察机制。第十三届全国人民代表大会第一次会议于2018年3月11日通过《宪法修正案》，确立了国家监察权，并专设国家机关与国家行政机关、国家司法机关并列；2018年3月20日又通过了《监察法》，这是我国特有的监察法律体系基本形成的重要标志。

国家监察机关的监督意义在于通过组织创新和制度创新，整合反腐资源，建立"集中统一、权威高效"的新的国家监察体制，构筑"不敢腐、不能腐、不想腐"的新的有效机制。具体而言，包括以下几个方面：第一，遏制腐败。一方面我国腐败问题日益严重，另一方面，原有的反腐败体制由于存在力量分散，权威不足，范围有效，手段不足等问题，难以应对腐败泛滥的现状。第二，提升执政能力，提高执政效能。国家监察机关的监督是坚持和完善党的领导，提高党的执政能力和领导水平，推进国家治理体系和治理能力现代化的必然手段。第三，形成监察合力，提升监察能力。在监察体制改革前，我国虽然构建了严密的法治监督体系，政府内部有行政监察和审计监察，外部有人大监督、民主监督、司法监督、舆论监督，检察机关作为宪法规定的法律监督机关还有专门的反贪污、反渎职、职务犯罪预防等力量，但这些监督过于分散，很难切实发挥反腐败的作用。成立监察委员会，形成对公职人员违法违纪行为全覆盖的监察制度，可以整合反腐败力量，建立集中统一、权威高效的反腐败体制。第四，体现依法治国的精神。我国的监察体系改革体现了全面深化改革、全面依法治国和全面从严治党的有机统一。监察法律体系的形成，可以使监察机关与监察对象、监察范围、监察手段法律化，也把党和国家的反腐败工作全面纳入法治化轨道。

为了实现国家监察全面覆盖，把党和国家的反腐败工作全面纳入法治化，最为重要的就是监察对象的全覆盖，并以此为基础建构"集中统一、权威高效"的监察法律体系。根据《监察法》规定，国家监察机关的监督对象是所有行使公权力的公职人员，具体而言，国家监察机关的监督对象主要包括六类：第一，所有党政机关中的公务员及参公管理人员；第二，法律、法规授权或者受国家机关依法委托管理公共事务的组织中从事公务的人员；第三，国有企业管理人员；第四，公办的教育、科研、文化、医疗卫生、体育等单位中从事管理的人员；第五，基层群众性自治组织中从事管理的人员；第六，其他依法履行公职的人员。准确理解监察对象，需要注意以下三点。其一，该规定在立法中首次提出并使用"公职人员"这一概念，而没有使用"国家公职人员"或"国家工作人员"的概念，把所有履行公职的人员都纳入监察范围，大大扩展了监察对象的内涵与外延。其二，明确将"中国共产党的机关、中国人民政治协商会议各级委员会机关、民主党派各级组织机关和各级工商业联合会机关"中的公务员列为监察对象，较好地解决了对《刑法》中国家工作人员认定的意见分歧。其三，明确监察的对象是"公职人员"而非公职人员所在的机关和单位，也就是说，监察的是公职人员行使公权力的职务行为，该公职人员所属的单位不是监察委员会的监察对象。

（三）国家检察机关的监督

我国宪法和法律规定：人民检察院是国家法律监督机关，其主要职能就是法律监督，通过行使检察权对适用法律的行为进行监督。检察机关对法律适用活动的监督是最广泛的监督形式。

目前,我国检察机关的法律监督主要包括:

1. 审判活动监督。一是加强对审判工作中自由裁量权行使的监督,完善对人民法院巡回法庭和跨行政区划审判机构等审判活动的监督机制。二是精准开展民事诉讼监督。以全面实施民法典为契机,进一步加强民事检察工作,畅通司法救济渠道,加强对损害社会公共利益、程序违法、裁判显失公平等突出问题的监督。健全检察机关依法启动民事诉讼监督机制,完善对生效民事裁判申诉的受理审查机制,完善案卷调阅制度。健全抗诉、检察建议等法律监督方式。加强对损害国家利益或者社会公共利益、严重损害当事人合法权益、造成重大社会影响等违法执行行为的监督。

2. 刑事立案、侦查活动和审判活动监督。及时发现和纠正应当立案而不立案、不应当立案而立案、长期"挂案"等违法情形,坚决防止和纠正以刑事手段插手民事纠纷、经济纠纷。增强及时发现和纠正刑讯逼供、非法取证等侦查违法行为的能力,从源头上防范冤假错案发生。规范强制措施和侦查手段适用,切实保障人权。落实以审判为中心的诉讼制度改革要求,秉持客观公正立场,强化证据审查,严格落实非法证据排除规则,坚持疑罪从无,依法及时有效履行审查逮捕、审查起诉和指控证明犯罪等职责。加强保障律师执业权利法律监督,纠正阻碍律师依法行使诉讼权利的行为。综合运用抗诉、纠正意见、检察建议等监督手段,及时纠正定罪量刑明显不当、审判程序严重违法等问题。进一步加强死刑复核法律监督工作。

3. 刑事司法与行政执法、监察调查衔接监督。行政执法机关不依法向公安机关移送涉嫌犯罪案件的,检察机关依法予以监督;发现行政执法人员涉嫌职务违法或者职务犯罪线索的,移交监察机关处理;对决定不起诉的犯罪嫌疑人,检察机关依法移送有关主管机关给予行政处罚、政务处分或者其他处分。推动刑事司法与监察调查的办案程序、证据标准衔接;落实检察机关与监察机关办理职务犯罪案件互相配合、互相制约原则,完善监察机关商请检察机关派员提前介入办理职务犯罪案件工作机制,以及检察机关退回补充调查和自行补充侦查机制;加强检察机关立案侦查司法工作人员相关职务犯罪与监察机关管辖案件的衔接协调、线索移送和办案协作。

4. 刑事执行和监管执法监督。健全对监狱、看守所等监管场所派驻检察与巡回检察相结合的工作机制,加强对社区矫正和财产刑执行的监督。加强对刑罚交付执行、强制医疗执行的监督。完善对刑罚变更执行的同步监督机制,有效防止和纠正违法减刑、假释、暂予监外执行。加强与监管场所信息联网建设,强化对超期羁押、在押人员非正常死亡案件的监督。

5. 行政检察监督。检察机关依法履行对行政诉讼活动的法律监督职能,促进审判机关依法审判,推进行政机关依法履职,维护行政相对人合法权益;在履行法律监督职责中发现行政机关违法行使职权或者不行使职权的,可以依照法律规定制发检察建议等督促其纠正;在履行法律监督职责中开展行政争议实质性化解工作,促进案结事了。

6. 公益诉讼检察监督。建立公益诉讼检察与行政执法信息共享机制,加大生态环境和资源保护、食品药品安全、国有财产保护、国有土地使用权出让和英烈权益保护、未成年人权益保护等重点领域公益诉讼案件办理力度。拓展公益诉讼案件范围,探索办理安全生产、公共卫生、妇女及残疾人权益保护、个人信息保护、文物和文化遗产保护等领域公益损害案件。

7. 对自身的监督。检察机关对自身执法活动的监督,表现为《宪法》规定的上级检察机关领导下级检察机关的工作,纠正下级检察机关的违法行为。

2021年6月15日,党中央专门印发《中共中央关于加强新时代检察机关法律监督工作的意见》。2022年10月16日,习近平总书记在党的二十大报告中特别强调"加强检察机关法律监督工作",指引人民检察事业前进方向。近年来,在以习近平同志为核心的党中央坚强领导下,在全国人大及其常委会有力监督下,检察机关坚持以习近平新时代中国特色社会主义思想为指导,深入贯彻习近平法治思想,全面贯彻党的十九大和二十大精神,创新构建刑事、民事、行政、公益诉讼"四大检察"新格局。在新时代新征程上,人民检察院维护安全稳定,以能动检察助力中国之治;聚焦服务大局,以能动检察促推高质量发展;坚持司法为民,以能动检察保障民生福祉;加强诉讼监督,以能动检察维护司法公正;拓展公益诉讼,以能动检察守护公共利益;坚持从严治检,以能动检察锤炼过硬队伍。总之,通过能动检察践行人民至上,更好地履行宪法法律赋予的法律监督职责,人民检察事业正在实现新的跨越发展。

(四)国家审判机关的监督

所谓审判监督,是指审判机关对法律的适用过程进行的监督。

1. 审判机关对行政机关的监督。审判机关对行政机关的监督,主要表现为通过行政诉讼的审判活动,对行政机关的法律适用过程进行监督。我国《行政诉讼法》的任务之一就在于,人民法院通过审理行政案件,对行政机关的具体行政行为是否合法进行审查,旨在维护和监督行政机关依法行政,保护人民的合法权利。我国普通审判机关通过审判程序对行政机关的执法行为有监督权。

2. 审判机关对自身审判活动的监督。现行的二审终审制、审判监督制、死刑复核制等都属于此种监督类型。加强审判机关的监督,是纠正裁判不公、确保司法公正的重要措施。

3. 审判机关对检察机关的监督。由于人民法院、人民检察院、公安机关三者之间是一种"分工负责、互相配合、互相制约"的关系,因此,人民法院对人民检察院的活动也可以进行监督。如对"主要事实不清,证据不足"的案件建议检察机关补充侦查,等等。

第三节 社会法律监督

一、社会法律监督的概念

社会法律监督指的是国家机关以外的,包括社会组织、政治团体、人民群众等主体通过多种手段和途径对执法、司法和守法行为的督促。此种监督的目的在于保证法律实施的合法性,其特点是不直接运用国家权力。社会法律监督乃是国家法律监督的基础。

二、我国社会法律监督体系

(一)公民监督

公民可以通过行使民主权利,显示自己的力量,表达自己的意志和愿望,督促国家机关依法办事。现代法治社会奉行人民主权的理念,每一个公民都是政治权力的主体和国家的主人,都有资格成为监督主体。公民通过对国家机关和工作人员在工作中的缺点和错误提出批评意见,通过对违法失职的国家机关和工作人员的检举揭发,行使民主监督权利。公民监督具有广泛的群众性,是法律监督中的重要的普遍的力量。公民监督作为一种社会监督,不具有法律效力,但它可以通过法定渠道,传输到国家机关的法律监督中去,并通过后者产生法律效力。国家机关和社会组织设立的人民来访接待站、信访组、监督电话等,也是公民行使监督权的途径。

(二) 社会舆论监督

社会舆论监督的重要任务是把各种违法乱纪行为予以"曝光",对某些违法犯罪现象进行揭露和批评,形成众矢之的,支持和监督国家机关有法必依、执法必严、违法必究。社会舆论监督就像一面魔镜,它可以照出法律工作中的失误,照出腐败分子。社会舆论监督速度快、范围广、影响大,更具有特殊的威力。从某种意义上可以说,社会舆论是独立于立法权、行政权和司法权之外的"第四种权力"。特别是在当今信息时代,网络监督已经成为反腐斗争的一把利剑,群众越来越喜欢网络媒体自由、公正、快捷的低成本反腐方式。网民已成为推动社会主义民主政治建设的有生力量。不少违法行为尤其是腐败案件均是在网友举报、网络媒体的推动下被查处的。当然,社会舆论的监督,特别是传媒进行监督时,需要遵循一定的界限,绝不能把网络追索变成一些人以谋取私利为目的的报复工具;传媒对司法的监督,也应以不侵犯司法权的独立性为限度。网络上的发言正如在现实社会生活中一样,不能没有底线和约束;不该突破公序良俗,不能逾越法律界限。

(三) 社会组织监督

社会组织是一个通称,范围较广。一般包括各民主党派、各政治团体、社会团体、群众组织和企业事业单位。社会组织的监督与国家机关的法律监督不同,它不具有法律上的直接效力,不是以国家名义所进行的监督,不具有国家强制性。但是,社会组织的监督也是整个法律监督体系中的重要力量,具有广泛的代表性和权威性。社会组织的监督可以通过法定渠道传输到国家的法律监督中去,再通过国家机关的法律监督来产生直接的法律效力和法律强制力。在我国,人民政协、民主党派、工会、共青团、妇联以及许多行业自治组织,通过提出批评、建议、协商对话等形式,监督法律的实施。

(四) 法律职业群体的监督

所谓法律职业群体的监督,主要是指律师和法学家的监督。律师和法学家是人民群众的一部分,法律职业群体的监督当然属于人民群众的监督。但是,由于这些人专门从事法律职业,拥有关于法律的专门知识,有很多人还是精通法律的专家,因此,他们在法律监督体制中具有特殊重要的作用。律师在向当事人提供法律服务、代理当事人参与诉讼、为当事人出庭辩护和办理其他法律事务的过程中,可以监督和制约司法机关、行政机关的司法、执法工作。法学家以研究和教授法学为职业。法学家可以在法律监督中发挥特殊作用的原因有三:首先,与一般公众相比,他们有更为强烈的追求法治和社会公正的意识,法学家不仅积极参与改进和完善立法,而且热切关注司法与执法,以其敏锐的观察力监督法律的实施;其次,法学家的职业特点和特殊的知识结构,使得法学家具有较强的法律监督能力;最后,法学家既不像律师那样由于为当事人提供服务而可能影响自己的判断力,也不像国家机关公职人员那样握有公共权力,因此他们的监督具有因其超脱地位而带来的更强的客观性和说服力。

第二十二章 法律意识、文化和传统

第一节 法 律 意 识

一、法律意识释义

法律意识是社会主体对法律和法律现象的体验、看法、情感、意志、态度、信念、评价等各种主观心理因素的总和。

首先,法律意识在本质上是一种人的心理活动。在心理学意义上,法律意识是人们认识客观法律世界的心理活动。法律意识是人脑的机能,是人脑对外在的客观法律世界和人自身的法律状态的反映。法律意识作为直接经验的个人的主观现象,表现为对法律的知、情、意三者的统一:知即认识,是人类对法律世界的知识性和理性的追求;情即情感,是人类对法律世界的感受和评价;意即意志,是人类追求某种法律目的和理想时表现出来的毅力、信心、信仰等精神状态。因而,法律意识作为赋予法律现实的心理现象的总体,包含法律感觉、法律知觉、法律记忆、法律思维、法律情感、法律意志等心理过程。法律意识具有自觉性、目的性和能动性,所以人们能够自觉地意识到自己的法律心理活动,能够确立所欲追求的法律理念、法治理想,也能够主动地调节和控制自己的法律行为。

其次,法律意识以法律和法律现象作为意识的对象。一方面,法律意识是对作为社会规范的"法律"本身的意识,包括人们对法律制定、法律执行、法律适用、法律遵守、法律监督等整体法律运行过程的认识,对法律规范的内在构成的认识,对现行法律的要求和态度,对各种法律行为的理解,对自己权利义务的认识等。另一方面,法律意识还是对法律产生、发展、演变等历史过程,法律的本质和功能,法律与社会、政治、经济、文化、传统、科技等其他范畴的关系等的认识。

最后,法律意识属于社会意识的范畴。作为社会意识的一种,法律意识不同于政治意识、道德意识、宗教意识等其他社会意识,但又与其他社会意识有着复杂、密切的联系。如,人们的法律意识往往受其政治意识的影响,但特定个体的政治意识很强,并不意味着其法律意识也很强。再比如,法律意识同道德意识具有相通的一面,但道德意识更为基础,道德意识早于法律意识出现,其所反映的社会关系也广于法律意识。

法律意识的本质是心理活动的认识,有助于我们理解一些相关概念。法律知识重在强调法律意识"知"的层面,对法律知识的掌握,只能说明其对法律思想和法律制度的了解程度以及对法律条文的熟悉情况,而不能由此认为法律知识掌握得越多法律意识就越强。法律观念重在强调法律意识"情"的层面,表现了人们对法律的认识和评价,是人的思维活动的结果,反映了人们的价值观念和行为准则。法律意识形态重在强调法律意识"意"的层面,突出了最能体现一定群体的共同法律价值观或政治倾向性的具有影响力的法律思想,一个社会中的主流法律意识形态对法律意识和法律活动具有导向性作用。

法律意识可以根据不同的标准,在不同的层次上进行划分。如从意识主体的角度看,法律意识可以划分为个人法律意识和社会法律意识;根据法律意识所产生的法律依据,可以分为宪法意识、民法意识、刑法意识等;根据法律运行的环节,分为立法意识、司法意识、守法意识及护法意识等;根据法律意识的社会政治意义以及它们与法律制度的关系,可以划分为占统治地位的法律意识和不占统治地位的法律意识;从人的认识过程的角度看,法律意识可分为法律心理、法律思想体系和法律观念。

二、法律意识的结构

法律意识的结构,包含静态的法律意识构成要素及动态的各要素间的互动关系。在静态意义上,法律意识是由不同的构成要素组成的,各构成要素是独立的单元,以其特质与其他要素区分开来。在动态意义上,各构成要素之间发生互动,相互联系,相互影响,互动表明各要素间的区别是相对的,存在着模糊地带。合而观之,仅有单一的要素,无法形成法律意识的结构;而没有各构成要素之间的互动,所谓的法律意识的结构会僵化甚至解体,从而不成其为结构。

关于法律意识的结构,有法律心理和法律思想体系的二要素说,有法律知识、法制观念、法律观点或者法律认知、法律情感、法律评价等的三要素说,有法心态、法观念、法思想、法文化或者法律认识、法律评价、法律情感体验以及法律行为的外化等四要素说。刘旺洪则将法律意识的内在结构分为横向结构与纵深结构:横向结构从人类对社会法律现象的主观把握方式的角度来看,包括法律知识、法律理想、法律情感、法律意志、法律评价、法律信仰几个方面;纵深结构从法律意识的深层—表层的角度来看,主要由法律心理、法律观念和法律意识形态三个层次构成。[①] 本书从人的认识过程从表层到深层的角度,将法律意识的结构划分为法律心理、法律观念、法律思想体系三个部分。

(一) 法律心理

法律心理是低级阶段的法律意识,是人们对法律现象认识的感性阶段。它直接与人们的日常生活、法律生活相联系,是人们对法律现象的表面的、直观的、感性的认识和情绪,是对法律现象的自发的、不系统的反映形式。

法律心理状态可以分为积极法律心理、破坏性法律心理和消极法律心理。积极法律心理反映人们对现行法律的信任和支持;破坏性法律心理表明人们对现行法律的反感、厌恶与抵触情绪;消极法律心理介乎前二者之间,表现为人们对法律的某种淡漠情绪。

在任何社会中,由于人们的社会地位和生活条件不同,不同的人有不同的法律心理。但是,由于法律心理只是对法律现象朴素、直观的反映,同时,每个人的法律心理又受到民族传统法律意识的影响,因此,它们往往不能全面深刻地反映国家对法律现象的态度。新中国成立后的一段时期内,法律虚无主义盛行。改革开放以来,我国在全国范围内大力开展对法律

---

① 参见刘旺洪著:《法律意识论》,法律出版社 2001 年版,第 84 页。

的宣传和教育,特别是"全面推进依法治国"战略实施以来,长期存在的轻视法律的心理得到了克服,在法律实践中树立了宪法、法律的权威。

（二）法律思想体系

法律思想体系是高级阶段的法律意识,是人们对法律现象认识的理性阶段,它表现为系统化、理论化了的法律思想观点和学说,是人们对法律现象的自觉的反映形式,在整个法律意识中处于主导地位。

任何法律思想体系都不是自发形成的,在法律思想体系的形成和实现中,法学家和法律工作者起着重要的桥梁作用。虽然法律思想体系的最终根源在于社会有关法律问题的实践,但是,如果把分散的、零星的和感性的法律心理,转变为完整的、系统的和理论化的法律思想体系,就必须经过法学家复杂而艰巨的劳动。法学家和法律工作者不仅参与法律思想体系的创造,而且是它们的主要传播者。

（三）法律观念

在法律心理与法律思想体系之间存在一个法律观念的层次。所谓法律观念,是指介于感性和理性阶段之间的一种特有的法律意识反映阶段。法律观念既包括人们对法律的零散的、偶然的和感性的认识;也包括一些系统的、必然的和理性的认识。承认法律观念存在有利于我们正视人类的认识活动以及法律意识本身的复杂性。

三、法律意识的功能

人们的一切法律活动都是在一定法律意识的支配下进行的,人们法律意识的增强为加强法治建设提供必要的思想和心理条件。

（一）法律意识可以为创立和完善法律提供思想依据

国家法律的创立及其内容是由社会的物质生活条件决定的,但这种决定作用不是自发形成的。社会物质生活条件提出的要求,只有被执政者所认识,并以一定的立法理念为指导,形成自己的反映这些要求的法律意识和法律理论时,才能创立法律,并使其不断完善。法律意识对法律创立和完善的作用主要表现在：法律意识为国家法律的创立和完善提出指导思想;法律意识能够为国家提供关于哪些社会关系需要进行法律调整的认识;法律意识能够为国家法律的创立和完善提出各种类型的行为规则模式。

（二）法律意识有利于正确适用和遵守法律

国家公务人员法律意识的高低,决定着他们对法律的精神实质的理解程度,并将直接关系到对案件处理的正确与否。在某种特殊的条件下,法律意识还可以被当作法律的某种特殊表现形式被直接适用。在任何社会、任何国家,法律都不可能完备到无所不包的程度。司法实践中往往会提出一些法律没有成文规定,但需要加以处理的问题。俄国十月革命胜利后不久,列宁就曾指出："废除了已被推翻的政府的法律以后,党向苏维埃选民选出的法官提出以下的口号：实现无产阶级的意志,运用无产阶级的法令,在这种法令没有或不完备时,应以社会主义的法律意识为指针,扫除已被推翻的政府的法律。"①在我国司法实践中碰到有些问题无成文法律规定,而又需要处理时,都要依有关政策来办。有关政策的精神,从一定意义上说,是国家法律意识的表现。法律必须内化为人们普遍的法律意识,渗透于人们的心理之中,此时,法律的威信就自然地得以确立。

(三) 法律意识有利于全面推进依法治国

改革开放以来,我国非常重视社会法律意识的培养,重视法制宣传,在全民中开展普法教育。1985年11月,第六届全国人大常委会第十三次会议专门通过了《关于加强法制宣传教育,在公民中普及法律常识的决议》。自1986年以来,已连续进行了"一五"至"八五"普法活动。党的十八大明确提出要"深入开展法制宣传教育,弘扬社会主义法治精神,树立社会主义法治理念,增强全社会学法尊法守法用法意识",强调了法治精神和法治理念的教育普及。持续的普法活动提高了公民的现代法律意识,增强了法治观念,推进了建设社会主义法治国家的进程。2014年10月,党的十八届四中全会通过的《中共中央关于全面推进依法治国若干重大问题的决定》在要求全社会树立法治意识的同时,特别强调把领导干部带头学法、模范守法作为树立法治意识的关键。

2022年10月,习近平总书记在党的二十大报告中强调:"加快建设法治社会。法治社会是构筑法治国家的基础。弘扬社会主义法治精神,传承中华优秀传统法律文化,引导全体人民做社会主义法治的忠实崇尚者、自觉遵守者、坚定捍卫者。建设覆盖城乡的现代公共法律服务体系,深入开展法治宣传教育,增强全民法治观念。推进多层次多领域依法治理,提升社会治理法治化水平。发挥领导干部示范带头作用,努力使尊法学法守法用法在全社会蔚然成风。"②要特别看到,尊崇法治、敬畏法律,是领导干部必须具备的基本素质。习近平总书记指出:"古人说,民'以吏为师'。领导干部尊不尊法、学不学法、守不守法、用不用法,人民群众看在眼里、记在心上,并且会在自己的行动中效法。领导干部尊法学法守法用法,老百姓就会去尊法学法守法用法。"③领导干部必须做尊法的模范,带头尊崇法治、敬畏法律,彻底摒弃人治思想和长官意识,决不搞以言代法、以权压法。领导干部必须做学法的模范,深入学习贯彻习近平法治思想,带头了解法律、掌握法律,充分认识法治在推进国家治理体系和治理能力现代化中的重要地位和重大作用。领导干部必须做守法的模范,牢记法律红线不可逾越、法律底线不可触碰,带头遵纪守法、捍卫法治,带头厉行法治、依法办事,真正做到在法治之下而不是法治之外更不是法治之上想问题、作决策、办事情。

(四) 法律意识有利于树立宪法法律权威

法律的权威源自人民的内心拥护和真诚信仰。人民权益要靠法律保障,法律权威要靠人民维护。在现代社会,要引导全民自觉守法、遇事找法、解决问题靠法。人们的法律意识提高了,如果碰到纠纷,首先就想到法律,根据法律解决问题,这恰恰是法律得以很好地实现

---

① 《列宁全集》(第29卷),人民出版社1956年版,第106页。
② 习近平著:《高举中国特色社会主义伟大旗帜 为全面建设社会主义现代化国家而团结奋斗——在中国共产党第二十次全国代表大会上的报告(2022年10月16日)》,人民出版社2022年版,第38页。
③ 习近平著:《论坚持全面依法治国》,中央文献出版社2020年版,第141页。

的重要表现,是一种社会进步。

第二节 法律文化

一、法律文化释义

(一)文化释义

所谓"文化",可以看作是与自然现象不同的人类社会劳动的全部成果,包括人类所创造的一切物质的和非物质的成果。

文化与人的劳动密切相关,凡经人"耕耘"的一切成果均为文化,其中就包括法律。文化是历史的积淀,文化的发展具有很大的历史连续性,新文化不能脱离旧文化而产生。文化是一种社会现象,每一社会都有同其经济状况和政治制度相适应的文化,并伴随着社会的发展而发展,但文化发展有其自身不依人的意志为转移的客观发展规律,具有与物质生产发展的不平衡性。作为意识形态的文化,是一定社会的政治和经济的反映,反过来又给予政治和经济以巨大影响。文化具有民族性,表现为民族心理、民族精神、民族语言、民族传统和民族生活方式等。

(二)法律文化概念

有人认为,法律文化核心乃是法学家群体及其派生物——法学教育、法律思想、法律知识体系及其传统。有人把法律文化说成是关涉法律价值和态度之网。有法学家倾向于把法律文化的概念确定在人们对待法和法律制度的态度、信仰、评价、思想和期待上。有学者认为:实际上,大多数人在使用这个词时似乎更愿意采取某种不甚严格的态度,因为它给人们提供了一种方便,即可以笼统和含混地用它来指与法律有关的历史、传统、习惯、制度、学理和其他任何东西。法律文化其实是一种立场和方法,实际上是"法律的文化解释"。[①]

我们认为,法律文化是一个共同体在长期共同生活过程中所认同的、相对稳定的、与法和法律现象有关的制度、意识和传统学说,以及由此产生的与法律活动相关的器物的全部内容。法律文化概念强调以下几个方面:

1. 视角文化性。法律文化首先把法律作为一种"文化"现象来研究。"法律一开始就明显不仅仅是法律问题,而同时也是政治问题、社会问题、历史问题和文化问题。"[②]法律文化的形成是由某一个共同体的社会背景、物质基础、价值标准决定的,法律文化是对这些因素的真实反映。这也是为什么法律文化从其发端就呈现出多元状况的重要原因。

2. 影响相互性。在演进过程中,法律文化与其他文化相互影响。法律文化虽然具有相对独立性,但其他文化(如政治文化、宗教文化等)对法律文化的影响始终存在,法律文化对其他文化同样具有影响力。

3. 形式多样性。法律文化在不同的时代、不同的地域或民族具有不同的表现形式。从宗教文化的角度,法律文化可以分为非宗教法律文化和宗教法律文化,而在宗教法律文化中

[①] 参见梁治平编:《法律的文化解释》,生活·读书·新知三联书店1994年版,第2—5页。
[②] 同上书,第6页。

又可以分为基督教法律文化、伊斯兰教法律文化、佛教法律文化等。根据不同的法律学说，可以基于不同的理论而形成如儒家法律文化、法家法律文化、道家法律文化等。根据时空的顺序还可以将法律文化划分为传统法律文化和现代法律文化。

二、法律文化的特性

（一）遗传性和变异性

法律文化的遗传性，是指法律文化产生以后，虽历经社会变迁仍源远流长的特性。法律文化的变异性，则指法律文化在历史发展中会随时世迁移而产生变化。法律文化的遗传性和变异性这对矛盾说明，法律文化既有保存固有的成分的一面，又有在一定条件下吸收外来文化"为我所用"的一面。

（二）民族性和人类性

法律文化的民族性是指产生、创立某种法律文化的民族心理、民族习惯对法律文化的影响。法律文化的人类性是指，不管为哪一个民族所最初创立的法律文化，都具有为世界人民所认同、接受的一面。民族性是特定法律文化的个性，人类性是法律文化的共性。因此，任何一种法律文化都应当在本土法律文化民族性的基础上，吸收世界各国法律文化人类性的因素，从而达到法律文化民族性和人类性的统一。

（三）时代性和超时代性

因为法律文化总是在一定生产方式的基础上产生的，一个历史时代的法律文化的表层结构因素同另一个历史时代的法律文化有着明显的差别，这就是法律文化的时代性。法律文化的超时代性，就是指各个时代的法律文化所共同具有的、不随时代的变迁而变化的深层次结构因素。这种超时代的法律文化能与新时代的法律文化共存，从而构成新旧法律文化之间的冲突以致融合。

（四）冲突性和融合性

法律文化的冲突性，是指不同类型、不同模式法律文化的价值观念非常悬殊，以及同一法律文化内部有不同群体的法律意识，因而会发生一定的比较和对抗。法律文化间的冲突实际上是法律文化发展的重要动力。比较与对抗的结果，乃是在更高层次上的法律文化融为一体，这就是法律文化的融合性。

（五）惰性和再造性

一种法律文化一经产生、定型后，总有其相对稳定的性质，即使在遇到外来法律文化的冲击和融化时，也仍有保持自己独立特质的倾向，这就是法律文化的惰性或顽固性。法律文化的再造性，即随着时代的推移和变化，某种法律文化会逐渐丧失其存在的合理性，并在与外来法律文化的冲突中自我扬弃，重新构造。

三、法律文化的种类

在不同国家和不同历史阶段，法律文化可能会有很大的差异。在法律文化的各种因素中，法律规范或制度的差别往往比较容易发现，而法律实践，特别是法律观念上的差别则隐蔽在更深层。有时，在两个有着不同法律文化的国家中，虽然有大体相似的法律规范或制度，但由于法律文化的其他因素不同，如法的结构、法在社会生活中的地位、人们法律观念存在差别,法律规范的相似也只是表面的,实际上它们对社会生活有着不同的功能。

法律文化的分类是对人类法律实践活动表现在空间、时间上的多样性的科学描述,是运用宏观、稳定的标准,对不同历史时期的法律实践活动所进行的划分,以说明人类法律实践活动地域上的差别性和历史发展上的阶段性。因此,对法律文化进行分类是探讨人类法律实践活动内在规律的有效办法。

一个多世纪以来,伴随着比较法学的兴起和发展,学者们对世界范围内的法律实践活动提出了自己的看法。由于立足点和方法不同,对于法律文化的分类也不相同,比如,有的学者从法的总体精神来划分;有的以法律规范的产生方式来划分;有的还考虑到宗教对法的渗透的程度。有的学者将法律文化划分为四大类法系。有的学者主张,法律文化的分类应归结到权利与义务上,认为古今中外的法律文化最基本的类型有两种:义务本位法律文化和权利本位法律文化。还有按照社会历史类型标准,法律文化相应可以分为奴隶制法律文化、封建制法律文化、资本主义法律文化、社会主义法律文化四种类型;按地域标准,通常又可以有东方法律文化与西方法律文化之分;按照法律文化所反映的法律精神的不同,将法律文化分为公法文化和私法文化;按时序标准,又有传统法律文化与现代法律文化的划分;等等。

以上分类都不无道理,但要真正准确地划分法律文化的类型,一般认为应该考虑宏观性、稳定性和兼容性。这种分类标准可以用来概括人类法律实践活动在地域上和历史上的差别性,借以探讨其中的规律性。因此,我们同意以"法统"和"法体"作为划分法律文化的标准。①

第一,以"法统"为标准,可以将人类法律文化分为三种类型:宗教主义型、伦理主义型和现实主义型。

宗教主义型法律文化的代表是古代印度法律文化、阿拉伯国家的伊斯兰法律文化和中世纪欧洲教会法律文化。其主要特征是:政教合一,国家君主即是法律宗教领袖,教徒等于臣民,国家意志就是神的意志,宗教教义等于国家法律。

伦理主义型法律文化,如中国传统法律文化。它根植于自然经济土壤上的宗法社会组织,是古代社会的基本细胞。要维护国家的安宁,必须维护宗法家族的稳定。于是,宗法伦理观念即"礼"渗透于国家法律之中,所谓"出礼则入刑"。法律精神本于伦理,伦理等于法律,"礼"的作用类似宗教教义。

现实主义型法律文化,即没有宗教、伦理色彩的法律文化。现在世界上大多数国家都属于这一类型,其特征是以现实的社会关系为基础,主要包括财产关系和政治关系。

第二,以产生、实现法律规范的基本程序和方式为标准可以将人类法律文化分为三种类型:成文法型、判例法型和混合法型。

成文法型,即国家指定专门的立法机关依据法定程序制定统一的实体法和程序法,审判机关依据实体法和程序法进行审判,而不参考以往的判例。遇到法无明文规定的特殊情况,或者采取法无明文规定不为违法犯罪的原则不予追究,或者采取适用类似条文的"类推"原则予以追究。待到法律明显不合时宜时,再依法定程序进行新的立法。欧洲大陆法就属于

---

① 参见赵震江主编:《法律社会学》,北京大学出版社1998年版,第六篇"法律文化"。

这种类型。

判例法型,即国家一般不制定成文法典,审判机关依据有关政策和原则并结合具体案件事实作出判决,是为判例。下级审判机关必须遵从上级审判机关的判例,现时审判必须遵从以往的判例,这就是"遵守先例"的原则。法官在审判时,首先从以往判例中概括出某种原则,作为现时审判所依据的准则。法官的主观作用得到充分发挥,可以根据现行政策和变化的形势作出新的判决,以作为以后审判的依据。英国法、美国法就属于这种类型。

混合法型,即一方面按照法定程序制定成文法典,作为审判的依据;另一方面,立法机关又核准一些根据新情况作出的判决,成为审判的另一依据。这样既维护了立法、司法的统一,又弥补了成文法典不能包揽无遗的欠缺,使法律不断适应时变。在审判中,遇到法无明文规定的情况,则运用统治者的法律政策和意识进行审判,形成判例。这些判例是未来制定成文法典的基础。中国传统法律文化即属混合型的法律文化。它代表了世界法律文化发展的总趋势。

造成不同国家法律文化差别的原因,一是处于不同经济及社会结构或不同社会发展水平的国家,往往拥有不同的法律文化;二是即使处在相同经济、社会结构或相同发展水平的国家,由于历史传统的差别也可能具有不同的法律文化。法律文化作为一个整体,一方面受到经济基础的制约,反映社会发展的客观需要;另一方面又相对独立,乃是一个民族长期积累起来的调整社会关系、进行社会管理的智慧、知识和经验的结晶,反映了历史上形成的有价值的法律思想和法律技术,以及一个民族法律调整达到的水平,具有民族性。

第三节 法律传统

一、法律传统概述

(一) 传统释义

在古汉语中,《正韵》解"传"为"续也。"《释名》解"统"为"统,绪也,主绪人世,类相继如统绪也。"所谓"传统",本谓帝业、学说等的世代传承,如《后汉书·东夷列传·倭》载:"自武帝灭朝鲜,使驿通于汉者三十许国,国皆称王,世世传统。"在现代汉语中,"传统"被引申为"世代相传的具有特点的风俗、道德、思想、作风、艺术、制度等社会因素"。

在西文中,英文"传统"tradition一词在词源上来自于拉丁文traditum(意指从过去延传到现在的事物)。希尔斯认为,传统是围绕人类的不同活动领域而形成的代代相传的行事方式,是一种对社会行为具有规范作用和道德感召力的文化力量,同时也是人类在历史长河中的创造性想象的沉淀。[1]

对于"传统"这一概念,存在着从时间属性和实体内容两个方面理解的方式。在表征时间的意义上,传统与现代相对,指现代之前的一种状态或属性,这种状态或属性已为现代所取代;在表征实体内容的意义上,传统是指世代相传且延传至今的东西,从而构成现代不可缺少的一部分。[2]

---

[1] 〔美〕E.希尔斯著:《论传统》,傅铿、吕乐译,上海人民出版社1991年版,第3页。
[2] 参见黄文艺:《论法律传统》,载《长春市委党校学报》2001年第2期。

（二）法律传统释义

关于法律传统，有学者将其本质解释为某种有关法律的习惯与惯例："也就是在某个特定的社会背景下，由人们在长期的法律实践中累积而成的法律经验、智慧与知识为元素，以法律价值观念为核心，反映特定的法律文化特质，历经世代传承与演化，而以特定时空的现时代的人们不自觉的和无意识的法律思维与行为模式体现出其恒久不易的巨大现实影响的有关法律的习惯与惯例。"[1]有学者将法律传统的本质解释为法律文化，"即发源于过去、存在于现在并在一定程度上影响未来的法律文化"。[2]

我们认为，法律传统是指在漫长的法律发展过程中，在一定民族或一定地域内具有稳定性、连续性并在历史上得以传承的法律制度、法律意识、法律行为模式等的统称。因而，法律传统可以包含历史延传下来的习惯、惯例等制度，也可以包含相应的法律观念、法律意识，甚至法律思想、法律行为模式。与法律文化不同，法律传统是对由过去绵延至现在的法律文化的动态研究。

（三）法律传统的特性

1. 延续性。法律传统的延续性是指，法律传统形成于过去，具有强大的"惰性"，具有相当的稳定性、持久性，能够持续地影响法律的现在的情况甚至将来的发展走向。但法律传统的延续是一种动态的延续，是随着时代和社会的变化而变化的延续，延续中有变化，有发展。

2. 群体性。法律传统的群体性是指，特定的法律传统是在特定民族的发展历程中逐渐形成的，往往带有民族性的色彩，为特定民族成员所共享。由于特定的民族往往有特定的生活环境和居住地域，从而法律传统也会相应地体现出一定的地域性，这种地域性在很大程度上是与特定民族的生活区域相关的。法律传统的群体性，即内在包含着的民族性和地域性，对于法律移植的成败往往会产生决定性的影响。

3. 整体性。法律传统的整体性，是指法律传统贯穿于社会的各个层面，虽然我们可以在概念上区分出其中的法律制度、法律意识等，但实际上法律传统是以一种整体性的姿态对社会成员发挥作用的，无论是在静态的社会结构还是动态的成员行为中，都会体现出法律传统的存在和一定程度的支配力。

4. 精神性。法律传统的精神性，是指法律传统的延续，是一种体现着法律内在精神的历史绵延。法律传统虽然是历史形成的，但是对受此传统影响的人们的法律观念、行为方式等却有着潜移默化的内在支配力，甚至成为人们"日用而不知"的一种实质性存在，从而可以表现为成员对于法律传统的"无意识"。

二、中国法律传统

学界对中国法律传统多有论说。将中国法律传统分为大传统、小传统和新传统是其一种分类。大传统是古代的法律传统，它是在自然的没有外来文化影响的环境中形成的，体现了法律文化的民族性。小传统是近代的法律传统，它是在外来法律文化浸润之下与我国固有法律文化相融合而形成的，体现了法律文化的世界性。新传统是伴随着中国共产党的革

---

[1] 姚建宗：《法律传统论纲》，载《吉林大学社会科学学报》2008年第5期。
[2] 黄文艺：《论法律传统》，载《长春市委党校学报》2001年第2期。

命和建设实践活动形成的,体现着法律文化的现实性。本书主要介绍中国古代的法律传统,即大传统。

(一) 中国法律传统的形成

中国法律传统是中华民族几千年法律活动的结果,与西方社会的法律传统有着完全不同的价值取向。这种不同价值取向的形成,从深层次讲,是由产生并影响这一价值取向的全部社会存在决定的。

1. 自然的经济基础

从河姆渡考古发现,中华民族在8000年前就有了繁殖稻,完成了由游牧向农耕转变的过程。农业社会内部天然地具有抑制商品经济发展的能力。农业生产活动天然要求稳定的社会环境。而且,农业产品有存放的可能,农业产品的囤积,首先是谋生的手段,同时也成了积累财富和确定人们身份地位的政治手段。以这种积蓄农产品为终极目的的生产方式必然是内向的、封闭的。其内向性表现为把劳动人口牢牢地固定在土地上。为了维持人口与土地的平衡状态,必须既限制劳动人口的外流,又阻止社会人口进入某一个土地圈,极力限制土地、劳动力和农业产品的商品化、社会化。因为任何商品的输入都意味着交换关系和平等价值对原有社会环境的侵蚀,最终将打破农业社会的稳定秩序。

2. 宗法式的社会结构

宗法家族在农业经济的封闭土壤里发展起来,并成为物资生产的基本单位,同时也是每一个人的社会保障的基本组织。在这种环境中,个人的权利、利益是靠家族长来维护的,个人既不可能有大量的私有财产,也不能因为具有一定的私有财产而脱离家族,更不可能通过交换走向社会。这种宗法家族的社会背景,构成了中国传统法律中的伦理主义精神。在中国古代,父系家族的族长对土地的支配权是终生的,因此父亲对儿子的支配权也是终生的。而且,以父系特权为核心的宗法家族秩序最后变成了法律。

3. 专制集权的政治构架

最早的权力可能就是家长权。在父系家族制度确立之后,氏族内部的家族长特权压制着平等精神,抑制了原始民主。在部落联盟中,有势力的氏族成为领袖。而当时的政治分工是依据各氏族的战功和实力进行的最早的权力再分配。在私有制和没有交换关系的古代社会,实力便是权势,权势便是政治的基础。这不仅决定了政体也决定了法律的形象。

以权力为核心一统天下,经济活动与政治活动间的内在和谐关系很难确立起来。政治与权力的支配,足以决定法律实践活动的价值取向。中央集权的专制政体作为自然经济和宗法家族社会的产物,又反过来维护它们的安宁。所有行之有效的行政行为、法律制度、道德教化等,都从不同方面将个人固着在土地上、束缚在家族中,把个人融化在农业生产过程中,把个人套在宗法血缘的网中。

(二) 中国法律传统的主要内容与特征

1. 礼法文化

"礼"是人类的祖先最初在原始社会时期举行祭神祈福活动中的一种原始宗教仪式与规则。"礼"贯穿于中华民族的整个古代社会,并成为中国传统文化的核心,影响到社会生活的各个领域,调整着人与人、人与天地宇宙的关系。礼与法的相互渗透与结合,构成了中华法系的本质特征,形成了特有的法律文化现象。

礼是人们生活实践的行为规范,是指人们无论是社会的还是私人的一切行为实际上都是以礼作为行为准则。引礼入法在制度上将中国的政治和法律定格在君权至上这一原则,中国的法律传统是典型的人治传统。

礼与法的关系,在中国不同的历史时期存在不同的表现形式。夏、商、周三代,主要是礼刑并举、互用。特别是西周时期,礼与刑是法的两个基本方面。礼主要是贯彻等级原则,确认和维护一种伦理关系,使之制度化,达到稳定社会秩序的作用。刑则是惩治"已然"的犯罪,是事后的制裁。刑是礼的必要补充,礼以刑的强制力为后盾,其目的就是有效地维护礼。战国时期,法家思想应运而生,但法家的思想有其自身无法克服的矛盾:它一方面主张刑无等级,另一方面又强调君主的专制权力。秦代,礼法矛盾愈加激烈,法家中心化,儒家边缘化,皇权对儒家思想的压制,虽然没有使儒家礼法思想消逝,却使儒家思想在一定层面上发生改变,为后来的礼法合流奠定了基础。汉代是礼法关系发生巨大转变的关键时期。西汉中期确立了"德主刑辅"思想的主导地位,先用德礼进行教化,教化无效再辅之以刑罚,把德、刑结合起来,中国古代礼法关系最终确立,礼法完成了统一。唐朝,《唐律》"一准乎礼",完成了法律的儒家化、礼教的法典化,使礼法关系的融合达到顶峰。

"礼"作为规范,特别强调伦理或伦常,主要体现在"三纲"和"五常"上。"三纲五常"最终又必须落实在对一些最基本的社会关系的伦理规定上。这些基本的社会关系,可以总结为三大纲领性的社会关系(君臣关系、父子关系、夫妻关系)和五大基础性的社会关系(长幼或尊卑关系、男女关系、贵贱关系、官民关系、亲疏关系)。对这些关系的基本要求,就是中国传统伦理的最基本原则——"君为臣纲、父为子纲、夫为妻纲","长幼有别、男女有别、贵贱有别、官民有别、亲疏有别"。

2. 德主刑辅

德治是中国古代颇具特色的治国理论。中国古代德治传统,一是要求统治者集团以身作则,注意修身和勤政,充分发挥道德感化作用。二是重视对民众的道德教化,"为政以德",德主刑辅。[①]

中国传统文化对"天、地、君、亲、师"的崇拜和敬重,反映着古人对社会秩序化即国泰民安的追求,是中国人传统信仰的最高、最集中的体现。儒家主张道德教化,反对"不教而杀",反对专任刑罚,《论语·为政》曰:"导之以政,齐之以刑,民免而无耻;导之以德,齐之以礼,有耻且格",因此要"为政以德"。"为政以德"贯穿了民本思想。所谓民本就是"民为贵、社稷次之,君为轻","君者,舟也;庶人者,水也。水则载舟,水则覆舟"。民本思想强调在君民相互依存关系中对君的约束,提醒统治者要对民的社会地位与作用、民的生活状态给予一定的关切,不能饮鸩止渴,竭泽而渔。掠夺式的统治不仅会伤民气,产生民怨,更重要的还会伤及君国社稷的基础。历经两汉魏晋南北朝的法律儒家化运动,《唐律疏议》最终确立了"德礼为政教之本,刑罚为政教之用"的德主刑辅的治国方略,并为以后历代所尊崇。

3. 重刑轻民、诸法合体

就中国的法律传统而言,重刑轻民并不是只有刑法而没有民法,而是中国的法律传统中人们对法的理解更多是把注意力放在刑事方面,或者说是将民事刑事化。

---

① 以下主要参见褚宸舸:《中国古代德治传统及其借鉴》,载《宁夏大学学报(人文社会科学版)》2002年第1期。

在中国的文字中,法与刑同义,史书有"夏有乱政,而作禹刑;商有乱政,而作汤刑;周有乱政,而作九刑"。① 从中国的传统法律制度来进行分析,中国传统的法律虽有关于民事、婚姻、家庭、诉讼等方面的规定,但这些内容都是被刑法化了的。② 民事、婚姻、家庭、继承、债权、物权等内容在古代中国的法律制度中尽数存在。在古代中国,还有一特有的现象,就是大量的民事纠纷民间化,"诸论诉婚姻、家财、田宅、债负,若不系违法重事,并听社长以理谕解,免使妨废农务,烦扰官司。"③凡是由法律处理的民事纠纷,都属于"违法重事"的范围。所以,在中国传统的法律条文中,民事方面的内容所占比例是很小的。如《大清律例》共有律文436条,90%的律文均是对一般社会成员犯罪及处罚的规定,民事方面的内容仅占10%。

我们今天所看到的成文法典,是依据不同内容编纂而成的,比如《德国民法典》《法国民法典》等。中国法律传统中,也有类似的法律编纂形式"律"。不过,两者最大的不同是,西方的"典"依据不同的内容分别编纂,而中国历史上的"律"却将法律的全部内容编纂在一起。也就是说,在一部"律"中包括名例、卫禁、职制、户婚、厩库、擅兴、贼盗、斗讼、诈伪、杂律、捕亡、断狱等诸种内容。这种情况就是我们常说的"诸法合体"。

4. 政法合一

所谓"政法合一",是指国家行政机关和立法机关或司法机关之间存在权力不分的情况。秦汉以后,立法、司法与行政三种国家权力合而为一,并直接由皇帝所统领。

从立法权来看,君主是法律产生的渊源。宗法体制下,整个国家都是君王的,一国之法均为君王所立。"夫法者,上之所以一民使下也。"④"法者,治之端也,君主者,法之原也。"⑤"人主立于生杀之位,与天共持变化之势。"⑥

中国法律传统中,最高的司法审判权属于皇帝。皇帝并不是对每一个个案都过问,他只是对重要的争讼纠纷或重大疑难案件的最后裁判或最终决定权进行直接控制。

在中国古代,很难将司法权和行政权区分开来,在中央虽然有专职的司法机构,但这些机构都受行政权的领导。所有的专职司法机构并没有获得大于行政的权力,只是职能相对地有所不同,所以机构和官职建制都归属于行政系统。虽然中央一级仍然有专门的司法机关存在,比如秦朝的廷尉、明朝和清朝的刑部、大理寺和都察院,但是,在地方一级不另设专门的司法机关,实行地方行政权与司法权合一的制度。郡、县两级的最高行政长官同时就是司法长官,行使地方审判权。

---

① 《左传·昭公六年》。
② 有学者认为中国的传统文化实际上是名副其实的公法文化。这一提法是值得商榷的。公法主要调整的是国家与个人之间的关系,而在古代中国,法律不仅处调整国家与个人之间的关系,它同样要调整个人与个人之间的平等关系,只是在法律后果上,对于这种平等的法律关系的处理是刑事的。这和西方法律传统中的刑事民事化是恰恰相反的。不能由于其法律后果的最终形式是刑事的而忽视民事关系的存在,由此而得出结论说古代中国只有公法而没有私法。
③ 黄时鉴辑点:《元代法律资料辑存》,浙江古籍出版社1988年版,第18页。
④ 《管子·任法》。
⑤ 《荀子·君道》。
⑥ 《春秋繁露·王道通三》。

第二十三章　法和生态文明

第一节　生态文明与生态法治

一、生态文明释义

"生态"本是生物学上的概念,用来指称生态系统,也就是"由生物群落及其生存环境所共同组成的动态平衡系统"。① 生态文明(ecological civilization)的概念,就是用来指代工业文明之后的一种新的文明形态,它所体现的是一种物质文明和精神文明上的进步状态。这种进步状态是以人与人、前人与后人、以及人与自然(或者生态系统)、人与社会经济之间的和谐共生、平衡发展为目标的,它追求经济有效、社会公正和生态良好的良性发展,并涉及世界观和价值观、生产方式和生活方式、发展模式和消费模式、社会制度和法律制度等诸多范畴。可以说,生态文明所导向的是一种"生产发展、生活富裕、生态良好的文明发展道路"。② 综合许多学者的观点,我们可以对生态文明下这样一个定义:生态文明是人类社会与自然和谐共生、良性循环、全面发展、持续繁荣的社会形态,是人类遵循自然规律、社会规律取得的物质和精神成果的总和。这个定义包含以下意涵:

1. 生态文明是一种社会形态。在这种社会形态下,一方面要处理好人类和自然界的关系,强调人类和自然界和谐共生,良性循环,具有强烈的自然属性;另一方面,人类社会本身在发展、繁荣的过程中,要把保护生态作为经济社会发展的重要目标,更加关注人类的未来,具有社会属性。

2. 生态文明体现人类社会对自然规律和社会规律的遵循。人类社会文明发展的历史表明,人类必须遵循自然规律。大自然的运行遵循它固有的规律,人类只能顺应而不能对其进行自作聪明的改造。恩格斯早就指出:"但是我们不要过分陶醉于我们人类对自然界的胜利。对于每一次这样的胜利,自然界都对我们进行报复。"③在历史上,人类由于对自然规律认知的缺失,犯下了许多错误,就遭到了大自然的报复,这样的例子很多,教训深刻。随着科学技术的发展,人类对自然认知水平的提高,人类发现自己对自然界的任何行动,都会对自然界产生正面或负面的影响。比如我们为了经济发展过度砍伐森林,或过度排放二氧化碳气体,就会对气候产生负面影响;我们向河流、大海排放污染物,就会对环境、海洋生物等产生负面影响,最后危及人类的安全。反之,如果我们种植树木、减少碳排放,则会对气候变化产生积极影响。这就告诉我们,人类在从事经济发展过程中采取任何对自然产生影响的活动时,必须考虑对生态所造成的影响,禁止或减少那些对生态造成负面影响的经济活动。

3. 生态文明是物质成果和精神成果的总和。人类文明的表现形式有物质和精神两个

---

① 汪劲著:《环境法律的理念与价值追求》,法律出版社 2000 年版,第 156 页。
② 宋林飞:《生态文明理论与实践》,载《南京社会科学》2007 年第 12 期。
③ 《马克思恩格斯全集》(第 26 卷),人民出版社 2014 年版,第 769 页。

层面,生态文明也不例外。例如,李冰主持修建的都江堰就是我国古代农业文明的物质成果;"塞罕坝精神"则是我国当代生态文明的精神成果。物质成果有着可以触碰的载体,而精神成果则体现为某种价值、理念。两种成果都是生态文明的有机组成部分。

由此可见,生态文明是一个包含生态和文明两个方面的综合性概念,它提出人类的生产生活活动不应当以破坏生态平衡和可持续发展为代价,而是应当保护和维持自然生态平衡,实现人与自然和谐共生。第一方面,生态文明关注的是人与自然的关系。自然是人类生存的载体和基础,所谓皮之不存,毛将焉附是也。没有了自然,人类只能漂浮在太空之中。因此人类在利用自然的同时,应当尊重自然、保护自然并与自然和谐共生。生态文明的核心是生态平衡,也就是要使自然环境的各种要素保持相对平衡,保护生物多样性,防止环境污染和生态破坏。为了实现生态平衡,生态文明倡导节约资源、保护环境、降低碳排放等环保措施,以实现可持续发展。第二方面,生态文明关注人类社会本身的行为模式,核心是绿色发展。就是说人类的经济社会的发展必须在保护生态环境的前提下进行,实现经济、社会和环境的协调发展。比如,我们在生产生活中采取节能减排、减少能源消耗和二氧化碳排放、设立自然保护区、加强野生动物保护、推广有机农业等手段保护自然资源和生态环境;通过建设公园、绿化道路、推广低碳出行等手段改善城市环境和居住条件;引导资本向环保产业投资,推动经济和环境的协调发展;制定环境保护法规和标准,加强环保执法力度,约束企业和个人的环境行为,促进环境保护和可持续发展等。

二、我国生态文明建设的理论

从古至今,人类文明经历了不同的阶段,主要包括原始社会文明、农业社会文明、工业社会文明,并不断向前发展。今天人类文明进入新阶段即生态文明阶段。党的十八大以来,我们国家把生态文明建设作为关系中华民族永续发展的根本大计,开展了一系列开创性工作,生态文明建设从理论到实践都发生了历史性、转折性、全局性变化,美丽中国建设迈出重大步伐。

习近平总书记作为生态文明建设的倡导者,就生态文明发表了许多重要论述。他的这些观点、看法成为我国生态文明建设理论的重要组成部分。他强调:"建设生态文明,关系人民福祉,关乎民族未来。党的十八大把生态文明建设纳入中国特色社会主义事业五位一体总体布局,明确提出大力推进生态文明建设,努力建设美丽中国,实现中华民族永续发展。这标志着我们对中国特色社会主义规律认识的进一步深化,表明了我们加强生态文明建设的坚定意志和坚强决心。"[①]

他还指出:"树立尊重自然、顺应自然、保护自然的生态文明理念,坚持节约资源和保护环境的基本国策,坚持节约优先、保护优先、自然恢复为主的方针,着力树立生态观念、完善生态制度、维护生态安全、优化生态环境,形成节约资源和保护环境的空间格局、产业结构、生产方式、生活方式。"[②]习近平总书记关于生态文明的重要理论,表达出如下重要价值理念:生态文明是关系民生的重大社会问题;保护生态环境是全球面临的共同挑战和共同责任;人

---

① 习近平:《努力走向社会主义生态文明新时代》,载习近平著:《习近平谈治国理政》(第一卷),外文出版社2018年版,第208页。

② 同上书,第209页。

与自然和谐共生;绿水青山就是金山银山;良好生态环境是最普惠的民生福祉;山水林田湖草是生命共同体;用最严格的制度、最严密的法治保护生态环境;共谋全球生态文明建设。习近平总书记上述关于生态文明的重要理论是习近平新时代中国特色社会主义思想的重要内容,在新时代中国特色社会主义建设事业中具有十分重要的地位。他指出:"在'五位一体'总体布局中,生态文明建设是其中一位;在新时代坚持和发展中国特色社会主义的基本方略中,坚持人与自然和谐共生是其中一条;在新发展理念中,绿色是其中一项;在三大攻坚战中,污染防治是其中一战;在到本世纪中叶建成社会主义现代化强国目标中,美丽中国是其中一个。"①习近平总书记的这段话准确描述了生态文明建设的重要性及其在国家事业发展全局中的地位。

习近平生态文明思想作为马克思主义世界观方法论中国化、时代化的最新成果,运用马克思主义世界观和方法论提出"人与自然是生命共同体"理念,强调人与自然的关系在新高度上的辩证统一关系,植根中华传统生态文化深厚土壤。②"人与自然是生命共同体"超越了中西方传统哲学对人与自然关系的认识,是习近平总书记对人与自然关系理论的原创性贡献。"人与自然是生命共同体"这一命题,不仅实现了中国传统哲学理念"天人合一"的现代性转换,同时将中华传统生态智慧所追求的"和合"价值与可持续发展相融合,为重新认识、界定人与自然关系提供了世界观和方法论指引。③习近平生态文明思想是对自然规律和社会规律的尊重和顺应,是我们今后生态文明建设的指导思想。

三、生态法治

依法治国、依法执政已经成为中国式现代化的必然路径选择,生态文明建设也不例外。在法治轨道上建设人与自然和谐共生的中国式现代化,蕴含了人与自然共生共荣的和谐发展价值追求,体现中国特色社会主义生态文明和法治文明相结合的人类生态法治文明。用法治来引领、规范和保障生态文明建设,构建人与自然和谐共生的立法、执法和司法体系是生态文明法治建设的核心内容。新中国成立以来,我国的生态文明法治建设经历了不同的历史阶段,这些不同的阶段体现出我国对生态文明的自然规律、社会规律认知水平的不断提高,生态文明的法律规制也日益完善。习近平总书记指出:"良好生态环境是最公平的公共产品,是最普惠的民生福祉。"此处所言"最公平""最普惠"彰显了生态公平正义的法治精神,也意味着人与自然和谐共生的中国式现代化必须紧紧围绕保障和促进生态公平正义来进行,必须让全体人民在生态环境立法、执法、司法等领域的法治活动中都能感受到公平正义。④

在立法上,在国家立法方面,目前我国已公布施行生态环境类法律三十余部,包括《环境保护法》《生物安全法》等综合性法律和涉及污染防治、环境和生物多样性保护、自然资源保

---

① 习近平:《努力建设人与自然和谐共生的现代化》,载习近平著:《习近平谈治国理政》(第四卷),外文出版社2022年版,第360页。
② 参见吕忠梅:《环境法典编纂视阈中的人与自然》,载《中外法学》2022年第3期。
③ 参见吕忠梅:《习近平法治思想的生态文明法治理论之核心命题:人与自然生命共同体》,载《中国高校社会科学》2022年第4期。
④ 张震、袁周斌:《人与自然和谐共生的中国式现代化之法治体系与方略》,载《重庆大学学报(社会科学版)》2023年第2期。

护和利用、长江黄河等流域性生态环保、黑土地等特殊地理地域保护等专门性法律；此外出台生态环境相关行政法规一百余部、部门规章六百余部、地方性法规一千余部。[1] 目前，人与自然和谐共生的法治规范体系虽已形成规模，但与既要量足又须质高的"完备"之要求尚有较大差距。主要表现如下：一是生态环境立法在应对气候变化、推进减污降碳、加强有毒有害物质管理、环境风险管控等领域仍有立法空白和漏洞需要填补；二是生态环境立法的体系性不足，"历时碎片化"与"共时碎片化"共存现象明显；三是生态环境立法不仅在各单行法之间存在规则和制度矛盾，而且与宪法及其他传统部门法之间的协调性也不够。[2] 这些都需要在将来逐步改进、完善。

生态文明建设法律保障体系需要建立在生态文明理念、生态规律、生态道德的基础之上。其法律体系框架起码应当包括生态文明建设基本法、污染防治法、自然资源保护法、生态保护法、能源法、气候变化法、专项环境管理制度法等七大部分，各个组成部分应当构成一个完整的法的体系。其体系的构建要达到两个统一：一是独立性和融合性的统一。虽然彼此间具有相对独立性，但基于环境、资源与生态的重叠性，预防、开发、利用、管理和治理行为的连贯性，生产、流通和消费领域的延续性，生态文明建设法律体系基本框架的各组成部分之间和组成部分的各子类型之间具有共通的内容，表现出一定程度的融合性。二是稳定性和开放性的统一。虽然基础和主干部分具有相对稳定性，但基于生态文明法治建设总体目标和阶段性要求的纵深性，环境、资源和生态问题演变的复杂性，环境政策和法律制度工具的可更新性，生态文明建设法律体系基本框架的各组成部分和组成部分的各子类型可以吸纳新的内容，表现出相当程度的开放性。[3]

总而言之，法治在生态文明建设中起着不可替代的保障作用，与此同时，在法治轨道上推进人与自然和谐共生的中国式现代化，也将创造人类生态法治文明的新形态，相互推动，相互促进。

第二节　生态文明与我国法律体系

一、生态文明与宪法

"生态文明建设"是习近平新时代中国特色社会主义思想的重要内容，历经多年实践取得巨大社会效益、生态效益乃至经济效益，"绿水青山就是金山银山"就是其经济效益的一个形象描述。"生态文明建设"已经成为我国"新发展理念"中的重要内容并已经写入宪法。2018 年 3 月 11 日，第十三届全国人民代表大会第一次会议通过了《宪法修正案》，涉及对第 32 条至第 52 条的修改。把序言第 7 段中的"推动物质文明、政治文明和精神文明协调发展，把我国建设成为富强、民主、文明的社会主义国家"修改为"推动物质文明、政治文明、精神文

---

[1]《栗战书在生态环保立法工作座谈会上强调　深入贯彻习近平生态文明思想　加快完善中国特色社会主义生态环境保护法律体系》，载中国人大网，http://www.npc.gov.cn/c2/kgfb/202201/t20220114_315873.html，最后访问日期：2024 年 4 月 2 日。

[2] 张震、袁周斌：《人与自然和谐共生的中国式现代化之法治体系与方略》，载《重庆大学学报（社会科学版）》2023 年第 2 期。

[3] 王灿发：《论生态文明建设法律保障体系的构建》，载《中国法学》2014 年第 3 期。

明、社会文明、生态文明协调发展,把我国建设成为富强民主文明和谐美丽的社会主义现代化强国,实现中华民族伟大复兴"。《宪法》是我国的根本大法,一个事情进入《宪法》,意味着这个事情成为国家最重要的事情之一。需要指出的是,2018年《宪法修正案》,是把"生态文明"写进了序言,但《宪法》的序言也是《宪法》的一个有机的组成部分,与《宪法》的其他条款具有同等效力。《宪法》第26条第1款也规定:"国家保护和改善生活环境和生态环境,防治污染和其他公害。"《宪法》第89条第6项新增"领导和管理生态文明建设"内容。从序言到正文条款,"生态文明"入宪,表明我国已经把这件事情作为国家的根本大事之一。自此,我国已从原来的环境保护模式上升到"生态文明"的高度,并以《宪法》加以确认。

"生态文明"入宪,有其深刻的教训、背景。过去我们由于科学认知的不足采取的一些诸如"毁林开荒"等做法,以及粗放型的经济模式,导致自然生态的恶化,我们付出了惨重的代价,"绿水青山就是金山银山"这个理念就是在惨痛教训下产生的领悟,为之后"生态文明"入宪奠定了政治基础。"生态文明"入宪是习近平新时代中国特色社会主义思想在《宪法》中的体现①,是对中共十八大以来我国生态文明建设理论与实践成果的提炼。将生态环境领域"改革共识"提升为"宪法共识"的基本途径,展示了将生态文明体制机制改革的政治正当性转化为法律合宪性的历史进程,为形成中国特色的环境法典提供了规范指引。②

"生态文明"入宪已经并将长期对我国的法的体系产生深远影响。"生态文明"入宪以来,我国许多法律文本的制定、修改均把"生态文明"作为重要考量因素。《民法典》的制定把"绿色民法典"作为目标,就是一个典型例证,公益诉讼制度的建立完善也有"生态文明"的考量。在今后我国法律的制定过程中,也会把《宪法》的这项规定具体化。

二、生态文明与民法

生态文明建设不能仅依赖公法的强制性规定,也需要作为私法的民法来作出积极回应。我国《民法典》第9条即对此作出了积极回应。《民法典》第9条规定:民事主体从事民事活动,应当有利于节约资源、保护生态环境。这一规定构建了我国民法一条新的原则,即"绿色原则"。《民法典》确立的这个原则是整个民法典的指导思想、价值引领,在各分则的具体章节条款中均得到了体现。"绿色原则"是我国《民法典》的创新和一大亮点。

绿色原则既传承了天地人和、人与自然和谐共生的传统理念,又与我国是人口大国,需要长期处理好人与资源生态的矛盾这样一个国情相适应。③ 绿色原则首先要求在人与自然的关系上秉承一代人之内的分配正义,即代内正义;又要求在人与自然的关系上秉承不同代人之间的分配正义,即代际正义;还要求在人与自然的关系上秉承人和其他物种之间的分配正义,即种际正义,是三重正义观的体现。④ 绿色原则在民事主体从事民事活动全过程中具有重要的价值功能,一是在民法中协调经济发展和环境保护的关系;二是在民法中确立生态

---

① 赵贝佳:《有关部门负责人和专家学者解读"生态文明入宪" 为建设美丽中国夯实根基(绿色家园)》,载《人民日报》2018年3月31日,第10版。
② 陈海嵩:《中国环境法治发展总体结构与环境法典编纂指引——以"生态文明入宪"为中心的分析》,载《法学论坛》2022年第4期。
③ 李建国:《关于〈中华人民共和国民法总则〉(草案)的说明》,载中国人大网,http://www.npc.gov.cn/npc/c2/c121435/201905/t20190521_274880.html,最后访问日期:2024年4月2日。
④ 王利明主编:《民法》(第九版),中国人民大学出版社2022年版,第48页。

安全价值,协调交易安全和生态安全的关系;三是在民法中确立生态伦理观,协调代内公平和代际公平;四是绿色原则具有节约资源和保护生态环境的双重面向,将民事活动一切资源的成本和收益纳入考量。①《民法典》各编均对"绿色原则"的价值精神作了体现。例如,《民法典》物权编确认,用益物权人行使权利,应当遵守法律有关保护和合理开发利用资源的规定;设立建设用地使用权应当符合节约资源、保护生态环境的要求。《民法典》侵权责任编明确因污染环境、破坏生态造成他人损害的,侵权人应当承担侵权责任;侵权人故意违反国家规定污染环境、破坏生态造成严重后果的,被侵权人有权请求相应的惩罚性赔偿;违反国家规定造成生态环境损害,生态环境能够恢复的,国家规定的机关或者法律规定的组织有权请求侵权人承担修复责任并有权请求侵权人赔偿相应的损失和费用。综上所述,《民法典》将在生态文明建设中发挥其不可替代的作用。

三、生态文明与刑法

生态文明建设作为一项基本国策所形成的社会关系同样需要刑法来进行保护、规制。当生态文明建设所形成的为我国法律所保护的社会关系受到严重危害的时候,就需要用刑罚的手段,惩治危害生态文明的犯罪行为,恢复正义。刑法在生态文明建设中,发挥着最后一道防线,也是最严厉的一道底线的作用。加强生态文明保障的刑事立法,并严格司法,也是刑法把宪法具体化的体现。

我国《刑法》自 1997 年修订以来,在生态环境和资源保护领域作出了最大努力。多次修改《刑法》,司法机关三次出台司法解释,刑法生态化趋势明显,绿色越来越成为中国刑法一大特色。这中间最根本性的进步在于扩大了保护对象和保护法益:不仅从"环境"和"资源"逐步拓宽到了"生态",而且"生态"的内涵和外延还不断得到了拓展和深化。②

2006 年最高人民法院出台的司法解释,从资源属性和财产价值出发,将林地、森林和林木纳入了《刑法》保护对象;2013 年"两高"发布的司法解释首次从生态空间的视角将饮用水水源一级保护区和自然保护区核心区纳入保护范围;2020 年底通过的《刑法修正案(十一)》,新增了破坏自然保护地罪和非法引进、释放、丢弃外来入侵物种罪等罪名;明确将饮用水水源保护区、自然保护地核心保护区等依法确定的重点保护区域纳入保护范围;2023 年 8 月,"两高"联合发布了《关于办理环境污染刑事案件适用法律若干问题的解释》,调整了污染环境罪的定罪量刑标准,明确了环境数据造假行为的处理规则,确立了办理环境污染刑事案件的宽严相济原则,调整了定罪量刑的标准,而且从生态系统、生态空间、生态要素三个方面强化了对生态的保护。一是将造成自然保护地主要保护的生态系统和国家确定的重要江河、湖泊水域生态系统严重退化的污染行为纳入刑法打击范围。二是将破坏公益林地以及国家重点保护物种栖息地、生长环境的污染行为作为刑法制裁对象。三是直接规定了对野生动植物资源、水生生物资源等生态要素的保护。例如,在饮用水水源保护区、自然保护地核心保护区等依法确定的重点保护区域或者向国家确定的重要江河、湖泊水域排放、倾倒、处置有放射性的废物、含传染病病原体的废物、有毒物质,造成相关区域、水域的生态功能退

---

① 贺剑:《绿色原则与法经济学》,载《中国法学》,2019 年第 2 期。
② 杨朝霞:《织密生态环境保护刑法之网》,载《法治日报》2023 年 8 月 30 日,第 5 版。

化或者野生生物资源严重破坏的,或者破坏公益林地十亩以上的,属于"情节严重",处三年以上七年以下有期徒刑,并处罚金。

近年来的刑事司法实践中,我们发现了一个值得注意的问题,就是在生态文明建设领域的刑法和犯罪的问题上,社会危害性理论遭遇困境,国家和公民、公民和公民之间在生态环境领域的认知或利益存在差异。一是认知层面上的差异。如国家基于保护珍贵、濒危野生动物而对非法猎捕、杀害珍贵、濒危野生动物配置了较高刑罚,而不同素质的公民对于珍贵、濒危野生动物所具有的生态价值的认知存在差异,所以不能很好地将掏鸟窝这种外观上貌似具有正当性的行为与既有刑法评价实现有效关联,导致对这类行为的罪感薄弱、恶感缺失。二是在利益层面上存在差异。在生态文明早期阶段,因为秉持人类中心主义,多数人认为从大自然获取财产利益或生态利益天经地义,无须支付对价,因此对刑法将非法狩猎行为、非法捕捞行为、盗伐林木行为、污染环境行为等作入罪化处理持一定疑问,对于重判重罚甚至会表现出抵制情绪。由此可知,社会危害性理论对于类似生态法益这样的新型法益的识别与度量能力是有限的。① 由此可见,生态文明建设让我们发现了本已存在的人类的利益,而去关注它并加以保护,这将促进刑事法律从理论到制度的进步和完善。

生态文明建设的刑法保障,核心在于对生态法益的保障,需要在刑事立法机制与刑事司法机制两个方面着力。在刑事立法机制建设方面,应注重刑法多元机制的协调配置,将自然资源的生态价值法益化,并努力实现生态法益的类型化、具体化、可测量化,使惩治破坏生态犯罪的刑事立法做到体系完整、结构合理、罪状清晰、罪刑相当,不断提升刑事立法的科学性;在刑事司法机制建设方面,需要加强法官对生态环境案件的法益衡量能力,以充分辩论、有效辩护等为工具推进庭审实质化,在个案中实现对生态法益的有效识别和度量,进行精细化司法,努力促进个案公正。

四、生态文明与环境保护法

环境保护法是和生态文明建设最直接相关的部门法。2014年修订的《环境保护法》进一步诠释了生态文明的价值理念,明确了环保优先、预防优先的立法思想,树立了可持续发展的立法目的;确立了生态保护红线制度、企业环境信用评价制度等新型法律制度的理念和框架;规定了多元共治环境治理措施,为环境多元治理模式构建和实施提供了新思路;规定了按日计罚的民事责任和环境行政问责、环境行政拘留等环境行政责任,体现了责任设定的多样化和严厉化。这些规定体现了环境保护立法在理念、原则和制度上的重大突破和创新。同时,在环境法的体系中,生态资源保护和污染防治等单行法律规范也体现了生态文明的内容。②

2023年9月6日上午,全国人大常委会召开立法工作会议,部署十四届全国人大常委会立法规划实施工作,其内容显示,我国将积极研究推进环境法典的编纂工作。党的二十大报告提出了"促进人与自然和谐共生的现代化"新目标,"我国的生态环境质量状况虽然在逐步改善,但仍面临生态环境事故多发、局部地区污染严重、部分自然资源面临严重破坏等问

---

① 焦艳鹏:《生态文明保障的刑法机制》,载《中国社会科学》2017年第11期。
② 刘尊梅、高峰:《生态文明视域下环境法治转型的实现路径与制度回应》,载《学术交流》2021年第6期。

题"。因此,迫切需要通过环境法典的编纂制定,建立统筹污染治理、生态保护、应对气候变化、促进生态环境质量持续改善的生态环境保护法律体系。可以预见,我国的环境立法将日益健全、完善,为生态文明建设发挥基础性作用。

目前,我国法学界对环境法典的编纂展开热烈的讨论,许多观点对法典的编纂具有重要价值。如有的学者认为:"法典编纂者所秉持的人类观、自然观,构成环境法典的'前见',是环境法典编纂研究必须首先解决的立法哲学问题。环境法典中的人,集自然属性与社会属性于一身,经由从生态系统居民到地球村居民、从当代人到后代人的演变,其人性标准由理性经济人拓展至'生态理性经济人'。环境法典中的自然,呈现出'资源—环境—生态'三个面向,三者均为人类生存发展所必需的自然条件,但其对人的生存和发展的作用各不相同。环境法典应以全新人类观、自然观为基础,将可持续发展、生态文明的哲学观念转化为具体的价值取向,通过重构法律关系的方式将'生态理性经济人'假设与'一体三面'的生态环境概念体现为人们具体的权利义务。"[1]这些立法哲学讨论,将会决定我国环境法典的基本价值取向。

五、生态文明与诉讼法

生态环境损害赔偿诉讼制度是我国生态文明建设的重要内容,是为了贯彻落实党的十八届三中全会提出的"最严格的生态环境保护制度"的重要举措。从2015年开始,我国在山东、贵州等地开展生态环境损害赔偿诉讼试点,并根据试点经验,相继出台了《生态环境损害赔偿制度改革方案》《关于审理生态环境损害赔偿案件的若干规定(试行)》等制度文件,为我国生态环境损害赔偿诉讼实践提供了规范指引。生态损害赔偿诉讼和环境公益诉讼同为我国生态环境损害司法救济机制的组成部分。

根据《生态环境损害赔偿制度改革方案》的规定,生态环境损害赔偿诉讼是指由省级、地市级政府及其指定的政府主管部门代表国家对污染环境、破坏生态造成大气、水、土壤等环境要素和动植物、微生物等生物要素的不利改变,以及上述要素构成的生态系统功能退化的行为人或者单位所提起的生态环境损害求偿之诉。我国当前的诉讼机制包括民事诉讼、刑事诉讼和行政诉讼三种类型。

公益诉讼是指对损害国家利益和社会公共利益的违法行为,由法律规定的国家机关或组织向人民法院提起诉讼的制度。而公益诉讼检察是指检察机关根据法律授权,对于履职中发现的特定领域损害国家利益和社会公共利益的违法行为,通过履行诉前监督程序和向人民法院提起诉讼,实施公益救济保护的制度。2012年我国《民事诉讼法》修改,首次在法律层面规定了公益诉讼制度。2017年6月27日全国人大常委会通过了《民事诉讼法》和《行政诉讼法》的修正案,分别以专门一款对公益诉讼检察制度进行了立法确认,明确授权检察机关可以对生态环境和资源保护、食品药品安全、国有财产保护、国有土地使用权出让等领域提起行政公益诉讼,对破坏生态环境和资源保护、食品药品安全领域侵害众多消费者合法权益等损害社会公共利益的行为,在没有适格主体或者适格主体不提起诉讼的情况下提起民事公益诉讼。保护生态是公益诉讼制度建立的重要目的。该制度建立以来,我国生态

---

[1] 吕忠梅:《环境法典编纂视阈中的人与自然》,载《中外法学》2022年第3期。

文明建设从司法制度上取得突破。仅在2018年内,全国检察机关立案办理民事公益诉讼4393件,行政公益诉讼案件108767件,其中涉及生态环境和资源保护领域共59312件。通过办案,督促治理被污染损害的林地湿地耕地草原211万亩,督促清理生活垃圾、固体废物2000万吨,追偿修复生态、治理环境费用30亿元。① 在将来,公益诉讼制度将为生态文明建设发挥更大的保障作用。

---

① 张军:《最高人民检察院2019年工作报告》,载《检察日报》2019年3月2日,第1版。

后 记

经全国高等教育自学考试指导委员会同意,由法学类专业委员会负责高等教育自学考试《法理学》教材的审定工作。

《法理学》自学考试教材由北京大学周旺生教授担任主编,北京工商大学张羽君副教授担任副主编。北京大学、西南政法大学、北京外国语大学、北京工商大学、首都医科大学等学校的有关学者参加编写。各章撰稿人为:

周旺生教授——第一、二、三、四、五、六、八、九、十、十二、十三、十五章;

张博源教授——第七、二十章;

张羽君副教授——第十一、十四、十八、十九章;

赵树坤教授——第十六章;

郭　忠教授——第十七章;

付子堂教授——第二十一章;

孟庆涛教授——第二十二章;

米　良教授——第二十三章。

参加本教材审稿讨论会并提出修改意见的有中国人民大学朱景文教授、中国政法大学舒国滢教授、清华大学高其才教授。全书由周旺生教授修改定稿。

编审人员付出了大量努力,在此一并表示感谢!

全国高等教育自学考试指导委员会
法学类专业委员会
2023 年 12 月